MÉMOIRES
DE LA
SOCIÉTÉ DES ANTIQUAIRES
DE PICARDIE.

DOCUMENTS INÉDITS CONCERNANT LA PROVINCE.

TOME DIX-SEPTIÈME

DOCUMENTS INÉDITS
CONCERNANT
LA VILLE ET LE SIÈGE DU BAILLIAGE D'AMIENS
EXTRAITS DES REGISTRES DU PARLEMENT DE PARIS ET DU TRÉSOR DES CHARTES

Par M. Édouard MAUGIS

Membre titulaire non résident de la Société des Antiquaires de Picardie

TOME PREMIER. — XIVe SIÈCLE (1296-1412)

AMIENS	PARIS
YVERT et TELLIER	PICARD Fils et Cie
Imprimeurs de la Société des Antiquaires de Picardie	Libraires-Éditeurs de la Société des Antiquaires de Picardie
37, Rue des Jacobins	82, Rue Bonaparte

1908

MÉMOIRES
DE LA
SOCIÉTÉ DES ANTIQUAIRES
DE PICARDIE.

DOCUMENTS INÉDITS CONCERNANT LA PROVINCE.

TOME DIX-SEPTIÈME

DOCUMENTS INÉDITS

CONCERNANT

LA VILLE ET LE SIÈGE DU BAILLIAGE D'AMIENS

EXTRAITS DES REGISTRES DU PARLEMENT DE PARIS ET DU TRÉSOR DES CHARTES

Par M. Édouard MAUGIS

Membre titulaire non résidant de la Société des Antiquaires de Picardie

TOME PREMIER

XIV⁰ SIÈCLE (1296-1412)

AMIENS	PARIS
YVERT et TELLIER	**PICARD Fils et Cⁱᵉ**
Imprimeurs de la Société des Antiquaires de Picardie	Libraires-Éditeurs de la Société des Antiquaires de Picardie
37, Rue des Jacobins	82, Rue Bonaparte

1908

INTRODUCTION

Les documents du présent Recueil, entièrement inédits, ont été extraits des différentes séries du Trésor des Chartes et du fonds du parlement de Paris. Ce premier fascicule, qui embrasse seulement le xiv° siècle, sera prochainement suivi de deux autres consacrés aux deux siècles suivants. On sait que la série des registres du Trésor des Chartes s'arrête en 1568, et que, vers la même époque, celle du Parlement perd la plus grande partie de son intérêt. Non seulement l'énorme multiplication des causes purement civiles en rend le dépouillement extrêmement laborieux, mais la compétence de la Cour subit, en fait, sinon en droit, une diminution sensible. Une foule de causes d'ordre surtout politique, qui lui venaient jadis, en appel, des sièges de bailliages ou des juridictions seigneuriales, sont maintenant résolues, sur place, au cours des missions de plus en plus fréquentes des maîtres des requêtes, ou directement évoquées devant le Conseil du Roi. La tendance à la spécialisation des attributions, si remarquable dans les grandes ordonnances du temps, n'est peut-être nulle part plus accusée que dans la région de la juridiction suprême. Enfin la surabondance des matières fait de plus en plus délaisser l'usage de reproduire, en substance, les plaidoiries des avocats dans les arrêts, ou de les transcrire au long dans des registres spéciaux ; et c'est toute une mine de renseignements inestimables qui se trouve ainsi fermée pour nous.

Si nous ajoutons qu'en 1597 les deux bourgeoisies municipale et judiciaire de la ville et du bailliage d'Amiens, alors à peu près confondues, sont également atteintes par la catastrophe où périssent les libertés de la Commune et par l'institution du premier « intendant de la province et gouvernement de Picardie », on se fera une juste idée de l'ensemble de raisons qui marquait, à la fin du xvi° siècle, le terme de cette publication.

Nous souhaitons que l'intérêt des documents qu'elle réunit en justifie également l'idée et les recherches qu'elle a coûtées. Voici, pour le seul xiv° siècle, la liste des registres et cartons compulsés :

Trésor des Chartes

Série JJ. Registres n°˙ 35 à 175. — Années 1302 à 1404.
 »   J. Layettes. — 229 A et B. — 230 A et B. — 231. — Années 1205 à 1374.

Parlement

Civil. X¹ᴬ. — Reg. — Lettres. Arrêts. Jugés. 5 à 60. — Décembre 1319 à septembre 1415.
 » » »   Conseil, 1469 à 1480. — Septembre 1364 au 23 octobre 1428.
 » » »   Plaidoiries. — Matinées, 4784 à 4790. — Novembre 1395 au 13 novembre 1405.
 » » »   »   Après-dînées, 8300 A et B. — Juin 1401 à septembre 1435.
 » » »   Lettres patentes. Ordonnances, 8802. — Août 1337 à septembre 1415.
 » » »   Registres du Greffe, 8844 à 8848.
 » » »   Amendes, 8853. — Juin 1399 à octobre 1443.
 »   X¹ᶜ. »   Accords n°˙ 1 à 90 (165 registres), 1320 à 1405.
Criminel. X²ᴬ. — Reg. Divers, 1 à 17, 1312 à 1417.

Ces 337 numéros, registres (1) et cartons, ont été dépouillés en entier, non pas que nous en ayons extrait la totalité des pièces intéressant la ville ou la bourgeoisie d'Amiens. Dix volumes ne suffiraient pas à la publication des seules lettres de rémission conservées dans la série JJ, sans parler des innombrables procès ou accords en matière d'héritages, de ventes ou d'aliénations de biens, d'infractions d'asseurement, etc., qui remplissent les registres du Parlement, tant au civil qu'au criminel. Il nous a paru suffisant de donner quelques exemples typiques de ces sortes d'affaires, d'intérêt surtout privé, avec d'assez nombreuses références, à l'appui des documents publiés, pour nous arrêter surtout aux causes offrant un intérêt politique ou social évident. Nous croyons avoir ainsi apporté une utile contribution à l'histoire de la ville d'Amiens et du siège du bailliage, particulièrement à celle des événements encore imparfaitement connus des

(1) Environ 400 registres.

périodes troublées de 1356 à 1358, de 1381 à 1403, qui s'éclairent, d'un jour tout nouveau, à la lumière de la présente publication. Bien des incidents et des responsabilités, sur lesquels l'oligarchie régnante avait volontairement jeté le voile, vont se trouver divulgués.

Si riches pourtant que soient ces fonds officiels, il s'en faut qu'ils nous livrent tous les secrets de ces temps si agités; trop souvent ce qu'ils nous donnent ou nous laissent entrevoir est plus propre à irriter notre curiosité qu'à la satisfaire.

C'est notamment une des lacunes graves du présent Recueil que l'absence du texte des fameuses Ordonnances de réformes de 1403, dont nous espérions clore ce premier fascicule, comme elles ont clos, dans la réalité, toute une période très remarquable de l'histoire politique, sociale et financière de la Commune. Du moins, à défaut du document lui-même, resté introuvable, rencontrera-t-on, dans plusieurs pièces de ce Recueil, d'intéressants détails sur la longue procédure dont elles sont sorties, et sur l'une au moins de leurs dispositions, qui nous avait échappé jusqu'ici, relative au service des fondations pieuses ou rentes perpétuelles dont la ville assumait trop aisément la charge, en sacrifiant imprudemment l'avenir aux nécessités réelles ou prétendues du présent.

C'est l'intérêt même de ces questions et le désir d'éclairer les uns par les autres les documents d'une même cause qui nous a fait déroger, sur deux points, à l'ordre strictement chronologique.

Limitant celui-ci à la succession des affaires, nous l'avons combiné avec l'ordre logique du groupement des pièces relatives à chacune d'elles, comme l'indique l'alternance des chiffres romains et arabes, divisant comme une série de chapitres distribués en paragraphes.

La même méthode exigeait qu'au lieu du terme conventionnel de 1400 une date rationnelle fût choisie pour limite du xive siècle. Celle de 1403 était tout indiquée. En y arrêtant, en principe, la table des matières du présent fascicule, nous avons pourtant cru devoir, par exception et sur quelques points seulement, empiéter de plusieurs années sur la période suivante, en raison de l'intérêt unique de quelques pièces plus récentes, dont la dernière est de 1412, et qui, nécessaires à l'intelligence des faits de la grande réformation, ne sauraient en être séparées.

On trouvera, en tête de chaque texte, une analyse explicative, que nous avons faite aussi courte et précise que possible, avec les renvois indispensables aux documents des Archives ou Inventaires publiés de la ville d'Amiens. Par exception, deux ou trois pièces inédites, tirées de ces Archives, ont été insérées dans tel chapitre avec lequel elles faisaient corps; mais nous avons tenu, en principe, à conserver à ce Recueil son caractère spécial, en en écartant tout ce qui peut se rencontrer ailleurs. Son utilité, croyons-nous, n'en apparaîtra que mieux, puisque notre but a été précisément d'établir, en regard des grandes publications consacrées à l'histoire de la même commune : 1° l'insuffisance de toute documentation empruntée aux seules sources locales; 2° celle des collections réputées scientifiques, comme le Recueil des Monuments inédits de l'histoire du Tiers Etat, dont les auteurs ont bien puisé aux grands fonds d'État, mais sans suite et sans méthode, pour ne pas dire, sans grand résultat. L'intérêt et l'enseignement de l'histoire étant tout entiers dans sa continuité, c'est presque la trahir et la dénaturer que prétendre l'écrire sur des pièces détachées, et non sur la suite logique et aussi complète que possible des éléments qui la constituent.

Nota. — Nous avons reproduit les textes dans leur teneur rigoureusement exacte, en nous bornant à signaler, en notes, les corrections ou additions nécessaires. Un petit nombre seulement ont été intercalées entre crochets (1), là où le sens l'exigeait impérieusement. Nous avons fait de même pour la ponctuation et les alinéas qui font à peu près défaut dans les manuscrits.

Pour les arrêts de Parlement, nous avons donné les renvois aux plaidoiries, quand la chose était possible et que l'intérêt des causes le demandait. Par exception, nous avons reproduit à la fois plaidoiries et arrêts dans le fameux procès sur l'inégalité des aides de 1401 entre la ville et l'Eglise. On pourra se rendre compte ainsi du mode de rédaction des arrêts adopté par le juge et de

(1) Les corrections entre parenthèses, les additions entre crochets.

l'utilité qu'il y a de recourir aux premières, pour une foule de détails qui ne sont point passés dans son texte. Enfin nous avons dû nous contenter, en certains cas, de publier les plaidoiries et les appointements arrêtés au Conseil, quand la sentence définitive ne se retrouve pas au registre correspondant des Jugés, ou que le Parlement s'est borné à envoyer sur place des commissaires avec pouvoir de conclure.

C'est pour nous un plaisir, en terminant, de reporter une bonne part du mérite de la tâche accomplie à nos confrères de la Société des Antiquaires de Picardie, MM. Léon Ledieu et Georges Durand, qui ont bien voulu se charger, à Amiens, de la direction du travail d'impression, ainsi qu'à MM. Léon Le Grand et Viard des Archives Nationales, dont l'inépuisable obligeance nous a seule permis le déchiffrement de bien des textes obscurs et souvent informes.

I

Confirmation par le Roi de la remise faite par le bailli d'Amiens aux échevins de Beauquesne d'un bourgeois dudit Beauquesne emprisonné sous inculpation d'homicide.

Nous avons tenu à citer cette pièce in extenso, bien qu'elle intéresse surtout l'échevinage de Beauquesne, parce qu'elle nous donne la composition intégrale de l'assise du bailliage en juin 1296. On y voit figurer, sous le nom d' « hommes le Roy », à côté de quatre chevaliers, quatre bourgeois dont trois au moins bourgeois d'Amiens : Simon de Croy, Jehan Godris et Fremin le Monnier — nous ignorons la vraie qualité du quatrième —, tous trois de famille échevinale, l'un même ancien maieur. On remarquera l'insistance avec laquelle le texte définit le rôle de ces personnages dans l'élaboration du jugement, ce qui nous permet de voir en eux non de simples assesseurs mais de véritables juges, dont le bailli ne faisait qu'exécuter les sentences, comme on peut encore conclure, par analogie, du propre témoignage des échevins de Beauquesne, en ce qui les concerne.

La rareté des pièces de ce genre ne nous permet pas de dire si cette qualité d'hommes le Roy et de juges de l'assise était attribuée aux mêmes personnages à titre permanent ou renouvelée à chaque session.

Nous retrouvons toutefois les noms de plusieurs d'entre eux dans un jugement de 1315 (JJ 52, n° 185 ; v. *infra*, p. 3, note 2) et dans des notices d'enquêtes pareillement exécutées sur les ordres des baillis d'Amiens, où ils figurent avec le même titre et sans doute le même pouvoir, en 1293 et 1308. Ce sont des notices de procès-verbaux de visitation du cours de la Somme, dont la plus détaillée est ainsi conçue :

« Item un long rolle en parchemin seellé de trois sceaulx, dont l'un est de la baillie d'Amiens pour le temps que Denis d'Obegny fu bailli d'Amiens et les deux aultres des sceaulx de sire Simon de Croy et Fremin le Monnier, citoyen d'Amiens, comme frans hommes nostre sire le Roy, faisans mencion du cours et quemin de la rivière de Somme ; laquelle rivière fu par les dessusdits visitée pour le commun pourffit des marchans et du bien publicque, en l'an mil trois cent et huit, pour raison de plusieurs empeschemens estans tout du long ladite rivière de Somme. Laquelle visitation fu faite en le présence des relligieux, abbé et couvent, bourgois et habitans de Corbie, d'Amiens, Abbeville et autres lieux estant à l'environ de ladite rivière » (Arch. comm. d'Amiens, Inventaire S¹ de 1458, n° 580).

La seconde notice, insérée à la suite, bien qu'antérieure : « Item en l'an mil deux cent quatre-vint et treze....... », n'est que le résumé de la précédente, et nous y relevons les noms d'Anthoine de Wargnies et de Simon de Croy, hommes le Roy et enquêteurs.

On remarquera qu'en 1308 Simon de Croy porte le titre de *sire*, ce qui donne à penser qu'il serait devenu lieutenant du bailli postérieurement à 1296, car il ne fut jamais maire d'Amiens. Cf. Fremin Grimaut, conseiller du Roi en 1347 (JJ 68, n° 279), échevin du jour qualifié *sire* en 1351, avant d'avoir été maire.

Les dernières mentions des hommes le Roy, que nous ayons relevées dans les documents, ne descendent pas en deçà de janvier 1341 v. st. (X¹ᴬ 9, fᵒˢ 267 et 287).

A cette époque en effet, la cour du bailliage était définitivement constituée par un conseil de magistrats titulaires, dont la première mention connue de nous est précisément de l'année 1341 (JJ. 72, n° 256, août).

Le premier de ces magistrats dont le nom nous soit parvenu, est Fremin Grimaut, conseiller du Roi au bailliage (1) (JJ. 68, n° 279, 8 avril 1347); échevin en 1351, de 1353 à 1357; maieur en 1352; décapité en 1358 (JJ. 90, n° 81).

Puis viennent : Guido Ponche, 28 novembre 1371 (JJ 102, n° 231); 8 mai 1378 (X¹ᴬ 27, f° 147). — Jehan Marchaine, 10 janvier 1377 v. st. (X¹ᶜ 36, n° 22). — Pasquier Dumont, 28 octobre 1392 (AA VI), etc., etc.

On peut conclure, du rapprochement des dates des documents concernant Gui Ponche et Jehan Marchaine, que le conseil du bailliage comptait dès lors au moins deux conseillers.

1296-1326 Confirmatio remissionis facte a baillivo Ambianensi scabinis de Biaucaine de dicto Derien Hospitalario, captivato pro suspicione mortis dicti Rumande de Vinacourt.

Karolus, Dei gratia Francorum et Navarre rex, notum facimus universis presentibus et futuris nos quasdam litteras vidisse sigillo baillivie nostre Ambianensis sigillatas formam que sequitur continentes :

A tous ciaus qui ces présentes lettres verront et orront, Oudars de Cramailles, chevaliers, sénéchaus de Pontieu et garde de le baillie d'Amiens, salut. Comme nous teinssiens en prison ou castel de Biaucaine Derien Lostelier, bourgeois de la devantdite ville, pour le souppechon de le mort le Rumande de Vinacourt et de se fille, qui furent occises de lez le Rosel vers Biaucaine, si comme on dit ; et li esquevin de Biaucaine nous eussent requis à avoir le retour de leur court du devantdit Derien comme de leur bourgeois, car il disoient que à aus appartient le connoissanche et li jugemens de tous ciaus qui sont pris et arresté dedens le justiche de leur esquevinage, si avant comme il se comporte dedens la ville de Biaucaine ou dehors, et espéciaument de leurs bourgeois, de tous cas avenus dedens aus ou desous autre justiche, mais que pris ou arresté ne soient en présent fait, et le exécutions à nous pour le Roy, selonc le teneur de leur jugement. Et pour che que rendre ne leur vauzismes, li devant dit esquevin

---

(1) « Comme il nous ait longuement servi et esté de notre conseil et est encores ou bailliage d'Amiens ».

Un document du 1ᵉʳ janvier 1345 v. st. nomme avec lui Jaque Piquet comme assesseur du bailli, en les désignant par la qualité de « hommes de fief du Roy nostre sire ». J. 229, n° 32.

entrairent à nostre seigneur le roy de France et nous rapportèrent ses lettres ouvertes esquelles il nous mandoit que, se nous trouviens qu'il fust ainsi comme dessus est dit, que nous leur rendisiens le devantdit Derien pour fairent tout ce que à aus appartenoit. Et nous sur ce, par le vertu dudit mandement, eussiens fait enquerre le vérité bien et souffisamment par boinne gent créables et dignes de foy, sachent tout que, l'enqueste faite bien et diligentement et rapportée en jugement par-devant nous et par-devant les homes le Roy, et le devantdite enqueste leue et oye et diligentement entendue de nous et des homes le Roy en l'assise d'Amiens, il fut dit, et par jugement des homes le Roy, que li devantdit esquevin avoient bien prouvé leur entente et leur rendismes le devantdit Derien, pour faire bon droit et tout ce que à aus appartenoit.

Et fu cis jugemens fais en l'assize qui fu à Amiens l'an de grâce mil deux cent quatre vint et seize, le lundi après les octaves de le feste de le Nativité saint Jehan Baptiste, par le vidame d'Amiens, seigneur de Pinkegny, Monsieur Willame Tirel, seigneur de Pois, Mons. Derien de Bartangle (1), Mons. Renaut de Canappes, chevaliers, Simon de Croy, Jehan Godri, Fremin le Monnier et Jehan Domine, homes le Roy (2). En tesmoingnage et en garnissement de ce, nous avons as devantdits esquevins baillié ces présentes lettres seelées du seel de le baillie d'Amiens, qui furent faites l'an de grâce mil deux cent quatre vint et seize, le jeudi après le Magdalenne.

(1) Derien de Bartangle figure déjà comme premier témoin, avec la qualité d'homme le Roi, dans une enquête faite par le bailli Drieu de Broie sur différents litiges pendants entre la commune et l'abbaye de Corbie en 1256. « Dominus Andreas de Bertengue, homo domini regis » Aug. THIERRY, *Monum..... du tiers état*, t. III, p. 450.

(2) Il est curieux de voir figurer des femmes comme juges de l'assise. Cf. JJ 52, n° 185 : « En l'assise d'Amiens qui commença le jendi après Pasques closes, l'an MCCCXV .... et aux hommes de l'assise qui estoient présent, c'est assavoir Mons. de Pinquigny, vidame d'Amiens, Mons. Jehan de Wareingnies, Mons. de Pays (de Poix?) li jones, Mons. Jehan de Pucheviller, Jehan de Pinquigny, Thomas de Croy, Jaques Piquet, Fremins le Monniers, Pierre le Monniers, Adam de Neufville, Pierres li Jumiaus, *Madame Dauxi*, *Madame de Canappes*, li baillif de la Freté, Messires Bingnes de Liesces et Alinumes de Moufflières. »

Les formules « hommes de l'assise » et « hommes le Roy » sont certainement synonymes, car celle-ci est deux fois employée dans la même pièce pour désigner deux des personnages qui figurent dans cette liste : Jehan de Warcingnies et Pierron le Jumel de Beauquesne.

Enfin le grand nombre des juges — seize — doit s'expliquer par l'importance de la cause : il s'agissait du jugement de Marguerite d'Essebreuc (de Sarrebrück) accusée de la mort de Bauduyn son frère. L'accusée, pour échapper au jugement de son suzerain, le comte de Flandre, s'était elle-même rendue prisonnière du bailli d'Amiens, au château de Beauquesne, lequel avait à deux reprises vainement assigné le comte comme partie, d'abord à Bruges, puis à Courtrai où il l'avait attendu quatre jours, enfin à l'assise d'Amiens. Le comte de Flandre, en sa qualité de pair du Royaume, prétendait ne répondre qu'à l'assignation directe du Roi.

Nos autem dictum judicatum, quatenus rite et juste latum extitit et in rem transiit judicatam, ratum habentes et gratum ipsum volumus, laudamus, approbamus ac tenore presentium auctoritate regia confirmamus, dantes baillivo nostro Ambianensi, qui nunc est et qui pro tempore fuerit, presentibus in mandatis quatenus dictos scabinos super predictis contra dicti judicati et presentis nostre confirmationis tenorem aliquatenus de cetero non molestet. In cujus rei testimonium presentibus litteris nostrum fecimus apponi sigillum.

Actum Parisius, anno Domini M° CCC° XX° V°, mense januarii.

JJ 64, n° 53.

II

Diplôme de Philippe le Bel qui maintient les Augustins en la paisible possession de leur maison située dans la juridiction de la ville d'Amiens.

Les religieux Augustins, établis à Amiens par le comte de Ponthieu, Jean de Fallevi, qui leur fit don, en 1307, de sa maison des faubourgs, en la paroisse St-Michel — donation confirmée l'année suivante par son fils — avaient obtenu, en mars 1309, des lettres d'amortissement du roi Philippe le Bel (v. Mss. Pagès, édit. Douchet, t. I, p. 259).

Leur institution n'en fut pas moins attaquée tout aussitôt par les maire et échevins, juges du lieu, l'évêque et le chapitre, qui se disaient troublés en leurs droits et redevances. Le Parlement rendit un arrêt conforme, réservant expressément le droit de consentement des intéressés.

Le Roi n'en renouvelle pas moins, par les présentes lettres, et, sans faire mention aucune dudit consentement, sa précédente charte.

Ce fut le point de départ, au sein du corps de ville, d'animosités tenaces, qui remplissent tout le xive siècle, et dont nous citerons plus loin de curieux témoignages (v. *infra* n° xxvi 5 pièces).

1311

Littera Regis super amortisatione cujusdam domus Ambianis in justicia dicte ville acquisita per fratres ordinis heremitarum Sancti Augustini.

In nomine Sancte et Individue Trinitatis, amen. Philippus Dei gratia Francorum rex. Pietatis opus agi conspicitur si per viros magnificos et in potestatis eminencia constitos religiosis et miserabilibus personis caritatis et beneficencie dextera porrigatur, per hoc namque preter humane laudis preconium quod ex hoc acquiritur divine magestatis benivolencia promeretur. Noscat igitur presentium Christianorum universitas et successura posteritas futurorum quod, cum religiosi viri dilecti nostri in Christo fratres ordinis heremitarum Sancti Augustini quandam domum Ambianis in justicia dicte ville acquisierint et a nobis gratiam specialem per litteras nostras obtinuerint quod ipsi domum ipsam tenere possent imperpetuum, absque coactione vendendi vel extra manum suam ponendi, nostro in aliis et alieno in omnibus jure salvo. Et postmodum, audita querimonia maioris et juratorum ville Ambianensis necnon dilectorum nostrorum episcopi et capituli dicte [ville] super hoc apud nos prolata asserencium quod dicti fratres, virtute hujusmodi gratie, ipsos nitebantur impedire de novo et indebite in juribus et redibenciis sibi competentibus in loco predicto, per arrestum curie nostre dictum fuit quod hujusmodi gratia nostra in prejudicium dictorum conquerentium et ceterorum ad quos pertinet non teneret, nisi suum in hoc vellent assensum prebere. Nos tamen attendentes fratres ipsos domorum predictarum ex largicione dudum comitis Pontivi obtinuisse, nosque postmodum concessisse eisdem quod ad vendendum vel extra manum suam ponendum dictam domum compelli non possent, ut premissum, pensantes eciam quod sit parvum opus hujusmodi, quumque sit necessaria et admodum utilis ad exaltationem et defensionem fidei ortodoxe dictorum fratrum ceterorumque religiosorum ejusdem instructorum fidei habitacio in locis et civitatibus populosis, de speciali gratia et ex certa sciencia nostra, regali autoritate et de nostre plenitudine potestatis statuimus, volumus et jubemus quod domus predicta, cum pertinenciis suis, eisdem fratribus remaneat in futurum imperpetuum libere et quiete, quodque ad eam vendendum vel extra manum suam ponendum seu prestandum pro ea, nobis vel quibuscumque nostris successoribus quamcumque financiam compelli non possint, arresto predicto necnon episcopi et capituli ac maioris et juratorum predictorum appellatione qualibet seu contradictione penitus non obstante. Dantes baillivo Ambianensi moderno et qui pro tempore fuerit presentibus in mandatis ut fratres ipsos in possessione dicte domus et pertinenciarum suarum manuteneat et defendat, ipsosque et familias eorum ab injuriis, violenciis et oppressionibus quibuscumque tueatur. Hanc igitur nostre concessionis, jussionis et statuti paginam nullus successorum nostrorum seu aliorum quorumque subditorum impugnare, violare vel ei quomodolibet contraire presumat, sed eamdem imperpetuum et contenta in ea observent firmiter et faciant per alios inviolabiliter observari. Quod ut perpetue stabilitatis robur obtineat, presentem paginam sigilli nostri impressione regiique nominis caractere descripto inferius fecimus communiri.

Actum in abbatia beate Marie regalis juxta Pontisaram, anno Incarnati Verbi M° CCC° X° I°, regni vero nostri XX° VI°, astantibus in palacio nostro quorum nomina supposita sunt et signa. Dapifero nullo. S. Guidonis buticularii. S. Ludovici camerarii. S. Galtherii constabularii.

JJ 47, n° 134.

III

Lettre patente de Philippe le Bel qui maintient dans le ressort du bailliage d'Amiens, les possessions de l'abbaye de Saint Vaast dans les châtellenies de Lille, de Douai et de Béthune.

La présente charte est l'un des plus anciens entre les trop rares documents relatifs aux déplacements incessants des frontières du bailliage d'Amiens, dont elle atteste précisément le caractère conditionnel et la mobilité. C'est à ce titre surtout que nous la publions, nous réservant de traiter à fond la question à l'occasion des grands débats qu'elle souleva aux XVe et XVIe siècles.

Janvier 1312, v. st.

Gratia facta religiosis Sancti Vedasti Attrabatensis quod castra, loca et castellanie hic descripte demorentur in baillivia Ambianensi.

Philippus Dei gratia Francorum rex. Notum facimus universis tam presentibus quam futuris quod, cum religiosi viri abbas et conventus monasterii Sancti Vedasti Attrebatensis in nostra speciali gardia existentes nonnulla bona, domos, terras et possessiones alias in castellaniis nostris Insule, Duaci et Bethune ac locis circumvicinis asserant se habere, que semper a tanto tempore cujus contrarii memoria non existit sub garda et ressorto nostre Ambianensis baillivie, ut dicunt, consueverunt pacifice ressortiri, nosque omnium terrarum rex et possessionum existencium in castellaniis antedictis, quanquam de nostra existant gardia speciali, dilecto et fideli Petro de Galardo, balisteriorum magistro et capitaneo in partibus Flandrie. militi nostro, in ipsis castellaniis gardam, ressortum et superioritatem exercendas, prout per baillivum nostrum Ambianensem exerceri solebant, per nostras alias sub certa forma litteras, quamdiu nostre voluntati placuerit, duximus committendo, nostre intentionis existit et volumus ac eisdem religiosis de gratia concedimus speciali quod, si nos aut successores nostros imposterum predicta loca et castellanias aut alterum seu alteram ex ipsis ponere contingeret extra coronam aut domanium regni nostri, predicta bona, domus, terre et possessiones alie religiosorum ipsorum in predictis castellaniis et locis circumvicinis ad gardam et ressortum dicte baillivie Ambienensis ut prius libere et sine contradictione qualibet revertantur. Quod ut perpetuo firmum, etc., salvo in aliis, etc.

Actum Parisius anno Domini M° CCC° XII° mense januarii.

JJ 48, n° 172.

IV

Mandement du Roi au conseiller Thomas de Reims et au bourgeois d'Amiens, Mathieu Boivin, pour les charger d'une enquête.

Cette pièce nous montre un bourgeois d'Amiens, Mathieu Boivin, maieur l'année même, associé à un conseiller de Parlement, Thomas de Reims, dans l'exercice d'une importante vacation de la juridiction suprême, la direction d'une enquête sur les faits articulés devant la Cour par les deux parties et le procureur du Roi au bailliage d'Amiens.

Mathieu Boivin est désigné par Decourt comme ayant été lieutenant du bailli en 1321. (cf. AA V, f° 38, 7 août).

Les renvois à des lieutenants du bailli, non désignés par leurs noms, sont d'ailleurs nombreux, dès cette époque, dans les lettres du Parlement.

Cf. X²ᵃ I, f°ˢ 118 v°, 121. 9 février. 29 juin. 7 octobre 1317, etc. : « Philippus, etc., baillivo Ambianensi vel ejus locumtenenti... »

Ce qui ressort aussi de ces textes et de ceux que nous citerons par la suite. XV, n°ˢ 1 et 2, c'est que le personnel judiciaire du siège du bailliage d'Amiens se confond encore, à cette époque, avec la bourgeoisie municipale. Si l'on excepte l'avocat et le procureur du Roi, qui sont déjà des officiers, les juges de l'assise, les arbitres, instructeurs, auditeurs sont des bourgeois et de préférence des anciens maires ou échevins, de ceux qui s'intitulent « citoyens d'Amiens. »

Cf. AA I, f° 244, seq. Acte de vente passé par-devant le bailli Simon de Billy, présents Jehan du Quarrel et Fremin de Tournay, citoyens d'Amiens, « mis et establis de par nous à che oïr » juin 1318. Aug. THIERRY, *Monum.... du tiers état*, t. I, p. 405. — Archives Hospit. d'Amiens, B 123 : « A tous chiaux qui ches lettres verront et orront, Andrieu de Chairoles, chevalier le Roy, baillieu d'Amiens, salut. Sachent tout que par-devant Fremin de Tournay et Jehan du Quarrel, chitoyens d'Amiens, mis et estauli de par nous à che oïr, vinrent... » Passation de contrat de vente. Octobre 1324.

Voir notre étude sur le personnel judiciaire du siège du bailliage d'Amiens, article *Auditeurs du Roy* et *infra*, n° XXXVIII, 2.

Il y a lieu, croyons-nous, de faire une distinction entre les hommes le Roi, juges de l'assise, comme on l'a vu plus haut (1), et les auditeurs du Roi, déjà désignés par cette formule « mis et estauli de par nous à che oïr », qui ne sont que des témoins privilégiés, capables seulement de recevoir et sceller des déclarations de ventes, d'accords, contrats, etc. Le nom même d'« auditeur » ne se rencontre guère avant 1376. (AA II, f° 40, 27 octobre 1376. — X¹ᶜ 46, n° 128, 14 mars 1382 v. st. — X¹ᶜ 47, n° 139, 9 décembre 1383. — X¹ᶜ 48, n° 141, 16 février 1383 v. st. — etc., etc.).

Les auditeurs ne sont certainement pas des notaires, car on les voit souvent, dans les mêmes pièces ou dans des pièces immédiatement consécutives, désignés comme substituts du procureur du Roi, procureurs en la Cour du Roi, conseillers du Roi, échevins, etc.

(1) Cf. la formule encore usuelle au début du XIV siècle : « Lite mota coram baillivo et hominibus nostris assisie Ambianensis » X¹ᵃ 5, f° 17, 30 janvier 1319 v. st.

Cf. Jehan Marchaine : Conseiller du Roi. X¹ᶜ 36, n° 22, 10 janvier 1377 v. st. — Garde de par le Roi de la sénéchaussée de Ternois et bailli de S¹-Pol, Lucheu et Feverach. JJ 116, n° 244, avril 1380. — Auditeur du Roi. X¹ᶜ 57, n° 101, 9 novembre 1388. — Substitut du procureur du Roi. X¹ᴬ 37, f° 207, 30 mars 1389, et X¹ᴬ 38, f° 59, 9 mai 1391.

Jehan Amansois l'ainé : Auditeur du Roi. X¹ᶜ 46, n° 128, X¹ᶜ 48, n° 181, 14 mars 1382 v. st., et 16 février 1383 v. st. ; X¹ᶜ 57, n° 101, 9 septembre 1388, etc. — Procureur en le cour du Roi. X¹ᶜ 49, n° 157, 9 novembre 1384, etc.

Willame de S¹-Pierre : Auditeur du Roi. X¹ᶜ 47, n° 139, 9 décembre 1383 ; X¹ᶜ 66, n° 133, 16 février 1392 v. st., etc., etc. — Procureur en le cour du Roi. X¹ᶜ 49, n° 157, 9 novembre 1384.

16 février
1322, v. st.

Karolus..... Dilecto et fideli magistro Thome de Remis, consiliario nostro, et Matheo Banvin, burgensi Ambianensi, salutem et dilectionem. Articulos curie nostre traditos per procuratorem nostrum et Guillelmum de Balma, militem, contra Johannem Sevin de Mailly, quondam prepositum de Monsterollo, et ipsius Johannis responsiones ad eosdem, necnon articulos per dictum procuratorem nostrum et predictum Johannem Sevin contra dictum militem et responsiones ipsius militis ad eosdem, vobis sub contrasigillo nostro mittentes inclusos, mandamus et committimus vobis quod, de et super premissis omnibus et singulis et contentis in eisdem et ea tangentibus et dependentibus ab eisdem eorumque circumstanciis universis, vocatis evocandis inquiratis cum diligentia veritatem et inquestam quam inde feceritis curie nostre ad diem baillivie Ambianensis nostri futuri proximi parlamenti sub vestris fideliter inclusam sigillis transmittatis, partes ipsas ad dictam diem adjornando visuras inquestam judicari predictam et ulterius super hoc processuras, ut fuerit rationis, curiam nostram certificantes ad diem de adjornamento predicto et aliis que feceritis in premissis.

Datum Parisius, in Parlamento nostro, die XVIª februarii anno Domini, M° CCC° XX° II°.

Reddita fuit predicta commissio cum predictis articulis Jaquiardo Hautemine, servienti Regis prepositure de Bellaquercu, Rauselino Dulo dicti Sevin clerico.

Suit une autre lettre aux mêmes, identique, à l'exception de ce qui suit :

.... articulos curie nostre traditos ex parte Baudoini Crequi, contra Johannem de Mailli dictum Sevin..... (17 février).

Reddita fuit predicta commissio cum articulis predictis superius nominatis.

X²ᴬ 2, f° 118.

V

Arrêts confirmatifs d'une sentence d'échevinage contre Robert de la Malemaison.

Cette pièce, où nous apparaît une des premières manifestations de l'exercice du droit d'appel d'une sentence échevinale au tribunal du bailli puis à la cour de Parlement, renferme quelques détails intéressants sur la procédure en usage devant les maire et échevins. On y voit que, contrairement à la thèse du plaignant, forain résidant en dehors de la banlieue, le droit de produire ses preuves et témoins, au jour assigné par le juge, se prescrivait, pour la partie défaillante, par un seul défaut.

Le sujet du litige était la forclusion du plaignant des halles d'Amiens, avant le terme de sa location, par Jehan Froiterie (1) qui était sans doute l'échevin chargé de la police du lieu, et la répétition des sommes par lui versées par avance, y compris une demande d'indemnité.

Signalons encore, à titre de coïncidence : 1° le nom du personnage, Robert de la Malemaison. On trouvait donc parmi les habitués des halles d'Amiens, à cette époque, le représentant d'une famille portant le nom du plus vieil édifice municipal ; — 2° l'orthographe Maladomus ou Malemaison, qui se retrouve seule dans tous les documents du xiv° siècle (V. *infra*, XX, n° 18, et Archives comm. d'Amiens, série CC, *passim*. Cartulaire du Chapitre d'Am., édit. Roux et Soyez, t. I, p. 280, an. 1244).

5 Mars 1322, v. st.

Cum, super peticione dudum facta a Roberto de Maladomo contra Johannem dictum de Froicterie, de quibusdam summis pecunie, coram majore et scabinis Ambianensibus, et super factis contrariis ex utraque parte propositis et a parte adversa negatis, fuisset dies assignata dictis partibus ad probandum coram dictis majore et scabinis Ambianensibus ad diem lune ante festum beati Barnabe apostoli, super prima producione, cumque dictus Johannes contra dictum Robertum cepisset defectum de dicta die, propter quod dicebat idem Johannes se causam suam in totum obtinuisse virtute dicti defectus, dicens etiam quod, tam de jure quam de usu et consuetudine notoriis civitatis Ambianensis, quicumque acceptat certam diem ad probandum facta sua super aliqua produccione et postmodo testes suos non producit, nec adjornari dictos suos testes facit, nec hora competenti comparet, imo permittit se poni in defectu, ipse perdit primam produccionem et omnes alias producciones quas petere posset, quamplures alias rationes facti et jura proponendo ad finem quod dictus Robertus de Maladomo, a suis peticionibus cadat quas contra eumdem faciebat, videlicet XXX^a libris quas a dicto Johanne petebat pro *prisia halarum*, de XVIII libris quas petebat *pour les reumans* et de XLV libris quas petebat propter hoc quod fuerat forclusus a halis termino suo

(1) Jehan Froiterie, échevin en 1323. V. Janvier, *Livre d'or*, p. 20.

durante, et quod dictus Johannes Froicterie absolverat virtute dicti defectus in quo dictus Robertus fuerat positus.

Dicto Roberto de Maladomo ex adverso plures rationes facti et jura proponente ad finem quod, ratione dicti defectus de quo dictus Johannes Froicterie se juvare volebat contra dictum Robertum, nichil amisisset et quod eidem Roberto daretur dies ad procedendum ulterius contra dictum Johannem et quod dicto Roberto pronunciaretur, non obstantibus factis in contrarium propositis; et primo dicebat dictus Robertus quod propter defectum contra eumdem datum causam suam perdere non debebat, cum die lune supradicta et assignata ad curiam venisset et se coram dictis majore et scabinis Ambianensibus contra dictum Johannem presentasset et secundam produccionem habere requisivisset ad probandum facta sua ad que per dictos majorem et scabinos fuerat admissus. Insuper dicebat quod, supposito quod dictus Johannes dictum defectum contra eumdem cepisset sufficienter et debite, nichilominus dictus Robertus, in casu in quo aliquid amitteret ratione dicti defectus, non admitteretur in primam produccionem, *quodque dicebat se esse foraneum* et se commorantem extra banleucam civitatis Ambianensis et quod tota dies foraneis cedere debebat, quamplures alias rationes ad finem supradictam proponendo.

Quiquidem major et scabini Ambianenses, viso processu, reddiderunt et per jus quod dictus Robertus erat convictus, sive *estains* gallice, a sua peticione.

A quo judicato dictus Robertus ad assisias baillivi Ambianensis appellavit, quiquidem baillivus, viso processu et diligenter examinato, terminavit et per jus quod dicti major et scabini fecerant bonum judicium.

A quoquidem judicato tanquam a falso et pravo dictus Robertus ad parlamentum Parisiense appellavit, quamquidem appellationis causam curia nostra certis commissariis commisit, quiquidem commissarii, facto et completo dicto processu per eosdem, dictam appellationis causam curie nostre una cum primo processu remiserunt judicandum. Auditis itaque dictis partibus in curia nostra in causa appellationis predicte, visisque et examinatis dictis processibus et omnibus que partes predicte proponere voluerunt, per judicium curie nostre dictum fuit dictum baillivum Ambianensem bene judicasse ac per ejusdem curie nostre judicium dictum fuit dictum Robertum de Maladomo male appellasse et quod dictus appellans hoc nobis emendabit.

Pronunciatum Vª die martii anno .... Mº CCCº XXº IIº.

X¹ᴬ 5, fº 292.

V. X¹ᴬ 6, fº 144 vº. 16 février 1330 v. st., autre procès entre le même Robert de la Malemaison et Jehan Duky.

VI

Arrêt confirmatif d'une sentence du bailli d'Amiens refusant aux maire et échevins la connaissance d'un litige survenu entre eux et un de leurs fermiers.

Cette pièce nous donne la plus ancienne mention de l'usage d'affermer les revenus de la ville et des résistances que la perception rencontrait chez les coseigneurs ecclésiastiques. Le document ne désigne pas le revenu en question, mais l'importance de l'indemnité réclamée par le fermier laisse assez entendre qu'il devait s'agir de la perception de l'aide du vin en terre d'Église, ou des rentes de la prévôté.

25 Janvier 1335, v. st.

Lite mota coram preposito de *Belmamo*, commissario in hac parte a baillivo Ambianensi deputato, inter Johannem Maillardi seniorem ex una parte, et majorem et scabinos Ambianenses ex altera, super eo quod dictus Johannes dicebat et proponebat quod dicti major et scabini tradiderant eidem Johanni quosdam redditus sitos in dicta villa Ambianensi ad firmam pro certo pretio usque ad certum tempus et quod promiserant eidem garandizare dictam firmam et omne impedimentum quod in ea posset apponi amovere, quandoque decanus et capitulum Ambianense impediebant dictum Johannem quominus posset gaudere libere dicta firma et quod dicti maior et scabini sufficienter per dictum Johannem requisiti ut dictum impedimentum facerent amoveri super hoc fuerant negligentes et remissi, propter quod dictus Johannes dampnificatum se dicebat in centum libras. Quare petebat dictas C libras a dictis majore et scabinis; procuratore dictorum majoris et scabinorum ex adverso proponente et dicente quod ad dictos majorem et scabinos, ratione communitatis dicte ville, pertinet cognitio omnium questionum et petitionum que inter aliquos possent moveri vel fieri in villa Ambianensi et banleuca ejusdem. Quare petebat dictus procurator curiam et cognitionem dicte cause coram dictis majore et scabinis remitti. Dicto Johanne replicante et dicente quod, cum ipse ageret contra dictos majorem et scabinos super predictis, ipsi non poterant nec debebant de predictis cognoscere nec in sua causa judices esse. Qui dictus prepositus, auditis rationibus utriusque partis, ex officio suo ordinavit quod bene audiret dictos majorem et scabinos super principali, si aliquid vellent proponere et eis faceret justicie complementum, sed eos non admitteret ad finem curie retrahende. A qua ordinacione dictus procurator ad baillivum Ambianensem appellavit, qui dictus baillivus, ea ratione quod predicta causa erat propria majoris et scabinorum dicte ville qui in dicta villa reddunt judicia, pronunciavit dictum procuratorem male appellasse. A qua sentencia dictus procurator ad nostram curiam appellavit. Auditis igitur dictis partibus in causa appellationis predicte, visoque et diligenter examinato toto processu, per judicium curie nostre dictum fuit dictum procuratorem dictorum majoris et scabinorum male appellasse et dictum baillivum bene judicasse et emendabit appellans.

Datum XXV^a die januarii anno M° CCC° XX° V°.

X^{IA} 5. f° 439.

VII

Ratification d'une quittance faite par le receveur du Roi.

Cette pièce nous fait connaître un verrier d'Amiens du début du xive siècle et le prix de son travail, établi non sur la durée mais sur les dimensions de l'ouvrage, lequel ressort à un peu moins de 2 sols 11 deniers le pied carré. Le château de Beauquesne appartenant au Roi était une des résidences du bailli d'Amiens. On verra plus loin comment le bailli Galleran de Lully et Jacques le Sene s'y réfugièrent pendant les troubles de septembre-octobre 1358, abandonnant la ville au parti navarrais (v. *infra*, XX, n° 18).

Décembre 1328

Rattificacio quittancie octo librarum..... facte a Johanne de Cambio, receptore domini regis, Colardo Lalemant.

Philippus..... notum facimus..... nos vidisse quasdam.....

A tous ceulz qui ces présentes lettres verront, Jehans du Change, receverres en le baillie d'Amiens, salut. Comme Colars Lalemant, verriés, ait acheté à noble homme et sage Monseigneur Andrieu de Chairoles, chevalier le Roy, bailleu d'Amiens pour le temps (1), deux maisons appartenans au Roi nostre sire, qui jadis furent Renier Bourgeois, qui eschairent au Roy mon seigneur, pour raison de la forfaiture dudit Renier et sa fame, estant dehors la porte Saint-Denis joignant ensamble, entre le maison Robert de Lisle, paigneur, d'une part, et Pierre Davis d'autre part, comme au plus offrant, les criés et les subhastations selonc la coustume fais sollempnellement, trente livres p., lesquelles il devoit convertir en voirères faire au chastel de Beauchaisne, dont il en fist neuf vins un piés de verrère, qui montent par pris à la somme de vint une livre, deux sous, quatre deniers p., qui doivent tourner en paié ou amenuisant la somme desdites trente livres, si que toutes ces choses nous ont esté tesmoignées dudit baillif

(1) Andrieu de Chairoles, bailli d'Amiens depuis 1323, l'était encore le 26 mars 1328 n. st. (JJ 67, n° 84).

estre fais souffisamment. Et depuis ledit Colars nous a baillié viut (sic) livres, XVII s. et VIII deniers du remenant desdites vint et une livres, II sous, IV deniers en l'acomplissement des trente livres dessusdites. Lesquelles trente livres, comme dit est, nous avons rendu par nostre compte à Messeigneurs en la Chambre des comptes à l'Ascension, l'an Mil CCCXXVIII. Desquelles huit livres, dis et sept sous huit deniers p. pour le Roy nostre sire nous nous tenons pour bien paiés et de tout nous quittons ledit Colart et tous ceus à qui quittance en puet et doit appartenir. Donné à Amiens sous nos seel le XX° jour d'aoust l'an mil CCCXXVIII.

Nos autem omnia et singula supradicta, prout superius sunt expressa, rata habentes et grata ea volumus,..... nostro in aliis et alieno in omnibus jure salvo. Quod ut firmum.....

Datum Parisius anno Domini M° CCC° XX° VIII°, mense decembris.

JJ 67, n° 42.

VIII

Arrêt confirmatif d'une sentence du bailli condamnant à l'amende les maire et échevins, à raison de la détention abusive d'un marchand de Bruges (?).

De cette pièce très peu explicite il ressort seulement que Nicaise Despagnetes, après avoir chargé à Bruges, pour les conduire au port de Saint-Valeri, trente-trois charges de cuir appartenant à un bourgeois d'Amiens, Jehan du Gard, s'était vu, par suite de circonstances inconnues, naufrage ou faits de piraterie (?), dans l'impossibilité de satisfaire à ses engagements. Arrêté à Amiens, sur la poursuite de son client, il avait été condamné par les maire et échevins à tenir prison jusqu'à entière restitution. Le jugement fut cassé par le bailli et par la Cour, qui lui accorda même le droit de poursuivre Jehan du Gard et les maire et échevins en dommages et intérêts et réparation des injures subies, comme des frais consécutifs à l'appel. Le cas de force majeure était donc admis dans la jurisprudence du Parlement au xiv° siècle.

Super eo quod prepositus, major et scabini Ambianenses per suum judicium condempnaverant Nicasium Despagnetes ad remanendum in carcere in quo, ad instanciam Johannis du Gard, burgensis dicte ville, per eos fuerat arrestatus quousque triginta tres takas coriorum eidem Johanni redderet, que coria dictus Johannes eidem Nicasio conduxerat seu flecaverat apud Brugis (sic) ducenda per mare ad portum Sancti Walerici, a quo judicato dictus Nicasius ad baillivum Ambianensem appellavit. Quiquidem baillivus per suum judicium pronunciavit predictos prepositum, majorem et scabinos male judicasse et quod

28 Février 1330, v. st.

emendabunt. A quo judicato procurator dicte ville Ambianensis ad nostram curiam appellavit. Auditis igitur dictis partibus in curia nostra in causa appellationis predicte, visoque processu habito inter dictas partes ac diligenter examinato, per curie nostre judicium dictum fuit predictum baillivum bene judicasse ac procuratorem predictum male appellasse. Reservato dicto Nicasio quod posset prosequi dampna sua, expensas, injurias ac interesse in curia nostra, que et quos incurrit post appellationem ab ipso emissam, tam contra dictum Johannem du Gart quam contra dictos majorem, prepositum et scabinos, ut fuerit rationis.

Datum die ultima februarii M° CCC° XXX°.

X¹ᵃ 6, f° 91 v°.

IX

Confirmation par le Roi de certaines Sentences données sur le métier de Courroiers, entre des Maîtres d'Amiens et ceux de Paris, au Siège du Châtelet.

On trouvera, dans la pièce suivante, un des plus beaux exemples d'incohérence qu'ait jamais donnés l'administration monarchique, en intervenant dans la législation des métiers, non pour y apporter l'ordre et la clarté, mais le désordre et la confusion, son ingérence n'ayant d'autre règle qu'une complaisance invraisemblable et sans doute peu désintéressée pour les importunités des partis aux prises.

Il existait, dans les statuts des courroiers de Paris, un article interdisant de ferrer les courroies d'étain, de plomb ou de peautre. Cet article, une première fois confirmé par Philippe V, mais sans cesse violé, donna lieu, en 1324, aux foires de Champagne, à des contestations très vives entre marchands de Paris, d'Amiens et de Provins. Les fraudeurs, invoquant des lettres du Roi ou de la Cour postérieures à la dernière confirmation, avaient exposé en vente des produits défectueux ou des contrefaçons, en dépit de plusieurs exécutions antérieures. Les Maîtres du métier d'Amiens, dont l'initiative, en cette occasion, est d'autant plus remarquable qu'on ne trouve trace, à aucune époque, de leur organisation en métier juré, s'adressèrent au Roi pour faire renouveler les prohibitions anciennes et, ayant obtenu satisfaction par les lettres du 24 juillet 1324, saisirent, sans tarder, le Prévôt de Paris, en demandant exécution contre leurs concurrents, mais sans se porter parties, ni engager de procès.

L'exécution commencée, les courroiers de Paris vinrent, à leur tour, objecter le long usage dont ils avaient joui, un arrêt favorable à leur cause des grands jours de Troyes et une confirmation du Roi du 12 décembre de la même année annulant, avec l'article du statut, toutes lettres et ordonnances qui, comme celles du 24 juillet, ne feraient pas mention expresse de ces derniers titres et des tolérances stipulées.

Le Prévôt, ainsi placé en face de pièces contradictoires, ne put que donner jour aux parties au 10 février suivant. Avant la date indiquée, ceux d'Amiens présentèrent de nouvelles lettres du Roi du 8 janvier réitérant les premières condamnations et l'injonction au Prévôt de procéder sans délai aux exécutions légales, mais toujours sans faire mention de l'arrêt des grands jours et de la confirmation de décembre.

Nouvelle opposition des courroiers de Paris faisant état d'une seconde requête au Roi et d'un renvoi, par eux obtenu le 21 janvier, de l'affaire devant la Cour. Celle-ci régulièrement saisie la retourne au Prévôt qui, le mardi d'après la Chandeleur, rend son arrêt en faveur de ceux d'Amiens et de l'article discuté, sauf remise aux fraudeurs des amendes encourues dans le passé à raison de la longue tolérance qui les avait induits en erreur. Dont confirmation par le Roi en août 1331.

Confirmatio quarumdam Sentenciarum datarum super ministerio corrigiarum et inter corrigiarios civitatum Parisiensis et Ambianensis.

Philippes, par la grâce de Dieu Roys de France, savoir faisons à tous présens et avenir que nous avons veu unes lettres contenant la fourme qui s'ensuit :

Août 1331

A tous ceux qui ces lettres verront, Jehan Loncle, garde de la Prévosté de Paris salut, comme il nous ait esté denuncié de par Jehan dit le Clerc d'Amiens, Fremin de Rumeli, Jehan Lanière et de plusieurs autres corroiers de la ville d'Amiens contre Jehan de Thunes, Nicolas de Menise, Jehan de Corbie, Gerart de Lavanière, Henri de Moustier et contre tous leurs aherdans, courroiers de la ville de Paris faisant courroies clouées de piautre, d'estain et de plonc, contre tous essamble et contre chascun pour tant comme il li touchoit, en disant que les dessusnommés courroiers de la ville de Paris et plusieurs autres de la ville de Paris avoient fait et faisoient enquore courroies clouées et autrement ouvrées d'estain, de piautre ou de plonc, lesquelles estoient fausses et mauvaises, et décevables et telles seroient elles prouvées et approuvées par ceux qui au mestier se cognoissoient et ce povoit apparoir clerement, car une boucle ou uns espinciaus ou li autres ouvrages des courroies n'avoit mie force ne vertu de soustenir le fais du chaindre mes convenoit que il rompist ou que il plaiast, et meismement que il estoit ordené et establi en l'ouvrage de courroirie, et laquelle ordonnance estoit approuvée et confermée du Roi nostre sire et scellée de son grant seel de cire vert en las de soie, que nulz courroiers ne face courroies d'estain, ne clouer, ne ferrer courroies d'estain, de plonc ou de piautre, et se il estoit fait chacun qui li faisoit devoit au Roy quinze sols d'amende et l'ouvrage estoit et devoit estre ars si comme il disoient. Et disoient encores que par plusieurs fois teles courroies, comme dessus est dit, qui avoient esté prises à Paris et en plusieurs autres lieus avoient esté arses comme fausses et mauvaises et que il estoit mandé du Roy no seigneur à nous et à chascun autre justicier, sans si et sans condicion, que partout ou teles courroies seroient trouvées elles fussent prises et arses et que chascun qui seroit trouvés les faisant et sur qui elles seroient trouvées fussent contrains de paier quinze sols d'amende au Roy nostre sire, comme il disoient estre contenu plainement ès lettres dudit nostre sire le Roy faites sur ce contenant ceste fourme :

Karolus Dei gratia Francie et Navarre rex. Custodibus nundinarum Campanie ac senescallis universis, baillivis, prepositis, Maioribus et aliis quibuscumque judicibus et subditis regni nostri ad quos presentes littere pervenerint salutem. Cum in ordinacione predecessorum nostrorum Francie regum facta super ministerio corrigiarum inter cetera continetur expresse quod nullus potest vel debet in regno nostro sophisticas facere corrigias de stanno, videlicet clavare, ferrare vel aliter operare de stanno sophistice. Et qui faciet illud opus si reperiatur sine dilacione comburi debet et ille qui facit debet solvere quindecim solidos pro emenda, nonnulli tamen operarii corrigiarum, pretextu quarumdam litterarum surrepticiarum quas a nobis seu curia nostra tacito de premissis impetrasse dicuntur, in pluribus et diversis locis et villis dicti regni contra dictam ordinacionem cotidie plures falsas et sophisticas corrigias, fingentes alterius speciei eas esse, faciunt et facere non cessant. Propter quod *Magistri corrigiarum ville Ambianensis* tunc et alias humiliter supplicaverunt ut super hoc remedium adhibere vellemus oportunum. Quocirca nos eorum supplicationibus annuentes et indempnitati populi providere volentes vobis et vestrum singulis mandamus, prout alias ex parte carissimi Domini Philippi quondam dictorum regnorum regis germani nostri mandatum extitit, districte precipiendo, quatinus, in locis et juridicionibus vobis commissis, ad requestam latorum presencium, dictam ordinacionem publicari et, dictis litteris aut aliis surrepticiis impetratis vel impetrandis, non obstantibus, in omnibus punctis suis, prout de ipsa liquebit, observari faciatis, quascumque falsas et sophisticas et sic factas post publicationem hujusmodi de stanno, plumbo, pestro factas, clavatas vel ferratas corrigias, quas in vestris potestatibus inveneritis, indilate secundum ordinationem predictam comburi, dictosque quindecim solidos illis qui eas fecerint et penes quos invenientur levari, nostrisque racionibus applicari faciatis, ita quod ad nos ulterius super hoc in vestrum defectum non habeatur recursus, latorem presentium et alios hujusmodi negocium prosequentes ab omnibus injuriis, violenciis, gravaminibus, molestiis et oppositionibus quibuscumque custodientes et defendentes ut fuerit rationis et ad vestrum quemlibet noveritis pertinere. Datum Parisius XXIV^a die Julii anno Domini M° CCC° XX° IV°.

Pourquoy les dessusnommés courroiers de la ville d'Amiens disoient, en exciant notre office et par manière de dénonciacion tant seulement, que, comme de roit commun tous ouvrages qui sont faus ou tielx que on en peut et doit estre echeus doivent estre détruis par les justices et ceux qui les justices avoient à arder, par quoy les bonnes gens n'en peussent estre décheus, et que toutes fois ue quant aucunes ordenances estoient faites sus aucunes choses et confermées ar le souverain, se aucune chose estoit au contraire, li souverains ou cilz qui sa ersonne représenteroit y devoit mettre remède et punir ceux qui faisoient au ontraire desdites ordenances, nous devions faire prendre et ardoir toutes les ourroies ferrées, clouées et autrement ouvrées d'estain, de piautre ou de plonc ui avoient esté et seroient trouvées en la ville de Paris, espéciaument sus les essusnommés et plusieurs autres, et contraindre à chacun d'iceulx qui faites les voient ou feroient à payer au Roy notre sire quinze sols parisis d'amende, et e nous requéroient, pour tant que à eulz touchoit et povoit touchier, en nous ffrant à enfourmer se mestiers estoit des choses dessusdites, se elles ne nous pparoient estre vraies, euidaument par bonnes gens dignes de foy qui en ce se ognoissoient aus fins dessusdites.

Et au contraire eust esté proposé à maintenir, de par les dessusnommés courroiers de la ville de Paris et leurs aberdans, afin que par nous feust prononcié et à droit que il peussent faire courroies clouées de piautre ou d'estain et que leurs courroies prises de notre commandement, à la requeste et instance des dessusdits courroiers d'Amiens, leur fussent rendues comme bonnes et souffisans, et que le trouble et empeschement par nous mis en leur ouvrage et mestier indeuement et de nouvel feust par nous ostez et eulz gardés en leur possession et saisine, et lesdits courroiers d'Amiens condamnez et contrains à eulz rendre leurs cous, frais et dommages que il avoient eu et soustenu pour cause dudit empeschement, lesquiex il estimoient à quatre cens livres parisis, reservée notre taxation, et que lesdicts dénonceurs fussent condempnés à amender au Roy notre seigneur, en tant que il venoient contre un arrest, en disant que il estoient et avoient esté en saisine et possession souffisant de faire courroies clouées de piautre, d'estain ou d'autre matière et d'icelles vendre à Paris, par tout le royaume de France et par tant de temps qu'il souffisoit et devoit souffrir droit et saisine avoir acquis. Et que, puis an et demi ou environ, Richart Marcel et plusieurs autres courroiers de la ville de Paris avoient meu question, par devant nos seigneurs tenans les jours de Troies, contre les courroiers de Prouvins et plusieurs autres de divers lieux, en disant que nulz ne povoit fere courroies clouées de piautre ou d'estain par la vertu de certaines ordenances, sus laquele chose, tout veu et tout oy, fu par nosdits seigneurs prononcié et par arrest que ladite ordenance estoit contre le proufit commun et fu mise au nient et annullée, si comme il disoient. Si disoient que puis ledit arrest le Roys no sires en ycelui fortefiant nous avoit envoié ses lettres et à tous autres justiciers contenant ceste fourme :

Karolus, Dei gratia Francie et Navarre rex, preposito Parisiensi vel ejus locumtenenti ceterisque justiciariis regni nostri ad quos presentes littere perverint salutem. Conquesti sunt nobis Henricus de Monasterio, Gerardus de la Vanière, Johannes Corbie, Nicolas de Meneise, Johannes de Thunes et plures alii corrigiarii quod, licet quedam ordinacio per corrigiarios ville Parisiensis dudum facta super ministerio corrigiarum, continens inter cetera quod nullus corrigias facere aut clavare de stanno seu ipsas sic confectas Parisius aut alibi vendere poterat vel debebat, pretextu cujusmodi ordinacionis et quarumdam litterarum a curia nostra impetratarum (1) corrigiarios pruvinenses et alios regni nostri multimode fecerant molestari, per arrestum curie nostre Campanie, auditis hinc inde rationibus et eorum visis litteris, fuerit tanquam contra utilitatem publicam facta penitus anullata, prout in dicto arresto plenius continetur, vobisque et vestrum cuilibet, ut ad eum pertinet, mandassemus per nostras litteras ut arrestum hujusmodi faceretis inviolabiliter observari, nec dictos corrigiarios pruvinenses aut quosvis alios similis condicionis permitteretis impediri, qui ipsi suo uti predicto ministerio more solito et corrigias suas sic factas ubique vendere valerent, ordinacione predicta, ut premititur, anullata non obstante et non obstantibus quibuscumque litteris subrepticiis a nobis impetratis seu impetrandis expressam de revocatione dicti arresti non facientibus mencionem, prout in dictis nostris litteris plenius, ut accipimus, continetur, nichilominus prefati corrigiarii Parisienses, adhuc in suo errore perseverantes, illam et eandem ordinacionem adnullatam, ut prefertur, confirmari, quathenus de ipsa gavisi hactenus pacifice fuerunt, et salvo etiam jure nostro et alieno in omnibus, surrepticie et veritate tacita, ut dicitur, per nostras litteras in cera viridi et serico sigillatas postmodum procuraverunt, cujusmodi confirmacionis pretextu et quarumdam aliarum litterarum sub umbra ipsius confirmationis a nobis obtentarum, ut dicitur, Adam Blondel et Colinus Lafille, servientes nostri Castelleti parisiensis, corrigias ipsorum conquerentium sic factas, ad instanciam et requestam Johannis Clerici de Ambianis, Fremini de Rumelli, Johannis Lanière (2), Fourneti le

---

(1) Il y a certainement ici une lacune qui doit appeler la restitution suivante : « Richart Marcel et plures alii corrigiari ville Parisiensis.

(2) Ici encore doit exister une lacune pour laquelle nous proposons la restitution suivante : « et plurium aliorum corrigiariorum ville Ambianensis ».

Courroier, Roberti le Boucher et quorumdam aliorum corrigiariorum ville parisiensis ceperunt et arrestaverunt, contra arrestum predictum et mandatum nostrum hujusmodi veniendo, ac eciam in dampnum non modicum conquerencium predictorum; verum, cum in nostris confirmatoriis litteris predictis seu aliis nulla facta sit mencio de arresto predicto, nec (1) ipsi corrigiarii parisienses de ipsa ordinacione, post arrestum predictum seu confirmacionem predictam, gavisi fuerint pacifice, imo ipsimet corrigiarii parisienses et alii de dictis corrigiis in villa parisiensi, virtute predicti arresti et post hujusmodi confirmationem, operati fuerunt et eas inibi vendiderunt, et sic dicte littere confirmatorie et alie exinde emanate falso et surrepticie impetrate fuisse manifeste viderentur, vobis et vestrum cuilibet, ut ad eum pertinuerit, sicut alias mandasse dicimur, iterato mandamus quatinus, si, visa dicta confirmacione et arresto ac nostris litteris predictis seu earum copiis sub sigillis autenticis, legitime constiterit ita esse, hujusmodi arrestum teneri inviolabiliter facientes, eosdem conquerentes et alios similis condicionis suo uti predicto ministerio more solito pacifice permittatis, dicta confirmatione surrepticia, aut quibuslibet aliis surrepticiis litteris a nobis impetratis aut impetrandis non obstantibus nullam de revocatione dicti arresti facientibus mencionem, predictas captas corrigias cum eorum modulis et dampnis ob hoc sibi illatis ratione prima reddi et restitui facientes, transgressores ejusdem arresti propter transgressionem hujusmodi per emendas pecuniarias condignas et alias civiliter taliter puniendo quod eorum punicio cedat ceteris in exemplum, vocato ad hoc procuratore nostro pro jure nostro circa hoc diligentius observando cum ceteris evocandis. Datum apud Vincennas XII^a die decembris anno Domini M° CCC° XX° IV°.

Et que, par la vertu d'iceli arrest et desdites lettres, il avoient tousjours depuis ouvré dudit mestier en la fourme et manière dessusdite paisiblement ~t disoient que indeuement et de nouvel le procureur du Roy, à l'instance desdits courroiers d'Amiens, les empeschoit et faisoit empeschier et avoit fait prendre leurs courroies et leurs moulles en leur grant préjudice et dommage et en venant contre ledit arrest et lesdites lettres, si comme lesdits courroiers de la ville de Paris avecques plusieurs autres raisons disoient et maintenoient aux fins dessusdites, en offrant à fere savoir de tout ce qui cheoit en fait, tant que souffrir leur devoit, en niant les fais de la partie adverse en tant comme il estoient contraires et prejudicieux au leur; et, sus toutes les choses dessusdites et pour reson d'icelles, lesdites parties eussent ballié par escript pardevant nous

---

(1) Il faudrait ici *et*, et non pas *nec*.

plusieurs resons de fait et de droit avecques plusieurs lettres seur lesquelles et parmi lesquelles il requidrent que droit leur feust fais et, pour avoir et oyr icelui, prinstrent et acceptèrent certaine journée qui de nous leur fu assignée, c'est assavoir au jeudi dizième jour de février l'an de grace mil trois cent vint et quatre, pendant lequel jour lesdits courroiers de la ville d'Amiens nous apportèrent unes lettres du Roy no Seigneur sans seel contenant ceste forme :

Karolus, Dei gratia Francie et Navarre rex, preposito parisiensi vel ejus locumtenenti salutem. Ex parte plurium corrigiariorum ville Ambianensis nobis est denunciando, non partem faciendo, monstratum quod nonnulli corrigiarii Parisiis commorantes de die in diem faciunt et facere non cessant corrigias plumbo, stanno et pestro ferratas falso modo sophistice, fingentes alterius speciei eas esse, licet opus tale per totum regnum Francie, per ordinaciones regias olim super dicto ministerio factas, sub certa pena in dictis ordinationibus contenta, sit omnino prohibitum, prout in registris Castelleti parisiensis dicitur plenius contineri, et, cum, pretextu dicte ordinacionis et litterarum nostrarum tibi super hoc directarum, ut dicitur, tu quamplurimum dicti falsi operis et sophistici feceris arrestari, partem pro nobis in hac parte faciendo, tu nichilominus executionem dicti falsi operis (1) in nostri contemptum ac totius rei publice dampnum non modicum et gravamen, ut dicitur. Quare mandamus tibi quatinus, quibuscumque frivolis exceptionibus, cavillacionibus et subterfugiis dictorum corrigiariorum, seu litteris subrepticiis a nobis impetratis vel impetrandis non obstantibus, opus falsum predictum comburi juxta dictas ordinaciones et emendas ab illis penes quos invenietur levari, nostrisque rationibus applicari facias indilate, dictas ordinaciones faciens inviolabiliter observari, prout justum et ad te noveris pertinere. Datum Parisius VIII^a die Januarii anno Domini M° CCC° XXIV°.

Et nous fu commandé, de par nos seigneurs tenans les requeste du Roy notre sire en son palais à Paris, que à icelles lettres obéissions et fassions les choses contenues en icelles aussi bien comme si elles fussent seellées. Et après tout ce, avant que nous feussions conseillié de faire ledit droit, fu, de par lesdits courroiers de Paris, supplié au Roy notre sire en la manière qui s'ensuit :

A notre sire le Roy supplient Henri du Moustier, Gérart de la Vanière et plusieurs autres povres courroiers ouvrans d'estain ou de peautre à Paris et ailleurs que, comme une ordenance jadis faite par les courroiers de Paris sus le mestier de courroies, contenant que nulz ne puet faire courroies, ne clouer d'estain ou de peautre, ne elles ainsi faites vendre en la ville de Paris ne ailleurs,

---

(1) Il y a ici un mot passé : retardas ou renuis.

par la vertu de laquelle ordenance iceux de Paris avoient fait prendre et ardre les courroies des ouvriers d'estain ou de piautre, en Champaigne et ailleurs, par l'arrest de nos seigneurs des jours de Troies derrenièrement anullée et cassée eust esté du tout en tout, aussi comme faite contre le utilité publique et sans la licence du Roy, par laquelle il disoient que il avoient faite icelle ordenance, et eust mandé notres sires le Roy au prévost de Paris et à tous autres justiciers que ledit arrest fassent tenir et garder et lessassent lesdits courroiers d'estain et de piautre user et joïr de leur mestier partout en la manière acoustumée, non contrestant lettres empétrées ou à empétrer au contraire non faisans mencion expresse de l'arrest et de l'anullacion dessusdite, et jasoit ce que, depuis ledit arrest et par vertu d'icelui, les devantdits supplians et plusieurs autres et ceulz de Paris espécialment aient ouvré par un an et par plus dudit mestier en la ville de Paris et partout lau ou il voloient, et non obstant ledit prévost de Paris, à l'instance d'aucuns courroiers de laton de Paris et ailleurs leurs adhérens, les devantdits supplians a empesché et enquore empesche à tort et de nouvel que il ne puent user dudit mestier, si comme acoustumé a esté et mandé par le Roy notre sire, et après ont fait prendre leurs courroies et leurs molles, en venant contre ledit arrest et contre le mandement du Roy notre sire, sous l'umbre d'unes lettres confirmatoires empétrées de par lesdits courroiers de Paris sur l'ordenance dessusdite ainsi adnullée emprès l'arrest dessusdit surrepticement et sans mention fere dudit arrest ne de l'anullation d'icelle ordenance, et jasoit ce que li Roys notres sires ait mandé nagaires audit prévost que, se il estoit ainsi comme devant est dit, que il se cessast de molester lesdits supplians, et les lessast joir et user de leur mestier sans nul empeschement, en la manière acoustumée, et leur rendissent leurs courroies et leurs molles pour ce pris, et adecertes contrainsist tous ceux qui contre ledit arrest yroient ou avoient alé par amende pecuniaire, si comme il est plus plainement contenu audit mandement le Roy, non contrestant les lettres confirmatoires dessusdites et toutes autres empétrées ou à empétrer surrepticement au contraire, ce non obstant, ledit prévost ne n'a voulu riens faire mes se efforce de interpréter le devantdit arrest, et pour ce les vaulent traire en cause devant lui, laquelle interprétation n'apartient pas à lui mes à nosdits seigneurs. Pourquoy il requièrent que il soit mandé et commis ausdits nosdits seigneurs des jours qui présens sont maintenant à Paris que eulz ou trois ou quatre de eulz, se tous n'i puent estre ou entendre, voient l'arrest dessusdit, les lettres confirmatoires et toutes les autres d'une part et d'autre empétrées et prengnent devers eulz les choses et les instrumens ou lettres que ledit prévost a tenu devers lui et, appellez ceulz qui se voudroient faire parties ou autres qui feroient à appeller et oyes les resons d'iceux, il interprètent, desclairent, se mestiers est, facent, ordenent seur ce cas ce qui verront qui sera à faire, en défendant audit prévos que plus ne cognoisse de ce, mes lesse lesdits supplians joir et user de leurdit mestier en la manière acoustumée et leur rende leurs courroies et leurs moulles pour ce pris, en la manière que li Roys notres sires li a mandé, et que il soit mandé à nos seigneurs que, se ledit prévos a riens fait contre eulz seur ce, que il le facent mettre à estat deu. Sus laquelle et pour reson de laquelle supplicacion, le Roys notres sires leur fist bailler ses lettres contenans ceste fourme :

Karolus, Dei gratia Francie et Navarre rex, dilectis et fidelibus gentibus nostris pro nobis Parisiis presidentibus salutem et dilectionem. Supplicacionem Henrici de Monasterio, Gerardi de Varennia, etc., corrigiariorum et nonnullorum aliorum ejusdem ministerii, suorum consortium, operancium de stammine et de peautro Parisiis et alibi, sub nostro contrasigillo clausam mittentes vobis mandamus et committimus quatinus, ea visa et diligenter inspecta, vocatis evocandis, super contentis in ea faciatis quod justum et rationabile fuerit faciendum, justicie plenitudinem super hoc exhibendo taliter quod super hoc nulla nobis deinceps referatur querela. Datum apud Meson Marescalli XV^a die Januarii anno Domini M° CCC° XX° IV°.

Pour laquelle chose nous nous traismes devers nosdits seigneurs et leur deismes et montrasmes comment lesdits courroiers avoient jà procédé pardevant nous en la manière que dessus est dit. Lesquiex nosdits seigneurs, veue ladite supplication et les lettres à eus envoiés sus ce et oy nous et les parties, renvoièrent lesdites parties pardevant nous et nous commandèrent que à iceulz feissions bon droit et hâtif, et seur ce feussent lesdites parties revenues pardevant nous requérant à grant instance tel droit à avoir. Sachent tout que nous, oy tout ce que il voudrent dire, veues les resons d'une part et d'autre, veues lesdites çaintures ferrées de peautre, d'estain et de plonc, appellez à ce plusieurs ouvriers de la ville de Paris qui en ce se cognoissoient doudit mestier de courroier, de potiers d'estain, les mestres des merciers et orfèvres, qui ladite œuvre virent et firent veoir par ceux de leur mestier, qui tous disrent par leurs seremens que l'œuvre estoit fausse et mauvaise et dommageuse au pueple et au proufit commun, veus aussi les molles ès quiex tele manière de œuvre estoit faite et getée, considéré et regardé que en l'ombre de ce on y povoit geter monnoie, laquele chose n'est mie à souffrir, considéré ledit arrest et que par icelui nosdits seigneurs qui le donnèrent n'approuvèrent mie l'œuvre pour bonne, ne ne pronuncièrent mie de l'ordenance pour nulle pour chose que ladite euvre fust bonne, mes pour ce que lesdits courroiers avaient abusé de ladite ordenance, veues les anciennes ordenances faites sur ledit mestier de courroie, considérez et regardés toutes les choses autres qui à ce nous povoient mouvoir de reson, eu sur tout grant délibéracion de bon conseil à nosdits seigneurs de la Court et au autres personnes sages et expers, par le conseil que nous avons eu seur ce, condemnons ladite œuvre de peautre, d'estain et de plonc, comme fausse et mauvaise et préjudicial à tout le commun pueple, et les courroiers à Paris et tous autres à qui il appartient condempnons à cesser dores en avant de faire tele manière de euvre sus peine de l'amende le Roy des quinze sols dessusdits, et sus quanques ils se pevent meffaire envers Notre Sire le Roy. Et du commandement de nosdits seigneurs les quittons de l'amende du Roy notre sire en quoy il estoient tenus pour les causes dessusdites, pour ce que ce qu'il faisoient et avoient fait il avoient fait sous l'umbre dudit arrest, par nostre sentence diffinitive et par droit. En tesmoing de ce nous avons mis en ces lettres le seel de la prévosté de Paris. Ce fut fait l'an de grâce Mil CCC XXIV le mardi après la Chandeleur.

Nous adecertes, lesdites condempnacion et sentence, en temps comme elles sont faites et prononciez deuement et justement, à la requeste et supplicacion de Jehan dit Clerc d'Amiens, Fremin de Rumeli, Jehan Lanière et de plusieurs autres courroiers de la ville d'Amiens, aians aggréables, fermes et estables, icelles voulons, gréons, loons, ratefions, approuvons et de notre auctorité royal, en tant que à nous appartient et puet appartenir, confermons, notre droit et l'autrui sauf en toutes choses. Et, pour ce que ce soit ferme chose et estable à tousjours, nous avons fait mettre notre seel en ces présentes lettres.

Donné à Poissy l'an de grâce Mil CCC XXXI ou mois d'Août.

JJ 66, n° 650.

X

Arrêt de la Cour reconnaissant que l'Hôtel-Dieu d'Amiens n'est aucunement de fondation royale.

Les documents concernant l'Hôtel-Dieu d'Amiens sont très rares dans les fonds du Parlement et du Trésor des Chartes. Celui-ci n'en est que plus intéressant.

Par ses lettres de jussion, le roi Charles IV avait prescrit au bailli d'Amiens ou son lieutenant de faire recevoir comme sœur audit hôpital, Agnez de Wez de Beauquesne, en contraignant au besoin, par saisie de leur temporel, le maître dudit Hôtel-Dieu et la congrégation des frères et sœurs, s'il était établi que la maison était de fondation royale ou placée sous la sauvegarde spéciale du Roi, ou enfin que ses prédécesseurs étaient fondés en usage d'y instituer, *jure regio*, des frères et sœurs.

L'enquête du lieutenant du bailli conclut que le Roi était en possession, à son avènement, du droit de faire recevoir une personne, frère ou sœur, à l'Hôtel-Dieu d'Amiens. En conséquence, mandement fut donné à un sergent d'y installer Agnès de Wez.

Mais, au jour dit, injonction faite au maître et aux sœurs de recevoir ladite Agnès, de la pourvoir de vivres et de lui présenter le pain et le vin en signe d'admission, ceux-ci opposèrent un refus formel, allant jusqu'à arracher des mains de la postulante le pain que lui avait présenté le sergent exécuteur du mandement.

Il y eut alors saisie du temporel, recours du maître auprès du Roi établissant le bon droit de la congrégation, l'insuffisance de l'enquête, où les religieux n'avaient été ni appelés ni entendus, et protestant contre les exécutions abusives dont ils étaient victimes, et lettres du Roi au bailli prescrivant de leur donner mainlevée jusqu'à nouvelle enquête.

Cette seconde enquête — où les plaignants, entre autres raisons, avaient allégué l'impossibilité d'excéder le nombre à eux fixé par le Siège Apostolique, — renvoyée à la Cour, du consentement des parties, celle-ci finalement leur donne raison et infirme les arrêts du bailli.

24 Juillet 1333

Cum baillivo nostro Ambianensi vel ejus locumtenenti per nostras litteras mandassemus quatenus, vocatis evocandis, Agnetem de Wez de Bellaquercu recipi facerent in sororem domus hospitalis Ambianensis, cui carissimus dominus noster Karolus rex quondam ibidem concessisse dicebatur, ad hoc compellendo magistrum domus hospitalis, fratres et sorores dicte domus per captionem temporalitatis dicte domus, juxta concessionis predicte tenorem, *si dicta domus de fundacione predecessorum nostrorum, vel si de gardia nostra erat speciali*, vel in dicto loco predecessores nostri fratres vel sorores ponere jure regio fuerant assueti. Cumque dictus baillivus, informatione et inquesta de premissis facta per suum locumtenentem, per modum qui sequitur, suam sententiam pronunciasset videlicet quod inveniebatur quod rex erat in possessione ponendi in dicto hospitali, in suo novo adventu, personam unam et quod, virtute dictarum litterarum regiarum, fieret commissio cuidam servienti quod poneret dictam Agnetem in dicta domo hospitali et eam teneret pacifice, commisissetque cuidam servienti executionem sentencie predicte faciendam, cumque dictus serviens, virtute commissionis eidem facte, dictam Agnetem in dicta domo hospitali introduxisset, precipiendo magistro dicti hospitalis et sororibus quatenus dictam Agnetem in sororem dicte domus reciperent, eandem Agnetem in hospitali instituendo, predictis magistro et sororibus injungendo quatenus eidem tanquam sorori de victualibus providerent, tradendo panem et vinum dicte Agneti in signum institutionis et possessionis. Quibus per dictum servientem pactis, dicti magister, fratres et sorores dicte domus responderunt quod in dicta domo mansionem et victualia nunquam haberet, panem per dictum servientem dicte Agneti traditum de manibus auferendo. Quapropter dictus magister hospitalis dicte domus, conquerendo quod temporalitas dicte domus ad manum nostram apposita fuerat minus juste, litteras a nobis obtinuit dicto baillivo directas continentes insuper quod, cum domus hospitalis ambianensis de fundatione nostra non erat aut gardia nec consuevissent personam recipere jure regio sibi missam, nichilominus dictus baillivus, virtute cujusdam informationis facte, non vocatis dicti religiosis hospitalis nec auditis, dictam Agnetem impotentem de facto in domo sua dicti hospitalis poni fecerat et, quod dictam Agnetem in sororem recipere recusabant, temporalitatem dicte domus ad manum nostram posuerat in ipsorum prejudicium et gravamen. Quare per nostras litteras mandabatur dicto baillivo quatenus, primitus amota dicta manu nostra, si eidem summarie et de plano de premissis constaret, eosdem magistrum et religiosos dicte domus occasione predicta nullatenus molestaret, non obstante informatione predicta aut aliis litteris impetrandis. Cumque dictus baillivus, super contentis in dictis litteris nostris ultimo missis, inquestam quandam fecisset, dictis religiosis pluribus rationibus in ipsa inquesta proponentibus quare ad receptionem dicte Agnetis minime tenebantur et specialiter cum haberent certum numerum juramento a Sede Apostolica confirmatum, inquesteque de premissis facte, ad mandatum nostrum, curie nostre remisse fuissent et recepte, de consensu partium, ad judicandum tradite ad finem si bene vel male per dictum baillivum fuerat judicatum. Quibus visis et diligenter inspectis, per ejusdem curie judicium dictum fuit dictum baillivum male judicasse.

Datum die xxiv julii, anno 1333.

X¹ᵃ 6, f⁰ 336.

XI

Documents relatifs aux rapports des marchands d'Amiens avec les péagers de Bapaume.

Aug. Thierry a publié (I, 179, 472, 485), un certain nombre de documents relatifs aux rapports des marchands d'Amiens avec les péagers de Bapaume. Comme toujours, sa publication est insuffisante, en ce sens qu'elle omet des pièces essentielles, ses analyses nécessairement confuses et inexactes. On s'en convaincra, sans peine, en parcourant la notice ci-jointe :

Note sur les rapports des marchands d'Amiens avec les péagers de Bapaume au XIVe siècle.

Les démêlés des marchands d'Amiens avec les péagers de Bapaume ont rempli toute l'histoire de la commune et particulièrement la première moitié du XIVe siècle. A aucune époque, on n'est arrivé à s'entendre sur la définition exacte du droit et des règles de perception. Les longs procès qui s'ensuivirent n'aboutirent jamais qu'à des transactions sur des questions de fait. Et si, de guerre lasse, la querelle s'assoupit parfois, pour un temps plus ou moins long, un incident minime suffit toujours à la ranimer. Ce qui en complique encore l'étude, c'est que les titres fondamentaux ne sont nulle part produits et que nombre de pièces (1), citées au cours des débats, ont elles-mêmes disparu.

Dans l'état actuel de la documentation, le procès ne s'ouvre pour nous qu'avec le début du XIIIe siècle.

D'une enquête contradictoire de 1202 (2), consécutive à la première réunion de Bapaume et du comté d'Artois à la Couronne, était sortie une double déclaration dont les clauses fort sommaires et même contradictoires ne cessèrent de fournir matière à controverses et à contestations sans cesse renaissantes.

La première limitait l'obligation du péage, pour les marchands d'Amiens et de plusieurs autres villes et pays privilégiés, au seul cas où ils passaient par Bapaume. Au contraire, tous marchands des terres de France, Bourgogne, Champagne, Provence, Saint-Jacques outre monts ne pouvaient importer en Flandre ou fiefs de Flandre aucuns produits de leurs pays, ni exporter en échange, comme fret de retour, avoirs de Flandre à destination de leurs pays, non plus qu'aucuns marchands flamands faire le même trafic en sens inverse, sans « passer et aquiter à Bapaume ».

La seconde (3) contredisait, sur un point essentiel, cette dernière disposition, plutôt qu'elle ne la complétait, en généralisant, pour tous avoirs de Flandre exportés en France, Bourgogne, Champagne et outre monts, comme pour tous vins de France et de Bourgogne importés en Flandre, quels que fussent les transiteurs, marchands d'Amiens ou d'autres villes privilégiées, l'obligation du péage, sans plus faire mention de la condition du passage par Bapaume. Une autre clause nouvelle stipulait pareille obligation de péage à Péronne, Roye, Compiègne et Crépy pour toutes gens et marchandises tenus de payer à Bapaume.

Il subsistait au moins, entre ces deux textes, dont le second, restrictif du privilège formulé par le premier, négligeait de le spécifier nettement, une certaine équivoque que les gens d'Amiens, entre autres, s'ingénièrent à exploiter à leur profit. On les vit donc tantôt les opposer ouvertement, tantôt en invoquer le silence ou les ambiguïtés pour éluder les exigences des péagers.

Nous les retrouvons à la barre de la cour de Parlement, en 1318 (4), soutenant leur prétendu droit et possession immémoriale d'entreposer, en franchise, dans leur ville, les marchandises exportées de Flandre à destination des pays de France, Bourgogne, etc., même réexpédiées par intermédiaires, à la seule condition de ne passer ni par Bapaume, ni par terre. La cour refusa

---

(1) Les délibérations du XVIe siècle citent un acquit de 1285, dit acquit d'Amiens, et des lettres de 1286 qui ont disparu (BB XXXIII, 27).

(2) Perdus encore deux documents de même nature du XVe siècle dont le premier est ainsi désigné par l'inventaire SIII de 1551 : « Item ung petit livre en parchemin couvert de bois faisant mention de l'instruction et acquit du péage de Balpasmes faict et renouvelé par l'ordonnance du duc de Bourgogne et de MM. de son Conseil en la chambre de Lisle en l'an 1442 ». V. pour le second, CC. 48, f° 44, anno 1465.

(3) Aug. Thierry, t. I, p. 179.

(4) Olim, t. II, p. 684. 29 novembre 1318.

de les admettre à faire, contre les péagers, la preuve de cette prétendue franchise des réexportations et des transports par eau, et déclara, conformément aux conclusions de l'adversaire, s'en tenir aux stipulations contenues dans son ancien registre qui furent incorporées à son arrêt : — c'est le texte de la seconde déclaration de 1202.

Cette version restrictive ainsi confirmée, l'équivoque n'en était point pour cela dissipée, ni la double prétention des poursuivants expressément condamnée. La procédure se poursuivit, appuyée de nouvelles enquêtes (1), où les parties s'opposèrent toutes les subtilités de la chicane, les gens d'Amiens continuant à tenir la question pour non résolue et persévérant en fait dans l'usage de la double franchise revendiquée.

Après vingt ans de fraudes et de subterfuges, ce fut au tour du comte et de la comtesse de Flandre, héritiers de l'Artois, de dénoncer leurs manœuvres et d'en requérir la condamnation définitive. Satisfaction leur fut donnée par arrêt du 14 avril 1338 (2), mais toujours en termes généraux : il était stipulé seulement que les plaignants seraient maintenus et garantis dans leur possession et tous empêchements contraires écartés. Il n'avait été d'ailleurs question, dans le débat, que de la prétendue franchise des marchandises entreposées à Amiens. Celle des transports par eau n'avait point été soulevée.

Ce furent les Amiénois eux-mêmes qui rouvrirent la controverse sur ce point, mais en s'aidant cette fois du concours de leur corps de ville et d'un mandement du Roi Philippe VI (3). Le Roi y renvoyait, sur leur requête, l'affaire à son Parlement, lui enjoignant de « pourveoir lesdis impétrans de telle remède que bon sembleroit, en esclerchissant l'arrêt prononcé contre eux en cas de saisine seulement ». Les avocats de la ville répétèrent une fois de plus, devant la Cour, que l'obligation du péage ne pouvait raisonnablement s'entendre des marchandises transportées par mer, « quod est omnibus liberum », mais seulement de celles passant par Bapaume, et qu'en fait on en usait ainsi avec plusieurs (4) dont le privilège n'était pas spécifié par d'autres textes et en d'autres termes que le leur, etc. L'arrêt d'interprétation du 13 mai 1341 les débouta encore purement et simplement (5).

L'équivoque était cette fois dissipée, mais les choses n'en allèrent pas mieux, car les péagers n'eurent aussitôt qu'une pensée, user de leurs avantages pour faire sentir plus lourdement aux marchands d'Amiens leur dépendance. L'arrêt du 12 mai était à peine connu que ceux-ci importunaient le Roi de nouvelles doléances sur les exactions de la partie adverse qui faisait arrêter, comme venant de Flandre, toutes marchandises partant d'Amiens à destination des pays de France, Bourgogne, etc., sans les admettre au serment sur la réelle provenance de leurs cargaisons. Le mandement du 26 mai (6) leur donna gain de cause sur ce point, sauf renvoi à la Cour au cas d'affirmations contradictoires.

Les péagers ne s'en tinrent pas là, et, pour simplifier les opérations de la perception et le contrôle du transit, ils prétendirent contraindre les marchands d'Amiens venant de Flandre par terre à passer par Bapaume. A quelques mois de là, les cargaisons d'une dizaine d'entre

---

(1) X¹ᵃ 7, fᵒˢ 7 et 124. Arrêts des 20 décembre 1334 et 27 mars 1335, v. st. Celui-ci publié ci-contre, n° 1.
— (2) Aug. Thierry, t. I, p. 472.
(3) Inventaire S1, notice n° 217 d'un mandement royal du 19 juillet 1339, publié ci-contre, n° 2.
(4) La ville d'Amiens fait ici allusion à un arrêt, obtenu en 1271 par les gens de Tournai, les confirmant, contrairement aux prétentions des péagers, dans la franchise des transports de leurs produits en tous pays privilégiés ou non, pourvu qu'ils ne passent point par Bapaume. Olim, t I, p. 390. — Nota. Amiens est omis dans la liste des villes privilégiées.
(5) Aug. Thierry, t. I, p. 485.
(6) Archives comm. d'Amiens, AA 3, f° 136, publié ci-contre, n° 3.

eux, chargements de cuirs et de poils à destination d'Amiens et des pays de France, étaient arrêtées à Paillart et à Creil et retenues en garantie du péage, bien que les sommes légitimement dues eussent été, en temps utile, envoyées à Bapaume. Une enquête faite par le lieutenant du bailli, en vertu d'un mandement royal, établit la réalité des faits, et le sergent exécuteur fut cité devant l'assise d'Amiens. Mais là, ayant invoqué la garantie du comte de Flandre, il fut renvoyé en Parlement où, le 9 février, il était condamné, par défaut, à la restitution et aux frais (1). Nous ignorons la suite.

De tout le cours du siècle, l'affaire ne reparaît plus dans les registres du Parlement. Il en fut de même, après 1344, de la poursuite de six marchands de Paris prétendant, comme ceux d'Amiens, à la franchise de leurs transports « per mare et flumina », en faveur desquels un arrêt de provision était rendu, le 23 décembre (2), leur accordant audience et adjonction du Procureur général.

Du moins il est vraisemblable qu'aucun jugement définitif ne fut rendu sur le fond, car une transaction passée devant la Cour, le 31 mars 1364 (3), entre le comte et la comtesse de Flandre et les maire et échevins d'Amiens, ne stipule que pour la liquidation du passé, frais de poursuites et arriéré de droits exigibles, pour lesquels la ville s'était engagée par lettres obligatoires, sans rien spécifier sur le point en litige.

N° 1. — Le 20 décembre 1324, (X¹ᴬ 7, f° 7), la Cour, sur la requête des marchands et habitants d'Amiens, leur avait accordé nouvelle commission, dans la cause pendante entre eux et les péagers de Bapaume, pour le comte et la comtesse de Flandre, malgré l'opposition de ceux-ci qui les accusaient d'avoir fait preuve de négligence au cours d'une enquête récente, comme en pouvait faire foi le procès des premiers commissaires. Le 27 mars 1336, c'est au tour des gens d'Amiens de contester à la partie adverse le droit de bailler des reproches contre leurs témoins, sous prétexte qu'elle ne l'avait fait devant les commissaires, avant la conclusion de l'enquête, celle-ci protestant que ce droit lui avait été effectivement réservé, et de leur propre consentement, jusques en fin de cause. La Cour se range à ce dernier avis.

Ces deux incidents ne valent la peine d'être retenus qu'à titre de témoignage de l'extrême application des parties à user, l'une contre l'autre, de tous les moyens de chicane et artifices de procédure propres à éterniser le débat plutôt qu'à le faire aboutir.

27 Mars 1335, v. st.

Cum, in causa mota in curia nostra inter comitem et comitissam Flandrie et pedagiarios suos de Balpamis ex una parte et habitatores et mercatores ambianenses ex altera, super eo quod predicti habitatores et mercatores se asserebant fuisse et esse in possessione immunitatis prestationis pedagii consueti solvi a transferentibus per pedagium de Balpamis, dictis comite et comitissa et pedagiariis contrarium dicentibus, fuisset per certos commissarios super hoc inquisitum, inquestaque super hoc facta et per dictos commissarios ad curiam nostram remissa, cum dicta pars comitis in eadem curia vellet tradere reprobationes contra testes dictorum habitantium, fuit ex parte habitantium propositum

(1) X¹ᴬ 9, f° 274 v°. Arrêt du 9 février 1341, v. st., publié ci-contre, n° 4.

(2) X¹ᴬ 10, f° 241.

(3) X¹ᶜ 8, n° 136, publié ci-contre, n° 5.

quod ad hoc minus admitti debebat cum, coram dictis commissariis, ante conclusionem cause, dictas reprobaciones non tradidisset, dicta parte comitis in contrarium proponente quod admitti debebat, cum per commissarios antedictos fuisset eidem reservatum, de consensu partium, quod easdem tradere posset usque in finem cause, ut apparere dicebat per processum. Viso igitur dicto processu, quo repertum est per processum reservatum fuisse dicte parti comitis quod reprobationes posset tradere usque in finem cause, per arrestum dicte curie dictum fuit quod dicta pars comitis ad tradendum suas reprobaciones admittetur.

Datum die xxvii^a martii, anno M° CCC° XXXV°.

X^{1A} 7, f° 124.

N° 2. — *Notice d'un mandement de Philippe VI et d'un prétendu arrêt de la Cour sur la question.*

Item ung mandement donné du roy Philippes, le 19e jour de juillet 1339, impétré par les maire, eschevins et habitans de ladite ville, par lequel fu mandé à Messeigneurs de Parlement que, appellez ceulx qui seroient à appeller, il pourveist lesdits impétrans de telle remède que bon leur sembleroit, en esclerchissant l'arrest par eulx prononchié contre lesdits impétrans, en cas de saisine seulement, au pourffit du comte et comtesse de Flandres, à cause du travers de Bappames, pour les marchandises venans de Flandres et amenez, y deschergiez, rechergiés par marchans estranges ou lesdits habitans, emmenez en France, Bourgogne et ailleurs. — 19 Juillet 1339

Item l'extraict d'un arrest de la court de Parlement donné l'an 1340, le 24e jour de mars (1), faisant mention du travers de Bappames, comment les marchans de la ville d'Amiens se disoient frans de paier lesdits travers des marchandises qu'ils amenoient par terre et par mer de Flandres à Amiens, par quelconque lieu qu'ils passaissent, et d'Amiens en France, en Bourgogne ou en autres parties de France, et les traversiers de Bappames disoient ou contraire. Sur quoy la Court ordonna, sur ung article extraict des registres du travers de Bappames, que tous avoirs qui passoient de le terre de Flandres, ou de le terre de France, ou en Bourgogne, ou en Champagne, ou outre les monts, ou en Provence, devoient — 24 Mars 1340, v. st.

---

(1) Nous pensons qu'il y a ici une erreur de date : 1° parce que les registres du Parlement n'ont pas gardé trace de ce prétendu arrêt du 24 mars 1340, v. st.; 2° parce que, la notice elle-même en fait foi, l'un des points controversés, celui de la franchise des réexportations, était précisément résolu par l'arrêt de 1338 qu'il s'agissait de compléter.

paiaige à Bappames; et tous vins venans de France, de Bourgogne en France (Flandre) devoient travers à Bappames (1). Tous ceulx qui devoient paiaige à Bappames devoient paiaige à Péronne, à Roye, à Compiengne et à Crépy. Terewane, Boullongne, Normendye, Corbie, Amiens, Ponthieu, Beauvais, Tournay, Cambray et Fauquembergue vont tous où ils vœulent en rendant leurs droictes coustumes. Mais, s'ils apportoient avoirs de Flandres ès terres dessus-dites, ils renderoient paiaige à Bappames comme les autres ou s'ils rapportoient les vins, ainsi que dessus est dit.

Archives municipales d'Amiens, Inventaire S_I, de 1458, n° 217.

N° 3. — Mandement du Roi Philippe VI pour faire admettre les marchands d'Amiens à se libérer de l'obligation du péage, en certifiant, sous serment, que leurs marchandises ne viennent pas de Flandre.

26 Mai 1341

Philippus, Dei gratia Francorum rex, gubernatori baillivie ambianensis, ceterisque justiciariis nostris vel eorum locatenentibus ad quos presentes littere pervenerint, salutem. Conquerentibus nobis graviter majore et scabinis ville ambianensis, tam suo quam mercatorum dicte ville nomine, accepimus quod, quia latum est arrestum, in nostra dicta curia, in casu saisine contra eos, pro comite et comitissa Flandrie, racione pedagii de Balpamis, videlicet quascumque mercaturas, quas vehi seu portari contingct de Flandria dumtaxat in Franciam, Campaniam et Burgundiam, debere solvere pedagium appud Bappalmas, custodes dicti pedagii, sub umbra dicti arresti, mercaturas aliunde quam de Flandria venientes ad partes Francie, Campanie et Burgundie predictas faciunt sæpius arrestare, subgerentes eas esse de Flandria, licet revera non sint, sed veniant aliunde, ut predicitur; et, licet mercatores seu conductores earum jurare offerant quod veniunt aliunde quam de Flandria, ut prefferetur, ipsos ad hoc admittere recusantes, satagunt abinde levare pedagium indebite et in prejudicium et dampnum eorum, ut dicunt; supplicantes nobis sibi circa hoc de opportuno remedio provideri. Quare vobis et vestrum cuilibet, presentium auctoritate, committimus et mandamus quatenus, in casu quo mercatores seu conductores dictarum mercaturarum juramentum obtulerint et prestiterint quod dicte mercature aliunde venerint quam de Flandria, compellatis pedagios (*sic*) seu custodes ab exactione hujusmodi pedagii omnino cessare et reddere quicquid ob hoc erit levatum, nisi

(1) Toute cette dernière partie est la traduction littérale du texte de la seconde déclaration publiée par Aug. Thierry, t. I, p. 180.

dicti pedagiarii seu gentes comitis et comitisse predictorum probare voluerint contrarium, quo casu ad id probandum et alterius procedendum, ut rationis fuerit, partibus certam et competentem diem in nostro Parlamento, non obstante forsitan quod sederet et ex causa, assignetis et inde nostram Curiam certificare curetis, sed interim dictas mercaturas sub caucione ydonea faciatis transire. Vobis autem et vestrum cuilibet in hac parte ab omnibus pareri volumus et intendi.

Datum Parisius in Parlamento nostro, xxvi^a die maii, anno Domini M°CCC°XLI°.

<small>Archives municipales d'Amiens, AA 3, f° 136.</small>

N° 4. — Arrêt de provision de la Cour sur un abus de pouvoir des péagers de Bapaume.

Cum maior et scabini ville danbian (*sic*), pro ipsis ac mercatoribus ville predicte, nobis conquesti fuissent quod, licet ipsi essent et fuissent in possessione et saisina franchisie, per tempus sufficiens ad bonam saisinam acquirendam, emendi omnes mercaturas in Flandria, easque ducendi seu duci faciendi in Franciam per terram, licet ipse mercature exhonerate essent Ambianis et postmodum rehonerate pro ducendo in Franciam per mercatores ambianenses vel alios extraneos quibus illi de Ambianis vendidissent, solvendo pedagiariis de Bapalmis redibencias consuetas, seu illas mittendi apud Bapalmas, dictas mercaturas ibi non mittendo, nichilominus, quia Guillelmus de Albo fossato, Colardus de Pois, Rodolphus le Gorrelier, Matheus le Maire, Johannes le Maire, Johannes de Riquebourt, Vincentius Bonnavel, Petrus de Tilloy, Colardus Monetarius, Hugo Poilebos, et alii, omnes mercatores ambianenses, coria cum pilis oneraverant Ambianis pro ducendo in Franciam, que etiam de Flandria per terram venerant Ambianis, Balduinus Benel, se gerens pro serviente pedagii de Bapalmis, pro comite Flandrensi, ad causam comitisse uxoris sue, ac pro pedagiariis dicti loci, dicta coria inter Ambianos et Paillardum ac etiam apud Credulium arrestaverat et a dictis mercatoribus per extorsionem et compulsionem usque ad summam XLII librarum par. levaverat causa pedagii predicti, licet pedagium inde debitum per dictos mercatores pedagiariis de Bapalmis missum et oblatum fuisset, dictos conquerentes turbando et impediendo in suis possessione et saisina predictis indebite et de novo, ut dicebant. Et ob hoc, ad instantiam dictorum conquerentium, per nostras litteras baillivo ambianensi mandassemus ut, si, vocatis evocandis, sibi constaret ita esse, dictos comitem, Balduinum et pedagiarios ad reddendum

<small>9 Février 1341, v. st.</small>

dictis conquerentibus dictam pecunie summam cum dampnis et interesse compelleret, dictos conquerentes gaudere faceret suis possessione et saisina predictis, impedimentum in contrarium oppositum amovendo, et, in casu quo aliqui in contrarium se opponerent, debato et re contenciosa ad manum nostram tanquam superiorem positis, partes in nostra curia adjornaret super oppositione processuras, dictus baillivus ad exequendas dictas litteras certum servientem nostrum deputasset; qui quidem serviens, virtute commissionis sibi facte, nonnullis preceptis et injunctionibus baillivo de Bapalmis in castro et villa de Bapalmis pro dictis comite et comitissa, locumtenenti dicti baillivi, pedagiariis dicti loci ac gentibus dictorum comitis et comitisse, in domo sua de Contrato, ubi tunc erat comitissa predicta, cum eidem comitisse dictus serviens noster loqui non posset ac etiam alibi necnon, et dicto Balduino factis et expositis, quia dictus Balduinus, recognoscens predictam pecunie summam habuisse et gentibus dictorum comitis et comitisse tradidisse, preceptis et injunctionibus per dictum servientem nostrum sibi factis se opposuit, prefatum Balduinum coram dicto nostro baillivo ambianensi adjornavit super oppositione predicta processurum, ut jus esset, debatum et rem contenciosam ad manum nostram tanquam superiorem ponendo. Cumque postmodum, procuratore dictorum conquerentium ex una parte ac dicto Balduino ex altera coram locumtenente dicti baillivi ambianensis [procedentibus *ou* comparentibus], quia dictus Balduinus petiit dictum comitem in garandum habere ac [ab] eo requisivit jus super hoc sibi fieri, dictus locumtenens dictas partes in nostra curia remisisset super premissis, certam diem eisdem partibus assignando, dictusque Balduinus, quia ipse ad diem sibi assignatam in nostra curia se minime presentavit, fuisset ad instanciam dictorum majoris et scabinorum positus in defectu, prefatique major et scabini petiissent quod, virtute dicti defectus per ipsos contra dictum Balduinum in causa novitatis obtenti, impedimentum per dictum Balduinum in suis possessione et saisina predictis oppositum amoveretur omnino, in quantum tangebat Balduinum predictum, quodque ipsi tenerentur et tuerentur in suis possessione et saisina predictis, dictusque Balduinus condempnaretur ad reddendum eisdem predictam pecunie quantitatem ac in expensis ipsorum, dicentes hoc secundum stilum curie nostre fieri debere, et super hoc jus habere petebant. Audita igitur requesta dictorum majoris et scabinorum, visis dictis litteris nostris in casu novitatis per eos impetratis, rescriptionibusque dictorum servientium ac locumtenentium ac dicto defectu inde secuto, curia nostra per arrestum dictis majori et scabinis suam predictam requestam adjudicavit, solum in quantum tangebat Balduinum predictum, eumdem Balduinum ad reddendum dictis conquerentibus predictam pecunie summam ac in expensis ipsorum condempnando, taxatione dictarum expensarum nostre curie reservata.

Die ix° februarii a. M° CCC° XLI°.

X1A 9, f° 274 v°.

N° 5. — Transaction passée devant la Cour entre le comte et la comtesse de Flandre et les maire et échevins d'Amiens pour la liquidation des frais de poursuites et droits arriérés.

Karolus..... Universis .... salutem. Notum facimus quod inter partes infrascriptas, per earum procuratores his presentibus inferius nominatos, de recredentia curie nostre, tractatum et concordatum extitit, prout in quadam cedula eidem curie nostre per eosdem procuratores unanimiter et concorditer tradita continetur, cujus tenor talis est.

31 Mars 1364

Sur le descors meus et espérés à mouvoir, en Parlement, entre Madame de Flandres et d'Artois et Monsieur de Flandres, son fil, d'une part et le maieur, eschevins et communauté de la ville d'Amiens d'autre part, traictié est entre lesdites parties, s'il plaist à la Court, que, pour cause des coustz et frais que ladite dame et conte ont eus, pour tant comme à chascun touche, à l'encontre desdits maieur et eschevins, en aucuns procès que eulx ou aucuns d'eulx ont eu, en ladite Court, à cause dou travers de Bapaumes, dont arrès ont esté donnés pour ladite dame, et aussi en une autre cause ou semblable que elle et ledit conte ont encores audit Parlement, à l'encontre d'eulx, en cas de nouveleté, et aussi pour les restitucions que les marchans, bourgois et habitans d'icelle ville puoent avoir deu en passant parmi ledit travers, dont lesdits maieur et eschevins estoient obligés, les procès durant, et pour toutes autres choses, lesdits maieur et eschevins seront tenus de paier à ladite dame 500 florins francs rendus et paiés moittié aux ottaves de Pasques prochain venant et l'autre moittié à la saint Jehan-Baptiste prochain après ensuivant, et parmi ce les maieur, habitans et communauté d'Amiens sont et demourront quittes de toutes choses dont les dessusdits conte et contesse les pourroient ou peussent poursuivre jusques au jour d'uy comment que ce feust. Et parmy ce seront toutes obligations faites desdits habitans cassés et nulles, sans ce que jamais l'en les puist ou doie poursuivre pour ce. Et leur seront rendues les lettres, obligations seellées du seel de la quemune d'Amiens, faisant mention comment il sont obligiez pour ladite restitution, et toutes les cédules ou lettres que elle a des marchans ou bourgois qui passèrent ou ont passé parmi ledit travers, ledit temps durant. Et ladite complainte, qui encore est tout entière audit Parlement, et les exploix pour quoy faite fu sont et seront mis au nyent sans ce que ce porte préjudice à aucune desdites parties. Et à ce ont volu et veulent lesdites parties estre par arrest de Parlement condempnez.

Fait en Parlement, du consentement de Mᵉ Vitasse de la Pierre, procureur desdits conte et contesse, et de Mᵉ Hue Petit, procureur desdits maieur, eschevins et habitans d'Amiens.

Concordatum de licentia curie et de consensu Mⁱ Eustachii de Petra, comitis et comitisse, et Mⁱ Hugonis Parvi, majoris et scabinorum predictorum procuratorum, ultima die martii anno M° CCC° LX° IV°.

Xᴵᶜ 8, n° 136.

XI bis

Confirmation par le Roi d'une composition entre le conseil du bailliage d'Amiens et Jehan de Tournay, bourgeois d'Amiens, pour la finance due au Roy, à raison de la concession en tenure noble, consentie audit Jehan par Jehan, seigneur d'Estrées, de ses acquêts audit lieu d'Estrées en Chaussée.

La pièce qui suit est intéressante à plus d'un titre : nous y trouvons d'abord la plus ancienne mention, de nous connue, du conseil du bailliage d'Amiens qui consent une composition à un bourgeois, au sujet du paiement du droit de franc-fief et nouveaux acquêts requis par le receveur du domaine, sire Jehan du Cange. L'acte qui donne lieu à cette requête, et dont le texte est incorporé au document, est lui-même des plus curieux : c'est un affranchissement par Jehan d'Estrées, chevalier, au profit du même bourgeois, d'une tenure de trois masures et trois courtils, sise à Estrées, par lui acquise et possédée jusque là en roture. Les conditions de la concession nouvelle en tenure noble, « avec toute justice et seigneurie de vicomte, » y sont énumérées dans le plus grand détail et caractéristiques de ces sortes de contrats consentis à des bourgeois. On n'y trouve pas seulement l'exemption de toutes servitudes roturières — terrages, dons, corvées, forage, estalage, herbage, péage, tailles, etc. — mais encore de la plupart des obligations féodales — semonces d'ost, chevauchées, aide, service d'ostise et récréandise — qui sont réduites aux cinq essentielles : hommage, paiement annuel d'un éperon de 2 s. ps, de 5 s. ps de relief à chaque relèvement d'hoirie, service de plaid une fois l'an, et restitution du cinquième denier à chaque vente ou démembrement du fief, etc.

Notons encore des indications très précises sur les contenances du fief et la valeur de son revenu annuel d'après lequel est calculée la composition.

Les actes de ce genre, très nombreux au xivᵉ siècle, montrent que, dès cette époque, la bourgeoisie riche recherchait avidement les placements en biens-fonds et ces sortes d'affranchissements qui en doublaient la valeur.

Confirmacio certe traditionis facte per dominum d'Estrées, militem, Johanni de Tournay, civi ambianensi, certarum masurarum hic descriptarum, mediante certa financia pro eo Domino Regi soluta.

Août 1341

Philippe, etc... Savoir faisons à tous présens et avenir, Nous avoir veu les lettres cy-dessus transcriptes contenans la forme qui s'ensuit :

A tous ceulx qui ces présentes verront et orront, Jehan du Change, receveur de la baillie d'Amiens salut, les lettres de noble homme, Monsieur Jehan, seigneur d'Estrées en le cauchie, ay veues contenant la forme qui s'ensuit :

Je, Jehan sire d'Estrées en le cauchie, chevaliers, fai savoir à tous ceulx qui ces présentes lettres verront ou orront, comme Jehan de Tournay, fils Fremin de Tournay, jadis citoyen d'Amiens, ait possédé et tiengne de my, pour cause de s'acqueste, en le ville et terrouer d'Estrées en le cauchie si comme on va d'Amiens à Paris, trois masures et trois courtieulx appendans à icelles masures, à chascune un courtil, et lesquelles trois masures sont tenans ensemble, et dont l'une des masures et courtis furent Willaume le Kien et les deux autres masures et courtieux qui y joingnent par darrière furent Jehanne Lynote, et contiennent li doy courtil viii^{xx} et ii verges ou environ, et lesquelles masures sont tenans ensamble seur ladite cauchie, entre le manoir qui fu sire Jaque le Monneix et qui à présent est Jaque le Monnier, son fils, d'une part et le manoir Ade de le Fondière d'autre part, et aboutant par derrière aus terres Florent Dencre du fié qui fu Robert, men père, et li courtieux qui est de l'appendance de le masure qui fu ledit Willaume le Kien contient iiii^{xx} une verge ou environ séant en l'autre renc de ledite cauchie, entre le terre Symon Bernet d'une part, et me terre d'autre part, et aboutant par derrière à medite terre. Sachent tout que, pour le prouffit et aisement commun de my et de mes hoirs et de ceulx qui de my aront cause, je ottri, wiel, appreuve et conferme, en perpétuité et sans rappel, audit Jehan de Tournay que les devantdites iii masures et iii courtieulx, si comme ils s'estendent et comportent en tous costés, dessoux et desseure, lidis Jehans de Tournay, si hoir, si successeur et cil qui de lui en perpétuité aront cause aient, tiengnent, goent et possessent et exploittent désoresmais à tousjours de my, de mes hoirs et de mes successeurs et de ceulx qui de my aront cause, à un seul hommage, franquement, quittement et en pais, avec toute la justice et seigneurie de vicomte qui ès devantdit lieux porra escoir, et tous frans et descarqués de terrages, dons, corvées, forage, estalage, herbage, paage, tailles, adjournemens de semonce de host, de chevauchées, de aides, service d'ostises, de récréandises et de toutes autres redevances, servitudes et exactions, closement et entretiens, quelles que elles soient, puissent estre avenir, escair, tant en temps présent que avenir, par uns esperons de le valeur de II sols parisis, pour le valeur d'yceulx, que lidis Jehans de Tournay, si hoir, si successeur et cil qui de li aront cause en rendront et paieront désoremais de recognissance, chacun an, à my, à mes hoirs, à mes successeurs, au temps de Noël, en [me] maison à Estrées, et par chinq sols parisis de relief, de hoir à autre, touteffois qu'il esquerra, et par, une fois en l'an, venir à mes plais, à Estrées, quant il y seront adjourné souffisamment, en II sols parisis pour chacune fois que il ni venroient, dont il en seroient en deffaut, et par le chinquisme denier de vente, touteffois que par vente seront transporté de main à autre, et sans nulles autres droitures que je, mi hoir et cel qui de my aront cause y puissons avoir, ne demander; et, avec ce, et par ce que dit est, porront lidis Jehans de Tournay, si hoir, si successeur et cil qui de li aront cause, goiant et possessant les devantdits liex, faire et édifier ès devantdits lieux, que lidis Jehans en tient de my, touteffois et quanteffois que il leur plaira, pour le prouffit et aisement d'aux et de leurs hoirs, tels édifices, maisons et herbegages, fremetés et closures qui leur plaira et aussi puch, coulembier et autres aisemens quelconques et aussi four à cuire pain et autres choses que cuirre y vourront, excepté le pain de mes autres hostes et manans qui ni cuiront mie, se n'estoit par le congié et licence de my ou de mes hoirs. Et promech loiaument et en bonne foy ay ces coses dessusdites tenir et garantir en perpétuité audit Jehan, à ses hoirs et à ses successeurs et à ceulx qui de luy auront cause, sauve en toutes coses les droitures du Roy notre sire de qui je tieng et, pour me terre et fié d'Estrées, lesdites masures et cortieux sont tenu ; et à ses coses dessusdites tenir et aemplir obleige je mes hoirs et tous mes biens présens et avenir. En tesmoignage et confirmation des coses dessusdites, j'ai seellé ces présentes lettres de mon propre seel. Ce fu fait en l'an de l'Incarnation Notre Seigneur MCCCXL., ou mois d'avril, xxviii° jour, en le fin dudit mois.

Et pour ce que lidis Jehans de Tournay ne me fist en riens apparoir que dudit affranquissement lidis chevaliers eut aucune licence ne quittance du Roy pour ce faire, comme li fiez d'Estrées et les acquestes dudit Jehan dessus devisées soient tenues du Roy notre sire, et aussi que lidis Jehan n'en avoit fait aucune finance par devers nodit seigneur, ledit Jehan ay fait contraindre à avoir, pour celluy affranquissement, finance et fait information de le valeur desdits héritages par an, par lequele information a esté trouvé que il sont de le valeur de XLVIII sols par my an et de non plus, et seur ce lidis Jehans, pour ce que goir puist à héritage des acquestes dessus devisées franquement, en la manière que contenu est ès lettres dudit chevalier dessus transcriptes, a composé avec le conseil du Roy mon seigneur en ladite baillie, par xx l. p. que je en ay eu et receu, pour le Roy notre sire, lesqueles je rendray à mondit seigneur à mes prochains comptes de baillie, au terme de l'Ascension l'an MCCCXLI, desqueles xx l. je, en nom pour le Roy nostre sire, me tiens à bien paiés et en quitte, ou nom de nodit seigneur, ledit Jehan de Tournay, ses hoirs et tous ceulx à qui quittance en appartient. En tesmoingnage de ce, je ay mis mon seel à ces présentes lettres, qui furent faites et données à Amiens, le 1er jour de juillet l'an M CCC XLI.

Nous adecertes, toutes les choses et chascune d'ycelles contenues ès lettres ci-dessus transcriptes ayans fermes et agréables, ycelles voulons, loons, ratiffions et approuvons et de nostre auctorité roial, par la teneur de ces lettres, les confermons, sauf en autres choses notre droit et en toutes l'autrui. Et pour ce que ce soit ferme chose et estable ou temps avenir, nous avons fait mettre nostre seel à ces présentes. Donné à Paris l'an de grâce M CCC XLI, ou mois d'aoust.

JJ 72, n° 356.

XII

Révocation par la Cour d'un défaut illégalement donné par le bailli, au profit des maire et eschevins, contre Jehan de Conty.

Nous ne retiendrons de cet incident — poursuite devant le bailli contre les maire et eschevins, à raison d'une saisie d'objets mobiliers — que cette particularité, c'est qu'aux assises du bailliage, comme devant le Parlement, les affaires étaient présentées suivant le rôle des prévôtés, c'est-à-dire dans un ordre géographique, et qu'un défaut donné au défendeur, en un autre jour que celui de la prévôté où résidait le plaignant, était passible de nullité.

On peut ajouter encore que la disproportion entre l'objet du litige et la longueur de la procédure, qui n'exigea rien moins qu'une enquête des commissaires du Parlement, laissent assez entendre que celle-ci avait dû porter surtout sur ce point : à laquelle des deux prévôtés appartenait le Clos de Conty?

Cum jamdudum coram baillivo nostro Ambianensi lis mota fuisset inter majorem et scabinos ville predicte, ex parte una, et Johannem de Conty, ex altera, super eo quod prefati major et scabini dicebant quod prefatus Johannes de eisdem conquestus fuerat coram prefato baillivo nostro in casu novitatis ex eo et pro eo quod prefati major et scabini ceperant seu capi fecerant, in quodam

9 Avril 1342

manerio dicti Johannis, vocato le Clos, unum potum cupreum et unum equum, quodque, in assisiis ambianensibus, coram prefato baillivo, de et super premissis, inter partes predictas fuerat factus certus processus. Dicebant etiam predicti major et scabini quod, in quadam assisia ambianensi, que incepta fuerat anno M° CCC° XXX° I°, die dominica proxima post festum Omnium Sanctorum, defectum contra prefatum Johannem coram prefato baillivo in dicta assisia minime comparentem optinuerant. Quare petebant prefati major et scabini per prefatum baillivum pronunciari dictum Johannem, occasione dicte coutumacie seu defectus, a dicta sua peticione cecidisse, eumdemque Johannem prefatis majori et scabinis in expensis cause condempnari, plures alias rationes ad fines predictos proponendo. Dictusque Johannes e contrario proposuisset quod de predictis majore et scabinis, occasione premissorum, coram prefato baillivo nostro, conquestus fuerat et quod, in assisia predicta, prefatus Johannes sufficienter se, contra prefatos majorem et scabinos, in presentacionibus prepositure Ambianensis, in qua prepositura situatum erat dictum manerium, vocatum le Clos, et in quo fovebat dictus Johannes suum domicilium, presentaverat, quodque, si prefati major et scabini se, in dicta assisia, presentaverant seu dictum defectum contra dictum Johannem, in dicta assisia, optinuerant, hoc fuerat in presentacionibus prepositure nostre Belvacini, in qua prepositura minime situatus erat locus predictus. Quare petebat dictus Johannes per prefatum baillivum nostrum pronunciari dictos majorem et scabinos de dicto defectu nullum commodum reportare debere, eosdemque dicto Johanni in expensis cause condempnari.

Quumque postmodum per litteras nostras, ad requestam dicti Johannis, prefato baillivo nostro mandassemus ut dictum processum super premissis factum ad certam diem curie nostre, non obstante quod nostrum sederet parlamentum, remitteret judicandum, una cum partibus adjornatis, committendo gentibus nostris nostrum parlamentum tunc tenentibus quod dictum processum reciperent et ipsum, si esset in statu judicandi, judicarent. Demum, dicto processu per prefatum baillivum nostrum curie nostre remisso et, quia non erat perfectus, per certos commissarios per curiam nostram deputatos postmodum perfecto, ipso per eosdem curie nostre remisso et de consensu partium, salvis reprobacionibus, ad judicandum recepto, eo viso et diligenter examinato, attento quod dictus processus absque reprobacionibus potest judicari, dicta Curia nostra dictum defectum nullius esse valoris per suum judicium pronunciavit, prefatos majorem et scabinos dicto Johanni in expensis cause per idem judicium condempnando, taxatione earumdem dicte curie nostre reservata. Procedentque partes coram baillivo nostro, super causa principali, in statu in quo erant tempore predicti defectus impetrati.

Datum Parisius in parlamento nostro, die ix^a aprilis, anno M° CCC° XL° II°.

X^{IA} 8, f° 275.

XIII

Lettres de rémission accordées à Colars le Gorrelier à raison du meurtre involontaire de Robert Bayars, au jeu de l'arbalète.

Cette pièce est le plus ancien document, de nous connu, faisant mention du jeu de l'arbalète à Amiens. Bien que les participants y soient désignés par le nom de *Socii,* rien n'y attribue à leur compagnie une existence légale et officielle. Elle ne possède pas même encore un lieu — on dira plus tard un jardin — spécialement consacré à ses exercices, qu'elle n'obtiendra que sept ans plus tard, de la munificence du régent, Charles de Normandie, juillet 1360. V. *infra,* XX, n° 10.

Nous avons là une preuve de ce fait que le groupement spontané précède toujours l'octroi du privilège.

Johannes, Dei gratia Francorum rex, notum facimus universis tam presentibus quam futuris nos litteras vidisse formam que sequitur continentes.

Juin 1353

Johannes, Dei gratia Francorum rex, baillivo ambianensi aut ejus locumtenenti salutem. Significaverunt nobis parentes et amici carnales Colardi le Gorrelier, burgensis ville ambianensis, quod, cum plures socii ipsius ville, quorum sociorum erant dictus Colardus et etiam Robertus, dictus Bayars, burgensis dicte ville, ludendo in campis, satis prope dictam villam, de quadam balista, pro quodam jocale, quod unus ex dictis sociis dare debebat illi qui melius de dicta balista traheret et ad quandam bonnam seu staquetam, absque eo quod aliquis ipsorum alteri rancorem, odium aut aliquam malam voluntatem haberet, dictusque Robertus, sola vice, de dicta balista quendam carrellum, alias viretonem, ad dictam bonnam seu staquetam traxisset, et deinde ad dictam bonnam seu staquetam, sciendum si bene traxerat vel ne, ivisset, tamen accidit quod dictus Colardus, trahens postmodo de dicta balista, casu fortuito, de uno viretone dictum Robertum, uno ictu, in fronte percussit, ex quo ictu mors inde fuit subsecuta.

Super facto cujus mortis maior et scabini ville predicte dictum Colardum ad jura sua fecerunt evocari et ipsum a villa et banleuca ipsius ville nituntur bannire, et etiam super facto mortis predicte prepositus noster dicte ville ad jura nostra evocari fecit et ad bannum contra eum procedere nisus fuit et adhuc nititur, in predicti Colardi grave prejudicium et non modicam lesionem, maxime cum, sicut asserunt significantes predicti, prefatus Robertus, antequam decederet, sciens quod prefatus Colardus scienter non percusserat ipsum, ymo casu fortuito casus acciderat, in presentia dicti prepositi nostri, quorumdam dictorum scabinorum, plurium amicorum suorum carnalium et aliarum bonarum gentium, mortem suam, spontanea voluntate, eidem Colardo induxisset, rogando ipsos affectuose ut eumdem Colardum, occasione sue mortis, aliquomodo non molestarent seu facerent vel procurarent molestari, supplicantes humiliter dicti significantes ut factum mortis predicte prefato Colardo dignaremur remittere de gratia speciali, Nos, super premissis cerciorari volentes, mandamus tibi, si opus fuerit committendo, quatenus, de et super predictis et eorum circumstanciis universis et dependenciis ex eisdem, vocatis evocandis, te diligenter informes et informationem quam super hoc feceris nobis seu dilectis et fidelibus gentibus requestarum hospicii nostri sub tuo fideliter inclusam sigillo quam cicius remittas ut, ea visa, valeamus super premissis dicto Colardo de gratia providere, si et prout fuerit faciendum. Datum apud Gisoren, sub sigillo Castelleti nostri parisiensis, in absentia magni, die xxv^a februarii, anno M° CCC° L° II°.

Quarum virtute litterarum dictus baillivus noster, ad requestam amicorum carnalium dicti Colardi, super contentis in litteris nostris suprascriptis certam informationem fecit, vocatis ad hoc et adjornatis pluribus amicis carnalibus dicti deffuncti Roberti, et super hoc quamplures testes propter hoc pro parte dicti Colardi productos examinavit, et cum hoc etiam plures et proximiores de dictis amicis carnalibus sic vocatis examinavit, seu per modum examinationis interrogavit de contentis in litteris suprascriptis et circumstanciis eorumdem, procuratore nostro dicte baillivie ad hoc vocato et audito, prout in hujusmodi informatione plenius continetur, que quidem informatio fuit per dictum baillivum nostrum ad nos seu dilectas et fideles gentes Requestarum hospicii nostri remissa, ipsamque cum magna diligentia viderunt et examinaverunt dicte gentes nostre. Nos igitur, attentis et consideratis facto predicto, una cum qualitate et modo ac circumstanciis ipsius facti, prout de hoc per predictam informationem constitit gentibus nostris predictis, eidem Colardo omnes predictas evocationes, omnemque penam criminalem et civilem, quam occasione premissorum incurrit seu incurrere potuit, de nostris speciali gratia et auctoritate regia quictavimus et remisimus ac tenore presentium remittimus et quictamus, ipsum ad bonam famam et bona plenarie restituendo. Volumus insuper et de gratia speciali concedimus per presentes dilectis nostris majori et scabinis ville ambianensis predicte ut bannum suum predictum revocari valeat, absque eo quod propter hoc aliquod prejudicium eisdem libertatibus, franchisiis, privilegiis dicte ville, nec jurisdicionibus ad ipsam villam spectantibus nunc nec in futurum quoquo modo valeat generrari, baillivo ambianensi predicto, ceterisque justiciariis nostris presentibus et futuris aut eorum locatenentibus et cuilibet eorumdem dantes presentibus in mandatis quatenus prefatum Colardum, occasione premissorum, in corpore sive bonis, non inquietent, vexent, molestent, nec inquietari, vexari seu molestari a quoquam quomodolibet faciant vel permittant. Et, si que bona ipsius occasione premissorum capta, saisita, levata seu arrestata fuerint, ei aut ejus certo mandato, visis presentibus, reddant et restituant seu reddi et restitui indilate, ipsumque ac majorem et scabinos sepedictos nostra presenti gratia gaudere et uti libere faciant et permittant, salvo in aliis jure nostro et in omnibus quolibet alieno. Quod ut firmum et stabile perseveret in futurum, nostrum presentibus litteris sigillum duximus apponendum.

Datum Parisius anno Domini M° CCC° L° III°, *mense Junii* (sic).

Trésor des Chartes, JJ 81, n° 732.

XIV

Transaction entre les maire et échevins et les religieux de Corbie, au sujet de l'arrestation, à Amiens, après la prise de Calais, par crainte de commotion populaire, d'un chargement de blé acheté à Corbie par les Flamands.

Document du plus haut intérêt, qui montre quels étaient, dès le début de la guerre de Cent ans, au sein du peuple amiénois et picard, la force du sentiment patriotique et le zèle pour la cause du Roi.

Comme discors fust meus, en temps passé, entre les religieux, feu l'abbé de l'église de S¹ Pierre de Corbie deerrain trespassé, et le couvent de ladite église d'une part, et le maire et les eschevins de la ville d'Amiens d'autre, sur ce que feu sires Jehans du Change, lors maires de la ville d'Amiens, avoit fait deschargier à Amiens certains blés que on disoit estre aus marchans de Bruges, que il avoient acheté à Corbie pour mener à Bruges, et lesquels blés ledis sires Jehans disoit avoir fait arrester et demourer à Amiens pour le peur de le commocion du commun de ladite ville d'Amiens et du païs, qui disoit que il ne souffriroit mie que les Flamens, qui au siège de Calais avoient, n'avoit lors gaires, esté contre le Roy nostre sire avec le Roy d'Engleterre, emmenassent en

2 Juillet 1354

Flandres les blés et autres vivres et garnisons du païs de Picardie, dont lesdits religieux se complainrent, en cas de nouveleté, des maire et eschevins, en disant que ledit sires Jehans avoit fait ou fait faire ledit arrest comme maires d'Amiens, en troublant et empeechant lesdis religieux indeuement et de nouvel, comme il se deissent estre en saisine que les marchans qui achatent blés à Corbie les pueent faire mener par la ville d'Amiens sans empeechement, avec plusieurs autres raisons que il proposoient, à quoy lesdis maire et eschevins se opposèrent. Et avec ce, pour ladite cause, feirent lesdits religieux arrester à Corbie aucuns marchans d'Amiens, si comme lesdis maires et eschevins dient. Et sur lesdites choses furent empétrées, d'une part et d'autre, plusieurs commissions du bailly d'Amiens ou de son lieutenant; et par lesdis maire et eschevins audit bailli eust esté requis que aucunes desdites commissions empétrées par lesdis religieux il rappellast et que faire le devoit par plusieurs raisons; [et sur] ce que ledit bailli dist que il ne le rappelleroit mie, lesdis maire et eschevins, ou leur procureur, en appellèrent, relevère[nt leur] appel et empétrèrent adjournement en Parlement, ouquel les parties se présentèrent l'une contre l'autre. Si seront a[ccordées les]dites parties, se il plaist à la Court, en la manière qui s'ensuit : Est assavoir que tant ledit arrest, lesdites complaintes...... sur ce faites, commission en cas de nouveleté et toutes autres empétrées sur ce, tant d'une part comme d'autre, ledit appel...... ce que desdites chosses et des dépendances d'icelles a esté fait et s'en est ensievy jusques au jour de huy, tant d'une part comme d'autre, tant de [par ledit] bailly comme en Parlement et ailleurs, sera tout mis au néant, aussi que se unques ne fust avenu, et réservé à chacune des parties son droit au temps avenir, quand le cas y escherra de nouvel, se adonc aucune [d'icelles] vaurra faire poursieute de ce qui de nouvel escherroit tant seulement.

Concordatum de licentia Curie et de consensu procuratoris regis, magistri Hugonis Parvi, religiosorum et magistri Gerardi de Cavillon, majoris et scabinorum predictorum, procuratorum, 11^a die julii anno M^o CCC^o L^* IV°.

X^{1c} 8, n° 136.

Lettres de rémission à un certain Jehan Coquel de l'Étoile près de Long en Ponthieu, à raison du massacre fait par les gens du pays et de la rivière de Somme des Génois et autres étrangers de l'armée du roi qu'ils accusaient de l'avoir trahi, au retour de la bataille de Crécy, dont rémission avait été déjà accordée par Philippe VI lui-même.

Cf. JJ. 107, n° 316, 12 novembre 1375.

XV

Lettres par lesquelles la Cour se dessaisit, sur mandement du Roi, d'une cause pendant en appel entre les maire et échevins et Jaque de Saint-Fuscien, et autorise les parties à traiter.

A la suite d'une ordonnance municipale sur le port d'armes, un certain Jaque de Saint-Fuscien, appelé devant le prévôt pour se voir condamner à l'amende, avait excipé de la qualité de clerc et fait lancer des monitions contre celui-ci ; d'où, saisie de son temporel. La cause ayant été portée par lui devant le bailli, celui-ci, sur les conclusions du procureur du Roi, décida de la recevoir et fit donner main-levée de son temporel au plaignant, contrairement aux réquisitions du procureur de ville qui demandait le renvoi devant les maire et échevins.

C'est alors que l'affaire fut portée devant la Cour où peu après les parties se décidèrent à transiger. Le point de droit ne fut donc pas résolu, et nous ignorons à quel titre le prévôt pouvait réclamer la connaissance de ce cas intéressant.

Visis per nostram Parlamenti curiam litteris nostris formam que sequitur continentibus :

18 Mars 1354, v. st.

Johannes, Dei gratia Francorum rex, dilectis et fidelibus gentibus nostris qui nostrum futurum proximum tenebunt parlamentum, salutem et dilectionem. Porrecta nobis majoris, prepositi et scabinorum civitatis nostre ambianensis et Jacobi de Sancto Fusciano, civis ambianensis, quondam defuncti Beorardi (1) de Sancto Fusciano filii, peticio continebat quod, cum, pro delatione armorum, dictus Jacobus coram dicto preposito extitisset evocatus ut propter hoc emendam faceret condecentem, quapropter dictus Jacobus, asserens se esse clericum, dictum prepositum moneri procuravit, et ob hoc ipsius temporalitas ad manum dicti prepositi posita extitisset, postque causa super hoc inchoata, ad ipsius Jacobi instanciam et requestam, coram nostro bailivo ambianensi fuisset devoluta, in cujus baillivi presentia dictorum majoris, prepositi et scabinorum procurator causam hujusmodi ad examen dictorum majoris, prepositi et scabinorum remitti requisivit, dicto Jacobo contrarium requirente. Et, quia dictus baillivus, ad requestam procuratoris nostri dicte baillivie, per ejus sentenciam causam hujusmodi per eum, tanquam per manum superiorem, sine debito debere terminari et manum dicti prepositi in dicti Jacobi temporalitatem appositam amoveri pronunciavit, procurator dictorum prepositi, majoris et scabinorum ad nostram curiam appellavit, adjornamentumque super hoc, tempore opportuno, impetravit, virtute cujus dicti major, prepositus et scabini dictum baillivum adjornari et

---

(1) Il faudrait *Leonardi*. Cf. Inventaire S1 de 1458, notices 446 et 591, relatives au même fait et qui donnent le nom du bailli, Nicolas le Métayer.

dictis Jacobi et procuratori nostro intimari, ut moris est, fecerunt, de quibus dicte partes sunt in voluntate pacificandi ad invicem, dum tamen sine emenda hoc fieri eis concedere dignaremur, supplicantes nobis sibi super hoc de remedio gratioso provideri. Quocirca nos, contemplacione dictorum majoris et scabinorum, dictis partibus de speciali gratia concedimus per presentes, ut inter se impune sine emenda valeant concordare. Vobis mandamus quatenus ipsas partes nostra presenti gratia gaudere et uti pacifice permittatis et faciatis. Datum Parisius die xviii^a martii anno Domini M° CCC° L° IV°.

Dicta nostra curia, dictis litteris obtemperans, dictas partes concordandi et pacificandi inter se et de eadem impune sine emenda licentiam libere recedendi concessit, juxta dictarum litterarum continenciam et tenorem, die ix^a junii.

X^{1a} 16, f° 312.

XVI

N° 1. — Mandement du Roi enjoignant à Clément Grimaut de procéder à une enquête avec tel prud'homme de son choix qu'il devra s'adjoindre.

Clément Grimaut était, l'année même, lieutenant du bailli. C'est sans doute à ce titre qu'il est laissé libre de se donner un adjoint d'ordinaire désigné par le Roi ou par la Cour.

2 Mars 1355, v. st.

Dilecto nostro Clementi Grimaud salutem, mandamus et committimus vobis quatenus, in causa que in curia nostra vertitur tam civiliter quam criminaliter inter procuratorem nostrum pro nobis ex una parte et Guerardum de Hangardo, armigerum de Sancto Ricario in Pontivo, ex altera, adjuncto vobiscum aliquo probo viro, neutri partium favorabili vel suspecto....., dictarum partium articulos vobis ab eisdem partibus super signeto camere parlamenti nostri clausos tradendo, inquiratis, vocatis evocandis, cum diligentia veritatem et inquestam quam inde feceritis curie nostre ad dies baillivie ambianensis nostri futuri proximo parlamenti sub vestro et adjuncti vestri fideliter inclusam sigillo, cum partibus predictis super hoc adjornatis, remittatis, ipsam inquestam tunc recipi ac judicari visuris et ulterius processuris, ut fuerit rationis, ipsam nostram curiam ad dies antedictos de remissione et adjornamento hujusmodi et aliis que feceritis in premissis certificando competenter; ab omnibus autem justiciariis et subditis nostris vobis et adjuncto vestro in hac parte pareri volumus efficaciter et jubemus.

Datum Parisius... die ii^a martii anno M° CCC° L° V°.

X^{2a}6, f° 268 v°.

Cf. *ibidem*, f° 271 v°, 22 mars. Semblables lettres au même et à Pierre le Boistel; — f° 315 v°, 28 février 1356, v. st. Autres lettres, aux mêmes, etc.

N° 2. — Mandement à même fin adressé à quatre bourgeois.

Par ses lettres de commission du 29 mars, adressées au bailli et aux quatre bourgeois ici nommés, le Roi avait prescrit que deux au moins, dont le bailli serait nécessairement l'un, procédassent à l'enquête. Sur les remontrances de son procureur à Amiens et de l'une des parties, lui objectant que le bailli était souvent empêché au fait des guerres ou autres vacations de son office, le Roi rapporte cette condition purement et simplement, sans même réserver le cas de non empêchement de son représentant direct.

Baillivo ambianensi, Guillelmo de Albofossato, Petro Boistelli, Guillelmo Rabuisson et Symoni de Mezo, civibus ambianensibus, salutem. Cum per nostras alias litteras, xxª ixª die martii novissime preterita super hoc confectas, vobis inter cetera mandaverimus et commiserimus quatenus in causa, que in curia nostra vertitur inter procuratorem nostrum pro nobis ac (nom illisible) et ejus uxorem ex una parte, et decanum ac capitulum ecclesie ambianensis, eorumque baillivum et Johannem de Conty ex altera, vos quinque, quatuor, tres aut duo vestrum, de quibus vos, baillive, essetis unus, vocatis evocandis, juxta tenorem commissionum alias in hujusmodi causa factarum, procederetis, prout hec et alia in predictis nostris litteris latius dicuntur contineri; ad requestam procuratoris nostri et conjugum predictorum formidancium ne vos, baillive, guerrarum nostrarum sive officii vestri ordinarii aut alio impedimento obstante, in causa predicta vacare nequeatis, propter quod eo casu jus nostrum atque dictorum conjugum deperiri seu quamplurimum protelari et differri valeret, sicut dicunt, vobis, prout aliud mandatum extitit et commissum, tenore presentium committimus et mandamus quatenus vos quinque, quatuor, tres aut duo vestrum, vel baillivo absente, seu in hoc negocio vacare nequeunte vel nolente, omnia et singula in litteris nostris, de quibus supra fit mentio, contenta, vocatis evocandis, pro utraque partium predictarum faciatis et compleatis, juxta earumdem litterarum, de quibus liquebit, seriem et tenorem procedendo in causa hujusmodi, usque ad dies ambianenses nostri futuri proximo parlamenti. Ab omnibus autem justiciariis et subditis nostris vobis quinque, quatuor, tribus aut duorum vestrum in hac parte pareri volumus et mandamus, quod, consideracione premissorum, per presentes concedimus de gratia speciali, si sit opus.

Datum Parisius ultima die augusti Mº CCCº Lº VIº.

31 Août 1356

X²⁴6, f° 283.

Les mandements de ce genre sont très nombreux dans les registres du Parlement, tant au civil qu'au criminel. Nous n'en citons que les plus intéressants : tel ce renvoi, non à fin d'enquête mais de jugement définitif, par-devant Jehan du Gard, lieutenant du bailli, et Honoré d'Ipre (1), de la cause d'un sergent du bailliage, Gilles le Prévot, accusé de meurtre, portée en appel des assises d'Amiens au Parlement, où nous lisons : « Predicta nostra curia causam hujusmodi, in statu in quo est, vobis commisit et committit audiendam et sine debito terminandam, ac predictis Egidio Prepositi et Petro Bricon ad comparendum coram vobis, die octava instantis mensis julii, diem assignavit et assignat ad procedendum in et super eadem causa juxta statum ejusdem, prout fuerit rationis, absque eo quod dictus baillivus (2) hujusmodi se aliqualiter intromittat...

X²ᴬ 9, f° 114, 15 juin 1378.

XVII

Arrêt absolvant un avocat du bailliage d'une accusation de subornation de magistrat, de détournement de fonds et de faux portée contre lui par le procureur du Roi.

26 Mai
1357

L'affaire, dont il est ici question, tient une place considérable dans les registres du Parlement. Nous n'en publions que cette unique pièce, parce que c'est la seule qui expose, avec quelque précision, les faits incriminés :

Un certain Milo de Soubice ayant été jeté au beffroi d'Amiens, par ordre du bailli Nicolas le Métayer, sur l'imputation d'avoir falsifié le seing de certains auditeurs du bailliage, son ami et parent Pierre de Pierrepont s'était adressé à Jehan de Bettembos, lui-même conseiller de l'inculpé et soi-disant ami intime du bailli, pour obtenir, par son entremise, une prompte solution de l'affaire. Celui-ci se fit fort d'obtenir une composition du bailli et des gens du Roi, avec un désistement de toute poursuite, pourvu que sa recommandation fût appuyée d'un don de cent deniers d'or qu'il proposait d'offrir au bailli, à la fois pour le désintéresser de certains frais, où l'affaire l'avait entraîné, et lui faire prendre en recommandation les intérêts de l'inculpé. La somme versée, Bettembos l'aurait retenue pour lui-même, tout en affirmant, à plusieurs reprises, qu'il l'avait remise au destinataire, à raison de quoi le procureur du Roi requérait contre lui punition corporelle et civile et privation de son office d'avocat, malgré les dénégations de l'accusé.

Après enquête faite et rapport adressé à la Cour, Bettembos, entre autres moyens de défense, produisit un mandement royal évoquant l'affaire par-devant la personne du prince, avec défense de procéder plus avant et de rendre aucun arrêt. Sur les réquisitions du procureur général, la Cour n'en passa pas moins outre, déclara ledit mandement subreptice et frauduleux et ordonna un supplément d'enquête, (arrêt du 30 janvier 1355, v. st.) Ce qui ne l'empêcha pas de conclure, seize mois après, à l'absolution du personnage.

Nous retrouverons plus loin les principaux figurants de cette affaire, y compris le procureur du Roi poursuivant, qui n'est pas nommé ici, Vincent de Beauquesne.

Notum facimus quod, cum procurator noster contra Johannem de Bethembos in curia nostra jamdudum proponeret quod, cum, tempore quo Milo de Soubice,

---

(1) Honoré d'Ipre fut lui-même lieutenant du bailli de 1368 à 70, en 1372, de 1374 à 76, en 1381 et 82.

(2) Le fait que la sentence, dont il était appelé, émanait du bailli, entraînait l'exclusion de celui-ci.

pro eo quod signetum quorumdam auditorum ex parte nostra in villa ambianensi deputatorum falsificasse dicebatur, in beffredo ville ambianensis, de mandato Nicolai le Métayer, consiliarii nostri, nuper baillivi ambianensis, ad requestam procuratoris nostri dicte baillivie, prisionarius detentus extiterat. Petrus de Petraponte, dicti Milonis amicus et affinis, brevem expedicionem et deliberacionem affectantes (*sic*), eidem Johanni, tunc ipsius Milonis consiliario, cum magna instancia requisiverat ut in hoc et circa hoc consilium prœbere ac remedium proponere procuraret quod dictus Milo a dictis prisionibus liberaretur, dictus etiam Johannes de Bethenbos, hoc audito, dicto Petro responderat quod erga dictum Nicholaum tunc baillivum, quem amicum et affinem suum specialissimum asserebat, tantum procuraret quod, medianti quadam composicione, quam cum eodem baillivo seu gentibus nostris pro nobis facere intendebat, ut dixerat, dictus baillivus et procurator noster dicte baillivie a persecutione hujusmodi desisterent, et una cum hoc dicto Petro dixerat quod bonum, expediens et necesse eidem videbatur quod dictus Nicholaus tunc baillivus (*blanc*) plurium casuum et expensarum, quos et quas eumdem Nicholaum in hujusmodi negocio fecisse et sustinuisse dicebat, centum denarios auri ad scutum, cugni nostri, de et super bonis dicti Milonis haberet et eidem per manum dicti de Bethenbos traderentur ad finem quod idem Nicholaus negocium predictum et deliberacionem dicti Milonis gratam haberet et habere vellet, hiisque sic, ut predictum est, actis, prefatus Petrus paulo post eidem Johanni de Bethenbos dictos florenos tradiderat, quos etiam dictus Johannes, cupiditate inordinata motus maloque imbutus spiritu, florenos predictos penes se retinuerat, eosdem suis usibus applicando; et una cum hoc dictus Johannes, verens ne, occasione dictorum florenorum, per ipsum Petrum aut alios pro dictis florenis prosequeretur aut prosequi posset tunc vel in futurum, asseruerat et pluries confessus fuerat, licet falso, quod dictus Nicholaus dictos centum florenos habuerat et per manum dicti de Bethenbos receperat, ut dictus procurator petebat (1), petendo et requirendo dictum Johannem, occasione premissorum, in corpore et in bonis puniri seu saltem in tali emenda criminali vel civili condempnari prout eidem curie nostre expediens videretur, et una cum hoc dictus Johannes ab omni advocacionis officio privaretur omnino, ad hujusmodi fines rationes predictas et quamplures alias proponendo, Dicto Johanne de Bethembos facta predicta negando et ab peticione dicti procuratoris nostri absolvi petendo. Dictis etiam partibus super premissis auditis, certisque commissariis ad inquirendam veritatem super factis dicti

(1) Il faudrait sans doute « dicebat ».

procuratoris nostri dumtaxat deputatis ac inquesta super ipsis factis per dictos commissarios facta, postmodum ad judicandum, salvis dicti de Bethembos reprobacionibus, recepta, prefatus de Bethembos certas litteras a nobis obtentas dicte curie nostre exhibuerat per quas dilectis et fidelibus gentibus parlamentum nostrum Parisius tenentibus datum extiterat inter cetera in mandatis quatenus inquestam predictam, quam citius possent, viderent et, si sine dictis reprobacionibus judicari non posset, inquestam super hujusmodi reprobacionibus fieri et perfici facerent et, ea facta et perfecta, et cum principali juncta aut super dicta principali inquesta, si absque dictis reprobacionibus judicari valeret, advisamentum suum super hoc nobis referrent vel illud sub sigillo camere dicti Parlamenti fideliter interclusum remitterent ut, viso dicto advisamento, quod nobis visum foret expediens valeremus ordinare et interim ad preferendum in hujusmodi causa aliquod arrestum nullatenus procederent. Quibus expeditis et in dicta Parlamenti curia publice lectis, dictus procurator noster, pluribus racionibus per eum propositis, petierat dictas litteras tanquam subrepticias et iniquas ac surrepticie et inique obtentas anullari, et finaliter, altercato inter ipsas partes, dictum fuerat inter cetera per arrestum quod dicte littere fuerant et erant inique et injuste, et eas tanquam injustas et iniquas dicta curia nostra anullaverat et anullabat, dictaque inquesta absque reprobacionibus judicari non poterat et super dictis reprobacionibus per dictam curiam admissis, etiam parlamento sedenti, inquireretur veritas, qua inquisita et cum principali inquesta predicta juncta fieret jus, prout in arresto predicto, penultima die januarii anno Domini M° CCC° LV° prelato, latius continebatur. Tandem, inquesta super dictis reprobacionibus facta et ad judicandum cum dicta principali inquesta recepta et cum eadem juncta, eisdem, maturaque et diligenti deliberacione super hoc prohabita, visis et diligenter examinatis, prefata curia nostra prenominatum Johannem de Bethembos ab impeticionibus et conclusionibus dicti procuratoris nostri predictis absolvit.

Pronunciatum xxvi[a] die maii anno Domini M° CCC° L° VII°.

X[ia] 16, f° 378, répété f° 414, même date, mais abrégé.
Cf. ibid., f°s 383, 421, 438 v°.

XVIII

Confirmation à Vincent de Beauquesne de l'office de procureur du Roi au bailliage, que lui contestait Honoré Aguillon, substitué par lettres du régent, Charles, duc de Normandie.

Ce document nous montre aux prises deux des principaux acteurs du drame de 1358, l'un Vincent de Beauquesne, procureur du Roi, en possession depuis la mort de Tassain Dubus, l'autre Honoré Aguillon, sergent au bailliage, substitué audit office par lettres du régent, Charles, duc de Normandie. Bien que, au dire du premier, les lettres de provision de son concurrent ne formulent contre lui aucun grief, il se peut que sa disgrâce ne soit point sans rapport avec l'affaire précédente. En tous cas, il est curieux de voir le Parlement donner tort au régent et maintenir en fonctions l'occupant.

V. *infra*, XX, n°s 12, seq. et 17, et XLII, de plus amples détails sur ces deux personnages.

14 Août 1357

Notum facimus quod, comparentibus in curia nostra Vincentio de Bellaquercu, ex una parte, et Honorato Aguillon, ex altera, fuit ex parte ipsius Vincentii propositum quod, licet ipse officium procuratorie nostri in baillivia ambianensi sibi, tunc vacans per mortem Tassain Dubus, concessum, per plures annos tenuisset et exercuisset ac etiam exerceret legitime, nichilominus dictus Honoratus procuraverat dictum officium sibi concedi et ipsum nitebatur occupare indebite et injuste nulla negligencia, culpa, seu causa aliqua, in litteris dicti Honorati, contra dictum Vincentium, allegata, ac etiam tanto penitus de concessione dudum facta eidem Vincentio ac de legitimo servicio per eumdem impenso, quod nullatenus fecissemus si veritas de premissis nobis declarata fuisset, ut dicebat, quare petebat se in dicto officio servari et teneri, impedimentum predictum amoveri, dictoque Honorato super hoc silentium impositum ac ipsum in suis expensis condempnari. Prefato Honorato ex adverso dicente quod, ipso inscio, nec hoc in aliquo procurante, sed circa alia statum suum honnestum et competentem habente, per carissimum primogenitum et locumtenentem nostrum Karolum, ducem Normannie et delphinum Viennensis, dicto Honorato concessum fuerat, cum speciali mandato quod in eodem institueretur, amoto quolibet alio detentore. Que quidem concessio, ex certa sua scientia, gratia speciali et auctoritate nostra qua fungitur, processerat et in ipsius voluntate, tanquam nostra, officiorum nostrorum, præsertim ad voluntatem concessorum, dispositio consistebat, absque indagacione aliqua facienda de voluntate sua in hac parte, et in dicto officio procurari et servari debebat, ut dicebat. Tandem, auditis dictis partibus in omnibus que dicere voluerunt, visisque pluribus litteris hinc inde productis ac quibusdam litteris clausis per refformatores in dicta bailliviâ deputatos transmissis dilectis et fidelibus gentibus nostris Magni Consilii, super certa informatione de ipsorum mandato facta circa premissa, et per ipsas gentes curie nostre remissis, et attentis circa hoc attendendis, per arrestum curie nostre dictum fuit quod dictum officium eidem Vincentio remanebit et illud eidem dicta curia deliberavit ad planum ac eidem Honorato super hoc perpetuum silentium imposuit, ipsum relevando ab expensis, ex causa.

Pronunciatum xiv^a die augusti M^o CCC^o L^o VII°.

X^{1a} 16, f° 413 v°.

XIX

DOCUMENTS CONCERNANT LA FAMILLE DU CANGE ET LES SUCCESSIONS DE ROBERT DU CANGE, ADMINISTRATEUR POUR LE ROI DE LA MONNAIE DE SAINT-QUENTIN, ET DE JEAN DU CANGE, TRÉSORIER DES GUERRES, RECEVEUR D'AMIENS ET DE PONTHIEU ET DE L'IMPOSITION DE QUATRE DENIERS POUR LIVRE AU BAILLIAGE D'AMIENS. (2 pièces).

N° 1. — Confirmation par le Roi d'une sentence des généraux réformateurs touchant la succession de Robert du Cange, jadis administrateur pour le Roi de la monnaie de Saint-Quentin.

Cette première pièce donne de curieux détails sur les opérations de la la monnaie de Saint-Quentin, du 15 juin 1339 au 17 septembre suivant, sur l'état approximatif de la fortune et l'inventaire des biens meubles de l'administrateur, Robert du Cange, au temps de sa mort, enfin sur les longs délais que laissaient courir les gens du Trésor avant d'admettre ces officiers ou leurs ayants droit — en l'espèce, son frère, Oudart du Cange, suppléant de Robert pendant trois mois et son exécuteur testamentaire — à l'apurement et à la liquidation définitive de leurs comptes, délais pendant lesquels l'usage de leur fortune se trouvait ainsi refusé à leurs héritiers naturels; d'où des complications infinies qui portaient le trouble et la guerre dans les familles.

Août 1357

Johannes, Dei gratia Francorum rex..., notum facimus universis, tam presentibus quam futuris, nos infrascriptas litteras sigillis generalium reformatorum in baillivia ambianensi, ut prima facie apparebat, sigillatas, vidisse formam que sequitur continentes :

A tous ceulx qui ces présentes lettres verront ou orront, les généraux réformateurs au bailliage d'Amiens, salut. Sur ce que, pardevant maiour et eschevins.

d'Amiens, s'assist un procès entre Liénart du Cange, fils de feu Robert du Change, et le tuteur et cureur des enfans menres d'aage de feu Symon du Change, jadis fils dedit feu Robert, et Jehan Hanelin, à cause de demiselle Maroee Marcele, ad présent se feme, jadis feme dudit feu Symon, et comme baill des enfans d'iceluy, pour tant comme à chacun pooit touchier, d'une part — et maistre Jehan Boitart, à cause de demiselle Maroeye du Change, se fame, et comme baill, à cause de ycelle, de Jehannot et Oudin du Cange, frères de ladite demiselle Marie, enfans et hoirs de feu Oudart du Change, et le tuteur et cureur desdits Jehannot et Oudin, d'autre part.

Sur ce que lidis Lienart et autres ses consors, hoirs dudit feu Robert, disoient que lidis Robert, ou temps de se vie, avoit tenu les monnoies de St Quentin par certain temps et que, ou temps qu'il les tenoit, ledis feu Odars du Change, ses frères, pour ce que lidis Robert avoit esté ensoinniez et empeschiez par telle manière qu'il ni avoit peu entendre, avoit ycelle monnoie gouvernée, guardée et administrée, par l'espace de III mois ou environ, pour et ou nom dudit feu Robert, c'est assavoir depuis le xve jour de juing l'an MCCCXXXIX juques au xvII^e jour de septembre enssuivant, et que, par icelli temps, li ouvrage desdites monnoies avoit bien monté, en monnoie d'or, à la somme de xxv^c l. t. ou plus, en telle monnoie que florins d'or au paveillon, pour xxx s. t. la pièche, et, en monnoie d'argent, la somme x^M l. t. ou plus. Lesquelles sommes lidis Oudars avoit eu, receu et manié et fait ce qu'il cuidoit que bon fust. Disoient encore lidis Lienard et ses consors que lidis feu Robert, en son testament, ordenance ou darrenière volenté, avoit foit et ordonné lidit Odart, son frère, son exécuteur, qui ledite exécution avoit emprinse en luy, et, après le trespas dudit feu Robert, avoit lidis Odart prins, levé et approprié par devers luy tous les biens, meubles et chateulx dudit Robert et plusieurs biens et deniers qui deus li estoient, et par espécial ceulx qui cy après sont desclairiez, lesquelx lidis Robert avoit ou temps de son trespassement et à luy appartenoient. C'est assavoir : Lx florins d'or au paveillon ou plus, que trovez furent en une bourse ou bourselet que lidis feu Robert avoit à son braiol, VI fors deniers de fin or, en la valeur de xxx florins à l'escu, grant quantité de fors deniers d'argent de plusieurs coings montans à la valeur de III mars d'argent ou environ, Lx fors deniers du coing des parisis d'argent, qui bien valaient VII mars d'argent ou environ, le montant de marcs d'argent ou environ en plate, une douzaine de henaps d'argent ou environ, de façon de atour de lampe, pesant chacun un marc ou environ, une douzaine de gobeles pesant VI mars d'argent ou plus, XIII douzaines de cuillers d'argent, chacune douzaine pesant i marc ou plus ou environ, ii dousennes de henaps de madre nœfs du pris de lx florins à l'escu, un grant henap de madre à un fons d'argent neellé du pris de iii escus, demie douzaine de henaps de madre, appelez couarlliers, demie douzaine d'autres petis henaps de madre du pris de viii escus, xvi lis estoffés de lincheux et de couvertures en la valeur de lx florins à l'escu ou environ, la vaisselle d'estain dudit feu Robert de la valeur de x escus, la vaisselle de cuivre, d'arein et de laton de le valeur de xii escus ou environ, autres ostis de fer de le valeur de iv escus ou environ, huches, huchiaus et autres communs estoremens d'ostel de le valeur de xii escus ou environ..., les revenues de le terre de Hedauville appartenant audit feu Robert, par l'espace de iii années ou environ, depuis le trespas dudit feu Robert, montans à le valeur de vi^{xx} liv. parisis des monnoies lors courant ou environ, un roucin appartenant audit feu Robert, qui portoit se malete, de le valeur de xxiv florins à l'escu ou environ, vi autres quevaux traians à carue, tous enharnesquiez, de le valeur de lxx escus ou environ, iii charrettes et ii benias tous estoffés, ou pris de xx escus ou environ, plusieurs harnas de carue de valeur de vi escus ou environ, le montant de xxxii mars d'argent en vaisselle appartenant audit feu Robert, laquelle il avoit baillé, ou temps de son vivant, à sire Jehan du Cange, à St-Quentin, laquelle vaisselle, après le trespas dudit sire Jehan du Cange, lidis Oudars avoit prins et attribué pardevers luy, avec xlv livres parisis ou environ, marc d'argent pour lxiv s. t. ou environ, pour un cheval gris que lidis sire Jehan du Cange avoit eu dudit feu Robert. Et auxi avoit eu lidis feu Odart, des biens appartenans audit feu Robert, cc viez flourins d'or à l'escu de Nicolas Ode, en descompt de greignour somme d'argent que lidis Nicolas devoit audit feu Robert, avec plusieurs autres biens dudit Robert, prins et emportés par ledit Oudart, dont il n'avoit fait aucun compte ne restitution...

Pourquoy concluoient lesdits Lienart et ses consors, alencontre dudit maistre Jehan et du tuteur et cureur des enfans dudit feu Oudart, el noms que dessus, que lidis maistre Jehan et lidis tuteurs et cureurs devoient estre condempnez et contrainct, et chacun pour tant que touchier le povoit, de rendre bon compte et loyal, audit Lienard et aux autres ses consors dessusnommez, des sommes et parties dessusdites et de ycelles rendre ou tant qu'il seroit rewardé, et à rendre cous et frais, tant parce que, de raison, toutefois qu'aucunes personnes s'entremet des besoignes d'une autre et qu'il a et prent de ses biens, tant à son vivant comme après son trespas, et tant comme exécuteur d'ycelle personne comme autrement, il est tenu de rendre ent compte aux hoirs ou aians cause de le personne de qui il a ainsi les biens prins et eus. Or disoit lidis Liénars et ses consors que vérités estoit que lidit Oudars avoit eus, prins et levé, des biens dudit feu Robert, ce que dessus est déclairié, et toutesvoies il n'en avait fait aucun compte ou restitucion, avec plusieurs autres faits et raisons tendans à cette fin.

Ledit maistre Jehan et le tuteur et cureur des enfans dudit Oudart disans au contraire que tenus n'estoient de rendre ledit compte, ne de faire aucune restitution, mes devoient desdites demandes aler délivrez et absolz, tant pour ce que lidis Liénart et ses consors ne s'estoient mie fondé à leur demande faire comme hoirs dudit feu Robert et que, supposé que fondé si fussent, considéré qu'il avoit jà XVII ans que ledit Robert estoit alez de vie à trespas, et que ledit Oudart avoit vescu XII ans ou plus depuis le trespas dudit feu Robert, ledit Liénart estant tout aagé, et si n'en avoit fait aucune demande, il n'estoit mie vraysemblable que, se ledit Liénard et ses consors eussent eu juste cause de faire ladite demande, qu'il heussent attendu juques à ore, come parce qu'il n'estoit mie à présumer que ledit Robert, au temps de son trespas, eust les biens que lidit Liénard et ses consors demandent, quar, ou temps de sondit trespas et deux ans devant son trespas, il estoit esquemuniés, povres hons et à grant misère et de jour en jour justiciés de ses dettes. Et, se aucuns biens avoit, si les avoit eus lidis Liénart et feu Symon du Cange, ses frères. Mesmement en avoit lidis Simon juques à la montance de XII^{xx} l. p., avecques plusieurs autres raisons tendans à celle fin.

Après lesquelx fais et raisons baillés de chacune partie, pardevers lesdis maiour et eschevins, affirmacions et responces sur ce faictes, lesdits Liénart et ses consors se trairent pardevers nous, par manière de supplication, affin que, pour avoir plus brief droit, nous presissons ledit procès, le feissons parfaire et ycelli menissons à fin deue, comme, pour les debtes que on disoit que lidis feu Robert devoit au Roy notre sire, pour le fait desdites monnoies de St-Quentin, lesdis Lienart et consors feussent contraint et justicié et en péril d'estre désers et mis à povreté.

Pourquoy nous, considérans les choses, fesimes mettre ledit procès pardevant nous, les parties appellées, et sur ce députasmes certains commissaires pour enquerre la vérité, pardavant lesquelx chacune desdites parties a produit plusieurs tesmoings, avecques plusieurs lettres et un estrait de la Chambre des Comptes mis en fourme de preuve par ledit Liénart et ses consors, reprouches baillés par ledit maistre Jehan, salvations au contraire et tesmoins produis sur lesdites reprouches, li procès a est émis pardevers nous pour jugier à fin deue. Sachent tous que nous ycelli procès avons veu avecques plusieurs sages, à grant délibération de conseil. Si disons et prononchons, pour droit, que, pour ce que par ledit procès nous est apparu lesdits Liénard et ses consors avoir soufisamment prouvé que lidis Oudars gouverna lesdites monnoies de St-Quentin, depuis le xxve jour de juin l'an MCCCXXXIX juques au xviie jour de septembre ensuivant, et que, par ce temps, li ouvrage de le monnoie d'or monta à le conte de xxv^c l. t. et florins d'or au paveillon, pour xxx s. la pièche, et li ouvrage de le monnoie d'argent monta à x^m l. t. ou plus, que lidis Oudars fu exécuteur dudit feu Robert, son frère, et qu'il print et eut des blés, avennes, chevaux, harnais et autres estoremens que lidis Robert avoit à Hédauville et à Hérogniame qui, par compte fait, furent vendus cc l. p., florin Philippe à l'escu pour xxviii s. la pièche, que lidis Oudars reçut les revenues de le terre de Heidauville appartenant audit feu Robert, iii ans après le décès d'iceli Robert, laquele rechepte monta à le some de lx l. p., des biens estans en la maison dudit Robert, à Amiens, xii henas d'argent, chacun pesant un marc, valant xii marcs d'argent, xxiv escueles d'argent appartenans audit feu Robert prises par ledit Oudart en l'ostel sire Jehan du Cange, quant il fu trespassez, pesans xxvii mars d'argent, avec xlv l. p., pour le vente d'un cheval gris, et x l. pour estoremens que lidit sire Jehan du Cange avoit eu dudit Robert. Lesquels xlv l. et x l. furent paiés audit Oudart comme exécuteur dudit feu Robert, son frère, en telle monnoie que marc d'argent pour xliv sols t., et cc viez escus de Philippe que lidit Oudars receut de Nicolas Ode, en déducion de certaine somme que lidis Nicolas devoit audit feu Robert... lidis maistre Jehan et lidis tuteurs et cureurs desdits enfans dudit feu Oudart, ès noms comme dessus, seront tenus de rendre et rendront bon compte et loyal, audit Liénard et ses consors, desdits xxv^c l. t., x^m l. t., pour le fait desdites monnoies de St-Quentin, cc l., escu de Philippe, pour xxviii s. la pièce, lx l., xii mars d'argent, xxxii mars d'argent, xlv l., x l., cc viez escus comme dessus desclairiez. Et à ce seront constraint sens délay, se mestier est, et les condempnons ès despens desdis Liénart et ses consors fais et raisonnablement encourus en ceste cause, la taxation réservée par devers la Court. En tesmoing de ce, nous avons mis nos seaux à ces présentes lettres, qui furent faites et données, à Amiens, le iie jour d'aoust, l'an de grâce MCCCLVII.

Nos autem, pronunciacionem et condempnacionem predictas, quatenus rite et juste late fuerint et in rem transierint judicatam, ratas habentes et gratas, eas volumus, ratifficamus, laudamus, approbamus et tenore presentium, nostra auctoritate regia, de speciali gracia, confirmamus, mandantes tenore presentium baillivo ambianensi, ceterisque justiciariis nostris aut eorum locatenentibus et cuilibet eorumdem, ut ad eum pertinuerit, quatenus dictas pronunciaciones et condempnaciones teneri, custodiri et inviolabiliter observari et executioni debite demandari faciant, juxta ipsarum continentiam et tenorem. Quod ut firmum et stabile permaneat in futurum, Castelleti nostri parisiensis, in absentia magni, presentibus litteris fecimus apponi sigillum, nostro et alieno in omnibus jure salvo. Datum in abbacia Regalis Montis, anno Domini M° CCC° L° VII°, mense augusto. Per dominum ducem, J. de Albigniaco.

JJ 89, n° 103.
V. la suite : JJ 91, n°s 140 et 141.

N° 2. — Transaction entre les gens du Trésor du Roi et Jeanne du Cange, nièce de sire Jean du Cange, en son vivant trésorier des guerres, receveur d'Amiens, etc., au sujet de la succession de celui-ci.

Cette seconde pièce, que nous rapprochons avec intention de la précédente, est plus significative encore; car il n'avait pas couru moins de vingt-deux ans entre la mort de sire Jean du Cange (juin 1348) et les répétitions, formulées par le fisc, d'où sortit la présente transaction.

Dans l'intervalle, ses quatre neveux et légataires avaient été mis en possession, après acceptation du testament et des charges, — comptes à rendre et reprises à exercer par le Trésor —; la cinquième, Jeanne du Cange, y ayant renoncé, pour sa part. Puis tous quatre étant morts sans enfants (1), celle-ci avait accepté leur héritage, mais pour la partie descendant de leurs biens patrimoniaux seulement, à l'exclusion des legs et rentes à eux venus du testament de Jean du Cange; à raison de quoi, elle avait obtenu des lettres de décharge du roi Philippe VI l'autorisant à entrer en possession de cette partie litigieuse, sous condition qu'elle en ferait abandon au fisc, sans être en rien responsable du sien, au cas où il apparaîtrait que l'héritage de Jean du Cange ne suffirait point à la solution et au paiement de ses obligations envers le Trésor. Ceci n'empêcha pas, après vingt ans et plus, le fisc royal de décréter contre elle exécution aux fins de restitution du fonds et de tous les revenus et rentes qu'elle en avait tirés, depuis son entrée en jouissance, sinon « de venir compter et faire tous les comptes d'icelluy feu Jehan du Cange... pour ce qu'il estoit tenus en grans et grosses sommes de deniers. ».

C'est alors qu'à la supplication de l'intéressée, « feble et ancienne femme..... ruinée par les guerres », le roi consentit cette transaction confirmative des lettres de décharge de son aïeul : Jeanne du Cange fut, en son particulier et en ses biens, même acquis desdits quatre neveux,

(1) JJ 78, n° 16, décembre 1349. Il y est dit que les quatre héritiers de sire Jean du Cange sont morts de la contagion.

entièrement libérée des charges de la succession de son oncle, dont elle abandonnait le fonds, avec 500 francs d'or pour les rentes et revenus qu'elle en avait tirés. Le Roi se faisait remettre en outre tous les papiers, titres et lettres obligatoires provenant desdits comptes, et, par une dernière clause, qui laissait la porte ouverte à de nouvelles répétitions, se réservait le droit de reprise sur les rentes et revenus que les quatre neveux avaient tirés de la succession durant le temps de la jouissance.

On voit que, pour les bourgeois du temps, la profession d'agents du fisc n'était pas tout profit.

V. encore sur Jean du Cange : JJ 77, n° 19, 5 mars 1345, v. st., des lettres d'anoblissement où il est qualifié gouverneur de Ponthieu et trésorier des guerres, etc.

Septembre 1370

Remissio pro Johanne du Change, thesaurario guerrarum.

Charles, savoir faisons à tous présens et avenir que, comme feu Jehan du Change, ou temps de sa vie, eust esté trésorier des guerres de notre très cher seigneur et ayeul, le Roy Philippe, dont Diex ait l'âme, receveur d'Amiens et de Ponthieu et receveur de l'imposition de IV ds pour livre ou bailliage d'Amiens et fust alez de vie à trespassement avant qu'il eust fait ne rendu ses comptes, à cause desdits offices et d'aucuns autres, en la Chambre des Comptes de notredit seigneur et ayeul, en la manière qu'il appartient. Et il soit ainsy que des héritages, rentes et possessions qu'il tenoit et possédoit, au jour de son trespassement, il eust donné et laissié, en son testament et darrenière voulenté, à Ernoul du Change, Raoul du Change, Guérard du Change et Jehan du Rondel ses neveux, à chascun d'iceulx, certaine partie et portion, et aussi ordené que, pour sesdits comptes rendre et parfaire, les exfruis de sesdits héritages seroient levés et queullis par les mains de ses exécuteurs, par quatre années lors et prochain à venir, et que le demourant de ses biens meubles, sondit testament purement acompli, seroit tourné et converti en l'acomplissement de sesdits comptes, desquels comptes rendre lesdits exécuteurs furent chargiés. Et, pour savoir se dudit feu Jehan du Change sesdits neveux se vouldroient faire et tenir pour hoirs, ils eussent esté appellez, dès le temps de nostredit seigneur et ayeul, par-devant les gens de ses comptes, à Paris, lesquels neveux, par-devant lesdites gens, reçurent en eulx la hoirie de leurdit feu oncle. Et Jehanne du Change, nièce dudit feu, et son mari, que pour le temps avoit, y renuncièrent. Et, combien que depuis lesdits quatre neveux soient alez de vie à trespassement et que d'iceulx neveux ladite Jehanne se soit faicte héritière des biens, héritages, rentes et possessions que il avoient et tenoient de père et mère, tant seulement, et en soit entrée en saisine et possession, néantmoins, pour doubte desdits comptes et aussi pour occasion de ladite renunciation, elle ne se osa faire hoir, ne entrer en saisine et possession des héritages et rentes que ledit feu Jehan leur avoit données, comme dit est : pourquoy, oye sur ce sa supplication, notredit seigneur et ayeul lui ottroya, de grâce espécial, par ses lettres scellées en las de soye et cire vert, que, ou cas que les biens, rentes et héritages jadis appartenans audit feu Jehan du Change ne souffiroient pas à la solution et paiement de ce en quoy il pourroit estre tenus envers notredit seigneur et ayeul, par la fin de sesdits comptes, se par yceulx comptes luy estoit en aucune manière tenus, ladite Jehanne, ne ses hoirs, ne seroient tenus de parfaire, ne payer le demourant mais seulement la valeur des biens, rentes et héritages dudit feu Jehan ou les délaissier. Et, par ceste manière, y entra, par bénéfice de inventaire, et en a joy par longtemps, sauf plusieurs empeschemens qui y ont esté mis par feu le comte de Saint-Pol dernier trespassé et par autres. Toutesvoies, pour ce que ledit feu Jehan du Change nous estoit tenus en grans et grosses sommes de deniers, si comme l'on dist, nos amés et féaulx trésoriers à Paris eussent naguères envoyé exécuter de fait ladite Jehanne du Change à délaissier lesdits biens, rentes, héritages et possessions dudit feu Jehan du Change et à rendre toutes les levées que elle en avoit faites, depuis qu'elle en ot la possession, ou à venir compter faire bon les comptes d'icelluy feu Jehan du Change. Si s'est excusée de rendre yceulx comptes pour ce qu'elle est feble femme et ancienne et qu'elle ne porroit ne saroit yceulx rendre. Et nous a très humblement fait supplier que, eue considération aux bons et agréables services que ledit feu Jehan du Change fist à notredit seigneur et ayeul et à ce qu'elle a perdu tout ou la greigneur partie du sien et ses amis par le fait des guerres, nous lui voullions sur ce eslargir et extendre notre grâce avec celle que li fist notredit seigneur et ayeul. Nous adecertes, toutes ces choses considérées avec plusieurs autres qui à ce nous ont meu et par l'avis, délibération et conseil de nos amés et féaulx gens de notre conseil et de nosdits trésoriers, ladite Jehanne du Change, ses hoirs, successeurs et ayans cause avons, de notre certaine science et grâce spécial, quictié et quictons perpétuellement et à tousjours, pour nous et nos successeurs, de tout le fait entièrement dont elle pourroit estre chargée envers nous, à cause dudit feu Jehan du Change, de tout ce en quoy ils nous porroient estre tenus et dont ladite Jehanne s'en est entremise, comment ne en quelconque manière que ce soit. Et nous en tenons pour bien et à plain paiés. Et voulons et octroyons, de notredite grâce espécial, que elle, ses hoirs, successeurs et ayans cause joyssent paisiblement dorénavant, perpétuelement et à tousjours de toutes les rentes et héritages des quatre neveux dessusdits, à cause de leur père et mère, dont elle s'est faite héritière, comme dit est, et de toutes les levées, prouffis et émolumens qui sont venu et issu tant desdits héritages, rentes, revenues et possessions dudit feu Jehan du Change jusques à jourd'uy et qui doresnavant vendront et istront des rentes et héritages d'iceulx quatre neveux, sans débat, contredit, ne empeschement et sans ce que l'en li en puisse riens demander, ne le estreindre de rendre compte ou compter de tous ne aucuns des fais dont ledit feu Jehan du Change s'est entremis pour nous et nos prédécesseurs, en son vivant. Parmi ce que, pour toutes les choses dessusdites, ladite Jehanne nous a délaissié et délaisse tous les fiefs, terres, rentes et revenues quelsconques dudit feu Jehan du Change que elle prist, par bénéfice de inventaire, par la manière dessusdite, et y a renuncié et renunce de tout, sauf et reservé lesdites levées dont elle et ses hoirs demeurent et demourront quitte et paisible. Et si nous paiera prestement ladite Jehanne la somme de v^c frans d'or. Et avec ce nous sera tenue de rendre toutes les lettres qu'elle puet avoir faisans mention des comptes dudit feu Jehan et toutes les lettres obligatoires en quoy et par lesquelles l'en povoit estre tenus à luy, tant à cause de nous comme de luy, et en quoy nous pourrions estre tenus à luy ou autres, à cause desdits comptes. Et toutesvoies, en ces présentes lettres, ne en ce présent traitié et acort, n'est en riens comprins ce que les exécuteurs dudit feu Jehan du Change en ont receu, ne la terre que il ot à Coisy, que tient ad présent Jehan de Saint-Fuscien. Mais nous demeure tenus et chargiez, pour tant comme raison sera, à cause dudit feu Jehan du Change. Si donnons en mandement à nos amez et féaulx gens des comptes et trésoriers dessusdits, à tous nos baillis, receveurs, commissaires et collecteurs et à tous nos autres officiers, justiciers et à leurs lieuxtenans présens et à venir et à chascun d'eulx, si comme il appartiendra, que ladite Jehanne du Change, ses hoirs, successeurs et ayans cause facent, laissent et sueffrent paisiblement joir et user de notre présente grâce et, contre la teneur d'icelle, ne le contraingnent, molestent et empeschent, ne souffrent estre contraint, molesté ne empeschié, en corps ne en biens, comment ne en quelle manière que ce soit. Et que ce soit ferme chose, etc... sauf etc... Donné à Paris au mois de septembre M CCC LXX.

JJ 100, n° 650.
Cf. JJ 102, n°^{s} 32 et 63. Procès-verbaux d'exécution sur les biens de feu sire Jehan du Cange, jadis receveur d'Amiens et de Ponthieu, resté redevable envers le Roi, à raison de ses fonctions, d'environ 10.000 livres, 24 octobre et janvier 1370, v. st. (Ladite exécution décrétée par lettres de Jehan Barreau, bailli d'Amiens, des 23 et 28 juillet 1350).

XX

DOCUMENTS RELATIFS AUX ÉVÉNEMENTS DE 1358 (24 pièces), 1358-1399.

N° 1. — Lettres de rémission pour Pierre Roussel et confirmation par arrêt de la Cour.

Nous avons tenu à publier in-extenso ce long document qui, dans son entier, se trouve, à la fois, dans les registres du Parlement (criminel) et du Trésor des Chartes et, en double, par pièces détachées, dans ce dernier fonds, en en retranchant seulement les doubles emplois, parce qu'il est le premier et l'un des plus intéressants d'une très longue série dont tous les éléments se retrouveront, au moins à l'état de notices, dans ce recueil.

Ce n'est pas que l'intéressé, Pierre Roussel, ait joué, dans le drame navarrais, un des premiers rôles. Il n'y fut au contraire qu'un figurant obscur. Il n'en est que plus intéressant de le voir, un an durant, poursuivi, dans sa ville natale, par l'ardeur de représailles de la faction adverse et du procureur du Roi, et jusqu'à Melun, où il sollicitait, à la suite du régent, la restitution de ses biens mobiliers, par le zèle intempestif d'un agent subalterne. C'est à ces longues tribulations que nous devons cette suite de pièces curieuses qui semblent disproportionnées à l'importance du personnage.

Lettres de rémission du régent Charles, septembre 1358.
Confirmation du comte de Saint-Pol, 2 octobre 1358.
Arrêt du bailli d'Amiens, 10 novembre 1358, et confirmation du régent, février 1358, v. st.
Arrêt de Parlement, 28 septembre 1359.

Ce document est aussi le premier, de nous connu, qui mentionne, au criminel, une délibération du Conseil du Roi au bailliage, le procureur du Roi étant nommé à part. V. notre étude sur les officiers du siège du bailliage d'Amiens du XIII° au XVI° siècle.

Karolus, primogenitus regis Francorum, regnum regens, dux Normanie et delphinus viennensis, Notum facimus universis presentibus pariter et futuris quod, cum tempore quo nuper rex Navarre, qui in castro de Alleux prisionarius detinebatur, ab ipsis castro et carceribus exivit, Petrus Rousselli, burgensis ambianensis, credens ipsum regem Navarre esse benevolum dicti domini genitoris nostri, nostrum ac corone Francie, cum ipso rege Navarre, in equis et armis, usque ad Belvacum et a Belvaco ad villam parisiensem equitavit, dictumque regem Navarre, sub credulitate predicta, cum pluribus aliis associando. Et dum ad ejusdem Petri noticiam pervenit quod dictus rex Navarre contra dictum dominum genitorem nostrum, nos et coronam Francie machinaverat et se eidem domino genitori nostro, et nobis, reddiderat inobedientem et rebellem ad

Septembre 1358

dictam villam ambianensem rediisset, tanquam verus subjectus dicti domini genitoris nostri et dicte corone, et eidem domino genitori nostro et nobis, ut verus subjectus et regnicola, servire paratus et obedire, nobisque humiliter supplicavit ut, cum alias ipse sit et fuerit bone fame et conversationis honeste, cum ipso, premissis attentis, misericorditer agere dignaremur, nos, premissa considerantes et cum eo misericorditer agere volentes, de gratia speciali et auctoritate regia qua fungimur in hac parte, omnem penam criminalem et civilem, quam occasione premissorum incurrere potuit, tenore presentium in casu predicto remittimus et quittamus, ipsum ad ejus bonam famam, patriam et bona, si necesse sit, reducendo, baillivo ambianensi moderno et qui pro ipso fuerit, ceterisque justiciariis dicti regni et eorum locatenentibus dantes in mandato ut dictum Petrum nostra presenti gratia uti faciant et permittant et contra ipsius tenorem non molestent, inquietent aut perturbent seu molestari, inquietari aut perturbari permittant, in corpore sive bonis, sed corpus et bona sua, si propter hoc capta, saisita aut arrestata fuerunt, liberent ad plenum et indilate. Quod ut firmum et stabile perpetuo perseveret, presentibus litteris nostrum fecimus apponi sigillum, regio et nostro in aliis et alieno in omnibus jure salvo. Datum Parisius, anno Domini M° CCC° LVIII°, mense septembri, per dictum regentem, ad relationem consilii incliti.

JJ 86, n° 242.

Vidimus desdites lettres par le comte de Saint-Pol.

Le document commence par rééditer les lettres précédentes de septembre 1358, en y ajoutant la confirmation du comte ainsi libellée :

2 Octobre 1358.

« Guy de Chasteillon, comte de Saint-Pol, lieutenant du Roy mon seigneur et de monseigneur le régent le royaume de France, duc de Normandie et delphin de Viennois, ès parties de Picardie. A tous ceulx qui ces présentes lettres verront, salut. Savoir faisons à tous présens et avenir Nous avoir receu les lettres dudit monseigneur le régent contenant la forme qui s'ensuit :

Suit la teneur des lettres du régent, datées du 23 août 1358, instituant Guy de Châtillon lieutenant du Roi « ès parties de Picardie et de Beauvaisis et généralement par tous les lieux delà la rivière de l'Oise », avec mandat de gouverner tous les autres capitaines du pays, de lever tel nombre de gens d'armes de cheval et de pied qu'il verra bon pour la garde et sûreté du pays, de mettre garnison dans les châteaux et forteresses, de déplacer, renforcer ou réduire les anciennes, de changer tous officiers « excepté ceux qui longuement et loyaument auroient servi en leurs offices », d'en instituer d'autres, « de pardonner, quitter et remettre tous délis et meffais criminels et civils », de rappeler tous bannis et faire telles grâces qu'il lui plaira, « de donner lettres d'estat, respit et dilacion à tous nobles et non nobles » servant au fait des guerres et généralement de faire tout autant, dans les choses dessusdites et toutes autres, que ferait le régent en personne, « sauf et excepté le crieme de lèse-majesté et de donner le demaine de monseigneur et de nous..... »

« Et avoir entendu la supplicacion à nous faite de la part de Pierre Roussel, bourgeois d'Amiens..... ». (Suit le récit des faits connus, simple traduction des lettres de septembre). « Nientmoins, par l'accusation et hayne d'aucuns de ladite ville d'Amiens ou d'autres ses hayneux et malveillans, ou au moins non sachans la bonne vouleaté dudit Pierre envers mondit seigneur et à la couronne de France, soubz umbre de ce qu'ils disoient yceli Pierre avoir esté avec et en la compaignie dudit roy de Navarre, comme dit est, et luy avoir pour ledit temps mis et affulé des chaperons dudit roy de Navarre, en signe de aliance avec luy et ses complices et aidans, ont iceli Pierre fait prendre et mettre en prison fermée, en laquelle il a esté par l'espace de cinq sepmaines, et y a souffert grand misère de son corps et soustenu plusieurs grans dommages et injures et encores y est, combien qu'il ait pleu audit monsieur le régent quitter, pardonner et remettre audit Pierre, de grâce espécial et auctorité royal, ce qu'il fit et chevaucha (1) avec et en la compaignie dudit roy de Navarre, par la manière dite, et toute peine criminele et civile que, pour occasion de ce, il avoit ou pourroit avoir encouru et à lui remettre à sa bonne fame, au païs et à ses biens, si comme ce, entre les autres choses, peut plus à plain apparoir par les lettres dudit monsieur le régent sur ce faittes, seellées en las de soie et en cire verd. Et combien que aucuns ne le poursuive dudit cas, ne d'autre, ne que, puis sondit retour à Amiens, il ait mis, ne porté ledit caperon de Navarre, porté ne soustenu le fait et erreur dudit roy de Navarre, ne de sesdits complices ou coadjuteurs et ne soit coulpables d'aucune traison ou mauvaistié, ançois est purs, innocens et non coulpables et ait esté tousjours et encores soit homme de bonne fame et renommée et conversation honneste, si comme il dit, si nous a fait humblement supplier que en ce li voussissons pourveoir de gracieux remède. Pourquoy nous, considérans les choses dessusdites, veues les lettres de grâce et rémission par ledit monsieur le régent faictes audit Pierre, desquelles lettres il nous est apparu avec le bon tesmon-

---

(1) Il faudrait sans doute « en chevauchant ».

gnage que nous avons éu de la personne dudit Pierre, et considéré aussi que ledit monsieur le régent, de certaine science, pleine puissance et auctorité royal, a quicté et pardonné aus maieur, eschevins et communité de ladite ville (1) et à chascun habitant d'icelle ville toutes paroles merveilleuses et injurieuses qu'il povoient avoir dites et semées de l'estat et personne de notredit seigneur et le consentement d'avoir acordé le roy de Navarre en capitaine de la ville d'Amiens et ce qu'ils n'obéirent pas au commandement de notredit seigneur le régent, quant il escripst ausdis maire et eschevins, à plusieurs maieurs de banières et autres de ladite ville qu'il alaissent par devers luy, à Corbie, pour parler à luy, et aussi qu'il avoient prins caperons partis de rouge et de bleu, en signe d'unité et alliance avec ladite ville de Paris, et avec ce il avoient envoié de leurs gens, sans licence de notredit seigneur, avec les communes de Beauvaisis, qui derrenièrement ont esté assemblés, et aucuns autres crimes, délis et maléfices fais et perpétrés par lesdits maieur et eschevins, communité et singuliers de ladite ville, avec toute peine cri... et civile qu'il pourroient avoir encouru par devers le Roy notre sire et mondit seigneur le régent, et ait voulu mondit seigneur le régent que ladite grâce tiegne et vaille tout aussi que si singulièrement et nommément les paroles de tous et chascun estoient spécifiées en ladite grâce et aussi que, pour les causes dessusdites et aucunes d'icelles, aucune information ne procès ne soit fait à l'encontre des dessusnommés maieur, eschevins et communité et chascun d'eulx, et que, s'aucune information ou procès estoient pour ce fais, que tout soit mis ou nient et les corps ou biens, qui pour ce seroient prins ou emprisonnés, soient mis sans délay à plaine délivrance, sauf le droit de partie, se civilement les veult poursuir, si comme ce et autres choses sont plus plainement contenues en la charte sur ce faite, sellée du seel de notredit seigneur le régent. Et, eu compacion à la longue prison que ledit Pierre a pour ce soufferte, à iceli Pierre avons quitté, remis et pardonné et par ces présentes quictons, remettons et pardonnons, au cas dessusdit, de grâce espécial, certaine science et auctorité royal, dont nous usons à présent, toute peine corporelle, criminele et civile que, pour occasion des choses dessusdites et chascune d'icelles, il pourroit avoir encouru envers le Roy mondit seigneur et mondit seigneur le régent, en quelque manière que ce soit ou puist estre, et icelui avons remis et remettons à sa bonne fame et renommée et à ses biens. Si donnons en mandement par ces présentes au bailly d'Amiens et à tous les autres officiers et

(1) V. ces lettres de rémission dans Aug. Thierry, I, 583, septembre 1358.

justiciers du Roy mondit seigneur, de mondit seigneur le régent et à chascun par luy ou à leurs lieuxtenans que ledit Pierre facent et laissent paisiblement joir et user de nostre présente grâce et que, contre la teneur d'icelle, ne le contraignent ou molestent ou sœuffrent estre contraint ou molesté en aucune manière, ançois li délivrent son corps et ses biens pour ce prins et détenus, sens aucun délay. Car ainsi l'avons nous accordé et ottroyé, accordons et ottroyons, de grâce espécial, audit Pierre, comme dit est, sauf en autres choses le droit du Roy et dudit monsieur le régent et l'autrui en toutes. En tesmoing de ce, nous avons fait mettre notre propre seel à ces présentes lettres faites et données, à Amiens, le deuxième jour du mois d'octobre, l'an de grâce M CCC LVIII. Par monsieur le lieutenant, présens les seigneurs de Baillœul, de Tenques, Colart de Sains et plusieurs autres. J. Gardins.

JJ 90, n° 66.

Arrêt de Parlement confirmatif de la sentence du bailli d'Amiens du 10 novembre 1358 sur le cas dudit Pierre Roussel.

Karolus, regis Francorum primogenitus, regnum regens, dux Normannie et delphinus viennensis, universis presentes litteras inspecturis, salutem. Notum facimus quod, coram dilectis et fidelibus precarissimi domini et genitoris nostri ac nostris presidentibus pro nobis in camera parlamenti parisiensis per nos deputatis, Petro Rousselli, cive ambianensi, nuper comparente et gravi querimonia exponente et dicente quod, licet, de certis casibus tam civilibus quam criminalibus eidem Petro alias impositis et hiis presentibus inferius latius declaratis, ipsi Petro, tam per nostras alias litteras in filis sericis et cera viridi sigillatas quam per litteras dilecti et fidelis consanguinei nostri, comitis Sancti Pauli, tunc in partibus Picardie et Belvacini nostri locumtenentis, litteras super hoc confectas, ex certa scientia, auctoritateque regia et gratia speciali remissis et quictatis, ipse Petrus, tunc Ambianis sub carcere clauso et firmato prisionarius detentus, contra eum, super dictis casibus et quibusdam aliis eidem per procuratorem genitoris nostri et nostrum in ballivia ambianensi constitutum et quosdam ville ambianensis cives, sine causa rationabili, sed tortionarie et injuste impositis, certa inquesta, de precepto baillivi nostri ambianensis moderni aut ejus locumtenentis, in dicta ambianensi villa, solemniter proclamata et vocata palam et publice omnibus illis qui contra eumdem Petrum quicquam dicere, proponere, allegare seu in dicta inquesta deponere vellent primitus facta, per dicti baillivi

28 Septembre 1359

sententiam diffinitivam, non collusoriam, nec venalem, et a qua non fuerat appellatum, sed que in rem transiverat judicatam, vocatis evocandis, super hoc prolatam, fuisset et esset rite, juste legitime ac juris ordine et justicie ob servato, una cum omnibus bonis suis propter hoc captis, saisitis seu detentis absolutus et deliberatus, dictaque sententia, in qua prefate nostre et dicti comitis Sancti Pauli littere erant et sunt inserte, ac omnia et singula in eisdem litteris et sententia contenta, per nostras alias litteras super hoc confectas in ceraque viridi et filis sericis sigillatas et eidem Petro de speciali gratia, auctoritateque regia ac certa scientia et plenitudine regie potestatis iterato concessas, exstitissent postmodum confirmata, prout premissa omnia et quamplura alia idem Petrus, per dictas nostras novissimas litteras eidem per nos, ut dictum est, concessas, asserebat et asserit latius contineri, quarum quidem litterarum tenor sequitur et est talis.

Karolus, regis Francorum primogenitus, regnum regens, dux Normannie et delphinus viennensis, notum facimus universis tam presentibus quam futuris nos infra scriptas vidisse litteras formam que sequitur continentes :

A tous ceulx qui ces présentes lettres verront, Guillame, sire de Bours, chevalier le Roy, notre sire, et son bailly à Amiens, salut. Nous avons veu les lettres de très nobles et très puissans princes monsieur le régent du royaume de France, duc de Normandie et dalphin de Viennois, et les lettres de monsieur le comte de Saint-Pol, lieutenant du Roy notre sire et dudit monsieur le régent ès parties de Picardie, desquelles lettres et premièrement de celles dudit monsieur le régent les teneurs s'ensuivent : (Suit le texte des deux lettres précitées de septembre et 2 octobre 1358).

Et comme, pour la souspeçon des cas contenus èsdites lettres et dont ycelle fait mention et pour ce que plusieurs personnes de ladite ville d'Amiens disoient que ledit Pierre Roussel avait esté, sceu ou consenti la délivrance dudit roy de Navarre, esté de se aliance et que ledit Pierre avoit accordé ou consenti à escripre lettres de la baillie d'Amiens à plusieurs bonnes villes, avec unes lettres de feu Estienne Marcel, jadis prévost des marchans de la ville de Paris, par lesquelles il requéroient alience et confort avec ledit roy de Navarre contre mondit seigneur le régent, Nous, des cas dessusdits et de chiaux contenus ès lettres dessus transcriptes, eussions fait accuser par le procureur du roy notre sire ledit Pierre, en ladite prison. Liquieux Pierres, en se défense et par sa bouche, respondi que bien estoit vérité que, après ce que ledit roy de Navarre eust esté mis hors du chastel d'Alleux, lau il estoit détenus prisonniers, et que il fu venus en la ville d'Amiens et que les lettres de sauf-conduit dudit monsieur le régent eurent esté criées et publiées en ladite ville, et non ançois, ledit Pierres Roussel, créant et espérant le roy de Navarre estre bien weullant du roy, nostre sire, et de mondit seigneur le régent, ala, en la compaignie dudit roy de Navarre, d'Amiens à Beauvez et de Beauvez à Paris et, en iceli temps, *eut un des chapperons dudit roy de Navarre* et assez tost après retourna ledit Pierre Roussel en ladite ville d'Amiens, sens ce que oncques eust aucuns biens ou pourfit dudit roy de Navarre, ne que autrement fust en sa compaignie, en disant que de tous les autres cas estoit purs, innocens et non coulpables et que, tout le temps de sa vie, avoit esté et estoit bons françois, predoms et loyaulz et avoit porté et soustenu, à son pooir, le fait, honneur et estat de nosdis seigneurs et du royaume et estoit s'entente du faire et à ce exposer son corps et sa chevance. Après lesquelles accusations et deffenses et que plusieurs tesmoins ont esté produit secrètement contre ledit Pierre, à nous administrez par aucuns bourgois de ladite ville et officiers de mondit seigneur le régent, nous eust requis ledit Pierre estre receuz en enqueste sur le contenu desdites lettres et accusations. A laquelle chose, par le *Conseil et procureur* dudit seigneur, nous le receumes et pour ycelle faire ordennâmes certains commis qui en ycelle ont oy plusieurs tesmoins à eulz administrés, tant de la partie dudit bourgois et *officiers et procureur du Roy,* nostre sire, comme de la partie dudit Pierre Roussel, et pour mieux savoir la vérité des choses dites, et à ce que aucuns ne se peust excuser du procès fait contre ledit Pierre, eussons fait crier publiquement, en ladite ville, que, s'aucuns voloit poursivir ledit Pierre Roussel, baillier articles ou produire tesmoins contre lui, venist par devers nous ou nostre lieutenant, dedans certain jour qui est passés, et on li feroit raison et acomplissement de justice, en dedans lequel jour ordonné et depuis ledit jour et d'abondant aucuns desdits bourgois ait produit tesmoins contre ledit Pierre Roussel en ladite enquête, laquelle faite et parfaite et rapportée à la Court, et par lequelle ledit Pierre Roussel a volu prendre droit, nous avons veue à grant délibération de Conseil aveuc plusieurs saiges et le procureur et Conseil dudit seigneur. Sachent tout que, veue ladite enqueste, les dépositions des tesmoins, tant d'une partie comme d'autre, considéré que par icelle enqueste ledit Pierre Roussel est trouvé pur et innocent et sens coulpe des cas et accusations dessusdites et que d'iceulx n'a esté aucune chose prouvée contre lui, mesmement que, par les confessions de feu Fremin de Coquerel, fils Mahieu, naguères maieur d'Amiens, et autres qui ont esté justiciés en ladite ville pour leurs meffais, n'ont en riens accusé ledit

Pierre Roussel des choses dessusdites, à eulz sur ce demandé, mais dirent que ledit Pierre Roussel n'estoit mie de leur conseil, ne ne savoit aucuns de leurs meffais. Veues aussi lesdites lettres transcriptes et celles de rémission faictes par mondit seigneur le régent au mayeur, eschevins, bourgois et habitans de ladite ville, dont lesdites lettres de mondit seigneur le comte de Saint-Pol font plus à plain mention, ausquelles lettres ledit Pierres n'a point espargnié mais s'en est aidiez avec ses bonnes raisons et défenses et tout ce qui mouvoir nous pouvoit, nous vous disons, et pour droit, que ledit Pierre Roussel est quittes, délivrés et absolz et goira des grâces dessusdites et le délivrons et absolons par jugement comme pur et innocent des cas et accusations dessusdites et son corps délivrons de ladite prison, en mettant au délivré tous ses biens et héritages, se pour ce sont prins, saisis ou arrestés. Si donnons en mandement, par la teneur de ces présentes, à tous les prévos, sergens, justiciers et officiers, subgiez du Roy nostre sire et dudit monsieur le régent, en ladite baillie, prions et requérons à tous autres, en aide de droit, que ledit Pierre Roussel, pour les causes dessusdites ne aucunes d'icelles, ne contraignent, molestent ou empeschent, ne seuffrent estre contraint, molesté ou empesché, en aucune manière. En tesmoing de ce, nous avons mis le seel dudit bailliage à ces présentes lettres faites et données à Amiens, le dixième jour de novembre M CCC LVIII.

Nos autem dictam sententiam seu absolucionem, in quantum rite et juste lata exstitit et in rem transiit judicatam, ac omnia et singula in prefatis contenta litteris rata habentes et grata, ea volumus, laudamus et approbamus et de speciali gratia, auctoritateque regia, qua fungimur de presenti, et ex certa scientia ac regie plenitudine potestatis, tenore presentium confirmamus, mandantes baillivo ambianensi, ceterisque justiciariis dicti domini nostri et nostris presentibus et futuris aut eorum locatenentibus et cuilibet ipsorum, prout ad eum pertinuerit, districtius inhibentes ne dictum Petrum Rousselli in predictis litteris nominatum, occasione premissorum, contra dictarum absolucionis seu sentencie ac presentium litterarum, de quibus liquebit, seriem et tenorem, nullatenus compellant, vexent aut molestent, seu compelli, vexari aut molestari permittant, sed ipsum eadem ac nostra presenti gratia uti pacifice faciant et gaudere; et, si quid in contrarium factum fuerit, id ad statum pristinum et debitum reducant aut reduci faciant indilate, bona vero ipsius occasione premissorum capta vel impedita, si que sint, eidem liberari faciendo. Quod ut firmum et stabile permaneat in futurum, nostrum hiis presentibus fecimus apponi sigillum, salvo in aliis jure regio et in omnibus quolibet alieno. Datum Parisius, anno Domini M° CCC° LVIII°, mense februario.

Nichilominus, ipso Petro Rousselli nuper in villa Meleduni super Secanam nemini injurianti aut quemquam offendenti, pacifice existente et nos ibidem tunc cum exercitu nostro existentem, pro expedicione quorumdam bonorum suorum mobilium, occasione in predictis nostris litteris contentorum, arrestatorum et detentorum prosequente, Johannes de Attrebato, alias Musart, serviens noster armorum, sua temera auctoritate ac nulla informatione precedente, nullamque a nobis super hoc commissionem aut potestatem habens, eumdem Petrum de facto injuste tamen et illicite acceperat et incarcerari fecerat. Quibus captione et incarceratione ad noticiam nostram perventis, dilecto et fideli magistro Auberico Rousselli, predicti genitoris nostri et nostri consiliario ac nostri hospicii requestarum magistro, illuc nobiscum eo tunc existenti, orethenus preceperamus et commiseramus ut predictum Petrum, sicut predictum est, prisionarium et detentum audiret et super sibi impositis, vocatis qui ad hoc fuerint evocandis, eidem justicie complementum exhiberent. Qui magister Aubericus et dilectus ac fidelis magister Petrus de Ordeimonte, dicti genitoris nostri et nostri consiliarii et in parlamento parisiensi presidens et dicti hospicii nostri requestarum magister, ad hoc cum eodem magistro Auberico presens, ipsum Petrum coram eis prisionarium adduci et, relato sibi quod prefatus Johannes de Attrebato eumdem Petrum, sicut predictum est, acceperat et incarceraverat, ipsum Johannem evocari et etiam coram eis conveniri fecerant, causam captionis et incarcerationis dicti Petri ab eodem Johanne et an partem per viam denunciacionis accusator aut alio quoquo modo contra eumdem Petrum facere vellet interrogaverant. Verum cum idem Johannes dictis consiliariis nostris dixisset et respondisset quod ipse dictum Petrum ut pravum Navarrensem et nobis ac corone Francie, licet falso, malivolum acceperat et incarceraverat, asserendo et expresse dicendo quod contra ipsum Petrum exinde partem nullatenus facere intendebat aut volebat, ad finem tamen quod idem Petrus de criminibus et delictis per eum, ut asserebat, commissis puniretur, tanquam, ut officiarius et servitor noster, contra eumdem Petrum, coram dictis consiliariis nostris, certos testes producere et ministrare offerendo et etiam dicendo quod intellexerat quod quedam informatio, alias contra ipsum Petrum facta, penes baillivium nostrum ambianensem predictum existebat que, si haberi posset, per eam crimina et delicta eidem Petro imposita liquide sciri possent, ut dicebat. Iidem consiliarii, dicti Johannis responsione et prefati Petri requesta auditis, visisque litteris suprascriptis et certa informatione, cum quibusdam testibus per dictum magistrum Aubericum contra ipsum Petrum examinatis et eidem magistro Auberico per prenominatum Johannem de Attrebato productis, facta, hiis aut omnibus consideratis, eumdem Petrum a dictis carceribus liberaverant et ubique elargaverant. Quare, cum idem Petrus nullum contra se adversarium formaliter habens sive partem in hac parte, nolensque in dubio et periculo false et calumpniose dicti Johannis de Attrebato denunciacionis seu accusationis, ut dicebat, nec etiam sub dicto elargamento remanere, requirebat ipse Petrus quatinus, vocatis procuratore generali dicti genitoris nostri et nostro, necnon dicto Johanne de Attrebato ac aliis quos predicti presidentes viderent debere evocari, iidem presidentes, coram quibus dictus Petrus juri stare et omnibus de eo quoquo modo civiliter seu criminaliter conqueri volentibus, si qui forent, per peremptoria respondere et ulterius procedere, ut esset rationis, se obtulerat et etiam offerebat ad absolucionem plenariam vel condempnacionem seu punicionem ejusdem Petri aut aliter, justicia mediante, procederent, prout eis videretur, rationabiliter faciendo.

Audita igitur dicti Petri requesta et, ex ordinacione dictorum presidentium, predictis procuratore generali et Johanne de Attrebato, ad eamdem requestam, in ipsorum procuratoris et Johannis presentia, pro parte ejusdem Petri facta, vocatis et auditis, et dicto Johanne super hoc per dictos presidentes interrogato et summato, respondente et dicente quod pro predictis partem contra eumdem Petrum facere non volebat, audita insuper predictorum consiliariorum nostrorum relacione super premissis facta, necnon visis litteris nostris, hiis presentibus superius insertis, et informacionibus, de quibus supra fit mentio, tam per prefatum baillivum nostrum ambianensem de mandato nostro, quam per dictum magistrum Aubericum, eisdem presidentibus traditis seu transmissis, quas quidem informationes iidem procurator generalis et Petrus ut inquestas valere et videri ac judicari expresse voluerunt et consenserunt, visa etiam copia gracie remissionis generalis civibus et habitatoribus ville ambianensis per nos nuper facte, de quibusdam remissionis litteris in prescriptis dicti comitis Sancti Pauli litteris latius fit mentio, hiis aut omnibus ac aliis que circa premissa dictos presidentes movere poterant et debebant diligenter consideratis et attentis, per arrestum dictum fuit quod prenominatus Petrus Rousselli, pro casibus tam in nostris et dicti comitis litteris quam predicti baillivi ambianensis sententia supradictis declaratis et comprehensis, amplius non prosequetur nec in corpore sive bonis molestabitur quoquo modo. Sed hujusmodi littere et sentencia tanquam bone et valide eidem Petro tenebuntur et servabuntur, juxta eorum series et tenores, necnon omnia ejus bona, occasione premissorum capta, saisita seu detenta, si que sint, eidem reddentur et restituentur indilate et ad hoc ipsorum detentores viriliter ac debite compellentur, corpus ejusdem Petri, ut predictum est, prisionarii elargatum a dicto elargamento ad plenum deliberando, et predicto procuratori generali dicti genitoris nostri et nostro super premissis perpetuum silentium imponendo, salvo tamen et reservato eidem procuratori de prosequendo eumdem Petrum de et pro aliis casibus, quam [que] superius declarantur et comprehendantur, dum et quotiens super hiis fuerit debite informatus et prout sibi videbitur expedire, defensionibus legitimis ipsius Petri in contrarium sibi salvis et etiam reservatis, prout fuerit racionis.

Pronunciatum xxviii^a die septembris, anno M° CCC° L° IX°.

X2A 6, f° 430 seq.

N° 2. — Lettres de rémission pour Pierre de Verrignes, prêtre.

Les deux pièces suivantes, bien que concernant d'obscurs personnages, comptent parmi les plus curieuses de la série. L'identité des propos tenus contre le régent par les deux inculpés, dont l'un est un prêtre, propos qui ne sont pas démentis, en somme, et qui tendent à *magnifier* contre lui le roi de Navarre, nous laisse assez bien deviner l'intrigue dynastique dont furent dupes bon nombre d'Amiénois.

On y peut constater aussi les faits patents de prévarication établis contre le procureur du roi, Vincent de Beauqueene, et la double sanction que leur donne le bailli, incarcération du coupable et transmission de son office à un nouveau titulaire.

Confirmatio absolucionis pro domino Petro de Verrignes, presbytero.

3 Février 1358, v. st.

Karolus, regis Francie primogenitus, regnum regens, dux Normanie et dalphinus viennensis, Notum facimus universis presentibus et futuris litteras sigillo bailivie ambianensis, prout prima facie apparebat, sigillatas recepisse, formam que sequitur continentes.

A tous chiaux qui ches présentes lettres verront et orront, Guillaumes, sires de Bours, chevalier, baillis d'Amiens, salut. Sachent tout que, comme nagaires messire Pierres de Verrignes, prestres, ait esté appellés aus drois du Roy, notre sire, pour le souspechon d'avoir porté et soustenu le fait du roy de Navarre, contre l'onneur et estat du Roy, nostre sire, du royaume et de monsieur le régent, et aussi d'avoir dit et semé plusieurs paroles injurieuses contre monsieur le régent, son estat et se personne, et ledit monsieur le régent avoir tenu et appellé *fil de putain, merde, laronchel.* Et deppuis, pendens lesdis appeaux, li amis carnel dudit sire Pierre nous aient donné à entendre que ledit prestres a esté accusés par hayne et que Jehan le Vaasserres dit Olivier, par qui Vinchens de Beauquesne, lors procureur du Roy oudit bailliage, s'estoit des choses dessusdites enformés tant seulement, estoit et est ennemis capitaux et hayneulx dudit prestre et aussi telle personne à qui fois n'est à adjouster contre ledit prestres, et aussi que lidis prestres est homs de bonne et honneste conversation, en nous requérant que, sur ledite hayne et les autres choses dessusdites, nous nous vousissions enformer, à che que contre ledit prestre il ne fust procédé sans cause, comme il fust purs et ignocens des coses dessusdites et mesmement que, se ledit prestre avoit aucune cose parlé contre mondit seigneur le régent, si avoit che esté par les faux rapors des faux traistres, qui sont ennemi du royaume, lesquelles paroles mondit seigneur le régent a pardonné, par ses lettres en las de soye et en chire verde, à tous les bourgois et habitans de la ville d'Amiens. Et nous, inclinans à la requeste desdits amis dudit prestre, eu consideracion as couses dessusdites, pour ce que, du tout notre cuer, désirons à faire justiche des mauvais et laisser les bons en pais, vuillans savoir la vérité des coses dessusdites, faite sur ycelles et le vie et renommée dudit prestre information, trouvasmes ledit prestre estre et avoir esté homme de bonne vie et renommée et de conversation honeste et homme d'église, et ledit Jehan le Vaasseur estre ses hayneux et ennemis et estre tout seul en se déposicion, seur lesquelles coses nous avons eu avis et délibéracion, avec le conseil du Roy, nostre sire, et aussi, pour che que ledit Vinchent de Beauquesne est à présent détenus prisonniers du Roy, nostre sire, feismes, a coses dessusdites, appellé Bertaut Porquet, lequel nous avienmes commis ou lieu dudit Vinchent. Et liquelx Berthaus ne vault riens dire, ne proposer à l'encontre dudit prestre, ne des coses dessusdites, ne aucunes d'ichelles. Si vous disons, et pour droit, que, veu lesdites reproches, lesquelles sont recevables, et les tesmoings sur ce produis, et considéré que lidis Berthaus ne vault dire riens contre che, ne proposer; et ensement considéré lesdites lettres de rémission et le bonne vie et conversacion honeste dudit prestre, ycheli prestre absoulons et avons absouls dudit cas et souspechon, par ces présentes, en li mettant à délivré tous ses biens et héritages, se pour ce sont prins, saisis ou arrestez. Si donnons en mandement, par la teneur de ces présentes, à tous les prévos, sergens, justichiers.....

(Donné à Amiens, 3 février 1358, v. st.)

JJ 90, n° 55.
Confirmé par le roi, février 1358.

N° 3. — *Lettres de rémission pour Renaut de la Capelle.*

Confirmacio absolucionis pro Reginaldo de le Capelle.

3 Février
1358, v. st.

Karolus, etc. (ut supra).

A tous chiaux qui ces présentes lettres verront ou orront, Guillaumes, sires de Bours, baillis d'Amiens, salut. Sachent tout que, sur ce que Renaus de le Cappelle estoit souspechonnés d'avoir porté et soustenu le fait du roi de Navarre contre monsieur le régent, dit plusieurs paroles injurieuses, et de ches coses se feust informés Vinchens de Beauquesne, lors procureur du Roy, nostre sire, oudit bailliage, et eust trouvé, par sedite informacion, plusieurs présumpcions dudit Renaut avoir porté et soustenu ledit fait du roy de Navarre et avec che, par le déposicion de deux femmes, est assavoir Jehan de Sirimée, vefve de feu Defraine Dauthie, et Maroye, se fille, eust trouvé ledit Regnault avoir tenu ledit monsieur le régent, *fil de putain et qu'il n'aroit mie povoir de bien faire, avec plusieurs autres paroles magnifians ledit roy de Navarre.* Et pour ce fu ledis Renaus appellés aus drois du Roy, nostre sire, *et ledit Vinchens alez demourer en la maison dudit Regnault*, à Amiens, dès le commenchement desdits appeaulx. Et, sur ches coses, se fussent li amis carnel dudit Regnault trais par devers nous, en disant que lidis Regnault estoit et avoit tousdis esté homs de bonne vie et de bonne renommée et de conversacion honeste et qu'il avoit plusieurs hayneulx et par espécial lesdites deux femmes le haioient, pour faire mourir, et avoient dit publiquement qu'elles li porteroient dommage en corps et en biens, se elles povoient, et que *aussi ledit Vinchent pooit bien avoir incliné, pour avoir la maison dudit Renaut*, asdites deux fammes, que nous vaulsissions ledite informacion faire récoler par bonnes personnes dignes de foy et nous aussy informer de ladite hayne, de le vie, des meurs, de le conversacion d'icheli Renaut *et comment ledit Vinchent avoit empétré ledite maison dudit Regnault, par devers monsieur de Saint-Pol,* lieutenant du Roy. nostre sire, et de monsieur le régent, et ycelle atribuée à son prouffit, anchois que ledit Regnaut eust esté appellez, ne fust convaincus, ne attains, ne condempnez, mesmement que, se lidis Regnaus avoit parlé en aucune manière contre mendit seigneur le régent, si avoit ce esté par les rappors des faus traistres qui à présent sont ennemi dudit royaume. Et lesquelles paroles mondit seigneur le régent a quitté, remis et pardonné, par ses lettres patentes scellées en las de soye et chire vert, à tous les bourgois et habitans en la bonne ville d'Amiens. Et nous, inclinans à le prière et requeste desdits amis (1) charnels dudit Regnaut, eu considéracion as coses dessusdites,

(1) Le texte porte — ennemis.

pour ce que, de tout notre cuer, désirons à faire justice des mauvais et laissier les bons en pais, voulans savoir le vérité des choses dessusdites et, pour ledite informacion récoler, faire et parfaire, eussions commis certaines bonnes et dignes personnes, pour savoir et enquerre le vérité sur les coses dessusdites, lesquelles personnes seur che feirent ledit récolement et oirent tous les tesmoins que lidis Vinchens, lors procureur, comme dit est, vault sur ce produire et aussi cheulx que li ami carnel dudit Renaut vaulrent sur les reproches administrer, tant sur son fait comme sur les reproches qu'il mettoient sur lesdites fammes. Et lequelle information et récolement a sur che esté faite et parfaite et rapportée par devers nous. Et pour ce que à présent lidis Vinchens, procureur du Roy, est prisonniers du Roy, nostre sire, nous, à grant délibération de conseil, pour soustenir les causes du Roy, nostre sire, y commeismes Bertaut Proquet, au lieu dudit Vinchens, lequel Bertaut nous appellâmes à veir lesdites informacions et récolement ouvrir et, ycelles veues à grant délibération de conseil, pour che que par ycheles nous trouvasmes lesdites reproches estre vraies contre lesdites fammes et ychelles estre de vie deshonnestes et diffamées publiquement et notoirement, seur vice de incontinence, et telles que nulles fois n'est adjouster à leurs déposicions et avec che, pour leurs mesmes déposicions et confessions, estre ennemies capitales et hayneuses dudit Regnaut, et che ensement avons nous trouvé par les reproches et tesmongnés dignes de foy, et aussi que, par ychelles mesmes, nous trouvasmes ledit Regnaut estre et avoir esté de bonne vie, de conversacion honeste et de bonnes meurs, appellé à che ledit Bertaut, procureur lors du Roy, nostre sire, qui, contre ches coses ainsi faites, ne vault aucune cose dire, ne proposer, considéré, avec ces choses, lesdites lettres dudit monsieur le régent, desquelles mention est faite par dessus, et tout ce qui fait à considérer et qui mouvoir nous pouvoit et puet en che, nous vous disons, et pour droit, que ledit Regnaut nous absoulons et avons absolz, par ces présentes, desdits cas et souspechons et mettons au néant tous les appeaulz pour ce fais et tout ce qui s'en estoit ensuy et restituons ledit Regnaut à ses bonne fame et renommée, lieu et païs, en li mettant tous biens et héritages, avec son corps, à plaine délivranche, se pour che estoient prins, saisis ou détenus. Si donnons en mandement.....

(Mêmes dates).

JJ 90, n° 59.

N° 4. — *Lettres de don à Eustache de Sargies, clerc fermier du bailliage de 50 l. de rentes, sur les biens de trois bannis et de deux suppliciés.*

Charles..... savoir faisons à tous présens et à venir que, en retour et considération de plusieurs bons et loyaulx profitables services que nostre bien amé Huistaces de Sargies, clerc, fermier de la clargie de la baillie d'Amiens, a faict à Monseigneur et à nous, en entendant amoureusement, de tout son pooir, pour l'honneur et prouffict de Monseigneur et de nous, à faire justicier et exécuter nos traitres et rebelles de ladite ville et cité d'Amiens, qui ont peu estre pris, et les autres rendus fugitifs faire bannir et desquels justiciés il li a convenu, à ses despens, escripre et faire escripre leurs confessions et jugemens, à très grans frais et messions, et aussi pour le en partie rémunérer de plusieurs dommages et despens par luy souffers, à cause des guerres dudit royaume, pour occasion desquelles il a eu ses maisons arses, exilliées et gastées ; et avec ce ramenant à mémoire la parfaite loyaulté que nous avons sceue et trouvée en sa personne, par le temps que nosdits traitres vouloient ladite ville d'Amiens pervertir contre nous, pour paour desquels il lui convint se rendre fuitifs et absens d'icelle, par lonc temps, sans y oser faire résidence, si comme de ces choses nous nous tenons pour tousjours acertenez et informés par nos bien amez le comte de Saint-Pol, nostre cousin, Rigault de Fontaines, nostre mareschal, le bailli, maieur et eschevins, receveur et prévost d'Amiens et plusieurs autres bonnes personnes dignes de foi.... Nous audit Huistache avons donné et ottroyé, donnons et ottroions...... L l. de rentes à prendre, par an...... sur toutes les maisons, biens, héritages, rentes, revenus et possessions que avoient et souloient avoir Freminet le Monnoier, Colart de l'Isle, Jehan de Naours, fils Pierre de Naours, nagaires bannis dudit royaume, *Pierre le Blonc* et *messire Guillaume le Mareschal* nagaires justiciés pour leurs démérites, comme traistres, ennemis et rebelles de notredit seigneur et de nous...... ou, se ce ne souffisoient, en et sur les autres forfaitures et confiscations qui à Monseigneur et à nous sont escheus et escherront le plus prochainement oudit bailliage, à cause desdites rébellions......

Donné au Louvre lez Paris, le xx° jour de février, l'an de grâce M CCC LVIII.

JJ 86, n° 604 *bis*.

20 Février 1358, v. st.

Cf. sur ledit messire Guillaume le Mareschal :

JJ 90, n° 87, 3 mars 1358, v. st. Donation d'une partie de ses biens à Jehan Mancart, sergent du roi au bailliage d'Amiens, et spécialement de la maison qu'il occupe, rue de Coquerel, échue au roi par la forfaiture dudit Mareschal;

JJ 89, n° 686, avril 1359. Pareille donation à Regnauld de Baulioncourt, varlet du roi, d'une partie des biens de Guillaume le Mareschal.

Sur Jean de Naours, fils de Pierre :

JJ 90, n° 99, 21 septembre, janvier 1358. Confirmation par le Roi, en janvier 1358, d'une lettre du comte de Saint-Pol, du 21 septembre, faisant don à Jean de Caumaisnil, écuyer, « de tout le droit, cause et action que ledit Jehan de Naours et Jehan de Saint-Fuscien, fil Jaque, avoient et souloient avoir, au devant de leursdits maléfices, (prinses, ochisons, montefeux, mise de plusieurs personnes à rançon, adhésion au parti du roi de Navarre), aux héritages cy après déclarés..... ».

Cf. sur Jean de Saint-Fuscien, fils de Jacques, et son frère Jaquet :

JJ 87, n° 165, septembre 1359. Lettres de rémission et restitution de leurs héritages. (Aug. Thierry, I, 599).

JJ 89, n° 630, avril 1361. Confirmation desdites lettres par le roi Jean.

JJ 89, n° 717, 14 mars 1360, v. st. Lettres de rémission spéciales, en faveur de Jean de Saint-Fuscien, en exécution du traité de Pontoise.

Cf. sur Jacques de Saint-Fuscien l'aîné, leur père, exécuté pour ses démérites et spécialement à raison du meurtre de Jean de Saint-Fuscien « des rouges capperons », prévôt royal, hostile au parti navarrais.

JJ 88, n° 87, octobre 1360. Don à Enguerran d'Œudin, chevalier, d'une partie de ses biens, jusqu'à concurrence de 300 l. de rente.

JJ 88, n° 144, septembre 1360. Don à Robert de Fieules, connétable, d'une maison dudit Jacques. Lettres renouvelées, les premières s'étant perdues.

JJ 91, n° 198. a. 1361. Confirmation du roi Jean, et *infra*, n° 9.

Don à Gautier du Bois ou de Dargies, sergent du roi, à Amiens, de tous les revenus et héritages, etc., « que et quas obtinere solebat Ingerranus de Longa Aqua de Lullyaco, in villa et territorio de Lullyaco » et de xxx l. de rentes annuelles sur les biens de Pierre le Blonc, Jean Perennier, charpentier, et Jean de Vioc, alias Grison, échus au roi par confiscation et forfaiture des dessus nommés, « justiciés » et décapités pour crime de lèse-majesté. 22 février 1358, v. st.

JJ 86, n° 620.

Don à Jean Musart, dit Darras, de 50 l. de rentes annuelles sur les biens de *Gilles de Namps*, « justicié » et mis à mort pour ses démérites, et de Honoré Aguillon, « banni du royaume pour ce qu'il s'est rendu nostre traitre, ennemi et rebelle..... ». 25 février 1358.

JJ 90, n° 92.

Confirmation des lettres de rémission données à Jean le Normant le joule, dit sire Jehan : Lettre du bailli d'Amiens, Guillaume, sire de Bours, qui déclare avoir vu et approuvé une lettre de l'échevinage de Lille, où il est dit que, le bailli de Lille ayant fait arrêter, en ladite ville, ledit Jean et l'ayant traduit devant lesdits échevins, sous l'inculpation d'émeutes et conspirations contre le régent et la ville d'Amiens, en faveur du roi de Navarre et ses alliés, à raison de quoi il aurait été banni de ladite ville et du royaume, ce qu'il s'offrait à prouver contre lui, enquête faite et témoins entendus de part et d'autre, lesdits échevins de Lille, au vu des lettres du bailli et des maire et échevins d'Amiens certifiant que l'inculpé n'était nullement banni, le déclarent quitte et absous, par lettres du 2 octobre 1358.

Vidimus dudit bailli d'Amiens, 4 janvier 1358. Confirmation du Roi, février 1358.

JJ 90, n° 81.

Lettres de rémission en faveur de Robert le Normant, citoyen d'Amiens ....

Ledit Robert en ses défenses dit : « .... Et que, si par aucune manière il avoit porté et amé le fait du roy de Navarre, que ce avoit esté ou temps et paravant qu'il eust défié ledit monsieur le régent, mais tenoit et cuidoit qu'il fust bons et loyaulx franchois et subgé du Roy, nostre sire, et de monsieur le régent et que ce qu'il faisoit et cuidoit qu'il le feist à l'honneur et pourfit dudit Roy, nostre sire, et de tout le royaume..... Et que tout ce que fait et conseillié en avoit esté, avoit esté fait et conseillié par feu sire Fremin de Coquerel, lors maire d'Amiens, et feu sire Fremin Grimaut, lesquels manifestoient et disoient que, se on laissoit entrer ledit monsieur le régent en ledite ville d'Amiens, il feroit copper les testes des plus gros.... »

Février 1358, v. st.
JJ 90, n° 81.

N° 5. — Lettres de don à Firmin de Coquerel, fils de Paris, de 200 l. de rentes sur les biens de deux bannis et d'un supplicié.

Charles..... savoir faisons à tous présens et à venir que, attendus et considérés plusieurs bons loyaulx services fais et démonstrés, en plusieurs manières, à monseigneur et à nous, tant au fait des guerres comme autrement, par nostre amé et féal huissier d'armes, Fremin de Coquerel, fils Paris, et sceu et cogneu que, pour nostre honneur et celi de la couronne de France soustenir et porter, à son povoir, comme bon et vray subject de monseigneur et de nous, il a convenu, l'année passée derrenière, délaisser la ville d'Amiens, dont il est nez, pour paour que nos traitres, ennemis et rebelles estans en icelle ne le meissent à mort, et sa femme et enfans rendre fuitifs hors d'icelle. Et en oultre, continuant tousjours en parfaite amour et vraie obéissance de nous, nous a servi, en ceste mesme année et en nostre compaignie, contre nos traitres et rebelles et autres ennemis, par l'espace de cinq mois ou environ, à très grans frais, missions et despens, avec ce que, paravant sadite fuite ou département de ladite ville, pour paour de nosdits ennemis, rebelles et traistres, ils le feirent longuement détenir prisonnier, à très grant misère et povreté et en aventure de son corps. Et aussi pensans et considérans plusieurs très grans et excessis dommages inréparables que, par nosdits rebelles et autres ennemis capitalz dudit royaume, il a souffers, soustenus et encourus : c'est assavoir, en certaines maisons estans ès forbours d'Amiens, sur quoy il prenoit bien xl l. de rente ou environ, qui ont esté arses ou exilliées, et en ce que un sien manoir qu'il avoit à Flaissières, qui bien valoit m l. parisis, a esté ars, exillié et gasté ; et aussi ne puet joir, [par] occasion desdites guerres, de bien xii^{xx} l. de terre ou rente, qu'il avoit en plusieurs lieux près d'Amiens, si comme de ces choses nous nous tenons pour acertenez et informez, et par ce est en aventure li, sa femme et enfans de décheoir de honneste

26 Février 1358, v. st.

estat, se par nous ne li estoit secourus et pourveu de aide et remède.... Nous à notredit huissier avons donné, donnons et ottroions, de nostre certaine science, plaine puissance et autorité royal, dont nous usons, et de grâce espécial, cc l. de rente par an, à assiette de terre, selon le pris et valuer ancien, à li estre assignées, baillées, délivrées et assises pour li, ses hoirs, successeurs et les aians cause d'eux, héritablement et perpétuelement, à tousjours et au mieux que, pour leur prouficl, pourra estre fait en ce, sur tous les biens, héritages, rentes, revenues et possessions à monseigneur et à nous acquises et confisquez par la forfaicture de Jehan de Naours, fil Pierre de Naours, et de Jaque de Rue bannis dudit royaume et de *Jaque de Saint-Fuscien l'ainsné* nagaires mis à mort pour leurs démérites, comme traitres, ennemis et rebelles de la couronne de France, de monseigneur et de nous. Donnons en mandement au bailli et receveur d'Amiens... ., etc..... Donné au Louvre lez Paris, le xxvi février M CCC LVIII.
JJ 90, n° 58.

Cf. sur Gilles de Namps :
JJ 90, n° 53, 2 mars 1358. v. st. Donation à Vincent de Belloriparia, bourgeois d'Amiens, qui, à la défense de la ville et des faubourgs, contre les Navarrais, avait été grièvement blessé, fait prisonnier, détenu à Creil, un mois durant, mis à rançon de 700 deniers à l'écu et, dans la même circonstance, avait perdu son père et tous ses biens, meubles et immeubles, sis dans lesdits faubourgs, jusqu'à 36 l. de rentes et plus, de la maison de Gilles de Namps et dépendances et de 60 l. de rentes sur les biens confisqués de *Fremin de Coquerel*, l'un et l'autre « justiciés » pour leurs démérites.

Cf. sur Firmin de Coquerel :
JJ 90, n° 44, 24 février 1358. v. st. Don à Baudouin d'Ancre de tous les héritages que ledit Firmin tenait à fief à Guyencourt, du même Baudouin, jusqu'à la somme de xl l. t. de rentes.

N° 6. — *Lettres de rémission à Pierre de Rue.*

Mars 1358, v. st.

Charles..... Savoir faisons à tous présens et à venir que, oye la supplication de Pierre de Rue, contenant que, comme il ait toujours esté et soit encores bons et loyaulx françois, de bonne vie et renommée et qui a acoustumé de soy meller du fait de marchandise, pour laquelle faire il a esté hors de la ville d'Amiens, par l'espace de sept mois ou environ, néantmoins le bailly d'Amiens ou son lieutenant a fait appeler ledit suppliant aus drois de nostre très cher seigneur et père et les nôtres, pour la souspeçon d'avoir porté et soustenu le faict du roy de Navarre contre monseigneur et nous, ou de avoir esté de son hostel et famille, soubz umbre de ce que ung sien frère, nommé Jaque de Rue, a esté et est avec ledit roy de Navarre, et aussi pour le souspeçon d'avoir sceu la mort de feu Jehan de Saint-Fuscien, jadis prévost d'Amiens, à ce qu'il n'eust esté conforté à faire ledit fait à Freminet le Monnoier qui, pour ledit fait, a esté appellez et bannis, jà soit ce que oncques ne portast le fait dudit Roy, ne qu'il fust oncques de son hostel et famille et aussi que oncques fust coulpables ou consentant de la mort dudit feu Jehan de Saint-Fuscien, lequel l'on dit estre mort par le fait de Freminet le Monnoier. Mais, quant la noise commença dudit Jehan, il, qui estoit emmy la place, armez avec les autres bourgeois de la ville, pour la garde d'icelle, au commandement dudit maieur qui lors estoit, vint en la place où lidis débas estoit et mist peine à garandir ledit Jehan et pour ce reçut un cop. Et quand il le vist navré, il dit audit Freminet qu'il estoit mauvais homs, qui ainsi avoit honny ses amis et les bonnes gens de la ville. Et jà soit ce que desdites choses il soit pur et innocent, comme dit est, et qu'il ne veist son frère, ne confortast, grand temps avant que ledit roy se rendist nostre ennemy, toutes voies n'a il osé venir en la ville d'Amiens, pour comparoir ausdit appeaulx, pour doubte du commun de ladite ville et de la haynne qu'il ont à sondit frère. Pour lesquelles souspeçons, accusations ou dénonciacions dessusdites, ledit Pierre se doubte que ses bons noms, vie et renommée ne soient dénigrez et empiriez par telle manière qu'il ne redunde à perpétuel diffame et soit trait à conséquence, ou temps advenir, et pour ce est en aventure de estre désert et mis à povreté. Si nous a fait humblement supplier que sur ce li soit par nous pourveu de remède gracieux et convenable. Nous, considéré les choses dessusdites et les deppendances d'icelles, audit Pierre de Rue avons quitté, remis et pardonné et, par ces présentes, quittons, remettons et pardonnons, de grâce espéciale, certaine science, plaine puissance et auctorité royal, dont nous usons, au cas dessusdit, toutes les souspeçons, accusations et dénonciations dessusdites et les appendances d'icelles et toute paine criminelle, corporelle et civile que, par occasion d'icelles, il porroit avoir encouru envers monseigneur et nous, en quelque manière que ce soit, en le restituant à sa bonne vie, fame et renommée, biens et au païs, et voulons que ledit Pierre puisse poursuivir ou faire poursuivir par procureur son procès qui sur ce sera fait et parfait, jusques à la diffinitive, pour oir droit pour lui et contre lui et recevoir justice, selon ce que raison donra.....

Donné au Louvre lez Paris, l'an de grâce M CCC LVIII, ou mois de mars.
JJ 86, n° 602.

Cf. sur les deux frères Jacques et Pierre de Rue :
JJ 90, n° 46. Don fait par le comte de Saint-Pol, lieutenant du Roi en Picardie, au seigneur de Rivery, d'une maison, sur le marché d'Amiens, et de xxxi l. de rente sur les biens confisqués à Jacques et Pierre de Rue, tant à Amiens qu'au Pont-de-Metz.

Et *JJ 108, n° 250; 109, n° 28, février 1375, v. st. et 18 mai 1376*. Lettres de rémission Pierre Bigant, sergent au bailliage, chargé de l'information contre l'avocat Jacques de la Rue accusé d'avoir tenu des propos injurieux contre la personne et la majesté du Roi et conduit, raison de ces faits, au Châtelet de Paris.

N 7. — *Lettres de rémission à Jehan Buguedel, prêtre.*

Charles..... savoir faisons à tous présens et avenir que, comme, assez tôt après que le roy de Navarre fu mis hors des prisons du chastel d'Arleux, où il estoit, et amené à Amiens, Jehan Buguedel, prestre, espérant et cuidant ledit Roy estre nostre bienveuillant et li jamais non devenir ennemis ou rebelle de Monseigneur, de nous et de la couronne de France, se fust, sur bonne antencion de à nous et aux nostres faire plaisir, submis au service d'icelui, et depuis ce eust continué et souvente fois se armé, pour péril, à doute des Anglois, purs adversaires dudit royaume, jusques environ le mois d'aoust darrenier, que ledit roy et ses aliez proposoient mal et adversité contre ledit royaume, si comme il li sembloit, et que depuis aussy il a monstré et monstre chacun jour, et lors ledit Jehan le laissa et en la ville d'Amiens, dont il est nez se cuida transporter et s'en aler demourer, quant, pour le grand escandle dudit roy de Navarre, li fut acointié et signifié que, s'il y aloit, qu'il seroit mis à mort par nostre commun d'icelle ville. Pour auquel péril cuidant obvier et iceluy eschever, il se transporta à Vinacourt, où il est bénéficier, où briefment après, sans ce qu'il machinast aucuns maux contre nous, ne contre ledit royaume, il fust pris, par manière de guerre, par nostre amé et féal messire Jehan de Varennes, chevalier, qui le raençonna et fist moult griefz et oppressions. Néantmoins le bailly et nos officiers du bailliage d'Amiens, reporté à eulx ledit Jehan avoir esté et se rendu, du tout au tout, ennemy, rebelle et adversaire de Monseigneur et de nous et dudit royaume, jà soit ce que nous ayons esté et nous tenons pour enformés du contraire, mais a délaissié ledit roy, sur bonne entencion d'estre toujours et demourez bon françois et nostre bon et vray subject, avant tous autres seigneurs, comme à nos prédécesseurs il fuist premièrement retenuz, l'ont appellé ou fait appeller aus drois de Monseigneur et de nous, audit bailliage, où, pour doubte tant dudit commun, comme pour trop âpre ou rigoreuse justice, il ne s'est osez comparoir et, comme pour nostre ennemy et rebelle, estans en la compaignie dudit roy de Navarre, le aydant et confortant à guerroyer ledit royaume et aussy pour avoir esté consentant de la mort de feu Jehan de Saint-Fuscien, dit des Rouges Capperons, prévost royal à Amiens et jadis bourgois de ladite ville, a esté banny dudit royaume. Et pour ce n'a osé, ne ose converser, résider et demourer audit royaume, ne encore n'oseroit, si par nous ne lui estoit pourveu de remède, Nous adecertes, oy et entendu.....

JJ 90, n° 113.

JJ 90, n° 256, 11 juillet 1359. Donation à Firmin Audeluye, alors prévôt royal, à Amiens, écuyer d'écurie, en considération de ses services contre les Navarrais, et parce que, l'année d'avant, il dut quitter ladite ville, souffrant beaucoup d'adversités, de la part des Navarrais, de la terre de Fossemanaut et dépendances, jusqu'à 130 l. de rentes confisqués sur Mahieu de Picquigny, mort avec les Navarrais.

N° 8. — Lettres de rémission aux habitants d'Amiens, à raison du meurtre de Jacques de Saint-Fuscien, fils de Liénart, capitaine.

On trouvera de plus amples détails sur le personnage et sa famille, sur son rôle dans les événements de 1356-58 et sur les circonstances de sa mort, dans l'arrêt de parlement que nous publions à la suite, bien qu'il soit de près de 30 ans postérieur ; mais il nous a paru nécessaire à l'intelligence des faits allégués dans ces premières lettres.

Remissio pro habitantibus ville ambianensis.

Charles..... savoir faisons à tous présens et avenir.....

Janvier
1359, v. s

Que, comme, ou temps passé, feu Jaque de Saint-Fuscien le jeune, fils de feu Liénart de Saint-Fuscien, pour sa mauvaise volenté, se fust rendus ennemi et rebelle de Monseigneur et de nous, en portant, encontre nous et nos bons subgiez et amis, le fait du roy de Navarrre, nostre frère, qui lors se tenoit et portoit notoirement et publicquement pour anemy de nostredit seigneur et le nostre, et pour ce ledit Jaques eust esté appellé par nostre bailly d'Amiens ou son lieutenant aus drois de nostredit seigneur et aus nostres, de III jours en III jours et de xv^{ne} en xv^{ne}, pour venir luy purger et deffendre en jugement, sur les cas dessusdits, ausquels appeaulx ledit feu Jaque, en continuant et persévérant en son erreur et mauvaistié et fuiant justice, ne fu pas comparus, mais se fust absentez, mis en franchise ou rendus fuitifs et contumaux, par lesquelles contumaces, selon raison, il devoit estre bannis, à l'assise d'Amiens, lors prouchaine à venir, pendant laquelle et avant que ledit ban fust pronunciez, ledit Jaque eust esté trouvez, à Amiens, muciez et cachiez en une maison et, par plusieurs des bonnes gens, bourgois et habitans et du commun de ladite ville, eust esté pris par force et, en luy rescouant, navrez et menez en prison au beffroy de ladite ville et, après ce, fu ramenez dudit beffroy au marchié, à l'échafaut, où l'en a acoustumié à faire justiche, par nos amés et feaulx

Cauwain de Bailleul, lors lieutenant du comte de Saint-Pol, lieutenant de Monseigneur et de nous ès parties de Picardie, et le seigneur de Glisy, lieutenant du bailliage d'Amiens, et aussi par lesdites bonnes gens, habitans et commun de ladite ville d'Amiens, pour en faire justice, si comme il appartiendroit, et illec, à la requeste et instigacion desdites bonnes gens, habitans et commun, eust esté décolez et justiciez, du commandement des dessudits lieuxtenans, et, après ce, par grâce espéciale faite par aucuns d'iceulx lieuxtenans, le corps dudit feu Jaques eust été donnés à aucuns de son lignage, pour yceluy faire enfouir, et nientmoins la femme ou aucuns du lignage dudit feu Jaques aient menacié aucuns desdits bourgois, habitans et commun de ladite ville d'Amiens de les poursuivre, travailler, grever et dommagier, pour occasion des choses dessusdites, combien que ce qu'ils ont fait, en ceste partie, il ont fait pour bien de justice, pour garder leur léauté envers Monseigneur et nous, pour l'onneur de nous et de la couronne de France garder et non pas pour hayne ou maltalent qu'il eussent, pour autre cause que dessus est dit, audit Jaque. Pour laquelle chose, iceulx bourgois, habitans et commun nous aient humblement supplié que, sur ce, nous leur veuillions pourvoir de remède, nous, informez souffisamment des choses dessusdites et que ledit Jaque de Saint-Fuscien, au temps qu'il vivoit, estoit faux traitres et rebelles à nostredit seigneur, à nous et à la couronne de France, Déclairons, par ces présentes, icellui Jaques avoir esté bien, deuement et à juste cause, exécutez et mis à mort, en quittant, remettant et pardonnant ausdits bourgois, habitans et commun et à tous autres qui ont esté procurans, consentans, requérans ou faiseurs dudit fait, de l'auctorité royal, dont nous usons à présent, et de grâce spécial et certaine science, tout deffaut de solempnité ou autrement qui, au fait ou en la manière desdites mort, prise et exécution, peut avoir esté, en imposant, quant à ce, silence perpétuel au procureur général et à tous autres procureurs, justiciers et officiers de Monseigneur et de nous. Si donnons en mandement au bailly d'Amiens.....

Fait à Paris, l'an de grâce MCCCLIX, au mois de janvier.

JJ 90, n° 394.

N° 9. — Arrêt de Parlement condamnant à restitution les héritiers d'Enguerran d'Eudin, usurpateur des biens dudit Jacques de Saint-Fuscien, fils de Liénart.

Voici un document du plus haut intérêt, qui fait toucher du doigt les abus résultant du système de confiscations et de transmissions de biens pratiqué par la royauté, au xiv° siècle.

En 1360 ou 61, un certain chevalier, Enguerran d'Eudin, gratifié par le régent de 300 l. de rentes sur les biens de Jacques de Saint-Fuscien l'aîné— par lettres d'octobre 1360 (JJ LXXXVIII, n° 87), V. *supra* --, sous prétexte qu'il n'avait pu recouvrer desdits biens que 128 l. 6 s. 5 d. de rente, soit à raison de leur insuffisance ou plutôt des restitutions déjà consenties par le prince, à la date de septembre 1359 (JJ LXXXVII, n° 165), et depuis confirmées par lettres du 14 mars et d'avril 1361 (JJ LXXXIX, n°s 717 et 630), s'était fait mettre en possession, pour une part du surplus, soit 115 l. 8 d. ob., de ceux de Jacques de Saint-Fuscien, fils de Liénart, ancien capitaine, massacré par le peuple d'Amiens dans les circonstances que nous savons. La similitude des noms, qui a trompé Aug. Thierry lui-même, l'abandon où se trouvaient les cinq héritiers mineurs et la crainte qu'il inspirait lui avaient facilité cette usurpation; car il n'existe pas trace de donation royale dans les registres du temps, en dépit des affirmations qu'on lira plus loin. Cinq ans après la mort de leur père, les orphelins étaient morts, à leur tour, laissant pour héritier légitime leur oncle Jean de Saint-Fuscien, fils de Liénart, qui avait alors entrepris de faire rendre gorge à l'usurpateur et avait obtenu contre lui assignation en Parlement, au 3 mai 1366. Mais, quoi qu'il fît, par subterfuges, délais et lettres d'état surprises à la bonne foi du prince, l'adversaire avait toujours évité de comparaître, jusqu'au jour où disparut Jean de Saint-Fuscien lui-même. La cause n'en fut pas moins reprise par ses trois enfants, qui obtinrent nouvelle assignation, au 24 mars 1385. Cette fois, le procès fut effectivement engagé, bien qu'Enguerran d'Eudin eût obtenu l'adjonction du procureur du Roi. L'échevinage prit parti pour les héritiers, multiplia les démarches à Paris, près du ravisseur et du Parlement (Cf. CCV, 1389, Voyages).

Malgré la mort d'Enguerran, l'affaire fut enfin plaidée et résolue contre sa fille, Jeanne de Bouberch, qui fut condamnée à restitution du fonds et des fruits injustement détenus et usurpés.

Aug. Thierry a publié (I, 603) une des pièces de la procédure engagée de 1385 à 99; mais il s'est trompé, en attribuant au même Jean de Saint-Fuscien les lettres de rémission de septembre 1359, (Aug Thierry, I, 599). On lira, dans l'arrêt ci-joint, la réponse des demandeurs à l'argumentation de la défense, qui seule figure dans le texte du 12 mai 1388, (*Ibid.*, I, 603).

Cette affaire a laissé une foule de documents intéressants dans les registres du Parlement. Nous citerons, après les arrêts des 3 mai 1366 et 24 mars 1385, v. st., celui du 26 août 1396 (X¹ᵃ 43, f° 209), par lequel la Cour admit les parties, sur la demande des plaignants, à produire leurs faits et mémoires. On y cite, parmi les défendeurs, Me Jean Aloul et Robert Baillet, exécuteurs testamentaires d'Enguerran, l'un encore avocat, l'autre ex-procureur du roi.

7 Juin 1399

Lite mota, in nostra Parlamenti curia, inter Johannem de Sancto Fusciano, Johannem de Conty, Egidiam, ejus uxorem, Petrum Waguet et Aelipdim, ejus uxorem, ad causam dictorum uxorum, sororum dicti Johannis, liberorum defuncti Johannis de Sancto Fusciano, quondam burgensis ambianensis, et heredum ipsius, solos et in solidum actores ex una parte, et dilectum nostrum Ludovicum, dominum de Bouberch, militem, Johannam, ejus uxorem, filiamque et heredem, per beneficium inventarii, defuncti Enguerrani de Eudino, militis, se dicentem et executorem ultime voluntatis ejusdem, ac etiam procuratorem nostrum pro nobis eisdem adjunctum, deffensores ex altera, super eo quod dicebant dicti actores quod defunctus Leonardus de Sancto Fusciano, quondam burgensis ambianensis, inter ceteros duos filios naturales et legitimos, videlicet Johannem et Jacobum de Sancto Fusciano, procreaverat, qui sibi soli et in solidum successerant, ad causam cujus successionis ad dictum Jacobum plures census, redditus et hereditagia obvenerant, videlicet xxiv l. viii s. p....

(Suivent cinq pages d'énumération de biens fonciers, avec leur situation, tenants, aboutissants, etc. ; la moitié environ du document).

De quibus bonis et hereditagiis predictis, dictus Jacobus, tanquam dominus et proprietarius eorumdem, quiete et pacifice, usque ad annum MCCCLVIII^m, usus et gavisus fuerat, quo tempore dictus Jacobus, relictis quinque liberis naturalibus et legitimis, annis minoribus, qui eidem successerant, decesserat, que omnia hereditagia predicta dictus de Eudino, paulo post mortem dicti Jacobi, sub umbra ejus quod ipsa bona a defuncto progenitore nostro, tanquam sibi confiscata, donata eidem fuisse dicebat ac etiam certum feudum, dictum d'Escoubli, quo[d] movebat et tenebatur in fide et homagio ab Enguerrano Malin, continens IIII^{xx} jornalia terre vel circiter, quod ad dictum Johannem, fratremque dicti Jacobi de Sancto Fusciano, pertinebat, de facto ceperat et occupaverat ac eorum fructus et emolumenta ipse de Eudino et dicti actores, post ejus mortem, levaverant et levabant, quodque liberi dicti Jacobi, per quinquennium post obitum ipsius vel circiter, adhuc in minori etate constituti, relicto dicto Johanne eorum patruo et proximiori herede, decesserant, qui Johannes, tanquam dominus et proprietarius dictorum hereditagiorum, ad causam predictam, pro eo quod domini, a quibus feuda predicta tenebantur, ipsum in fide et homagio dictorum feudorum, ob timorem dicti de Eudino, recipere ac ipse de Eudino dicta hereditagia eidem restituere recusabant, eumdem de Eudino, virtute certarum litterarum a nobis obtentarum, ad comparendum, certa die, in dicta curia nostra, anno Domini M° CCC° LXVI°, die tertia maii, adjornari fecerat, sed nunquam audientem in dicta curia nostra habere potuerat, propter subterfugia, dilaciones et litteras status a nobis obtentas quibus dictus de Eudino usus fuerat, dictus Johannes decesserat, dictis Johanne, Egidia et Aelipdi, suis liberis naturalibus et legitimis, relictis, qui tanquam ejus heredes, soli et in solidum, arramenta cause resumpserant ac tandem, pro eo quod dictus de Eudino processum interruptum esse dicebat, dicti actores, virtute certarum aliarum litterarum a nobis obtentarum, dictum de Eudino iterato, anno ejusdem M° CCC° LXXXIV^a, die XXIV^a martii, in dicta curia nostra adjornari fecerant, qui de Eudino dictum procuratorem nostrum in garandum summaverat, sed eidem dumtaxat se adjunxerat, quo processu pendente, dictus de Eudino decesserat, cujus arramenta dicti Ludovicus et ejus uxor, dicti de Eudino heredes, soli et in solidum, et etiam dicti executores resumpserant.

Dicebant ulterius dicti actores quod dictus Jacobus, per totum tempus vite sue, bonus et fidelis subjectus nobis et predecessoribus nostris fuerat, quodque, postquam rex Navarre a prisionibus liberatus fuerat, defunctus progenitor noster, qui tunc regnum regebat, per suas patentes litteras, burgensibus et gubernatoribus dicte ville ambianensis mandaverat quatinus dictum regem Navarre, qui tunc, ob causam confederationum inter ipsum et dictum progenitorem nostrum factarum, bonus et fidelis reputabatur, in dicta villa ambianensi honeste reciperent et ob hoc, si dictus Jacobus dictum regem Navarre associaverat, hoc causa obediendi mandato predicto et ut electus ab aliis de dicta villa, tanquam unus de notabilioribus ejusdem, fecerat et quod, cito perceperat quod dictus rex pro inimico regni nostri se gesserat, ipsum omnino reliuquerat (*sic*) et pluribus de dicta villa ambianensi ad ipsum existentibus quatinus reverterentur consulerat, quodque Colardus de Riquebourt, Petrus de Attrebato et eorum complices, in odium certe guerre, quam ipsi contra Jacobum Piedeleu, cognatum dicti Jacobi, habebant, quod ipse Jacobus partem dicti regis Navarre sustinuerat falso promulgaverant. Timore cujus et causa evitandi furorem populi, dictus Jacobus in domo Leonardi Lohier se retraxerat, sed, ad instigationem et promocionem dictorum inimicorum suorum, per plures de communitate dicte ville ambianensis captus et atrociter usque ad mortem vulneratus et per eosdem a[d] beffredum dicte ville, sine mandato et auctoritate justicie, ductus fuerat, ipsique scientes quod, sine causa, dictum Jacobum ceperant et ad mortem vulneraverant, pro celando eorum maliciam, defunctum comitem Sancti Pauli, tunc locumtenentem dicti progenitoris nostri in partibus Picardie, ac etiam baillivum ambianensem quatinus dictum Jacobum executari facerent requisierant. [Qui]quidem, pro eo quod in dicto Jacobo causam quare mori deberet non reperiebant, facere recusaverant, et nichilominus dictum Jacobum de facto a dicto beffredo extraxerant ac ipsum, in eorum presentia, sine auctoritate justicie, et absque hoc quod convictus seu condempnatus fuisset, decapitari fecerant, quamvis Gauwinus de Bailleul, miles, tunc locumtenens dicti comitis Sancti Pauli, qui dictum Jacobum super sibi impositis interrogari fecerat, alta voce, coram populo dixisset quod in dicto Jacobo causam quare mori deberet non reperiebat et quamvis etiam dictus Jacobus, sciens quod ex dictis vulneribus sibi illatis cito moriturus erat, sub dampnatione anime sue, asseruisset coram predictis quod aliquid propter quod mortem sustinere deberet non commiserat, quodque, post ejus mortem, corpus ipsius Jacobi ejus amicis traditum et in loco sacro, in hospicio Dei ambianense, inhumatum fuerat, predicti etiam qui dictum Jacobum decapitari fecerant remissionem a nobis propter hoc obtinuerant, propter quod presumi debebat quod ipse Jacobus ad mortem, sine causa, traditus fuerat et, si bourellus dicte ville ambianensis, pro decapitacione dicti Jacobi, suum salarium habuerat ac ipsum receptor dicte ville pro nobis in camera nostra compotorum Parisius allocaverat, hoc per Jacobum le Sene, qui tunc unus de inimicis dicti Jacobi erat, ad colorandum ipsorum maliciam factum fuerat.

Dicebant insuper quod, si reperiretur quemdam nominatum Jacobum de Sancto Fusciano pro suis demeritis fuisse decapitatum, ille fuerat Jacobus de Sancto Fusciano senior et non dictus Jacobus, filius Leonardi, qui semper fuerat bonus et fidelis, et, posito quod ipse Jacobus, filius Leonardi, crimen lese majestatis commisisset, nichilominus tamen, attenta generali abolicione et tractatu inter dictum progenitorem nostrum et regem Navarre facto, per quos dictus Jacobus ad suam bonam famam et omnia bona sua restitutus fuerat, et quod de dicto crimine convictus nec condempnatus fuerat, bona sua, de jure, usu et consuetudine in dicto regno nostro notorie observatis, per nos occupari seu alicui tradi non potuerant, et ob hoc littere donationis dictorum bonorum, si quas dictus de Eudino a dicto progenitore nostro obtinuerat, tanquam subrepticie sibi prodesse non debebant, nec, ad dictam causam, dictus Enguerranus seu ejus heredes bona predicta, attentis adjornamentis et prosecutione supradictis, prescribere non potuerant, quodque dictus de Bouberch et ejus uxor, ut heredes dicti de Eudino per beneficium inventarii se gerere non poterant, pro eo quod ipsum beneficium inventarii a nobis non obtinuerant, nec de dictis bonis inventarium fecerant et, si quod fecerant, minus tamen debite et non vocatis evocandis et caucione non tradita factum fuerat, pluraque etiam de bonis dicti de Eudino per dictos conjuges capta et occupata fuerant, de quibus in inventario mentio facta non erat. Et ob hoc, de jure, usu et consuetudine in regno nostro observatis, attento quod ipsi alias pro heredibus simpliciter se gesserant, ut heredes per beneficium inventarii se gerere non poterant. Quare petebant dicti actores census, redditus, feuda et hereditagia supradicta cum suis pertinenciis ad ipsos pertinere declarari, necnon dictos deffensores ad dimittendum et deliberandum dictis actoribus predictos redditus et hereditagia et ad tollendum impedimentum per ipsos in predictis oppositum, sicque de hereditagiis et bonis supradictis dicti actores uti et gaudere libere et pacifice valerent, ac etiam ad reddendum et restituendum dictis actoribus omnes fructus, proventus et emolumenta quos ipsi et dictus de Eudino ex bonis predictis perceperant et quos dicti actores et predicti a quibus causam habebant ex ipsis bonis amplius percipere potuissent, si non fuisset torsonnerium impedimentum dictorum deffensorum, a tempore occupationis ipsorum bonorum per dictum de Eudino facte, sub estimacione quam triplum valuerant et, pendenti processu, valere possent usque ad plenam satisfactionem eorumdem, si essent in rerum natura, et, sinon extarent, eorum valorem, sub dicta estimacione, condempnari et compelli, litterasque de quibus dicti deffensores se jactabant nullas seu invalidas fore pronunciari et dictos deffensores in dampnis, interesse et expensis dictorum actorum condempnari.

Dictis defensoribus in contrarium proponentibus quod, anno Domini M° CCC° LVI°, dictus rex Navarre pro inimico regni nostri se gerebat, propter quod, per certum tempus, prisonnerius fuerat, quodque, ad ipsius instigacionem et promocionem, plures commociones et rebelliones in pluribus villis dicti regni nostri et maxime in dicta villa ambianensi, contra majestatem dicti progenitoris nostri, facte fuerant. Quo tempore, dictus Jacobus, filius Leonardi, qui tunc de nobilioribus et majoribus burgensibus dicte ville ambianensis et confamiliaris et domesticus ac *scutifer scutiferie dicti regis Navarre* erat, ipsum, in omnibus quibus poterat, contra progenitorem nostrum predictum sustinuerat et consulerat ac *etiam, cum Johanne de Piquigniaco, milite, Johanne de Ham, Henrico Quieret et pluribus aliis suis complicibus, liberationem dicti regis Navarre, contra voluntatem dicti progenitoris nostri, procuraverat,* crimen lese majestatis committendo. Post cujus liberationem, dictus Jacobus ipsum regem Navarre in dicta villa ambianensi foverat et sustinuerat ac etiam plures de dicta villa, per timorem et aliis modis quibus poterat, quatinus ad obedienciam dicti regis Navarre, contra dictum progenitorem nostrum, venirent induxerat, quorum aliqui postea, tanquam criminosi crimine lese majestatis, decapitati fuerant. Dicebant etiam quod, anno eodem M° CCC° LVII°, ad instigacionem dictorum Jacobi de Sancto Fusciano et suorum complicum, tres status, qui tunc administraciones dicti regni nostri in se suscipere voluerant, certas illicitas confederaciones et conspiraciones fecerant, super quibus certe littere confecte et sigillis ville nostre parisiensis, dicti de Piquigniaco *ac etiam prepositi mercatorum parisiensis et plurium aliorum militum et villarum dicti regni nostri,* cum dicto rege Navarre confederatorum, et tandem, ad requestam et promocionem dicti Jacobi, sigillis communitatis dicte ville ambianensis sigillate fuerant. Que littere postmodum, ad promocionem certorum proborum burgensium dicte ville, desigillate seu cancellate fuerant, propter quod dicti Jacobus et sui complices, multum indignati, plures minas dictis burgensibus intolerant ac, certa die, cum ad ipsorum noticiam pervenerat quod dictus progenitor noster ad dictam villam ambianensem, pro utilitate ipsius, accedere voluerat, communitatem dicte ville, cum armis, in mercato ipsius congregari fecerant, in qua congregacione *dictus Jacobus, qui tunc se pro principali capitaneo et gubernatore* dicte ville ambianensis *se gerebat,* publice et alta voce, coram populo, dixerat et *promulgaverat quod, si dictus progenitor noster dictam villam intraret, quod ipsam depredari faceret et quod uxores et filie violarentur* ac Stephanum Gelée, pro eo quod ipse dixerat quod dicta communitas sic cum armis congregari non debebat, cum quadam hachia, quam in manibus tenebat, percusserat et eumdem per sex septimanas in carceribus detineri fecerat, ac postmodum certis militibus et aliis per dictum progenitorem nostrum ad dictam villam transmissum (*sic*) responderat quod ipse progenitor noster dictam villam, nisi cum decem personis non armatis dumtaxat, non intraret. Ulterius dicebant quod Jacobus de Sancto Fusciano de Rubeis Capuciis, tunc prepositus noster in dicta villa ambianensi, die quadam Sancti Sacramenti, ad instigacionem et per consilium dicti Jacobi, filii Leonardi, et suorum complicum, pro eo quod ipse eorum malam voluntatem sustinere nolebat, per Firminum le Munier interfectus fuerat, quodque dictus Jacobus a dicta sua mala voluntate, licet pluries per amicos suos super hoc requisitus fuisset, desistere noluerat, sed, quadam die, quam eisdem, ad motam de Rivery, pro loquendo cum ipsis, assignaverat, dictos amicos suos capi facere nisus fuerat et in omnibus quibuslibet partem dicti regis Navarre semper sustinuerat, sicque plures boni et fideles burgenses dicte ville, qui ei resistere non poterant, a dicta villa, timore ipsius, recesserant, nec ad eamdem reverti ausi fuerant, donec audiverant quod dictus prepositus mercatorum parisiensis interfectus fuerat. Post cujus mortem, dictus comes Sancti Pauli, attendens quod sustinentes partem dicti regis Navarre multum debilitati erant, ad dictam villam ambianensem accesserat ac, quadam die, cum, per ordinacionem ipsius qui tunc locumtenens dicti progenitoris nostri in partibus Picardie erat, illi qui dictum regem Navarre contra dictum progenitorem nostrum sustinuerant quererentur, dictus Jacobus, qui se absconderat in quodam grenerio hospicii dicti Leonardi Lohier, qui de suis complicibus fuerat, in straminibus cujusdam lecti, per justiciam et dictum comitem deputatos repertus fuerat, qui eumdem, more solito, ad beffredum dicte ville duxerant, in quo beffredo dictus Jacobus per gentes consilii dicti comitis, baillivum ambianensem et alios de consilio nostro in dicta villa examinatus et tandem, attenta ejus confessione et notorietate ejus facti, de crimine lese majestatis convictus et condempnatus et postea in mercato dicte ville, per bourrellum, more solito, decapitatus publice fuerat; pro cujus decapitacione ipse bourrellus suum salarium a receptore dicte ville pro nobis habuerat, sicut pro aliis in dicta villa decapitatis habere consueverat, quod etiam salarium dictus receptor, in nostra camera compotorum parisiensi, allocaverat, quodque, post dicti Jacobi decapitacionem, dicti receptor et procurator noster in dicta villa omnia mobilia et immobilia dicti Jacobi, tanquam confiscata, domanio nostro applicaverant ac de ipsis, per certum tempus, fructus et emolumenta pro nobis receperant. Dicebant etiam quod dictus progenitor noster postea dicto Eudino, qui bonus et notabilis miles erat et qui multa grata servicia eidem, in guerris suis et alias, fecerat, tres centum libras parisiensium annui redditus capiendas super omnibus bonis in dicta villa ambianensi confiscatis et maxime super bonis dicti Jacobi de Sancto Fusciano senioris, etiam propter demerita sua decapitati, si ad hoc bona sua sufficere poterant, donaverat et assignaverat, in recompensacionem dictorum serviciorum ac duorum mille florenorum ad mutonem, in quibus eidem de Eudino dictus progenitor noster tenebatur, ob causam certi prisonnerii, capitanei Anglicorum, Becheron nuncupati, quem ipse de Eudino ceperat et eumdem dicto progenitori nostro, pro redemptione Rigaudi de Fontanis, militis, notabilis capitanei pro parte nostra, per dictos Anglicos tunc capti, donaverat et tradiderat, que assignatio dictarum ccc librarum, per gentes dicte camere nostre compotorum parisiensis verificata et assieta, per dictos baillivum et procuratorem ambianensem facta fuerat; sed, pro eo quod, in bonis dicti Jacobi senioris, summa vi^{xx} viii l. vi s. v d. ob. paris. dumtaxat reperta fuerat, dictus de Eudino certas alias litteras, de predictis mentionem facientes, a defuncto avo nostro, cum de Anglia reversus fuerat, obtinuerat, per quas dictus avus noster dictam donacionem confirmaverat ac, cum maturo consilio, quod residuum dictarum ccc l. redditus, dicto de Eudino ob causam predictam donatarum, super bonis dicti Jacobi, filii Leonardi, confiscatis caperetur et assideretur voluerat et ordinaverat, que littere per dictas gentes nostras compotorum verificate fuerant, quarum litterarum virtute dictus baillivus ambianensis certa bona, que ad manum nostram tanquam confiscata apposita fuerant et que dicti Jacobi esse dicebantur, assignaverat videlicet..... (Suit une demi-page d'énumération comme dessus où figurent 14 maisons sises à Amiens et 2 à Coisy).

De quibus bonis predictis, ad summam cxv l. viii d. ob. ascendentibus, dictus de Eudino, bona fide, per iiii^{or} x et xx annos, quiete et pacifice, ad causam predictam, usus et gavisus fuerat, et ob hoc, posito quod de dictis bonis a principio donacionis predicte dominus non fuisset, ipsa tamen, de jure, usu et consuetudine in dicto regno observatis, prescripserat.

Dicebant ulterius quod dictu de Boubcrch et ejus uxor bonum et legale inventarium de bonis dicti de Eudino fecerant ac omnes solempnitates ad se gerendum pro heredibus per beneficium inventarii requisitas observaverant. Quare petebant dicti deffensores dictos actores ad dictas suas peticiones et demandas faciendum causam seu actionem non habere pronunciari et ab eisdem absolvi, necnon ipsos actores in expensis dictorum deffensorum condempnari.

Super quibus et aliis pluribus hinc inde propositis, inquesta facta et ad judicandam, junctis duabus requestis testium senium et valetudinariorum ac salvis reprobacionibus testium, contradictionibus litterarum per utramque partium predictarum traditis, recepta, ea visa et diligenter examinata, reperto quod sine reprobacionibus judicari poterat, dicta curia nostra, per suum judicium, dictos deffensores ad dimittendum et deliberandum dictis actoribus census, redditus et hereditagia qui secuntur, videlicet..... (Suit une demi-page comme dessus), condempnavit et condempnat.....

Ac etiam ad reddendum et restituendum eisdem actoribus fructus, proventus et emolumenta predictorum hereditagiorum ipsis adjudicatorum per ipsos perceptos, a tempore litis contestate, et quos ipsi actores a dicto tempore percipere potuissent, si non fuisset torçonnerium impedimentum in predictis per dictos deffensores appositum, condemnavit et condempnat et dictas litteras dictorum deffensorum, de quibus se jactabant, invalidas fore declaravit et declarat, dictos deffensores a ceteris demandis et impetracionibus dictorum actorum absolvendo et expensis hinc inde factis compensando.

Pronunciatum VII^a die Junii, anno M° CCC° LXXXXIX°.

X^{1A} 46, f° 333 v°, seq.

N° 10. — Don aux arbalétriers d'Amiens d'une masure et place confisquée sur Jean de Ham, pour s'y exercer au jeu de l'arbalète.

Juillet 1360

Charles, etc. Savoir faisons à tous présens et avenir que, pour consideracion des bons et aggréables services que les compaignons arbalestriers de notre bonne ville d'Amiens ont fait, le temps passé et mesmement durant les guerres, en la garde d'ycelle ville et ailleurs esdites guerres, à Monseigneur et à Nous et espérons qu'ils facent encores en temps à venir, et afin qu'ils puissent mieulx continuer et exercer le mestier, art et geu d'arbalestrier, Nous, à iceulx arbalestriers et à leurs successeurs arbalestriers, perpétuellement demourans et habitans en ladite ville, avons donné et ottroié, donnons et ottroions, de grâce espécial, de certaine science et de l'auttorité royal dont nous usons à présent, une place wide ou mesure séant ès forbours d'Amiens, contenant un journel et demi de terre ou environ, qui fu de Jehan de Han, laquele place est venue et appartient à Monseigneur et à Nous, à cause de confiscation et par la forfaiture dudit Jehan. Et voulons que iceulx compaignons arbalestriers la puissent tenir, par eulx et leurs successeurs arbalestriers demourans et habitans en ladite ville, paisiblement, pour continuer et aprendre, en ladite place, le trait et jeu de l'arbaleste et celluy exercer, en ladite place, comme en place publique et espécialement députée à ce, et Nous, par ces présentes, li députons et pour tele le voulons nous estre tenue et députée perpétuelement, sens ce que yceulx arbalestriers la puissent vendre, convertir ou employer en quelconque autre usaige que ce soit, sens ce aussy que yceulx arbalestriers ou leursdits successeurs, perpetuelement, puissent estre contrains de mettre ladite place hors de leur main ou d'en paier pour ce aucune finance à Monseigneur et à Nous ou à nos successeurs, au temps à venir. Si donnons en mandement, par ces présentes, au bailli et au receveur d'Amiens et à tous autres justiciers et officiers de mondit seigneur et de nous présens et à venir ou à leurs lieuxtenans et à chascun d'eulx, si comme à luy appartiendra, que lesdits arbalestriers et leurs successeurs dessusdits facent et laissent joir paisiblement de notre présente grâce et ottroy et yceulx mettent en corporele et réale possession de ladite place, tantost et sans délay ou autre mandement attendre, et, contre la teneur de ces présentes, ne les molestent ou empeschent, en quelque manière que ce soit. Car ainsi le voulons nous estre fait, pour considéracion des choses dessusdites, nonobstant assignacions, ordenances, mandemens ou deffences quelconques faites ou à faire à ce contraires. Et que ce soit, etc... Sauf, etc...

Donné à Hesdin, l'an de grâce M CCC LX, ou mois de juillet.

JJ 88, n° 44.

Cf. sur Jean de Ham, JJ 121, n°⁵ 227, 228, 224bis, novembre 1382. Adjudication de ses fiefs et autres forfaitures restant à vendre, confisqués sur ledit Jean et autres, ayant tenu ou tenant encore le parti du roi de Navarre, Gaillart de Fourdrinoy, Aléaume de Thoix, Robert de Picquigny, etc., en vertu des lettres de Charles VI du 25 décembre 1380; lesdits biens sis à Fourdrinoy, Rainneville, Camon, Saleux, etc.

N° 11. — *Révocation de lettres de grâce et confirmation par la Cour d'une convention d'exil conclue entre deux bourgeois, contre l'un d'eux, à raison des événements de 1358.*

Le présent arrêt et les pièces qui suivent nous montrent aux prises deux des principaux acteurs du drame de 1358 : Guillaume des Rabuissons, échevin ou fils d'un échevin de la magistrature révoquée après l'attentat des Navarrais, et Jean le Normant, l'un des douze premiers élus de la loi substituée à la précédente, deux représentants des classes sociales dont l'événement exaspéra le conflit, l'un plusieurs fois maieur de bannière de la riche corporation des waidiers, 1352-55, l'autre de la bannière plus modeste des porteurs, 1355-57.

Il semble bien ressortir des plaidoiries résumées dans l'arrêt, que le premier fut des plus ardents à s'entremettre pour faire sceller du sceau de la ville et du bailliage les lettres d'Etienne Marcel dont il a été précédemment question, dans l'arrêt des héritiers de Jacques de Saint-Fuscien, et pour refuser au dauphin l'entrée de la ville d'Amiens, le second pour y mander ses gens et faire révoquer le sceau accordé par le parti adverse.

En tous cas, à la suite d'une altercation violente et de voies de fait, chacun d'eux dut, tour à tour, céder la place au parti victorieux. Guillaume des Rabuissons fut même jeté au beffroi, après l'entrée du comte de Saint-Pol.

Il n'en sortit qu'au prix d'une convention amiable avec son adversaire, par laquelle il s'engageait, pour échapper à toutes poursuites, à s'exiler pour toujours de la ville d'Amiens et pour quatre ans du royaume de France, sauf rappel de celui-ci et de deux de ses amis, échevins de 1358-59.

Ces sortes de conventions privées, analogues aux contrats d'asseurement, étaient alors assez communes et exécutoires au même titre que la sentence d'un juge qualifié. Elles étaient d'ailleurs authentiquées et scellées par le juge compétent, comme ce fut le cas pour celle-ci.

Le condamné s'y engageait en outre à ne solliciter de lettres de grâce ou de dispense de qui que ce fût et, solidairement avec les siens, à observer toutes les clauses du présent accord, sous peine d'encourir la prison perpétuelle, d'être réputés traîtres et violateurs de paix et de payer 2000 moutons d'or, moitié au Roi, moitié à Jean le Normant.

Malgré toutes ces garanties, seize mois après, Guillaume des Rabuissons, alléguant la mauvaise foi de l'adversaire, qui se serait entendu avec ses deux collègues pour ne le rappeler jamais, obtint des lettres de grâce du Roi et des dispenses de l'évêque d'Amiens, en vertu desquelles il se fit rappeler par le bailli ; d'où appel de Jean le Normant. La Cour, sur les conclusions du procureur général et de son substitut à Amiens, prenant fait et cause pour le plaignant, confirme de tous points la convention passée entre les parties.

14 Mai 1361

Comparentibus in curia nostra Guillermo des Rabuissons de Ambianis, ex parte una, et procuratore nostro ac Johanne Normanni, cive ambianensi, ex altera, fuit, ex parte ipsius Guillermi, propositum quod jamdudum idem Guillermus calore motus, nullius odii fomite aut rancore aliquo precedente, prefato Johanni Normanni quandam alapam seu bufam dederat, et postmodum contiguerat quod idem Guillermus, pro quibusdam aliis criminibus, fuerat nostris carceribus, Ambianis, positus et detentus, de quibus tamen fuit et est liberatus et de dictis criminibus plenarie absolutus. Sed, tunc temporis, dictus

Guillelmus non poterat ad viam justicie admitti, propter magnam potenciam ipsius Johannis et suorum amicorum et adjutorum, que sic pro tunc vigebat quod vix audebat ibidem aliquis ipsius Johannis et suorum voluntatibus contraire. Dicebat etiam se habuisse metum talem, qui cadere poterat in virum constantem, videlicet quod, si fuisset extra carcerem, fuisset per eumdem Johannem et suos interfectus. Et, ob hoc, idem Guillelmus, ne via justicie eidem ulterius deferretur, sic detentus quasi compulsus, consenserat se bannitum esse perpetuo a dicta villa ambianensi, sine regressu et revocacione, nisi per revocacionem ipsius Johannis, adversarii sui, dumtaxat, necnon et quod bannitus esset a regno nostro per quatuor annos, nisi dictus Johannes Normanni, Firminus Audeluye et Johannes de Tilloy ipsum Guillelmum citius revocarent. Et ad premissa idem Guillermus et quidam amici sui carnales faciliter condescenderant, sperantes quod dictus Johannes Normanni, Firminus et Johannes de Tilloy ipsum in proximo revocarent. Quodque dictus Johannes Normanni, ignorante dicto Guillermo, dictos Firminum et Johannem de Tilloy jurare fecerat quod, sine suo beneplacito, ipsum Guillermum nullatenus revocarent, et hoc ignorantes, pro predictis tenendis, dictus Guillermus et Guillermus pater suus, tunc vivens, et Robertus de Rabuissons, frater ipsius Guillermi, se, sub magnis penis ac per fidem et juramenta, obligassent et specialiter, una cum hoc, dictus Guillermus ad penam carceris perpetui et quod tanquam proditor noster et corone Francie, reputaretur, si contrarium faceret, interpositis renunciacionibus fide et juramento vallatis, in contrarium non venire aut prosecucionem aliquam in contrarium facere, consenciendo quod fortiores littere, que fieri possent, fierent ut dictus Guillermus posset per viam justicie a dictis carceribus liberari ac proprii corporis periculum evitare, propter potenciam ipsius Johannis tunc vigentem, ut prefertur. Que Guillermus predictus fecit ad solam stipulacionem ipsius Johannis et suorum adjutorum, que dictus Johannes sic fieri procuravit, magistratus auctoritatem ad finem vindicte proprie assumendo, nullius judicis auctoritate quesita. Verum, cum dictus Guillermus bannum predictum, per XVI menses et amplius, relictis patria, uxore et liberis, cum magnis sumptibus et miseria, substinuisset extra dictum regnum nostrum, nos, audita supplicacione amicorum suorum et attenta facti qualitate, certam gratiam concesseramus eidem, mandando baillivo ambianensi aut ejus locumtenenti ut, in casu predicto, prima dispensacione prelati sui aut alterius ad hoc potestatem habentis, preciperet, ex parte nostra, dictis Johanni, Johanni et Firmino et cuilibet ipsorum quatinus quemlibet ipsorum tangere poterat, ut dictum Guillermum revocarent et, si hoc facere recusarent aut differrent, dictus baillivus ipsum bannum, ex parte nostra, revocaret et quicquid exinde secutum fuerat et, in casu opposicionis, adjornaret opponentes in primo parlamento, concesso tamen per nos eidem Guillermo elargamento, salvoque et securo conductu atque ipso posito in gardia nostra speciali, donec per nos aut curiam nostram fuisset aliud ordinatum, prout in dictis litteris lacius dicebat contineri; virtute quarum litterarum, dictus baillivus, visa dispensacione predicta, revocaverat dictum Guillermum ad civitatem ambianensem et ad regnum nostrum, donec aliud super hoc fuisset ordinatum, et nichilominus ipsos Johannem, Johannem et Firminum opponentes ad dictum parlamentum fecerat adjornari, ut dicebat dictus Guillermus. Dicebat etiam, una cum premissis, quod, attento quod ex dicta alappa, seu buffa, non fuerat subsequta sanguinis effusio, mors, mutilacio aut aliud detrimentum et quod, pro re seu injuria tam levi et casu civili, eidem Guillermo, libero hujusmodi civi, fidelique nostro et reipublice utili et apto, tanta pena, ut predictum est, infligi non poterat presertim a dicto Johanne, adversario suo, absque auctoritate justicie, nec etiam dictus Guillermus ad predicta se obligare poterat, de jure, in prejudicium libertatis, maxime attento quod occasio et color illacionis dicte alappe seu buffe fuerat pro eo quod quidam, vocatus Boutevillain, venerat, ut dicebatur, ad faciendum seditionem in villa ambianensi et dictus Guillermus hoc dixerat dicto Johanni Normanni qui ipsum Boutevillain sustinebat et dictus Johannes Normanni injuriose dementatus fuerat ipsum Guillermum et ob hoc alappam seu bufam dederat, ut dicebat. Quare petebat pronunciari obligationem predictam nullam fuisse et esse aut saltem torçonneriam et iniquam et ipsam, si opus esset, et omnia contenta in eadem anullari, dictumque bannum et quicquid exinde sequtum erat aut subsequi poterat revocari, ipsumque Guillermum ad omnia predicta admitti et ipsum Johannem Normanni nobis in emenda condigna et in ipsius Guillermi dampnis, injuriis et expensis condempnari, pluribus rationibus super hoc allegatis.

Prefato Johanne ex adverso dicente quod ipse semper fuerat et erat bonus et fidelis erga nos et primogenitum nostrum et coronam Francie, partem et honorem nostros sustinendo et fovendo notorie et manifeste, specialiter in omnibus casibus, seditionibus et periculis que per malivolos et infideles nostros subditos et per alios hostes regni nostri et nostros, in villa ambianensi, contiguerant, exponendo pro nobis fideliter et constanter corpus et bona, una cum aliis amicis benivolis et vera fide zelantibus nostrum et corone Francie atque reipublice bonum. Et de hiis pro eo fuerant et erant publica vox et fama.

Dictus vero Guillermus cum dictis malivolis et hostibus nostris et dicti primogeniti nostri semper astiterat pertinaciter et unus de prioribus, contra nostros benivolos et fideles, se gerebat et armabat. Dicebat etiam dictus Johannes quod, cum dictus Guillermus falso seminaverat in dicta villa quod dictus Boutevillain venerat Ambianos, ad ipsum Johannem Normanni, cum suis adherentibus, ut proditorie venderet et traderet dictam villam dilecto et fideli Radulpho de Renavalle, militi et paneterio Francie, et sic falso et periculose diffamabat dictum Johannem Normanni, dictos militem et Boutevillain qui pro bono et utilitate nostris, dicte ville et reipublice venerat ad dictam villam. Dicebat insuper quod quedam littere misse fuerant Ambianis, ex parte prepositi mercatorum tunc temporis ville parisiensis, proditoris nostri, dum vivebat, quas dictus Guillermus procurabat sigillari sigillo dicte ville contra nos et dictum primogenitum nostrum, et dictus Johannes cum benivolis nostris instabat ad hoc quod non sigillarentur. Et licet postmodum et clandestine, ad procurationem dolosam dicti Guillermi et complicum suorum, fuissent sigillo dicte ville sigillate, dictus tamen Johannes procuraverat dictum sigillum amoveri. Ex quibus multos rancores habuerat et multa verba dura ac injuriosa dixerat idem Guillermus dicto Johanni, pro eo quod partem et honorem nostrum conservabat, ac etiam dictus Guillermus, tanquam nimis superbus et elatus, ipsum Johannem percusserat et injuriatus fuerat, in plena villa, coram omnibus, manu munita de ganteleto ferreo. Eratque pro tunc dictus Guillermus, cum aliis adversantibus nobis, in tanta potentia quod dictus Johannes, pro refugio, ad evitandum corporis periculum, ad ecclesiam Augustinorum confugerat, quas injurias et pericula dictus Johannes passus fuerat pro conservacione juris nostri et honoris. Dictus etiam Guillermus treugas et pacem antea per ipsos Johannem et Guillermum et amicos ipsorum initas ac etiam assecuramentum fregerat. Demumque, pro rebellionibus et maleficiis contra nos et primogenitum nostrum per ipsum Guillermum et suos complices commissis, tanquam manifeste suspectus et fugiendo, captus fuerat, nostris carceribus mancipatus, a quibus, non per viam rigoris sed mediante certa gratia, fuerat liberatus. Idemque Guillermus ano ductus consilio, pacem et concordiam requiri fecerat erga dictum Johannem, cui conservanti jus et honorem nostrum tantam injuriam intulerat, et qui inciderat in penam violationis assecuramenti et pacis. Et ob hoc dictus Guillermus, non in prisione sed in domo cujusdam fratris seu amici existens, cum patre, fratre et amicis suis, gratanter tractaverat, voluerat et consenserat exire de regno nostro ac etiam esse absens a villa et banleuca ambianensi perpetuo, et de toto regno nostro per IV annos, hoc salvo quod Firminus Audeluye et Johannes de Tilleyo poterant ipsum Guillermum revocare ad regnum, et dictus Johannes Normanni ipsum poterat revocare etiam ad regnum, villam et banleucam predictas, secundum tenorem litterarum dicti tractatus et pacis. Et, dato quod tunc prisionarius esset, erat tamen pro maleficiis suis aut pro vehementi suspicione detentus et dictus tractatus in favorem suum et ad requestam ipsius Guillermi patris, fratris et amicorum fiebat. Et omnia et singula in obligatione contenta promiserat dictus Guillermus facere et inviolabiliter observare et adimplere et ad hec omnia tenenda obligaverant prefati Guillermus, paterque et fratres sui se et omnia bona sua, mobilia et immobilia, atque corpora sua teneri in prisione firmata perpetuo et quod reputarentur tanquam proditores atque fractores pacis ac etiam sub pena duorum mille mutonum auri, medietatem nobis et dicto Johanni Normanni applicandorum, renunciando, quoad hoc, omni fraudi, cavillacionibus, exceptionibus et deceptionibus, impetracionibus, graciis, litteris status et indulgentiis, tam a summo Pontifice quam a nobis aut aliis ecclesiasticis et mundanis qualitercunque concessis aut concedendis, per quo posset auxilium dicto Guillermo et detrimentum dicto Johanni super premissis afferri, fide et juramento ipsorum de Rabuissons ad sancta Dei Evangelia corporaliter datis, *prout hec inter cetera in litteris autenticis sigillo baillivie ambianensis sigillatis plenius continentur.* Dicebat etiam dictus Johannes quod pax et concordia predicta prefato Guillermo complacere debebant, attentis premissis et pro periculis gravioribus evitandis, presertim cum in facultate et arbitrio dicti Johannis fuisset et esset dictas poenas mitigare, sicut forsitan fecisset, si et dum in dicto Guillermo signa humilitatis et amicicie perpendisset, talesque pax et concordia et majores consueverint fieri in majoribus personis, rebus atque penis de usu et consuetudine in dicta villa et patria notorie observatis. Dictus vero Guillermus, spretis premissis, veritate tacita et suggesta falsitate, certas litteras procuraverat a nobis sibi concedi baillivo ambianensi aut ejus locumtenenti directas. Et licet dictus baillivus, antequam ad executionem ipsarum aliqualiter procederet, partem et alios evocandos evocare ac dispensacionem sufficientem super fide et juramento concessam videre debuisset, nichilominus, nulla facta evocatione partis, nec habita fide dispensacionis alicujus, ad revocacionem dicti Guillermi, tam ad regnum quam ad villam et banleucam predictas, procedere presumpserat. Et postmodum dictos Johannem, Johannem et Firminum in casu opposicionis fecerat ad curiam nostram adjornari, formam mandati pervertendo ac prepostero et indebite procedendo.

Dicebat etiam dictus Johannes quod dictus Guillermus perjurium incurrerat et inciderat in penas, dispensacioque per dictum Guillermum exhibita non valebat, nec ipsum aliqualiter relevabat, presertim cum per episcopum ambianensem seu ejus penitenciarium concessa fuisset, parte aliqualiter non vocata ac etiam in foro penitenciali dumtaxat, que in foro judiciali et contencioso fieri debuisset, nec contra convenciones predictas, fidem et juramentum erat dictus Guillermus aliqualiter admittendus, nec valebant allegata in contrarium per eumdem, ut dicebat dictus Johannes. Quare petebat se et non dictum Guillermum admitti, dictamque obligacionem fuisse et esse bonam, efficacem et validam dici et eam execucioni demandari debere, litterasque in contrarium impetratas subrepticias seu nullas, dictumque baillivum male et indebite ad ipsarum executionem processisse ac dictum Guillermum ad omnia contenta in obligacione predicta ac etiam in dampnis, sumptibus et expensis dicti Johannis condempnari, pluribus rationibus super hoc allegatis.

Procuratore etiam nostro, contra dictum Guillermum, quoad partem penarum predictarum nos contingentem nobis adjudicandam, juxta rationes predictas et quamplures alias concludente.

Prefato Guillermo quedam in contrarium replicante.

Tandem, auditis dictis partibus in omnibus que dicere et proponere voluerunt, visis obligacionibus, gratia, executione ejusdem, dispensacione et aliis per partes exhibitis et consideratis omnibus que curiam nostram movere poterant et debebant, per arrestum ipsius curie nostre dictum fuit dictam gratiam fore iniquam et injustam et inciviliter impetratam et obtentam, ipsamque gratiam per dictum baillivum fuisse prepostere et indebite executioni demandatam, dictumque Guillermum non esse admittendum nec ipsum admisit, nec admittit dicta curia nostra contra obligacionem et accordum predictas, non obstanti dispensacione per eum obtenta, curie exhibita, dictaque obligacio et accordum executioni demandabuntur, juxta sui continenciam et tenorem, videlicet quod prefatus Guillermus, infra xv^{am} diem instantis mensis junii, per curiam nostram ad hoc eidem prefixam, exibit regnum nostrum et extra manebit, usque ad complementum dicti quadriennii, et extra dictam villam ambianensem et ejus banleucam perpetuo, salva tamen facultate faciendi revocaciones superius declaratas, proficietque dicto Guillermo et computabitur sibi, in tempus quadriennii, illud dumtaxat tempus per quod, hac de causa, fuit personaliter absens a regno predicto. Declaravitque dicta curia penam predictam duorum mille mutonum auri fuisse commissam et in ipsam prefatum Guillermum incidisse et in ipsam summam condempnavit eumdem Guillermum curia nostra predicta, fietque executio de dicta summa, juxta tenorem predictarum obligacionis et accordi. Et, per idem arrestum, eadem curia nostra prefatas obligacionem et accordum, quantum ad penam seu clausulam in eis contentam, incurrendi videlicet per dictum Guillermum et fidejussores suos penam proditorie et violatorie pacis seu quod pro proditoribus et pacis violatoribus reputarentur, si dictus Guillermus contra veniret, penitus anullavit et pro non apposita vel adjecta habuit, et ex causa, prefatumque Guillermum in expensis dicti Johannis condempnavit, taxatione earum penes eamdem curiam reservata.

Pronunciatum xiiii^a die maii anno M° CCC° LXI°.

X^{ia} 17, f° 61 v°, seq.

Voir deux autres arrêts sur le même sujet des 7 septembre et 3 juin 1362. *Ibid.*, f°s 247 v°, 264 v°.

N° 12. — *Arrêt de désistement rendu au profit de Vincent de Beauquesne.*

Nous avons vu, dans le précédent arrêt, le procureur du Roi au bailliage d'Amiens, Vincent de Beauquesne, (V. *infra*, n° 14), prendre fait et cause pour Jean le Normant contre Guillaume des Rabuissons. L'affaire eût sans doute pris fin sur la décision de la Cour confirmant la convention d'exil de celui-ci si, par un revirement soudain, l'énigmatique personnage qu'était Vincent de Beauquesne ne l'avait ranimée, en se portant fort de faire reconnaître, dans l'arrêt du 14 mai 1361, des erreurs graves et de procurer au condamné, désigné maintenant comme son gendre, le bénéfice des lettres de grâce et de dispense que la Cour avait déclarées subreptices et frauduleuses.

D'où nouvelle instance en cassation, où il se serait porté garant pour celui-ci, s'engageant à payer double amende au cas où la Cour lui donnerait tort.

La procédure qui s'ensuivit est assez compliquée et certaines pièces ne nous en sont connues que par des allusions. On voit par le numéro suivant (n° 13 *bis*, Arrêt du 8 juillet 1362) qu'un second arrêt (3 juin 1362, n° 13), fut rendu, dans le cours de la même session de Parlement, par lequel Guillaume des Rabuissons et Vincent de Beauquesne furent déboutés, la sentence du 14 mai 1361 confirmée et le premier condamné, pour double amende, à 120 l. p. et aux frais, dont le second fut déclaré solidairement responsable.

Un commencement d'exécution avait eu lieu déjà contre lui, dont il est fait mention, le 12 mars 1362, v. st. (*ibid.*, f° 292), bientôt arrêté en vertu des lettres du 17 mars, dont nous publions le texte (n° 12). La Cour y donne acte à Vincent de Beauquesne de ce fait que Jean le Normant et ses fauteurs, par lui assignés devant les généraux réformateurs, qui les ont renvoyés à sa barre, ont confessé publiquement qu'ils ne prétendaient rien contre lui.

Ce qui ne l'empêche, à quelques mois de distance, 8 juillet, (n° 13 *bis*), d'enjoindre au premier huissier de l'exécuter pour le paiement des frais de l'arrêt du 2 juin, taxés à 70 l. 16 sols.

Dans l'intervalle du 17 mars au 3 juin, Vincent de Beauquesne a cessé d'être procureur du Roi, ce qui explique sans doute son revirement.

17 Mars 1361, v. st.

Universis etc. Cum Vincentius de Bellaquercu, procurator noster in bailliva ambianensi, virtute litterarum nostrarum, coram dilectis et fidelibus consiliariis nostris, generalibus reformatoribus regni nostri, ex parte nostra, Parisiis deputatis, Jacobum le Vasseur, Johannem Normanni, Johannem de Bethembos, Petrum le Sene, Petrum Clibaut (*sic*) et Firminum Audeluye, ad certam diem jam elapsam, adjornari fecisset; postmodumque consiliarii nostri predicti, certis de causis, partes et causam hujusmodi in nostra parlamenti curia remiserant, notum facimus quod, ipsis partibus auditis, adjornati predicti dixerunt et in eadem curia publice confessi fuerunt quod, pro causis in dictis adjornamenti litteris, supra quibus coram dictis consiliariis fuerant adjornati, contentis, aliquid contra dictum Vincentium non petebant, nec petere intendebant, nec intendunt.

Die xvii^a martii, anno M° CCC° LXI°. *Ibid.*, f° 135 v°.

N° 13. — Arrêt de la Cour déboutant Guillaume des Rabuissons de sa prétention de faire reconnaître des erreurs dans l'arrêt du 14 mai 1361 et le condamnant à double amende et aux frais, solidairement, avec Vincent de Beauquesne qui s'était porté caution.

Notum facimus quod, cum nos nuper concessissemus Guillermo de Rabuissons licentiam proponendi errores contra quoddam arrestum pro procuratore nostro et Johanne Normanni et contra dictum Guillermum in curia nostra latum super eo quod idem Guillermus in curia nostra proposuerat quod quasi compulsus carceris et timoris, qui cadebat in virum constantem, consenserat se bannitum esse perpetuo a villa ambianensi sine regressu..... (Suit la répétition, en substance, de l'arrêt du 14 mai 1361), dictusque Guillermus, prestita primitus pro eo per Vincentium de Bellaquercu, in casu in quo succumberet, de solvenda dupplici emenda et refundendis expensis parti adverse, solita caucione, proposuisset in dicta curia nostra plures rationes, per modum erroris, et pars adversa plures salvationes ex adverso, tradidissentque dicte partes curie nostre in scriptis dictos errores et salvaciones, tandem visis per curiam nostram erroribus seu scriptura erroris et salvacionibus predictis uteriusque traditis, totoque processu reviso et diligenter examinato, arrestoque predicto et consideratis omnibus que curiam nostram movere poterant et debebant, per arrestum ipsius curie dictum fuit in dicto arresto nullos intervenisse errores, executionique demandabitur arrestum predictum, juxta sui tenorem et formam, condempnavitque dicta curia nostra erga nos dictum Guillermum in vi^{xx} libras parisiensium pro dupplici emenda et in custibus et expensis hujus instantie ipsum eidem Johanni Normanni condempnando, taxatione ipsarum curie nostre reservata, fietque executio de dicta summa

3 Juin 1362

dupplicis emende et de summa que taxata fuerit pro custibus et expensis predictis supra dicto Vincentio et ejus bonis, virtute dicte caucionis obligacionis predicte per ipsum facte.

Pronunciatum III^a die junii LXII°.

X^IA 17, f° 264 v°.

N° 13 bis. — Nouvel arrêt de la Cour condamnant, pour sa part, Vincent de Beauquesne à payer à Jean le Normant le montant des frais fixés à 70 l. 16 s.

8 Juillet 1362

Primo....., etc. Cum Guillelmus des Rabuissons nuper proposuisset quosdam intervenisse errores in certo arresto, in nostro novissime preterito parlamento, contra ipsum Guillelmum et pro procuratore nostro et Johanne Normanni, cive ambianensi, lato, Vincentiusque de Bellaquercu se obligasset, prestando caucionem pro dicto Guillelmo, ad solvendum nobis dupplicem emendam, dicteque parti adverse dampna, interesse et expensas ejusdem refundendum, in casu quo pronunciaretur in dicto arresto nullos intervenisse errores, et per arrestum curie nostre in nostro presenti parlamento prolatum. visis rationibus, per modum errorum, pro parte dicti Guillermi, et salvacionibus, pro parte adversa, in scriptis traditis, dictum fuit et pronunciatum in dicto primo arresto nullos intervenisse errores, executionique demandabitur, juxta sui formam et tenorem, condempnavitque dicta curia nostra, per dictum ultimum arrestum, dictum Guillelmum erga nos in sexcies xx libris parisiensium, pro dupplici emenda, et in custibus et expensis hujus instancie erga Johannem Normanni predictum, taxatione ipsarum curie predicte reservata, dictumque fuit, per idem arrestum, quod executio de dicta summa dupplicis emende et de summa que taxata foret pro custibus et expensis predictis super dicto Vincentio et ejus bonis, virtute dicte caucionis et obligacionis predicte per ipsum facte, [fieret]; postmodumque dicte expense per dictam curiam nostram fuerunt taxate ad summam LXX librarum, XVI solid. paris. monete nunc currentis, mandamus et committimus tibi quatenus dictum Vincentium de Bellaquercu ad reddendum et solvendum dicto Johanni Normanni aut ejus certo mandato summam predictam LXX libr. et XVI solid. per capcionem, vendicionem bonorum ipsius Vincentii quorumcumque compellas indilate. Ab omnibus autem, etc.

Datum Parisius, in parlamento nostro, die VIII^a julii, anno M° CCC° LXII°.

Ibid., f° 138.

N° 14. — *Nouvel arrêt contre les mêmes.*

Le personnage ne se tenait pas encore pour battu : aux exécutions décrétées par la Cour sur les biens de Guillaume des Rabuissons, pour le paiement des 2000 moutons d'or, et, à défaut de biens mobiliers, commencée par la mise en vente de plusieurs maisons sises à Amiens, il oppose une prétendue vente faite à lui-même, antérieure à l'arrêt du 14 mai 1361 ; moyen de défense dont la partie adverse fait bonne justice, en produisant les actes ou copies authentiques de la convention du 1ᵉʳ avril 1359 obligeant Guillaume des Rabuissons à l'exil, et en garantie de laquelle il avait engagé tous ses biens, et de la prétendue vente des 25 et 26 mars 1360, dates renouvelées en l'échevinage d'Amiens. Nouvel arrêt confirmatif de celui du 14 mai et condamnation de Vincent de Beauquesne aux frais et dépens.

7 Septembre 1362

Ex parte procuratoris nostri et Johannis Normanni, in quantum quemlibet tangebat, fuit in curia nostra propositum contra Vincentium de Bellaquercu quod, licet Guillelmus de Rabuissons de Ambianis, per certum arrestum nostri parlamenti, xiiii* die maii, anno Domini M° CCC° LXI°, latum, in summa duorum mille denariorum auri ad mutonem nobis et dicto Johanni Normanni mediatim applicandorum fuisset inter cetera condempnatus et certus exequtor ad hoc, ex parte nostra, deputatus, dictum arrestum exequendo, nullis bonis mobilibus dicti Guillermi repertis, certas domos ipsius Guillermi sitas Ambianis, videlicet unam magnam domum, vocatam de Vinea, et quamdam aliam magnam domum, vocatam la Geole, contiguas, cum parvis domibus ad ipsam magnam domum pertinentibus, vendicioni exposuisset, nichilominus dictus Vincentius dictam vendicionem, executionem et explectum impediri presumpserat et presumebat indebite et injuste ac scienter et temere contra dictum arrestum attemptando, ut dicebant. Quare petebant dictum Vincentium non admitti, impedimentum amoveri, executionem perfici, precium nobis et dicto Johanni tradi et ipsum Vincentium nobis in emenda et dicto Johanni in expensis, dampnis et interesse condempnari, pluribus rationibus super hoc allegatis.

Predicto Vincentio ex adverso dicente quod dictus Guillelmus et ejus uxor veri domini in proprietate et saisina dictarum domorum, ad causam dicti Guillermi, unanimi auctoritate et consensu, pro ipsorum urgente necessitate et evidenti utilitate, dictas domos cum pertinenciis et appendiciis ipsarum eidem Vincentio vendiderant et transtulerant, cum omni jure, dominio, proprietate et saisina ac pro certo et justo precio dictis venditoribus ab eodem Vincentio integre persoluto, et de quibus domibus fuerat et erat in possessione et saisina longe ante tempus et tempore prolacionis predicti arresti et condempnacionis, si que fecit (1), pacifice et quiete, sine contradicione, impedimento aut opposicione

(1) Il faudrait fuerit.

manus quacumque, prout per certas litteras sigillo regio baillivie ambianensis apud Foillayum constituto ac etiam per certum cirographum majoris et scabinorum ville nostre ambianensis poterat plenius apparere, per quem cirographum de usu, stilo et consuetudine notoriis ville ambianensis et probandis, si opus esset, dictus emptor ex tunc fuerat saisitus et vestitus ac jus sibi quesitum in proprietate et saisina, datoque alia dessaisina aut saisina non interfuissent in premissis. Eratque dictus Guillermus, tempore vendicionis, libere et licite commorans in regno nostro, apud Corbeiam, virtute certarum litterarum nostrarum eidem concessarum, nec uncquam se devestierat de dictis domibus, nisi pro dicto Vincentio et ob hoc dicebat idem Vincentius se ad bonam et justam causam opposuisse, oppositionem suam fuisse et esse bonam, justam et validam, exequtionem tortioneriam, injustam et iniquam et nullam seu saltem anullandam, ipsamque et impedimentum, pretextu dicte exequtionis, in premissis oppositum cessare et amoveri debere, seque et non dictos procuratorem et Johannem admitti, dictumque Johannem in suis expensis, dampnis et interesse condempnari et hoc petebat dictus Vincentius inter cetera pronunciari, plures rationes ad fines predictos allegando.

Dictis procuratore nostro et Johanne replicando dicentibus quod dictus Guillermus fuerat unus de principalibus sediciosis et adversariis nostris et corone Francie, tempore quo sedicio et rebellio per quosdam malivolos, contra nos et coronam Francie, in villa ambianensi inconsulte vigebat, multaque verba falsa, contra plures partem nostram foventes, seminaverat et multa illicita nisus fuerat perpetrari et inter alia eidem Johanni, eo quod cum benivolis nostris et fidelibus, totis viribus, insistebat, multas injurias intulerat, nedum verba sed manus temere violentas et atrociter injecerat in eumdem Johannem pro jure et honore nostro, ut predictum, decertantem, licet inter ipsos fuissent et essent tunc et antea treuge et pax prohabite et jurate et quas, una cum premissis, dmpanabiliter fregerat dictus Guillermus. Et pro premissis criminibus et malis contra nostram majestatem commissis, aut saltem pro vehementi suspicione ipsorum, dictus Guillermus fuerat nostris carceribus mancipatus, a quibus, non per purgacionem judiciariam sed mediante certa gratia, fuerat liberatus et, in quantum tangebat offensas predictas contra dictum Johannem, dum pro nobis ageret, commissas ac etiam violacionem pacis et treugarum prohabitarum, ut predictum, inter ipsos, dictus Guillermus pacem et concordiam multum instanter et merito habere requisierat per se et amicos suos cum ipso Johanne Normanni, in cujus pacis tractatu continebatur quod dictus Guillermus a villa et banleuca ambianensibus perpetuo et per IIII annos a toto regno nostro absens esset et, si contrarium faceret, incurreret penam duorum mille denariorum auri ad mutonem nobis et dicto Johanni mediatim applicandorum, ad hoc se heredes et successores suos et omnia bona sua efficaciter ac fide media obligando et submittendo, prout in certis litteris sub sigillo regio confectis inter cetera canebatur, salvis tamen certis modificacionibus per quas tam dictus Johannes quam alii providere et remediari dicto Guillermo potuissent, si viam amicicie tenuisset, sed tanquam superbus et elatus transgressus fuerat fines dicte obligacionis et tractatus, penam dictorum duorum mille mutonum totaliter et perjurium inter alia incurrendo. Et propter hoc, auditis dictis partibus, visis etiam et non obstantibus, sed pro iniquis, subrepticiis ac pro nullis habitis, certis litteris nostris, per quas dictus Guillermus se, ante dictum arrestum, nittebatur juvare et quas dictus Vincentius allegabat de presenti, idem Guillermus condempnatus fuerat per arrestum inter cetera in dicta summa, prout in dicto arresto inter cetera plenius contineri dicebant.

Dicebant etiam dicti procurator et Johannes quod maleficia supradicta per dictum Guillermum commissa causam dederant tractatui, obligacioni et arresto, fueratque dicta obligacio facta longo tempore ante vendicionem, de qua se jactabat dictus Vincentius, et, in virtute obligacionis predicte, fuerant obligate, affecte et ypothecate nobis et dicto Johanni domus superius nominate et etiam omnia et singula bona dicti Guillermi, quas et que, tempore date dicte obligacionis, tenebat, videlicet prima die aprilis, anno Domini M° CCC° L° IX°, et dicta vendicio, si que fit, facta fuit subsequenter, xxvª, xxvIª die martii, anno Domini M° CCC° LX°, prout, tam per litteras sub sigillo regio de Fulleyo, quam per certum cirographum majoris et scabinorum ambianensium, habito respectu ad datam in dicto scabinatu currentem, eciam juxta assercionem dicti Vincentii poterat apparere, nec uncquam saisinam de premissis habuerat dictus Vincentius. Et, dato quod habuisset, nulla erat, stilusque aut consuetudo super saisina ad causam cirographi allegata nulla et corruptela dici debebat. Et, hoc non obstante, dictus *Vincentius, qui a longo tempore fuerat et tunc erat adhuc procurator noster,* providens et sciens quod dictus Guillermus succumbere necessarie debebat per arrestum, de dicta pena crediderat nos et dictum Johannem, arrestumque et execucionem fraudari, allegando vendicionem predictam fraudulenter, favoreque inordinato, *erga dictum Guillermum generum suum,* ad quod admittendus non erat, nec sibi prodesse poterat, nec nobis et dicto Johanni aut execucioni nocere sed perfici debebat, ut dicebant, concludendo ut supra.

Prefato Vincentio duplicando dicente dictam vendicionem sibi factam esse bonam, justam et validam, attento quod dicte domus erant proprium hereditagium dicti Guillermi et quod eis tanquam proprietarius et saisitus gaudebat et utebatur, eo tempore, pacifice, absque eo quod aliquod impedimentum, dessaisina, arrestum aut condempnacio aliqua pervenissent, [ante] ipsam vendicionem factam dicto Vincentio, ut dicebat, concludendo ut supra.

Tandem auditis dictis partibus in omnibus que dicere et proponere voluerunt, attentis obligacione, juramento et submissione dudum per dictum Guillermum, supra dicta pena, factis, arrestoque predicto contra dictum Guillermum prolato, litterisque et cirographo, de quibus dictus Vincentius se juvabat, et consideratis omnibus que dicere et proponere voluerunt, per arrestum ipsius curie dictum fuit opposicionem per dictum Vincentium, ut predicitur, factam fuisse et esse torsionnariam et injustam et eam anullat dicta curia et, per idem arrestum, dictum fuit quod, non obstantibus litteris vendicionis et cirographo, rationibus allegatis ex parte dicti Vincentii, executio arresti predicti, pro nobis et pro dicto Johanne, fiet et perficietur de et super domibus et pertinenciis supradictis, dictumque Vincentium in expensis hujus cause eidem Johanni condempnando, taxatione curie reservata. vii^a die septembris, anno LXII°.

Ibid., f° 247 v° seq.

N° 15. — *Arrêt de non-lieu et de mainlevée au profit de Vincent de Beauquesne.*

Les faits reprochés ci-dessus à Vincent de Beauquesne appelaient une autre sanction que la condamnation aux frais d'une opposition frivole. En même temps qu'il obtenait contre lui l'arrêt qui précède, le procureur général prenait des réquisitions très sévères, que la Cour n'accepta qu'en partie par un second arrêt du même jour, 7 septembre 1362, en ordonnant un supplément d'enquête par des commissaires spéciaux. Il avait demandé que l'inculpé fût soumis à la torture, au lieu d'être traduit en simple procès ordinaire. L'arrêt, en ajournant la décision sur ce point, jusqu'au vu de l'enquête, avait, par contre, refusé à Vincent de Beauquesne la restitution de son office de procureur du Roi, jusqu'à la même époque, et consenti seulement son élargissement provisoire, à travers le royaume, avec la mainlevée de ses biens, sous caution.

Il faut croire que la défense du personnage ne manqua pas d'habileté, car elle aboutit, du consentement même du procureur général, à ce résultat assez inattendu d'un non-lieu. Il avait allégué, entre autres arguments, ses bons et loyaux services continués à la cause du Roi, soit comme procureur ou autrement pendant vingt-six ans et plus, les frais considérables qui en étaient résultés pour lui, sans parler de l'enquête où il avait eu à se défendre seul, contre des ennemis acharnés, et consommé la plus grande partie de son bien, son âge, la détresse imminente, etc..... Peut-être, après tout, n'était-il coupable que d'excès de zèle et d'inconséquence, ce qui détermina la Cour à user envers lui de compassion, en levant toutes les oppositions prises contre sa personne et ses biens. Il est toutefois intéressant de noter que l'arrêt ne fait pas même mention de l'office du procureur du Roi, qui lui avait été réservé le 7 septembre 1362. Il est probable que la perte de sa charge ou la résignation forcée fut le prix dont Vincent de Beauquesne eut à payer les fautes réelles ou supposées de son ministère. En tous cas, moins de trois ans après nous lui voyons un successeur.

Notum facimus quod, cum, constitutis pridem in nostra parlamenti curia procuratore nostro generali pro nobis, ex una parte, et Vincentio de Bellaquercu, nostro tunc in baillivia ambianensi procuratore, ex altera, et super pluribus factis et casibus, tam civilibus quam criminalibus, per dictum procuratorem nostrum generalem contra dictum Vincentium plenius propositis et declaratis ac eidem Vincentio impositis ad plenum auditis, visisque per ipsam curiam nostram dictarum partium rationibus, per modum memorie, ac certis informationibus super predictis factis et casibus factis ac omnibus litteris et actis per ipsas partes eidem curie nostre, ex ejus ordinatione, exhibitis et traditis, hiis autem omnibus et singulis que ipsam curiam movere poterant et debebant diligenter consideratis et attentis, per arrestum ipsius curie, vii^a die septembris, anno Domini M° CCC° LXII°, prolatum (1), dictum fuisset inter cetera quod dicte partes, super propositis et requisitis per easdem sive factis, non poterant expediri et idcirco facerent facta sua ad finem principalem, videlicet condempnacionis et absolucionis dumtaxat, super quibus certi per ipsam nostram curiam deputarentur commissarii qui veritatem inquirerent, qua inquisita et prefate curie nostre reportata fieret jus, dictusque Vincentius, contra commissarios ad faciendam inquestam super dictis factis deputandos, in propria persona articulos suos affirmaret et pari forma articulis dicti procuratoris nostri responderet, necnon ad receptionem inqueste super dictis articulis faciende in prefata nostra curia personaliter compareret et se presentaret ac ibidem remaneret, jurique staret et responderet et procederet, prout eadem nostra curia diceret ordinandum; quantum vero ad conclusionem per predictum procuratorem nostrum contra dictum Vincentium factam, videlicet quod idem Vincentius, pro criminibus sibi in hac parte impositis, in processu ordinario non poneretur, sed veritas hujusmodi criminum, ore suo, questionibus et tormentis mediantibus, ex officio sciretur et extorqueretur, ipsa curia, dum videret et judicaret inquestam predictam, de et super hujusmodi conclusione, reservaverat ordinare, ut sibi videretur expedire, officium quoque procuratoris dicte ambianensis baillivie supradictum, per ipsum

27 Janvier 1365, v. st.

(1) Ce nouvel arrêt du 7 septembre 1362, qui ne peut se confondre avec le précédent, ne se retrouve plus dans les registres du Parlement; mais il est presque entièrement reproduit dans celui-ci.

Vincentium sibi tradi et dimitti requisitum, eidem Vincentio quod tunc non traderetur nec dimitteretur, quousque, predicta inquesta per eamdem curiam visa, foret aliud ordinatum, quodque idem Vincentius, pro predictis casibus criminalibus, infra regnum nostrum prisionarius elargatus, usque ad predicte inqueste receptionem, ubique elargaretur et ipsum eadem curia nostra ubique, per dictum arrestum, elargasset ac bona sua quecumque, ob premissa arrestata et ad manum nostram posita, eidem Vincentio per dictam manum nostram ac per recredenciam, caucione ydonea mediante per ipsum tradita, tradi et deliberari ordinasset, prout premissa, in dicto arresto, expresse continentur.

Quo arresto sic prolato, dicte partes articulos suos paulo post, penes ipsam nostram curiam, tradidissent discordatos. Cumque idem Vincentius, qui, omnibus vite sue diebus, ut homo bone vite et conversationis honeste, semper continue fuit et est erga nos et coronam Francie verus et fidelis predecessoribus nostris Francie regibus, dum vixerunt, et nobis successive, per spatium xxvi annorum et amplius, tam in dicto procuratoris dicte ambianensis baillivie officio, quam alias diversimode diligenter et fideliter asserit servivisse, predictasque informationes, virtute quarum idem Vincentius extitit et est, contra dictum procuratorem nostrum, ut prefertur, positus in processu, ad dolosas instigaciones, promociones et prosecutiones quorumdam ipsius Vincentii, sine sui culpa et causa rationabili, exosorum et malivolorum, contra quos idem Vincentius certa arresta dicitur obtinuisse, factas extitisse et, tam in prosequtione dictorum arrestorum, contra hujusmodi exosos et malivolos suos, per ipsum, ut dictum est, obtentorum, quam in deffensione premissorum, summam mille librarum parisiensium et amplius expendisse et consumpsisse, quam plurimum durum, grave, sumptuosum et etiam periculosum, attento periculo depositionum testium in predicta inquesta examinandorum qui per dictos suos exosos et malivolos produci et contra veritatem ad deponendum contra ipsum Vincentium introducere valerent, esset et est eidem Vincentio, contra predictum procuratorem nostrum, remanere in processu pro predictis, maxime cum, in prosecutione inqueste predicte faciende, magnam partem sue substantie et bonorum suorum, de quibus ipse, qui sexagenarius esse et in suis diebus antiquis et novissimis procedere dicitur, habet et quamdiu aget in humanis habebit vivere et sustentari, haberet necessario diversimode exponere et consumere et tam per finem et exitum hujusmodi inqueste, contra prefatum procuratorem nostrum, parte nulla cum eo adjuncta, nil lucrari, nec aliquid de suis custibus, misiis et expensis, ad dictam inquestam faciendam, exponendis habere seu recuperare valeret, ut asserit Vincentius antedictus, supplicans per dictam curiam nostram, contra premissa, sibi provideri de remedio oportuno, notum facimus quod, predicta dicti Vincentii supplicacione per ipsam curiam nostram audita, vocatoque ad hoc et audito predicto procuratore nostro generali et consentiente, ipsa nostra curia, premissis et aliis que dictam curiam nostram movere poterant et debebant in hac parte diligenter consideratis et attentis, ordinavit et ordinat per presentes quod predictus procurator noster prenominatum Vincentium pro predictis non prosequetur, quodque elargamentum prisionis, quo idem Vincentius pro predictis detinebatur et detinetur, ut prefertur, eadem nostra curia anullavit et anullat, necnon predictam manum nostram et omne impedimentum in predictis dicti Vincentii corpore, sive bonis, occasione premissorum, ut predictum est, appositam et appositum, ad utilitatem ejusdem Vincentii, levavit et amovit omnino per presentes.

Datum Parisius, in Parlamento nostro, de predicti procuratoris nostri consensu, xxvii^a die januarii, anno Domini LXV°.

X^{IA} 20, f° 200 v°.

Dilecto nostro Roberto Bailleti, procuratori nostro in baillivia ambianensi salutem.....

X^{IA} 21, f° 226.

N° 16. — Arrêt privant les maire et échevins du bénéfice de certaines lettres d'état qui les dispensaient, pour un temps, de poursuivre leurs causes devant la Cour.

Nous donnons ici, à titre de supplément d'information sur les faits et gestes de Vincent de Beauquesne, un arrêt relatif à un incident, où l'on croit reconnaître sa main, bien qu'il n'y soit pas nommé.

A la suite d'une vente, faite à Mile de Soubice par Jean Harier et sa femme, de certains héritages, dont livraison avait été promise et effectuée à l'acquéreur, sous toutes garanties, à peine de 200 l. p. de dédit, au cas de révocation du contrat, les biens de celui-ci, y compris ses acquêts, ayant été mis sous séquestre, à raison de certains crimes à lui imputés, Jean le Normant, mari de la veuve de Jean Harier, avait exercé une reprise sur les immeubles vendus, nonobstant tous engagements, la possession de fait et même la mainmise du Roi. D'où plainte de l'acheteur au tribunal du bailli, demande de renvoi par-devant les maire et échevins formulée par Jean le Normant, assisté de l'échevinage lui-même, arrêt du bailli les déboutant et appel en Parlement des maire et échevins.

L'intéressant de l'affaire c'est que, devant la Cour, contre les réquisitions du procureur général concluant au refus de renvoi et à la poursuite de la cause, les appelants exhibent des lettres d'état ou d'ajournement les autorisant à refuser le procès jusqu'à un certain délai. C'est le premier incident de ce genre que nous avons eu occasion de relever. La Cour n'en passa pas moins outre, sur l'avis du procureur du Roi qui soutint que ces lettres étaient subreptices et sans valeur, en tant qu'obtenues contre le droit du prince, deux fois partie dans l'affaire, (à raison du séquestre et de l'amende de dédit dont la moitié lui était dévolue), et ne stipulant pas expressément qu'elles pouvaient être employées contre lui. Elle retint donc l'affaire pour juger sur le fond, en dessaisissant le tribunal du bailli, si le procès y était commencé. Nous ignorons la suite.

21 Mai 1362

Notum facimus quod, cum Milo, dictus de Soubice, et procurator noster in baillivia ambianensi, in quantum quemlibet tangebat, coram baillivo nostro ambianensi aut ejus locumtenente proposuissent, contra Johannem Normanni, burgensem ambianensem, et ejus uxorem, que quondam fuit uxor Johannis dicti Harier, quod, licet ipsi Harier et uxor eidem Miloni vendidissent certa hereditagia et ea sibi tradere, deliberare et garantisare ac contra dictam venditionem non venire promisissent, per fidem et juramentum ac sub pena ducentarum librarum parisiensium nobis et dicto Miloni mediatim applicandarum, prout per certas litteras sigillo regio sigillatas asserebant lacius apparere, ipseque Milo in ipsorum hereditagiorum saisinam, per eos ad quos pertinebat, rite et legitime positus extitisset ac ipsis, per certa tempora, dicto titulo, gavisus fuisset, nichilominus dictus Johannes Normanni et uxor dicta hereditagia ad manum nostram posita, ratione certorum criminum dicto Miloni impositorum, non obstanti dicta manu et vendicione, occupaverant fraudulose et ea in alium transtulerant ac eadem restituere dicto Miloni fuerant et erant contradicentes, negligentes seu remissi. Et, quia contra dictam vendicionem venerant seu veniebant, inciderant in penam predictam, petitioneque et conclusione facta coram dicto baillivo seu locumtenenti, maior et scabini ville nostre ambianensis ac etiam idem Johannes Normanni et uxor petebant ad curiam ipsorum majoris et scabinorum causam et partes remitti.

Prefatis procuratore nostro et Milone dicentibus ex adverso quod, attento quod obligatio predicta sub sigillo regio erat confecta et quod de penis nobis et parti applicandis tractabatur, dicta causa ad forum ipsorum nullatenus remitti, sed coram dicto baillivo nostro remanere debebat. Et hoc dictus baillivus aut locumtenens per suam sententiam judicaverat pro procuratore nostro et Milone predictis, a qua sententia, ex parte dictorum majoris et scabinorum dumtaxat, fuerat ad curiam nostram appellatum, ut dicebant; comparentibus igitur in curia nostra dictis appellantibus et Johanne Normanni, non appellante, in quantum quemlibet tangebat, ex parte una, et procuratore nostro generali et dicto Milone, quatenus quemlibet tangebat, ex altera, cum dicti procurator et Milo peterent dictos appellantes, in causa appellacionis, et dictum Johannem, in causa sua, tam principali quam super penis, per curiam nostram, ad procedendum compelli aut eis congedium concedi, fuerunt exhibite, ex parte dictorum majoris et scabinorum, quedam littere nostre super statu causarum et negociorum suorum usque ad certum terminum concesse, pretextu quarum tam dicti appellantes quam etiam dictus Johannes dicebant, retenuta per eos facta, se procedere non teneri, durante termino dicti status. Dictis procuratore et Milone dicentibus quod dicte littere nullatenus excusabant dictum Johannem, non appellantem, quominus saltem per manum nostram, tanquam superiorem, procedere teneretur, erantque dicte littere subrepticie et invalide, cum in prejudicium et retardationem juris nostri locum sibi vendicare non possent, presertim cum nulla fieret mentio in eisdem quod dictus status, in causis nos tangentibus, ita eque sicut in alienis ac fortiori etiam ratione, specialiter in talibus causis et similibus, observari debebant, ex quo nulla exceptio in eis habebatur.

Tandem, pluribus allegationibus hinc inde habitis et attentis circa hoc attendendis, per arrestum ipsius curie dictum fuit quod dicti major et scabini, in dicta sua causa appellacionis, in presenti Parlamento procedent, non obstanti, quoad hoc, dicto statu, dictus vero Johannes, hoc pendente, per manum nostram, tanquam superiorem, in presenti Parlamento procedet contra dictos procuratorem nostrum et Milonem, super causa principali et penis predictis, prout fuerit rationis, cessabitque processus, si quis fuerit super dictis penis inchoatus, coram baillivo predicto.

Pronunciatum die xxi^a maii, anno LXII°.

X^{1a} 17, f° 203.

N° 17. — *Arrêt condamnant Jean Audeluye, prévôt dans la magistrature navarraise de 1358, à 400 l. t. d'amende et 200 l. t. de dommages-intérêts envers Etienne Gelée, sergent du Roi.*

Cet arrêt est l'un des plus intéressants de la série : on y trouvera le récit très pittoresque de l'une des scènes les plus dramatiques de ce temps de guerres civiles. Les rôles et les propos des acteurs, l'émoi et la crédulité du peuple y sont dépeints en traits saisissants et pris sur le vif. Les deux adversaires y occupent, comme il convient, le devant de la scène : l'un, le plaignant, sergent du Roi et bon Français, un des rares partisans déterminés du dauphin, qui ose encore élever la voix, après l'assassinat du précédent prévôt, Jean de Saint-Fuscien des rouges capperons, l'autre, l'accusé, un des meneurs de la faction navarraise, l'âme damnée du maire Firmin de Coquerel, l'homme des résolutions énergiques et des coups d'audace.

On démêle d'abord facilement la tactique des meneurs : énerver le commun par des convocations, des appels aux armes répétés, et l'affoler par l'appréhension d'un péril imaginaire, surtout intimider les suspects et les indécis. C'est au milieu d'une de ces réunions qu'Etienne

Gelée ose traduire la pensée d'un bon nombre : que les Français passent d'un côté et les Navarrais de l'autre, et l'on verra à qui se mesurer. Fureur des Navarrais qui cherchent tout autre chose que ces solutions claires. Il faut, dit Audeluye, se débarrasser de ce gêneur et pour cela il n'est qu'un moyen. En quelques instants, un conciliabule l'a condamné ; le prévôt lui saute à la gorge, le terrasse ; il l'eût achevé sans la protection de son armure. L'autre, aux trois quarts étranglé, rendant le sang par la bouche, blessé et rompu par tout le corps, n'a que le temps de pousser un cri : Montjoye Saint-Denis ! pour détromper la foule qu'égare la vue du sang et qui va se précipiter. A ce cri, ses amis le reconnaissent et, pour lui sauver la vie, recourant à un singulier subterfuge, lui jettent sur le corps portes, fenêtres, pavois dont son armure amortit le choc. Sauvé, il n'en est pas moins jeté au cachot et y passe dix-sept jours, dans des transes mortelles. Au reste, le but des conjurés est atteint ; tous les bons Français restent muets de terreur. Quand se présentent les envoyés du dauphin qui demande d'entrer, Audeluye n'a qu'un mot à dire : « Voulez-vous réserver à votre ville le sort de Melun, livrer vos femmes à la violence et vos foyers à l'incendie ? » Et il ajoute, sur le compte du dauphin, ces honteux propos, à peine croyables que nous avons déjà vu prêter à un prêtre et à plusieurs bourgeois.

Tels sont les méfaits qu'après quatre ans écoulés la Cour juge encore punissables de 400 l. t. d'amende et 200 l. d'indemnité envers la victime.

7 Septembre 1362

Cum lis mota fuisset, coram connestabulario nostro, inter Stephanum Gelée, servientem nostrum, ex una parte, et Johannem Audeluye, prepositum nostrum in villa ambianensi, ex altera, super eo quod dictus Stephanus proponebat villam ambianensem fuisse quamplurimum divisam inter habitantes ejusdem, quorum quidam, pro malitia eorum, sustinuerant partem regis Navarre, pro tunc inimici nostri, et alii partem nostram, fueratque pro tunc Firminus de Coquerello, major dicte ville nostre, substinens partem regis predicti contra nos et carissimum primogenitum nostrum, Carolum, ducem Normannie, dalphinum Viennensis, illo tunc regnum nostrum regentem, tanquam proditor decapitatus, tempore cujus divisionis defunctus Johannes de Sancto Fusciano, tunc prepositus noster et partem nostram fovens, a dicto Firmino et ejus complicibus fuerat proditorie et injuste, in dicta villa ambianensi, interfectus, fueratque dictus Johannes Audeluye, per dictum Firminum et ejus complices, loco predicti Johannis de Sancto Fusciano, institutus prepositus dicte ville. Dicebat etiam dictus Stephanus dictum Johannem Audeluye pro tunc esse et fuisse adversarium et inimicum nostrum, omniumque aliorum partem nostram foventium, amicumque et confederatum dicti Firmini et aliorum suorum complicum, seipsumque talem fore in multis suis actibus demonstrasse. Quibus divisionibus supradictis durantibus, villaque ante dicta in tanto periculo constituta quod statim post capta fuit et combusta, pro magna sua parte, dicti Firminus et Johannes Audeluye, *bis vel ter in die, omnes de communitate dicte ville fecerant armatos congregare, ignorantes causam, mirabanturque boni et fideles propter tales congregaciones, quam-*

plurimum dubitantes, dixeratque dictus Stephanus Firmino antedicto, propter dictam dubitacionem, mature, ex consensu bonorum et fidelium, expediens esse quod ille faceret fideles trahere ad partem et Navarrenses ad aliam partem, ut appareret contra quos dicti Francigeni fideles haberent agere, eratque dictus Firminus juxta dictum Johannem, ad predicta verba dicenda, secte ipsius et etiam societatis. Dixeratque dictus Johannes Audeluye dicto Stephano, post verba ante dicta, iracundia magna motus, quod taceret et quod bene meruerat interfici; quodque dictus Johannes consulerat, in audiencia et multis audientibus, dicto Firmino quod bonum erat quod morti traderetur, fueratque propter hoc populus multum motus contra dictum Stephanum. Ordinaverant etiam dicti Firminus et Johannes, occasione predictorum, quod dictus Stephanus interficeretur, exposuerantque et habandonnaverant eum populo causam, ut dictum est, ignoranti, ceperatque dictus Johannes Audeluye dictum Stephanum per gulam, adeo crudeliter stringendo quod dicto Stephano fecerat per os sanguinem emittere, fueratque dictus Stephanus, per concitationem dicti Johannis et suorum adherencium, projectus ad terram, percussus et verberatus in multis partibus corporis sui, habuissetque plures plagas et vulnera apparentia, nisi arma sua preservassent eum; dictusque Stephanus, in tali angustia constitutus, *fuisset a populo tunc ipsum non cognoscente interfectus, ad promocionem dicti Johannis, nisi proclamasset: Montjoye Saint Denys; ad cujus quidem proclamacionem fideles Francigeni, dicto Stephano subvenientes, hostia, fenestras et pavaisia super ipsum projiciendo, ipsum a morte preservaverant.* Et hoc totum per factum dicti Audeluye pervenerat, ut dictus Stephanus dicebat, feceratque predicta Johannes Audeluye ad hoc quod ipse et ceteri fideles Francigeni non auderent comparere, ipsisque cederet in terrorem et exemplum. Dicebat insuper dictus Stephanus quod prenominatus Johannes, cum suis complicibus, continuando suum sinistrum propositum, hostium domus rompendo, in quas post verberacionem intraverat dictus Stephanus, apprehendi eum et in carcerem vilam mancipari fecerat et detineri, decem et septem diebus, cum magna paupertate et tremore mortis, cum tunc malivoli nostri antedicti tantam exercerent tiranniam ac etiam potenciam quod boni non auderent ostendere eorum bonam voluntatem, ut dictus Stephanus dicebat. Dicebat insuper dictus Stephanus, volens continuam malam dicti Johannis ostendere voluntatem, quod dictus Audeluye pluries et in multis locis consuluerat non esse expediens introitum concedere filio nostro primogenito predicto, volenti ingredi in villam nostram predictam; dixeratque dictus Johannes multa verba inhonesta de dicto filio nostro primogenito, ostendendo voluntatem malam quam ipse habebat erga filium nostrum primogenitum predictum et approbando factum dicti Regis, tunc adversarii nostri, quodque, dum filius noster predictus dictam villam nostram ingredi voluerat, dictus Johannes introitum denegare fecerat, dicendo verba que secuntur : « *Quid facietis, vos vultis ipsum ponere in villam nostram, et ipse faciet ut fecit de villa Melduni, quam consumpsit, feminas violando et villam comburendo* ». *Dixeratque alia verba turpia que non erant recitabilia.* Quibus attentis, dictus Stephanus dicebat quod predicta passus fuerat eo quod partem nostram sustinuerat et quod propter hoc debebat dictus Johannes in emenda majori condempnari, quodque dictus Johannes predicta tanquam noster malivolus et regni nostri fecerat, fovendo inimicos nostros, committendo crimen lese majestatis, populum concitando, monopolum et conspiracionem reprobabiliter committendo. Revocaveratque dictus Stephanus injurias per dictum Johannem passas ad unimum et adhuc revocabat; noluissetque talem injuriam pati pro mille regalibus, cum emenda solemni, fueratque dictus Stephanus dampnificatus, in carcere et aliis, in ducentis regalibus, tantumque sua intererat. Quare petebat dictus Stephanus dictum Johannem sibi condempnari in emenda honorabili, solemni et publica, prout casus exegerat et etiam exigebat, in mille regalibus auri, pro injuriis et excessibus superius declaratis, in ducentis regalibus, pro interesse et dampnis, et in expensis.

Dicto Johanne premissa, litem contestando, negante et petente ab impeticione dicti Stephani absolvi et ipsum Stephanum in ejus expensis condempnari.

Inquestaque super predictis facta et, de mandato nostro, ad curiam nostram remissa et, de consensu procuratoris nostri et dicti Stephani Gelée ac Johannis Audeluye predicti ad judicandum, salvis reprobacionibus dicti Johannis, recepta, ea visa et diligenter examinata, reperto quod sine reprobacionibus poterat judicari, predicta nostra curia condempnavit et condempnat dictum Johannem Audeluye nobis in quater centum libris turonensibus, pro emenda, et dicto Stephano in ducentis libris turonensibus, pro injuriis et excessibus predictis, et in expensis hujus cause, taxatione curie reservata.

Pronunciatum viiᵉ die septembris anno LXII°.

X¹ᵃ 17, f° 275.

Cf. sur ledit Jean Audeluye :

JJ 91, n° 236, *février 1361, v. st.* Confirmation par le roi Jean de lettres de rémission, accordées au personnage par Guillaume de Bours, bailli d'Amiens, en date du 6 janvier 1358, v. st., où on lit :

« Comme Jehan Audeluye, citoyen d'Amiens, ait esté détenus prisonnier et poursuivi par le procureur du Roy, nostre sire, oudit bailliage, pour souspeçon d'avoir esté Navarrais, porté et mieux amé le fait du roy de Navarre que du Roy, nostre sire, ne de monsieur le Régent le royaume de France et aussi d'avoir fait conspirations, esmeutes, et conseillié à envoyer lettres à bonnes villes pour faire aliance, contre l'onneur et l'estat du Roy, nostre sire,..... pris caperons de Paris et roy de Navarre et aussi avoir conseillié et destorbé à ce que monsieur le Régent n'entrast en ladite ville d'Amiens, et mesmement ..... dit paroles injurieuses de monsieur le Régent ..... ». (Pour le reste rien de l'incident qui précède et qui déjà ne soit connu).

N° 18. — Arrêt de la Cour ordonnant une enquête sur le cas de Firmin le Coutellier accusé de complicité avec le parti navarrais, dans les troubles de 1358.

L'arrêt rendu au criminel, que nous publions ici, n'est malheureusement qu'une ordonnance d'enquête complémentaire, dont nous ignorons la suite, les registres de cette série manquant pour la plupart. Mais l'acharnement déployé contre un accusé déjà absous par le bailli, après une enquête des réformateurs généraux, où nombre de témoins des plus qualifiés avaient été entendus, même en audience secrète, la qualité de ses ennemis, parmi lesquels figurent le procureur du Roi et le receveur du bailliage, leur refus de s'incliner même devant la confirmation royale de la sentence d'absolution, le rôle et les propos prêtés au personnage, l'insistance qu'il met à invoquer un alibi de plus de six mois, de la Pentecôte à la Nativité, tout laisse entendre qu'il s'agit, sinon d'un des grands coupables de la dernière heure, au moins d'un des premiers fauteurs du mouvement navarrais, hostile au dauphin. Ainsi en jugea la Cour, en prescrivant une seconde information et en s'attribuant le jugement définitif.

Johannes, etc. Universis... salutem.

Notum facimus quod, comparentibus in curia nostra procuratore nostro generali pro nobis, ex una parte, et Firmino Coutellerii, cive ambianensi, ex altera, pro parte dicti Firmini extitit propositum quod, ipso in villa de Brugis mercaturam suam guede exercente et faciente, anno Domini M° CCC° LVIII° existente, quia, ad instigacionem seu promocionem quorumdam suorum, sine causa rationabili, exosorum et malivolorum, ad bannimentum, in villa ambianensi, pro certis casibus civilibus sive criminalibus eidem impositis, fuerat et erat evocatus, baillivus tunc noster ambianensis, ad requestam ipsius Firmini amicorum carnalium, super casibus eidem impositis, certam informationem fieri fecerat, qua facta et ea per consilium et procuratorem nostrum baillivie nostre ambianensis visa, ipse baillivus, per suam sententiam, eumdem Firminum a dictis casibus sibi impositis absolverat. Qua sententia sic prolata et dicto Firmino in villa ambianensi reverso, ipse Firminus, coram certis reformatoribus generalibus Ambianis tunc, ex parte nostra, existentibus comparuerat et coram ipsis, de et super omnibus casibus sibi impositis et imponendis, juri stare et per perhemptorias respondere se obtulerat. Qui reformatores, accusationibus contra eumdem

28 Janvier 1363, v. st.

Firminum factis ac ejusdem Firmini responsionibus auditis et ipso Firmino prisionario arrestato, iidem reformatores, coram eis, prepositum, scabinos et plures alios singulares cives dicte ville ambianensis fecerant evocari, contra eumdem Firminum dicturos et proposituros quicquid dicere et proponere vellent. Qui omnes adjornati responderant et dixerant quod in dictum Firminum nullum malum sciverant aut sciebant, sed, quia aliqui dictorum suorum exosorum et malivolorum, plus odii fomite quam zelo justicie, dixerant quod ipsi testes secrete contra ipsum Firminum administrarent, ipsi reformatores hujusmodi testes audiendos et examinandos dicto procuratori nostro dicte baillivie aut ejus substituto commiserant, et paulo post causam hujusmodi, per viam reformationis audiendam et sine debito terminandam, dicto baillivo ambianensi commiserant. Qui baillivus majorem, prepositum, scabinos et nonnullos singulares dicte ville ambianensis fecerat adjornari ad producendum et administrandum testes, si quos contra ipsum Firminum producere et examinari facere vellent, qui hoc facere noluerant, sed expresse responderant quod sibi, super hoc, de mesprendendo caverent. Et idcirco idem baillivus eumdem Firminum, pro predictis prisionarium arrestatum, usque ad certam diem tunc futuram elargaverat. Quo elargamento pendente, idem Firminus, ne per aliquos suorum exosorum et malivolorum, ut quidam alii fuerant in dicta ambianensi villa, morti traderetur, penes nos et nostrum consilium accesserat et premissa exposuerat, quibus expositis, certas a nobis litteras obtinuerat, per quas predictam dicti baillivi sententiam ratam, gratam et firmam habueramus et eam, auctoritate nostra regia ac de gratia speciali, confirmaveramus, eidem baillivo per dictas litteras mandando ut eas in dicta ambianensi villa publicaret et etiam omnibus inhiberet ne eidem Firmino, contra tenorem earumdem, forificret quoquo modo et, si aliquis vel aliqui contra eumdem Firminum quoquo modo dicere aut proponere vellent, quod ipsis dies assignaretur in dicta nostra curia ad dies baillivie ambianensis nostri novissime preteriti parlamenti, dicturis et proposituris quicquid dicere et proponere vellent. Et licet per certum servientem nostrum, ad hoc per dictum baillivum deputatum, predicte nostre littere in dicta ambianensi villa publicate ac pluribus ipsius Firmini exosis et malivolis significate extitissent ac eis fuisset dictum et interrogatum an ad contenta in eisdem litteris se opponere vellent, attamen nullus formaliter, preterquam dictus noster ipsius baillivie procurator, se opposuerat; ob quam oppositionem, eidem procuratori nostro dies in dicta nostra curia, ad predictas dicte ambianensis baillivie dies, fuerat assignata. Et quanquam Johannes le Sene, receptor noster ambianensis, et plures alii coram dicto baillivo ambianensi adjornati se minime opposuissent, attamen pejus fecerant, nam idem Johannes le Sene dicto baillivo, per modum responsionis, quandam cedulam quamplurimum odiosam et contra ipsum Firminum diffamatoriam in scriptis tradiderat, ad quam cedulam alii adjornati et ipsius Firmini, sine sui culpa et causa rationabili, odiosi et malivoli se adhererant. Que facta fuerant et erant in maximum scandalum, prejudicium et denigracionem honoris ac bone fame prenominati Firmini, qui, omnibus vite sue diebus, fuerat et erat, erga nos et coronam Francie ac erga carissimum primogenitum nostrum, Karolum, ducem Normannie et dalphinum viennensem, necnon bonus mercator, publicus, fidelis et legalis ac bone vite et conversacionis honeste, ut dicebat. Quare petebat quod predicte dicti baillivi sententia et confirmatio nostra eidem tenerentur, servarentur et executioni demandarentur et per arrestum dicte nostre curie approbarentur et confirmarentur, oppositioque, pro parte predicta procuratoris nostri dicte baillivie, ut predictum est, facta ac cedula per dictum Johannem le Sene et ejus in hac parte sequaces seu complices dicto baillivo tradita revocarentur et tanquam tortionarie, odiose et inique omnino adnullarentur, et idem Firminus in suis bonis, fama, vita, statu et nomine servaretur et teneretur et hec Ambianis publicarentur, ac omnibus palam et publice inhiberetur ne aliquis eidem Firmino forifaceret aut injurias vel blasphemias diceret aliquales, ad fines predictos rationes supradictas et quamplures alias allegando ac predictas nostras litteras et nonnullas alias eidem nostre curie propter hoc exhibendo et tradendo.

Dicto procuratore nostro e contrario proponente et dicente quod predictus baillivus noster ambianensis, predictam suam sententiam consulendo et proferendo, ordine juris pretermisso, processerat; nam eam virtute cujusdam informacionis, per quam quisquam via justicie absolvi seu condempnari non debebat sive debet, ac etiam dicto procuratore nostro ipsius baillivie ad hoc debite non vocato seu audito, protulerat, informatioque, ad requestam amicorum carnalium ipsius Firmini, per testes quales in ea producere et examinari facere voluerant et ipso procuratore nostro ipsius baillivie ad ipsos testes jurare videndum non vocato seu audito, facta [fuerat] et per consequens approbacio seu confirmatio hujusmodi sentencie, virtute dicte informationis, nullius valoris seu efficacie extiterant vel erant. Dicente insuper quod idem Firminus, posse suo, partem nobis et dicto primogenito nostro adversam foverat. Nam, in ejus propria persona, ad interficiendum, in villa ambianensi, defunctum Johannem de Sancto Fusciano, prepositum in dicta ambianensi villa et erga nos dictumque primogenitum nostrum et coronam Francie fidelem et legalem, dum vivebat, presens ac in dicto homi-

15

cidio sive martro auxilium, consilium et juvamen prebens interfuerat. Et, una cum hoc, ipse Firminus, mala et perversa voluntate motus, paulo post dictum homicidium sive murtrum perpetratum, in dicta ambianensi villa, palam et publice dixerat quod omnes in ipsa villa commorantes et habitantes in mercato ipsius ville vocarentur et congregarentur *et ipse, unam virgam in manu sua tenens, ipsos visitaret et quos de dicta virga percuteret seu tangeret omnes interficerentur,* ut predicta maleficia et quamplura alia, per ipsum procuratorem nostrum, contra eumdem Firminum, latius proposita et eidem imposita idem procurator noster, per certam informationem super hoc confectam, asserebat liquidius apparere. Quare petebat quod predicta ipsius baillivi sententia et quicquid fuerat vel erat ex ea subsequtum omnino anullaretur, ipseque Firminus, attenta predicta informatione contra eum facta, in processu ordinario minime poneretur, sed in Castelletum nostrum parisiense prisionarius transmitteretur et ibidem, ore suo proprio, questionibus mediantibus aut aliis, prout dicte nostre curie videretur, veritas premissorum extorqueretur et sciretur. Que si confiteretur fuisse et esse vera, in corpore atque bonis puniretur et, si ea negaret, offerebat idem procurator noster se de eis probaturum, que sibi sufficerent, in hac parte, ad hujusmodi fines rationes predictas et quamplures alias allegando ac predictam informationem eidem curie nostre propter hoc exhibendo et tradendo.

Prenominato Firmino replicando dicente quod predictus defunctus ambianensis prepositus, die sancta Eucharistie Domini, anno Domini M° CCC° LVIII° supradicto, fuerat, in dicta villa ambianensi, ut dicebat, interfectus et ipse Firminus, per octo dies ante vel etiam ante festum Penthecostes immediate dictum festum Eucharistie Domini precedens, apud Brugas, pro dicta sua guede mercatura, accesserat et ibidem, usque ad festum Nativitatis Domini tunc immediate subsequens, continue remanserat. Quare impossibile fuerat et erat quod ad homicidium in personam predicti prepositi perpetratum interfuisse potuisset aut interfuisset, factum predicte virge, per dictum procuratorem nostrum contra eum propositum, negando fore verum. Dicente preterea quod predicte informacioni contra eum, ut superius est dictum, facte nulla fides erat adhibenda, cum per testes sibi exosos et malivolos facta extitisset, quodque ad faciendum informationem predictam, ad requestam dictorum suorum amicorum, per dictum baillivum seu de ejus mandato factam ac virtute cujus informationis predicta sententia fuerat prolata, predicti major, scabini ac plures alie persone sufficientes et notabiles, *necnon consilium et procurator noster* dicte ambianensis ville, et etiam ad consulendum et proferendum hujusmodi sententiam extiterant evocati.

Quare hujusmodi informacio ut inquesta dici, teneri et reputari merito debebat et idcirco idem Firminus in dictum Castelletum nostrum prisionarius transmitti, seu in processu ordinario vel extraordinario nequaquam poni, sed predicta sententia teneri et alie sue conclusiones supradicte sibi fieri debebant, ad dictos fines rationes predictas et quamplures alias allegando. Presto procuratore nostro plura in contrarium dupplicando proponente et ut superius est dictum concludente.

Tandem, dictis partibus in hiis omnibus et singulis que circa premissa dicere et proponere voluerunt ad plenum auditis, visisque per dictam nostram curiam sentencia, confirmatione, litteris et informacionibus, de quibus superius fit mentio, ac ipsis dictarumque partium rationibus et aliis, que ipsam nostram curiam circa premissa movere poterant et debebant, diligenter consideratis et attentis, per arrestum ejusdem curie nostre dictum fuit quod dictus Firminus, pro predictis sibi impositis, in processu extraordinario non poneretur, sed in processu ordinario remanebit, facientque dicte partes facta sua, videlicet dictus procurator noster ad finem predictas sententiam et confirmationem anullandi et dictum Firminum, pro premissis, criminaliter sive civiliter puniendum, et idem Firminus ad finem hujusmodi sententiam et confirmationem sustinendi et verificandi ac absolucionis et expedicionis. Super quibus factis, certi per curiam nostram deputabuntur commissarii qui veritatem inquirent, qua inquesta facta et prefate curie nostre reportata, fiet jus. Tenebitur siquidem idem Firminus, in propria persona, coram commissariis in hujusmodi causa deputandis, articulos suos, medio juramento, affirmare et, pari forma, articulis predicti procuratoris nostri respondere, necnon in dicta nostra curia, ad receptionem inqueste supra dictis factis faciende, personaliter comparere et in villa parisiensi remanere, quousque eadem curia nostra aliud super hoc duxerit ordinandum. Interim vero ipse Firminus pro predictis prisionarius ubique elargabitur et ipsum dicta nostra curia, per presens arrestum, elargavit et elargat. In cujus rei, etc.

Datum Parisius, in Parlamento nostro, xxviii^a die januarii, anno Domini M° CCC° LXIII°.

X^{2a} 7, f° 122.

N° 19. — *Lettres de rémission à Jean de Vaus.*

On voit, par les lettres de rémission de Jean de Vaus, que, après l'échec du coup de main navarrais sur la ville d'Amiens, une importante colonie de bourgeois complices s'était réfugiée à Evreux, près du roi de Navarre, et que, bien que compris dans les 300 amnistiés du traité de Calais, en 1360, ils y étaient restés, par crainte des représailles populaires, déléguant seulement l'administration de leurs biens non confisqués à l'un d'eux moins compromis.

Dans le nombre, nous retrouvons Honoré Aguillon gratifié, en 1357, par le régent Charles, de l'office de procureur du Roi, contre Vincent de Beauquesne (V. *supra*, n° xviii) et banni du royaume après l'attentat (JJ 90, n° 92).

Mai 1364

Charles etc. Savoir faisons à tous présens et avenir nous avoir receue l'umble supplicacion de Jehan de Vaus contenant que, comme et depuis la paix faite entre nous et le roy de Navarre, il s'en fust alez à Evreux servir Honneré Aguillon, pour guagnier son vivre, auquel lieu il a demouré jusques à la saint Andrieu darrenier passé ou environ, que ladite paix duroit encores, et après ce plusieurs aliez avec ledit roy de Navarre, avec plusieurs autres, jusques au nombre de trois cens, qui la ville d'Amiens avoient aydié à destruire, eussent eu rémission de notre très cher seigneur et père, que Dieux absoile, à la supplicacion dudit roy de Navarre, lesquels aliez n'osoient aler en ladite ville d'Amiens faire leurs proufis de leurs héritages qu'il y avoient, jasoit ce qu'ils eussent ladite rémission, pour ce que il savoient que ledit suppliant n'avoit pas esté avec eulz et que n'estoit pas haïs en ladite ville, le firent comprendre oudit nombre de trois cens et mettre en ladite rémission, afin que les habitans de ledite ville ne le molestassent en aucune manière et que il feist leur besongne en ladite ville. Pour laquelle cause aucuns de nos justiciers et officiers s'efforcent et veullent efforcier de vouloir emprisonner ledit suppliant, soubz umbre de ce que il fust mis oudit nombre et qui faisoit les besongnes des dessusdits, comme dit est, combien que, durant le temps de la guerre, il n'avoit conversé en aucune manière avec yceulx aliés, mais seulement ou temps de ladite pais. Néantmoins il se doubte d'en estre poursuy par nos justiciers ou officiers, ou temps avenir, pour ce que il fu nommé ou contenu ou nombre des dessus nommés et que il feist leurs besongnes, comme dit est dessus, jasoit ce que onques il ne fust aydans ne consentans à faire ladite destruccion ou dommage de ladite ville d'Amiens, ne d'alleurs aussi, supplians lui estre sur ce par nous pourveu de gracieux remède, comme il ait tousjours esté homme de bonne vie, bonne fame et renommée et honneste conversacion, si comme il dit. Pourquoy nous, considérans les choses dessusdites, audit Jehan de Vaus, de grâce espécial, en notre joieux advènement, avons quitté, remis et pardonné, quittons, remettons et pardonnons par ces présentes ledit fait avec toute paine corporele, criminele et civile qu'il puet avoir encouru envers nous à cause d'icelluy, ou cas dessusdit, et, se mestier est, le restituons à son païs, à ses biens, fame et bonne renommée. Si donnons en mandement.....

Donné à Compiègne, mai 1364.

JJ 95, n° 183.

N° 20. — *Arrêt de la Cour réformant une sentence du lieutenant du bailli, Firmin de Coquerel.*

Le présent arrêt ne se rattache à l'histoire du mouvement de 1358 que par les détails assez curieux qu'il nous donne sur l'attitude du bailli, Gallerant de Lully, et de ce receveur, Jacques le Sene, que nous avons vu si acharné, après coup, contre Firmin le Coutellier. Ces deux personnages restaient prudemment enfermés dans le château de Beauquesne pendant qu'à Amiens le nouveau maire, Firmin de Coquerel, fils de Jacques, élu le 28 octobre 1358, restait seul chargé, en qualité de lieutenant du bailli, d'étouffer les derniers ferments de guerre civile et de punir les traîtres. On remarquera la nature inusitée des pouvoirs à lui conférés par le Régent, en récompense de ses services : lieutenance à vie et dispense de toute juridiction supérieure, hors celle du bailli et de la cour de Parlement. Dans cet arrêt, comme dans les précédents, les réformateurs généraux, si souvent nommés, apparaissent non comme des juges mais comme des enquêteurs extraordinaires qui, leur information achevée, renvoient le jugement des causes à l'ordinaire.

15 Juin 1364

Cum Jacobus Bernerii Firminum de Coquerello, tam suo nomine quam ut maiorem ville nostre ambianensis, quam et locumtenentem baillivi dicti loci, coram reformatoribus per nos deputatis in baillivia ambianensi fecisset evocari super eo quod dictus Jacobus dicebat quod, tempore jam elapso, inimici nostri tenebant et occupabant fortalicium de *Luliaco,* juxta Conty, et in (blanc) multa dampna et iniquitates committendo, et ob hoc per obedienciam nobis ordinatam quod dictum fortalicium assaliretur et Dei adjutorio caperetur, quod et factum fuerat anno Domini M° CCC° LVIII°, et in dicto insultu fuerat dictus Jacobus, exponendo suum corpus et in tantum quod multum fuerat vulneratus. Et nichilominus, super dictos inimicos, in capcione dicti fortalicii, per suam potenciam, nulla confederatione facta cum quocumque, summam iiii^{xx} et iiii^{or} florenorum acquisierat et post capcionem dicti fortalicii, eodem die, ad villam quandam dictam de Ver et, die sequente, ad villam ambianensem, pro garisacione suorum vulnerum, reversus fuerat cum dicta summa florenorum existencium in sua taxa cum aliis ascendentibus ad summam vii^{xx} florenorum vel circa, et in dicta villa per tres dies pacifice steterat, sine hoc quod aliquid peteretur ab eodem; et postea, dicto Jacobo beate Marie existencie in quadam domo, vocata gallice Gueulebaye, dictus major, nomine suo et tanquam major vel alias, dictum Jacobum mandaverat capi et sibi adduci per duos servientes suos ad macham et, licet se iturum obtulisset, tamen, manu apposita, ductus fuerat in domo dicta des Cloquiers, coram dicto majore, Firmino Audeluye, et aliis scabinis ville et uno alio, vocato Johanne Barbiere. Qui quidem Johannes dicto Jacobo nisus fuerat imponere quod certam summam florenorum sibi tradiderat in fortalicio antedicto et, licet dictus Jacobus hoc negasset et quod dictus Barberius hoc prosequi noluisset, tamen dictus Firminus dictum Jacobum juramento voluerat astringere et per vim ipsum compellendo ad dicendum quantum in sepedicto fortalicio lucratus fuerat et illud dicere dictus Jacobus renuerat, dicendo quod dictus Firminus non erat suus judex, quodque id quod ibidem lucratus fuerat suum erat, absque eo quod obligatus foret ad restitucionem quamcunque faciendum. Et nichilominus dictus Firminus postea tassam dicti Jacobi apportari coram se fecerat et extrahi ab eadem, de florenis dicti Jacobi, usque ad summam IIII^{xx} florenorum; que facta fuerant, nulla cause cognicione precedente et dicto Jacobo non convicto nec audito et appellante a dicto Firmino propter gravamina sibi facta, et tamen, post dictam appellationem ac requisicionem de dicto Jacobo per procuratorem decani et capituli ecclesie, quorum erat subditus dictus Jacobus, precepto dicti Firmini, dictus Jacobus ductus et injurianter seu horribiliter in carcere et ibi fuerat per tres dies, magnas injurias atque dampna sustinendo et que sustinuisse noluisset pro duobus centum regalibus auri. Et, licet certam partem supradictorum florenorum de dicta tassa amotorum dictus Firminus dicto Jacobo restitui fecisset, tamen erga se retinuerat et usibus suis applicaverat IIII^{xx} et IIII^{or} scuta vel circa, sine restitucione aliquali facta dicto Jacobo, licet per dictum Jacobum pluries fuisset requisitus. Quare petebat dici dictum Firminum, nomine quo supra, teneri et compelli ad restitucionem dictorum IIII^{xx} et IIII^{or} florenorum et in duobus centum regalibus auri vel in id quod curie videretur, pro injuriis, gravaminibus, oppressionibus et incarceratione dicto Jacobo factis, et cum hoc condempnaretur dictus Firminus in aliis misiis, custibus et expensis dicti Jacobi factis et faciendis in prosecutione dicte cause.

Dicto Firmino in contrarium proponente et dicente quod ipse fuerat atque erat homo bone fame atque vite, conversationis honeste et pro tali habitus et etiam reputatus in omnibus locis ubi fuerat conversatus et plura officia regia et alia exercuerat bene et fideliter, sine aliquo opprobrio, ut dicebat, necnon et quod, anno Domini M° CCC° LVIII°, tempore guerre inter nos et regem Navarre, in villa nostra ambianensi fuerat magna divisio inter populares, quorum aliqui pro parte nostra et alii pro parte regis Navarre erant et *propter dictam divisionem Galleant de Milliaco, baillivus tunc, et etiam receptor dicti loci non bene audebant morari in dicto loco sed, pro securitate, stabant in castro novo Bellequercus et, dicto tempore, dictus Firminus factus fuerat dicti baillivi locumtenens et statim inceperat justitiam facere de malefactoribus et proditoribus, pro quiete tam dicte ville quam habitatorum ejusdem conservanda, quodque ibidem ita bene se habuerat quod, audito testimonio ejusdem, nos, motu proprio ac sine ejus requestu, ipsum locumtenentem dicti baillivi ac successorum suorum, quamdiu vitam dictus Firminus duceret in humanis, creabamus, ipsum eximendo a juridictione quorumcunque judicum, tam reformatorum quam aliorum, gentibus nostris Parlamenti et baillivo nostro ambianensi exceptis,* virtute quarum litterarum sibi per nos transmissarum, dictum suum officium exercuerat bene et fideliter et quandoque cum magnis periculis mortis. Dicebat etiam quod, dicto tempore, scilicet anno LVIII°, dicta villa ambianensis multum erat fortaliciis inimicorum nostrorum oppressa seu circumdata, pluresque pauperes de patria plana in dicta villa se retraxerant, propter que magna custodia indigebat, de qua dictus Firminus erat oneratus, *tam ut maior quam locumtenens* baillivi dicte ville, et sic non erat mirabile si ita ordinare justiciam omnibus non fecisset sicut alio tempore aut alio loco pacifico potuisset exercere. Insuper dicebat dictus Firminus quod, dicto tempore, plures habitatores dicte ville et alii qui in dicta villa se retraxerant, inter [quos] erat unus dictus Jacobus, concordes fuerant insultum dandi dicto fortalicio de *Milliaco*, tunc temporis per inimicos nostros occupato, et quod totum lucrum in dicto fortalicio repertum vel alias undicunque obveniens inter dictos habitatores et alios quoscunque euntes cum ipsis equaliter partiretur et, sub spe dicti accordi, dicti habitatores et dictus Jacobus cum ipsis a villa nostra ambianensi recesserant et dictum fortalicium assaliverant et ipsum ceperant, pluribus bonis per dictos habitatores occupatis. Et in regressu dicti fortalicii, inter dictos habitatores fuerat magna briga seu discencio et quasi pugna inter ipsos, quia unus alteri tradere recusabat de lucratis suam partem, ac pro dicta discordia compescenda dictus Firminus, ex parte nostra, preceperat ne unus alteri male faceret et omnes illos qui aliquid lucrati fuerant in capcione compulerat ad portandum dicta sua lucra in quadam domo, vocata *Mala Domus,* pro partitione inter dictos habitatores facienda. Et, licet dictus Jacobus plura fuisset lucratus, tamen nichil volebat apportare et ob hoc alii populares commoti fuerant contra ipsum et propter commocionem cedendam dictus Firminus mandaverat dictum Jacobum sibi adduci, cui adducto coram ipso preceperat jurare quantum lucratus fuerat, quod renuerat facere, dicendo quod nunquam de illo juraret seu aliquid apportaret, et, propter hoc et etiam propter vitanda pericula, ipsum fecerat carceri mancipari, in quo carcere dictus Jacobus se requisierat adduci coram dicto Firmino, offerendo dicere veritatem et omnia apportare, et ob hoc, adductus coram dicto Firmino, primo dixerat quod florenos quos lucratus fuerat habebat in domo sua, in quadam forgeria, quod non erat verum, ut relatum fuerat dicto Firmino. Et ideo interrogaverat de novo dictum Jacobum de dictis florenis et dictus Jacobus de taxeta sua sine aliqua violencia traxerat quandam cirotecam, dicendo quod ibi erant omnes floreni per ipsum de dicto fortalicio apportati et cum hoc alii de mercimoniis suis venientes, quos florenos, sua mera voluntate, separaverat et suos proprios, ascendentes usque ad summam LIII vel circa, retinuerat et alios quos de dicto fortalicio apportaverat posuerat supra unam mensam, concedendo ut partirentur cum aliis lucris in dicto fortalicio acquisitis. Et per hoc dictus Firminus recesserat, sine hoc quod fuisset in particione facienda aut quod aliquid de dicta pecunia habuisset. Quare petebat a peticionibus dicti Jacobi ac etiam procuratoris nostri, in casu quod se vellet facere partem, absolvi, ipsumque condempnari non debere, saltem in tanta summa secundum quod petebat Jacobus memoratus, et dictum Jacobum a sua demanda cadere debere et ipsum erga dictum Firminum condempnari in expensis.

Pluribus hinc inde rationibus allegatis, super quibus fuerant dati commissarii ad inquirendam veritatem, et inquesta, una cum reprobacionibus partium, per dictos reformatores ad judicandum admissa et post, ex ordinacione reformatorum Parisius ordinatorum, cum aliis processibus remissa coram ipsis et ad judicandum, auditis partium procuratoribus, recepta, tandem dicta inquesta, reprobacionibus et processu, per ordinationem nostram, in nostro parlamento ad judicandum remissis, quibus visis et diligenter examinatis, per arrestum curie, dictum fuit quod dictus processus sine reprobacionibus poterat judicari et per idem arrestum dicta curia nostra condempnavit et condempnat dictum Firminum erga dictum Jacobum ad restitucionem LXXX scutorum auri, dictum Firminum ab aliis peticionibus dicti Jacobi absolvendo et expensis compensandis.

Pronunciatum die xv^a junii, anno Domini M° CCC° LX° IV°.

X^{JA} 18, f° 198.

(Suivent une quarantaine de pièces relatives aux opérations des réformateurs envoyés au bailliage d'Amiens, en cette année 1364).

N° 21. — *Restitution à Mathieu de Coquerel du corps de son père, Firmin de Coquerel, maïeur du parti navarrais, exécuté en 1358.*

En juin 1371, après treize ans écoulés, le corps de Firmin de Coquerel, maïeur de 1357-58, était encore suspendu à la justice de la ville d'Amiens. A l'occasion d'une nouvelle trêve récemment conclue avec le roi de Navarre et dans une pensée d'apaisement, Charles V le restitue aux prières de son fils Mathieu, en autorisant celui-ci à l'enlever ou à en simuler l'enlèvement, « par linsel », pour en faire les obsèques, mais de nuit, sans solennité ni représentation de corps, et à lui donner une sépulture en lieu saint.

Carta quod rex dat licentiam Matheo de Quoquerel accipiendi patrem suum in justicia et ipsum poni in terram benedictam.

Charles, etc. Savoir faisons à tous présens et avenir que, comme, pour la bonne paix, amour et concorde faiz entre nous et nostre très chier et très amé frère, le roy de Navarre, et pour contemplacion et faveur de luy, nous voulons, envers ses gens, familiers et subgiez, delessier toute rigueur de justice et user de grâce, et de par nostre amé Mahiet de Coquerel, escuier, huissier d'armes de nous et de nostredit frère, nous ait esté supplié et requis que le corps de feu Fremin de Coquerel, son père, jadis maire de nostre bonne ville d'Amiens, lequel, dès le temps des premières guerres qui furent entre nostre très cher seigneur et père, que Diex absoille, nous et nostredit frère, fu exécuté et mort par justice, luy voullions donner et rendre, pour mettre en terre sainte.

Pourcoy nous, considérans ce que dit est, voulans persévérer et garder l'amour de nostredit frère et en faveur de luy, de certaine science, grâce espécial et de nostre auctorité et puissance royal, audit Mahiet avons donné et donnons, par ces présentes, le corps dudit Fremin, son père, et lui avons ottroié et ottroions que il le puisse faire prendre à la justice où il fu exécuté, se mais y est, et sinon, en signe, par linsel ou autrement, si comme il plaira audit Mahiet, pour icelluy faire enterrer et mettre en lieu saint, à Amiens ou ailleurs, de nuit et sans aucune solennité. Et oultre avons ottroié et ottroions audit Mahiet que, après ce, il puisse faire faire l'obsèque de sondit père, en saincte église, si comme il lui plaira, sans faire, en ycelle obsèque, aucune représentation du corps de sondit père, nonobstant quelconques crimes perpétrés par ledit Fremin et sentences sur ce données, en imposant silence perpétuel, quant à ce, à nostre procureur en Parlement, à nostre procureur au bailliage d'Amiens et à tous autres nos officiers et gens quelconques. Si donnons en mandement par ces présentes au gouverneur de nostre bailliage d'Amiens et à tous nos autres justiciers, officiers et subgiez présens et avenir que ledit Mahiet facent, sœuffrent et laissent joir et user paisiblement de nostre présente grâce et, contre le teneur d'icelle, ne lui mettent ou souffrent estre mis aucun débat, contredit ou empeschement quelconque. Et pour que ce soit chose ferme, etc. Sauf etc.

Donné, au bois de Vincennes, au mois de juing, l'an de grâce M CCC LXXI.

JJ 102, n° 268.

Juin 1371

Mathieu de Coquerel était encore, en 1378, au service du roi de Navarre. Car on trou[ve] (JJ 112, n° 232) des lettres du 25 avril 1378, par lesquelles le Roi fait don à Baudet de Beauville de 300 l. de rente annuelle sur les biens et héritages confisqués d'Auffour de Rouvro[y], chevalier, Driet et Pierre, fils de feu Jean Boutoye, bourgeois d'Amiens, et « Mahiet de Coquere[l] demourans avec le roy de Navarre », et de 500 l., pour une fois, sur les biens meubles d[es]dessusdits.

Lettres confirmées, pour même cause, le 20 juin 1381. JJ 119, n° 236.

N° 22. — *Cassation par la Cour d'un jugement du bailli et renvoi par-deva[nt] les maire et échevins d'une cause pendante entre un de leurs sergents et l[es] héritiers de Mathieu de Coquerel.*

Nous donnons ici, à titre de supplément des pièces ci-dessus concernant Mathieu de Coquere[l] le curieux arrêt qui suit, bien que postérieur d'une vingtaine d'années. Vers la fin du XIV° siècl[e] la descendance directe de Firmin de Coquerel, le maire supplicié de 1358, était encore repré[-]sentée, à Amiens, par sa fille, femme de Simon le Roux, héritière de son frère Mathieu, qui, aprè[s] avoir obtenu de Charles V des lettres de rémission et de restitution de ses biens, était venu mourir, en possession de son héritage. Mais alors un certain Jean de Maillefeu, sergent [et] pensionnaire des maire et échevins, s'était emparé de sa maison et d'une partie de ses biens[;] d'autres avaient fait de même du reste, au détriment de l'héritière et malgré des lettres d[e] jussion, obtenues du Roi, pour les faire contraindre à restitution par le bailli.

Il s'en était suivi, au nom des époux frustrés, une assignation des usurpateurs devan[t] celui-ci, à laquelle l'adversaire avait répliqué, d'accord avec le procureur de la ville, par un[e] demande de renvoi devant les maire et échevins, juges ordinaires du litige — possession réell[e] d'un immeuble sis en leur juridiction. — Adoptant ces conclusions des plaignants, qu'il s'agissa[it] avant tout de la connaissance de lettres de rémission, cas royal, contre un pensionnaire de[s] maire et échevins, à ce titre, juges suspects, et que l'adversaire n'avait nul intérêt, ni dommag[e] à subir, la cause devant être jugée sur place, le bailli refusa le renvoi. D'où appel en Parlemen[t] des maire et échevins et de leur sergent.

La Cour, manifestant une fois de plus ses sentiments de partialité contre les fauteurs d[u] mouvement de 1358, casse le jugement et accorde le renvoi.

Nous avons souligné, dans l'argumentation des appelants, ces détails intéressants : que la pres[-]cription s'obtient en moindre temps et qu'on juge à moins de frais devant les maire et échevins[.]

Les lettres de rémission de Charles V, en faveur de Mathieu de Coquerel, citées dans c[e] document, ne se retrouvent pas dans le fonds du Trésor des Chartes. Il n'en existe pa[s] davantage de Charles VI. Elles ne peuvent, en tout cas, être antérieures à 1378 et aux lettre[s] du 25 avril (JJ 112, n° 232) mentionnées ci-dessus.

26 Janvier 1393, v. st.

Cum, litigantibus in nostra parlamenti curia dilectis nostris majore e[t] scabinis civitatis ambianensis atque Johanne de Maillefeu et ejus uxore appellan[-]tibus, ex una parte, ac Symone dicto le Roux et ejus uxore appellatis, ex altera[,] extitisset, pro parte dictorum appellantium, propositum quod ad dictos majorem et scabinos scabinatus et cognicio causarum etiam realium, in dicta villa ambianensi ac etiam prepositura ejusdem ville, pertinebat et quod predictus Symon, dicens quamdam domum, cum suis pertinenciis et certis terris laborabilibus, prope civitatem ambianensem sitam, ad causam uxoris sue, dudum sororis et heredis defuncti Mathei de Coquerel, militis, ad ipsum et ejus uxorem predictam pertinere, supradictum Johannem de Maillefeu et ejus uxorem coram baillivo nostro ambianensi, dictam domum et pertinencias predictas, certarum litterarum a nobis obtentarum vigore, [occupantes (?)] conveniri [fecerat (?)], die vero dictis de Maillefeu et ejus uxori assignata, dictis partibus coram predicto baillivo comparentibus, ex parte dictorum majoris et scabinorum extiterat propositum quod, cum, de jure ac usu et consuetudine notoriis, quilibet in actione reali coram judice rei contenciose conveniri debeat, dictaque domus, cum suis pertinenciis predictis, in et sub juridicione dictorum majoris et scabinorum foret situata, fuissentque et essent in possessione et saisina predicti major et scabini ac etiam uti consuevissent de hujusmodi causis realibus cognoscere, supradicti tamen Symon et ejus uxor prefatos de Maillefeu et uxorem suam coram supradicto baillivo trahere nitebantur et, ob hoc, certarum litterarum a nobis obtentarum vigore, causam presentem coram supradictis majore et scabinis remitti petierant, sicque fieri debere concludebant. Quibus tamen non obstantibus, predictus baillivus quod dicta causa coram ipso remaneret et de ipsa coram dictis majore et scabinis remissionem non faceret pronunciaverat. A qua sententia, per dictos majorem et scabinos ac Johannem de Maillefeu et ejus uxorem seu procuratores ipsorum, extitit appellatum. Premissis igitur attentis, male per dictum baillivum judicatum ac bene [per] ipsos appellatum fuisse dici et pronunciari et quod dictus Symon in eorum expensis condempnaretur petebant, ad hoc concludendo.

Pro parte dictorum Symonis et ejus uxoris appellatorum, proponebatur ex adverso quod dudum Matheus de Coquerel, *miles*, quia partem regis Navarre, tunc defuncti domini genitoris nostri adversarium (sic), sustinuerat, omnia bona sua quecumque possidebat in regno nostro forefecerat et confiscaverat, quodque idem dominus genitor noster omne delictum propter hoc commissum eidem remiserat ac omnia bona sua, pro se suisque perpetuo possidenda, donaverat eidem et restitui voluerat, eaque revera usque ad diem obitus sui tenuerat et possederat, relicta dicti Symonis uxore, sorore sua, superstite et ejus herede legitima; quibus tamen non obstantibus, cum ad eam domus sue hereditagium supradictum cum suis pertinenciis, titulo predicto, pertineret, supradictus Johannes de Maillefeu illud occupaverat et de facto detinere, nonnullique alii etiam alias hereditates que ad dictum defunctum dudum pertinuerant occupare nittebantur; et ob hoc certas a nobis litteras obtinuerant predicti conjuges, ambianensi baillivo directas, per quas eidem mandatum erat et commissum quatinus detentores et occupatores hereditatum dicti defuncti ad eorum restitutionem dictis conjugibus faciendam compelleret, partibus tamen auditis, justicie complementum ministrando, quarum quidem litterarum virtute, supradictum Johannem Maillefeu et ejus uxorem fecerat coram dicto baillivo conveniri ut ad restitucionem hereditagii predicti compellerentur; coram quo baillivo, partibus constitutis, procurator dictorum majoris et scabinorum ac etiam dicti de Maillefeu et ejus uxoris causam predictam coram ipsis remitti petierant, sed ne fieret predicti Symon et ejus uxor, quod, in hac parte, cognicio litterarum remissionis predicte vertebatur, que dumtaxat ad judices nostros pertinebat, necnon et quia dictus de Maillefeu gardianus et de raubis ac pensionarius erat dictorum majoris et scabinorum, propter quod ipsos habebant suspectos, proponebant et insuper quod nullum in hoc habebat interesse pars adversa, cum minime extra civitatem ambianensem traheretur et, hiis attentis, dictus baillivus quod de dicta causa cognosceret et eam coram predictis majore et scabinis non remitteret pronunciaverat. Ex quibus, male per dictos appellantes appellatum fuisse, bene vero per dictum baillivum judicatum et quod dicti appellantes in dictorum appellatorum expensis condempnarentur concludebant appellati supradicti.

Replicando vero proponebant appellantes predicti quod, in hac parte, eorum vertebatur interesse, dictorum scilicet majoris et scabinorum, in hoc quod ad eos predicta jurisdicio, qua semper et communiter usi fuerant, oneroso titulo, competebat atque predictorum de Maillefeu et ejus uxoris, in eo quod *prescriptionem breviori tempore, coram dictis majore et scabinis, potuerant acquisisse, necnon et quod minoribus sumptibus ibidem litigarent,* nec dicte remissionis questio tractabatur, sed dumtaxat agebant dicti appellati rei vendicacione et non de viribus dictarum litterarum. Esto vero quod dictus de Maillefeu raubas seu vestes ville predicte ambianensis deferret, hoc officii ratione sergenterie dicte ville faciebat, propter quod non erat verisimile dictos majorem et scabinos a justicie tramite deviare, per hec et alia, prout supra, concludendo.

Supradictis appellatis in contrarium dupplicantibus ac nonnullas raciones et facta et alia, prout supra, proponentibus atque concludentibus.

Tandem, partibus supradictis in omnibus que circa premissa dicere atque proponere voluerunt auditis, omnibusque considerandis per dictam curiam nostram diligenter attentis et aliis que dictam curiam nostram in hac parte movere poterant et debebant, per arrestum ejusdem curie nostre dictum fuit predictum baillivum male judicasse et dictos appellantes bene appellasse, dictumque baillivi judicium corrigendo, prefata curia nostra partes supradictas coram predictis majore et scabinis processuras et quod fuerit rationis facturas atque causam predictam sine debito terminandam, per idem suum arrestum, remisit et remittit.

xxvi^a die januarii, anno M° CCC° XC° III°.

X^{1a} 41, f° 142 v°.

N° 23. — Confirmation par le roi Charles VI de la vente et adjudication des biens confisqués de Robert de Picquigny.

Il n'est pas sans intérêt, après la longue suite de lettres de rémission publiées ci-dessus, de voir Charles V, à la veille de sa mort, rouvrir, en vue de fondations pieuses, la suite des exécutions contre les fauteurs du parti navarrais. C'était, à la veille d'une régence et des troubles inévitables qu'elle devait amener, donner une préface assez malheureuse aux difficultés du prochain règne.

(Nous suspendons, après les deux lettres qui suivent, la reproduction des pièces relatives au mouvement de 1358. On en trouvera d'autres plus loin qui se rattachent trop étroitement à différentes questions, et particulièrement à l'histoire du mouvement de 1382, pour pouvoir en être séparées).

Confirmatio vendicionis hereditagiorum Roberti de Pinquigny Petro de Talemars facta.

Karolus, etc. Notum facimus universis presentibus pariter et futuris nos infrascriptas vidisse litteras sigillo nostro baillivatus ambianensis sigillisque receptoris et procuratoris nostri dicte baillivie, prout prima facie apparebat, sigillatas ac de verbo in verbum legi fecisse, formam que sequitur continentes : « A tous ceulx qui ces présentes lettres verront ou orront, Tristan du Bos, chevalier, seigneur de Raincheval, maistre des requestes de l'ostel du Roy, nostre sire, et bailli d'Amiens, et Pierre le Sene, receveur pour le Roy, nostre sire, en ladite baillie d'Amiens, et Robert Baillet, à présent procureur du Roy, nostre sire, en icelluy bailliage, commissaires donnés et députés par le Roy, nostre sire, derrenier trespassé, que Dieu pardoint, en ceste partie et par ses lettres, salut. Sachent tous nous avoir veu et receu plusieurs lettres, tant du Roy, nostre sire, derrenier trespassé, comme du Roy, nostre sire, présent et de nos seigneurs des comptes. Et aussi avons veue une commission données de sages et honorables

2 Avril 1380

hommes, Audouyn Chauveron, pour le temps, bailly d'Amiens, de moy, Pierre le Sene, receveur de ladite baillie, et de Jehan Cœuret, dit Poulain, pour le temps, procureur du Roy, nostre sire, oudit bailliage, en laquele sont lesdites lettres données dudit le Roy, nostre sire, derrenier trespassé, encorporées, avec une relation de Jehan de Maillefer, sergent du Roy, nostre sire, audit bailliage ens ennexée. Avons aussi veu plusieurs actes ou mémoires scellées des seaulx du prévost de Beauvoisin, au siège du bailliage d'Amiens, ou de son lieutenant, faisans mention des criées et subhastations faictes par ledit sergent audit siège de la terre, fiefs, revenues et appartenances de Fossemanant, jadis appartenant à Robert de Pinqueigny, duquel, en aucunes desdites lettres, est faicte mention.

Ensement avons veu unes lettres de nosdits seigneurs des comptes, adreçans à nous bailli et receveur, ausqueles sont plaqués quatre de leurs signes. Veu aussi unes commission de nous, bailli, données, en queles sont unes lettres du Roy, nostre sire, encorporées et la relation dudit sergent ens ennexées. Et aussi avons veu une commission de nous, bailli, données, en laquele sont aussi les lettres du Roy, nostre sire, encorporées. Veu aussi unes lettres de défaut et de appointement ou ordonnances faictes et données de nous, bailli et receveur, et aussi unes autres lettres de nous, bailli et receveur, faictes et données.

De toutes lesqueles et primes de celles données du Roy, nostre sire, derrenier trespassé, que Dieu pardoint, les teneurs s'enssuivent.

Charles, par la grâce de Dieu, Roy de France, au bailly d'Amiens et à nos receveur et procureur audit bailliage, salut. Comme nous aions ordené que tous les héritaiges, rentes, revenues et possessions quelconques à nous advenus et acquis par les forfaitures de ceulx qui avoient et ont tenu le party du roy de Navarre, nostre rebelle encontre nous, et d'autres traittres et rebelles envers nous soient tantost mis et exposés en vente, vendu et bailliés et délivrés aus acheteurs et que les deniers des pris d'iceulx soient apportés en nostre trésor à Paris, pour estre depuis emploiés et convertis en autres possessions, pour la fondacion des chanoines, chapellains et clers par nous nouvelement ordenés en nostre chastel du boys de Vincennes, au plus profitablement et justement que faire se pourra à l'euvre de ladite fondacion. Nous, confiens de vos sens, loiautez et diligences, vous mandons et commectons que, tantost veues ces lettres, sans délay, vous faciez mettre et exposer en vente tous les héritaiges, rentes et revenues et possessions qui nous sont advenus et escheuz et qui nous escherront et vendront en commis, par la manière dessusdite, oudit bailliage, au plus prouffitablement pour nous que faire le pourrez, et ycelles rentes, revenues, héritaiges et possessions faictes délivrer aus acheteurs et leur en bailliez vos lettres sur ce et nous les confirmerons par nos lettres en las de soye et en cire vert et [ferons] expédier par nostredit trésor et ailleurs, où il appartiendra, à greigneur et perpétuele seurté, pour lesdits acheteurs. Et nous voulons que tu, receveur, reçoives les deniers des pris d'iceulx héritaiges, rentes, revenues et possessions et les apportes en nostredit trésor, à Paris, pour estre depuis convertis et employés en l'œuvre de ladite fondation, jouxte notredite ordenance. Et soiez bien curieux et diligent de ces choses et des dépendences d'icelles faire. De ce faire vous donnons plein povoir et mandement espécial, mandons et commandons à tous nos justiciers, officiers et subgiez que, en ces choses et en leurs dépendences, vous obéissent et entendent diligemment. Donné à Paris, le 11ᵉ jour d'avril, l'an de grâce M CCC LXXX, après Pasques.

(Suivent toutes les pièces énumérées plus haut des années 1380-81-82).

JJ 121, n° 52.

N° 24. — Confirmation par le Roi d'une exécution contre Pierre le Sene, receveur du bailliage, à raison de son retard à compter des forfaitures sus-mentionnées.

Pro Ingerranno Doendin, domini Castri Rustici, et ejus uxore.

Karolus, etc. Notum facimus universis presentibus pariter et futuris nos infrascriptas vidisse litteras ac de verbo ad verbum legi fecisse, formam que sequitur continentes. — A tous ceulx qui ces lettres verront ou orront, Tristan du Bos, chevalier, seigneur de Raincheval, maistre des requestes de l'hostel du Roy, nostre sire, et bailly d'Amiens, salut. Sachent tous que nous avons veu plusieurs lettres de nos seigneurs des comptes pour le Roy, nostre sire, à Paris, commissions, relacions et autres escriptures desqueles et primes d'unes lettres de nosdits seigneurs la teneur est tele. — Les gens des comptes du Roy, nostre sire, à Paris, à Jehan d'Estampes, sergent du Roy, nostredit seigneur, en son Chastellet, à Paris, salut. Comme, par vertu de nos autres lettres et pour les causes contenues en icelles, vous vous soyez transportez à Amiens et ayez saisy et arresté les biens meubles et héritages de Pierre le Sene, receveur d'Amiens, et aussi eussiez fait venir ledit Pierre par devers nous, jusques à ce qu'il eust compté et soy assuré du fait des forfaittures de ceulx qui ont tenu ou tiennent le party du roy de Navarre et autres ennemis du royaume, dont ledit Pierre a esté receveur ou bailliage

26 Août 1381

d'Amiens et environ, et ledit Pierre ait compté par-devant nous d'icelles forfaittures, pour ii années, finées le ii[e] jour de may l'an M CCC IIII[xx], par la fin duquel compte il doit la somme de vi[c] xc lb. xix s. x d. p., et a encores à compter desdites forfaittures, depuis ledit ii[e] jour de may M CCC IIII[xx] ença, dont la recepte, en regard auxdits comptes rendus par-devant nous, puet et doit valoir m lb. p. ou environ, et si doit depuis avoir receu, de Pierre Tallemart, la somme de m frans, pour cause de la vendue de la terre de Fossemanant appartenant au Roy, pour la forfaitture de Robert de Pinquigny, lequel a tenu et ancores tient ledit party, desqueles sommes ledit receveur n'a fait aucune satisfaction et aussi n'a fait aucune diligence de compter du temps dont il a à compter desdites forfaittures, Nous, ces choses considérées, vous mandons et commettons, de par ledit seigneur, que, sans délay, ces lettres veues, vous contraignez ledit receveur, par vendue et explectation de sesdits biens meubles et héritages par vous saisis et arrestés, comme dit est, et de ses autres biens meubles et héritages que savoir et trouver pouvez, et par détention de son corps et autrement, par la manière qu'il est acoustumé à faire pour les propres debtes du Roy, nostre sire, à rendre et apporter par devers nous, à Paris, pour baillier où enchargié nous est, ladite somme de vi[c] xc l. xix s. x d. p., en quoy il est demouré en reste par la fin de sesdits comptes et aussi ladite somme de m frans, pour cause de ladite vendue de Fossemanant, ou cas que receue l'aura dudit Pierre Talemart, et ou cas que receue ne l'aura, si contraignez ledit Talemart, par la manière qu'il est acoustumé pour les propres debtes dudit seigneur, à les apporter par devers nous, pour les bailler comme dit est……… Donné à Paris, le xxvie jour d'aoust M CCC IIII[xx] et un.

(Suit le procès-verbal d'exécution dudit sergent, saisie et adjudication des maisons de Pierre le Sene, opposition de sa femme Jeanne, sœur de Guillaume des Rabuissons, les réclamant comme partie de son douaire, lettres de décret pour passer outre, etc., etc.)

JJ 120, n° 172.

Cf. JJ 121, n°s 227, 228, 224[2]. Adjudications des fiefs de Jean de Han, Gaillart de Fourdrinoy, Aleaume de Thois, Robert de Picquigny faites en vertu des lettres du roi Charles VI, du 25 septembre 1380 à novembre 1382.

JJ 124, n° 265, 1385-86, *id.*, etc.

XXI

Lettres de rémission à Jacques le Monnier, échevin en 1357-58.

Ces lettres, dont le bénéficiaire est un de ces membres de l'échevinage destitué par le comte de Saint-Pol, en septembre 1358, qui ne reparurent jamais à l'Hôtel de Ville, attestent qu'assez longtemps avant les troubles de juin à septembre 1358 régnait une hostilité sourde entre la magistrature municipale et les gens du Roi, que l'incident le plus insignifiant menaçait sans cesse de faire dégénérer en lutte ouverte.

Elles établissent aussi que Galleran de Lully fut bailli d'Amiens pendant toute la durée des troubles, puisqu'il l'était encore lors de l'institution, comme lieutenant, de Firmin de Coquerel, fils de Jacques, élu maieur le 28 octobre 1358. (V. *supra*, XX, n° 20).

25 Janvier 1359, v. st.

Charles, etc. Savoir faisons à tous présens et avenir que supplié à nous par plusieurs nos amés officiers, amis charnels de Jaque le Monnier, bourgeois d'Amiens, que comme, environ a deux ans, ainssi que nostre bien amé Pierre Hardi, lieutenant de feu messire Galleran de Lully, chevalier, lors bailly d'Amiens, retournoit de devers une des portes de ycelle ville, par laquelle il n'avoit peu passer, si comme on disoit, pour aler faire justice et exécution d'un homme condempné à mort (1), ycellui Jaque, lors eschevin de ladite ville, vint en la compaignie du maire et de plusieurs autres gens d'icelle devers ledit lieutenant et illec estoit un sergent de ladite baillie, nommé Jehan de la Ruelle, auquel, non encore congneu par ledit Jaque ne sceu s'il estoit sergent ou non, ycelli Jaque emprinst à dire, pour ce qu'il li sembloit meu de fier courage et portant un arc tout tendu et prest de traire, que bien il gardast qu'il feist et que, se il féroit ou bleçoit aucun du commun de ladite ville, dont grant multitude s'estoit illec assemblé, et doubtoit l'en qu'il n'y eust rumeur en ladite ville, il seroit ou pourroit estre despecié piece à piece et li tira ou sacha son arc par darrières. Et lors li dist ledit de la Ruelle qu'il estoit au Roy, à quoy ycelli Jaque, commeus de la fière contenance et response dudit sergent, non cuidans que ce vertisist en deshonnesté de notredit seigneur ou de nous, respondi promptement et chaudement, si comme l'en dist, autant que d'un estroict ou aultrement, parolles deshonnestes, sans ce qu'il y pensast à mal ou irrévérence de notredit seigneur ou de nous aucunement. Sur et pour occasion desquelles choses, le bailli à présent ou le procureur général de monseigneur et le nostre oudit baillage ou le

---

(1) Nous citerons, au xv° siècle, de fréquents exemples d'émotions populaires et de fermeture des portes pour empêcher les gens du Roi de sortir de la ville et de mettre à exécution leurs sentences de condamnation à mort, aux fourches patibulaires de la porte Montrécu.

substitut dudit procureur l'ont accusé ou fait accuser et mis en procès et prétendent contre ycellui qu'il se soit pour ce forfait en corps et en biens envers monseigneur et nous. Et déjà l'ont fait emprisonner en procédant sur ce contre luy très riguereusement.....

(Rémission accordée audit Jacques à la requête desdits suppliants).

25 janvier 1359, v. st.
JJ 90, n° 403.

XXII

Lettres de rémission à Jacques Audeluye et ses compagnons, pour le meurtre d'un exilé, lors d'une alerte du 18 octobre 1359, à l'approche des Anglais.

Janvier 1359, v. st.

Charles, etc. Savoir faisons à tous présens et avenir que, oye la supplicacion de nos bien amez, Fremin Audeluye, nostre escuier d'escurie, Jaques Audeluie, nostre pennetier, frère dudit Fremin, Fremin Grimaut, Raoul de Fricamps, Guy Pin, Colart du Bosquel, Colart le Rat, Fremin de Prousel, Andrieu du Buscoy et de plusieurs autres nos bons et loyaux subgez de nostre bonne ville d'Amiens, disant que naguères, ou jour saint Luc (1) darrenier passé, eust esté ordené, en ladite ville, par le maieur et eschevins d'icelle, que aucune personne, bourgeois, forain, ne habitant n'issist hors, ne autre n'y entrast, pour cause de ce que le duc de Lencastre et nos ennemis estoient à trois ou quatre lieues près de ladite ville, sur la rivière de Somme. Et avecques ce estoit rapporté et mandé, de plusieurs nobles, tant par messire Raoul de Rainneval, comme par le seigneur de Campremy, que les dessusdits ennemis avoient intencion d'aler assaillir ladite ville ; pour laquelle chose et pour obvier à la malevolenté desdits ennemis, fu ordené par lesdits maire et eschevins de mettre une grant partie de leur commun et de leurs bonnes gens à leurs portes et, eulx sur ce estans à leurs gardes, au temps dessusdit, Pierre Rousseaux, souspeçonnez par fame et renommée publique du fait de traison et pour celle cause mis hors de ladite ville par le bailly d'Amiens ou son lieutenant, vint à l'une des portes pour entrer en ycelle, laquelle chose par les dessusnommez et autres estans à ladite porte li fu contredite, pour la cause dite. Avecques ce que tous furent esmerveillié quand il fu percheuz comment il se osoit à ce faire ingérer, veu le temps et l'estat desdits ennemis et la renommée qui en ce l'avoit compriuns, comme dit est. Et pour ce li fu respondu desdites

(1) 18 octobre.

gardes qu'il n'entreroit mie ens. se autre mandement n'en avoient. Et, pour plusieurs inconvéniens eschever, fu ordonné par lesdits maire et eschevins que ledit Pierre fust envoyé par devers lidit bailli d'Amiens, par qui il avoit esté mis hors comme souspeçonné traitre, ainssi que dit est, lequel bailli estoit lors hors de ladite vile, en la compaignie du comte de Saint-Pol. Et sur ce avint que aucuns de ladite ville vindrent à ladite porte, et entre yceulx ledit Fremin, lequel dist audit Pierre, qui, par son orgueil et par dure manière, s'estoit boutez dedans, qu'il yssist hors et que lors n'entrast en ladite ville, mais alast par devers le bailly d'Amiens qui l'en avoit mis hors, et ce que par luy en seroit commandé les seigneurs de la ville le feroient volentiers. Liquiex, par celle meime dure manière et orgueilleuse, respondi que non feroit. Et sur ce ledit Fremin Audeluye mist main à une glaive et dist que si feroit.....

(Une rixe s'ensuit, ledit Pierre est jeté dehors, sans subir aucun mal. Mais, en se retirant, il donne dans Jacques Audeluye, qui venait de courir les champs et ignorait tout, et le charge l'épée à la main. Sur quoi les autres sortent fort excités et le tuent. Rémission).

Janvier 1359.
JJ 90, n° 405.

Cf. sur ledit Jacques Audeluye :
JJ 91, n° 225. Mars 1361, v. st. Lettre de rémission, à raison de la blessure, ayant entraîné la mort, d'un certain Jean de Ver, dit comte d'Alençon, « proseneta guedarum ».
Ibid., n° 235. Avril 1361, v. st. Confirmation desdites lettres, sur le vu d'une information innocentant l'auteur et un complice, faite par Jean de Saint-Quentin, bourgeois d'Amiens, garde du sceau royal, Jean du Quarrel et Pierre de Naours, « chitoyens d'Amiens, mis et establis de par le bailly d'Amiens au nom du Roy, notre sire, à che oyr », en l'an 1343, au mois de décembre, ladite information commençant ainsi : « Par-devant lesdits du Quarrel et de Naours vinrent en leurs personnes..... », les deux accusés, et leurs parties, etc.

XXIII

Arrêt d'annulation de lettres d'évocation accordées par le Roi au bailli, Guillaume de Bours, dans une cause criminelle contre Jean Boitoire, sergent du bailliage.

Nous ne citons les deux documents suivants qu'à titre d'indication, à raison de l'importance du principal intéressé, Guillaume de Bours, bailli d'Amiens, et de l'étrangeté de la cause. Il s'agit d'une poursuite criminelle intentée contre Jean Boitoire, sergent du bailliage, au cours de laquelle celui-ci avait obtenu assignation à comparaître devant la Cour, au 14 avril 1360, et, à raison de la non-comparution personnelle de la partie adverse, demandait défaut, le procureur général s'étant adjoint à lui.

Le bailli fait répondre, par son procureur, qu'il a effectivement comparu au jour dit et même le lendemain, mais sans pouvoir être entendu, ni expédié ; et que le surlendemain, par lettres du 16 avril l'envoyant en mission près du comte de Saint-Pol, le roi évoqua l'affaire, en interdisant à la Cour d'en connaître davantage, lesdites lettres contenant l'autorisation expresse de se faire représenter par procureur et d'être admis à en faire production ; à raison de quoi il requiert refus de défaut et renvoi au Roi, comme il est prescrit.

Le procureur du Roi au contraire proteste contre ce détestable exemple et requiert l'annulation desdites lettres, comme subreptices et tortionnaires.

L'autre, en maintenant ses conclusions, déclare d'ailleurs consentir à répondre et à défendre. La Cour donne raison au procureur du Roi, annule les lettres et ajourne les parties présentes à comparaître au prochain lundi pour développer leurs faits, demandes et réponses, en réservant par devers elle de décider si, pour les choses dont ils ne se reconnaîtront pas, sous serment, suffisamment instruits, le procureur du bailli et son conseil obtiendront nouveau délai ou si Guillaume de Bours devra être lui-même assigné à comparaître en personne et d'autres avec lui.

Le 22 juin suivant, conformément à son arrêt du 3 juillet, la Cour fait assigner Guillaume de Bours à comparaître en personne, avec Firmin de Coquerel, lieutenant du bailliage, Danric de Famechon, écuyer, et Berthaud Porquet, ex procureur du Roi, à Amiens, pour répondre aux faits de Jean Boitoire. Nous ignorons la suite.

Il est à noter que les qualités de bailli et de sergent ne sont plus données aux parties. Peut-être ce Jean Boitoire est-il le même que ce Jean Boutoye, bourgeois d'Amiens, dont les fils Driet et Pierre sont encore du parti du roi de Navarre, en 1378. (JJ 112, n° 232. Lettres du 25 avril assignant 300 l. de rente à Baudet de Bauvillers sur leurs biens confisqués et ceux de Mathieu de Coquerel).

3 Juillet 1360

Comparentibus die date presentium, coram dilectis et fidelibus precarissimi domini et genitoris nostri ac nostris consiliariis et presidentibus, per nos in camera parlamenti parisiensis deputatis, procuratore generali dicti genitoris nostri et nostro ac Johanne Boitoire, serviente regio in baillivia ambianensi, in quantum quemlibet eorum tangit seu tangere potest, ex una parte, et Reginaldo Henrici, procuratore et procuratorio nomine Guillelmi de Bours, militis, baillivi ambianensis, ex altera, pro parte dictorum procuratoris et servientis, contra dictum militem, extitit propositum quod Hugo de Bisontio, dicti parlamenti hostiarius, de precepto predictorum presidentium eidem hostiario orethenus facto, predictum militem, in curia palatii regalis parisiensis repertum, ad requestam predicti servientis, per manus appositionem, coram prefatis presidentibus, xiv^a die mensis aprilis novissime preterita, personaliter compariturum adjornaverat, omni eo quod predicti procurator et serviens, prout eorum quemlibet tangebat et tangere poterat, petere et requirere vellent vel scirent responsurum et ulterius processurum, ut foret rationis, prout de precepto et adjornamentis predictis, per relationem hostiarii antedicti super hoc confectam et ejus sigillo sigillatam, iidem procurator et serviens dicebant liquide apparere; et, quod prefatus miles, coram ipsis presidentibus, personaliter, ut tenebatur, non comparebat, petebant iidem procurator et serviens, contra predictum militem, defectum et adjornamentum ad dicti defectus utilitatem adjudicari videndum sibi dari, ad hunc finem quamplures rationes allegando et predictam rescripcionem exhibendo et tradendo.

Predicto dicti militis procuratore e contrario proponente et dicente quod dictus miles, predicta xiv^a die aprilis, coram ipsis presidentibus, eorum mandatis parendo, personaliter ac debite se presentaverat et, dicta presentatione facta, quod ipse miles, dicta die et etiam die crastina sequenti, coram ipsis presidentibus, audiri et expediri nequiverat, nos, per nostras alias litteras, xvi^a die dicti mensis aprilis, super hoc confectas, ordinaveramus et predictum militem in comitiva carissimi et fidelis consanguinei nostri, comitis Sancti Pauli, in certas partes Francie regni, pro pluribus et diversis necessariis negociis, dictum genitorem nostrum, nos et bonum publicum dicti regni, occasione guerrarum ipsius regni tunc existentium, tangentibus, transmiseramus et, hiis causis consideratis, de causa inter partes predictas coram prefatis presidentibus pendente, in propria nostra persona, cognoscere volueramus et volebamus et, una cum hoc, dictis presidentibus, per easdem litteras, mandaveramus et mandabamus ut dictam causam, cum partibus predictis adjornatis, ad certam et competentem diem coram nobis remitterent, cognicionem cause ab ipsis presidentibus totaliter amovendo ac eis inhibendo ne de ea amplius cognoscerent aut se intermittere presumerent quoquo modo. Et insuper dicto militi concesseramus quod ipse, in hujusmodi causa, supposito quod fuisset, ut et esset, criminalis aut civilis, per procuratorem et etiam ad dictas litteras nostras presentandas admitteretur, ut hec et alia, in hujusmodi nostris litteris, causis antedictis rationabilibus atque justis et necessariis, prenominato militi per nos, de gratia speciali certaque scientia ac potestate et auctoritate regia, quibus utebamur et utimur, concessis, prefatus ipsius militis procurator asserebat liquidius apparere. Quare dicebat idem procurator, nomine quo supra, predictum defectum et per consequens dictum adjornamentum prefatis procuratori et servienti, contra predictum militem, minime concedi, sed causam predictam, in statu quo erat, coram nobis remitti debere, juxta predictarum nostrarum litterarum seriem et tenorem, ad hujusmodi fines rationes predictas et quamplures alias proponendo et dictas nostras litteras propter hoc exhibendo et tradendo.

Dictis procuratore et serviente replicando dicentibus quod predicte nostre littere dicto militi concesse rei perniciose exemplum erant et tanquam subrepticie, tortionarie et inique, pluribus causis et rationibus per eos plenius allegatis, anullari debebant et sic dici et pronunciari requirebant, ut supra concludendo.

Prenominato militis antedicti procuratore duplicando, pluribus rationibus, dicente quod dicte nostre littere eidem militi, ut predictum est, concesse bone erant et valide ac eidem teneri et observari debebant. In casu vero quo contrarium diceretur, offerebat idem procurator, pro dicto milite, respondere et defendere, prout est rationis; quare concludebat ut supra.

Tandem, dictis partibus in hiis omnibus que circa premissa dicere et proponere voluerunt ad plenum auditis, visisque litteris nostris predictis ac ipsarum parcium racionibus et aliis omnibus in hac parte considerandis diligenter consideratis et attentis, per arrestum dictum fuit quod predicte nostre littere dicto militi concesse erant et sunt subrepticie, torcionarie et inique ac eas tamquam subrepticias, torcionarias et iniquas dicti presidentes anullaverunt et anullant et ulterius ordinaverunt et ordinant quod, die lune instanti, prenominati procurator et serviens peticiones et demandas suas, quales voluerunt, coram presidentibus sepedictis, contra prefatum militem, facient et hujusmodi peticionibus et demandis predictus dicti militis procurator et ejus consilium, de hiis de quibus, per eorum juramenta, ex parte predicti militis aut per eum fuerunt et erunt instructi et informati, per perhemptoria, respondebunt et, de hiis de quibus, per dicta sua juramenta, non extiterint instructi vel informati, ipsi presidentes super hoc deliberabunt an iidem procurator et consilium ipsius militis dilacionem super hoc respondendi necne habebunt et, quibus peticionibus, demandis, responsionibus et defensionibus hinc inde factis et auditis, ipsi presidentes si et quando prefatus miles, coram presidentibus antedictis, personaliter aut aliter comparebit, per idem arrestum, reservaverunt atque reservant ordinare.

III^a die julii, anno M° CCC° LX°.

X^{2a} 6, f° 447 v°.

N° 2. — *Assignation à Guillaume de Bours.*

22 Juin 1361

Johannes, primo parlamenti nostri hostiario aut servienti nostro ad quem presentes littere pervenerint, salutem. Sicut, procuratore nostro, pro nobis, ac Johanne Boitoire, ex una parte, et Reginaldo Henrici, procuratore ac procuratorio nomine Guillelmi de Bours, militis, nuper baillivi nostri ambianensis, ex altera, in quadam causa, tam civili quam criminali, in curia nostra inter eos pendente, die date presentium, ad plenum auditis, per eamdem nostram curiam extitit ordinatum et ex causa, tibi, tenore presentium, committimus et mandamus quatinus prenominatum militem, necnon Firminum de Coquerello, locumtenentem dicti baillivi, Dauricum de Famnechon, armigerum, et Berthaudum Porqueti, nuper pro procuratore nostro in dicta bailllivia se gerentem, adjornes ut, in prefata nostra curia, die crastina instantis feste beate Marie Magdalene nostri presentis parlamenti, non obstante quod sedeat, et ex causa personaliter compareant, procuratori et Johanni Boitoire predictis, prout quemlibet ipsorum tangit et tangere potest in hujusmodi causa et ea tangentibus, responsuri ac ulterius processuri et facturi, prout fuerit rationis, eamdem nostram curiam, ad dictam diem, de adjornamento hujusmodi certificans competenter; tibi autem in hac parte ab omnibus justiciariis et subditis nostris pareri volumus efficaciter et jubemus.

xxii^a die junii, anno M° CCC° LXI°.

X²ᴀ 7, f° 4 v°.

XXIV

Rémission à Guillaume de Rumigny, gardien du beffroi, et Thomassin, son valet, à raison de l'évasion d'un prisonnier.

La pièce suivante donne, sur l'état des lieux du beffroi d'Amiens et la surveillance des prisonniers, d'assez curieux détails.
(On en trouvera de plus curieux encore dans certaines plaidoiries du 3 février 1378, v. st., prononcées à l'occasion d'un procès où le gardien était poursuivi par le bailli, à raison de nombreux méfaits. Il était accusé d'avoir laissé évader à dessein et non gratuitement des prisonniers pour dettes, d'avoir des complaisances intéressées pour ses clients, de folâtrer avec ses prisonnières, et sa femme avec les prisonniers, etc. Le bailli l'ayant révoqué, il en appelait à la Cour, d'accord avec les maire et échevins, comme d'abus de pouvoir. (X¹ᴀ 1471, f° 154). — Point d'arrêt sur cette affaire au registre correspondant des jugés).

« ..... Comme nagaires, par le commandement du maieur et des eschevins, en ycelli beffroi et au dehors eust esté commenciez certains ouvrages, tant de faire foussez et caver en terre, comme autrement, pour purger et nettoier lesdites prisons dudit beffroy, lesquelles estoient en tel estat que l'air y estoit si corrumpu que ledit cepier et son maisnage, ne les prisonniers ne povoient

Juillet 1363

demourer bonnement en ycelli beffroi, sans péril de leur vies, et pour cause duquel ouvrage a convenu que les prisonniers, qui estoient ès prisons, aient esté mis en autres prisons plus hautes que celles où ils estoient, jusques à ce que l'ouvrage dessusdit fust fait et acompli, et, entre les autres prisons, en une prison appellée Mehaut, estoit un pouvre vallet, nommé Pierrot, lequel y avoit esté, par grant temps, prisonniers pour souspeçon de avoir copé une bourse. Et avint que, par une fenestre estant en l'uys d'icelle prison, un petit après heure de soleil levant, que ledit cepier et son maisnage estoient encores couchiés en leurs lis, et à laquelle heure s'estoit le vallet dudit suppliant recouchié, après ce que il ot sonnée la cloche des ouvriers pour aler à labour, et qu'il avoit ouvert le grant huys dudit beffroi, en la manière acoustumée, et clot le guichet ferré de fer à broches, qui se tient fermant par jour, par lequel guichet, quant il est clos, considéré le traille de fer qui est au-dessus, aucunes personnes ne pourroient bonnement issir, ledit Pierrot issyt ladite prison et, luy yssu et venu en l'alée de l'uys dudit beffroy, pour ce que il le trouva clos, comme dit est, s'aventura ledit vallet de monter contre ledit guichet et passa entre ladite traille et broches de fer, dont l'une estoit brisié et par entre les groos dudit guichet, en yssant et avalant hors dudit beffroy, demoura une pièce de drap de sa coste à l'une des broches dudit guichet et s'est mis icelluy prisonnier en franchise, en une église, où il a dit, par plusieurs fois, devant plusieurs bonnes personnes, que Dieu et monseigneur saint Fremin, à qui il s'estoit donnez et vouez, l'avoient délivré d'icelle prison, en descoulpant et deschargeant ledit suppliant et sondit vallet et tout autre. Pour laquelle chose, les dessusdits maire et eschevins ont fait prendre et emprisonner, en leurdit beffroy, ledit suppliant et Thomassin le Boulenger, cousin et vallet dudit suppliant ouquel..... ».

Lesquels ayant été par longtemps audit office de chepage, où ils se sont bien comportés, implorent du Roi lettres de rémission, en « considération de ce que, par corruption ou mauvaistié avenu, ledit fugitif ne s'est échappé ».

Accordé, sans préjudice aux droits des maire et échevins. Juillet 1363.

JJ 91, n° 479.

La cloche aux ouvriers est souvent citée dans les adjudications de biens où la sonnerie du vespre est, à chaque fois, le dernier délai des surenchères.
Cf. JJ 91, n° 220, seq. Mai-juillet 1362.

XXV

Plaidoyer et arrêt de la Cour sur un dépôt de deniers d'orphelins.

Les deux pièces suivantes sont les premières qui nous renseignent sur les conditions, si controversées dans la période qui suit, de la gestion des deniers d'orphe'ins.

La ville soutient devant la Cour qu'elle a seule, de temps immémorial, la garde des mineurs orphelins et de leurs biens, « sans y recevoir aucun pour caucion », et sous la seule obligation de leur servir 8 0/0 d'arrérages annuels. Elle demande, en conséquence, d'être reçue à opposition contre l'exécution tortionnaire obtenue par le tuteur des mineurs Billouart pour faire mettre leurs fonds aux mains du Roi.

Celui-ci objecte qu'en l'absence d'un privilège spécial une telle saisine n'est pas recevable, contre le gré des intéressés; que la garde des biens par le Magistrat ne peut s'entendre que jusqu'à la constitution de tutelle exclusivement, qui entraîne la remise aux mains du tuteur.

Dans sa réplique, l'avocat de la Ville établit une distinction entre les biens meubles qui doivent rester au Magistrat, les héritages et dettes (créances), au tuteur qui pourvoit, sur leur produit, à l'entretien des enfants, sauf recours, en cas d'insuffisance, aux arrérages des biens mobiliers.

La Cour, par son arrêt, rejette cette théorie et condamne la ville à restituer l'argent au tuteur, y compris les arrérages du temps de sa gestion, en exigeant de celui-ci « souffisant caucion..... de garder de dommage le ville et les mineurs ».

Entre les maire et eschevins d'Amiens, d'une part, et Fremin Billouart, tuteur des mineurs enfens de feu Jehan Billouart, d'autre part. Ceulz d'Amiens ont proposé la coustume de la ville par laquele il ont la garde des mineurs orfelins et de leurs biens et doivent faire valoir c escus viii escus par an, oultre le principal, sens y recevoir aucun pour caucion ou autrement, et de ce sont en saisine et possession et en ont toujours jouy, puis récitent le domagès et grans charges que la ville a eu à soubstenir par les guerres et la torçonnière execucion que Fremin s'est efforciez de faire contre eulz. Concluent que justement soient opposez, qu'il soient gardés en leur saisine et possession et qu'il ne facent à recevoir et à despens.

Fremin dit que, ou préjudice et contre la volenté et prouffit de ly et des mineurs, tele saisine n'est recevable, presertim sens privilège, dont il n'est riens allégué de partie adverse. Car autrement les mineurs pourroient périr ob defectum alimentorum et leurs héritages cheoir en ruine, etc., et autrement ce seroit contra bonos mores; et, combien qu'il aient la garde des biens des mineurs, c'est à entendre ne pereant, jusques tuteur ou curateur y soit donnés, quo casu lesdits biens ly doivent estre baillez et délivrez. Car autrement ce seroit

20 Mai 1364

contre la riule de droit etc , et in favorem alicujus, etc. Et preterea lesdits d'Amiens, par leurs lettres, ont donné Fremin tuteur aux mineurs et à leurs biens, etc. Si appert qu'il ne sont à recevoir, ençois doivent estre condampnés et contrains à restituer les xiii^{xx} florins et de c escus par an viii escus, par le propos de ceulz d'Amiens, et à despens.

Ceux d'Amiens dient que, nonobstant qu'il donnent tuteurs, si doivent les meubles demourer devers euz et les héritages et debtes, devers les tuteurs, et le tuteur a l'aministracion et gouvernement des enfens et de leurs héritages et leur doit administrer leurs nécessitez des fruis qui en issent, se il souffisent; et sinon, on leur doit bailler des biens, se mestiers est, et bien offrent à bailler les viii escus par an et du temps passé, se mestiers est, et il en appert.

La Court verra la tutele et adjournement et fera droit à fin de recevoir ou non.
X^{1a} 1469, f° 56 v°.

Entre.....

21 Juin 1364

Sur la plaidoirie faite le xx° jour de may et veu l'exploit et lettres royaux et considéré les raisons des parties, etc., il sera dit que les eschevins seront condampnés et contrains à rendre et restituer argent ses xiii^{xx} escus des enfens à Fremin, parmi souffisant caucion qu'il donne de garder de domage la ville et les mineurs dessusdits (1).

Et relieve la Court ceulz d'Amiens de despens et pour cause.

Item, veu la confession de ceulz d'Amiens, la Court les condampne à rendre et paier, pour le proufit de chascun c escus, viii escus, pour chacun an, depuis qu'il eurent ledit argent jusques au jour qu'il fu mis en la main du Roy.
Ibid., f° 93 v°.

XXVI

DOCUMENTS RELATIFS AUX RAPPORTS DE LA COMMUNAUTÉ DES AUGUSTINS ET DE L'ÉCHEVINAGE, DANS LA SECONDE MOITIÉ DU XIV° SIÈCLE (5 pièces), 1364-94.

On remarquera, à première vue, entre le texte des lettres de novembre 1358 et la confirmation de janvier 1365, des différences capitales dont les bénéficiaires eux-mêmes soulignent l'importance quand ils disent devant la Cour (Arrêt du 16 août 1365. V. infra, n° 2) « quod, in predictis primis nostris litteris, per errorem, scriptum et positum fuerat : si major pars ville predicte

---

(1) En marge et ajouté postérieurement : « Et en sont pleiges Senson de la Fère, Guillaume Bourdin, Adam Luilier et Guillaume le Fer, chas- cun pour le tout, obligés à ce, le xxviii° jour d'aoust ensuivant ».

cum majore et scabinis ad hoc consentirent. Quare a nobis alias predictas litteras *puras* obtinuerant ».

Ce qui veut dire que le prince avait moins fait une donation que cédé à des importunités et que les premières conditions, par lui posées, avaient été une déception véritable dont, en présence de l'attitude très ferme des maire et échevins, la communauté n'avait rien négligé pour se libérer. D'où procès.

On trouvera 1° le détail des faits dans notre nouveau volume; nous y renvoyons;

2° Dans l'exposé de l'arrêt du 23 décembre 1371 qu'a donné Aug. Thierry (I, 655), celui des circonstances qui amenaient, en 1358, les Augustins à vouloir s'établir à l'intérieur de la ville.

Cf. XIA 1469, f°s 339, 340, 341. Plaidoiries des 20, 27 avril et 4 mai 1369, relatives à l'acquisition par les Augustins de l'hôtel d'Espaigny.

N° 1. — Confirmation par Charles V de la donation par lui faite, en qualité de régent (novembre 1358), aux Augustins d'Amiens de l'hôpital de sire Liénard le Sec, tombé en forfaiture avec les biens de Jean de Saint-Fuscien, dernier héritier.

Karolus..... Notum facimus universis presentibus et futuris nos nostras alias litteras in cera veridi et filo serico sigillatas vidisse sanas et integras, non viciatas, non cancellatas, nec in aliqua sui parte corruptas, sed omni vicio et suspicione carentes et formam que sequitur continentes :

Karolus, regis Francorum primogenitus, regnum regens, dux Normannie et dalphinus Viennensis. Placens Deo et hominibus heremitarum ordinis Sancti Augustini religio, in qua divine majestatis et assiduitas devote laudis attollitur et virtutum Domino pie vie studia jugiter deferuntur, nostrum incitat et inducit affectum ut, partes et loca ipsius ordinis favore benivolo prosequentes, desideremus et optemus ea merito et munere sive donis exaugeri. Cum itaque viri religiosi, fratres conventus ambianensis heremitarum ordinis sancti Augustini, plura dampna et gravamina, quibus opprimuntur et oppressi nuper fuerunt, in destructione et desolatione certe ecclesie et domorum quondam sitarum in suburbio ville ambianensis predicte, necnon vestimentorum, lectorum et ornamentorum eorumdem subierint, quodque etiam plures fratres dicti conventus, quando suburbia predicta ab inimicis regni subjugata et destructa extiterunt, per eosdem vulnerati, capti et redempti ab inimicis fuerunt, notum facimus universis presentibus et futuris quod nos, pietate sincera moti erga ipsos religiosos conventus antedicti, considerantesque fidelitatem, diligentiam et bonos gestus eorum, quos et quas, in destructione suburbiorum antedictorum, ad tuitionem ipsorum villeque supradicte adhibuerunt, prout ex testimonio plurium

Janvier 1364, v. st.

fide dignorum didicimus, quandam domum nuncupatam hospitale Leonardi le Sec, sitam Ambianis in vico Calceye ad bladum, sicut se extendit in longitudine, latitudine et profunditate, defuncto Jacobo de Sancto Fusciano quondam spectantem et pertinentem, et que domino et genitori nostro predicto et nobis extitit confiscata per forefacturam ipsius Jacobi de Sancto Fusciano, qui, pro certis criminibus et delictis lesionem regie majestatis tangentibus per ipsum commissis et perpetratis, condempnatus sententialiter et ultimo supplicio traditus fuit, fratribus memoratis conventus prelibati, pro se et successoribus suis et ab ipsis causam habentibus et habituris, donavimus et concessimus ac tenore presentium, auctoritate regia qua fungimur, ex certa scientia et gratia speciali, concedimus et donamus hereditarie et imperpetuum, pro divino ibidem per se et eorum successores officio, perpetuis temporibus, celebrando, redditibus et proventibus ad ipsam domum spectantibus et pertinentibus specialiter reservatis ad opus et utilitatem eorum quorum interest vel interesse potest aut imposterum valebit et non ad opus ipsorum religiosorum, cedentes et transferentes in ipsos religiosos et eorum successores et ab ipsis causam habentes et habituros omne jus, omnes actionem, dominium, proprietatem, possessionem et saisinam que et quas in dicta domo habemus seu habere possumus et debemus, ratione forefacture supradicte, dum tamen ad hoc maior dicte ville, saniorque et major pars ad hoc se consenserint seu suum prebere consensum voluerint. In quo casu volumus quod religiosi prelibati domum prefatam extra manus suas, in quantum spectat jus regium, nunc vel futuris temporibus, ponere quovis modo [minime] cogantur seu ipsius domus possessionem et saisinam perpetuas, pro se et eorum successoribus seu ab ipsis causam habentibus et habituris, possint adhipisci. Proviso etiam quod fratres prefati conventus antedicti dicere et celebrare duas missas, qualibet septimana, pro fundatoris domus sepedicte et ejus successorum animabus, perpetuo tenebuntur. Dantes baillivo ambianensi aut ejus locumtenenti districtius in mandatis quatenus, in casu premisso, dictis fratribus conventus antedicti possessiones et saisinam domus predicte tradant et deliberent seu tradi et deliberari faciant, absque difficultate seu dilacione quibuslibet, ac ipsos seu eorum successores et ab ipsis causam habentes et habituros eisdem uti et gaudere faciant et permittant, ullatenus ipsos religiosos cum tenore presentium impediendo aut molestando seu impediri aut molestari a quoquam permittendo. Non obstanti quod domanio regis applicari censeas et aliis donis et gratiis per dictum dominum nostrum aut nos alias sibi factis seu ordinatione regia edita de forefacturis ad opus domus nobilis sancti Audoeni seu palatii regii convertendis aut quacumque alia generali ordinacione, per quam domus hujusmodi vel ejus effectus possit quolibet impediri vel differri. Quod ut firmum et stabile perpetuo perseveret, presentibus litteris nostrum fecimus apponi sigillum, regio et nostro in aliis et alieno in omnibus [jure] salvo. Datum apud Luperam, prope Parisios, anno Domini M° CCC° LVIII°, mense novembri.

Quas quidem nostras litteras suprascriptas et in eis contenta rata habentes et grata, ea volumus, laudamus, approbamus et ex certa scientia, auctoritate regia et de speciali gratia, tenore presentium, confirmamus et, prefatas nostras gratias non diminuendo sed potius ampliando et augendo, ex nostra uberiori gratia memorata, domum nuncupatam hospitale Leonardi le Sec, sitam Ambianis in vico Calceye ad bladum, prout ex predictis litteris nostris clarius continetur, religiosis fratribus predictis conventus antedicti, pro se et successoribus et ab ipsis causas habentibus et habituris, de novo contulimus, conferimus et donamus hereditarie et imperpetuum, pro ecclesia ipsorum fratrum et ad laudem et honorem gloriosissimi beati Johannis Ewangeliste edificanda et ibidem per dictos fratres construenda et pro dicto ibidem, per se et eorum successores, officio perpetuis temporibus celebrando, redditibus et proventibus ad ipsam domum spectantibus et pertinentibus specialiter ad nos reservatis, necnon et prefatam domum, sicut se extendit in longitudine, latitudine et profunditate, amortisavimus et admortisamus, absque quod dicti fratres conventus antedicti vel eorum successores, futuris temporibus, financiam aliqualem nobis vel successoribus nostris facere seu solvere quolibet teneantur, quam financiam qualemcumque sic remisimus, donamus dictis religiosis et quittamus, et absque eo quod predictam domum, nunc vel in futurum, extra manus suas ponere vel alienare cogantur. Proviso tamen quod fratres prelibati dicti conventus unam missam de sancto Spiritu, pro nobis et carissima consorte nostra regina, quamdiu vitam duxerimus in humanis, et postea unam missam de defunctis pro nobis, predecessorum et successorum nostrorum animabus, quolibet mense, solemniter et perpetuo dicere et celebrare tenebuntur. Baillivo ambianensi aut ejus locumtenenti dantes, tenore presentium, in mandatis ut predictis fratribus conventus antedicti possessionem et saisinam domus predicte tradant et deliberent seu tradi et deliberari faciant, ex parte nostra, absque difficultate quacumque, ac ipsos et eorum successores et ab ipsis causam habentes et habituros ejusdem uti et gaudere faciant et permittant, ipsos religiosos ullatenus, contra tenorem presentium, impediri aut molestari a quoquam permittendo, contradictione seu impedimento majoris, burgensiumque et habitantium ville ambianensis ad hoc contrariis non obstantibus.

Quod ut firmum et stabile perseveret in futurum, sigillum nostrum hiis presentibus litteris duximus apponendum, nostro in aliis et alieno in omnibus jure salvo.

Datum Parisius, anno Domini M° CCC° LXIIII°, mense januarii.

JJ 98, n° 142.

N° 2. — Révocation par la Cour de la précédente donation sur l'instance des maire et échevins.

Nous publions ici cet arrêt, bien qu'il figure aux archives d'Amiens, (AA I, f° 131),

1° Pour en rétablir la véritable date, 16 août 1365 ;

2° Parce qu'il est nécessaire à l'intelligence des faits exposés ci-dessus, comme la publication des lettres de novembre 1358 et de janvier 1364, v. st., à la sienne.

Il n'est que le développement des plaidoiries et de l'arrêt de Conseil des 15 mai et 6 août.

V. X^{ia} 1469, f°s 55 v° et 97 v°.

16 Août 1365

Lite mota in curia nostra inter majorem, scabinos et communitatem ville nostre ambianensis, ex una parte, et priorem et fratres beati Augustini ambianensis, ex altera, super eo quod dicti maior et scabini et communitas dicebant se legem et communitatem habere, eisdem a nostris predecessoribus traditam et concessam et quam nobis juraverant, jusque nostrum dicteque ville servare, habebantque, in tota dicta villa et ejus banleuca, omnem justiciam, exceptis solum ressorto et supperioritate nostris et quibusdam casibus nobis specialiter reservatis, erantque omnia hereditagia in dicta villa et ejus banleuca situata, ob causam predictam, sibi justiciabilia et tailiabilia, et quod defunctus Leonardus, dictus le Sec, tunc civis ambianensis, in testamento suo seu ultima voluntate, ordinaverat quamdam domum suam, quam habebat, tempore quo vivebat, Ambianis situatam, in vico qui dicitur ad Magnam Calceiam ad bladum, pro fundando et faciendo unum hospitale ad hospitandum certos pauperes, et certos redditus pro dictorum pauperum substentatione, et quod heredes sui successive, unus post alium, haberent gardiam seu administracionem hospitalis predicti ; post obitum cujus hospitale predictum fuerat fundatum et in eo lecti positi, pauperes recepti ac hospitati et substentati, per spacium XL annorum et amplius, juxta ordinationem testatoris antedicti, usque ad hoc quod defunctus Jacobus de Sancto Fusciano, qui tunc, ut heres dicti Leonardi, habebat administracionem hospitalis memorati, propter ejus demerita, fuerat justiciatus, proptereaque hospitale et redditus predicti capti et positi fuerant in manu inclite recordationis carissimi domini ac genitoris nostri, dum vivebat, et nostra, quod hospitale seu domum, dum, tunc absente dicto genitore nostro, regnum regebamus, dictis priori et fratribus donaveramus, in casu quo major pars et sanior burgensium et habitatorum, cum majore et scabinis dicte ville, ad hoc consentirent. Virtute cujus doni, prior et fratres predicti se poni et tueri fecerant in dicto hospitali seu domo per baillivum nostrum ambianensem seu ejus locumtenentem, et ejusdem hospitalis possessionem apprehenderant. Dicebant insuper dicti major et scabini et communitas quod a nobis certas litteras obtinuerant, per quas dicti prior et fratres ab hospitali seu domo predicta expulsi fuerant seu sine oppositione recesserant, propter hoc quod donum predictum, ut premittitur, eis factum fuerat in prejudicium nostrum et ville nostre predicte. Et expost dicti prior et fratres a nobis alias litteras obtinuerant, per quas hospitale seu domum predictam eis plane et pure donaveramus, per ipsos imperpetuum tenendum et possidendum, pro officio divino, in honorem Dei et beati Johannis Ewangeliste, selebrando et contradictionibus dictorum majoris, scabinorum et communitatis non obstantibus quibuscumque, mediantibus tamen quibusdam modificationibus et promissionibus in litteris super hoc confectis plenius declaratis. Virtute quarum litterarum, per baillivum nostrum predictum seu ejus locumtenentem, in dicto hospitali seu domo positi fuerant et ejus possessionem apprehenderant. Que erant et sunt in juris nostri ac dicte ville et pauperum predictorum et reipublice prejudicium et dampnum non modicum ac contra voluntatem seu ordinacionem testatoris antedicti; tuncque pauperes, qui in dicto hospitali debent recipi et substentari, jure suo spoliarentur et privarentur nec voluntas testatoris adimpleretur et dictum hospitale seu domus, quod est justiciabile et tailliabile, remaneret admortisatum, possentque dicti prior et fratres dictum locum accrescere de locis et tenementis dicte ville subditis; et quod dictum hospitale seu domus, circa fines ville predicte situatum, ad quem locum si malefactores, pro immunitate habenda, confugerent, facilliter inde recedere possent impuniti; habent etiam dicti prior et fratres bonum locum et ecclesiam dedicatam et amortisatam, extra muros ville predicte, in qua plures burgenses et habitatores dicte ville suas olim elegerunt sepulturas et in qua consueverant ab antiquo dicti religiosi continue residere, quod de facili posset reparari. Proponebant insuper dicti major et communitas quod bona talia seu redditus, de quibus in testamento predicto fit mentio, secundum ejus tenorem, ad nos seu disposicionem nostram pertinere non poterant seu debebant. Insuper dicebant quod hospitale seu domus predictum semper bene et debite fuerat gubernatum et continue erat certus administrator qui bona, redditus et pauperes administrabat et regebat. Quare petebant maior, scabini et communitas predicti dici et pronunciari ipsos et non dictos religiosos esse admittendos, attentis rationibus predictis et periculis que, ratione situationis loci predicti, evenire possent, eosque servari et teneri in possessione et saisina hospitalis et domus predicte et quod dicti prior et fratres exire cogerentur et in expensis hujusmodi cause condempnarentur, pluribus aliis rationibus super hoc allegatis.

Dictis priore et fratribus ex adverso proponentibus et dicentibus quod dicta domus dicto Jacobo de Sancto Fusciano, per successionem dicti testatoris, obvenerat qui, propter crimen lese majestatis, ultimo supplicio traditus fuerat et sic jure confiscationis nobis pertinebat et obvenerat et quod per talia bona, que tali causa seu disposicione nobis obveniebant, testamentum seu ordinacio testatoris predicti formaliter adimpleri non valebat et *quod, in predictis primis nostris litteris, per errorem, scriptum et positum fuerat — « si major pars ville predicte cum majore et scabinis ad hoc consentirent ». — Quare a nobis alias predictas litteras puras obtinuerant* dicti religiosi, per quas dictam domum eisdem donaveramus, contradictionibus predictorum majoris, scabinorum et communitatis non obstantibus, fueratque et erat dicta domus admortisata Et sic major, scabini et communitas predicti nullum jus habebant in eadem, nec intererat sua domum predictam impedire, ratione testamenti predicti, quod adimplere non poterant. Dicebant insuper quod dicta domus non erat dictorum majoris, scabinorum et communitatis talliabilis, quia tallie ville predicte erant dumtaxat personales, et quod, in rebus ob crimen predictum nobis obvenientibus, nullus poterat jus aliquod reclamare et quod, in dicta domo, nunquam fuerat hospitale fundatum, nec pauperes recepti, sed, quolibet anno, heredes testa[to]ris predicti inter se, pro portionibus sibi contingentibus, bona et redditus domus predicte dividebant, nec apparebat heres vel executor qui, per mortem dicti defuncti, pretenderet interesse, nec etiam declarabant dicti major, scabini et communitas quantam seu qualem talliam debebat domus predicta et, quamvis heredes testatoris memorati, per ejus disposicionem, dictam domum et ejus redditus alienare seu vendere non valerent, attamen bene poterant confiscari. Quare petebant dictos majorem, scabinos et communitatem ad predicta per eos petita non admitti, pronunciarique ipsos non habere causam vel actionem contra priorem et fratres memoratos ac eosdem in dictorum religiosorum expensis condempnari, plures alias rationes ulterius ad fines allegando predictos.

Auditis igitur in curia nostra partibus antedictis, in omnibus que dicere et proponere voluerunt, visisque testamento et litteris predictis, consideratisque dictarum partium rationibus et hiis ac omnibus aliis que dictam curiam nostram movere poterant et debebant, per arrestum ipsius curie nostre, dictum fuit quod littere per dictos religiosos impetrate et obtente erant et sunt subrepticie ac torsonnarie et inique, easque anullavit et anullat dicta curia, per idemque arrestum dictum fuit quod maior, scabini et communitas predicti erant et sunt ad proposita et petita per eos admittendi ac ipsos admisit et admittit curia nostra predicta, dicti vero religiosi non erant nec sunt admittendi, tenebunturque et tenentur dictam domum seu hospitale exire et vacuare et ad hoc compellentur, si fit opus. Mandabitur insuper baillivo nostro ambianensi aut ejus locumtenenti quatenus propinquiorem et ydoneiorem heredem seu successorem dicti defuncti Leonardi compellat ad regendum dictum hospitale et recuperanda bona ad illud pertinentia committendum, in adimpletionem testamenti et ordinacionis dicti defuncti Leonardi. Si vero nullus heres reperiatur, qui premissa facere et adimplere non valeat, dictus baillivus vel ejus locumtenens, ex officio nostro, adimplebit aut adimpleri faciet predicta, juxta disposicionem prefati Leonardi, ut est dictum, dictos priorem et fratres ab expensis relevando et ex causa.

Pronunciatum, die xvi^a Augusti, anno Domini M° CCC° LXV°.

X^{1A} 20, f° 170 v°.

N° 3. — Autorisation aux héritiers Liénard le Sec de se désister d'un procès pendant au sujet du règlement dudit hôpital et de transiger entre eux.

Cette pièce, la seule que nous ayons trouvée relative à cet incident, est la meilleure réponse à l'affirmation des Augustins que l'hôpital Liénard le Sec était tombé non seulement en forfaiture mais en déshérence, par suite de l'extinction de la postérité du fondateur.

Nostre placuit curie quod, de et super causa in dicta curia nostra pendente, nos in aliquo minime tangente, inter Guillelmum de Barra, ex una parte, et Freminum de Villa et Mariam de Sancto Fusciano ejus uxorem, tam suis nominibus, quam habentibus magisterium, regimen vel administracionem domus seu hospitalis, Ambianis situatorum, per Leonardum dictum le Sec, quondam scivem ambianensem, fundatorum, ex altera, causa et occasione regiminis vel administracionis domus seu hospitalis predictorum, partes predicte admittentur concordare sine emenda et a (1) dicta nostra curia re[ce]dere valeant.

24 Janvier 1369, v. st.

Datum de Simonis, dicti Marthanie, dicti Guillelmi de Barra et Girardi de Sancto Crispino dictorum conjugum, nomine quo supra, procuratoris consensu. (24 janvier 1369).

X^{1A} 22, f° 39 v°.

1) Le texte porte par erreur *ad* au lieu de *a*, *redere* pour *recedere*.

Cf. sur l'hôpital Saint-Liénard et les héritiers Liénard le Sec qui l'administrent : X¹ᶜ 64, nᵒˢ 1 et 2.

1ᵉʳ décembre et 4 janvier 1391. v. st. Accord passé en Parlement entre les maire et échevins et demoiselle Ameline de Saint-Fuscien, veuve Pierre Grimaut, héritière Liénard le Sec, « ayant le gouvernement et administration de ladite maison », pour apaiser un différend survenu à raison de certaine quantité de merrains et engins, mis en garde par les maire et échevins audit hôpital, dont ils ne voulaient vider les lieux ni payer le loyer. (Il y avait eu appel en Parlement sur l'arrêt donné contre la dite Ameline par le bailli).

Nᵒ 4. — *Confirmation par la Cour d'un arrêt du bailli contraignant les Augustins, sur l'instance de l'échevinage, à vider l'hôtel d'Espagny.*

Cette pièce est un nouvel acte de la lutte soutenue par l'échevinage pour refuser à la communauté des Augustins l'entrée de l'intérieur de la ville. Chassée de Saint-Liénard, celle-ci venait d'acheter la maison d'Espagny et s'y était établie, malgré l'opposition des maire et échevins, qui en avaient appelé au Parlement. Entre temps et le procès pendant, pour contredire à certaines lettres de provision obtenues par la communauté et l'autorisant à rester, ils sollicitèrent du Roi un mandement contraire. Ce document, reproduit dans l'arrêt, enjoignait au bailli de mettre sous séquestre la maison en litige et, jusqu'à l'arrêt de la Cour, d'en faire sortir les Augustins, en les contraignant à remettre toutes choses en l'état, sans avoir d'ailleurs à prononcer entre les parties. Ce qui fut fait.

C'est sur la validité de ces deux mandements contradictoires que s'engage le débat devant le Parlement. La Cour conclut, une fois de plus, en faveur des maire et échevins et confirme l'exécution du bailli, en condamnant la communauté aux dépens.

Le 18 août suivant, elle taxe leur part de frais, à prendre sur celle-ci, à 24 l. 15 s. p.

L'arrêt du 7 juillet n'était qu'un arrêté d'expulsion ne préjugeant rien sur le fond du litige, le prétendu droit des Augustins d'acquérir et de faire amortir, dans la ville d'Amiens, de nouveaux immeubles. C'est sur cette question capitale que fut rendue, entre la communauté d'une part, l'évêque et le chapitre, l'échevinage, l'abbaye de Saint-Martin-aux-Jumeaux et le curé de Saint-Leu, de l'autre, la célèbre décision qu'a publiée Aug. Thierry, I, 655, seq., (29 décembre 1371). Les religieux furent encore déboutés et leurs prétentions condamnées, ce qui entraînait la révocation de leurs lettres d'amortissement et l'obligation de se défaire de l'immeuble litigieux. Ils durent retourner dans leur faubourg et réintégrer leur premier établissement, trois fois détruit et rasé, dans le cours de l'année 1358-59, par ordre des maire et échevins. Il ressort bien de ce document que ce n'est pas tant à leurs désirs d'agrandissement et de sécurité plus grande qu'en voulait l'échevinage qu'à leur existence même. V. *supra*, II, anno 1311.

7 Juillet
1369

Lite mota coram gubernatore baillivie nostre ambianensis inter maiorem, scabinos et communitatem ville nostre ambianensis, ex parte una, et religiosos, fratres, priorem et conventum ordinis Sancti Augustini, ex altera, super eo quod dicti maior et scabini certas litteras contra dictos fratres a nobis novissime impetraverant, per quas dicto gubernatori mandabatur quod si, vocatis evocandis, sibi summarie et de plano constaret causam vendicionis et admortisacionis domus dicte de Spaniaco, in dicta villa ambianensi situate, per dictos fratres empte, prout fertur, per oppositionem dictorum majoris et scabinorum ad nostram Parlamenti curiam fuisse devolutam et propter querimoniam, in casu saisine et novitatis, per dictos majorem et scabinos contra dictos fratres factam, pro eo quod dicti fratres, contra voluntatem et prohibitionem dictorum majoris et scabinorum, dictam domum intraverant, ibique altaria ad celebrandum, ymagines, pluraque alia edificia ad usum ecclesie construxerant, in eadem remanere nitentes, ad quam dicti fratres se opposuerant, fuisset res contenciosa in manu nostra posita, dictos fratres compelleret seu compelli faceret ad exeundum dictam domum, necnon ad reparandum ac in statu debito reponendum omnia et singula que, post et contra dictas querimoniam et opposicionem ac in dicto Parlamento factam assignacionem, facta fuissent seu illata, remque contenciosam in dicta manu nostra teneret ac per eamdem gubernaret et absque recredentia seu provisione cuiquam dictarum partium facienda, quousque dicta curia, partibus auditis, aliud duxisset ordinandum, non obstantibus certis litteris provisionis per dictos fratres antea impetratis, virtute quarum, dictis maiore et scabinis non vocatis nec auditis, dicti fratres in dicta domo remanebant. Quare petebant dictas litteras, contra dictos fratres impetratas, validas et non subrepticias pronunciari et eas impleri et executioni demandari ac eis in expensis condempnari.

Dictis fratribus proponentibus ex adverso quod dicte littere, per dictos maiorem et scabinos impetrate, erant subrepticie et, tacita veritate ac expressa falsitate, obtente, quare petebant dictas litteras subrepticias pronunciari, nec eas contra ipsos, ad utilitatem dictorum majoris et scabinorum et communitatis, debere impleri, nec executioni demandari, plures rationes ad dictos fines hinc inde proponendo.

Tandem per dictum gubernatorem fuisset pronunciatum quod dicte littere, novissime per dictos maiorem et scabinos impetrate, contra dictos fratres implerentur ac exequerentur, dictique fratres exire dictam domum, pendenti dicto processu super dicto casu novitatis, ac quecunque facta fuerant in prejudicium dictorum majoris et scabinorum ac communitatis, post dictas querimoniam et opposicionem, reparare tenerentur et compellerentur, ipsos in expensis condempnando, fuisset per dictos fratres ad nostram curiam appellatum.

Partibus antedictis in dicta curia auditis, processuque utrum bene vel male fuisset appellatum ad judicandum recepto, eo viso et diligenter examinato, per judicium dicte curie, dictum fuit dictum gubernatorem bene judicasse et dictos fratres male appellasse et emendabunt appellantes, eosdem in expensis condempnando, earumdem taxatione dicte curie reservata.

Pronunciatum viiᵃ die julii, anno Mᵒ CCCᵒ LXIXᵒ.

X¹ᴬ 19, f⁰ 366 v⁰.

18 Août 1369

Karolus, etc. gubernatori baillivie nostre ambianensis aut ejus locumtenenti, salutem, vobis committimus et mandamus quatenus religiosos, fratres, priorem et conventum ordinis Sancti Augustini ambianensis ad reddendum et solvendum dilectis nostris majori, scabinis et communitati ville nostre ambianensis aut eorum certo mandato summam xxiv l. p. xiv s. monete nunc currentis, pro certis expensis per curiam nostram ad dictam summam taxatis, in quibus dicti religiosi, per certum judicatum dicte curie nostre, in nostro presenti Parlamento, prolatum, erga dictos majorem, scabinos et communitatem, extiterunt condempnati, viis et remediis juris competentibus, viriliter et debite compellatis seu compelli faciatis indilate. Datum Parisius in Parlamento nostro, die xᵃ viiiᵃ augusti, anno Mᵒ CCCᵒ LXᵒ IXᵒ.

X¹ᴬ 21, f⁰ 443.

Nᵒ 5. — Nouvelle confirmation par la Cour d'un arrêt du bailli rendu contre les Augustins, à la poursuite de l'échevinage.

Vingt ans après l'arrêt du 23 décembre 1371, la guerre continuait toujours entre les Augustins, l'échevinage et les bourgeois d'Amiens, qui ne perdaient pas une occasion de manifester aux religieux leur antipathie. Le document qui suit nous fournit une nouvelle preuve du système de vexations et de parti-pris pratiqué à leur endroit.

Comme ils venaient, pour leur sécurité, de faire enclore de murs leurs jardins et les terrains jadis démolis des faubourgs, un riche bourgeois, leur voisin, Thomas de Hangart, avait imaginé d'adosser des constructions à leur infirmerie et d'amonceler, contre le mur de clôture, une telle quantité de terres et d'immondices qu'il en était tout gâté et dominé au point qu'on pouvait voir tout ce qui se passait à l'intérieur. Saisi de leurs plaintes, l'échevinage avait décidé de faire visiter les lieux par ses *caticheurs* jurés et d'y mettre ordre, sur leur rapport. Mais, quelques instances qu'on leur en fît, par la suite, ceux-ci avaient refusé de faire un rapport et l'échevinage de rien conclure. La communauté avait donc dû solliciter un mandement de renvoi devant le bailli. Mais là maire et échevins avaient protesté contre leur dépossession, les religieux soutenant au contraire qu'ils n'avaient pas seulement négligé de faire droit, mais publiquement renoncé à l'affaire, ce dont ils offraient de faire la preuve.

Le bailli n'admit les parties qu'à déposer des mémoires, sans consentir à recevoir la preuve des faits allégués; et les plaignants, se disant lésés, en appelèrent au Parlement.

Devant la Cour, on dut s'expliquer et il faut bien avouer que les explications des maire et échevins ne sont pas d'une sincérité parfaite. S'il n'y a eu ni rapport, ni jugement, disent-ils, c'est que les religieux n'ont pas voulu satisfaire aux réquisitions des *caticheurs*, prétendant être crus sur parole. En conséquence, le maire a bien pu dire qu'il ne s'occuperait plus de l'affaire, sans y renoncer pour cela expressément. L'eût-il fait, son propos n'engageait que lui, non son successeur et ses collègues de l'échevinage. Le bailli a donc bien jugé, en n'admettant les parties qu'à déposer leurs mémoires, sans accepter la discussion sur le fond.

C'est pourtant cette singulière version qui fut adoptée. Il en coûta aux Augustins une nouvelle condamnation à l'amende et aux frais, la cause devant retourner devant le bailli, in statu quo ante.

Cum gardianus et fratres conventus fratrum minorum ambianensium, virtute certarum litterarum a nobis obtentarum, Thomam de Hangart, civem ambianensem, coram baillivo ambianensi fecissent evocari super eo quod ipsi dictum Thomam alias, coram maiore et scabinis predicte ville ambianensis, adjornari fecerant et contra eum proponi quod dudum, propter imminens guerrarum periculum, domus habitationis ipsorum fuerat demolita, quodque postmodum jardinos et spacia ejusdem fecerant, pro tuta eorum habitatione, murorum clausura circumdari; sed dictus Thomas, qui potens est et dives, volens ipsos gravare, contra muros loci infirmarie dictorum religiosorum, quedam fecerat fieri edificia et, hiis non contentus, contra muros etiam clausure predicte, altitudinis xii^{im} pedum vel circa, dictus Thomas terras et immundicias poni altitudinem dicti muri excedentes, que corrumpebant murum predictum et per quarum excessivam quantitatem prefatus Thomas et existentes super ipsas omnia que fiebant in dictis eorum jardinis poterant inspicere et, quod, pluries summatus, prelibatus Thomas desistere a predictis noluerat, ipsum coram dictis maiore et scabinis fecerant conveniri, per quos, ad visitandum loca predicta, catissores seu jurati fuerant commissi et, eorum audita relacione, super premissis provideretur. Sed dicti jurati suam noluerant facere relacionem et, licet sepius super hoc dictis maiori et scabinis fuissent conquesti, iidem tamen maior et scabini nullam eis fecerant provisionem. Et ob hoc dictas litteras nostras prefato baillivo directas impetraverant, quarum vigore, partibus coram ipso comparentibus, dicti maior et scabini ac etiam predictus Thomas causam coram eisdem, ex eo maxime quod res et loca, ratione quorum erat controversia, in eorum erant jurisdicione situata, remitti petierant; sed ex adverso, pro parte dictorum religiosorum, proponebatur quod ipsi pluries maiorem dicte ville quatenus eisdem justitiam faceret requisierant, qui, multis eisdem datis dilacionibus, tandem, pluribus ex scabinis ville presentibus, responderat quod de eorum facto vel causa contra dictum Thomam nolebat amplius cognoscere et quod alibi quam coram ipso vel scabinis, si sibi crederent expedire, prosequerentur et quod id volebat et consentiebat, ad quod etiam probandum petebant admitti, quibus attentis, causam predictam coram ipsis majore et scabinis amplius remitti non debere concludebant, nam per hoc dictos maiorem et scabinos cognicioni cause

12 Janvier 1393, v. st.

predicte renunciasse dicebant. Super quibus dictus baillivus partes predictas adscribendum, per modum memorie, appunctaverat, ipsos ad proposita per ipsos probandum non admittendo, unde prefati religiosi, sencientes se gravatos, ad nostram parlamenti curiam appellaverant; quare premissis attentis, male per dictum baillivum judicatum et bene per ipsos appellatum fuisse dici et pronunciari, necnon quod dicti appellati in eorum expensis condempnarentur prenominati religiosi concludebant.

Supradictis Thoma ac maiore et scabinis proponentibus in contrarium quod cum prefati religiosi Thomam prelibatum, super propositis per ipsos, coram eis fecissent evocari, per ipsos maiorem et scabinos quod scatissores sive jurati locum seu loca visitarent et quod suam facerent relationem fuerat ordinatum. Et, quia religiosi predicti eisdem satisfacere noluerant, relationem ipsorum habere nequiverant, volebantque iidem religiosi quod eorum assercioni crederetur, pluries id a dicto maiore requirendo, per quem, post multa tediosa verba per ipsos audita, fuerat eisdem responsum quod de eorum causa se non intromitteret amplius, nisi dictorum juratorum seu scatissorum relationem haberent. Quapropter ipsi litteras nostras, tacito de predictis, impetraverant. Super quibus, eisdem partibus coram prelibato baillivo comparentibus, dictus Thomas proponebat quod ipsi coram prefatis majore et scabinis in processu tenebant ipsum, petens coram ipsis remitti, et idem etiam dictorum maioris et scabinorum procurator petebat, religiosis predictis quod major cognicioni dicte cause renunciaverat proponentibus ex adverso. Super quo, dicti Thomas atque maior et scabini seu procuratores ipsorum dicebant quod nunquam dictus maior precise renuntiaverat, sed dumtaxat quod se non intromitteret, nisi relationem juratorum haberent. Et esto quod maior solus id dixisset, juri tamen ville et scabinorum, presertim cum amplius is qui tunc erat maior non esset, prejudicare non poterat; predictis vero partibus super hoc auditis, predictus baillivus easdem partes ad scribendum, per modum memorie, appunctaverat; a quo quidem appunctamento per dictos religiosos ad supradictam curiam nostram fuerat appellatum; perque dictum baillivum bene judicasse et eosdem religiosos male appellasse dici et pronunciari et quod in eorum expensis condempnarentur religiosi prelibati petebant maior et scabini predicti, ad hoc concludendo.

Demum partibus antedictis in omnibus que circa premissa et tam replicando quam dupplicando proponere voluerant auditis, omnibusque considerandis diligenter attentis et que dictam curiam nostram in hac parte movere poterant et debebant, per arrestum ejusdem curie nostre, dictum fuit supradictum baillivum bene judicasse et dictos religiosos male appellasse et emendabunt, ipsos etiam in expensis hujus cause appellacionis condempnando, earumdem expensarum taxatione memorate curie nostre reservata. Et per idem arrestum eosdem religiosos coram dicto baillivo processuros et alias quod racionis fuerit facturos remisit et remittit. (12 janvier 1393).

X¹ᵃ 41, f⁰ 124 v⁰.

XXVII

Confirmation d'une sentence préjudicielle interlocutoire des Requêtes du palais contre les maire et échevins, dans un procès contre un rentier de la ville, et renvoi au même tribunal pour juger sur le fond.

On voit, par la pièce suivante, qu'en 1365 la Ville, apparemment fort obérée, opposait aux réclamations d'un rentier des lettres d'état la dispensant provisoirement de payer ses rentes à vie. Celui-ci obtint contre elle des lettres de jussion et les fit valider aux Requêtes du palais, où l'on décida de retenir la cause pour juger sur le fond, nonobstant la demande de renvoi par-devant le bailli d'Amiens des maire et échevins, ceux-ci étant condamnés aux frais.

C'est cette sentence que la Cour confirme en appel.

Cum a quadam sententia per dilectas et fideles gentes requestarum nostri Palatii, commissarios in hac parte, lata, pro Michaele Martini, burgensi ambianensi, contra maiorem, scabinos, communitatem et habitantes dicte ville, per quam pronunciaverant certas litteras per dictum Michaelem, ratione certorum reddituum ad vitam eidem Michaeli per eosdem de Ambianis debitorum, ut dicebat, impetratas bonas et validas et quod cognoscerent de causa inter partes, nec remitteretur causa ad baillivum nostrum ambianensem, prout per ipsos de Ambianis fuerat petitum, sed procederent coram eis dicte partes in causa, ut esset rationis, non obstantibus litteris status per dictos de Ambianis impetratis seu quibuscumque aliis in contrarium propositis per eosdem, ipsos de Ambianis in expensis ratione retardati processus factis eidem Michaeli condempnando, earum taxatione in diffinitiva sentencia reservata, certam diem ad procedendum, in dicta causa, coram eis, secundum formam et tenorem dicte interlocutorie, dictis partibus assignantes, fuisset, ex parte ipsorum de Ambianis, ad nostram curiam appellatum, auditis partibus, in dicta curia nostra, appellationis predicte processuque ad judicandum an bene vel male fuisset appellatum recepto, eo viso et diligenter examinato, per judicium curie dictum fuit predictas gentes bene judicasse et dictos de Ambianis male appellasse et emendabunt appellantes. Et,

6 Décembre 1365

per idem judicium, dicta curia nostra dictos appellantes in expensis hujusmodi cause appellationis condempnavit, taxatione earum ipsi curie reservata; remisitque dicta curia nostra dictas partes coram predictis gentibus requestarum in ipsa causa processuras, prout fuerit rationis.

Pronunciatum vi^a die decembris, anno M° CCC° LXV°.

X^{ia} 19, f° 110.

XXVIII

DOCUMENTS RELATIFS AU PRIEURÉ DE SAINT-DENIS, (2 pièces), 1366-1375.

N° 1. — Ajournement contre les maire et échevins, en tant que solidairement responsables d'une exécution commencée par cinq bourgeois contre le prieuré de Saint-Denis.

A la suite de la destruction des faubourgs par les Navarrais, en septembre 1358, l'échevinage avait décidé de faire raser les ruines et édifices encore debout, dont l'ennemi eût pu faire des lieux d'embuscade, et obtenu du régent, à cette intention, des lettres de décharge du 30 janvier 1360 (Aug. THIERRY, I, 609).

Les religieux du prieuré Saint-Denis, pour sauver leur maison, obtinrent, de plusieurs chevaliers et gens compétents, une attestation que ledit prieuré était réellement un lieu fort et défendable et, pour que nul n'en ignorât, y firent apposer par le comte de Saint-Pol les panonceaux royaux. Ce qui n'empêcha pas cinq bourgeois notables (trois échevins du 28 octobre 1358 et leurs frères) d'y pénétrer, de vive force, et, sans autorisation aucune, d'en commencer la destruction. L'édifice fut démoli, les matériaux enlevés, les arbres couverts de fruits arrachés du sol, et même un serviteur du prieur cruellement blessé. Les religieux obtinrent alors, du roi Jean, des lettres d'ajournement en Parlement contre les coupables, et présentèrent à la Cour une demande de réparation, frais et dépens, etc. Les cinq bourgeois appelèrent, de leur côté, la ville et l'échevinage en garantie.

Par son arrêt, la Cour, sans accorder, ni refuser la garantie, se borne à donner assignation au Magistrat, aux cinq bourgeois et à leurs héritiers, aux prochains jours d'Amiens.

La cause était encore pendante en 1373, comme il ressort de l'appointement suivant, donné par la Cour, le 4 février de cette année :

« Entre le prieur de Saint-Denis d'Amiens, d'une part, et le Sene, en son nom et comme tuteur et curateur des enfans de son feu frère, d'autre part. Sur le contenu en l'impétracion du prieur, qui conclut à réédificacion du moustier et édifice, ou à x^M l. t., pour chascun an, cc lib. pour domage et défaut des édifices non refais, à amendes proufitables et honorables, à dommages, intérêts et despens.

Sene propose sa bonne renommée, etc.

Finablement appointiés sont en fais contraires ».

X^{ia} 1470, f° 12, 4 février 1372, v. st.

Nous ignorons la suite.

Cum lis esset mota, in nostra curia parlamenti, inter abbatem et conventum Majoris Monasterii et priorem Sancti Dyonisii ambianensis, membrum dicti Majoris Monasterii et procuratorem nostrum, quatinus quemlibet ipsorum tangebat, actores ex una parte, et Firminum et Jacobum dictos Daudeluye fratres, Johannem le Sene et Petrum, ipsius fratrem, ac Jacobum Dippre, habitantes ville ambianensis, defensores ex altera, super eo quod dicti religiosi, in nostra protectione et salva gardia existentes, proposuissent dictum prioratum Sancti Dyonisii fortem seu deffensibilem aut inimicis nostris aptum, si, tempore guerrarum, ipsos ibidem venisse contigisset, minime fuisse, prout per milites et alios super facto guerrarum expertos relatum extitisset, non consulentes quod dirrueretur aut demoliretur quoquo modo, et, ne aliquis quidquam mali in dicto prioratu faceret et ne de ignorancia excusari posset, dilectus et fidelis consanguineus noster, comes Sancti Pauli, tunc locum nostrum tenens in partibus illis, ex certa scientia, panoncellos regios fecisset apponi. Quibus non obstantibus, dicti defensores, magis voluntarie et de facto quam juste vel rationabiliter procedentes, a nobis aliquali licentia non obtenta, dictum prioratum dirruerant seu dirrui et demoliri fecerant, lapides, tegulas et fustam dicti priorati in suis propriis domibus ac operibus dicte ville converterant, arbores in jardinis existentes, fructum portantes penitus extirpaverant et, hiis non contenti, quemdam dicti prioris familiarem crudeliter verberaverant, et ob hoc dicti religiosi et procurator noster a carissimo genitore nostro impetraverant certas litteras, quibus primo servienti nostro mandabatur quatinus prenominatos et alios, quos culpabiles per informacionem reperiret, in dicta curia nostra adjornaret; que littere contra prenominatos defensores, tanquam culpabiles, fuerant execute. Quare petebant dicti religiosi et procurator noster ad reficiendum dictum prioratum, in statu eque bono ut ante erat, ac dampnis, interesse et expensis passis et habitis occasione premissorum dictos defensores condempnari.

Dictis defensoribus proponentibus quod ea que facta extiterant factum ville debebant censeri, propter quod majorem et scabinos ac ville predicte communitatem in garandum petebant ipsis dari.

Dictis religiosis et procuratore nostro replicantibus ex adverso, certas rationes ad hos fines proponendo.

Tandem, partibus auditis in hiis que dicere et proponere voluerunt, visis litteris per ipsas partes exhibitis, consideratisque partium rationibus, cum omnibus aliis que dictam curiam nostram movere poterant et debebant, per arrestum ipsius curie dictum fuit quod dicta curia dictis defensoribus garandum seu adventum de presenti non concedit, nec denegat, sed adjornamentum contra dictos majorem, scabinos et communitatem, ad dies baillivie ambianensis nostri futuri proximo parlamenti, dictis defensoribus aut heredibus mortuorum, si qui sint, ipsa curia concessit, ad quos dies dicti defensores dicent et proponent, contra predictos majorem, scabinos et communitatem, quicquid dicere et proponere voluerint. Si vero dicti religiosi adjornamentum contra heredes illorum qui decesserunt habere voluerint, predicta curia eisdem concedet ad predictos dies ambianenses. In cujus rei testimonio, sigillum nostrum presentibus litteris jussimus apponi.

Datum Parisius, in Parlamento nostro, die xix^a septembris, anno M°CCC°LXVI°.

X^{1a} 20, f° 363 v°.

N° 2. — *Accord entre les religieux du prieuré Saint-Denis et un de leurs censiers, Pierre Dachères, ratifié par la Cour.*

Bien que cette pièce n'ait aucun rapport avec la précédente, nous la lui donnons comme suite, à titre d'état des lieux.

On n'apprendra pas sans intérêt que les religieux du prieuré et leurs sergens se livraient très volontiers au plaisir de chasser, « à chaude chace, à chiens et à fillés », les lapins et autres bêtes, dans les dépendances de leur maison des faubourgs, ce qui les entraînait parfois à pénétrer dans les tenures de leurs censiers — « vignes, terres labourables, jardins, aunois et aucuns viviers, » — bien qu'ils n'y eussent droit de garenne. L'un d'eux s'en plaignit au Roi, qui déféra la cause au Parlement, où les parties se présentèrent aux jours de Senlis; Pierre Dachères s'y plaignit en outre d'une saisie faite indûment de ses chevaux, en une pièce de terre non acensée des religieux, pour refus de paiement de sa rente de 1372, et de leur détention pendant un mois, d'où une perte de 30 l. et plus était résultée pour lui.

L'accord conclu sur les deux faits stipule : sur le premier, annulation de l'exploit de chasse contesté, à la condition que Pierre Dachères sera tenu de parfaire et réparer sa clôture; sur le second, remise au plaignant de trois années de sa rente.

17 Mai 1375

Sur ce que Pierre Dachères s'estoit dolu, en cas de nouvelleté, disant que, jaçoit ce que, à bon et juste tittre, il et ceulx dont il a cause avoient esté et sont encores en bonne possession et saisine paisiblement, de si lonc temps qu'il souffist à bonne possession et saisine avoir acquise, de tenir, avoir et posséder une closture joignant à son hostel, qu'il a en la ville d'Amiens, lequel fu messire Guillaume de Fours, chevalier, en laquelle sont aucunes vignes, terres labourables, jardins, aunois et aucuns viviers, en la censive des religieux de Saint-Denis, à cause de leur terre et seigneurie dudit lieu d'Amiens, sans ce que lesdits religieux ne autres y puissent ou doient demander, ne réclamer droit de garenne, néantmoins Jehan Prévost d'Amiens, escuier garennier, et Guillaume Poulier, sergent desdits religieux, audit lieu d'Amiens, estoient venus en l'ostel dudit

Pierre Dachères et d'icelli entrés en ladite closture et en icelle chacié à chiens et à fillés, prins aucuns connins et yceulx emportés, au desceu dudit Pierre Dachères et contre sa volenté, en le troublant et empeschant en sadite possession et saisine indeuement et de nouvel, pour laquelle chose avoit esté mandé que, se il estoit ainsi, il fust tenus et gardé en sadite possession et saisine et, se lesdits Jehan Prévost et Poulier se vouloient opposer au contraire, les lieux restablis et la chose contencieuse mise en la main du Roi, jour fust assignés as opposans par devant nos sires tenans le présent parlement, ès jours du baillage de Senlis. Et pour ce que lesdits Jehan et Poulier s'opposèrent, en tant comme à eux pooit touchier, la chose contencieuse eust esté mise en la main du Roy, nostre sire, et jour assignée as opposans, par devant nosdits seigneurs tenans le parlement présent, as jours du baillage de Senlis, esquiex jours les parties se présentèrent.

Item, et sur ce que ledit Pierre Dachères avoit fait adjourner, par devant le prévost de Paris, comme conservateur des privilèges octroiés à l'université des escoliers et estudians à Paris, Thomas Triboul, pour lors sergant desdits religieux, pour ce que il, disant que ledit Pierre Dachères estoit tenus au dits religieux en le somme de IV l. t. VIII sols II deniers obole de rente, [...] l'an M CCC LXXII, à cause de certains héritages qu'il tient d'eulx en censive, [...] avoit prins les chevaulx dudit Pierre Dachères, labourans à la charue en une pièce de terre à li appartenans, et ledit Pierre Dachères disant qu'il ne le povoit ne devoit faire, tant parce qu'il estoit personne privilégiée et que sa personne, ni ses biens n'y estoient obligiez, comme parce qu'en la pièce de terre, en quoy lesdits chevaulx avoient esté prins, ne leur estoit deue ladite rente, ne tenue desdits religieux, pour quoy requéroit ledit Pierre Dachères lesdits chevauls luy estre rendus à plain, avec les dommages qu'il avoit eus et soustenus pour occasion de la prinse et détenue desdits chevauls, qui par l'espace d'un mois furent détenus oyseulx, sans faire aucun labour, dont ledit Pierre Dachères se disoit avoir esté endommagez de xxx l. et de plus oultre, et avec les mises et despens qu'il a faict en la poursuite des choses dessusdites, lesdits religieulx disans le contraire.

Traictié et accordé est entre les parties, sur les choses dessusdites, c'est assavoir entre lesdits religieulx, tant pour eulx comme pour leursdits officiers, desquiex il entendent prendre la deffense, d'une part, et ledit Pierre Dachères, d'autre, se il plaist à la Court, en la forme et manière qui s'ensuit : c'est assavoir que l'exploit de la chace faite, en ladite closture, est et demeure nul et de nulle value, tout aussy comme s'il n'eust onques esté fait, et la complainte, qui faite en avoit esté, nulle et comme non faite semblablement et le droit des parties sauf à chascune d'icelles, et la chose où elle estoit paravant, tout aussi comme se la chose ne fust point avenue. Et sera tenus ledit Pierre Dachères clourre et faire clourre sa closture dessusdite, par telle manière et disposicion, dedans le jour de Noel prouchain venant, que les connins et autres bestes desdits religieulx n'y puissent entrer, ou autrement yceulx religieulx y pourront suivre et chacier, à chaude chace, leurs connins et autres bestes qui seroient entrés en ycelle. Et, quant des dommages, intérés, mises et despens que ledit Pierre Dachères demandoit, pour raison de la prinse et détenue de ses chevauls, lesdits religieulx et leursdits officiers sont et demourront quittes et paisibles, envers ledit Pierre Dachères, parmi ce que lesdits chevauls luy sont rendus à plain, et est et demeure quittes envers lesdits religieulx et leurs officiers de la somme de XIII l. IV s VII d. obole, que il povoit devoir asdit religieulx à cause des IV l. VIII s. II d. obole de rente dessusdite, pour III années passées, c'est assavoir pour les ans M CCC LXXII, LXXIII et LXXIV derrenièrement passé. Et pour ce se partirent lesdites parties de Court, sans despens d'un costé ne d'autre.

17 mai 1375.
X¹ᶜ 30, n° 152.

XXIX

Enregistrement par la Cour de lettres du Roi accordant à la cité d'Abbeville et autres villes des bailliage et comté de Ponthieu de ressortir directement de l'assise du sénéchal au Parlement.

Les deux lettres, insérées dans le présent arrêt, de mai et juin 1369, en détachant définitivement du bailliage d'Amiens, le ressort de la sénéchaussée et du comté de Ponthieu, pour les rattacher directement au parlement de Paris, ont dû intéresser vivement les magistrats du siège lésé et toute la bourgeoisie amiénoise. Leurs protestations ne sont malheureusement pas venues jusqu'à nous.

Ces démembrements se sont d'ailleurs répétés souvent dans l'histoire du bailliage d'Amiens, qui, après avoir embrassé presque toute la France du Nord, se trouva progressivement réduit à assez peu de chose. Mais, à l'exception de celui-ci, c'est seulement aux xv° et xvi° siècles que nous trouverons, sur la question, des documents officiels en abondance et notamment les doléances des intéressés.

On y voit aussi qu'à cette époque, 1369, la fonction de juge de l'assise était encore exercée à Abbeville par de simples citoyens, « pers et hommes jugens », et non par des praticiens professionnels, formant un Conseil de bailliage, comme il était d'usage, à Amiens, depuis 1341. V *supra*, n° XI *bis*.

Cf., sur la subordination du Magistrat d'Abbeville au bailli d'Amiens, dans la période antérieure : X¹ᴬ 7, fᵒˢ 67 et 84 v°, 2 septembre 1335, appel des maire et échevins d'Abbeville du bailli d'Amiens au Parlement et mandement d'exécution adressé audit bailli pour le contraindre, etc.

Karolus, Dei gratia Francorum rex, notum facimus universis tam presentibus quam futuris quod, exhibitis in curia nostra, pro parte majoris, scabinorum, communitatis et habitancium ville nostre de Abbatisvilla ac nostrarum aliarum villarum et locorum comitatus nostri de Pontivo, et per ipsam nostram curiam visis aliis nostris litteris quarum tenor talis est :

27 Juin 1369

Charles, par la grâce de Dieu roy de France, à nos amez et féaulx gens tenant nostre Parlement, salut et dilection. Comme, par nos autres lettres faictes en las de soye et en cire vert, nous avons voulu et ordonné que les maire, échevins, communauté et habitans de nostre ville de Abbeville et de la conté de Pontieu, pour certaines et justes causes qui à ce nous ont meu, ressortissent en nostre court de Parlement, par devant vous doresenavant, de l'auditoire du sénéchal ou gouverneur de ladite conté de Pontieu ou de son lieutenant, sans moyen, si comme plus à plain est contenu en nosdites lettres sur ce faictes, nous vous mandons et enjoignons que nosdites lettres vous faciez publier et enregistrer en nostre Court et dudit ressort les faites joyr et user paisiblement doresenavant, selon la forme et teneur d'icelles, car ainsi le voulons nous estre fait et l'avons octroyé et octroyons, par ces présentes, aus dessusdits maire, eschevins, communauté et habitans, de grâce espécial, nonobstans ordonnances, mandemens et deffences quelconques au contraire. Donné, au boys de Vincennes, le xixᵉ jour de juing, l'an de grâce M CCC LXIX et le vıᵉ de notre règne. Par le Roy, Yvo.

Exhibitis insuper dicte curie nostre, pro parte dictorum majoris, scabinorum, communitatis et habitancium nostrarum villarum et locorum predictorum, et per ipsam curiam nostram visis ac in eadem curia nostra lectis et publicatis certis aliis litteris nostris in filis sericis et cera veridi sigillatis, de quibus in litteris suprascriptis fit mentio, quarum tenor sequitur sub hiis verbis :

Charles, par la grâce de Dieu roy de France, savoir faisons à tous présens et avenir que, pour la bonne et vraie amour, loyauté et obéissance que nous avons touzjours trouvée et trouvons, de jour en jour, en nos bons et loyaux subgiez, les maires, les eschevins et les autres bourgeois et habitans de notre ville d'Abbeville et de nos autres villes et lieux de nostre contée de Pontieu, nous, de nostre auctorité royal et de grâce espécial, pour le bien, proufit et descharge de nostre peuple dudit contée et de la ville d'Abbeville, leur avons octroyé et octroyons, par ces présentes, que, de tous cas contentieux meuz et à mouvoir entre les subgiez dudit contée et de toutes choses litigieuses assises et situées oudit contée, tant de cas privilégiez comme de autres, dont à nous appartient la congnoissance, nos baillis royaux, qui sont et seront ordonnez audit contée, aient la court et cognoissance et que, par eulx et par *nos hommes jugens esdits bailliages,* les contens, causes et querelles desdits bailliages soient jugiez et terminez, en ressortissant et ayant le ressort d'icelles en l'assise d'Abbeville par devant le sénéchal, *pers et hommes dudit contée jugens en ladite assise d'Abbeville* tant seulement, et de ladite assise en nostre parlement à Paris, sens ce que aucuns des subgiez de ladite ville d'Abbeville, ne autres dudit contée, pour quelques causes, soient traitiés ès prévostés de Saint-Ricquier, de Vymeu, ou bailliage d'Amiens, ne ailleurs que oudit contée et en nostre parlement, et que lesdits baillis et prévosts de dehors ledit contée n'aient que voair, ne cognoistre sur eulx, mes seulement lesdits baillis et sénéchal par nous ordenez oudit contée. Et que ce soit ferme chose et estable à tousjours mes, nous avons fait mettre nostre grant seel à ces présentes, sauf en autres choses nostre droit et l'autruy en toutes. Donné, en nostre palais, à Paris, l'an de grâce M CCC LXIX, et le vi^e de notre règne, ou mois de may. Par le roy, en son conseil, P. Blanchet.

Dicta curia nostra, virtute dictarum litterarum nostrarum primo scriptarum et eisdem obtemperando, litteras nostras in filis sericis et cera viridi sigillatas superius scriptas, in registris curie nostre, ad perpetuam rei memoriam, tunc scribi et registrari voluit et precepit. Ipsisque ac omnibus ac singulis in eisdem contentis obtemperavit et obtemperat, per presentes, nostro in aliis et in omnibus quolibet alieno jure salvo. Quod ut firmum et stabile perpetuo perseveret in futurum nostras presentes litteras sigilli nostri munimine jussimus communiri. Datum et actum Parisius in Parlamento nostro, die xxv^a junii, anno domini M° CCC° LXIX°, et regni nostri sexto. Per cameram, Villemer.

Collatio facta est cum originalibus litteris suprascriptis redditis magistro Johanni Cadelli, procuratori dictorum de Abbatisvilla et de Pontivo in prescriptis litteris nominatorum, die xxvii^a junii, anno M° CCC° LXIX°.

X^{1a} 21, f° 423.

XXX

Confirmation par le Roi d'un acte de renonciation passé par-devant le bailli d'Amiens, au bénéfice d'une restitution de deux maisons jadis confisquées.

Cette pièce ne nous fait pas seulement connaître le nom d'une nouvelle victime des exécutions de 1358. Elle montre encore combien était onéreuse, dans la pratique, la charge des cens dont les maisons étaient héréditairement grevées, puisqu'elle contraignait parfois les détenteurs et propriétaires à faire l'abandon du fonds à l'usufruitier desdits cens, pour peu que les arrérages s'en fussent accumulés.

Karolus, etc. Notum facimus universis tam presentibus quam futuris nos vidisse litteras sigillo baillivie ambianensis sigillatas formam que sequitur continentes :

Par devant nous, Jehan Barreau, chevalier et conseiller du Roy, nostre sire, maistre des requestes de son hostel et gouverneur à présent du bailliage d'Amiens, le xi° jour d'octobre, l'an M CCC LXIX, fu fait, à Amiens, ce qui s'ensuit : comme ja pieça, à requeste du procureur et receveur de le baillie d'Amiens, qui pour le temps estoient, deux maisons assises à Amiens, l'une de lez, l'autre en la rue de Mez, tenans, d'une part, à la maison des hoirs feu Jehan Boitaire et, d'autre part, à la maison Jehan le Monnier, fil de feu Colart le Monnier, et, par derrière, aboutans à la maison que on dit les Bidaus, assises en la rue au Lin, appartenant à Jehan de Saint-Quentin, eussent esté prinses et mises en la main du Roy, nostre sire, acquises et confisqués à lui, par la forfaiture de *feu Jehan de Rivières* (?) ouquel elles estoient ou temps de se vie, et *qui, pour cas de lèse-magesté, fu exécutez, en la ville d'Amiens,* depuis la mort duquel, le Roy, nostre sire, pour compassion et pitié de damoiselle Agnès la Comte, vefve dudit feu, et de ses petis enfans, avecques qui il avoit prins très grant chevance, donna à icelle et remist, de grâce espécial, la moitié des II maisons dessusdites, et, après ce, se remaria ladite damoiselle à maistre Philippe Gadefer, cherpentier, auquel maistre Philippe le Roy, nostre sire, par ces lettres, donna l'autre moitié desdites II maisons et ainsi furent tout appartenant audit maistre Philippe et damoiselle, si comme on disoit : lesquels, par vertu et soubz ombre des dons dessusdits, en joirent longtemps paisibles et jusques à nagaires que ils déguerpirent et renuncèrent héréditablement, ou nom et ou prouffit de maistre Jehan Boitaire, qui par avant y avoit droit de cens, par devant le maire et eschevins d'Amiens, en quel juridicion lesdites maisons sont assises, pour raison de plusieurs [cens] et arrérages d'iceulx, qui deus estoient, sur icelles maisons, audit maistre Jehan de son héritage. A, audit jour de huy, Pierre le Sene, ad présent receveur dudit bailliage, recongnut que, aus dons dessusdits fais par le Roy, nostre sire, audit maistre Philippe et damoiselle Agnez, sa femme, des II maisons dessusdites et au guerpissement par eulx fait, au pourfit dudit maistre Jehan Boitaire, il ne vouloit riens contredire, en tant que il li touchoit, à cause de son office.

Donné, soubz le seel dudit bailliage, l'an et le jour dessusdit.

Nos autem predictas litteras, in quantum rite et juste facte sunt, suum ad

Janvier 1370, v. st.

plenum sortiri volentes effectum, eas laudamus, approbamus et, de nostris auctoritate regia et speciali gratia, confirmamus, tenore presentium litterarum, dantes eodem tenore in mandatis [baillivo] dicte baillivie ambianensis, ceterisque justiciariis et officiariis nostris presentibus et futuris vel eorum locatenentibus et ipsorum cuilibet, ut ad eumdem pertinuerit, quatenus dictum eumdem Boitaire, suosque heredes et successores vel ab ipso causam habituros in futurum, contra tenorem dictarum litterarum supratranscriptarum et nostrarum presentium, nullatenus impediant vel molestent, nec impediri vel molestari faciant aut permittant quovis modo. Quod ut, etc. Salvo, etc.

Datum Parisius, anno Domini M° CCC° LXX°, mense januarii.

JJ 100, n° 864.

XXXI

Lettres de rémission à Jean Beaupigne et ses complices.

Cette pièce a été choisie, entre cent autres, qui portent également témoignage de l'humeur irascible et des longues rancunes des Picards. A feuilleter les registres du Trésor des chartes et les innombrables lettres de rémission accordées aux bourgeois d'Amiens, on a une vue saisissante de ce milieu toujours effervescent, où les plus futiles prétextes donnent lieu à de sanglantes querelles et à de véritables mêlées, qui mettent aux prises des familles entières. On trouvera aussi d'intéressants détails sur la procédure des asseurements et la topographie du quartier Saint-Remy (cimetière et chaussée).

Mars 1369, v. st.

Charles, etc. Sçavoir faisons à tous présens et avenir, Nous avoir receu l'umble supplicacion de Jehan Biaupigne, dit Pignie, Perrin Menu, dit de Sene, Jehan Bontemps, Jehannot et Perrot dis Choqueaux, frères, contenant que, comme nagaires ledit Pignie et plusieurs autres jeunes gens se jouassent, en la ville d'Amiens, à la pelote, par manière d'esbatement, sans ce qu'il courust, pour ledit jeu, or, argent ne gaigeure, mais estoit ledit jeu tout commun et le dit l'en aus rabrouées, à quoy hommes, femmes et enfans se jeuent communément en ladite ville. Et lors, estant audit jeu Lyenardin Hamon, qui avoit appendu aux boutons ou fourmillières de son jupon ou autre garnement une boursete à sonnetes d'argent, ledit Pignie, par manière d'esbatement et de jeu, sans nul mal penser vers lui, lui eust dit : — Cuides-tu estre miex amés des dames, pour tels dorelos — ou paroles en substance qui ne sentoient mal ne vilenie. Lesqueles paroles ledit Lyenardin print en grant indignation et respondi audit Pignie que il les povoit aussi bien ou miex porter que ne faisoit ledit Pignie. Et ainsi se murent hautes paroles entre eulx, desqueles ils procédèrent à débat de poings et de piez, et peut estre que ledit Lyenardin fu ferus d'un badelaire et boutez en la boe, sens effusion de sang, mort, mahaing ou affoleure. Et au partir de la ploe, usant icellui Lyenardin de grant lengage, menaça moult fort de grever ledit Pignie et, en menant sesdites menaces à effect, ne demoura pas lonc temps que ycellui Lyenardin, acompagnié d'aucuns autres ses complices, assaillirent ledit Pignie, en la chaucée au blé, à Amiens, et mistrent peine de le navrer ou tuer, se il l'eussent aconsuy, mais, pour doubte de mort, s'enfuy, en le villenant forment en celle partie. Toutevoies, nonobstant ladite vilenie, en quoy avoit encouru darrenier ledit Pignie, pour ce que parlé fu et traittié qu'il asseureroient l'un l'autre ou feroient paix par accort d'amis ou selon la loy de ladite ville, ledit Pignie, pour ce faire, se ala rendre ou beffroy d'Amiens, cuydant que ledit Lyenardin aussi se y alast rendre. Mais ledit Lyenardin s'en ala, pour différer ou estranger ladite paix, à la court de l'official d'Amiens, et tantost en fu eslargis, sens donner asseurement ne seur estat. Et lors que ce vint à cognoissance dudit Pignie et mesmement qui lui fu rapporté que sondit adversaire estoit garni de le injurier et qu'il avoit plusieurs compaignons armez avec lui, pour lui porter dommage, se fist requerre et mener devers l'official d'Amiens et, voulant et désirant bonne pais entre lui et ledit Lyenardin, asseura ledit Lyenardin, nonobstant qu'il fust absent et par tant creoit que ledit Lyenardin ne luy pourcharcast plus dommage, ne vilenie à lui, ne aus siens. Néantmoins icellui Lyenardin, bientost après acompaignié de Robin de Fouencamps, potier d'estain, et de Fremin de Beaurepair, ses complices en celle partie, ala assaillir derechief ledit Pignie, en certain lieu, en la terre de chapitre d'Amiens, et convint derechief que icelluy Pignie s'enfuist honteusement, pour doubte de mort, et le suivirent et chacèrent ledit Lyenardin et ses complices jusques en l'église Nostre-Dame d'Amiens, en le injuriant seconde fois et, combien qu'il n'en feist gaires de mention et ne le vueille mettre en fait, fu navrez par eulx ou l'un d'eulx. Et dedans xv jours ou environ après, avint, en passant parmi ladite chaucée au blé, qu'il encontra Bertremot de Fouencamps, frère dudit Robin, qui venoit de la porte de Monstre escu, à Amiens, auquel, lui remembrant desdites injures à lui faites, il couru sus et peut estre que ledit Bertremot fu un pou navrez, dont oncques ne jut ne laissa à soy armer; et finablement ne tarda pas longtemps que yceulx Lyenardin, Freminot de Beaurepaire et lesdits frères de Fouencamps se mucèrent, par manière de aguect, en une maison gaste, de laquelle il issirent, eulx appensés de leur mauvaistié et de certain propos, et vinrent tous armez de diverses armeures courre sus à Symon Bachelier, oncle dudit Pignie, bourgois d'Amiens, bon et loyal marchant, ancien homme, qui estoit à poy à un change, et inhumainement, lui qui n'estoit armez, ne ne savoit riens dudit aguet, ne aussi de ladite brigue ne s'entremettoit, vont aterrer et navrer si cruellement que grant horreur seroit de le en raconter et tant qui lui a convenu oster xii ou xiii pièces de sa teste et en a esté en aventure de mort, pourquoy ledit Pignie, non povans refréner son courage que ce ne feust contrevengé, meus de l'amour charnelle que il avoit à sondit oncle, qui ainsi proditoirement et d'aguet avoit esté navrés et bleciez, sens son meffait, par les adversaires dessusnommés, qui pour ce se mirent en franchise, dont, quant il leur plaisoit, ils issoient, quant il leur plaisoit, ils se y retraioient, et de lieu en autre se transportoient aconsuy, un jour, en aoust darrenier passé, environ heure de vespres chantées, acompaigné des autres exposans dessusnommés, ses adversaires dessusdits, c'est assavoir ledit Lienardin et ses complices, vers l'église Saint-Remy en Amiens et, en poursuivant le contrevengement de son oncle, ainsi mal traitié à tort et sans cause, qui n'est brigueux ne noiseux, de quoy il fut menez à plus grant yre que se ce luy eust esté fait, en sa propre personne, les va envair et illec commença grant et merveilleux chapleix entre les parties et y ot grans cops getés et férus, d'une partie et d'autre, et se tindrent ceulx de la partie dudit Pignie vers l'entrée dudit moustier ad ce que leurs adversaires n'y feissent leur retour, car ils avoient acoustumé, quant autres fois avoient fait leurs espiemens, si comme l'en dit, de eulx y retraire. Et, en poursuite de ycelle mêlée, y ot chapleix ou cimetière de ladite église, car il n'est point clos, mais est tout selon la chaucée, sans mur ne fermeure, et fait ledit cymetière plaine rue et y va l'on à piez et à cheval communelment. Ouquel débat et conflict, ot, de la partie dudit Lienardin, deux navrez, c'est assavoir ledit Lienardin, dont il est affolez, et ledit Bertremot, lequel Bertremot vesqui depuis ce l'espace de xliii ou xliv jours ou environ, ançois qu'il alast de vie à trespassement. Et aussi, en ce mesmes débat, fu ledit Pignie navrez jusques à effusion de sang. Sur quoy, nous voulans estre acertenez du demené du débat des parties, avons nagaires mandé estre faite bien et diligemment information, appellez à ce les adversaires desdits supplians et leurs amis et nostre procureur, afin de pourveoir à yceulx supplians, comme nous verrions à faire. En et sur laquele information, ont esté produis plusieurs tesmoins et diligemment examinez, appellés les amis d'icelluy deffunct et, par espécial, les mères desdits Lyenardin et Bertremot et nostredit procureur, lesquelx ont esté oys en ce que il ont voulu dire et ont baillié articles et produis tesmoings sur yceulx, qui diligemment ont esté examinés. Laquele information faicte et a ycelle rapportée par devers nous avons fait veoir, à grant délibération. Laquelle veue et pensans et considérans toutes les circonstances des débas dessusdis, fuites, chaces, navreures, bleceures, mort, affoleures et autres choses dessusdites et tout ce qui nous a peu mouvoir, veu aussi et oy l'avis de nostre gouverneur d'Amiens sur ce et que ils sont jeunes hommes, de bonne vie et renommée en autres cas, prests et appareillés de nous servir en nos guerres, et ausquelz nous ne voudrions pas donner voie de eulx rendre fuitis, ne de estre eschievés de nostre royaume, nous le fait ou fais dessusdis et toute peine et punicion corporelle, criminelle et civile, que yceulx supplians et chascun d'eulx pevent avoir encouru envers nous, pour yceulx fais ou leurs circonstances, leur avons remis, quictié et pardonné et, de notre auctorité royale, plenière puissance et grâce espécial, remettons, quittons et pardonnons, par ces présentes, et à leur bonne fame, renommée et à leurs biens les restituons, en rappellant et mettant au néant tous et quelsconques appeaulx et évocations fais pour les causes dessusdites contre eulx, en imposant à nostre procureur silence perpétuel sur ce, sauf touteffois le droit de partie à poursuir civilement, si elle cuide que bon soit, et aussi que ils seront tenus d'aler en pèlerinage, dedens la Saint-Remy prochain venant, en l'église Nostre-Dame de Chartres et là offrir, chascun d'eulx, une torse de cire, chascune du pesant de VI livres, et, en ampliant nostre grâce, voulons que le maire et eschevins d'Amiens, qui ores sont ou qui pour le temps avenir seront, leur facent rémission du ban où ils ont encouru par la loy de ladite ville, par leurs contumaces, et toute autre grâce qui sera expédient, en ceste partie, ausdit supplians, sens ce qu'il tourne en aucun préjudice de leur loy ou juridicion, ores ou pour le temps avenir.

Donnons en mandement au gouverneur d'Amiens et à tous nos autres justiciers et officiers, lieuxtenans et à chascun d'eulx présens et avenir, que, de nostre présente grâce, quittance et rémission et de celle qui par lesdits maire et eschevins leur sera faite, seuffrent et laissent joïr et user paisiblement lesdis supplians et chascun d'eulx, sens turbacion, moleste, arrest ou empeschement leur donner ou à aucun d'eulx, en quelque manière au contraire, aînçois, se arrestés ou empeschiés les trouvoient ou aucun d'eulx, si les mettent ou facent mettre à plaine délivrance, veues ces présentes, sans délay. Et que ce soit ferme, etc. Sauf, etc.

Donné à Paris, au mois de mars, l'an de grâce M CCC LXIX.

JJ 100, n° 363.

Cf. sur le même Jean Beaupigne un curieux arrêt de parlement du 7 avril 1396, X¹ᴬ 44, f° 294 seq. (9 pages de texte), rendu à l'occasion d'un incident semblable, infraction d'asseurement à la suite d'une rixe survenue après boire, dans une taverne de Bruges, entre marchands d'Amiens. Les plaidoiries de cette affaire se trouvent dans X¹ᴬ 1476, f° 5 v°, 101, 147, 21 novembre 1391, 23 avril, 27 juin 1392.

(Le couvent des Augustins y est encore cité comme lieu de refuge, hors de la ville).

XXXII

Confirmation d'une sentence des maire et échevins rendue contre un tellier, à l'occasion d'une malfaçon dont se plaignait un bourgeois, avec condamnation à l'amende et aux frais.

Les deux pièces suivantes sont les premières qui nous montrent les démêlés du capital et du travail arrivant jusqu'à la barre du Parlement. Le bourgeois plaignant, Jean du Gard, (maieur en 1372 et 1375), est sûrement l'un de ces capitalistes qui fournissent alors aux artisans de certaines industries la matière première et souvent même l'outillage de leur métier. (Cf. statuts de la Draperie de 1308. Aug. THIERRY, I, 342 à 343, seq.). Nous en avons la preuve dans ce fait que l'arrêt des maire et échevins lui donne le choix, comme compensation des dommages dont il se plaint, entre le remboursement des trente aunes mal faites, au prix de 4 sols p. l'aune, la marchandise laissée à l'ouvrier, et une indemnité de 18 d. par aune, s'il la conserve.

Ces pratiques, communes à cette époque dans la draperie, l'étaient moins dans l'industrie de la toile, car c'est le premier indice que nous en trouvons, à Amiens.

L'arrêt des maire et échevins, après divers incidents de procédure, — appel du tellier devant le bailli, renvoi devant la Cour, etc., — fut confirmé et l'appelant condamné en plus à l'amende et aux frais.

7 Juin 1371

Cum a quadam sententia majoris et scabinorum ville nostre ambianensis, pro Johanne de Gardo, cive dicte ville ambianensis, contra Johannem Morelli, textorem lingiorum, in eadem villa ambianensi moram trahentem, ratione certi dampni, in certa pecia tele LX alnas vel circiter continente, eidem de Gardo per dictum textorem facti, lata, per quam dicti maior et scabini dictum textorem ad capiendum et sui utilitatem faciendum xxx alnas dicte tele male factas et radiatas et ad solvendum, pro qualibet alna, dicto de Gardo IIII s. p. seu ad restituendum eidem de Gardo, pro qualibet alna dictarum xxx alnarum, XVIII denarios et in expensis dicte cause condempnaverant, fuisset per dictum textorem ad gubernatorem baillivie nostre ambianensis appellatum, postque dictus textor, supra certa sua requesta, litteras a nobis obtinuisset dicto gubernatori directas, per quas eidem mandabatur quod super contentis in dicta requesta se informaret et dicto textori de remedio provideret condecenti, fuissent etiam per dictos textorem appellantem et majorem, scabinos et Johannem de Gardo appellatos coram dicto gubernatore, in causa appellationis, plures rationes et facta ad fines diversos proposite ac, inquesta super dictis factis pendente, per litteras nostras dicti processus et informatio per dictum gubernatorem facta, cum partibus adjornatis, ad certam et competentem diem per dictum gubernatorem ad nostram parlamenti curiam fuissent remissi, dictis partibus in dicta curia nostra comparentibus, dicti maior, scabini et Johannes de Gardo requisiissent coram dicto gubernatore remitti et, in casu quo non remitterentur, suam commissionem renovari, dicto textore in contrarium proponente quod dicti major, scabini et Johannes de Gardo prefixionem habuerant, quod tempus prefixionis jamdiu erat elapsum, insuper dictam informationem cum dictis processibus debere remanere, fuissent dicte partes per dictam nostram curiam apunctate quod dicte cause in dicta curia nostra remanerent, ipsaque curia dictos processus et informationem ad finem debitum videri faceret, et si posset absque commissionis renovacione majoris, scabinorum et Johannis de Gardo judicari et, si dicta informatio cum dictis processibus remaneret, visis dictis processibus et informatione, per judicium dicte curie nostre dictum fuit quod commissio dictorum majoris, scabinorum et Johannis de Gardo, cum prefixione, renovabitur, prefixitque dicta curia nostra et prefigit dictis majori, scabinis et Johanni de Gardo terminum ad suam inquestam perficiendam et eam dicte curie nostre reportandam, ad dies dicte baillivie ambianensis nostri futuri proximo parlamenti, dabunturque commissio et inquesta facta et dicte curie nostre reportata, fiet jus.

Pronunciatum vii^a die junii anno M° CCC° LXX° I°.

X^{ia} 19, f° 427 v°.

Ibid., f° 497 v°. L'arrêt commence par résumer le précédent, puis conclut ainsi : 5 Mai 1372
..... Qua quidem inquesta facta et dicte curie nostre una cum dictis processibus remissis et ad judicandum in statu quo erat, salvis reprobacionibus per partes hinc inde traditis, recepta, eis visis et diligenter examinatis, reperto quod sine reprobacionibus poterat judicari, per judicium dicte curie nostre dictum fuit dictos majorem et scabinos bene judicasse et dictum Johannem Morelli male appellasse et emendabit appellans emenda LX l. p., ipsum appellantem in expensis hujusmodi cause, erga dictos majorem, scabinos et Johannem de Gardo, condempnando, earum taxatione dicte curie reservata, remisitque et remittit dicta curia dictum Johannem Morelli coram dictis majore et scabinis, dictam suam temerariam appellationem emendaturum et ulterius facturum, prout fuerit rationis.

Pronunciatum v^a die maii, anno M° CCC° LXX° II°.

XXXIII

N° 1. — Don fait par le Roi à maître Guy Ponche, son conseiller et avocat au bailliage d'Amiens.

Ce qui fait l'intérêt de cette pièce c'est qu'elle est la première, à notre connaissance, qui concerne personnellement un des conseillers du bailliage, dont elle définit assez bien la condition. On y voit notamment que la fonction de conseiller ne se dégage pas encore nettement de celle d'avocat du Roi, puisque le personnage en question a été chargé d'une ou de plusieurs missions, avec d'autres conseillers, ses collègues, en la ville de Montreuil, où il plaida la cause du Roi contre Edouard d'Angleterre et ses gens. Nous ignorons s'il s'agit d'une ambassade ou d'un procès devant le juge du lieu, mais la seconde hypothèse est la plus vraisemblable. On y voit aussi que la fonction et ses diverses vacations ne comportent ni pension, ni rémunération déterminée, puisque le Roi la récompense par la forme de don qui ressemble le moins à un salaire, à savoir une rente de 60 l. en biens fonciers sur les confiscations faites ou à faire à l'encontre des partisans du roi d'Angleterre, dans les districts de Calais, Guines et autres lieux, rente réversible sur la tête de ses héritiers.

28 Novembre 1371

Donacio sexaginta librarum annui imperpetuum redditus magistro Guidone (*sic*) Ponche, advocato, facta.

Charles, etc. Comme nous et nos prédécesseurs, que Diex pardoint, ayons tousjours velu et désirré, veillions et désirrons, de tout nostre cuer et povoir, tous ceulx qui nous ont servi, servent et serviront loyalment rémunérer, pour les mérites de leurs services, comme tenus y sommes, savoir faisons, etc., que, attendus et considérés les bons, loyaulx et agréables services que nous a faiz ou tamps passé, fait encore à présent et espérons que nous face ou tamps avenir nostre amé et féal conseiller et advocat ou bailliage d'Amiens, maistre Guy Ponche, en sesdis offices de conseiller et advocat, et mesmement soit alé et esté, par plusieurs fois, avec autres de nostre Conseil, en la ville de Monstereul sur la mer, pour certain cas et fais touchans nous et nostredite ville, contre nostre adversaire, Edwart d'Angleterre, dont il plaidoya la cause pour nous contre ledit Edwart et ses gens qui pour lui là estoient, sens ce que, pour lesdits services, il ait eu aucune pension, ne demandé jusques à présent aucune satisfaction ou rémunéracion. Desquelx services à nous par luy ainsi faiz bien et loyalment nous avons esté et sommes, par plusieurs de nostre Conseil, deuement et souffisamment acertenez et informez, Nous, en récompensacion et rémunéracion d'iceulx services, audit maistre Guy, nostre conseiller et advocat, et à ses hoirs avons donné, concédé et ottroié et, par la teneur de ces présentes, de nostre certaine science, plaine puissance, grâce espécial et auctorité royal, donnons, concédons et ottroyons, sur toutes et quelconques terres, hebergemens, maisons, cens, rentes, possessions et autres biens et revenues assis et situés ès lieux, mettes et ès territoires des pays de Calaiz, Mench (?), Guynes et de Saint-Omer, qui à nous sont, seront et porront estre confisquez, acquis et forfais de quelconques personnes qui seront rendus ou renderont nos rebelles, ennemis ou traistres, en tenant contre nous et la couronne de France le parti de nostredit ennemy et adversaire, Edwart d'Engleterre et ses enfans ou autres de leur parti, la somme de LX l. à paier de terre, rente et revenue, par chascun an, à tenir, avoir et posséder perpétuelment par ledit maistre Guy, ses hoirs, ses successeurs et autres aians cause de luy. Si donnons en mandement à nostre amé prévost dudit Monstereul et à tous nos autres justiciers et officiers ou à leurs lieuxtenans présens et avenir et à chascun d'eulx, si comme à lui appartiendra, que de nostredit don et grâce facent, sueffrent et laissent jouir et user paisiblement ledit maistre Guy, ses hoirs, ses successeurs et les ayans de lui cause et d'icelles LX l. de terre sur lesdites confiscations, quant ils escherront, leur baillent en un lieu, se il puet estre fait, ou en plusieurs, bonne et loyal assiette paisiblement. Et pour que ce soit ferme, etc. Sauf, etc.

Donné à Paris, le XXVIII° jour de novembre, l'an de grâce M CCC LXXI.

JJ 102, n° 231.

N° 2. — Arrêt de provision donné par la Cour dans un procès en réparation d'injures, entre Guy Ponche, conseiller du Roi au bailliage d'Amiens, et Baudouin Gencien, procureur du seigneur de Houdrecoute.

Nous avons tenu à reproduire cette pièce, concernant le même personnage, bien qu'il ne s'agisse que d'un arrêt de provision, parce que l'on y relève encore certains faits intéressants : c'est d'abord la preuve d'une certaine stabilité dans l'exercice de l'office de conseiller du Roi au bailliage, qui plaçait le titulaire sous la sauvegarde spéciale du prince, puis la nature même des imputations formulées contre lui, dont l'une au moins spécifiée, l'accusation d'avoir falsifié les registres de justice du seigneur de Fiennes, enfin la curieuse énumération des peines requises par le plaignant contre l'accusateur.

Cum magister Guido Ponche, consiliarius noster in baillivia ambianensi, dudum nobis exposuisset conquerendo quod, licet ipse esset, totisque temporibus vite sue fuisset, homo bone fame, vite laudabilis et conservationis honeste et, ad causam terre sue de Heuringhen, plures processus, lites et debata inter ipsum et dominum de Houdrecoute, militem, fuissent suborte, tam in casu novitatis et saisine, quam injuriarum et excessuum per dictum militem et ejus complices dampnabiliter cum armis factorum et perpetratorum, nostram salvam gardiam

8 Mai 1378

infringendo et aliter multipliciter delinquendo, super quibus dicte partes habebant diem, una contra a'teram, ad dies baillivie ambianensis [parlamenti nostri] prolati, quod fuerat anno M° CCC° LXX° V°, et licet insuper eodem partes antea certum tractatum habuissent, mediante quo, super premissis vel eorum aliquibus, possent per eorum amicos ad concordiam reduci, nichilominus, dictis tractatibus, qui nullum habuerant effectum, durantibus, Balduinus Gencianus, pro procuratore dicti militis se gerens in hac parte, eidem conquerenti presenti, coram arbitris per dictas partes electis et alibi, animo superbo et elato, sine causa, dixerat arroganter quod ipse erat homo pravus et falsus, fraudulenterque et dolose mutaverat sive falsificaverat registrum curie dilecti et fidelis nostri domini de Fiennes et ejus hominum francorum, nec erat dignus ut nobis et aliis dominis suis et magistris serviret, seu nostris et aliorum consiliis interesset, ipsum conquerentem, vicibus iteratis, coram pluribus fide dignis, pravum et falsum nuncupando, necnon et plures alias injurias et injurias (sic) de ipso conquerente et ejus persona dicendo et proferendo, quas ad animum suum revocaverat conquerens antedictus. Que facta fuerant et erant in odium et contemptum processuum et litium predictorum, ac in ipsius conquerentis prejudicium et jacturam, eidemque quamplurimum injuriando et alias multipliciter delinquendo, ut dicebat Et ob hoc certas a nobis super hoc litteras obtinuerat, quarum virtute facta fuerat certa informatio de et super premissis per certum servientem nostrum, per quam quidem informationem repertus fuerat culpabilis dictus Balduinus de predictis, et ob hoc fuerat ipse Balduinus ad comparendum personaliter in nostra parlamenti curia, ad dies baillivie ambianensis parlamenti anni LXX^i v^{ti} predicti, per dictum servientem adjornatus, procuratori nostro generali pro nobis et dicto conquerenti, quatenus nobis tangebat, de et super premissis et eorum dependenciis responsurus et ulterius processurus, ut esset rationis. Cumque in dicto parlamento causa predicta minime fuisset expedita, sed per generalem continuacionem fuisset ad dictos dies parlamenti sequentis devoluta, in dictoque parlamento prefatus Balduinus, in dicta nostra curia, certa die, debite evocatus, minime comparuisset, nec alius pro eodem, et ob hoc, per dictorum procuratoris nostri et conquerentis requestam, fuisset positus in defectu, ipseque Balduinus, ad XVI diem mensis maii novissime preteriti, in dicta nostra curia, per certum servientem nostrum personaliter adjornatus, visurus adjudicari utilitatem dicti defectus procuratori nostro et conquerenti predictis et ulterius processurus, ut esset rationis, minime se presentasset, nec alius pro eodem, die etiam secunda junii inde sequentis, ad hostium camere dicti parlamenti debite evocatus, non comparuerat, nec alius pro eodem, et ob hoc, ad dictorum procuratoris nostri et conquerentis instanciam et requestam, positus fuerat iterato in defectu, prout hec et alia ex dictis litteris nostris, informacione et relacione servientis predicti, necnon adjornamento et defectibus predictis dicebantur plenius apparere.

Constitutis propter hoc, in dicta nostra curia, procuratore nostro et conquerente predictis, ipsi, hec et alia latius proponendo, petebant ex dictis defectibus talem sibi adjudicari utilitatem videlicet quod prefatus Balduinus condempnaretur et compelleretur venire in dicto parlamento, in sede baillivatus ambianensis predicti, in curia dicti domini de Fiennes et in villa Sancti Odomari ad se dedicendum publice et coram populo et alibi, in locis in quibus injurias, minas et excessus predictos male et indebite dixerat et publicaverat, ad faciendum propter hoc emendam honorabilem conquerenti predicto, in dictis locis, genibus flexis, in tunica, absque capucio et zona, tenendo in manu sua unum cereum ponderis IIII^{or} librarum cere et illum offerre eidem conquerenti, diebus et horis notabilibus, presente populi multitudine copiosa, ad arbitrium dicte nostre curie, dicendo eidem conquerenti aut ejus procuratori per eum super hoc deputando quod false, prave et tanquam male advisatus et consultus dicta verba injuriosa et inhonesta de ipso conquerente dixerat et protulerat seu publicaverat, credens ipsum conquerentem blafemare et sibi injuriari et quod nunquam malum viderat in ipso conquerente, neque sciverat, nec unquam dici audierat de ejus persona, nisi totam fidelitatem, bonum et honorem, indulgenciam et remissionem ab eodem conquerente super his petendo, quo facto ipse Balduinus, nudes (*sic*) pedes et in statu predicto, in signum perpetue memorie, dictum cereum portet, una die dominica vel altera die festi solempnis, hora congregacionis populi, in ecclesia parochiali ejusdem conquerentis et, eo presente ac illis quos ducere voluerit, dictum cereum, flexis genibus, in dicto statu, ante magistrum altare dicte ecclesie offerendo, necnon et causam propter quam ibidem ponetur proferendo et dicendo, ad faciendum insuper duas ymagines de petra, coram dicto altari, premissa representantes, in emenda eciam utili erga dictum conquerentem de summa mille librarum et, pro suis injuriis et pro dampnis, interesse et expensis, in summa quingentarum librarum et erga nos in summa mille librarum, ad reintegrandum eciam dictam salvam gardiam nostram, necnon et quod de premissis fiat satisfactio eidem conquerenti antequam nobis, et quod dictus Balduinus condempnetur ad tenendum prisionem donec fuerit nobis et dicto conquerenti de premissis satisfactum, aut aliam talem utilitatem qualem eidem nostre curie videretur, usum, stilum ac communem observanciam, necnon et plures alias raciones super his allegando. Visis igitur per dictam nostram curiam litteris nostris, relacione, adjornamento, defectibus et utilitate predictis, ipsisque consideratis ac omnibus considerandis in hac parte, prefata curia nostra talem ex dictis defectibus procuratori nostro [et] conquerenti predictis per arrestum adjudicavit et adjudicat utilitatem, videlicet quod prefatus Balduinus a suis deffensionibus ceciderat et cecidit, jungeturque litis contestatio sua cum articulis procuratoris nostri et conquerentis predictorum, super quibus inquiretur veritas et fiet jus, et per idem arrestum dicta nostra curia Balduinum predictum in expensis dictorum defectuum erga dictum conquerentem condempnavit et condempnat, ipsarum taxatione dicte curie reservata.

Pronunciatum viii^a die maii, anno LXXVIII°.

X^{IA} 27, f° 147.

XXXIV

Documents relatifs aux démêlés de Robin de Saint-Fuscien avec l'échevinage, 1372-1393 (5 pièces)

Les cinq pièces qui suivent fournisssent des détails fort intéressants : 1° sur l'ardeur des ressentiments qui survivaient, après de longues années, au complot navarrais, puisque le nom seul de Navarrais, même appliqué rétrospectivement au Magistrat de 1358, paraissait à celui de 1372 une mortelle injure ;

2° Sur la gestion des biens de tutelle des mineurs orphelins par l'échevinage, au xiv° siècle. On voit, par la première, qu'en 1358, après le meurtre de leur père, Jean de Saint-Fuscien des Rouges Caperons, prévôt royal, par les gens du complot, les neuf enfants mineurs de celui-ci et leur mère durent subir, contre leur gré, le prélèvement par l'échevinage d'une somme de 400 moutons à l'ange sur l'héritage du défunt. Cette sorte de séquestre n'était donc ni de droit strict, ni de pratique courante, puisqu'on pouvait essayer de s'y soustraire comme à une sorte de vexation. Cf. *supra*, n° xxv, année 1364.

Quatorze ans après, malgré les requêtes répétées des intéressés, rien n'avait encore été remboursé de cette somme, ce qui déterminait l'un des héritiers à faire arrêter, sur le marché de Compiègne, les cargaisons de plusieurs marchands d'Amiens, en garantie des lettres obligatoires qu'il tenait de l'échevinage. Il s'ensuivit un procès devant le juge du lieu, au cours duquel il advint au plaignant de répondre, par inadvertance, que la dette était du temps où la ville avait été navarraise, et, dans la chaleur du débat, d'appréhender un peu vivement la personne d'un prétendu procureur des maire et échevins. Propos et geste, rapportés à Amiens, y soulevèrent grand émoi. On en appela au bailli, comme de sauvegarde enfreinte ; celui-ci fit assigner Robin de Saint-Fuscien et essaya, de concert avec le procureur du Roi, d'ouvrir des poursuites contre lui. C'est à raison de ces faits que le Roi accorde les lettres de rémission du 20 avril 1372. L'entérinement de ces lettres par la Cour, 28 avril, ne suffit pas à arrêter la procédure et il y fallut une nouvelle confirmation du Roi du 28 juin 1372.

Robin de Saint-Fuscien ne fut d'ailleurs admis à composer avec l'échevinage qu'au prix des conditions très dures qu'indique la troisième pièce, cotée n° 89, certainement postérieure aux deux précédentes, bien que la date inscrite du 28 février 1373, v. st. ait été barrée. Il fut convenu qu'avant le jour de Quasimodo 1374 il devrait se présenter devant le Magistrat d'Amiens et amender son méfait, à leur pure et entière volonté, tant en amende, frais et dépens que autrement, à quoi il serait, pour plus de garantie, condamné par arrêt de la Cour, devant laquelle l'affaire avait été portée dans l'intervalle, et qui s'en dessaisissait à ce prix. Nous ignorons quelles furent exactement ces conditions.

Quant au premier objet du débat, le remboursement du prélèvement fait sur l'héritage des mineurs Jean de Saint-Fuscien, il n'en est pas dit un mot dans la convention de 1374.

N° 1. — *Lettres de rémission à Robin de Saint-Fuscien.*

Charles, par la grâce de Dieu, roy de France, à tous ceulx qui ces présentes lettres verront, salut. Savoir faisons que, comme, ou temps que guerre estoit entre nous et nostre frère, le roy de Navarre, Jehan de Saint-Fuscien, bourgois d'Amiens et lors estant nostre prévost de ladicte ville d'Amiens, eust esté mauvaisement et traystreusement occis et murdris par aucuns nos mauveillans, pour ce qu'il portoit nostre fait, contre ceulx qui portoient le fait dudit roy de Navarre, après la mort duquel li demourèrent ix enfans meindres d'aage, orphelins de père et en la charge de la mère. Et assez tost après, les maire et eschevins et ceulx qui lors gouvernoient la loy de ladite ville d'Amiens fussent venus en la maison de la mère desdits orphelins et, de fait, par force et contre leur gré et volenté, eussent ouvert les huches et les coffres de ladite maison et en eussent levé et emporté la somme de cccc moutons à l'angle appartenans ausdiz orphelins, pour la partie de leurdit père, laquele somme de florins yceulx maire et eschevins ont détenu et détiennent et rendre ne la vuelent, sur ce par plusieurs fois souffisamment requis, ja soit ce que yceulx maire et eschevins et les bourgois et habitans et communauté de ladite ville d'Amiens soient tenus et obligiés, par bonnes lettres, à rendre et paier ycelle somme. Et, pour ce que deffaillans en ont esté et sont, Robin de Saint-Fuscien, fils dudit feu Jehan, lequel devoit avoir certainne part et porcion en ladite somme, se fust nagaires transportez en la foire de Compiengne et ylec, par vertu desdites lettres obligatoires, eust fait arrester plusieurs marchans de laditte ville d'Amiens, avecques leurs denrées et marchandises. Pendant lequel arrest, lesdiz maire et eschevins envoièrent audit lieu de Compiengne, ung appellé Fremin Boulet, auquel Fremin, lui venu en jugement à Compiengne, fu demandé par le juge se il se vouloit porter et fonder procureur pour laditte ville d'Amiens, lequel dist que il y estoit envoié pour mettre, se il povoit, lesdites parties à accort et autrement ne se porta leur procureur, ne

20 Avril 1372, v. st

aucune procuration, pour yceulx, ne monstra en jugement. Et ledit juge eust demandé audit Robin de quel temps ladite debte estoit deue et ledit Robin, qui estoit courrociez et esmeus de l'empeschement que l'en li mettoit ou paiement et aussi de la mort de sondit père, dont il se recordoit, eust respondu et dit, par chaleur, audit juge, *que ladite debte estoit du temps que ladite ville d'Amiens avoit esté navarraise* ou autres paroles semblables en sustance, mes pas ne le disoit pour blasmer ou injurier ladite ville, ne lesdiz maire et eschevins, ne ceux qui à présent y sont, mes seulement par chaleur et pour aucuns de ceux qui y avoient esté, pour le temps que sondit père fu tués et murdris, et qui pour leur démérites avoient, pour ce, esté exécutés par justice Et depuis, hors jugement, ledit Robin et ledit Fremin ayent eu plusieurs paroles ensemble et tant que ledit Robin, par chaleur et par courroz, prist ledit Fremin par la poitrine et autrement ne le féri, car il furent départi l'un de l'autre; et lesdiz maire et eschevins s'en soient dolus au gouverneur du bailliage d'Amiens, lequel, à la requeste de nostre procureur dudit bailliage, a donné commission, par vertu de laquele ledit Robin a esté adjournez contre nostredit procureur, par-devant ledit gouverneur, sur ce qu'il dit lui avoir enfraint nostre saulvegarde en la personne dudit Fremin, comme procureur et famillier desdiz maire et eschevins, et s'efforce nostredit procureur de le mettre et tenir sur ce en procès, si comme il nous a fait dire, en nous suppliant humblement que, eue considération aus choses dessus-dites et à ce que ledit Fremin ne se fait en riens partie, ne aussi ne font ancores lesdits maire et eschevins, nous lui vousissions estandre nostre grâce sur ce. Nous, eue considération à tout ce que dessus est dit et espécialement à ce que le père dudit suppliant fu ainsi tuez et murdriz, comme dit est, audit Robin avons quittié, remis et pardonné, quittons, remettons et pardonnons, par ces présentes, de nostre auctorité royal, de nostre certainne science et grâce espécial, toute offense et toute amende en quoy il pourroit estre encoru envers nous, comant que soit, pour les choses dessusdites ou pour aucunes d'icelles, en imposant sur ce silence perpetuele à nostredit procureur et à tous autres nos justiciers et officiers, en tout comme y nous puet touchier. Si mandons, par ces présentes, audit gouverneur, à nostredit procureur et à tous autres nos justiciers et pro-cureurs et à chascun d'eulx que de nostredite grâce laissent et facent paisiblement jouyr ledit Robin et, contre la teneur d'icelle, ne le contraignent ou molestent, ne facent ou seuffrent estre contraint ou molesté, en aucune manière. En tesmoin de ce, nous avons fait mettre nostre seel à ces présentes.

Donné à Paris, en nostre hostel du Louvre, le xx° jour d'avril M CCC LXXII.

X¹ᶜ 28, n° 90.

Le n° 91 est l'entérinement desdites lettres intégralement reproduites, par Jean Barreau, bailli d'Amiens, sur avis du Conseil et procureur du Roi audit bailliage. 28 avril.

N° 2. — N° 92. Confirmation par le Roi desdites lettres de rémission répétées à nouveau, hors ce qui suit : « ..... Et, depuis ce, yceulx maire et eschevins ont empétré lettres de nous, par vertu desquelles il ont fait adjourner ledit suppliant, par-devant vous, oudit Parlement, à l'endemain de la feste Saint-Jehau derrenier passée, à l'encontre de eulx et de nostredit procureur, pour respondre aus choses dessusdites civilement, et s'efforce de lui mettre et tenir sur ce en procès, pour lui faire fraier et despendre sa chevance, lui qui est un joines homs et petit marchant et qui n'a pas apris à plaidoier. Lesquiex choses sont en son très grant grief, préjudice et dommage et contre la teneur de nosdites lettres de rémission à lui ottroiées sur ce, comme dit est, se par nous ne luy est pourveu sur ce de remède gracieux et convenablement. Nous, attendu ce que dit est, vous mandons..... (à la cour de Parlement).

27 juin 1372.

27 Juin 1372

N° 3. — Traité et accord entre les parties au sujet du différend en question.

N° 89. Sur les descors meus en la court de Parlement, entre maieur, eschevins et communitté de la ville d'Amiens, d'une part, et Robert de Saint-Fuscien, bourgois d'Amiens, d'autre part, pour cause de pluiseurs injures et vilenies que lesdis maieur et eschevins disoient ledit Robert avoir dit d'aulx et de ladite communitté, en la ville de Compiègne, et aussi qu'ils disoient Robert avoir dites et faites, de fait, à Fremin Boulet, leur clerc, serviteur et procureur, et pour cause de leurs besongnes dont il poursievoient, en ladite Court, ledit Robert et li faisoient ou entendoient à faire pluiseurs et grièves conclusions, tant en cas de injure comme autrement, traittié et accordé est entre lesdittes parties, se il plaist à ladite Court, en le manière qui s'ensuit : est assavoir, endedans le jour de le Casimodo prochain venant, ledit Robert yra à Amiens, par devers lesdis maire et eschevins en leur esquevinage, et tout che qu'il leur a meffait ou qu'il tiennent et cuident qu'il leur ait meffait il leur amendera, du tout, à leur pure volenté, et, de l'amende et enssement des coux, frais, dommages et intérests qu'il ont pour ce eulx et sousteuus, il se mettera et souxmettera du tout en leurdite volenté et ordenance, pour dire, tauxer et ordener, ainsi qu'il leur plaira, et que tout ce que par aulx en sera dit, tauxé et ordené, ledit Robert tenra, paiera et acomplira, sans

28 Février 1373, v. st.

de riens aler contre, et ad ce sera lidis Robert condemné par arrest de parlement. Et par ce lesdites parties, de leur consentement et du consentement du procureur du Roy, se départent de Cour.

(Au-dessous, mais barré). Fait du consentement de M° Eustace de la Pierre, procureur desdis mayeur et eschevins, et de M° Pierre de Tournerre, procureur dudit Robert, le dernier jour de février, l'an M CCC LXXIII.

N° 4. — Autorisation de transiger accordée aux parties, à raison des faits qui précèdent et d'autres exposés ci-dessous.

On n'apprendra pas sans étonnement que, dix-sept ans après la convention de 1374, la guerre continuait encore entre Robin de Saint-Fuscien et l'échevinage et que celui-ci n'avait pu encore obtenir « compte et reliqua » des deniers mis en garde, en 1358, aux mains du Magistrat d'Amiens, auxquels il prétendait « part et porcion », et des « bontés d'iceulx » pour le temps dudit dépôt. Voilà qui donne une singulière créance aux doléances présentées, en 1381, par les maieurs de bannières, à la cour de Parlement; et ce n'est point le seul fait de ce genre qui se trouvera établi par les documents du présent recueil.
Cf. Aug. THIERRY, I, 702 seq., notre Essai, p. 73 seq. et *infra*, XXXVII, XLI, n°⁵ 6, 7 et 8.

Il fut enfin convenu, par l'accord du 15 février 1392, v. st., que toutes les questions pendantes entre les parties seraient pacifiées par la sentence de trois arbitres désignés : Thibault de la Boissière, bailli d'Amiens, M⁰⁵ Raoul de Béry et Pasquier Dumont, avocats, à peine de 500 l. p. d'amende à celle qui se dédirait. Nous ignorons quelle fut cette sentence.

2 Janvier
1390, v. st.

Karolus, Dei gratia, Francorum rex, dilectis et fidelibus gentibus nostris presens nostrum Parisius parlamentum tenentibus, salutem et dilectionem. Supplicacionem Roberti de Sancto Fusciano, Ambianis commorantis, recepimus continentem quod, cum, in certa causa coram bailllivo ambianense aut ejus locumtenente dudum mota, inter dilectos nostros majorem et scabinos dicte ville ambianensis, ex una parte, et dictum supplicantem, ex altera, idem supplicans a quadam sentencia et ordinatione seu judicato per dictum baillivum seu ejus locumtenentem contra ipsum et ad utilitatem dictorum majoris et scabinorum, ad nostram Parlamenti curiam appellaverit, eandem appellationem, infra tempus debitum, prosecutus fuerit, verumtamen, pro parcendo minus sumptibus et expensis quos seu quas ipsos, in hac parte, subire opporteret ac etiam propter majus dampnum seu scandalum evitandum, super appellationis causa predicta, jus nostrum, nisi racione hujusmodi appellationis, minime tangente seu concernente, et in qua processus non est in scriptis redactus, prout fertur, libenter inter se concordarent, dum tamen eisdem gratiam nostram super hoc impartiri dignaremur, sicut dicunt, a nobis gratiam hujusmodi postulantes, quocirca nos, premissorum intuitu, concordiam inter subditos nostros, rejectis litium involutionibus, fovere cupientes, eisdem partibus, de et super dicta appellationis causa, super qua non est processus in scriptis, ut prefertur, inter se concordandi et a dicta curia nostra libere et absque emenda recedendi licenciam concessimus ac concedimus, de gratia speciali, per presentes, vobis mandantes quatenus dictas partes nostra presenti gratia uti pacifice faciatis et gaudere, ipsos in contrarium nullatenus impediri permittentes, accordum tamen, quod inde fecerint, dicte curie nostre reportando.

Datum Parisius, die IIᵃ januarii, anno Mᵒ CCCᵒ XCᵒ et regni nostri undecimo.
Xⁱᶜ 66, nᵒ 132.

Nᵒ 5. — *Constitution d'arbitres et promesse d'accord entre les parties.*

15 Février 1392, v. st.

A tous ceulx qui ces présentes lettres verront ou orront, Jehan le Cat, cangeur, à présent garde du seel de la baillie d'Amiens en ladite ville et prévosté d'icelle, établi pour seeler, conferrer les contraux, convenences, marquiés et obligacions qui y sont faites et receues, salut, sachent tout que, pardevant Jehan Amausois l'aisné et Pierre du Maisnil, auditeurs du Roy, nostre sire, ou nom d'icelli seigneur mis et establis par monseigneur le bailli d'Amiens à ce, où comparurent en leurs personnes Enguerran de Noielle, ou nom et comme procureur de Robert de Saint-Fuscien, bourgois d'Amiens, fondé par lettres de procuration seellées du seel de la prévosté de Paris, saines et entières en seel et en escripture, dont il fit apparoir ausdis auditeurs, dont la teneur s'ensuit.

(Suit le texte desdites lettres du 8 février 1392, v. st.).

Et Mahieu Leclerc, ou nom et comme procureur des maire et eschevins de ladite ville d'Amiens, si qu'il disoit, disans que lesdites parties estoient en pluiseurs procès, en la court de parlement du Roy, nostre sire, à Paris, c'est assavoir, en une cause d'appel, en laquelle ledit Robert est appellant de monsieur le bailli d'Amiens ou son lieutenant, touchant un jugement ou sentence pronunchié desdits maieur et eschevins, contre ledit Robert (1)), par lequel icelli Robert fu emprisonnés ou beffroy d'Amiens, et une autre cause par laquelle ledit Robert demande à avoir compte et reliqua de tel part et porcion qui lui poeut appartenir, à cause de certains deniers qui, au profit d'icelli Robert et de ses

---

(1) Ce jugement et cette condamnation à la prison avaient sans doute été portés par l'échevinage contre Robert de Saint-Fuscien, en exécution de la convention du 20 avril 1372, citée plus haut, nᵒ 1, aux termes de laquelle celui-ci se résignait, par avance, à subir les conditions de l'adversaire, résolution qui ne fut sans doute pas tenue.

frères et sereurs, furent ja piécha mis en garde de dépost par devers ladite ville et des bontés d'iceux deniers, pour le temps qu'il estoient demourés par devers ladite ville (1), desquels deniers ledit Robert disoit apparoir par certaines lettres scellées dudit scel de le communité de ladite ville, à quoy le procureur desdis maieur et eschevins s'efforchoit de contredire et aussi lesdis maieur et eschevins, à l'encontre dudit Robert, estoient en procès, par-devant les généraux conseillers du Roy, nostre sire, sur le fait des aides, pour ce qu'ils poursuioient ledit Robert et lui faisoient demande de certaine et grosse somme, en quoy il le disoient estre tenu à ledite ville, à cause des aides par le Roy, nostre sire, par pluiseurs années, octroiez à icelle ville sur le marchandise des waides par les bourgois et habitans d'icelle ville achetez en icelle ou desquelz ils y aroient fait grenier ou ailleurs hors ladite ville (2) et baulieue, et que il Robert, en icelles anuées, avoit eu, en la ville de Nelle et ou pays environ, grant quantité de waides, lesquelz il avoient achetez et depuis fait grenier, les avoit fait conreer et appareiller, les mettre en tonneaux et autrement, trais et menez en Flandres et ailleurs, là où il lui avoit pleu, et pour lesquelz il estoit tenus à paier à ladite ville ladite aide, selon la teneur desdis octrois, si comme lesdis maieur et eschevins disoient et lidis Robert disoit au contraire, par pluiseurs raisons. Et lesquels procureurs d'icelles parties, considérans les grans frais et missions que leursdis maistres ont déjà soustenu pour lesdites causes poursuir et qui encores se porroient enssuir, pour obvier à ce et pour bien d'acort et de pais entre lesdites parties nourrir, lesdis procureurs, chacun en droit lui et pour tant qu'il lui toucquoit, ou nom et du commandement de leursdis seigneurs et maistres, ont congneu et confessé, ou cas qu'il plaira à la court du Roy, nostre sire, que de tous lesdis procès, questions, demandes et poursuites, desquelles mention est faite chi-dessus, il se sont submis et rapporté ou dit et en l'ordenance de noble et puissant monseigneur. Thibaut de la Boissière, chevalier, bailli d'Amiens, et de pourveues et sages personnes M⁰ Raoul de Béry et Pasquier Dumont, advocat, comme arbitres arbitrateurs ou amiables apaiseurs, pour ent ordonner, sentencier ou dire, du tout à leur pure et plaine volenté, ainsi qu'il leur plaira, pour mieux faire que laisser

(1) Cette formule laisse entendre que le remboursement du principal du dépôt était alors chose faite. Nous en ignorons d'ailleurs l'époque et les circonstances.

(2) Cette mention très intéressante montre que le privilège de l'estaple d'Amiens était surtout fiscal et qu'en payant l'aide des waides, dans toute l'étendue du ressort dont la ville était le marché légal, les marchands étaient, dans la pratique, libres d'emmagasiner et d'exporter directement leurs cargaisons, sans les entreposer à Amiens, pour leur faire subir les manipulations spéciales dites conroi, barillage et mise en tonneaux.

ordre de droit, garde et non garde. Et comparront lesdites parties pardevant lesdis arbitres, à toutes les journées qui assignées leur seront, et procèderont péremptoirement, et durera le pooir d'iceux arbitres jusques au jour que on cante, en sainte église, Letare Jherusalem. Et ladite sentence, ordenance, desclaration ou appointement, que lesdis arbitres aront dit et desclairié, lesdis procureurs ont promis et enconvent loyalment et en bonne foy tenir et entériner plainement, chacun en droit lui, sans venir, ne faire venir contre, par appel ou autrement, comment que ce soit, à peine de chincq cens livres par., moitié au Roy, nostre sire, et l'autre moitié a le partie qui ledit sentence, ordenance ou desclaration desdis arbitres tenroit. Et, pour ce, ne demourra mie que ce ne fust tenu et enteriné Et, dès maintenant pour lors, ont renunchié et renunchent aux procès dessusdis. Et, pour toutes les coses dessusdites et cascune d'icelles tenir, emplir, enteriner et acomplir, en le fourme et manière que chi-dessus est dit, et pour rendre tous coux et fons qui mis y seroient, par deffaut de ce, ont lesdis procureurs et chascun d'eux, en droit lui, obligié et obligent, envers l'un l'autre, tous les biens meubles, cateux et héritages de leursdis maistres et de leurs hoirs présens et avenir, pour les prendre, vendre, justicier et adenérer, par toutes justices, sans meffait, jusques au plain acomplissement des coses dessusdites. Et si renunchèrent, quant à ce, pour et ou nom de leursdis maistres, à toutes coses généralment et espécialment qui, tant de fait comme de droit, leur porroient aidier et valoir à aler contre le teneur de ces lettres, si comme toutes ces coses lesdis procureurs ont recongnut. Tout ce nous ont lidit auditeur tesmongnié par leurs seaulx et nous, à leur tesmonnage, avons à ces présentes lettres mis ledit seel de baillie, sauf le droit du Roy nostre sire et l'autruy en tout. Et fu fait l'an M CCC XCII, le xv° jour du mois de frévier.

(Au verso) Fait et passé en Parlement, du consentement de M° Jehan Noël, procureur desdis maieur et eschevins d'Amiens, d'une part, et Jehan du Berc, procureur de Robert de Saint-Fuscien, fondé par procuration cy attachée, d'autre part. vi mars M CCC XCII.

X¹ᶜ 66, n° 131.

Le n° 133 est une constitution de trois autres procureurs par-devant le même Jean le Cat et deux auditeurs, Jean Amausois l'aîné et Willaume de Saint-Pierre, par Robin de Saint-Fuscien. xvi février M CCC XCII.

(La formule est identique à celle des lettres du Châtelet).

XXXV

N° 1. — Condamnation par contumace, et sans possibilité de recours, prononcée par la Cour contre un sergent du Roi, coupable de meurtre et d'exécution arbitraire sur la personne d'un clerc.

Cette pièce, choisie entre beaucoup d'autres, montre quelle était, au XIV° siècle, la manière expéditive et sommaire des officiers subalternes des bailliages d'administrer la justice criminelle en dépit des lettres de rémission, des privilèges de cléricature et des droits des juridictions intéressées, qu'ils traitaient trop souvent en abus et corrigeaient volontiers par un pire.

La sévérité du Parlement, à l'endroit de ces violations scandaleuses des formes élémentaires de la justice, était elle-même un frein insuffisant.

On ne manquera pas de remarquer, entre autres détails pittoresques de la pénalité alors en usage, l'obligation pour les condamnés d'exposer dans les églises la représentation de leurs victimes sous la forme de statues d'une matière et d'un prix déterminés.

23 Juin
1372

Constitutis, in curia nostra, procuratore nostro generali, pro nobis, ad omnes fines, et procuratore dilecti et fidelis nostri episcopi ambianensis ad fines civilem dumtaxat tendentibus, pro parte dicti procuratoris nostri et episcopi contra Oudinum Bernerii, nostrum in baillivia ambianensi servientem, extitit propositum quod, virtute certarum aliarum litterarum nostrarum ad instanciam et requestam dicti episcopi ambianensis, tertia die mensis octobris, anno Domini M° CCC° LXVIII°, obtentarum, nec non mediante certa informatione de et super criminibus et maleficiis in dictis nostris litteris et informatione ac etiam hiis presentibus inferius declaratis, earumdem litterarum nostrarum virtute, predictus Oudinus de hujusmodi criminibus et maleficiis per dictam informationem culpabilis repertus fuerat, una cum pluribus aliis suis in hac parte complicibus, coram nobis Parisius aut coram nostro Magno Consilio, die lune proxima post festum omnium sanctorum, quod fuit anno LXVIII predicto, personaliter compariturus adjornatus, dictis procuratori nostro et episcopo ad fines antedictos responsurus super eo quod idem episcopus asserebat et asserit quod, licet ad eumdem episcopum solum et in solidum correctio et punitio clericorum in sua dyocesi delinquentium et in ipsa dyocesi seu majori parte ejusdem commorantium et specialiter clericorum solutorum in habitu et tonsura clericalibus existentium pertinerent, de quibus idem episcopus et sui predecessores episcopi ambianenses usi fuerant, secundum sacros canones, per tantum temporis spacium quod de contrario hominis memoria non extabat, contra que prescriptio, obstantibus sacris canonibus, non poterat per seculares judices allegari, nichilominus prefatus Oudinus Bernerii ac quamplures alii servientes nostri, in hac parte complices et malefactores, de mandato, ut dicebatur, Honorati de Ypra, locumtenentis gubernatoris nostri baillivie ambianensis, sine causa racionabili, ad quamdam domum vocatam Renaudval, ad duas leucas prope Ambianos situatam, ad hospitale ville ambianensis pertinentem, accesserant, dictamque domum intraverant et quemdam fratrem ipsius domus, qui sibi sponte hostium aperierat, enormiter verberaverant et quemdam clericum solutum in vestibus et tonsura clericalibus existentem, vocatum Robertum Assonis, de dicta dyocesi oriundum violenter ceperant, ipsumque supra quandam equam captum ligaverant, quamvis ipse eis expresse diceret quod ipse erat clericus in habitu et tonsura, prout per inspectionem sui corporis apparebat, et quod ipse, de et super quodam homicidio sibi imposito, a nobis gratiam et remissionem habebat et etiam quod erat prisionarius dicti episcopi, a suis carceribus relaxatus, ipsos ut eum pacificatum dimitterent requirendo. Quibus non obstantibus, unus servientium et complicum predictorum, vocatus Tassardus de Bosco, dixerat quod ipse bene recordabatur de aliquibus verbis que dictus clericus dixerat, tempore retroacto, jurando, per sanguinem Dei, quod incontinente ipsum faceret suspendi, dum tamen spiculatorem sive bourrellum posset invenire et, nisi inveniret, unus ex ipsis complicibus eumdem clericum suspenderet. Post que, dicto locumtenenti et receptori nostro ambianensi ipsius clerici captione relata, prefati servientes et complices eumdem clericum duxerant ad quandam villam, prope Ambianos, per unam leucam situatam, vocatam Polainville, quos servientes et complices dicti locumtenens et receptor ad patibulum ambianense, prope dictam villam Polainville nuncupatam situatum, paulo post fuerant insecuti ut dictum clericum ibidem suspenderent. Et cum premissa ad officialis dicti episcopi noticiam devenissent, ipse officialis certum apparitorem et quemdam notarium curie sue penes dictos locumtenentem et receptorem, jam prope dictum patibulum, cum magna multitudine populi ad videndum justiciam de dicto clerico fieri ibidem congregata, existentes, illico destinaverat. Qui apparitor et notarius ipsum locumtenentem, sub penis et monicionibus in forma ecclesie consuetis, requisiverant et monuerant quatinus dictum clericum eisdem exhiberet et exhibitum redderet ut ipse episcopus, ad quem hoc pertinebat, dictum clericum, juxta consuetudines canonicas, punire et de eo, juxta casus exigentiam, justiciam ministrare valeret, eodem locumtenente respondente se dictum clericum non habere, nec fuisse per eum vel de suo precepto captum; qua responsione sic facta, iidem apparitor et notarius versus quoddam nemus, distans a dicto patibulo per tractum duorum artium (arcuum), in quo prefati servientes dictum clericum destinebant (detinebant), statim abierant, predictique servientes, eosdem apparitorem et notarium explorantes, adeo infra dictum nemus se latitaverant quod eos ipsi apparitor et notarius nequiverant invenire et, ob hoc, factis prius per ipsos dicto locumtenenti, virtute litterarum dicti episcopi aut ejus officialis, requisitionibus, monicionibus et inhibicionibus oportunis et in talibus fieri solitis, ad dictos episcopum et officialem reversi fuerant, dicti quoque locumtenens et receptor ac spiculator sive bourellus, secum tunc existens, tumultum et clamorem assistentium formidantes, nequissimo et dampnabili proposito suo non completo, ab inde recesserant; sed, nocte adveniente immediate sequente, prefati servientes et complices, verentes ne per dictum episcopum aut ejus gentes impedirentur, in hac parte, dictum clericum secrete et occulte ad patibulum de Corbeya, extra juridictionem spiritualem episcopi memorati situatum, a villa ambianensi per IIII^{or} leucas distans, transduxerant et ibidem dictum clericum, in habitu et tonsura clericalibus existentem, per qemdam spiculatorem sive bourrellum, laqueo suspendi fecerant, ubi dictus clericus vitam temporalem humana condicione finiverat, in premissis sic nequiter et dampnabiliter actis homicidium sive murtrum perpetrando, in rei perniciose exemplum ac in dicti episcopi et sue juridictionis ecclesiastice vituperium et prejudicium non modicum, ut dicebat, ac ulterius super premissis et ea tangentibus processuri et facturi ut esset rationis. Postmodoque causa hujusmodi, in statu quo tunc erat, per nostras litteras apertas, a nobis, ex nostra certa scientia, emanatas, usque ad crastinum tunc instantis festi beati Andree apostoli, quod fuit prima dies mensis decembris, anno LXVIII° predicto, continuata et deinde, virtute certarum aliarum nostrarum litterarum clausarum, certis de causis in eisdem nostris litteris latius declaratis, ad nostram parlamenti curiam remissa extiterat, prout de adjornamento, continuatione, remissione et aliis premissis dicte nostre curie legitime constiterat, et quia prenominatus Oudinus Bernerii, ad predictam primam diem dicti mensis decembris, in ipsa nostra curia non venerat, nec se personaliter, ut tenebatur, presentaverat seu repertus extiterat, in eadem pluries ac sufficienter, ut moris erat et est, ad hostium camere dicti parlamenti nostri, per certum ipsius parlamenti hostiarium ad hoc per eamdem nostram curiam deputatum, evocatus, prout idem hostiarius ipsi nostre curie rettulerat una voce, ipse Oudinus, ad instanciam et requestam procuratoris nostri et episcopi sepe dictorum, XIIII^a die mensis decembris, anno predicto, per curiam nostram memoratam, positus extiterat in primo defectu. Proponebant insuper iidem procurator noster et episcopus quod, hujusmodi defectu, sicut predictum est, obtento et criminibus atque maleficiis supradictis, in dicta nostra curia, in absentia et contumacia ejusdem Oudini et ipso pro absente reputato, contra eumdem Oudinum propositis et repetitis seu pro propositis et repetitis habitis ac eidem Oudino impositis, ipse Oudinus ad plures et diversos dies tunc sequentes ac per certa et competentia intervalla, juxta usum, stilum et observanciam ejusdem nostre curie in casibus criminalibus prout erat et est in casu presenti, stattuta et ordinata, sub pena bannimenti a regno nostro, confiscationisque bonorum suorum quorumcumque nobis applicandorum, necnon quod de predictis criminibus et maleficiis sibi, ut predictum est, impositis haberetur, teneretur et reputaretur pro convicto et condempnato, ac tum, intimationibus in talibus casibus fieri solitis, solemniter et debite, ut moris fuerat et erat, virtute certarum litterarum nostrarum super hoc confectarum et a dicta nostra curia emanatarum, in eadem curia nostra personaliter compariturus extiterat adjornatus, predictis procuratori nostro et episcopo ad fines antedictos, super criminibus et maleficiis superius declaratis et ea tangentibus, responsurus ac processurus et facturus ut foret rationis, ad quos dies eidem Oudino assignatos, ipse Oudinus, in eadem nostra curia, ut tenebatur et fuerat adjornatus, minime comparuerat aut se presentaverat, nec, in eadem nostra curia, per certos dicti parlamenti nostri hostiarios ad hoc per eamdem nostram curiam deputatos, tam ad hostium camere dicti parlamenti nostri, quam ad tabulam marmoream palacii nostri regalis parisiensis, pluries ac sufficienter, ut moris erat et est, evocatus repertus extiterat, et idcirco ipse Oudinus, ad instanciam et requestam procuratoris nostri et episcopi predictorum, positus extiterat in tribus defectibus per curiam nostram memoratam, prout premissa et quamplura alia iidem procurator noster et episcopus, tam per predictas nostras litteras et informacionem, quam per adjornamenta et relationes super hoc confectas et confecta ac etiam per predictos iiii^{or} defectus in et super premissis obtentos, asserebant et asserunt liquidius apparere. Et ea propter iidem procurator noster et episcopus, in absencia et contumacia predicti Oudini, prout alias, in dicta nostra curia, fecerant et requisiverant, talem ex predictis eorum iiii^{or} defectibus, contra prenominatum Oudinum absentem et contumacem, utilitatem sibi per dictam nostram curiam adjudicari petierunt et cum instancia requisiverunt qualem in ipsius Oudini presencia, si ibidem presens interfuisset, petiissent et requisiissent, ut dicebant : videlicet quod idem Oudinus ab omnibus factis, rationibus et defensionibus suis, si quas vel que adversus predicta crimina et maleficia ei, ut sepe dictum est, imposita dicere, proponere seu allegare quovis modo potuisset sive posset, omnino foret exclusus et etiam cecidisset ac de ipsis haberetur, teneretur et reputaretur pro convicto et condempnato. Et, hiis mediantibus, petebat et requirebat dictus episcopus quod, criminibus, maleficiis et defectibus antedictis attentis, prenominatus Oudinus ad faciendum, plicandum et gaagiandum ipsi episcopo vel suo mandato emendam honorabilem, nudo capite et sola camisia indutus, flexis genibus et junctis manibus, tam in dicta nostra curia et in ecclesia ambianensi ac in locis ubi crimina et maleficia supradicta commissa et perpetrata fuerant, ut prefertur, quam alibi, ad arbitrium dicte nostre curie, et in emenda utili et proficua decem mille librarum parisiensium, necnon ad ponendum et statuendum seu poni et statui faciendum, ejus propriis sumptibus et expensis, in predicta ecclesia ambianensi, ymagines argenteas ponderis centum marcharum argenti, una cum cereis ibidem ardentibus in perpetuum, in et super bonis ejusdem Oudini capiendis, in signum perpetue memorie, prout eidem nostre curie videretur, et, una cum hoc, in ejusdem episcopi dampnis, interesse et expensis per eum, in prosecutione et defensione premissorum, factis, sustentis et habitis ac sustinendis et habendis, per capcionem, incarcerationem et detentionem corporis sui, vendicionemque et explectationem bonorum suorum quorumcumque, mobilium et immobilium, presentium pariter et futurorum, per arrestum sive judicium dicte nostre curie, condempnaretur et condempnatus compelleretur, quodque, de hiis que predicto episcopo pro premissis adjudicarentur, sibi fieret solutio et satisfactio ac in et super predictis ejusdem Oudini executio primitus et ante omnem adjudicationem, confiscationem et condempnationem vel emendam nobis aut alteri cuicumque propter hoc faciendam seu adjudicandam, si que fieret vel adjudicaretur, et ea non obstante. Petebat insuper et requirebat prefatus procurator noster quod prenominatus Oudinus, ubicumque, in regno nostro, extra loca sacra, reperiri valeret, caperetur et in Castelletum nostrum parisiense prisionarius adduceretur, in processuque extraordinario poneretur et premissorum veritas, ore suo proprio, etiam questionibus et tormentis, si opus esset, mediantibus, sciretur et extorqueretur. Qua comperta, idem Oudinus in corpore atque bonis condempnaretur et puniretur ac ultimo supplicio traderetur et, si capi nequiret, quod a dicto regno nostro banniretur et, hujusmodi banni virtute, omnia ipsius bona nobis applicarentur et confiscarentur ac tanquam applicata et confiscata perpetuo remanerent, aut alia talis utilitas eisdem procuratori nostro et episcopo, ex predictis iiii^{or} defectibus, per dictam curiam nostram adjudicaretur qualis ipsi nostre curie videretur, protestando de addendo et diminuendo in factis, peticionibus et conclusionibus suis supradictis, ante vel post conclusionem cause, si, per ea que jam facta erant et sunt, in hac parte, predicte conclusiones sue sibi forsitan non fierent et adjudicarentur, prout sibi videretur expedire, ut esset rationis, ad hujusmodi fines crimina et maleficia supradicta plenius proponendo et declarando ac eidem Oudino imponendo, necnon litteras nostras, informationem, adjornamenta, relationes et defectus, de quibus superius fit mentio, eidem nostre curie propter hoc exhibendo et tradendo. Predictis igitur procuratore nostro et episcopo, in hiis omnibus et singulis que circa premissa dicere, proponere, petere et requirere voluerunt, ad plenum auditis, visisque, per dictam nostram curiam, litteris nostris, informatione, adjornamentis, rationibus et defectibus predictis, hiis autem omnibus ac aliis que eamdem nostram curiam circa premissa movere poterant et debebant diligenter consideratis et attentis, per arrestum ipsius nostre curie, dictum fuit quod predicti procurator noster et episcopus talem, ex predictis eorum IIII^{or} defectibus, contra Oudinum Bernerii supradictum, utilitatem reportabunt et habebunt, videlicet quod idem Oudinus ab omnibus factis, rationibus et defensionibus suis, si que vel quas, adversus predicta crimina et maleficia ei, ut dictum est, imposita, dicere et proponere potuisset sive posset, omnino erat et est exclusus et cecidit ab eisdem. Et idcirco eadem nostra curia ipsum Oudinum de hujusmodi criminibus et maleficiis sibi, ut dictum est, impositis tenuit et reputavit ac tenet et reputat pro convicto, condempnato et superato; et, hiis mediantibus, ipsa nostra curia eumdem Oudinum, per captionem et incarcerationem sui corporis, vendicionemque et explectationem bonorum suorum quorumcumque, mobilium et immobilium, presentium pariter et futurorum, in quadam ymagine cere ponderis centum librarum parisiensium, ad similitudinem corporis predicti Robini Asson, dicto episcopo alias, ut dicitur, restituti, facienda, que quidem ymago cere tradetur et ponetur in ecclesia beate Marie ambianensis, in signum representationis corporis dicti defuncti Robini Asson, necnon erga eumdem episcopum, pro suis injuriis, dampnis, interesse et expensis, in centum libris turonensibus, per arrestum ejusdem nostre curie, condempnavit et condempnat ac eumdem Oudinum a predicto suo sergenterie officio privavit atque privat ac etiam eumdem Oudinum a regno nostro bannivit atque bannit, necnon predicta bona sua quecumque, dicto episcopo de predictis centum libris sibi, ut dictum est, adjudicatis in et super dictis bonis primitus et ante omnia satisfacto ac etiam dicta ymagine cere facta soluta et predicte ecclesie tradita, confiscavit et confiscat.

Pronunciatum XXIII^a die junii, anno M° CCC° LXX° II°.

X^{2a} 8, f° 280 v° seq.

Cf. sur cette affaire :

JJ 99, n° 472, 3 décembre 1368. Lettres de rémission à Honoré d'Ippre, lieutenant du bailli d'Amiens, à Pierre le Sene, receveur, et aux sergents du Roi.

N° 2. — *Désistement de poursuites de Hue Asson, père de Robert.*

12 Décembre 1368

Karolus, etc., universis, etc., salutem. Cum dilectus et fidelis miles, consiliarius noster, Johannes Barreau, magister requestarum hospicii nostri ac gubernator baillivie nostre ambianensis, necnon Robertus Pourcelet et Henricus Boileaue diem haberent, una cum pluribus aliis, in curia nostra, contra Hugonem Assonis, super facto mortis defuncti Roberti Assonis, dicti Hugonis, dum vivebat, filii, ultimo supplicio traditi, dicto Hugoni responsuri et ulterius, ut jus esset, processuri, notum facimus quod, certo accordo de et super facto dicte mortis, in dicta curia nostra, die date presentium, inter dilectum et fidelem nostrum episcopum ambianensem et prefatum Hugonem, ex una parte, et Honoratum de Ypra, dicti gubernatoris locumtenentem, et Petrum le Sene, receptorem nostrum dicte baillivie, ac nonnullos servientes nostros et alios in eodem accordo nominatos, ex altera, facto et per arrestum dicte nostre curie approbato seu confirmato, prenominatus Hugo Assonis ab hujusmodi adjornamento et prosecutione per eum, occasione predicte mortis, contra prefatos gubernatorem, Robertum et Henricum incepta, sponte sua, destitit et desistit ac eisdem adjornamento et prosecutioni renuntiavit omnino. Qua renunciacione sic facta, ipsa curia nostra prefatis Hugoni, gubernatori, Roberto et Henrico et eorum cuilibet, absque expensis hinc vel inde refondendis, ab eadem nostra curia libenter et impune recedendi licentiam concessit et concedit per presentes.

xii^a die decembris, anno M° CCC° LXVIII°.

X^{2a} 8, f° 77.

X^{1c} 29, n° 73, 14 août 1374. Accord entre l'évêque d'Amiens et lesdits lieutenant, receveur et sergents du Roi, passé au nom de Robert Pourcelet et Henri Boileaue, sergents du Roi au bailliage, poursuivis en Parlement à raison dudit meurtre, où les parties auraient été appointées en faits contraires, « sans qu'il y fust plus procédé ». L'évêque se désiste de toutes poursuites, frais et répétitions, au prix de 20 francs d'or pour chacun.

Ibid., n° 4, 5 juillet 1374. Semblable accord passé au nom de Pierre le Sene, receveur, et Tassart du Bos, poursuivis, dans la même affaire, à raison de ce qu'ils avaient négligé de faire foi, en un certain temps donné, aux mains de l'official, des sentences portées contre eux, au prix de 50 francs d'or pour chacun.

X^{1c} 30, n°s 87 seq., 27 mars 1374, v. st. Trois pièces de même nature, au nom de Jean de Lymaige, sergent du Roi, pareillement poursuivi par l'évêque en Parlement, où les parties sont appointées en arrêt, accord passé au prix de 20 francs d'or, etc., etc.

JJ 110, n° 195, 14 mars 1376, v. st. Confirmation de lettres de rémission à Oudart le Bernier, à raison de l'exécution de Robin Asson, etc.

XXXVI

Arrêt de la Cour au sujet d'une poursuite des maire et échevins et du procureur du Roi, en exécution de lettres d'état accordées par le Roi à la ville d'Amiens.

Tout est curieux dans cet arrêt consécutif aux graves difficultés financières avec lesquelles l'échevinage était aux prises, dans la période 1358-1382, et d'où devait sortir la crise de 1382-83. (V. *supra*, art. xxxiv, ses démêlés avec Robin de Saint-Fuscien) :

1° La procédure des créanciers de la ville, exécuteurs du testament de feu Marie la Boulengière, qui, désespérant d'être payés des créances de ladite succession, malgré la solennité des engagements pris envers eux, et redoutant de se voir opposer les lettres d'état obtenues par le Magistrat pour l'ajournement de ses échéances, prennent le parti de faire arrêter trois marchands d'Amiens, à la loi privilégiée de la commune d'Abbeville, où un procès s'engage devant le vicomte ;

2° La réplique des maire et échevins d'Amiens et du procureur du Roi, joint avec eux, qui font évoquer l'affaire devant le bailli et annuler la procédure commencée, avec condamnation des plaignants à l'amende et aux dépens ;

3° L'affirmation de ceux-ci, plaidant en appel devant la Cour, qu'au procès d'Abbeville maire, échevins et procureur du Roi n'étaient assignés et ne pouvaient se présenter comme parties, à aucun titre ;

4° Et plus encore l'arrêt de la Cour donnant raison à ce système de défense et infirmant en fait, sinon par une condamnation expresse, le bénéfice des lettres en question.

Cum Jacobus Boulengerii et Johannes, amici executores testamenti seu ultime voluntatis et ordinacionis deffuncte Marie la Boulengière, appellantes et actores ex una parte, proponi dudum fecissent in nostra parlamenti curia contra procuratorem nostrum et gubernatorem baillivie ambianensis ac contra maiorem, scabinos et habitantes dicte ville ambianensis, defensores, quatinus ipsorum singulos tangebat appellatos, ex altera, quod, licet dicti maior, scabini et habitantes dictis actoribus, ad causam executionis jam dicte, in summis centum et xxx^a scutorum auri de cugno regis Philippi, quondam avi nostri, et xx! scutorum de cugno inclite recordacionis carissimi domini et genitoris nostri tenerentur et essent efficaciter obligati et ad dictas florenorum ad scutum summas solvendum cohercioni cujuslibet jurisdicionis se submisissent, prout per certas litteras sigillo communitatis dicte ville sigillatas liquide poterat apparere, dictique actores appellantes, attendentes quod, pluribus obstantibus et maxime certis litteris status per dictos maiorem, scabinos et habitantes a nobis impetratis, ab eisdem minime solvi poterant seu valebant, Gerardum de Bellaquercu, Johannem

3 Juin
1373

Vaudiquel et Hugonem de Hameri, burgenses et habitantes ville ambianensis predicte, in villa Abbatisville, dictarum virtute litterarum et prout eis licebat, arrestari fecissent, et ob hoc dictus processus inter partes predictas coram vicecomite dicti loci Abbatisville extitisset inchoatus et penderet, licet etiam dictus locus seu villa Abbatisville esset locus et villa arresti, prout in eadem ab antiquissimis temporibus usitatum fuerat et adhuc utebatur, ipsi etiam maior, scabini et habitantes minime fuissent in processu aut se ponere in eodem absque parte, videlicet absque burgensibus predictis, potuissent, nichilominus procurator noster predictus appellantes predictos coram dicto gubernatore, occasione premissorum, fecerat adjornari, fueratque coram dicto gubernatore inter ipsas partes adeo processum in premissis quod dicti appellantes ad desistendum a dicto processu coram vicecomite predicto, ut predicitur, pendente et incoato, necnon et ad emendam propter hoc nobis faciendum ac in expensis dictorum burgensium per sententiam dicti gubernatoris tandem fuerant condempnati, a qua quidem sententia per dictos actores ad dictam nostram curiam debite fuerat appellatum, ut dicebant. Quare petebant dici et pronunciari predictum gubernatorem male sentenciasse et judicasse, dictosque actores bene et debite appellasse, necnon et dictos appellatos in ipsorum appellancium expensis condempnari, dictos insuper majorem, scabinos et habitantes ad se ponendum in presenti processu non esse admittendos et, si ponerentur, petebant actores predicti majorem, scabinos et habitantes jam dictos in eorumdem appellancium expensis condempnari, pluribus aliis racionibus per ipsos super hoc allegatis.

Dictis defensoribus appellatis proponentibus ex adverso et dicentibus quod dictus Jacobus per maliciam et aliter indebite juridicionem nostram dimiserat et ad aliam duriorem cohercionem yverat, dictosque burgenses de facto arrestari fecerat apud Abbatisvillam, ipsis defensoribus non summatis nec requisitis de solvendis summis predictis; consuetudo eciam per dictos appellantes proposita et allegata locum non habebat, ex quo apparebat dictum gubernatorem dictos appellantes in expensis coram dicto vicecomite factis juste et debite condempnasse et aliter bene judicasse seu sentenciasse, dictosque actores male appellasse ac eosdem in emenda et expensis condempnari debere, ut dicebant appellati predicti. Dicebant etiam maior, scabini et habitantes prefati quod dicti appellantes eisdem fecerant intimari ac per hoc confitebantur ipsos fuisse et esse in processu. Et in quantum dicebant eos non debere in presenti processu remanere, debebant iidem maior, scabini et habitantes congedium habere et expensas contra dictos appellantes, ut dicebant, et ad hoc et ad alia concludebant, et cetera, prout supra.

Prefatis appellantibus replicando proponentibus et dicentibus quod ipsi ea que in premissis fecerant, utendo jure suo, absque fraude vel malicia, fecerant, et si aliquod forefactum circa premissa ex parte dictorum appellancium intervenerat, excusari tamen, attenta eorumdem simplicitate, debebant, ut dicebant, ad hoc et ad alia prout supra concludende.

Tandem, auditis partibus antedictis in omnibus que circa premissa dicere et proponere voluerunt, visis insuper sententia, processu et litteris predictis consideratisque parcium ipsarum rationibus diligenter ac attentis omnibus circa hec attendendis et que curiam nostram predictam in hac parte movere poterant et debebant, per arrestum dictum fuit male fuisse per dictum gubernatorem judicatum et per dictos actores bene fuisse appellatum, quodque procurator noster predictus causam vel actionem non habebat faciendi petitiones, prosecutiones et demandas quas contra dictos actores executores fecerat et ab eisdem prosequutionibus, petitionibus et demandis dicta curia absolvit executores antedictos, et per idem arrestum dictum fuit quod dictus processus coram vicecomite jam dicto incoatus et inceptus non adnullabitur.

Pronunciatum die iii^a junii anno LXX° III°.

X^{1a} 23, f° 168 v°.

XXXVII

Don fait par le Roi à Jean Barreau, bailli d'Amiens.

Nous avons tenu à citer ces lettres de donation, non pas tant pour la qualité du personnage qui en est bénéficiaire et la mention des services allégués, que pour la clause de révocabilité qui la termine : le Roi stipule qu'au cas où il se réconcilierait, par traité, avec le duc de Bretagne, sur les biens duquel sont pris les 120 l. de rentes attribuées à Jean Barreau, et consentirait la restitution des domaines confisqués, celui-ci ne pourra réclamer aucune indemnité, ni compensation de ce qui lui sera repris par là même.

Charles, par la grâce de Dieu, roy de France, savoir faisons à tous présens et avenir que, comme, pour les bons et agréables services que nous a fais, par longue espace de temps, nostre amé et féal chevalier et conseiller, Jehan Barreau, maistre des requestes de nostre hostel et gouverneur de nostre bailliage d'Amiens, tant ou fait de justice et gouvernement de nostredit bailliage, comme en nos guerres présentes, où il nous a servi, ceste année, soubz nostre très cher frère, le

Décembre 1373

duc [de] Bourgoingne, et conduit les arbalestriers du pais de Picardie que nous envoyons devers nostredit frère, où il lui a convenu grandement fraier et despendre du sien, à icellui nostre chevalier, pour consideracion des choses dessusdites et rémunéracion des labeurs, despens et services dessusdis, avons donné et ottroyé et, par la teneur de ces présentes, de nostre certaine science, auctorité royal et grâce espécial, donnons et ottroions vi^{xx} l. de rente au tournois, laquelle rente souloit nagaires prendre et avoir, chascun an, Jehan de Montfort, jadis duc de Bretaingne, sur la terre de Merremaigne, par la main de nostre amé et féal chevalier, le vidame de Chartres, avant que ledit duc se fust rendu nostre ennemi et rebelle, laquelle rente annuelle de vi^{xx} l. t. nous est venue et confisquée, par le fait de cryme de lèse-maiesté que ledit duc a commis encontre nous ; à tenir icelle rente, possider, avoir et recevoir par ledit Jehan Barreau, ses hoirs, successeurs ou aians cause perpetuelment et à tousjours, tout en la fourme et manière que faisoit nostredit ennemi, avant ces choses. Si donnons en mandement, par ces mesmes lettres, ou bailli de Chartres et à tous nos autres justiciers et officiers ou à leurs lieuxtenans présens et avenir et à chascun d'eulx, si comme à luy appartiendra, en commettant par ces présentes audit bailli de Chartres, que, ces lettres veues, il mette ou face mettre ledit Jehan Barreau ou son procureur pour lui en saisine et possession de ladite rente, et d'icelle et des arrérages deus le face paier doresenavant, en la manière et aux termes acoustumés, en contraingnant ad ce vigueureusement, se mestier est, ceulx qui pour ce seront à contraindre, par toutes voies deues, et de nostre présente grâce et ottroy facent et laissent joir doresenavant nostredit chevalier, ses hoirs ou ayans cause paisiblement et sans empeschement aucun, lequel, se mis y estoit, nous voulons que il en soit ostez et remis, sans délay, au premier estat et deu, au profit de nostredit chevalier ou de ses aians cause. Nostre entencion toutevoies n'est pas que icellui nostre chevalier nous puist, ou temps avenir, demander récompensacion, pour ce présent don, ou cas que nous rendrions audit duc ladite rente, par voie de traitié ou de paix, ou que ledit duc retournast en nostre obéissance. Et pour que ce soit ferme chose et estable à tousjours, nous avons fait mettre nostre seel à ces présentes lettres. Donné au mois de décembre, l'an de grâce M CCC LXXIII.

JJ 105, n° 53.

XXXVIII

Documents relatifs a certains démêlés entre le chapitre et l'échevinage d'Amiens. (4 pièces). 1374-1384.

N°s 1 et 2. — Deux renvois devant le bailli d'Amiens d'un procès pendant entre l'échevinage et le chapitre, à raison d'une exécution faite par un sergent de la ville dans le moulin de Passe-avant.

La première de ces pièces est un simple renvoi devant le bailli, sans autre explication sur la nature du litige, de la cause évoquée en Parlement par le procureur général à raison sans doute des lettres d'état qu'opposaient les chanoines aux revendications des maire et échevins, de leurs officiers et sujets, au sujet de l'administration des deux moulins de Passe-avant et Passe-arrière et de leur démolition.

La seconde plus explicite établit qu'il s'agissait d'un exploit de justice, comme il s'en vit tant par la suite, exécuté au moulin de Passe-avant par un sergent de la ville. L'affaire, portée devant le bailli, avait abouti à un non-lieu. Cette décision, frappée d'appel, est confirmée par la Cour, qui condamne le chapitre à l'amende et aux frais et renvoie derechef les parties devant le bailli, pour procéder plus avant, s'il y a lieu.

N° 1. — Karolus etc., gubernatori baillivie ambianensis aut ejus locumtenenti, salutem. Cum certas causas in nostra parlamenti curia pendentes, tam in casu novitatis et saisine quam aliter, inter maiorem, prepositum et scabinos ville ambianensis et certos officiarios et singulares dicte ville, ex una parte, et dilectos nostros decanum et capitulum ecclesie ambianensis, ex altera, ratione molendinorum de Passeavant et de Passearrière dictis decano et capitulo pertinencium *et demolicionis eorumdem,* in querimoniis et explectis dictarum partium plenius declaratas, in quibus quidem causis seu earum aliqua, maior, prepositus et scabini et aliqui singulares et officiarii dicte ville ambianensis adjornati extiterant, ad instantiam procuratoris nostri generalis, dicta curia nostra easdem causas, in statu in quo erant, coram vobis, ad sedem vestram ambianensem, ad crastinam instantis festi purificacionis beate Marie Virginis, partibus auditis, per presentes remisit et remittit audiendas et sine debito terminandas, vobis, ex ordinatione dicte curie nostre, mandamus, si necesse fuerit, committendo, quatenus, de die in diem, partes ipsas, in causis predictis, coram vobis, *non obstantibus quibuscumque litteris status,* procedere faciatis, ministrantes inter partes ipsas celeris justicie complementum. Datum Parisius, in parlamento nostro, die ix^a januarii, anno M° CCC° LXX° IV°, et regni nostri XI°.

9 Janvier 1374, v. st.

X^{1a} 24, f° 24 v°.

12 Décembre 1375

N° 2. — Cum, in certa causa novitatis dudum mota coram baillivo ambianensi, inter dilectos nostros decanum et capitulum ecclesie ambianensis, actores et conquerentes, ex parte una, et dilectos nostros majorem et juratos dicte ville, defensores et opponentes, ex altera, ratione et occasione certi expleti justicie per defunctum Petrum de Lannoy, dictorum defensorum servientem, dum viveret, facti in molendino dicto de Passeavent seu domo dicti molendini, ad ipsos conquerentes, ad causam dicte ecclesie, spectanti, ut dicebatur, et pertinenti, adeo processum fuisset, inter partes predictas, quod dictus baillivus, per suam sententiam interlocutoriam, pronunciaverat defensores predictos non teneri procedere cum dictis conquerentibus, prefatis defensoribus congedium per eos requisitum, super statu dicte cause, contra dictos conquerentes, concedendo et ipsos conquerentes in custibus et expensis corumdem defensorum condempnando, a dicta tamen sententia fuit per dictos conquerentes, ad nostram parlamenti curiam appellatum, constitutis igitur, propter hoc, in eadem curia nostra, partibus antedictis, in causa appellationis predicte, cum appellantes predicti plures rationes et facta proposuissent ad finem inter cetera quod diceretur et pronunciaretur prefatum baillivum male judicasse, sentenciasse, seu pronunciasse et ipsos bene appellasse et quod defensores predicti in ipsorum conquerentium expensis condempnarentur, dicti vero defensores plures rationes et facta ad fines contrarios proposuissent et quod conquerentes predicti in ipsorum defensorum expensis condempnarentur. Tandem, auditis partibus antedictis in omnibus que circa premissa dicere et proponere voluerunt, visis insuper sententiis ac certis litteris relevamenti per dictos appellantes a nobis super hoc obtentis, consideratisque partium predictarum rationibus diligenter ac attentis omnibus circa hec attendendis et que dictam curiam nostram in hac parte movere poterant et debebant, per arrestum ejusdem curie, dictum fuit prefatum baillivum bene judicasse et dictos decanum et capitulum male appellasse et emendabunt appellantes, ipsos in expensis cause appellationis predicte condempnando, earumdem expensarum taxatione dicte curie reservata, remisitque dicta curia et remittit partes predictas coram dicto baillivo processuras ulterius ut fuerit rationis.

Pronunciatum die xii^a decembris, anno M° CCC° LXXV°.

X^{ia} 25, f° 6.

N° 3. — *Accord entre sire Jean du Gard et le chapitre au sujet de la reconstruction du moulin de Duriame.*

Le présent accord est une des pièces les plus intéressantes de la fameuse querelle relative à la possession des moulins de la Somme. Elle nous montre le chapitre prétendant faire sortir,

pour lui-même, une sorte de monopole de l'accord de 1284, qui lui avait reconnu les droits de
« catiche », de curage des canaux et de réfection de ses moulins sur les eaux de la Somme, entre
les deux points extrêmes de la banlieue, Gondrain et Ravine, en exigeant toutefois, pour
l'exercice du premier, le concours du prévôt du Roi. (Aug. Thierry, i, 249).

En 1377, un bourgeois, ancien maieur, sire Jean du Gard, ayant fait réédifier, dans son fief
de Duriame, un moulin à « taillans » et à huile qui y avait existé autrefois, le chapitre fit détruire
l'ouvrage, sous prétexte qu'il n'occupait point exactement la place de l'ancien et que le construc-
teur, en faisant ficher des « estacques et estos » sur le canal traversant sa terre, avait été à
l'encontre de l'arrêt ou accord passé en parlement sur la question. Jean du Gard s'adressa au
Roi et en obtint des lettres en vertu desquelles, après un débat contradictoire entre les parties,
l'ouvrage fut mis sous séquestre et la cause évoquée en Parlement. Finalement on aboutit à un
accord autorisant le plaignant à reconstruire son moulin au lieu même où il venait d'être détruit
et dans les conditions que détermineraient deux arbitres, Mᵉ Paquier Dumont, avocat, et Jean
Marchaine, conseiller au bailliage, et pareillement à retenir les vergnes, ficher « estos » et curer
son canal, sans pouvoir toutefois l'élargir.

Il est intéressant de noter l'abstention de l'échevinage en cette affaire qui l'intéressait directement, depuis qu'il était entré en possession de la prévôté royale, en 1292.

Come sire Jehan du Gard, bourgois d'Amiens, en temps passé, eust, en son   5 Janvier
manoir que on dist Duriame, estant en la ville d'Amiens, fait refaire et redefier, 1377, v. s
sur un chertain rieu ou courant d'iaue estant oudit manoir, un chertain molin à
usage de esmaure taillans de fer, en une partie, et, en une autre partie, à usage
de battre oeulle, et ou lieu ou asses près où autrefois avoit eu molin à saulable
usage, lequel molin eussent fait abatre et despechier discreptes et honnerables
homes, doyen et capitle de l'église Nostre-Dame d'Amiens, par leur baillif,
procureur et gens, pour ce qu'il disoient ycellui molin et ouvrage avoir esté fait
en autre rieu ou plache que autrefois n'avoit esté et que ledit sire Jehan avoit
fait ou fait ficquier, pour ledit ouvrage faire, plusieurs estacques et estos oudit
rieu, qui est entre les termes de certaines pennes, que on dist Gondrain à Ravine,
et fait plusieurs autres empeschemens, en alant contre le teneur de certaines
lettres, que on dist arrest de parlement ou de accort, passé en parlement piécha,
entre lesdis de capitle, d'une part, et le procureur du Roy, nostre sire, pour
icelluy seigneur, d'autre part, et en tourblant et empeschant lesdis de capitle
en leurs drois, saisines et possessions indeuement et de nouvel, si comme yceulx
de capitle disoient. Et pour ce fust lidis sire Jehan du Gars trais vers le Roy,
nostre sire, et, sur son donné à entendre, entre les aultres coses, que ce que en
avoient fait ou fait faire lesdis de capitle et leursdites gens, ce avoit esté fait
par fourme illicite et en lui tourblant et empeschant auxi en ses justes saisines
et possessions indeuement et de nouvel, si comme il disoit. Et sur ce eust ledit
Jehan, dudit seigneur ou de sa court, obstenu ses lettres, en fourme de complainte

de nouvelleté, contenant ces coses ou en substance, adrechiez au premier sergent royal qui, par vertu d'icelles, eust les parties adjourné sur le lieu et, ycelles comparans par-devant luy, eust, en présence desdis de capitle et aucuns pluiseurs de leurs gens et officiers là présens, desclairiez en ladite complainte, fait pluiseurs commandemens en ycelle contenus, se fuissent opposés, à toutefins, et eussent remis pour le cose contemptieuse et comme contrains par singnification (?), en protestant de plus faire, se raison estoit, et, sur et après pluiseurs protestations faites d'un partie et d'autre, eust ledit sergent prins le cose contemptieuse en la main dudit seigneur et jour assingné à ycelles parties l'une contre l'autre, et meesmement ausdits de capitle et leursdites gens, contre le procureur du Roy, nostre sire, à certain jour du parlement lors séant, soulx ombre d'aucunes informations illicite faites à requeste dudit sire Jehan, sur le fait de la démolition dudit molin et de le manière du faire, pour respondre, procéder et aler avant, cascun en tant qu'il li toucquoit, comme de raison seroit et jouxte la fourme et teneur desdites lettres et des exploits de ce faisans mention, depuis lequelle assingnation se soit tousjours ladite cause et procès entretenu, sans y avoir esté liticontestation faite. Et il soit ainsi que, à présent, lesdites parties, pour bien, pais et amour nourir les uns avec les autres, désirans parvenir à boin accort et pour esquiever toute matière de discorde et de procès, se soient accordées et veullent accorder desdis descors et procès, se il plaist au Roy, nostre sire, et à sa court de parlement, par le manière qui s'enssuit : est assavoir, que lesdis doyen, et capitle se consentirent, veulent et accordent que lidis sire Jehan ou li aians de lui cause puet et porra, se il lui plaist, ledit molin, ou lieu et plache que il estoit, quant demolis et despichiés fu, comme dit est, et à l'usage ou usages dessus toucqui[é]s, refaire et rédefier, à l'ordenanche de honnerables hommes et sages, Pasquier Dumont, advocat, et Jehan Marchaine, conseiller en le court du Roy, nostre sire, à Amiens. Et, ce fait, demoura et doit demourer ledit molin en ycellui estat, lieu et usage perpetuelement, se il plaist audit sire Jehan, ses hoirs et aians cause et sans ce que lesdis de capitle, ne leurs successeurs puissent ou doient mettre contredit ou empeschement aucun. Et, avec ce, ont volu et accordé, veullent et accordent lesdis de capitle, en tant qui leur toucque, que ledit sire Jehan, oudit rieu et cours d'iaue par lequel peut estre sondit molin gouverné, estant en son propre fons et demaine, oudit lieu de Duriame, peust lesdites vergnes retenir et, pour ledit retènement, ficquier estos ou estaques, sans ledit rieu eslarguir, et ycellui lieu curer, haudraguier et nettier, quant mestiers en sera et bon lui semblera, et sans ce que les coses dites faites et à faire [puissent] faire préjudice ou empeschement à aucun desdites parties, pour le temps passé, présent ou advenir. Et, parmy cest présent accort, demeurent et demouront lesdites parties quittes de tous coux, intérestz et dommages, dont il eussent peu ou porroient faire demande li uns à l'autre, pour les coses dessusdites advenues, et demeurent et demouront cascune en ses frais.

Tesmoing ces coses, nous, parties dessusnommées, avons ceste cédulle seellé de nos seaulx, le v° jour de janvier, l'an M CCC LXXVII.

Actum de magistrorum Eustacii de Petra, dictorum Johannis du Gart et Johannis Cadel, decani et capituli et aliorum procuratorum, consensu, condempnatorum per arrestum, xv^a januarii, anno M° CCC° LXXV° II°.

X^{ic} 36, n° 22.

N° 4. — Accord entre le chapitre et l'échevinage sur l'établissement d'une clôture mobile à l'extrémité d'une rue des cloîtres.

Le présent accord se rattache à la série des transactions passées entre la ville et le chapitre, touchant la clôture du quartier des cloîtres et le droit de passage des habitants, dont Aug. THIERRY a publié la plus ancienne, I, 98, anno 1177.

Deux siècles plus tard, après la construction de la nouvelle forteresse, 1346-50, qui reportait la principale ligne de défense à la limite des faubourgs, la question avait perdu beaucoup de son intérêt. Cependant l'échevinage croyait avoir encore à prendre des sécurités pour les cas d'effroi et de péril de guerre.

En 1384, le chapitre ayant prétendu établir, à l'extrémité d'une rue du quartier des cloîtres, une clôture mobile ou « roullis de mairien », percée d'une porte « pour honnesteté et seureté » de ladite rue, « comme autrefois avoit esté », l'échevinage protesta et fit arrêter l'ouvrage par le lieutenant du bailli. Le chapitre en appela au Parlement; mais, avant que l'affaire vînt au rôle, une transaction intervint, aux termes de laquelle le Magistrat consentit à l'achèvement de la clôture, qu'il reconnut lui être de « peu ou nulz intérêts ou préjudice », et même à sa fermeture de jour et de nuit, « à serure et veraux », à condition que, « s'il estoit effroy de guerre ou péril de feu, ledit roullis ou huisserie seroit ouvert pour aler és maisons de ladite rue, se mestiers estoit ».

A tous ceulx qui ces présentes lettres verront ou orront le capitle de l'église Nostre Dame d'Amiens, le doien de ladite église absent, et nous maire et eschevins de la ville et cité d'Amiens, salut. Comme le doien de nostredite église, pour lors présent, et nous capitle eussions piécha, en nostre cloistre, terre et juridicion, à Amiens, encommencié à faire ou faire faire un certain roullis de mairien et, en icelli roullis, une huisserie pour fremer ou faire closture, pour honnesteté et seureté, au devant de une voie et rue par lequelle on va et a acoustumé de aler de nostredit cloistre à deux de nos maisons canoniaux scituées et estans en nostredit

2 Août 1384

cloistre, terre et juridicion, au debout de ladite rue et voie, comme autrefois avoit esté, si comme nous disiemes et mainteniesmes, pour loquelle œuvre ainsi par nous encommencie, nous, maire et eschevins, nous fussions dolus et complains desdis doien et capitle. Sur quoy, après aucunes requestes faites au lieutenant de Monsieur le bailli d'Amiens, de et sur les dépendices de ladite complainte, et pour aucuns griefs ou reffuz fais par icelli lieutenant, eust esté une certaine appellation entergettée, de la partie de nous capitle et ledit doien lors présent, loquelle ait, par nous, capitle, et ledit doien, esté deuement relevée ou parlement du Roy, nostre sire, pour lors prochain enssuivant. Et depuis ce aient esté fait, entre nous parties, plusieurs continuacions, sans estre en et sur et plus avant, ne autrement procédé, pour lequel complainte et appellacion soit demouré ledit ouvrage, ainsi que dit est, encommencié à estre parfait. Sachent tout que nous, parties dessusdites, pour bien de paix, amour et concorde entretenir, les uns avec les autres, et nous, maire et échevins, regardans et considérans que ladite œuvre, se faite et parfaite estoit, ne seroit à nous peu ou nulz intérès ou préjudice, si comme il est apparent, nous sommes acordé et acordons enssamble dudit descort, par le manière qu'il s'enssuit : c'est assavoir que nous voulons, consentons et acordons que lesdis doien et capitle, pour le temps présent ou advenir, facent et puissent avoir, à l'entrée et au devant de ledite voie ou rue, closture ou huisserie de roullis, par lequel on puist veoir au lonc de ladite rue, comme celli estoit que nous, doien et capitle, avions encommencié, et icelli clore, de jour et de nuit, à serrure ou veraux, comme à tel cose appartient, pour le seureté et honnesteté de ladite voie, rue et maisons, par condicion que, pour ce, nous ne soions, pour le temps passé, présent ou advenir, en aucune manière, préjudiciés en nos saisines, franchises, libertés et possessions, comment que ce soit, et sauf aussi que, s'il estoit effroy de guerre ou péril de feu, ledit roullis ou huisserie seroit ouvert pour aler ès maisons de ladite rue, se mestiers estoit. Et lesquelles choses dessusdites et chascune d'icelles, au cas qu'il plairoit au Roy, nostre sire, le ottroier, nous voulons estre tenues et entérinées, etc.

En tesmoing de ce, nous avons mis à ces lettres nos seaulx aux causes, faites et données, le IIe jour d'aoust, l'an de grâce M CCC LXXXIV.

X^{ic} 49, n° 103.

XXXIX

Documents relatifs a l'établissement des lombards a Amiens et a la pratique du prêt a intérêt. (4 pièces). 1380-1406.

N° 1. — Renouvellement, pour une période de quinze années, du privilège accordé, pour six ans, le 7 août 1378, aux lombards établis dans les villes de Paris, Amiens et Abbeville.

Le privilège que nous publions ici est seulement le second en date de ceux qui furent accordés aux lombards d'Amiens et dont la série complète se retrouve dans les registres du Trésor des Chartes. Nous l'avons pourtant préféré à celui du 7 août 1378, parce qu'en le répétant presque littéralement il le complète sur plusieurs points intéressants. On trouvera d'ailleurs signalées, en notes, les principales variantes, par exemple les articles relatifs au taux des prêts et à la redevance fixe payée au Roi par le groupe d'associés établis dans chaque ville. Il est curieux de noter que cette redevance est la même à Paris, Amiens et Abbeville. Le taux de l'intérêt, 2 d. p. de la livre t., par semaine, ressort à plus de 54 0/0 l'an. Il paraît s'être maintenu tel pendant toute la durée du XV° siècle. Le XVI° siècle le vit légèrement fléchir à 50 0/0 environ. (Cf. BB XXXII 130, 138. 6, 27 septembre 1559, et XXXIII 87, 138. 28 mars, 1er août 1560). Si l'on compte qu'à ces conditions, qui sont partout les mêmes, les lombards obtenaient du Roi le monopole du commerce de l'argent dans les villes, on jugera de ce que devait être le taux de l'usure au moyen âge, alors qu'elle était libre. On ne lira pas, sans intérêt, le détail des nombreuses garanties dont le Roi confirme ce monopole et que précisèrent encore les privilèges suivants.

Charles, etc. Savoir faisons à tous présens et avenir que, comme, pour certaines considéracions et causes regardans et touchans le profit commun de nous et de nostre royaume qui à ce nous meuvent, eussions ottroié à Othe Garet, Berthélemy et Bernard Garet, à Mathe et Pierre Garet, pour eulx, leurs compaignons et facteurs, leurs hoirs, successeurs et d'eulx aians cause, que il peussent venir et demourer en nostre royaume : c'est assavoir ledit Othe, en la ville de Meaux, lesdis Berthélemy et Bernart, en la ville d'Amiens, et lesdis Mathe et Pierre, en la ville d'Abbeville, en Pontieu, jucques à six ans ensivans, commençans le premier jour de novembre, l'an LXXVIII, darrenier passé, soubz certaines manières, condicions et modificacions contenues et déclarées plus à plain en nos lettres sur ce faites, en laz de soye et en cire vert, nous, de nostre auctorité royal, en ampliant lesdis grâce et ottroy contenus en icelles lettres, avons de nouvel ottroié et ottroions, par ces présentes, aux dessusnommez et à chascun d'eulx, pour eulx, leurs compaignons et facteurs, leurs hoirs, successeurs et ayans cause d'eulx, que ils puissent demourer en nostre royaume, c'est assavoir ledit Othe, Berthelemi et

17 Août 1380

Pierre Garet, en nostre ville de Paris, et Berthelemy et Bernart frères et Pierre et Mathieu Garet, à Abbeville, et lesdis Berthélemy et Bernart, à Amiens, jucques à quinze ans prouchains venans, ensuivans et acomplis, soubz certaines manières, condicions et modificacions cy-dessoubz contenues et déclarées, et que, durant icellui temps, ils aient, joissent et usent des privilèges, immunitez, franchises et libertés qui cy-après s'ensuivent :

Premièrement, nous prenons et mettons les dessusdis et chascun d'eulx en nostre sauve et espécial garde et seure protection, avecques leurs biens, compaignons, serviteurs et familiers alans, venans, séjournans pour eulx par tout nostredit royaume, durans lesdis quinze ans, et voulons que quiconques à eulx meffera ou à chascun d'eulx, qu'il en soient punis, comme de notre sauve et espécial garde enfrainte.

Item, que ilz puissent marchander et faire et exercer toutes manières de contras, tant de leurs deniers comme de leurs marchandises et autres denrées quiexconques, et que ilz puissent prester leurs deniers à toutes personnes qui vouldront d'eulx emprunter à leur donner, de xvi souls, ii d. p. ou de xx s. p , ii et maille parisis, par chascune sepmaine (1), à compter et mettre le franc pour xvi s. p., nonobstant mutations de monnoies.

Item, que, pour cause d'iceulx contras et prestz, les dessusnommés, ne aucuns d'eulx puissent aucunement estre repris, approuchiez ou traiz en cause, ne amende corporelle, pécunielle, ne autre quelzconques, pour cause des choses dessusdites, par nos gens, officiers, ne autres quiexconques nos subgez, soient juges ordinaires, comissaires ou délégués, supposé que de nous ou de nostre court ils aient espécial mandement sur ce, et leur imposons silence perpétuelle quant à ce.

Item, que ils puissent tenir, avoir et exercer, pour eulx, leurs facteurs, gens et familiers, publiquement et notoirement, changes, ouvroers, apparemment et ouvers, èsdites villes, se bon leur semble et il leur plest, nonobstant que, en icelles villes, ait status et ordenances à ce contraires.

Item, que, durant lesdis quinze ans, ils puissent prester, comme dit est, sur toutes manières de gages, excepté saintes reliques, calipces, sainctuaires et autres aournemens de sainte église sacrés, socs, coustres et ferremens de charrue, fers de molins et les gages de nostre hostel et des hostels de nos enffans ou autres de

---

(1) Les lettres du 7 août 1378 avaient dit seulement « ainsi toutes voies que ils ne pourront « prendre oultre ii d. pour franc, pour chacune « sepmaine, à compter le franc pour xx s. t. la « pièce, et ne prendront point d'usures », sans préciser deniers parisis ou tournois.

nostre lignage, qui sont de fleurs de liz; ou cas que les dessusdis presteurs n'auroient advis ou cognoissance d'aucunes d'icelles choses estre teles, comme dit est, ouquel cas que par inadvertance seroit fait par eulx ou aucun d'eulx, se les choses n'estoient signées à fleur de liz ou les sings coppés ou ostez de ce sur quoy ils presteront, nous voulons que celui ou ceulx qui ainsi l'auroit fait soit sur ce creuz par son simple serment, sens ce que il tourne à autre préjudice et que, nonobstant ce, ils soient paiés de ce que ils auront presté et du proufit.

Item, que il ne soient tenus de rendre lesdis gages, sur lesquelx ils auront presté, jucques à ce qu'ils soient paiés de ce que deu leur en sera, tant principal comme proufit, et que icellui proufit puissent demander, exiger et requérir comme leur principal.

Item, que, durant ledit temps, les dessusdis presteurs soient et demeurent exemps de tous juges et de toutes juridicions à nous subgectes et qu'ils soient et demeurent nos subgez et justiciables, sens moyen, soubzmis à la juridicion de nous et de nos juges, tant en demandant, comme en deffendant, toutevoies si ce n'estoit que de leur pure et franche voulenté, ils voulsissent sortir autre juridicion que la nostre.

Item et, s'il avenoit que, èsdites villes, les maisons et habitacions où les dessusdis presteurs demourront soient soubz autre juridicion et justice que la nostre, qu'ils puissent en icelle demourer et habiter paisiblement et franchement, sens ce qu'ils soient tenus de paier à seigneurs ou justiciers, soubz qui ils demourront, ne autres, aucunes reddevances ou services, fors et excepté celles qui seront tenus de nous paier et aussi les cens et les rentes de leurs maisons et habitacions, chascun an, lesquelles ils seront tenus de paier comme nos autres subgez font.

Item et que, se en leurs hostels et domicilles estoient trouvés aucuns biens qui leur fussent baillés en gaiges, lesquiex biens aucuns voulsissent poursuir comme emblez, qu'ils n'en puissent estre poursuis, approuchiez ou molestés aucunement.

Item, et pour ce que souventefois avient que aucuns envoient, par leurs varlez et serviteurs, empruncter argent sur gaiges et après frauduleusement donnent congié à leurs varlez et serviteurs et puis poursuivent lesdis gaiges comme leurs et comme emblez, que les dessusdis presteurs ne soient tenus, ou cas dessusdit, de rendre et bailler lesdis gaiges, se ils ne sont avant paiés de ce qu'il auront presté et du proufit qui en sera escheu.

Item, et que, pour les causes dessusdites et pour occasion d'icelles, ils ne soient, puissent ou doyent estre poursuis, approuchiés ou estre mis en aucun procés, par nos gens ou officiers de quiexconque estat et condicion qu'ils soient, ne de quelconque povoir ne auctorité qu'il usent, ne estre contrains, par voie directe ou oblique, à faire aucune amende corporelle, pécunielle, civile ou autre quelzconques et que, par nos gens et officiers dessusdis, ils ne soient ou puissent estre mis ou tenus en procès pour quelconque cause que ce soit, supposé qu'ils aient partie poursuivant, ne eulx adjoindre avecques icelles parties, se ce n'est par bonne information précédent du cas dont l'en les vouldroit accuser.

Item que, se, à la requeste de aucuns leurs malvueillans, nos gens et officiers faisoient ou faisoient faire aucunes informations contre lesdis presteurs ou aucuns d'eulx, que, pour respondre au cas dont l'en les vouldroit accuser, toutes informations faites et à faire cessent.

Item, que, après an et jour, ils puissent vendre les gaiges sur lesquiex ils auront presté leurs deniers, sens ce que, par les debteurs qui lesdis gaiges auront baillez, ils puissent estre poursuis, ne approuchez, duquel temps lesdis presteurs seront creuz par leurs seremens et que, lesdis an et jour passés, les debteurs soient forclox de toutes actions et poursuites qu'ils pourroient faire et intenter contre lesdis presteurs, pour raison et à cause des gaiges.

Item, se lesdis presteurs se vouloient départir desdites villes, pour aler demourer en autres villes, que faire le puissent, pourveu que, paravant leur partement, ils facent crier et vendre les gaiges sur lesquelx ils auront presté publiquement et solempnement ès lieux et places à ce acoustumez, par trois criées et subhastations, en prenant, sur ce, lettres de la justice du lieu, et, se lesdis gaiges estoient vendus et valoient oultre ce pour quoy ils seroient obligiez et mis en gaige, le remenant et le surplus soit rendus et restitués à cellui à qui lesdis gaiges seroient et, s'il n'estoit présent, que ledit surplus soit mis et consigné en la main de la justice soubz qui lesdis gaiges seroient vendus, criés et subhastés.

Item, que tous ceulx qui seront à eulx tenus et obligiez soient contrains, par nos gens et officiers et par tous autres justiciers de nostre royaume, à paier ausdis presteurs ce qu'il apparra à eulx estre deu, tant de principal comme proufit, et en tele monnoie que ils seront obligiés, selon et par la manière qu'il seront trouvés estre tenus et obligiés, sens aucun déport ou faveur. Et ne donrons à personne quiexconques grâces, ne dilacions des debtes que l'en leur devra ledit temps durant. Et, s'aucuns en empétroient de nous ou de nostre court, nous les rappellons dès maintenant et voulons que elles n'aient aucune force ou effet quant à ce.

Item, et que, durant le temps dessusdit, ils soient exemps, frans et quictes de toutes composicions, subsides, maletotes, aides d'ost et de chevauchées et gardes de villes et forteresses, de servitutes fouagères, de prests, de tailles de villes, pour réparacions ou fortifficacions ou autrement, et de reddevances, quiexconques elles soient faites et ordennées, pour quiexconques causes et quelque personne et en quelque lieu de nostre royaume que ce soit, excepté les gabelles, et que, s'il achetoient aucunes marchandises ou ils les revendoient, ils paieront l'aide ordonnée sur ce seulement (1).

Item, et qu'il ne paient aucuns paages, travers, chaussiées ou truages à aucuns de nos subgés, fors ceulx qui sont deus de grant ancienneté.

Item, que les maistres d'ostel ou des garnisons, chevauchées, fourriers, prévos ou autres officiers de nous, de nos enffans et autres de nostre sanc ou autres, qui aient prise, ne praignent ou facent prandre aucuns biens des dessusdis presteurs, pour quiexconques cause ou nécessité que ce soit, ne par vertu de quelzconque commission ou povoir qu'il aient ou puissent avoir.

Item, que, durans les quinze ans dessusdis, nous ne octroierons à aucun autre les libertés et franchises que nous avons octroiées aux dessusdis presteurs, pour demourer en ladite ville et prester deniers à profit, et ne soufferons autres personnes quiexconques, de quelque estat que ils soient, demourer èsdites villes qui prestent argent à profit aucunement, durant les quinze ans dessusdis.

Item, se eulx ou aucun d'eulx ou de leurs compaignons ou mesgnies, soient bastars ou non, aloient de vie à trespassement, en nostre royaume, durant ledit temps, que leurs héritiers puissent à eulx succéder à tous leurs biens entièrement, comme font nos autres subgez. Et se, par testament ou derrenière voulanté, ils avoient disposé et ordonné de leurs biens, que leurs ordonnances soient gardées et tenues et que leurs exécuteurs puissent prendre et avoir leurs biens pour leurdit testament ou derrenière voulanté acomplir, sens ce que, par nos gens et officiers ou autres quiexconques, les dessusdis presteurs, leurs compaignons et mesgnies ou aucun d'eulx ou leurs héritiers puissent, en aucune manière, estre empeschiés par la percepcion et usaige desdis biens.

Item, que, durant les quinze ans dessusdis, iceulx presteurs, leurs compaignons, leurs hoirs et successeurs, puissent, toutes les fois qu'il leur plaira, vendre, donner et transporter à autres chrétians les franchises et libertés par nous à eulx octroiées et mettre, en lieu d'eulx, tels marchans chrétians, comme bon leur semblera, et que yceulx mis et subroguiés, en lieu des dessusdis presteurs et compai-

---

(1) Les lettres du 7 août 1378 réservent en gros l'obligation des « aides pour le fait de la guerre ». Cf. BB, II, 80 v°, 18 mai 1416. Requête du lombard Dimanche de Sainte Julle, à l'effet d'être exempt de la taille, attendu ses privilèges. Délibéré que ledit Sainte Julle montrera lesdits privilèges.

gnons, puissent, ledit temps durant, demourer ès dessusdites villes, joïr et user paisiblement des dons, octrois, franchises et libertés dessusdites et tout aussi comme les dessusdis presteurs faisoient et pouvoient faire devant le transport, sens ce que nulz d'eulx soient tenus de paier aucune chose à nous, ne à autres, pour cause dudit transport (1).

Item, que, pour fait de guerre que nous ou nos subcesseurs aions à aucuns seigneurs, ne à autres personnes de quiexconques païs ou estat que il soient, d'église ou séculiers, que nous ou nos successeurs ne prandrons ou souffrerons prendre, durant lesdis quinze ans, par aucuns de nostre royaume, les dessusdis presteurs, leurs compaignons et successeurs ou serviteurs ou leurs biens, pour cause de marque, de desdomagement, ne autrement, ne pour ce aucune chose leur puissons demander et voulons que, en nostredit royaume, aucun ne les puisse appeller de gaige de bataille, pour quiexconque occasion que ce soit.

Item, nous ne les requerrons ou ferons requerre ou contraindre, ledit temps durant, par nous ou nos gens, de faire à nous, ne à aucune autre personne aucuns dons ou prests, pour quiexconque cause ou nécessité que ce soit.

Item, s'il avenoit que aucun desdis presteurs ou de ceux qui auroient acquis la demeure des lieux, par achat, par eschange ou autrement, leurs gens, mesgnies ou familliers ou aucuns d'eulx meffaisoient aucune chose èsdites villes, nostre entencion n'est que aucune poursuite ou persécucion en soit faite, fors seulement contre les coulpables du fait et non pas contre les innocens du fait, èsquiex cas, ne pour cause d'iceulx, nous, ne nos officiers et justiciers ausdis lieux ne prendrons ou pourrons avoir des délinquens que x l. t. d'amende et au-dessoubz, se le meffait estoit moindre, selon la coustume desdis lieux, excepté ès cas de mort, d'efforcement de femmes, d'affouleure d'ommes, de larrecin, de trièves enfraintes, dont sur ce poursuite porroit estre faite contre lesdis coulpables seulement et non pas contre lesdis innocens. Lesquiex innocens nous en voulons estre creuz par leurs seremens, pour tous empeschemens et poursuite que l'en leur porroit ou vouldroit donner sur ce.

Item, se aucunes femmes renommées estre de folle vie estoient dedens les maisons desdis marchans qui vousissent dire et maintenir, par leur cautelle et mauvaistie, estre ou avoir esté efforciées par lesdis marchans ou aucun d'eulx, que, à ce proposer, icelles femmes ne feussent point receues, ne lesdis marchans, ne aucun d'eulx pour ce empeschiez en corps, ne en biens.

(1) Les lettres du 7 août 1378 stipulent en outre l'obligation de présenter les personnes substituées devant les gens des Comptes à Paris, qui devront les juger « suffisantes pour ce ».

Item, s'il avenoit que aucuns mandemens ou prières venissent à nous, de par nostre Saint-Père, d'aucuns légas de court de Romme ou d'autre personne de Saincte Église, quelle que elle fust, pour prandre ou arrester les devantdis marchans, leurs compaignons, leurs mesgnies, leurs biens ou aucun d'eulx et d'eulx faire vuider hors desdites villes ou de nostre royaume, nous ne ferons ou souffrerons faire aus dessusdis, ne à leurs biens aucuns arrest, destourbier ou empeschement, comment que ce soit, que ils n'aient temps souffisant pour eulx partir et leurs biens emporter hors de nostredit royaume.

Item que, s'il leur plaisoit d'eulx partir desdites villes ou de nostre royaume, avant lesdis quinze ans acomplis, que ils le puissent faire touteffois qu'il leur plaira, et qu'ils aient deux ans de terme et de demeure èsdites villes et nostre royaume pour pourchacier leurs debtes, sans prester ne marchander de leurs deniers pour avoir aucun proufit ne avantage, et aussi il ne nous paieront aucune chose durant lesdis deux ans, qu'ils ne presteront ou marchanderont de leurs deniers.

Item et que, s'en aucun des articles dessusdis avoit aucune obscurité où il deust avoir déclaration, que iceulx articles et ce qui en despent soit par nous, nos successeurs, gens et officiers interprétées et entendues au proufit d'iceulx presteurs et à leur entencion et non autrement.

Pour toutes lesquelles choses dessusdites, les dessusnommés, pour chascun desdis quinze ans, pour toutes charges, paieront pour nous, c'est assavoir, les dessusdis demourans à Paris, à nostre receveur de Paris, au terme de Toussains prouchain venant, II c. fr., pour ce que, par leursdis previllèges, ils devoient paier audit terme de Toussains et ainssi demourront quictes dès ce que paié auront lesdis II c. fr., en aiant quittance dudit receveur, et ceulx d'Abbeville au receveur d'illecques autres II c. fr., et ceulx d'Amiens (1) semblablement II c. fr. et ainsi, d'an en an, durant les quinze ans dessusdis.

Si donnons en mandement, par ces présentes, commandons et estroictement enjoignons à nos amés et féaulx conseillers ordonnés sur le fait de nostre demaine et trésoriers à Paris, au prévost de Paris, au gouverneur de Pontieu, au bailly d'Amiens et à tous nos autres justiciers et officiers ou à leurs lieuxtenans présens et avenir et à chascun d'eulx, si comme à lui appartendra, que les dessusnommés, leurs compaignons, serviteurs et familliers alans, venans et séjournans pour eulx soustiennent en leurs bons drois, en eulx faisans bon et brief acomplissement

(1) Les lettres du 7 août 1378 ne stipulent que l'obligation de payer, « chacun an, aucune somme de deniers », sans détermination de chiffre.

de justice, sans les mettre en long procès, et que il les gardent et deffendent de toutes violences et oppressions indeues et qu'ils les facent et laissent joïr et user paisiblement de tous les previllèges, immunités, franchises et libertés dessusdites et de chascunes d'icelles et de leurs circonstances et dépendances, sans les empescher, molester ou traveiller, ès choses dessusdites ou en aucunes d'icelles, en corps ou en biens ou autrement, comment que ce soit. Mais, s'aucune chose estoit faite au contraire, si le rappellent et remettent ou facent rappeller et remettre au premier estat et deu, tantost et sens délay, en contraignant les faisans ou attentans au contraire à nous faire pour ce amende comme il appartendra à faire de raison. Et pour que ce soit ferme chose et estable à tousjours mes, nous avons fait mettre nostre seel à ces présentes, sauf en autres choses nostre droit et l'autrui en toutes.

Donné au bois de Vincennes le xvii⁰ jour d'aoust l'an M CCC LXXX.
JJ 117, n° 218.

V. pour le renouvellement desdits privilèges aux lombards d'Amiens, a chaque avènement et de quinze en quinze ans :

JJ 118, n° 321. Février 1380, v. st. Confirmation desdites lettres par Charles VI;

JJ 144, n° 110 bis. Décembre 1392 (1). « Pareil et semblable privilège que celui accordé aux lombards de Troyes », n° 110;

JJ 162, n° 9, 3 septembre 1406, etc., etc.

On trouve, dans les deux derniers documents, quelques variantes dont les principales sont les suivantes :

Omission. — Il n'est plus fait mention du tarif des prêts;
JJ 144, n° 110.

Additions. — « Item, voulons que, se nos gens et officiers réformateurs ou autres, de quelconque estat ou condicion qu'ils soient et de quelconque povoir et auctorité qu'ils usent ou soient fondés, soit à requeste de partie poursuivant ou autrement, voulsissent aucunement traire en cause lesdis lombars, pour cause ou occasion de leurs contracts et marchandises, voulans dire et proposer lesdis lombars avoir fait, en leurs obligacions ou contracts, aucunes choses inlicites, soit en cas de réformation ou autrement, comment que ce feust, ils ne soient tenus de respondre par-devant quelconques juges ou juge, de quelconque povoir ou auctorité qu'ils usent ou soient fondés, fors devant nos amés et féaulx les trésoriers à Paris, qui le sont de présent et seront ou temps avenir, lesquelx nous y

---

(1) Les numéros 110³, 110⁴, 110⁵, 110⁶, sont des doubles des mêmes lettres, accordées aux lombards de Lyon, Abbeville, Meaux et Laon.

avons commis et commettons, par ces présentes, quant à ce, et non par-devant autre. Et, en cas de débat ou opposicion, soit fait le renvoy devant nosdis trésoriers, tantost et sans délay, sans en tenir la congnoissance ou procès aucunement.

Item, voulons que teles libertés, franchises et ordonnances, comme nosdis trésoriers à Paris, qui le sont de présent et seront ou temps avenir, donront et octroyeront ausdis lombars, vaillent et tiengnent, durant le temps dessusdit, comme se donnés estoient de nous. Et voulons à ycelles estre obéy par nos gens et officiers et tous autres justiciers de nostre royaume, comme se donnés estoient de nous, selon leur forme et teneur ».

Les lettres du 3 septembre 1406, (JJ 162, n° 9), sont plus explicites sur ce même point. On y lit :

« Item, voulons et ordonnons que nosdis trésoriers..... puissent arbitrer et ordonner ausdis lombars quel prouffit ils pourront prendre et avoir de leur argent, denrées et marchandises, ledit temps durant, et que, selon l'ordonnance et arbitrage de nosdis trésoriers, iceulx lombars puissent ledit prouffit requérir, prendre, lever et avoir, et vaille tout ce que par nosdis trésoriers sera fait et ordonné, quant à ce, comme se par nous avoit esté fait et ordonné, et sans ce que lesdis lombars, pour le temps avenir, puissent estre aucunement reprins pour avoir prins, levé, eu et receu ledis prouffit, selon l'ordonnance et arbitrage de nosdis trésoriers ».

N° 2. — *Lettres de rémission à Raoul le Castellain, auditeur au bailliage d'Amiens.*

Les lettres de 1378-80 nous ont fait connaître les conditions théoriques du prêt à intérêt consenties aux lombards; les trois documents qui suivent nous permettent de passer du domaine de la théorie à celui des faits concrets et positifs. On y reconnaîtra, sans peine, les effets habituels du privilège et du monopole. Le premier, le seul qui nous mette en présence de faits délictueux nettement définis, nous montre les lombards d'Amiens profitant d'une inadvertance du clerc du fermier des écritures du bailliage, pour réclamer à deux particuliers l'exécution d'un contrat de prêt enregistré par mégarde, alors qu'il était resté à l'état de promesse non suivie d'effet. Le plus curieux, c'est que le seul coupable dont il soit ici question soit l'auditeur au bailliage qui a commis la faute de contresigner l'inscription au registre, entre beaucoup d'autres authentiques, et non le prêteur lombard qui ne pouvait, à aucun titre, invoquer comme lui l'excuse de la surprise et de la bonne foi.

Il est vrai que, dans une plaidoirie de 1395, — V. *infra*, L, n° 2 — le successeur de l'inculpé allègue qu'il n'y a pas eu faux, mais inadvertance, l'emprunteur ayant protesté surtout parce qu'il ne voulait pas qu'on sût qu'il s'obligeait envers les lombards.

Remissio pro Radulpho Castellani.

30 Septembre 1381

Charles, etc. Savoir faisons à tous présens et avenir que Raoul le Castellain, auditeur de la ville d'Amiens, nous a fait exposer comme, ou mois derrenier passé ot un an, le fermier de l'escripture des lettres de baillie, qui se passent en ladite ville, pour ce qu'il vouloit aler hors, eust baillé audit Raoul son registre et lui eust prié que, par son clerc, feist, jusques à son retour, exercer l'office de ladite escripture, laquele chose ledit Raoul lui accorda. Après lequel accort, il advint que nostre amé et féal chevalier, sires de Rembempré, et Jehan Aringuet requirent ou firent requerre audit clerc qu'il feist registre de vi^{xx} viii frans qu'il confessoient devoir aux lombars dudit lieu d'Amiens, lequel registre fu fait. Et, en la fin, ledit clerc, en la faveur de son maistre et d'un autre son voisin, escript : Passé par-devant Raoul Castellain et J. le Flament, qui est auditeur, comme ledit Raoul. Et toutevoies ledit chevalier et Jehan Aringuet ne passèrent onques ladite obligacion. Mais, pour ce que ledit clerc, par sa simpleice, laissa ainsy son registre et qu'il fu ainsy rendu audit fermier avec plusieurs autres obligacions qui, en son absence, par-devant les auditeurs dessusnommés et autres, avoient esté passés, au prouffit desdis lombars, icellui clerc fermier extray, grand temps après, et mist en forme d'obligacion, avecques plusieurs autres, le registre desdis de Rembempré et Aringuet, le signa de sa main et, avecques les aultres, le fist sceller ausdis auditeurs et après le rendi ausdis lombars, lesquels depuis, par vertu ou soubz umbre d'icelles, ont fait justicier lesdis de Rembempré et Aringuet, combien que de ladite somme n'eussent onques baillié denier. Et pour ce, à la complainte desdis de Rembempré et Aringuet, ladite exécution a esté cessée, oye la relation desdis auditeurs, jasoit ce que ledit Raoul le Castellain ait voulu soustenir, en jugement, devant nostre bailly d'Amiens, ladite obligation estre bonne et de ce se parti tantost, laquele fu trouvée non avoir esté passée par lesdis de Rembempré et Aringuet; pourquoy nostre procureur a sur ce fait adjourner devant nostre bailly d'Amiens ledit Raoul, lequel doubte que, pour ceste cause, ne le veuille mettre en grant dangier, se de nostre grâce ne lui est sur ce pourveu, si comme il dit, en nous suppliant humblement que, eue considéracion aux choses dessusdites et que oudit cas n'a eu aucune corrupcion, et que ce que ledit Raoul en fist, ce fu en adjoustant foy au signe dudit clerc fermier et non pas par mauvaistié, et que autrement et en tous cas il a esté et est homme de bonne vie, renommée et honneste conversacion, nous vers lui en ceste partie veuillons estendre nostre grâce. Pour ce, est-il que nous, les choses dessusdites considérées, ledit fait ou cas dessusdit, avecques toute peine, amende et offense corporele, criminele et civile que ledit Raoul a et puet pour ce avoir encoru envers nous, lui avons quittié, remis et pardonné et, de nostre auctorité royal et grâce espécial, quittons, remettons et pardonnons, par ces présentes, en le restituant à sa bonne fame et renommée, s'aucunement estoit pour ce amoindrie, et imposons sur ce silence perpétuel à nostredit procureur et à tous autres nos officiers, réservé toutevoies à partie sa poursuite civile seulement, se poursuir l'en veult.

Si donnons en mandement, par ces présentes, au bailli d'Amiens et à tous nos autres justiciers et officiers présens et avenir ou à leurs lieuxtenans et à chascun d'eulx, si comme à lui appartendra, que de nostre présente grâce, quittance et rémission facent et sueffrent ledit Raoul le Castellain joïr et user paisiblement et perpétuelment et, s'aucuns de ses biens estoient pour ce pris, saisis ou arrestez, les lui mettent ou facent mettre à pleine délivrance. Et que ce soit chose ferme et estable à tousjours, nous avons fait mettre nostre seel à ces présentes, sauf en autres choses nostre droit et l'autruy en toutes.

Donné à Compiengne, le xxx septembre M CCC IIII^{xx} et un.

JJ 119, n° 361.

N° 3. — Renouvellement aux lombards de Paris du privilège de 1380, malgré les abus par eux commis.

Ce document, bien qu'il ne concerne que les lombards de la Table de Paris, nous a paru devoir être rapproché du précédent, qu'il complète d'autant mieux qu'il s'agit en fait des mêmes personnes, et vraisemblablement des mêmes pratiques frauduleuses. On y voit que les imputations de fraude et de mauvaise foi formulées contre les lombards, dès les premières années de leur institution, n'étaient point, tant s'en faut, des faits exceptionnels, et que la royauté, à la condition de les leur faire payer, en prenait, en somme, assez aisément son parti.

Confirmatio quorumdam privilegiorum et libertatum pro Osto, Berthelemi et Petro Gares, lombardis.

Charles, etc. Savoir faisons que, comme Oste, Berthelemy et Pierre Garés, lombars ou aucuns d'eulx, aient demouré, par aucuns temps, en nostre bonne ville de Paris et usé par eulx et leurs facteurs de plusieurs contraux, prests en deniers pour proffit, soubz umbre ou couleur de aucuns privilèges à eulx en certaine fourme octroiés de nostre très cher seigneur et père, que Dieux pardoint, et depuis confermés par nous, desquelx privilèges nos gens disoient les dessusnommés avoir souventeffois et en pluseurs cas abusé et offendu et eslargis leursdis contraux et prests oultre l'entendement raisonnable d'iceulx privilèges et autrement en pluseurs manières détestables, dont ledit Oste fu approuchié par nostre procureur ordonné en nostre Trésor à Paris, par-devant nos amés et féaulx de nostre conseil ordonné, gens des comptes et trésoriers en nostre chambre des comptes, à Paris, et ledit Oste oy, en grant partie ataint par ses meismes registres, lettres et confessions de luy faites par pluseurs fois et en diverses manières. Sur lesquelles et par procès sur ce fais, ledit Oste, entre les autres choses, ait esté par arrest coudempné, envers nous, pour les amendes et offenses du temps passé, en la somme de ıı mil l. t., laquelle somme il a paiée en nostre trésor à Paris, si comme il appert par cédule d'icellui trésor contenant ceste fourme : — Thesaurus domini regis parisiensis recepit et reddidit eidem de Othone Garet, lombardo, Parisius commorante, pro quadam emenda ad quam condempnatus fuit, xi^{ma} die hujus presentis mensis januarii, per dominos consiliarios, gentes compotorum et thesauri regis, pro pluribus factis fraudulosis et aliis maleficiis per eum commissis et perpetratis in facto suarum mercaturarum vel mutuorum, ıı^{м} francos auri computatos per Anthonium Layeul in predictis ıı^{м} francis. Scriptum in dicto thesauro, xxix^a die januarii, anno M° CCC° IIII^{xx} I°.

Nous, eu regart à la simplesse, impertinacité et au regret et désir que disoient avoir lesdis Oste, Berthelemy et Pierre Garés, en l'abitacion de nostre royaume, inclinans à leur supplicacion, premièrement ostez et adnullés leurs précédens privilèges, par l'advis de nostre Conseil, leur avons ottroyé et, par ces présentes, de nouvel leur ottroions, de grâce espécial et auctorité royal, que ils puissent estre, demourer et habiter en nostredite bonne ville de Paris, jusques au parfait et accomplissement de xv ans, commançans le xvıı^e jour d'aoust, l'an de grâce M CCC et IIII^{xx}, et y faire leur proffit de leurs deniers et chatieux mesmement, sans excéder les termes qui enssuivent..... (Suit la réédition presque littérale des lettres du 17 août 1380).

Donné......, mai 1382.

JJ 121, n° 106.

Cf. sur les rapports des marchands lombards avec les bourgeois de l'échevinage d'Amiens :

CC v, f° 35, 1389. Remboursement à Antoine Layeul et Gabriel, agents de Bertremieu Garet, de 80 l. empruntées, l'année d'avant, pour les besoins de la ville;

BB vı, 158, 185, 30 septembre 1449, 22 septembre 1450; vıı, 24, 1er février 1450, v. st. Emprunt de 200 l. contracté par la ville auxdits lombards et pour lequel deux échevins s'engagent personnellement;

CC xı, f° 44, 1402; xvı, f° 76, 1414. Nombreuses mentions de présents faits aux maieur et échevins dînant en l'hôtel des lombards;

X^{1a} 1475, f°s 30 et 132, 30 janvier et 18 juin 1390. Plaidoyer et arrêt de la Cour en faveur d'Othe Garet, lombard, l'autorisant à se porter créancier sur les biens d'un débiteur en déconfiture, à la fois pour le principal de sa créance et pour les intérêts stipulés, contrairement à la sentence du bailli d'Amiens, qui ne l'avait admis que pour le principal, comme les autres créanciers;

X¹ᶜ 64, nᵒˢ 35, 36, 12 et 30 décembre 1391. Exécution contre la personne d'un bourgeois, sur la poursuite de Bertremieu Garet et de ses compagnons lombards établis à Amiens, à raison d'une dette de 25 francs d'or reconnue par lettre obligatoire;

X¹ᴬ 49, f° 149, 3 juin 1402. Arrêt de déchéance d'appel, donné sur troisième défaut, contre Ysabelle et Mahieu Daugniecourt, son fils, au profit d'Antoine Layeul et ses compagnons lombards demeurant à Amiens « pro summa XLᵃ francorum in quibus dicti lombardi predictos Ysabellim et Mahietum sibi per litteras obligatorias, sub sigillo baillivie ambianensis in dicta villa et prepositura constituto sigillatas, teneri et obligatos esse dicebant ».

Sur lettres de commission du lieutenant du bailli, il y avait eu, en l'absence de biens meubles, commencement d'exécution sur la terre de Daugniecourt et ses dépendances, leur appartenant, par un sergent royal; d'où appel, assignation, non comparution des appelants, défaut, etc.

N° 4. — *Arrêt de la Cour en faveur des lombards d'Amiens contre Jean Beaupigné.*

On a vu plus haut que, malgré les lettres de décembre 1392, qui semblaient réserver uniquement aux gens du Trésor la juridiction des causes des lombards, le Parlement n'avait pas tardé d'en connaître. (X¹ᴬ 49, f° 149, 3 juin 1402). Le présent arrêt nous a paru mériter d'être publié *in extenso*, à raison des détails intéressants qu'il nous donne sur les opérations des lombards, la nature et les effets de leurs contrats et les moyens de procédure par lesquels ils rentraient dans des créances, dont le principal doublait en moins de deux ans.

Le 29 octobre 1397, un bourgeois souscrivait à la Table d'Amiens, au taux de 2 deniers parisis du franc tournois, un emprunt de 168 francs 12 s. p. remboursable à quinzaine. Le 29 mai 1403, après cinq ans sept mois, malgré plusieurs versements partiels opérés dans l'intervalle, tant sur le principal que sur les arrérages, montant à 187 fr. 10 s. t., le solde de sa dette s'élevait à 484 francs et plus. La créance avait au moins quadruplé.

A cette date, les lombards obtenaient contre lui des lettres d'exécution; ils faisaient saisir et séquestrer, aux mains du Roi, à défaut de biens meubles, plusieurs cens, revenus et héritages de leur débiteur situés dans la ville et la banlieue d'Amiens. Le tout était mis en vente dans les formes et délais d'usage et, à l'échéance voulue, sans qu'il y eût eu, de sa part, opposition, contradiction, ni offre de restitution, disaient-ils, celui-ci était assigné, devant le bailli, pour voir adjuger ses biens au plus offrant et dernier enchérisseur, tout renouvellement de créance et de lettres obligatoires lui étant refusé.

A quoi la défense objectait : 1° que le sergent qui avait fait la saisie de biens, montant à plus de 200 l. de revenu annuel, avait reçu depuis au delà du chiffre de la dette, ce qui rendait la poursuite inutile; 2° que, d'après la coutume locale, il était d'usage que le créancier qui faisait justicier son obligé lui consentît, après les premières procédures, le renouvellement de sa créance Au contraire, ceux-ci l'ont fait jeter en prison, dès avant l'exécution de ses biens, puis, après plusieurs paiements et transactions, une nouvelle convention de créance a été conclue, dont lettres ont été passées par-devant P. Crochet, en présence de nombreux témoins, et dûment enregistrées. Lequel Crochet pourtant, agissant en qualité de procureur des demandeurs, n'a pas voulu en exhiber l'enregistrement. Ce qui n'empêche que, depuis le temps de sa délivrance, Jean Beaupigné a fait payer aux lombards, par les mains d'un tiers, la somme de 100 florins provenant de la vente d'un de ses revenus.

A tous ces titres, elle concluait que, si la première obligation ne lui avait pas été renouvelée et restait exécutoire, quant au principal, elle ne saurait l'être en droit, quant aux arrérages, « que sub incerto habebantur ». En conséquence, elle protestait contre les exécutions faites, requérait d'être admise à faire valoir ses paiements et défenses, et concluait à la révocation de toutes exécutions, à l'annulation des exploits et procédures, à la cassation des premières lettres, à la levée du séquestre, aux dépens, etc.

Les demandeurs répliquèrent : 1° que Beaupigné n'avait pu, d'après les usages locaux, s'opposer, durant le temps des criées, qu'à elles seules et non à autre chose ; 2° que, s'il avait été passé nouvelles lettres avec leur procureur, c'avait été seulement pour la délivrance de la personne du défendeur et son élargissement provisoire, en leur absence et sans leur agrément ; 3° qu'ils n'avaient rien reçu de ses revenus séquestrés ; 4° que ses premières lettres d'obligation portaient exécutoire également quant aux arrérages et au principal, clause consentie sous serment, etc.

C'est de l'arrêt du bailli, rendu sur ces plaidoiries, le 31 mars 1404, et donnant gain de cause aux demandeurs qu'il fut appelé par la défense. La Cour commença par casser la sentence du premier juge, qui avait prononcé sans admettre les parties à soutenir leurs faits, ce qui entraînait la nullité de l'appel. Elle les assigna en conséquence à réparer l'omission et à informer de la vérité des faits, pour revenir ensuite devant elle où il leur serait fait droit.

L'arrêt, que nous publions, consécutif à cette nouvelle information, commence par valider l'exécution commencée. Il porte en outre qu'une dernière criée sera faite, par surcroît, au siège d'Amiens, le 20 du mois courant, après quoi les parties se représenteront au 1ᵉʳ septembre, les opposants, s'il y en a, pour dire leurs causes d'opposition, le plus offrant et dernier enchérisseur, pour soutenir ses offres, et le défendeur, pour voir adjuger ses héritages ou poursuivre, s'il y a lieu, les dépens faits et à faire restant à sa charge.

Nous ignorons la suite.

14 Août 1406

Cum lis mota fuisset, coram baillivo nostro ambianensi aut ejus locumtenente, inter Albertum Guttuer et ejus socios, mercatores lombardos, Ambianis commorantes, actores, ex una parte, et Johannem Beaupigne, dictum Acarot, burgensem ambianensem, defensorem, ex altera, super eo quod dicti actores dicebant quod ipsi, xxix^a octobris, anno Domini M° CCC° XC° VII°, dicto defensori summam centum LXVIII francorum, XII s. p. mutuaverant ad quam, infra quindenam tunc sequentem, una cum duobus denariis pro fenoribus sive montis cujuslibet franci, pro qualibet ebdomada qua idem defensor dictam summam teneret, reddendum et solvendum dictus defensor, per litteras obligatorias sub sigillo baillivatus ambianensis confectas, erga dictos actores se obligaverat, et easdem montas aut fenora dictus defensor primitus solvere, absque diminucione dicti principalis debiti, et de ipsis tanquam de puro et principali precio seu debito justiciari voluerat et compelli, quo dicti actores facere potuerant, attentis suis privilegiis per nos sibi dudum concessis, dictusque defensor summam predictam centum

LXVIII francorum XII s. p. tandiu tenuerat, nulla inde dictis actoribus facta solucione, quod, deductis novies viginti septem francis cum dimidio, quos dictus defensor, tam per se quam per alios, super fenoribus sive montis dicti principalis pretii, diversis vicibus, solverat, ipse defensor, tam pro dicto principali debito, quam pro montis aut fenoribus, que usque ad XXIX^{am} diem maii, anno Domini M° CCCC° III°, obvenerant, erga eosdem actores in summa quadringentorum LXXXIV francorum et amplius tenebatur, pro cujus quidem summe solucione habenda iidem actores, virtute certarum litterarum de debitis per ipsos obtentarum, nonnullos census, redditus, hereditagia et revenutas dicti defensoris in villa et banleuca ambianensi situatos, in defectu bonorum mobilium, capi, arrestari et ad manum nostram poni, cridarique, proclamari et vendicioni exponi, in villa ambianensi predicta ac modo et locis in eadem consuetis, ipsasque proclamationes et alia expleta dicto defensori debite et infra tempus debitum significari fecerant, absque hoc quod in contrarium idem defensor se opposuisset vel id contradixisset, post quas quidem proclamationes, significaciones et cetera expleta, ex eo quod dictus defensor nullam dictis actoribus de summa predicta CCCC LXXXIV francorum solutionem fecerat aut faciebat, ipsi actores fecerant predictum defensorem coram dicto baillivo ambianensi aut ejus locumtenente adjornari, decretum censuum, reddituum et hereditagiorum predictorum plus offerenti et ultimo incariatori tradi et adjudicari visurum ac processurum ulterius et facturum quod esset rationis. Quare concludebant prefati actores ad finem quod predictas montas seu fenora in executionem cecidisse ac predictas proclamationes et cetera expleta debite factas fuisse, absque novacione aliquali litterarum obligatoriarum predictarum, diceretur, decretumque predictorum censuum, reddituum et hereditagiorum plus offerenti et ultimo incariatori traderetur et adjudicaretur ac in ipsorum actorum expensis prefatus defensor condempnaretur.

Dicto defensore ex adverso dicente quod serviens qui predictam fecerat executionem, ad requestam predictorum actorum, omnes census, redditus et possessiones dicti defensoris, que annuatim ad summam ducentarum librarum et amplius ascendebant, ceperat et arrestaverat ac ad manum nostram posuerat, ipsarumque possessionum revenutas, a tempore predicte executionis inchoate, perceperat et adhuc, de die in diem, percipiebat adeo quod per ipsum recepte summam in dictis litteris obligatoriis contentam ac summam totalem, tam de principali quam de montis, excedebant, quibus non obstantibus, prefati actores executionem supradictam sustinere et prosequi nitebantur, quodque, de usu, stilo et racione in baillivatu predicto notorie observatis, si quis creditor suum obligatum justiciare faciebat, et postmodum invicem conveniebant et tantum procedebant quod dictus obligatus denuo et per alias litteras erga suum creditorem se obligabat, quo mediante, dictus creditor ab execucione incepta cessabat, priores littere casse, nulle aut saltem inexecutorie esse et remanere debebant, predictique actores, ante predictam execucionem, vigore litterarum obligatoriarum, quarum auctoritate hujusmodi fiebat execucio, dictum defensorem compellere et justiciare, capereque et prisionarium detinere fecerant et procuraverant et, quia idem defensor eisdem actoribus plures fecerat soluciones, insimul tractaverant et in certa pecunie summa idem defensor erga actores predictos de novo se obligaverat ac super hoc littere, de consensu eorumdem actorum, passate et penes Petrum Crochet registrate extiterant, qui quidem Petrus Crochet (1) procurator dictorum actorum, maxime in causa presenti, erat et fuerat, propter quod dictarum litterarum registrum, licet quampluribus personis presentibus factum fuisset, exhibere noluerat. Super quibus secondis litteris, dictus defensor, a tempore quo fuerat a dictis prisionibus eductus, dictis actoribus, per manus Johannis le Cat, campsoris ambianensis, aut ejus uxoris, summam centum florenorum, que ex vendicione certi redditus ipsius defensoris provenerat, solverat, et esto quod dicte priores littere novate non fuissent et quod respectu principalis essent executorie, de usu tamen, stilo et racione predictis, pro dictis fenoribus seu montis que sub incerto habebantur, exequi non poterant, ex quibus ipse defensor dictas proclamaciones et expleta satis impugnabat et, attento quod de leuciis dictorum hereditagiorum predicti defensoris manus nostra sufficienter erat munita, non solum ad impugnandum execucionem supradictam, sed etiam ad proponendum et allegandum soluciones et omnes alias excepciones et defensiones admitti debuerat et debebat. Ex hiis et aliis, ad finem quod predicta execucio tanquam injusta revocaretur, ipsaque, necnon dicte proclamaciones et expleta ac inde secuta adnullarentur et revocarentur, predictas insuper priores litteras cassas et nullas esse, execucionemque ipsarum virtute, potissime pro dictis fenoribus sive montis, fieri non posse vel debere diceretur, quodque manus nostra dictis censibus, redditibus et hereditagiis predicti defensoris apposita, ad sui utilitatem, levaretur et ad sua proposita, non autem predicti actores admitterentur, sed in ejusdem defensoris expensis condempnarentur concludendo.

Replicantibus actoribus supradictis quod, dictis proclamacionibus durantibus, dictus defensor se debuerat opponere, propter quod, de usu, stilo et communi

(1) Clerc fermier des écritures de la prévôté de Beauvaisis en 1392. V. *infra* X¹ᵃ 39, f° 24 v°. (24 janvier 1391, v. st.).

observancia baillivatus supradicti, ad impugnandum dumtaxat proclamationes predictas et non ad aliud proponendum admitti debuerat et debebat, et posito quod idem defensor ullas passasset litteras, hoc fuerat pro sui corporis a prisionibus usque ad certam diem deliberacione vel elargamento obtinendo, ipsis actoribus absentibus nec vocatis, et quas ipsi actores nunquam acceptaverant aut gratas habuerant, nullas etiam revenutas aut redibencias dicti defensoris iidem actores receperant vel sue utilitati applicaverant, quodque dictus defensor predictas litteras obligatorias, tam pro dictis montis seu fenoribus, quam pro principali precio, exequtorias esse voluerat et non contravenire, fide et juramento mediis, promiserat, de quibus dispensacionem non habebat; ex hiis et aliis quod dictus defensor non erat admittendus et aliter concludentibus, prout supra.

Quibus partibus auditis, dictus baillivus aut ejus locumtenens easdem sine factis expediri posse, executionemque predictam, cum predictis proclamacionibus, tam pro dicto principali precio, quam pro montis seu fenoribus predictis, bene et debite incoatam fuisse ac decretum predictorum censuum, reddituum et hereditagiorum predicti defensoris adjudicari debere per suam sententiam declarasset et ex tunc decretum predictum, casu quo dicte proclamationes debite forent perfecte, plus offerenti et ultimo incariatori adjudicasset, dictum defensorem in expensis actorum condempnando.

A qua sententia fuisset, pro parte dicti defensoris, ad nostram parlamenti curiam appellatum. In qua curia, dictis partibus de et super dicta appellationis causa auditis, processuque an bene vel male fuisset appellatum ad judicandum recepto, eo viso et diligenter examinato, per arrestum dicte nostre curie dictum fuisset prefatum baillivum male judicasse et dictum appellantem male appellasse et, quod partes predicte non poterant sine factis expediri, facerent igitur facta sua, super quibus inquireretur veritas et, inquesta facta ac dicte nostre curie reportata, fieret jus partibus antedictis. Et postmodum, nonnullis dilationibus aut prefixionibus pro dicta inquesta facienda et perficienda primitus habitis, processu, in statu in quo erat inter partes predictas, ad judicandum recepto, omnibusque propter hoc productis visis et diligenter examinatis, consideratis etiam et attentis diligenter circa hec considerandis et attendendis et que dictam curiam nostram in hac parte movere poterant et debebant, per arrestum ejusdem curie nostre dictum fuit executionem, ad requestam predictorum actorum in et super hereditagiis dicti defensoris, pro summis in sentencia predicti baillivi contra eumdem defensorem, die ultima martii, anno M° CCCC° IIII°, lata contentis, bene et debite fuisse incoatam. Ordinavitque et ordinat dicta curia quod, ex habundanti, predicta hereditagia dicti defensoris semel in sede ambianensi, die videlicet xx^{ma} hujus mensis augusti, cridabuntur et proclamabuntur, que crida seu proclamacio penes dictam nostram curiam ad primam diem mensis septembris reportabitur et ad eamdem diem opponentes, si qui sint, dictorum hereditagiorum plus offerens et postremus incariator, necnon defensor supradictus adjornabuntur, scilicet dicti opponentes causas suarum opposicionum dicturi, prefatus autem ultimus incariator precium quod de dictis hereditagiis obtulerit allaturus, necnon dictus defensor decretum dictorum suorum hereditagiorum adjudicari visurus, ulteriusque processuri et facturi quod fuerit rationis. Et per idem arrestum dicta nostra curia prefatum defensorem in expensis dictarum proclamationum factarum et in dicta sede ambianensi faciendarum ac in expensis in eadem nostra curia factis condempnavit et condempnat, predictarum expensarum taxatione curie nostre memorate reservata.

Pronunciatum xiv^a die augusti, anno M° CCCC° VI°.

X^{1A} 53, f° 256 v°, seq.

XL

Appointement donné par la Cour à dix jeunes bourgeois poursuivis par le procureur du Roi comme princes du jeu des Sots.

Les deux pièces qui suivent ont trait à un jeu alors très populaire à Amiens, le jeu des Sots, qui se célébrait, chaque année, à l'époque de Noël, sans parler des déchaînements de licence juvénile que ramenaient les remariages, sur lesquels cette folle jeunesse prélevait un tribut souvent élevé, nommé barboires. On voit que, dès le xiv° siècle, le procureur du Roi et l'échevinage s'alarmaient des excès de cette licence et songeaient sinon à l'interdire formellement, du moins à l'entraver. Nous ignorons malheureusement quelle fut la suite donnée à l'affaire portée devant la Cour en janvier 1382.

12 Janvier 1381, v. st.

Karolus, etc. Universis, etc. Notum facimus quod, cum Johannes Piquet, Guillelmus des Rabuissons, Jacobus le Pointre des Escos, Johannes de Coucy, filius Stephani de Coucy, Firminus Piedeleu, Firminus Audeluye, Egidius de Sancto Fusciano, Johannes Aouse, Lienardus des Rabuissons et Johannes Gelée, burgenses ambianenses, adjornati fuissent, ad instanciam procuratoris nostri, in nostra parlamenti curia personaliter comparituri et dicto procuratori nostro responsuri super eo quod sibi imponebatur quod fuerant principes joci stultorum, qui jocus in dicta villa fieri consuevit et, eo pretextu, plures pecuniarum summas a multis exigerant, eas suis usibus applicando, ad quam diem sibi super hiis assignatam personaliter comparuerunt, dicta curia eisdem adjornatis concessit et concedit ut, in dicta causa, per procuratorem admittantur quousque per ipsam curiam aliud super hoc fuerit ordinatum.

Datum Parisius in parlamento nostro, xii[a] januarii, anno M° CCC° LXXXI°.

X1a 30, f° 237.

Cf. JJ 130, n° 271, juin 1387. Lettres de rémission à Jean Audeluye.

Charles. Savoir faisons à tous présens et avenir à nous avoir esté supplié, de la partie des amis charnels de Jehan Audeluye, fils de feu Fremin Audeluye, que, comme, environ Noël derrenièrement passé ot un an, ledit Jehan, lequel est jeune homme, eust esté nommé et esleu prince d'un jeu appellé le jeu des Sos, qui, chascun an, est acoustumé à faire en nostre ville d'Amiens par les jeunes bourgois d'icelle, soubz umbre duquel jeu et en continuant icellui, ainsi qu'il est acoustumé, plusieurs jeunes bourgois de nostredite ville et ledit Jehan eussent jousté et fais leurs esbatemens honorablement, combien que les maire et eschevins de nostredite ville eussent défendu le contraire, néantmoins, trois ou quatre jours après, un appellé Jehan le Grant, sergent à mace desdis maire et eschevins, vint devers ledit Jehan Audeluye et de fait le voult mener en prison pour celle cause, en disant qu'il lui estoit ainsi commandé..... (d'où rebellion et fuite dudit Jehan).

Cf. BB 2, 77 v°, 31 mars 1416. Délibéré de prendre pour la ville les iiii[xx] écus qui sont aux mains du prince des Sots, pour les barboires d'Henri Cardon, pour convertir en travaux de la ville;

BB 5, 126, 8 mai 1442. En présence du peu d'empressement du prince des Sots et de ses compagnons à s'offrir pour porter la châsse de Saint Firmin, au jour de l'Ascension prochaine, huit échevins sont désignés pour la porter et défense faite audit prince de s'entremettre de recevoir les barboires ni du fait des.....

Mais, dans l'après-dîner, l'intéressé se présente aux Cloquiers avec sept autres jeunes bourgeois, pour réclamer d'être maintenus dans leur prérogative traditionnelle, ce qui leur est accordé.

Ce genre de délibération revient à peu près tous les ans. Cf. BB 10, 157, 27 avril 1467. 190, 22 février, etc.

XLI

Assignation donnée par la Cour à deux prétendants à l'office de procureur du Roi et confirmation provisoire du premier occupant.

Cette pièce nous montre encore aux prises deux concurrents à l'office de procureur du Roi, l'un se prévalant d'une possession de plus de douze années pour protester contre l'éviction dont il venait d'être victime, du fait du bailli Tristan du Bos, qui lui avait substitué Vincent de Guisy, l'autre se réclamant non seulement du choix du bailli, mais de l'institution royale à lui conférée par lettres authentiques, à la suite de l'enquête qui avait établi l'indignité prétendue de son rival.

Le document est malheureusement muet sur la nature des griefs imputés contre celui-ci. Mais nous avons vu déjà par ailleurs (JJ 121, n° 52), qu'en 1380 le bailli Audouin Chauveron avait déjà substitué à Robert Baillet Jean Cœuret dit Poulain.

La Cour, en assignant les parties à comparaître devant elle pour plaider sur le fond, attribua provisoirement l'office à Robert Baillet, et les documents des années suivantes montrent qu'il lui resta au moins jusqu'à 1387. V. notre Etude sur les officiers du bailliage.

6 Septembre 1382

Constitutis in nostra parlamenti curia Roberto Bailleti appellante, ex una parte, et Vincencio de Guisiaco appellato, ex altera, pro parte dicti Roberti propositum extitit quod ipse erat vir bone fame et conversationis honeste et, per longa tempora, procurator noster in baillivia nostra ambianensi fuerat, ibidemque dictum officium fideliter exercuerat, absque reprehensione quacumque. Et nichilominus baillivus noster ambianensis, dicto Roberto non vocato nec audito, dictum officium (Vincentium) in predicto officio instituere nisus fuerat, dictum Robertum ab eodem officio amovendo, a quo dictus Robertus appellaverat. Qua appellatione non obstante, dictus baillivus attemptaverat, ex quibus et aliis per ipsum Robertum latius propositis concludebat quatinus diceretur dictum baillivum male fecisse, processisse et explectasse, dictumque Robertum bene appellasse, quodque attemptata repararentur et quod dictus Vincentius in expensis hujusmodi cause condempnaretur et, in casu dilationis, quod status dicti officii procurationis eidem Roberto adjudicaretur.

Dicto Vincentio ex adverso proponente et dicente quod dictus Robertus, informacione debite facta precedente, suis exigentibus demeritis, a dicto officio amotus fuerat, dictumque procuracionis officium eidem Vincentio, de sui probitate et diligentia, ex nonnullorum fide dignorum relatu, plenarie informati, concesseramus ad vadia et emolumenta consueta, prout per certas litteras super hoc confectas apparere dicebat, quam quidem informacionem per dictam curiam nostram videri requirebat. Ex quibus et aliis per ipsum propositis dicebat quod dictus Robertus non erat ut appellans admittendus et quod male appellaverat, quodque, in casu dilacionis, status dicti officii dicto Vincentio adjudicari debebat, sicque dici et pronunciari petebat et quod dictus Robertus in expensis hujusmodi cause condempnaretur.

Tandem, auditis partibus antedictis in omnibus que circa premissa, tam replicando quam duplicando, dicere et proponere voluerunt, consideratisque et attentis diligenter omnibus circa hec attendendis et que dictam curiam nostram in hac parte movere poterant et debebant, prefata curia nostra appellacionem dicti

Roberti adnullavit absque emenda per arrestum et ex causa, ordinavitque et ordinat quod de et super principali dicte partes audientur, una adversus alteram, ad dies ambianenses nostri futuri proximo parlamenti, ad quos dies informationes que facte fuisse dicuntur contra dictum Robertum, tam ille que in camera compotorum nostrorum parisiensi, quam ille que penes dictum baillivum esse dicuntur, in dicta curia nostra afferentur ut, hiis visis, dicta curia super hoc ordinet, ut jus erit. Et per idem arrestum dicta curia statum dicti procuratoris officii dicto Roberto adjudicavit et adjudicat, quousque per dictam curiam nostram aliud super hoc fuerit ordinatum.

Pronunciatum die vi^a septembris, anno M^o CCC^o LXXXII°.

X^{IA} 30, f° 450.

Karolus, etc. M^o Roberto Bailleti, procuratori nostri baillivie ambianensis, salutem in domino.

23 juin 1383.
X^{IA} 32, f° 52.

(Cf. JJ 131, n°s 129 et 185, octobre-novembre 1387).

Karolus, etc. Universis, etc. Vincentio Daguisy, procuratori nostro in baillivia ambianensi et Johanni Pinguere clerico dicte baillivie, salutem.

X^{IA} 38, f° 13 v°.

XLII

Documents relatifs aux troubles de 1382-83 et aux enquêtes et procès qui suivirent l'abolition des mairies de bannières jusqu'à la grande réformation de 1403 et a la solution de l'affaire Henri de Roye, en 1410. (16 pièces). 1382-1412.

N° 1. — Arrêt de la Cour confirmatif du règlement du 4 janvier 1382 touchant la liquidation du passif de la ville et la majoration de ses aides.

Aug. Thierry a publié (I, 702) le règlement du 4 janvier 1382, qui mit aux prises l'oligarchie municipale et la démocratie des maieurs de bannières divisées sur la question de l'administration des finances communales et particulièrement sur le choix du subside extraordinaire que nécessitaient alors la situation obérée de la ville et l'obligation de liquider un passif considérable. Il a pourtant omis la pièce suivante qui figure au même registre du Parlement et qui nous retrace le premier épisode du conflit dont l'abolition des mairies de bannières et la longue série d'enquêtes, de réformations et de procès qui remplirent près de trente années devaient être les résultats les plus mémorables.

Il est curieux de remarquer que les premières résistances vinrent de la clientèle même de l'oligarchie échevinale, à savoir des waidiers et des taverniers que la Cour n'avait pas laissé de mettre dans l'embarras, en les prenant au mot sur le choix du subside, par la majoration du tarif ordinaire des aides, de préférence à la taille réclamée par les gens des métiers.

Les waidiers se plaignaient qu'on eût donné à cette majoration un effet rétroactif, en la faisant partir, non du 4 janvier, mais de la Saint-Martin d'hiver précédente, ce qui entraînait pour eux des complications de toutes sortes, perte totale des bénéfices sur les marchandises vendues sans tenir compte de la surtaxe et dommage d'autant plus sensible que les deux mois écoulés étaient précisément l'époque de leurs exportations annuelles et de la plus grande activité du trafic. Ils demandaient, en conséquence, que le point de départ de la surtaxe fût ramené au 4 janvier.

Les teinturiers, taxés, au même tarif, pour les waides par eux mises en œuvre, protestaient, pour leur part, qu'ils n'étaient, à aucun titre, exportateurs, ni marchands d'étoffes teintes ou de matières tinctoriales, mais seulement façonniers et dès lors doublement atteints puisqu'ils n'employaient que des produits ayant déjà acquitté l'aide.

Enfin les taverniers de la ville remontraient que, bien que l'arrêt du 4 janvier n'eût concédé à ceux de l'évêque et du chapitre qu'une diminution d'un quart, ceux-ci, habitués à être exonérés d'un tiers, s'étaient refusés à rien payer, tandis qu'eux-mêmes étaient contraints avec la dernière rigueur, ce qui n'était rien moins que leur ruine. Ils avaient bien obtenu du Roi des lettres de dispense les exonérant eux-mêmes d'un quart, pour racheter l'excessive différence, ce qui avait déterminé waidiers et teinturiers à des démarches semblables, mais les maire et échevins, de leur côté, en avaient obtenu de toutes contraires et avaient persévéré dans leurs exigences.

La Cour, par son arrêt du 30 août, confirme purement et simplement le règlement du 4 janvier.

30 Août 1382

Cum procurator mercatorum de guesda Ambianis commorantium nostre parlamenti curie exponi fecerit quod, cum, occasione hujus quod maior et scabini dicte ville, pretextu quarumdam litterarum ac cujusdam ordinationis a dicta curia nostra emanatarum super facto et regimine dicte ville, dictos mercatores guesdarum ad solvendum duos francos pro quolibet dolio guesdarum per dictos mercatores venditarum et extra dictam villam ambianensem transductarum, a festo hyemali beati Martini usque ad diem quartam mensis januarii novissime preteriti, qua die quarta januarii dicta ordinatio in dicta curia nostra facta fuerat, compellere satagebant et de facto compellebant, dicti exponentes, qui pacifice et affectuose dictum subsidium, a dicta iv^a die januarii, qua impositum fuerat, solverant ac omni die solvebant, certas a nobis litteras obtinuissent ad finem quod contra dictas litteras ordinacionis ad oppositionem admitterentur, quodque quieti et immunes remanerent, quoad guedas a dicto festo hyemali usque ad dictam iv^{am} diem januarii venditas et extra dictam villam transductas, et quod baillivus noster ambianensis supra dicta oppositionis causa exhiberet justicie complementum; deinde vero dicta causa, coram dicto baillivo introducta, fuerit, ad instanciam maioris, scabinorum et communitatis dicte ville, ad nostram parlamenti curiam remissa et licet, dicta oppositione et processu pendentibus, dicti exponentes, solvendo a data dicte ordinacionis, deberent quieti et pacifici remanere de hiis que antea extra dictam villam transportaverant, vendiderant seu pro vendendo Brugis et in ceteris locis ad hoc consuetis transportari seu transduci fecerant, presertim cum hoc in fraudem non fecissent, nec tunc dictum subsidium impositum erat, nec sciebant dicti exponentes quod imponi deberet; quin ymo indictum seu impositum fuerat, ipsis minime vocatis, et, quia tunc libere vendebant et non credebant quanquam (quidquam) inde solvere, melius forum de suis mercaturis faciebant, et tunc erat tempus quo mercatores tales mercaturas extraducere consueverunt, nichilominus, sub umbra dicte ordinacionis ac quarumdam aliarum litterarum per ipsos maiorem et scabinos, pro facto tabernariorum dicte ville, tam in terra dilecti et fidelis nostri episcopi ambianensis et dilectorum nostrorum decani et capituli ejusdem loci, quam alibi in dicta villa commorantium, dictum subsidium solvere recusantium, post datam dicte ordinacionis obtentarum, in quibus quidem litteris, continentibus inter cetera quod dicta ordinatio exequatur et, in casu opposicionis, quod dies opponentibus in dicta curia nostra assignetur et, hoc pendente, opponentes, per modum provisionis, ad solvendum dictum subsidium compellerentur, appellationibus et impetracionibus non obstantibus quibuscumque, dicti exponentes non comprehenduntur, nec comprehendi possunt seu intelligi, dicti maior et scabini, in odium et contemptum opposicionis et processus dictorum exponentium et contra ipsos temere attemptando aut aliter, eorum voluntate injusta, dictos exponentes multum rigorose compelli fecerant et compelli facere non cessabant pro dictis guedis extra dictam villam, ante dictam ordinacionem, inter dictum festum hyemale beati Martini et dictam iv^{am} diem mensis januarii, transductis, quamvis, hac de causa, sint in processu contra dictos maiorem et scabinos, ut est dictum, in dictoque transportu dictarum guedarum dolum seu fraudem contra dictam ordinacionem non commiserant et, a dicta iv^a die, pacifice dictum subsidium solverunt et esset durum quod pro tempore ante dictam datam solverent, cum eorum mercatura sit ad hoc deteriorata et quod in dicta mercatura lucrari solebat modo convertitur in subsidium predictum, ut dicebant, et ob hoc eidem curie nostre requirerent quatinus dicto baillivo mandaretur et committeretur ut dictos exponentes a dicto subsidio, pro guedis per ipsos absque fraude transportatis, a dicto festo beati Martini hyemalis usque ad dictam quartam diem januarii, pacificos et immunes teneret, eorum pignora et bona, premissorum occasione capta, eisdem deliberando, dictaque curia nostra declararet dictos exponentes a predicto subsidio debere quictos remanere aut quod saltem dictum negocium in suspenso teneretur, bonaque dictorum exponentium eisdem deliberarentur quousque, partibus auditis, aliud esset super hoc ordinatum, dicta ordinacione, necnon litteris et impetracionibus in contrarium impetrandis vel impetratis non obstantibus quibuscumque.

Procurator insuper tictorum seu tainturariorum dicte ville ambianensis dicte curie nostre exponi fecerit quod, cum eorum ministerium tittare in magno labore et continuo consistat, in dictoque ministerio dicti tictores die nocteque, per se et eorum familiares, operentur et laborent et interdum propter assietam guedarum, que periclitantur aut minus bone reperiuntur, dicti tictores quamplurimum dampnificentur, fiatque dictorum tictorum ministerium arte et opera cum materia que ibidem ponitur et ob hoc, de jure et racione, dicti tictores nullum inde subsidium solvere debeant, presertim racione dictarum guedarum quas in opere ponunt et quas in specie seu forma guedarum non vendunt, quin ymo totum per artem et ministerium tictorum deducitur et conficitur, unde recipiunt insimul quod inde habere possunt, non distrahendo seu vendendo stofam seu materiam separatim, et esset quasi impossibile estimare id quod ibidem ponitur et cum premissis nemora et alia materia ponuntur; et licet ex eo quod dicti maior et scabini, sub umbra oneris duorum francorum pro dolio guedarum, virtute dicte ordinacionis [impositorum], dictos tictores ad solvendum eisdem maiori et scabinis dictum subsidium duorum francorum pro guedis quas pro operando in eorum ministerio ponunt et de quibus mercatores, qui eas vendiderant, jam duos francos solverant, dicti tictores certas a nobis litteras obtinuissent per quas dicto baillivo mandabatur committendo quatinus, attentis premissis et quod gentes ceterorum ministeriorum dicte ville predictum subsidium non solvebant, dictos tictores a predicto subsidio quictos et immunes teneret et, in casu oppositionis, dictis partibus justicie complementum exhiberet et quod, lite pendente, negocium teneret in suspenso, nichilominus dicti maior et scabini, sub umbra dicte ordinacionis et quarumdam litterarum per ipsos a nobis super hoc, contra tabernarios dicte ville in terris dilecti et fidelis consiliarii nostri episcopi ambianensis ac dilectorum nostrorum decani et capituli ejusdem loci et contra quosdam alios dicte ville predictum subsidium solvere recusantium, obtentarum, fecerant causam, que coram dicto baillivo pendebat, in dicta curia nostra introduci et, hoc non obstante, contra dictos tictores per viam execucionis procedebant, ipsorum pignora et bona capiendo ac vendicioni exponendo, quamvis in dictis ordinacionibus et in dictis litteris per dictos maiorem et scabinos novissime obtentis non comprehendantur et quod gentes aliorum ministeriorum dicte ville nichil solvant de subsidio predicto. Ex quibus et aliis per ipsos tictores lacius propositis similes conclusiones et requestas, contra dictos maiorem et scabinos, conclusionibus et requestis dictorum mercatorum guedarum faciebant.

Et ulterius procurator tabernariorum dicte ville ambianensis dicte curie nostre exponi fecerit quod, cum per quandam ordinacionem super regimine dicte ville per dictam curiam nostram, dictis tabernariis minime vocatis, factam, ad instanciam et requestam dictorum maioris et scabinorum ac nonnullorum maiorum bannerie et aliorum dicte ville, ordinatum fuerat quod de dictis vinis in dicta villa et banleuca ejusdem ad detaillum venditis solverentur pro loto tres oboli et sic pro quolibet dolio iv libre et x solidi parisiensium et quod dictum subsidium usque ad sex annos cursum haberet, dictumque subsidium in terra et a subditis episcopi, decanique et capituli predictorum levaretur quemadmodum a ceteris tabernariis dicte ville et ejusdem banleuce, salvo quod tabernarii terre dictorum episcopi, decanique et capituli quartum minus quam ceteri tabernarii dicte ville, videlicet de iv denariis iii denarios solverent; post dictam vero ordinacionem dicti tabernarii, credentes inter omnes tabernarios dicte ville et banleuce debere servari, et quod [quisque] tantum vinum quantum alter solveret, salvo et excepto dicto quarto quoad terras episcopi, decanique et capituli predictorum, ad finem quod vinum, in dicta villa, ad idem pretium, juxta sui qualitatem et bonitatem venderetur, absque eo quod unus tabernarius pro viliori pretio vinum suum quam alter vendere posset, in ceterorum tabernariorum prejudicium, plura vina emissent ac suas municiones vinorum ad detaillum vendendorum fecissent, dictisque tabernariis per dictos maiorem et scabinos affirmatum fuisset quod ceteri solverent sicut ipsi, dictaque vina pro magno pretio emissent, nichilominus tabernarii terrarum dictorum episcopi, decanique et capituli de predicto subsidio, quod, die iv^a januarii novissime preteriti, ordinatum fuerat, nichil solvere voluerunt, nec solverunt et tamen, a dicto tempore, semper vina sua vendiderunt et adhuc vendunt, suorumque vinorum lotum pro vii denariis tradiderunt et tradunt, quod dicti tabernarii exponentes ad carius pretium, racione dicti oneris, posuerunt et quasi nichil a tempore dicte ordinacionis vendiderunt et ad tabernas tabernariorum terrarum dictorum episcopi, decanique et capituli burgenses et alii habitantes dicte ville ac predictam villam transeuntes vina capiebant et quesitum mittebant et dictis exponentibus tabernariis magna pars vinorum suorum remanserat, unde quamplurimum dampnificati fuerant et, quia dictis tabernariis exponentibus durum videbatur quod ipsi, qui sunt nostri subditi et sub dictis maiore et scabinis, plus onerantur quam tabernarii subditi episcopi, decanique et capituli predictorum et quod ad solvendum dictum subsidium compellebantur, absque eo quod ad oppositionem admitt[er]entur, certas a nobis litteras obtinuissent per quas dicto baillivo mandabatur committendo quatinus dictos tabernarios exponentes ad oppositionem admitteret, quodque ad solvendum aliter quam tabernarii terrarum dictorum episcopi, decanique et capituli minime compellerentur et, in casu opposicionis, quod dictus baillivus eisdem partibus faceret jus, executiones per dictos maiorem et scabinos inceptas in suspenso tenendo. Et, licet dicti maior et scabini coram dicto baillivo, pro dictis litteris integrandis, fuissent adjornati, dictique tabernarii exponentes prompti fuissent et parati solvere quemadmodum ceteri tabernarii dicte ville, nichilominus, sub umbra quarumdam appellacionum per dictos episcopum, decanumque et capitulum ad dictam curiam nostram interjectarum, dicti maior et scabini quasdam alias litteras a nobis seu dicta curia nostra subrepticie obtinuerant, quarum virtute dicta causa fuerat ad certam diem lapsam in dicta curia nostra introducta et quarum etiam virtute dicti maior et scabini nittebantur dictos tabernarios exponentes ad solvendum dictum subsidium, per modum provisionis, lite pendente, compelli facere, in dictorum tabernariorum prejudicium, exheredacionem et jacturam, presertim cum tabernarii terrarum dictorum episcopi, decanique et capituli nichil velint solvere et, pretextu cujusdam alterius appunctamenti, dicti tabernarii terrarum episcopi, decanique et capituli predictorum minus tertia parte quam ceteri tabernarii et sic LX solidos pro dolio dumtaxat solvere velint unde dicti tabernarii exponentes IV libras et X solidos solvere compelluntur, ut dicebant, et ob hoc eidem curie nostre supplicaverint, attento quod dicti tabernarii exponentes, dicte curie nostre ordinacionem adimplere volentes, plus quam ceteri tabernarii onerari non debebant, quatinus dicta curia nostra dictam primam ordinacionem declararet et interpretaretur, videlicet quod dicti tabernarii exponentes, solvendo tantumdem et pro tanto tempore quemadmodum tabernarii terrarum dictorum episcopi, decanique et capituli, salvo et excepto dicto quarto quod per dictam primam ordinacionem excepi debebat, quicti et pacifici remanerent et, in casu quod dicti tabernarii terrarum dictorum episcopi, decanique et capituli ad tertium minus quam dicti tabernarii exponentes reducerentur, quod similiter unum quartum eisdem tabernariis exponentibus deduceretur et quod, hoc pendente, dicte executiones supersederent, eorumque pignora sibi restituerentur et quod, hoc pendente, vina sua vendere possent ad ipsorum caucionem quousque per dictam curiam, ipsis partibus auditis, aliud super hoc esset ordinatum.

Dicti vero maior et scabini plures raciones et facta ex adverso proponi fecerint ad finem quod dicti mercatores guedarum, textores et tabernarii ad eorum requestas non essent admittendi et quod ipsi juxta tenorem dicte ordinacionis in dicta curia nostra, die iv^a januarii, facte compellerentur.

Dictis mercatoribus guedarum, textoribus et tabernariis ad finem quod ad eorum requestas essent admittendi et alias prout supra concludentibus.

Tandem, auditis partibus antedictis in omnibus que circa premissa dicere et proponere voluerunt, visis insuper dicta ordinacione. cum ceteris litteris et requestis predictis, una cum quibusdam aliis litteris, actis et munimentis per ipsas partes eidem curie nostre exhibitis et traditis, consideratisque et attentis diligenter omnibus circa hec attendendis et que dictam curiam nostram in hac parte movere poterant et debebant, per arrestum ejusdem curie dictum fuit quod requeste dictorum mercatorum guedarum, tictorum et tabernariorum sibi non fient et quod juxta formam et tenorem dicte ordinacionis, die iv^a januarii, in dicta curia nostra, ut dictum est, facte, ad solvendum dictum subsidium, de quo in dicta ordinacione fit mentio, compellentur.

Pronunciatum die xxx^a Augusti, anno octogesimo secundo.

X^{1A} 30, f° 432 v°.

N° 2. — Ajournement donné par la Cour, dans l'affaire Hue le Gorrelier et Henri de Roye, contre le procureur du Roi et les maire et échevins.

On sait que Hue le Gorrelier et Henri de Roye figuraient en tête des huit maieurs de bannières des moyens métiers auxquels l'arrêt du 4 janvier 1382 n. st. donnait pouvoir de déléguer deux d'entre eux, à défaut du procureur de ville, pour poursuivre, contre quelques particuliers de l'oligarchie municipale, les répétitions qu'il laissait prévoir.

La présente pièce est la première d'une procédure qui dura vingt-huit ans, pour ne se clore que par l'arrêt criminel du 30 août 1410, et dont presque tous les documents ont malheureusement péri. On y voit que, dès le mois de décembre 1381, les deux délégués des maieurs de bannières, déboutés par le bailli d'une instance commencée contre le procureur du Roi, sans doute à raison de l'éviction d'Henri de Roye de l'office de grand compteur, auquel il avait été élu le 28 octobre, en appelaient à la Cour, devant laquelle était pareillement renvoyée l'affaire des poursuites à entreprendre contre les particuliers visés par l'arrêt du 4 janvier, dont l'échevinage embrassait la cause. La Cour, en retenant l'une et l'autre instance, donne assignation aux parties au 7 janvier. (V. *infra*, arrêt du 30 août 1410, n° 13).

Karolus, etc. Universis, etc. Cum Hugo, dictus le Gorrelier, et Henricus de Roya, in hac parte consortes, a quadam sententia, ordinatione seu judicato per baillivum ambianensem aut per Johannem Plantebaie, ejus locumtenentem, contra ipsos et ad utilitatem procuratoris nostri in dicta baillivia prolata nuper ad

18 Décembre 1382

nostram parlamenti curiam appellaverint et, in hujusmodi appellationis causa, adjornamentum et intimationem ad diem crastinam instantis festi Purificationis beate Marie Virginis fieri et exequi fecerint et, ad dictam diem, certa alia causa coram dicto baillivo mota inter maiorem et scabinos ville ambianensis, ex una parte, et dictos Hugonem et Henricum, ex altera, etiam ad dictam curiam nostram extitit remissa, notum facimus quod, ex ordinatione dicte curie nostre, constitutis, die date presentium, in eadem curia, procuratore nostro in dicta baillivia ac procuratore dictorum maioris et scabinorum, ex una parte, et dicto Henrico de Roya ex altera, prefata curia nostra, ipsis auditis, appellationem predictam, per dictos Hugonem et Henricum, ut prefertur, interjectam ac etiam sententiam a qua fuerat appellatum per ipsos adnullavit et adnullat per presentes, absque emenda, omnibus tamen expensis in diffinitiva reservatis, ordinavitque et ordinat dicta curia quod causa principalis inter dictas partes mota in eadem curia nostra remanebit, absque remissione de ipsa facienda. Et venient partes presentes predicte ad crastinam diem instantis festi Epiphanie Domini, in dicta causa processure et ulterius facture prout fuerit rationis, ad quam quidem diem dictus Hugo seu procurator pro ipso fundatus veniet processurus in dicta causa, ut jus erit. Datum Parisius, in parlamento nostro, xviiiª die decembris, anno M° CCC° LXXXII°.

X¹ᴬ 32, f° 91.

N° 3. — *Lettres de rémission à Jean Jourdain.*

Ces lettres, bien qu'assez peu explicites, jettent pourtant quelque lumière sur les sentiments contradictoires qui partageaient le peuple d'Amiens au temps de la campagne de Rosebecque, la satisfaction non dissimulée de l'humiliation infligée à l'orgueil des Flamands, la jactance menaçante des partisans du Roi, la défiance inquiète des autres et l'appréhension des représailles.

Janvier 1382, v. st.

Charles, etc. Savoir faisons à tous présens et avenir, de la partie de Jehan Jourdain, povre homme du mestier de boulengerie, demourant à Amiens, à nous avoir esté humblement exposé que, comme nagueires il feust en une taverne, en ladite ville d'Amiens, en la compaignie de plusieurs autres personnes, tous buvans ensemble, et, quant il orent bien beu et que les aucuns, espécialment ledit exposant, estoient jà surpris de vin, prirent à parler ensemble de plusieurs et divers propos, maintenant d'un, autreffois d'autre, et tant multiplièrent que l'un d'eulx, appellé Fremin le Cirier, dit Nicodemus, print à parler de nous et de la bataille de Flandres, disant que c'estoit grant joie que l'orgueil de Flandres estoit abatus, auquel propos ledit exposant dist que voirement estoit ce grant joie que nous avions eu telle aventure et telle vitoire, en nostre noble advènement, et depuis, après plusieurs autres paroles diverses et d'autre matère interposées, fu par ledit Fremin recommencié à parler de nous, disant que nous yrions briefment à Amiens (1) et que là et ailleurs recongnoistrions nos bons amis et ferions raison et justice à chascun, à quoy ledit exposant, tout ennuié de tant de paroles, comme on avoit dit et disoit, et qui jà avoient esté de plus de dix divers propos, dist, si comme l'en dit, que nous ne faisions pas raison à chascun, mais la faisions aux uns et aux autres non, laquelle chose lui a esté imposée par nostre procureur au bailliage d'Amiens et a sur ce esté faicte information, par laquelle ledit exposant doubte que trouvé ait esté qu'il ait dit lesdites paroles, combien qu'il n'en soit pas recors. Et, se par vin et inadvertance l'avoit dit, si ne seroit ce pas, ne auroit esté en male entencion, mais volagement, par mal advis, si comme il dit, requérant que, comme il soit et ait esté tousjours de bonne vie et honneste conversacion, sans autre vilain reprouche, bon et loial envers nous et nostre couronne, nous lui vueillons sur ce estre gracieux. Nous, ces choses considérées, voulans, en ceste partie, préférer miséricorde à rigueur de justice, à icellui Jehan Jourdain, ou cas dessusdit, avons quittié, remis et pardonné et, de grâce espécial et de nostre auctorité royal, quittons, remettons et pardonnons, par ces présentes, toute peine, amende et offense corporele, criminele et civile qu'il pourroit avoir encouru envers nous, pour occasion desdites paroles, et à nostre procureur imposons sur ce silence perpétuel. Si donnons en mandement au bailli d'Amiens et à tous nos autres justiciers présens et avenir et à leurs lieuxtenans et à chascun d'eulz, si comme à lui appartendra, que de nostre présente grâce et rémission facent et laissent ledit Jehan Jourdain joïr et user plainement et paisiblement et, contre la teneur d'icelle, ne l'empeschent ou molestent, ne facent ou seuffrent molester ou empeschier en corps ou en biens en aucune manière, lesquelx, se pris ou empeschiés estoient aucunement, pour la cause dessusdite, lui mettent ou facent mettre, sans délay, à plaine délivrance. Et que ce soit ferme chose et estable à tousjours, nous avons fait mettre nostre seel à ces présentes, sauf en autres choses nostre droit et l'autrui en toutes.

Donné à Compiengne, l'an de grâce M CCC LXXXII, ou mois de janvier.
JJ 122, n° 12.

(1) Le Roi vint effectivement à Amiens, en septembre-octobre 1383, et, à raison de sa première entrée, accorda plusieurs lettres de délivrance et de rémission à des prisonniers enfermés aux prisons de l'évêque et de la ville, particulièrement à un certain Jean de Bailleul, dit Froissart, détenu comme clerc, dans les prisons de l'évêque, pour avoir été présent, chevauchant d'Artois au pays de Beauvaisis, en compagnie d'un écuyer et de plusieurs autres, au meurtre d'un vigneron, près de Beaupuy, par ledit écuyer, qu'il avait ensuite rejoint et continué d'escorter jusqu'à son arrestation par le prévôt de Montdidier. (JJ 124, n° 53, octobre 1383). Cf. JJ 123, n° 148, septembre 1383, etc.

N° 4. — *Lettres de rémission à Henri de Roye.*

Ces lettres de rémission n'offrent d'intérêt qu'à raison du nom et du rôle passé du bénéficiaire, que nous connaissons déjà pour le chef du mouvement démocratique à Amiens, en 1381-1382. Elles ne nous apprennent rien en effet des événements auxquels il avait été mêlé, sinon que, quelques mois après l'assignation de la Cour, il était détenu prisonnier au beffroi d'Amiens et sous le coup d'une poursuite de lèse-majesté, poursuite que les généraux réformateurs en la province de Reims avaient transformée en cause civile, en le condamnant à l'amende et au bannissement. C'est de cette dernière peine que le Roi le relève, mais son pardon rencontra la résistance acharnée de l'échevinage, qui se refusa d'y souscrire, et l'affaire ainsi ranimée reprit au Châtelet et au Parlement pour ne se clore qu'en 1410. V. notre Essai, p. 85.

Août 1383

Charles..... Savoir faisons à tous présens et avenir à nous avoir esté exposé, de la partie de Henry de Roye, povre homme, nagueires demourant à Amiens, disant que, comme nagueires nos amés et féaulx conseillers, les généraux réformateurs commis et ordonnez de par nous en la province de Reins, fussent venus en la ville d'Amiens, ledit exposant lors estant prisonnier ou beffroy d'Amiens, pour certains cas touchans crime de lèze-majesté et autres, desquelz, après informacions sur ce faictes, nostre procureur ou bailliage d'Amiens le poursuivoit et tendoit contre lui à fin criminele, et il soit ainsi que nosdis conseillers, après ce qu'ils orent veues lesdites informacions, considérans que, de tous les cas contenus en ycelles informations et dont nostredit procureur poursuivoit ledit exposant, n'avoit eu mort, mahing ou mutilacion, condempnèrent ycellui exposant en amende civile, en luy faisant du cas criminel civil et taxèrent ladite amende à la somme de м frans d'or, et avecques ce le bannirent de la ville et bailliage d'Amiens et semblablement de la ville et viconté de Paris. Laquelle somme de mil frans d'or il nous a entièrement paiée, dont il est ainsi comme du tout désert. Suppliant humblement que, comme toute sa vie il ait esté, autrement que dudit fait, homme de bonne vie, renommée et de honneste conversation, et ne fu oncques mais ataint ne convaincu de aucun villain cas, crime ou maléfice, nous lui vueillons sur ce extendre nostre grâce et miséricorde. Nous, ces choses considérées et la grant détention de prison qu'il a pour ce soufferte, aians pitié et compassion d'icellui suppliant, de sadicte femme et enfans, voulans miséricorde préférer à rigueur de justice, à ycellui suppliant, ou cas dessusdit, la peine criminele, corporele et civile, se mestier est, qu'il a ou peut avoir encouru envers nous pour le fait dessusdit, avec ledit ban, luy avons quittié, remis et pardonné et, par ces présentes, de nostre certaine science, grâce espécial, pleine puissance et auctorité royal, quictons, remettons et pardonnons et le restituons, en la ville et bailliage d'Amiens, ville et visconté de Paris, à sa bonne fame, renommée au pays et à ses biens non confisqués, nonobstant le jugement ou condempnation de nosdis conselliers, satisfaction faicte à partie, se aucun en veult pour ce faire poursuite, en imposant sur ce silence perpétuel à nostre procureur. Si donnons en mandement au gouverneur du bailliage d'Amiens, au prévost de Paris et à tous autres nos justiciers.... .

Donné à Compiengne, au moys d'aoust, l'an de grâce M CCC LXXXIII.

JJ 123, n° 117.

N° 5. — *Lettres de rémission à Jean Faussart.*

Jean Faussart, maieur de la bannière des pareurs, en 1381-1382, ne nous est connu que par les présentes lettres de rémission et une seule mention du compte CC 3 (1386), chapitre : « Voies de le court de Parlement », où il est question des informations et poursuites dirigées contre lui et autres séditieux, tant à Amiens qu'au Châtelet de Paris, et de sa condamnation au bannissement.

Les détails qui le concernent n'en sont que plus curieux à retenir, en tant que retraçant d'une manière plus directe les sentiments qui étaient ceux de la masse : le premier élan de sympathie et de solidarité qui accueillit la nouvelle des événements de Gand et de Paris et les préventions tenaces de la multitude contre le système des impositions indirectes plutôt que contre le principe même de l'impôt public. Les préférences du peuple pour la taille contre les aides, partout exprimées dans les documents du temps, ne se traduisent nulle part avec plus de netteté que dans ces lettres, dont la précision contraste avec l'habituelle monotonie des formules officielles.

Charles..... Savoir faisons à tous présens et avenir, de la partie des amis de Jehan Faussart, povre laboureur, chargié d'enfans, demourant nagaires à Amiens, nous avoir esté exposé comme, pour le temps de la rébellion de Gant, de Paris et de plusieurs autres villes de nostre royaume, furent plusieurs fois assemblés les maires de banière des mestiers et communautés de nostre ville d'Amiens, entre lesquels maires ledit suppliant avoit esté li uns, si avint que, auxdites assemblées qui pour lors se faisoient en ladite ville d'Amiens, pour avoir collacion quel ayde nous seroit fait, ledit suppliant dist que les gens de sa banière lui avoient dit et enchargié de dire qu'ils ameroient mieulx taille que imposition, et conseilla d'accorder taille et non imposicion.

Item, à une autre fois, en un lieu où il estoit, dist : vive Gant, vive Paris, no mère. Et en oultre ce, pour lors que ordené fu que nos bonnes villes envoieroient par devers nous à nostre parlement à Compiengne, dist ledit suppliant à ceulx qui de par nostredite ville estoient pour ce ordenez : « vous accorderez taille, aussi que les gens d'église, nobles et bonnes villes accorderont, et non autre chose ». Pour lesquelles paroles par lui ainsi dittes, comme dit est, avec autres semblables paroles en substance, les réformateurs qui tantost après ce furent par

Mars 1386, v. st.

nous envoyés à Amiens firent convenir ledit suppliant appeler à nos drois et sur lesdites paroles faire information. Et, pour doubte de ce, se absenta ledit suppliant du païs et fu bannis et ses biens confisqués à nous. Et après ce fu pris et amené en nostre chastellet de Paris, lau il fu longuement prisonnier et, depuis ce, a esté rendu comme clerc à l'évesque de Paris, ès prisons duquel évesque il est encores et a esté par l'espace de demi an, en grant misère et povreté et en voye de y fenir ses jours, se par nous ne lui est sur ce pourveu de nostre grâce et miséricorde. Suppliant que, comme il soit et ait tousjours esté homme de bonne vie et honneste conversation, sans onques avoir esté repris d'aucun autre villain blasme ou reproche, nous lui veillions sur ce impartir nostre grâce. Pour ce est-il que nous, voulans miséricorde estre préférée à rigueur de justice, ayans considération à la longue prison qu'il a soufferte pour occasion de ce, les paroles dessusdites, avec toute l'amende corporelle, criminelle et civile en quoy il puet [estre] encheuz et encourus envers nous, pour occasion de ce, avons quitté, remis et pardonné, quittons, remettons et pardonnons audit suppliant, de nostre plaine puissance et grâce espécial et le restituons à sa bonne fame, renommée au pays et à ses biens non confisqués. Sy donnons en mandement, par ces présentes, au gouverneur du bailliage d'Amiens.....

Donné à Paris, au mois de mars, l'an de grâce M CCC LXXXVI.

JJ 128, n° 287.

N° 6. — Arrêt donné par la Cour en faveur de Jean le Maire et consorts, contre les maire et échevins, au sujet d'une certaine quantité de bois de construction fournie à la ville, en 1346, et non encore payée, après un demi-siècle.

Les trois documents qui suivent nous apportent des preuves tout à fait positives à l'appui des griefs formulés, en 1381, par les maieurs de bannières, contre la gestion financière de l'oligarchie échevinale. Il y a lieu de les rapprocher, à ce titre, de ceux que nous avons publiés plus haut, touchant les démêlés de Robin de Saint-Fuscien et de l'échevinage.

On voit, par le premier, qu'une certaine quantité de merrain ou de bois à construire, de la valeur d'environ 200 l. p , fournie à la ville, en 1346, pour les travaux de la nouvelle forteresse, n'était pas encore payée aux héritiers du vendeur, après un demi-siècle, malgré les mandements du Roi et les informations du bailli sur la question, les maire et échevins, sans nier la dette, ni produire d'acquit de décharge ou invoquer la prescription, se bornant à demander un non-lieu contre les poursuivants, ce qui laisse supposer une rare absence de scrupules ou un singulier désordre dans leur comptabilité.

L'arrêt de la Cour, confirmant celui du bailli qu'ils avaient frappé d'appel, les condamne à soutenir le procès et à payer l'amende avec les frais de cette première instance. Nous ignorons la suite.

Cum a quadam sententia per baillivum nostrum ambianensem, commissarium a nobis in hac parte deputatum, ad utilitatem Johannis Maioris et Henrici Bineti, mariti Marie Maioris, sororis dicti Johannis Maioris, filiorum et heredum defuncti Johannis Maioris, quondam civis ambianensis, consortum in hac parte, et contra maiorem et scabinos dicte ville ambianensis, ratione certarum litterarum per dictos consortes xx^{mi} junii, anno Domini M° CCC° XC° III°, a nobis obtentarum, per quas dicto baillivo nostro mandabatur quatinus dictos maiorem et scabinos ad reddendum et solvendum dictis consortibus justum valorem certi magni numeri et quantitatis peciarum merrieni ad edificandum, in certis litteris super hoc confectis plenius declarati, quod merrienum maior et scabini dicte ville nostre, qui pro tempore erant, a dicto Johanne Maiore seniore, anno Domini M° CCC° XLVI°, habuerant et in operibus necessariis fortaliciorum dicte ville nostre exposuerant, quas litteras integrari et, pro valore dicti merrieni, sommam ducentarum librarum parisiensium dicti consortes sibi reddi, dicti vero maior et scabini eosdem consortes ad suas peticiones non fore admittendos pronunciari petebant, lata, per quam dictus noster baillivus dictos consortes ad eorum dictam demandam et prosecutionem admittendos et, quantum ad hoc, dictas nostras litteras ad ipsorum consortum utilitatem fore integrandas, dictosque maiorem et scabinos super dicta demanda et prosecutione dictorum consortum respondere et procedere teneri pronunciaverat, ipsos maiorem et scabinos in expensis dictorum consortum condempnando, fuisset, pro parte dictorum maioris et scabinorum, ad nostram parlamenti curiam appellatum, auditis igitur in dicta curia nostra, in causa appellationis predicte, partibus antedictis, processuque an bene vel male fuerit appellatum ad judicandum recepto, eo viso et diligenter examinato, per judicium dicte curie nostre dictum fuit prefatum baillivum nostrum bene judicasse et dictos maiorem et scabinos male appellasse et emendabunt dicti appellantes, ipsos in expensis hujus cause appellationis condempnando, eorumdem expensarum taxatione dicte curie nostre reservata.

xxvii^a januarii, anno nonagesimo VI°.

X^{ia} 44, f° 249 v°.

N° 7. — Arrêt donné par la Cour en faveur de Jean de Linières, contre les maire et échevins, au sujet des intérêts non payés d'une certaine somme prise en dépôt, dits deniers d'orphelins, de 1350 à 1383.

On voit, par ce second arrêt, qu'en 1399 les intérêts arriérés ou « bontés » d'une somme de 409 florins d'or, prise en dépôt par les maire et échevins, à la mort de Pierre de Linières, en 1350, sous le nom de son fils orphelin, et retenue par devers eux, du moins en partie, jusqu'en 1383 ou environ, constituaient une créance de 860 l. p. dont Jean de Linières demandait en vain le remboursement, bien que le bailli l'eût admis à faire les preuves de sa requête, en condamnant l'échevinage à soutenir le procès et à payer les premiers frais. Cette sentence frappée d'appel est confirmée par la Cour et l'affaire renvoyée au bailliage d'Amiens pour être plaidée au fond.

19 Juillet 1399

Cum a quadam sententia per baillivum nostrum ambianensem, ad utilitatem Johannis de Linieriis, burgensis ambianensis, filii et heredis Petri de Linieriis et Ameline de Pisciaco defunctorum, actoris, ex una parte, contra maiorem et scabinos ville nostre ambianensis, defensores, ex altera, racione VIII^c et LX librarum parisiensium, in quibus dictus actor dictos defensores, de statuto et consuetudine dicte ville nostre, sibi teneri dicebat, pro bonitatibus, gallice *bontés,* IIII^c IX florenorum auri ad statum (scutum) et duarum parcium unius floreni, que dicto Johanni, anno Domini M° CCC° L°, in mense maio, ex successione dictorum patris et matris obvenerant, per dictos maiorem et scabinos, vigore dictorum statuti et consuetudinis, tunc captorum et usque ad annum Domini M^{um} CCC^{um} LXXX^{um} tertium vel circa, saltem pro parte, detentorum, et ad quas VIII^c et LX libras petendas, aut quod rationi videretur, dictus actor se admitti et dictos defensores ad respondendum dicte sue petitioni compelli petebat, lata, per quam dictus baillivus dictum actorem ad faciendum dictam suam petitionem admittendum fore et dictos defensores eidem respondere debere pronunciaverat, ipsos in dicti actoris expensis in presenti causa factis condempnando, fuisset, pro parte dictorum defensorum, ad nostram parlamenti curiam appellatum, auditis igitur in dicta nostra curia partibus antedictis in causa appellationis predicte, processuque an bene vel male fuisset appellatum ad judicandum recepto, eo viso et diligenter examinato, per judicium dicte curie nostre, dictum fuit dictum baillivum nostrum bene judicasse et dictos defensores male appellasse et emendabunt appellantes, eosdem in expensis per dictum actorem in dicta appellationis causa factis condempnando, earumdem expensarum taxatione eidem curie nostre reservata. Et, per idem judicium, dicta curia nostra partes predictas coram dicto baillivo ambianensi aut ejus locumtenente ad octavam diem instantis mensis augusti remisit ac remittit processuras ulterius et facturas quod jus erit.

XIX^a julii, anno M° CCC° IX^a ge^{mo} IX°.

X^{IA} 46, f° 353.

N° 8. — Nouvel arrêt de la Cour sur la même question, confirmatif de la sentence donnée sur le fond par le bailli d'Amiens.

Cinq ans après, malgré la sentence donnée sur le fond par le bailli, la cause revenait encore devant la Cour, par appel des maire et échevins. Ils furent à nouveau condamnés et le jugement du bailli confirmé. L'arrêt de 1404, plus précis que le précédent, nous apporte quelques détails intéressants sur le rapport des valeurs de l'écu d'or et de la livre parisis, sur l'intérêt prétendu par le plaignant et accordé par le bailli, 8 0/0 l'an, qui était l'intérêt normal servi aux deniers d'orphelins, sur les circonstances et les dates du remboursement du principal. Il s'en faut d'ailleurs que, sur ce dernier point, le texte soit très nettement intelligible et facile à concilier avec le précédent ; mais il importe peu.

30 Août 1404

Cum lis mota fuisset coram baillivo nostro ambianensi, inter Johannem de Lineriis, burgensem ambianensem, filium et heredem Petri de Lineriis et Ameline ejus uxoris defunctorum, actorem, ex una parte, et maiorem et scabinos dicte ville nostre ambianensis, defensores, ex altera, ratione octingentarum et sexaginta librarum parisiensium, in quibus dictus actor dictos defensores, de statuto et consuetudine dicte ville nostre ambianensis, pro bonitatibus quater centum novem florenorum auri ad scutum et duarum parcium unius floreni, ad summam trecentum septem librarum quinque solidorum parisiensium advaluatorum, que summa dicto Johanni, anno Domini M° CCC° L°, mense maio, ex successione dictorum suorum patris et matris obvenerat, per dictos maiorem et scabinos, vigore dictorum statuti et consuetudinis, tunc captorum et per spatium triginta annorum vel circa, vel saltem pro parte, aut, pro quolibet centum dictorum florenorum per dictos defensores per dictum tempus detentorum, summam octo florenorum auri aut quod racioni videretur sibi teneri dicebat, coram quo tantum processum extitisset quod, certa appellatione per dictos defensores ad nostram parlamenti curiam interjecta, dicta curia nostra dictum baillivum bene judicasse et dictos defensores male appellasse pronunciasset, partes predictas coram dicto baillivo nostro, ut foret rationis, ulterius processuras remittendo. Qui baillivus noster, inquesta facta, dictos defensores, pro bonitatibus predictis, pro quolibet centum predicte summe trecentum septem librarum quinque solidorum parisiensium, in summa octo librarum parisiensium, pro quolibet annno quatuordecim annorum per ipsos oblatorum, et de pluri plus et de minore minus, necnon pro consimilibus bonitatibus, pro summa ducentorum florenorum auri, a die sexta maii anni Domini M¹ CCCⁱ septuagesimi, qua die dicti defensores de dicta ducentum florenorum summa dicto actori solvenda interpellati fuerant, usque ad duodecimam diem julii anni M¹ CCCⁱ septuagesimi noni, qua die dicta summa eidem actori per dictos defensores soluta extiterat, solutionibus per dictos defensores de predictis eidem actori factis primitus deducendis, et in expensis dicti actoris condempnasset, fuit a dicta sententia, pro parte dictorum defensorum, ad nostram parlamenti curiam appellatum, auditis igitur in dicta curia nostra partibus antedictis in causa appellationis predicte, processuque an bene vel male fuisset appellatum ad judicandum recepto, eo viso et diligenter examinato, per judicium dicte curie nostre, dictum fuit dictum baillivum nostrum bene judicasse et dictos defensores male appellasse, ipsos in expensis hujus cause appellacionis condempnando, earum expensarum taxatione curie nostre predicte reservata.

Pronunciatum xxx^a die augusti, anno Domini M° CCCC° IIII°.

X^{1a} 51, f° 388, n° 203.

N° 9. — Ordonnance de la Cour substituant le procureur général du Roi au procureur de la ville d'Amiens, dans l'affaire des poursuites prévues par l'arrêt du 4 janvier 1382, n. st.

Nous ignorons à quel propos et sur quelle initiative la question des poursuites contre quelques particuliers de la ville d'Amiens ayant eu le maniement des deniers communaux, poursuites prévues par l'arrêt du 4 janvier 1382, n. st. et qui semblaient oubliées depuis l'abolition des maires de bannières, fut tout d'un coup réveillée, au début de l'année 1402, comme l'échevinage en recevait l'avertissement « d'aucun seigneur bien ami espécial de ladite ville ». CC 12, chapitre : « Voyages ». V. notre Essai, p. 89 seq.

La présente ordonnance ne nous apprend rien sur ce point délicat. Il est toutefois peu vraisemblable que la Cour ait mis vingt ans à s'apercevoir que ses prescriptions, d'ailleurs conditionnelles, n'avaient pas été suivies d'effet et qu'elle se soit mise d'elle-même en mouvement, en mandant à sa barre le procureur de ville, pour s'enquérir des diligences par lui faites et lui substituer le procureur général.

C'est le 15 avril, en chambre du Conseil, qu'avait été prise cette résolution. (X^{1a} 1478, f° 61).
Tant de hâte, après vingt ans d'oubli, est bien faite pour surprendre.

19 Avril 1402, v. st.

Karolus, etc. Universis, etc. Cum dudum, audita, in nostra parlamenti curia, querimonia nonnullorum maiorum bannerie ville et civitatis nostre ambianensis de et super nonnullis defectibus quos in statu et regimine dicte ville, retroactis temporibus, fuisse dicebant, dicta nostra curia certos commissarios, videlicet dilectos ac fideles magistrum Guillermum de Alneolo, clericum, et Johannem dictum de Folevilla, militem, consiliarios nostros, ad inquirendum, necnon providendum et ordinandum super predictis ac, in casu dubii, eidem curie quicquid per eos fieri et reperiri contingeret referendum commisisset atque deputasset, qui quidem commissarii ad dictam villam ambianensem se transtulissent et certas informationes fecissent quibus, una cum commissione predicta et processu verbali commissariorum predictorum, per eandem curiam nostram visis, ipsa curia certam ordinacionem seu arrestum super hoc, III^a die januarii anno Domini M° CCC° LXXX° I°, fecisset et protulisset, in quo, inter cetera, canebatur quod, quia plures erant prosecutiones faciende, nomine ac pro et ad utilitatem dicte ville ambianensis, contra nonnullos singulares, ipsa curia injungebat maiori dicte ville quod, quotienscumque oporteret aliquam prosecutionem fieri, nomine dicte ville, idem maior preciperet procuratori ejusdem ville quatinus dictam prosecutionem faceret, alioquin octo maiores bannerie, in eadem ordinatione seu arresto nominati, eligerent duos ex ipsis pro dicta prosecutione facienda, expensis dicte ville ambianensis; et quia postmodum dicti maiores bannerie per nos, certis de causis nos ad hoc moventibus, amoti fuerunt et prorsus adnullati, ad notitiamque dicte nostre parlamenti curie devenerit quod dicta ordinacio seu arrestum, propter negligentiam procuratoris dicte ville ambianensis et aliter, effectui minime tradebatur nec executioni demandabatur, et propter hoc quamplura gravamina et inconveniencia eidem ville et civitati ambianensi insurgebant et sequebantur, notum facimus quod, visis per dictam curiam nostram informationibus et ordinatione seu arresto predictis et consideratis considerandis, prefata curia nostra ordinavit et ordinat quod procurator ville ambianensis predicte ad dictam nostram parlamenti curiam mandabitur et super dicto arresto interrogabitur et, si reperiatur ipsum non fecisse diligentiam de contentis in eodem arresto, attento quod, prout premittitur, dicti maiores bannerie per nos amoti fuerunt et adnullati, procurator noster generalis, loco ipsorum maiorum bannerie, per eandem curiam nostram surrogabitur et, eo casu, ipsum ex nunc, prout ex tunc, surrogavit ac surrogat, per presentes, curia nostra supradicta, eidemque procuratori nostro generali tradentur ordinatio seu arrestum et informaciones predicte per dictos commissarios facte. Qui quidem procurator noster generalis prosequetur et faciet quod dictum arrestum integretur et executioni plenarie demandetur, juxta sui tenorem et formam, et hoc totum expensis predicte ville ambianensis.

Datum Parisius, in parlamento nostro, die xix^a aprilis, anno M^o CCCC^o II°.

X^{1A} 49, f° 32 v°.

N° 10. — Pouvoirs et instructions conférés par la Cour à trois commissaires envoyés à Amiens.

Quelques semaines après avoir été substitué au procureur de ville, dans la direction des poursuites, le procureur général mandait à la Cour qu'il lui était nécessaire, avant que de rien entreprendre, d'avoir une connaissance exacte des comptes de recettes et de dépenses des vingt-quatre années avant et des six années ensuivant l'arrêt du 4 janvier 1381 ainsi que du gouvernement de la ville au cours de cette dernière période.

En conséquence, la Cour délègue trois de ses membres, ou deux au moins des trois, à faire rendre compte à tous ceux qui, dans ce laps de trente ans, ont eu le maniement ou la gestion des deniers communaux, y compris les héritiers des défunts ou leurs ayants droit, à donner provision et remède sur toutes questions intéressant le bien public de la cité et l'exécution dudit arrêt, avec pouvoir de taxer les salaires des officiers, d'opérer toutes saisies et arrêts convenables, d'en employer les fonds, de suspendre, destituer et remplacer les officiers, etc., etc., même par voie de réformation, s'il est nécessaire, nonobstant toutes oppositions ou appellations, sauf, dans les cas douteux ou qui leur paraîtront insolubles, à ajourner devant la Cour tels et tels qui leur sembleront devoir être ajournés, etc.

Nous savons en effet que, pendant près d'un an, les pouvoirs de la magistrature élue furent effectivement suspendus et l'administration de la ville toute entière remise aux mains des commissaires et du substitut du procureur général, Aleaume Cachemarée, qui procédèrent à toutes les vacations importantes, par exemple à l'adjudication de la ferme des aides, pour l'exercice commençant au 1er octobre 1402. Cf. X¹ᴬ 56, f° 336. Arrêt du 2 mars 1408, v. st. V. aussi notre Essai, p. 92 seq.

7 Juin 1402

Karolus, etc. Dilectis ac fidelibus magistris Henrico de Marla, in nostra parlamenti curia presidenti, necnon Johanni Andrée, clerico, et Nicholao de Biencuria, consiliariis nostris, salutem et dilectionem. Procurator noster generalis nostre predicte parlamenti curie exposuit quod, cum dudum, ad querimoniam nonnullorum maiorum bannerie ville et civitatis nostre ambianensis de ac super nonnullis defectibus quos in statu et regimine dicte ville ambianensis, retroactis temporibus, tam circa contractus reddituum ad vitam quam pecuniarum et aliorum bonorum ad dictam villam pertinencium administracionem et compoti ac rationis redditionem, obvenisse ac fuisse dicebant, ab eadem nostra curia dilecti et fideles magistri Guillelmus de Alneolo, clericus, et Johannes de Follevilla, miles, consiliarii nostri, ad inquirendum, necnon providendum et ordinandum, super predictis defectibus et, in casu dubii, eidem curie referendum commissi ac deputati, in dicta ambianensi villa certas informationes fecissent, quibus, una cum commissione et processu verbali, visis, ipsa nostra curia certam ordinacionem seu arrestum super hoc, xiiiª (*sic*) die januarii, anno Domini Mº CCCº LXXXº Iº, fecisset ac protulisset, in quo, certa provisione facta eidem ville ambianensi, usque ad sex annos dictum arrestum immediate sequentes, super defectibus preteriti temporis, maxime xxiiiiᵒʳ annorum dictum arrestum precedentium, inter cetera canebatur quod, quia plures erant contra nonnullos singulares prosecutiones faciende pro et ad utilitatem dicte ville, eadem curia nostra injungebat maiori dicte ville quod, quocienscumque aliquam fieri prosecutionem, nomine dicte ville, oporteret, idem maior preciperet ejusdem ville procuratori quatinus prosecutionem faceret, aliter octo maiores bannerie, in ipsa ordinacione seu arresto nominati, pro prosecutione facienda, duos ex ipsis eligerent qui dictam prosecutionem facerent. Et, quia postmodum dictis maioribus bannerie per nos, certis de causis ad hoc nos moventibus, amotis et prorsus sublatis et adnullatis, memorata curia nostra, videns predictam suam ordinacionem sive arrestum, ob defectum et negligentiam procuratoris dicte ville ambianensis, executioni minime demandari, unde quamplurima eidem ville oriebantur inconveniencia, xix⁴ die aprilis, anno ejusdem Domini M° CCCC° II°, per suam ordinacionem et arrestum, loco ipsorum maiorum bannerie, ad prosequendum et integrandum dictum arrestum et ipsum plenarie execucioni, juxta sui tenorem et formam, demandandum, expensis dicte ville, procuratorem nostrum generalem, visis per eum arresto ac informationibus predictis, surrogaverit, ipse vero procurator noster generalis dictam prosecutionem non potuerit nec possit facere, nisi compota de predictarum pecuniarum et bonorum receptione et dispensatione, maxime de xxiiii°ʳ annis arrestum predicti LXXXI' anni precedentibus et de vi annis ipsum arrestum sequentibus supradictis, de quibus, neque etiam de regimine dicte ville, per jam dictos sex annos, minime sibi constabat, neque per informationes et processus per ipsum visos constare poterat, prout dicebat, ejusdem curie nostre remedium postulans oportunum, hinc est quod nos, super premissis provisionem, prout decet, apponere cupientes, vobis aut duobus ex vobis committimus et mandamus quatinus, vocatis evocandis ac arrestis, informationibus et processibus supradictis resumptis, omnes et singulos illos quos, in temporibus tam dictum arrestum anni LXXXI' precedentibus quam ipsum sequentibus, reperiretis de pecuniis seu bonis ad dictam ambianensem villam pertinentibus recepisse, palpasse sive tractasse ac ipsorum, si qui vita decesserint, heredes et causam habentes ad reddendum compotum et reliqua compellatis et aliter super bono regimine, transquillitate ac habitantium dicte ville concordia et unione, ad reipublice dicte ville utilitatem, ac super aliis dicti arresti anni LXXXI' interinacionem concernentibus provisionem et remedium, prout vobis expediens videbitur, apponatis, cognoscatis, determinetis et judicetis, dubia declarando ac interpretando, emendanda seu corrigenda corrigendo et emendando, stipendia sive salaria officiariorum, qui in hujusmodi negocio vacaverunt, vacant et in futurum vacabunt, juxta suos labores, merita atque status taxando, pecunias et alia bona mobilia ac immobilia que propter [hoc] saisienda censueritis saisiendo seu arrestando et saisita sive arrestata servari aut expediri faciendo, ipsasque pecunias juste et rationabiliter ubi expedierit distribuendo, officiarios quoscumque in eadem villa a suis officiis suspendendo seu destituendo et privando ac, ipsorum loco, alios instituendo et ponendo, ac quecumque alia que pro statu dicte ville ac reipublice nostre expedienda vobis videbuntur faciendo et summarie et de plano procedendo etiam per viam reformationis, si opus sit, appellationibus, allegationibus, contradictionibus seu oppositionibus et aliis frivolis ad hoc contrariis non obstantibus quibuscumque, et, in casu dubii, seu in quo de premissis vel aliquibus eorumdem ordinare nequiveritis, eidem curie nostre, illis quos videritis adjornandos in eadem personaliter comparituros aut aliter per vos adjornatis, referatis ut ipsa curia nostra super his providere aut ordinare valeat, prout fuerit rationis. Ab omnibus autem justiciariis et subditis nostris vobis et deputandis a vobis in hac parte pareri volumus efficaciter et intendi.

Datum Parisius, in parlamento nostro, vii^a die junii, anno Domini M° CCCC° II°.

X^{1a} 49, f° 45 v°.

N° 11. — Assignation au procureur général ou son substitut d'une première provision de 500 livres parisis sur les finances de la ville, pour fournir aux frais de l'enquête.

15 Juin
1402

Karolus, etc., baillivo ambianensi aut ejus locumtenenti, necnon primo parlamenti nostri hostiario vel servienti nostro salutem. Cum, per certum arrestum seu appunctamentum curie parlamenti nostri, iv^a die januarii, anno Domini M° CCC° LXXX° I°, datum seu factum super statu et regimine ville ambianensis, procurator dicte ville vel, in ejus defectu, nonnulli maiores bannerie ad faciendum quandam prosecutionem super dictis statu et regimine contra nonnullos singulares ejusdem ville ordinati fuissent, dictisque maioribus bannerie per nos, certis justis de causis, prorsus amotis et adnullatis ac procuratore dicte ville ambianensis, in dicta nostra curia, juxta formam et tenorem cujusdam alterius ordinacionis seu appunctamenti per eamdem curiam super hoc facti, interrogato ac constito quod nullam de dicta prosecutione neque de contentis in dicto primo arresto diligenciam fecerat, ipsa nostra curia procuratorem nostrum generalem, loco dictorum maiorum bannerie, ad hujusmodi prosecutionem, expensis dicte ville ambianensis, faciendum surrogaverit ac dilectos et fideles consiliarios nostros, magistros Henricum de Marla, in dicto parlamento nostro presidentem, et Nycholaum de Biencuria, ad videndum et visitandum, supra locum, statum et regimen predictos, faciendumque et ordinandum alia queque circa hec necessaria et oportuna commiserit et deputaverit et, pro satisfaciendo dictis commissariis de suis salariis et dictis et aliis occasione hujusmodi, nonnullas misias et impensas facere opporteat de presenti, prout eidem nostre curie monstrare curavit dictus procurator generalis, supplicans super hoc provideri, vobis et vestrum cuilibet super hoc requirendo, ex ordinacione dicte nostre parlamenti curie, committimus et mandamus quatinus dillectos nostros maiorem et scabinos dicte ville ambianensis ac ceteros administracionem pecuniarum ad dictam villam pertinencium habentes ad tradendum et deliberandum dicto procuratori nostro generali vel ejus substituto, ex denariis et financiis ad regimen et factum commune dicte ville ordinatis, summam quingentorum francorum, una vice et donec aliter per eamdem curiam extiterit ordinatum, pro misiis et impensis predictis faciendis et sustinendis, viriliter et debite compellatis, qui quidem substitutus de gestis, receptis et administratis per eum compotum et reliqua reddere teneatur ubi, dum et quociens prefata curia nostra duxerit ordinandum. Ab omnibus autem justiciariis et subditis nostris vobis et vestrum cuilibet in hac parte pareri volumus et jubemus.

Datum Parisius, in parlamento nostro, xv^a die junii, anno Domini M° CCCC° II°.

X^{ia} 49, f° 68 v°.

Cf. Archives d'Amiens, CC 11, Compte de 1401-1402, où lesdites lettres sont transcrites au chapitre : « Deniers prestez à le ville d'Amiens en cest an », suivies d'un mandement du procureur général du 19 juin, qui se substitue Aleaume Cachemarée, huissier de la Cour, et d'une liste de quarante bourgeois ayant eu le maniement des finances municipales, sur lesquelles la ville emprunte, pour fournir lesdites 500 l., la somme de 339 l. 18 s.

Et *ibidem*, chapitre : « Commissaires » ; pareilles lettres de la Cour datées du 11 août, autorisant une seconde réquisition de 500 autres livres.

N° 12. — *Continuation des pouvoirs conférés aux trois commissaires par l'ordonnance du 7 juin 1402.*

Après huit à neuf mois d'enquêtes et d'investigations sur l'état de leur ville et la gestion de leurs finances, les bourgeois et marchands d'Amiens, à bout de patience, s'adressèrent au chancelier pour obtenir un règlement définitif des questions pendantes et des conditions à observer pour l'avenir. Celui-ci, après en avoir référé au grand Conseil, renvoya l'affaire à la décision de la Cour qui, à cette occasion, renouvela les pouvoirs de ses commissaires, sans doute suspendus dans l'intervalle. Moins d'un mois après, ceux-ci édictaient les fameuses ordonnances du 12 avril 1403, dont le texte, introuvable à Paris, comme à Amiens, n'a malheureusement été inséré dans aucun des fonds que nous avons dépouillés jusqu'ici. V. notre Essai, p. 94 seq.

14 Mars 1402, v. st.

Karolus, etc. Dilectis ac fidelibus magistris Henrico de Marla, in nostra parlamenti curia presidenti, necnon Johanni Andrée, clerico, ac Nycholao de Biencuria, consiliariis nostris, salutem et dilectionem. Cum, circa ea que certi arresti, xiii^a (*sic*) die januarii, anno Domini M° CCC° LXXX° I°, super certa provisione ville et civitatis nostre ambianensis ab eadem, in nostra parlamenti curia, obtenti et prolati interinacionem concernebant, necnon ad providendum et super bono regimine, transquillitate, ejusdemque ville habitancium concordia et unione remedium apponendum, vos aut ex vobis duos alias commiserimus ac deputaverimus, prout specialius atque clarius, ex tenore certarum nostrarum litterarum, xi^a die augusti novissime lapsi, obtentarum, apparere poterat et apparebat, jamque circa premissa, certis temporibus, vacassetis ac laborassetis, reverti ad id quod inceperatis perficiendum sperantes, et nonnulli burgenses seu de dicta villa mercatores, provisionem super statu et regimine dicte ville implorando, dilectum ac fidelem nostrum cancellarium adivissent qui, pluribus de nostro magno consilio convocatis et audita vestrorum commissariorum relacione, provisionem predictam in nostra prefata parlamenti curia fieri, prout eadem curia alias facere ceperat, remisisset, hinc est quod vos ipsos iterato aut duos ex vobis ad procedendum ulterius, providendumque et faciendum circa premissa, juxta formam et tenorem nostrarum litterarum commissionis alias vobis traditarum, commissimus ac deputavimus, committimus et deputamus, per presentes. In quibus ab omnibus justiciariis et subditis nostris vobis ac deputandis a vobis, in hac parte, pareri volumus efficaciter et intendi.

Datum Parisius, in parlamento nostro, xive die martii, anno Domini M°CCCC°II°.
X^{ia} 50, f° 16.

N° 13. — Plaidoiries et appointement de la Cour sur une demande de frais et dépens présentée par Henri de Roye et Jean le Meignen, à la suite de leur comparution comme témoins devant les commissaires réformateurs de 1403.

La réformation de 1403 eut son épilogue dans une série d'enquêtes qui se poursuivirent, pendant sept ans, contre deux des principaux meneurs du mouvement de 1382, Henri de Roye et Jean le Meignen. Ceux-ci, ayant demandé à être entendus des commissaires du Parlement, furent admis à déposer longuement, à Amiens même, sous la garantie d'un sauf-conduit; puis, alléguant leur détresse, ils demandèrent à être indemnisés de leurs dépens. Le 30 août 1403, malgré les maire et échevins, le procureur général conclut en faveur de leur requête.

La Cour leur fit pourtant attendre, plus de six ans, l'autorisation de présenter leur déclaration de frais et dépens devant deux conseillers désignés à cet effet, en réservant encore au Magistrat d'Amiens le droit d'y contredire. Ce fut sur la présentation de cette déclaration, où les deux poursuivants avaient jugé bon de reproduire leurs griefs de plus d'un demi-siècle et un réquisitoire passionné remontant jusqu'aux événements de 1358, que l'affaire reprit, en 1410, pour aboutir aux plaidoiries de juillet et à l'arrêt du 30 août.

Nous publions ici les trois seules pièces de la procédure antérieure qui nous soient parvenues. Si sommaires qu'elles soient, on y trouve pourtant quelques détails intéressants, comme cette affirmation des maire et échevins, plusieurs fois contredite par ailleurs, qu'Henri de Roye et Jean le Meignen n'auraient pas été, en 1382, les deux maieurs de bannières délégués aux poursuites par le suffrage des huit désignés dans l'arrêt du 4 janvier 1382, n. st., cette mission ayant été donnée à deux autres qui auraient été bien payés. On y peut constater aussi, en comparant les plaidoiries des 31 août 1403 et 8 juillet 1410, que, à sept ans de distance, le langage et l'attitude du procureur général ont assez notablement changé.

Entre Henry de Roye et Jehan le Meignen, d'une part, et les maire et eschevins d'Amiens, d'autre part.

14 et 28 Août 1403

Henry de Roye et Jehan Maignen requiert, selon sa requeste, qui est par escript, contre le procureur de la ville d'Amiens, selon laquelle conclut.

Partie défent, en disant premièrement qu'il auront congié et despens, retenue faite, car ils, maieur et eschevins, n'ont point esté adjornés, n'à personne, n'à domicile.

La Court a dit qu'ils iront avant, sans retenue ; et, ce fait, demande le procureur de la ville d'Amiens délay pour avoir instruction, et si a eu délay à vendredi prouchain, sans autre délay.

X¹ᴬ 8300ᵇ., f⁰ˢ 78 et 85 v°.

A la requeste autrefois faite par Henry de Roye et Jehan Maignen, maire et eschevins d'Amiens défendent et dient que la requeste de partie n'est pas recevable, car elle n'est pas certaine, car partie ne déclare point en quelle manière ont poursuy et en termes généraulx, et, si parlassent en espécial, défendissent ; ne n'est pas vérissimile que le procureur du Roy les eust commis à ladite poursuite, veu qu'ils sont ennemis de la ville d'Amiens, l'un banny et l'autre fils d'un qui fu exécuté illec par jugement. Et si ne sont pas habiles à ce, car l'un est fèvre et l'autre tanneur. Dit que commissaires ont esté par delà qui ont esté bien contentés. Et n'ont point esté substituz du procureur du Roy, car il en y a eu ıı autres, qui ont esté bien payés. Si ne scevent, ne ne voient de quoy ils ayent desservi. Si conclut à fin de non recevoir, aliter n'ont cause.

31 Août 1403

Le procureur du Roy propose et dit que pieça, en lieu du procureur de la ville d'Amiens, fu dit que le procureur général feroit diligence et poursuite de recouvrer certaines finences de la ville d'Amiens mal gouvernées, comme plus à plain appert par les appointemens de la Court. Si falu qu'ils se instruist par aucuns et furent les demandeurs delez lui, par aucun temps, où ils despendirent. Si a veu que raison estoit et est qu'ils soient deffrayés.

Les demandeurs emploient pour eulx le proposé du procureur du Roy.

La ville d'Amiens, c'est assavoir maire et eschevins, répliquent et dient que à veoir les comptes n'y faloit nulz solliciteurs et n'y ont rien fait lesdis demandeurs, fors à abuvrer les chevaus des commissaires. Si concluent ut ante, aliter que partie n'a ne cause, n'accion.

Appoinctié au Conseil.

Ibid., f⁰ 85 v°.

16 Novembre 1409

Item, d'entre Henry de Roye et Jehan Meignen, d'une part, et le procureur de la ville d'Amiens, d'autre part, sur le plaidoié du xxviii° d'aoust CCCC III, après disner, et tout veu, il sera dit que les demandeurs comparront par-devant maistre Guillaume de Villiers et Pierre Bufflère, conseillers du Roy, qui les orront, et bailleront lesdis demandeurs, par déclaration, les journées qu'ils ont vaqué et besoigné par-devant les commissaires autrefois ordonnés par la Court et autrement, et monstreront icelle déclaration ausdis maire et eschevins qui diront ce que voudront au contraire. Et lesdis Villiers et Bufflères, parties oyes, feront droit.

X¹ᴬ 1479, f° 94 v°.

N° 14. — *Plaidoyer fait devant la Cour, dans l'affaire Henri de Roye.*

Cette plaidoirie, bien que moins détaillée que celle qu'on trouve reproduite dans l'arrêt du 31 août, ne mérite pas moins d'être citée, parce qu'elle nous révèle quelques exploits nouveaux, comme la condamnation à mort de J. le Meignen et le détail des satisfactions exigées par la ville.

On y peut constater, comme dans l'arrêt, la singulière argumentation des plaignants, qui consiste à reproduire les articles réputés calomnieux de la partie adverse. On remarquera aussi que celle-ci n'est pas entendue, à l'appui de sa déclaration.

8 Juillet 1410

Entre maire et eschevins d'Amiens, demandeurs, d'une part, en cas d'excès, et Henry de Roye et autres, défendeurs, d'autre part.

Dient les demandeurs que tousjours eulx et les habitans d'Amiens ont esté obéyssans au Roy. Dient qu'ils ont la prévosté de Roye (*sic*) à vii° l. parisis qu'il en baillent au Roy annuatim et tout pour le profit de la ville, par quoy apert que ce ne mettent pas au profit de leur bourse. Dient que pieça furent condempnés J. le Meignen et Henry de Roye en grans amendes et l'un d'eulx à estre décapité, dont eut rémission (1), à cause de quoy fu procès ou Chastellet, in contemtum quorum ont hay et héent mortellement la ville d'Amiens et eulx aussi, en tant que, à leur donné entendre, furent commissaires de la Court, à diverses fois, ordonnés pour savoir l'estat d'icelle ville, ce qui se dient avoir poursui, et pour ce ont requis avoir leur despens qu'il ont baillié par articles, entre lesquelx ont dit que maire et eschevins et les gros bourgois d'Amiens ont esté aliés aux Anglois et leur ont administré vivres et oultre que le maire de la ville estoit le plus fort larron et

---

(1) Cette affirmation, qui ne se retrouve nulle part ailleurs, ne peut viser que Jean le Meignen, dont le père fut lui-même décapité. Nous n'avons pas trouvé trace, dans la série JJ, de lettres de rémission le concernant. Celles d'Henri de Roye publiées plus haut, (n° 4), ne visent que la condamnation au bannissement et à l'amende.

traite et qu'il destournèrent le Roy, à Corbye, de venir à Amiens, soubz occasion de ce qu'il disoient que le commun de la ville estoit armé contre le Roy, et oultre que le maire, par le temps des guerres, les Anglois estans près d'Amiens, fit entendre au pueple que les ennemis estoient retrais et qu'ils s'alassent reposer. Si y alèrent et interim fit entrer les Anglois en la ville et puis fit sonner la cloche. Si se esmut le pueple, qui vint en place, et furent tués du pueple plus de III^m, et plusieurs autres capitaulx injures contenues èsdis articles. Or dient que c'est libelle diffamatoire de si grans injures comme de lèse-magesté. Pourquoy concluent à amende honorable, à venir Amiens, du beauffroy à l'uis de l'église, et tigne chascun une torche de x lb. et crier mercy à maire et eschevins et de là au marchié et céans et puis soient eschafaudés et muntrez publiquement, et de ce soit fait tableau mis pro rostro à l'église et à la maison de la ville et à amende profitable de III^m l. et à tenir prison et in solidum ès dammages, intérests et despens, et qu'il soient bannis aussi de la ville.

Le procureur du Roy propose et dit qu'il trueve que la ville d'Amiens et les habitans ont tousjours esté bons et loyaulx, qui est bien nécécité en Picardie d'eulx et des autres, comme ce soit païs de frontière où onques n'eut patis. Dit que pour ce que lesdis J. et Henry bourbetoient contre la ville d'Amiens, car eulx et leurs parens furent prins pieça et aucuns, comme le père de Maignen, décapité, si en ont eu moins d'affection à la ville dessusdite; pour quoy et pour savoir la vérité des défaux qui semoient estre en ladite ville, furent interroguez et dirent plusieurs choses, à occasion de quoy ont esté fais plusieurs frais et despens et pour recouvrer leurs despens ont baillez articles, en aucuns desquelx dient molt grans villenies ausdis maire et eschevins dont a esté faite information, selon laquelle propose et conclut criminelment au greiphe criminel.

X^{ja} 4788, f° 525 v°.

N° 15. — Arrêt criminel rendu par la Cour contre Henri de Roye et Jean le Meignen, au profit des maire et échevins.

Ce document est, sans contredit, la source capitale pour l'intelligence de l'histoire intérieure de la ville d'Amiens, du jeu de ses institutions et du conflit des partis, au cours des crises célèbres de 1356, 1382 et 1402. Nous sommes heureux de constater qu'il confirme toutes les hypothèses que nous avions émises, sur la foi de textes moins explicites, avant de le découvrir. V. notre Essai, p. 34 seq.

Il commence par nous apprendre qu'à l'occasion de l'enquête de 1402 les deux survivants irréconciliables de la faction démocratique de 1382 avaient demandé à être entendus des trois commissaires, pour les instruire des méfaits et malversations qu'ils avaient mission de rechercher. Mandés à Amiens, à cette intention, ils avaient longuement déposé ; puis, l'enquête faite et les commissaires rentrés à Paris, alléguant que leur déposition les avait induits en de grands frais, ils avaient présenté à la Cour une déclaration justificative qui n'était, au dire de leurs adversaires, qu'un factum acerbe et calomnieux contre les maire et échevins : ils y soutenaient que le Magistrat, désireux de se libérer des entraves que la vigilance des maieurs de bannières opposait à ses instincts d'arbitraire et de dilapidation, avait, de longue date, conspiré leur ruine et celle de la commune, et, au premier rang, Firmin de Coquerel, le maire de 1358, traître à la cité et au Roi, meurtrier du prévôt, Jean de Saint-Fuscien des Rouges Caperons, qui refusait de s'associer à ses perfides desseins.

Suivait alors un récit des principales circonstances de la rébellion, du jour du Saint-Sacrement à la Saint-Lambert, 17 septembre, dont plusieurs nous sont déjà connues. Pour tromper et effrayer le peuple par l'appréhension des plus grands périls, Firmin de Coquerel et ses complices l'avaient plusieurs fois convoqué en armes, par dizaines et quarantaines, sur la place du marché, et notamment certain jour que le régent, alors à Corbie, s'apprêtait à venir à Amiens. Afin de l'en détourner, ils avaient usé d'artifice et d'intimidation, députant vers lui quelques-uns d'entre eux chargés de lui remontrer l'effervescence de la multitude, dont il pouvait s'assurer en les faisant suivre de quelques hommes de confiance qui observeraient l'état des choses et lui rapporteraient l'exacte vérité. La ruse réussit à souhait, et le prince, déjà sorti de Corbie, était revenu sur ses pas, plein de colère contre la foule ignorante.

L'imposture dura jusqu'à la veille de la Saint-Lambert, où, après une nouvelle station d'une journée passée sous les armes, la nuit venue, les meneurs, feignant de prendre les plus grandes précautions pour la sûreté de la ville, avaient enjoint au commun de se porter aux remparts et aux portes, pendant qu'eux-mêmes exécutaient une ronde extérieure sur les avancées. Le premier tour fait, puis un second, on les vit revenir, l'air assuré, certifiant que l'ennemi s'était retiré et qu'il ne restait plus à chacun qu'à rentrer dans sa demeure pour y prendre du repos, jusqu'à ce qu'on entendît le son de la cloche. Il était alors onze heures avant minuit. Au signal donné, tout le peuple plein de confiance regagne ses quartiers, laissant la place sans aucune défense. Mais, vers trois ou quatre heures, sur la ville endormie, s'élève tout à coup l'immense rumeur d'une foule de gens criant : « au feu! aux armes!... » au travers des appels terrifiants du tocsin. Aussitôt chacun de courir aux remparts ; mais déjà l'ennemi est entré dans la ville et se trouve maître de l'enceinte extérieure. Les défenseurs des faubourgs, accourant en désordre, sont surpris et égorgés, au nombre de deux ou trois milliers. Pourtant le corps de la place tient bon, et, le matin venu, jour de Saint-Lambert, une trêve de vingt-quatre heures ayant été conclue avec les assaillants, les maieurs de bannières, à l'insu des maire et échevins et de leurs complices, dépêchent vers le comte de Saint-Pol, alors sous les murs de Saint-Valery, pour l'appeler au secours. Celui-ci, faisant diligence par des voies détournées, arrive de nuit dans Amiens et somme le maieur de lui livrer les clefs des portes, du côté occupé par l'ennemi. On lui répond qu'elles sont égarées. Le comte prescrit alors de garder, toute la nuit, le plus grand silence, de telle sorte que nulle rumeur, nul son de cloche n'avertisse l'assaillant. Mais, à quelques instants de là, le maire trouve moyen de faire sonner la cloche, dite des plaids, et, à ce signal, l'ennemi dispersé sans défense ou endormi autour de ses bivouacs et dans ses cantonnements court aux armes, évacue le faubourg et se retire en forces sur le mont Saint-Denis. Ce fut seulement quand il le crut hors d'atteinte que Firmin de Coquerel apporta les clefs au comte de Saint-Pol, comme le jour commençait à poindre. Celui-ci fit ouvrir, sortit en tête de ses gens et de plusieurs du commun et, quand il reconnut la poursuite inutile, se résigna à rentrer, à travers les faubourgs incendiés, pour tirer vengeance de la trahison.

Arrivé à la maison de ville, en présence des maieurs de bannières, anciens et nouveaux, convoqués avec plusieurs du commun, il se fit amener Firmin de Coquerel prisonnier et, sans tourments, obtint l'aveu de ses trahisons et le nom de ses complices, qui peu après furent décapités avec lui.

La déclaration concluait que, depuis lors, la guerre avait été permanente entre les maire et échevins et les maieurs de bannières, que les premiers, dans le dessein de ruiner le parti populaire, avaient à ce point surchargé la ville de rentes à vie et de créances, dites deniers d'orphelins, au profit de leurs fils, parents et amis, qu'elle en était arrivée à devoir annuellement 4500 l. de rentes, non compris 6000 l. d'arrérages (1) en souffrance, enfin que, depuis cinquante-deux ans, la faction, enrichie de la substance publique, avait fait peser sur les maieurs de bannières et autres du commun, particulièrement les plus aisés et opulents, une tyrannie odieuse et insupportable.

Tel était en gros le document, dont les accusations avaient été souvent reproduites, tant devant le Roi que devant les princes de son sang, et dont l'avocat de la ville ne craignait point de faire état pour demander réparation des calomnies formulées contre le Magistrat et la condamnation des deux forcenés aux peines suivantes :

α Amende honorable, tant devant la Cour qu'à Amiens, d'abord au lieu de l'échevinage, au jour et à l'heure des plaids, puis au devant de la cathédrale et sur la place du marché, à genoux et sans chaperon, une torche ardente en mains, du poids de 10 livres, avec demande publique de pardon, etc. ;

β Inscription commémorative et représentation de ladite amende honorable dans la cathédrale et au lieu de l'échevinage, aux frais des coupables ;

γ Amende pécuniaire de 4000 l. t., au profit des maire et échevins, et contrainte par corps, en prison fermée, des deux condamnés solidairement responsables, jusqu'à pleine et entière satisfaction, révocation des frais par eux demandés, s'il leur en avait été attribué, dommages intérêts et dépens, le tout à servir aux maire et échevins avant même les satisfactions dues au Roi.

Le procureur général du Roi requérant, pour son compte, l'exposition publique au pilori, tant à Paris qu'à Amiens, sur la place du marché, des deux coupables et leur condamnation à 8000 l t. d'amende envers le Roi ou à telles amendes honorables, publiques et pécuniaires qu'il conviendrait à la Cour.

A cette plaidoirie de l'avocat de la ville à peu près réduite à la reproduction de la déclaration de l'adversaire, sans réfutation ni commentaire, la défense réplique par l'exposé complet des faits et des griefs qui ont provoqué la rupture de 1382 et ses conséquences.

Les maieurs de bannières, y lisons-nous, ont existé à Amiens, de toute antiquité ; leur office consistait à visiter les ouvrages mécaniques et les métiers, dans la ville et la banlieue ; ils avaient en outre le droit d'élire le maire. Grâce à leur zèle et à leur concours, la ville a été bien gouvernée jusqu'en 1358. Mais, depuis lors et jusqu'en 1381, comme il ressort de la déclaration, les maire et échevins ont conspiré leur perte. Dans le cours de ces vingt-trois ans, le Magistrat a encaissé, des biens de la ville et des contributions du commun, environ 300 000 francs. Cependant, en 1381, il prétendit imposer un subside extraordinaire, contre le consentement des maieurs de bannières qui exigèrent au préalable la présentation des comptes arriérés. Le bailli, saisi de l'affaire, leur donna raison sur ce point. Mais, au jour dit, ce fut seulement devant trois

(1) Chiffres assez différents de ceux que donne l'arrêt du 4 janvier 1382, n. st.

ou quatre d'entre eux, mandés à l'hôtel de ville, qu'on prétendit les faire rendre. Ceux-ci protestèrent que le corps entier de leurs collègues et d'autres notables devaient être présents; l'audition fut ajournée. C'est alors que l'échevinage dépêcha à Paris plusieurs de ses membres pour se plaindre au duc d'Anjou. Le duc, apprenant que semblable cause était déjà pendante devant le Parlement, refusa de s'entremettre et renvoya l'affaire devant la Cour qui fit procéder à une enquête. Les commissaires, instruits du mauvais gouvernement de la ville, exigèrent les comptes de vingt-quatre ans et, pour les faire rendre, ajournèrent devant la Cour plusieurs membres de l'échevinage et des maieurs de bannières, entre autres Henri de Roye et le père de Jean le Maignen. La Cour, après avoir entendu les parties, ordonna : 1° que le procureur de ville ou, à son défaut, huit maieurs de bannières, élus par leurs collègues, poursuivraient, aux frais de la ville, la reddition desdits comptes et la réformation de son gouvernement (1); 2° que les maieurs de bannières seraient indemnisés des poursuites déjà faites, en baillant au Magistrat déclaration de leurs débours, déclaration qui fut effectivement présentée, mais sans succès. L'année révolue et la loi renouvelée, Henri de Roye fut élu grand compteur; mais le Magistrat, redoutant qu'il n'ouvrît ou ne fît ouvrir les poursuites prévues, se hâta de traduire lesdits de Roye et Maignen devant certains conseillers réformateurs envoyés sur les lieux et de faire instruire leur procès, tant et si bien que le second, qui avait déclaré s'en rapporter aux informations prises contre lui près de ses pires ennemis, fut condamné à mort et décapité.

Quant à Henri de Roye, qui ne s'était pas présenté, il fut banni du bailliage d'Amiens et de la prévôté de Paris, ce qui le mettait dans l'impuissance de poursuivre le procès, et condamné à une amende de 1000 francs. Les poursuites restèrent en suspens jusqu'en l'année 1402, où les trois commissaires, chargés de parfaire l'enquête sur le gouvernement de la ville, mandèrent à Amiens, contre le gré du Magistrat, lesdits de Roye et Maignen fils, pour déposer devant le procureur du Roi et produire des témoins compétents. Comme ils étaient ruinés l'un et l'autre et induits en de grands frais par cette dernière procédure, Henri de Roye, à l'insu de son collègue, avait baillé à la Cour et à certains conseillers chargés de le taxer, la déclaration de dépens précitée. Que si le document touchait parfois au fond de la cause, c'était, disait-il, pour répondre à l'adversaire qui n'avait cessé d'objecter à l'un sa condamnation à l'exil, à l'autre le supplice de son père, et, en baillant semblables déclarations, d'aborder lui-même la matière principale. Au reste, leur intention n'était nullement, et leur déclaration en faisait foi, d'outrager lesdits maire et échevins ou qui que ce fût, et, moins que personne, ceux du temps présent, puisqu'ils n'avaient jamais mis en cause que la magistrature de la période de 1358 à 1381. En conséquence, il n'y avait lieu d'accorder aux demandeurs ni leurs conclusions, ni aucune amende, et particulièrement contre Jean le Maignen, qui n'avait pas avoué la déclaration présentée à son insu.

L'arrêt rendu par la Cour, le 30 août 1410, témoigne surtout du désir d'éteindre une querelle qui n'avait que trop duré : Jean le Maignen fut mis hors de cause et absous, sans dépens d'aucune sorte. Quant à Henri de Roye, il était condamné à faire amende honorable et publique, à genoux et tête nue, aux maire et échevins et procureur du Roi, une première fois à Paris, en séance de Parlement, une seconde fois à Amiens, au lieu de l'échevinage, en jour et heure de plaids, à confesser que, mal à propos, il avait dit ou écrit contre eux les choses injurieuses spécifiées en sa déclaration et à implorer leur pardon. Les dépens faits et à faire étaient en outre mis à sa charge, à la taxation de la Cour.

Il y avait loin de ces conditions aux réquisitions draconiennes des demandeurs. Aussi peut-on penser que le juge, en sacrifiant l'amour-propre d'un homme à la paix d'une cité, avait surtout

(1) C'est là une traduction assez libre de l'arrêt du 4 janvier 1382, n. st.

en vue la liquidation d'un passé de troubles et de haines, qui menaçait de s'éterniser, et que la modération de son arrêt confirme plus qu'elle ne les ruine la longue série de griefs qui remplit, chose curieuse, aussi bien la plaidoirie de la partie plaignante que celle de la défense.

Constitutis in nostra parlamenti curia dilectis nostris maiore et scabinis ville nostre ambianensis, nostro generali procuratore cum eisdem adjuncto, actoribus, ex una parte, et Henrico de Roya et Johanne Maignen, defensoribus, ex altera, pro parte dictorum actorum propositum extitit quod, licet prefati maior et scabini, ab omni tempore, boni et fideles nostri subditi fuissent et essent, dictamque villam, prout eorum incumbebat officio, et emolumenta prepositure dicte ville, quam a nobis ad firmam perpetuam septingentorum francorum auri pro quolibet anno habuerant et habebant, ultra dictam firmam percepta ac alios redditus dicte ville bene et legaliter, ad honorem et publicam utilitatem dicte ville, gubernassent et dispensassent, nichilominus prefati defensores, exosi et capitales inimici dicte ville, tam eo quod pater dicti Johannis Maignen in dicta villa decapitatus et dictus de Roya ab ipsa villa perpetuo bannitus, eorum exigentibus demeritis, fuerant, pluries nobis et dicte nostre parlamenti curie intelligi dederant quod prefati maior et scabini ipsam villam et redditus ejusdem pessime rexerant et regebant in tantum quod, hujus pretextu, procuraverant quod pluries, tam a nobis quam dicta nostra curia, nonnulli et diversi commissarii et ultimate dilecti et fideles nostri Henricus de Marla, miles, primus in dicta nostra parlamenti curia presidens, Johannes Andrée et Nicolaus de Biencuria, in dicta nostra curia consiliarii, ad inquirandum et se informandum super dictis regimine et statu dicte ville et scabinatus ejusdem, per nos seu dictam nostram curiam ordinati et commissi extiterant, qui prefatos Henricum de Roya, sicut prefertur, a dicta villa bannitum, et Johannem le Maignen, de et super dicto regimine plura se scire dicentes, ut per ipsos super defectibus dicti regiminis possent advisari et instrui, penes eosdem commissarios ad dictam villam ambianensem venire fecerant, factaque dicta commissione et ipsi commissarii Parisius reversi, prefati defensores, qui in dicto negocio plures expensas fecisse manutenebant, certam declaracionem dictarum expensarum, in dicta nostra curia seu coram certis commissariis super ipsarum taxatione per eamdem curiam deputatis, tradiderant, in qua plures magnas et atroces injurias, in denegacionem honoris et bone fame dictorum maioris, scabinorum dicte ville ambianensis scripserant seu scribi fecerant, videlicet quod dicti maior et scabini, considerantes quod maiores de vexillo seu banneria dicte ville ipsos et dictam villam regere nitebantur et quod, obstantibus ipsorum maiorum de banneria impedimentis, de pecunia et emolumentis prefate

30 Août
1410

ville ad eorum libitum facere et disponere non poterant, in destructionem ipsorum maiorum vexilli seu bannerie et communitatis dicte ville proditorie conspiraverant et machinati fuerant, et inter alios Firminus de Coquelet, anno Domini M° CCC° LVIII°, pro tunc ipsius ville maior et sui complices et colligati qui, ut facilius prodiciones per eos adversus nos et dictas villas conceptas ad eorum dampnatum efectum perducere valerent, Johannem de Sancto Fuciano, dictum de Rubeis Capuciis, ex tunc prepositum dicte ville pro nobis, quia eorum pravitatibus acquiescere vel se cum ipsis colligare noluerat, die Sancti Sacramenti, murtrire fecerant et deinde, usque ad festum Sancti Lamberti proxime subsequens, guerris contra inimicos nostros pro tunc vigentibus, dictus Firminus et sui in hac parte colligati et illos de dicta communitate pluries armari et per quadragesimas et decennas in loco mercati dicte ville congregari et coadunari jusserant, quodque, quadam die, carissimo domino et genitore nostro, pro tunc regnum regente, et in villa de Corboya cum gencium armorum multitudine copiosa existente, dictamque villam ambianensem adire volente, prefati maior et sui colligati, qui de potencioribus dicte ville existebant, omnes de dicta communitate armari et in dicto loco mercati per raugias adunari ac sic armatos per totam diem stare fecerant, quo pendente, dictus tunc maior et sui complices adventum dicti domini genitoris nostri in dicta villa fraudulenter et proditorie, aliis de dicta communitate insciis, impedire et eorum malum propositum adimplere satagentes, penes dictum Janitorem (*sic*) nostrum accesserant vel aliquos ex ipsis transmiserant qui eidem domino genitori nostro dixerant quod illi de dicta communitate contra ipsum valde commoti et in dicta villa armati existebant, propter quod ipsum pro tunc ad dictam villam venire bonum non erat aut securum, eidem requirendo quatinus aliquos de suis servitoribus ad dictam villam, qui sibi ejusdem ville statum referre valerent, mittere dignaretur. Ad quorum suggestionem, dictus Janitor (*sic*) noster quosdam de dictis suis servitoribus ad dictam villam, ut de premissis (blanc) (1) valeret, destinaverat qui sic destinati, incontinenti cum eamdem villam applicassent, a dictis maiore et suis colligatis ipsos per dictam villam et ad dictum forum dicte ville, ubi prefati de communitate, non advertentes hujusmodi prodicionem, ad jussum dictorum maioris et suorum colligatorum, armati se tenebant, condu[c]ti et associati fuerant, visoque statu dicte ville, prefati servitores et nuncii ad dictum dominum nostrum reversi fuerant et eidem dictos de communitate, prout per antedictos maiores et scabinos seu eorum missos dictum fuerat, armatos et congregatos vidisse retulerant, ex quibus

(1) Certiorari.

dictus dominus et genitor noster indignatus ad locum unde venerat reversus fuerat. Et preterea, in nocte seu vigilia predicti festi Sancti Lamberti, prefati maior, scabini et eorum colligati, in eorum dampnabili proposito persistentes, sepedictos de dicta communitate armari et coadunari ac, tota die, ut prius, in dicto loco mercati sic armatos tenere fecerant et postmodum, nocte adveniente, supra muros et portas dicte ville, pro custodia ejusdem, ficticie miserant, quibus illico existentibus, prefati maior, scabini et eorum colligati, qui dictam villam ad extra circuibant, ut in sua custodia se tenerent et essent boni et fideles hortati fuerant. Postmodumque, facto primo turno in circuitu dicte ville et secundum faciendo, se bona nova audivisse et quod inimici nostri se retraxerant eisdem de dicta communitate retulerant, dicendo quod, dum audirent sonum campane, quilibet ad domum suam, causa quietis, retraheret, qui de communitate, fidem hujusmodi dictis adhibentes, audito sono dicte campane, circa undecimam horam ante mediam noctem, ad eorum hospicia, dimissa dicta villa sine quacumque custodia, reversi fuerant. Deinde vero, circa tres vel quatuor horas post dictam mediam noctem, magnus rumor et tumultus gencium clamancium ad ignem et ad arma, cum dicte campane sonitu, in dicta villa invaluerat, quibus auditis, quilibet de dicta villa, prout melius potuerat, a suo cubili surrexerat et versus muros et portas dicte ville velociter cucurrerat, sed prefati inimici nostri, qui dictam villam jam intraverant et fortalicium, dictum de suburbiis, ceperant, ipsos sic ad sua custodia venire properantes horribiliter, usque ad numerum duorum vel trium milium, interfecerant, postmodumque, adveniente dicta die seu festo Sancti Lamberti et capta treuga cum dictis inimicis nostris usque ad diem sequentem, prenominati maiores vexilli seu bannerie, maiore et scabinis dicte ville et eorum colligatis insciis, [ad] carissimum consanguineum nostrum, comitem Sancti Pauli, quosdam alios inimicos nostros in villa Sancti Walerici obsessos tenentem, pro succursu dicte ville transmiserant qui, narrata sibi prodicione predicta, incontinenti ad dictam villam ambianensem, per devia et de nocte, venerat et dicto maiori preceperat quatinus claves dicte ville sibi traderet, et, cum ipse maior se dictas claves non habere, nec scire qui haberet respondisset, dictus noster consanguineus inhibuerat ne quis rumor in dicta villa fieret aut aliqua campana pulsaretur, sed, dicta inhibicione non obstante, dictus maior paulo post certam campanam dicte ville, nuncupatam de litigio, pulsari fecerat, ad cujus sonitum dicti inimici nostri, qui pro tunc inhermes circa focos et alias in suis lectis existebant, incontinenti se armaverant, extra dictam villam seu suburbiam ipsius ville exeuntes, se in monte Sancti Dionisii, prope dictam villam, congregaverant et, cognito per ipsum maiorem quod ipsi nostri inimici jam potuerant esse armati et de facto dicti consanguinei nostri sufficienter advisati, idem maior dictas claves, clarente jam die, prefato consanguineo nostro portaverat qui, ipsis habitis, portas predictas aperire fecerat et cum illis de sua comitiva et pluribus aliis de dicta communitate, credens ipsos nostros inimicos reperire, predictam villam exiverat. Sed, reperto quod ipsi nostri inimici jam recesserant, dimissis dictis suburbiis totaliter combustis, ad dictam villam reversus fuerat et, convocatis antedictis maioribus vexilli antiquis et novis cum pluribus de dicta communitate in domo dicte ville, dictum maiorem capi et incarcerari fecerat, qui sic incarceratus predictas prodiciones, sine tormentis, confessus fuerat, pluresque alios suos colligatos et complices accusaverat, qui postmodum, exigentibus demeritis et prodicionibus, decapitati fuerant. Et insuper maiores et scabini, qui a dicto tempore in dicta villa fuerant, credentes eosdem maiores vexilli omnino destruere, dictam villam, tam erga filios, parentes et amicos eorumdem maiorum et scabinorum quam alios plures, adeo redditibus ad vitam et pecuniis orphanorum oneraverant quam erga suos creditores in quatuor mille et quingentis libris redditus ad vitam et sex mille libris, occasione arreragiorum ex dictis redditibus perveniencium, tenebatur, dictique maiores et scabini, a quinquaginta duobus annis citra, ex diviciis et substancia dictorum maiorum vexilli et communitatis dicte ville locupletati, sepedictos maiores vexilli et alios de communitate dicte ville, qui sufficienciores et diviciores existere solebant, valde rigorose et tirannice gubernaverant. Que quidem injurie superius declarate et plures alie gravissime, in dictarum expensarum declaracione lacius per dictos defensores seu pro parte sua scripte ac, tam coram nobis quam pluribus de sanguine nostro et aliis, dicte et publicate, in dedecus et prejudicium ac detractionem bone fame dictorum maiorum et scabinorum, multipliciter redundabant. Quare dicti maior et scabini petebant et requirebant quod prefati Henricus de Roya et Johannes Maignen, defensores, ad faciendum dictis maiori et scabinis emendam honorabilem, tam in dicta nostra parlamenti curia quam Ambianis, in loco scabinatus, die et hora litigiorum et (blanc) ecclesie cathedralis ac in foro seu mercato ville predicte, palam et publice, genibus flexis et sine capucio, tenentes quilibet unam torchiam ceream ardentem ponderis decem librarum, veniam de predictis injuriis eisdem maiori et scabinis requirendo, necnon ad ponendum seu poni faciendum in dicta ecclesia et eciam in domo scabinatus dicte ville unam tabulam, ad perpetuam memoriam, dictam emendam representantem et, pro emenda utili, erga ipsos maiorem et scabinos, in summa quatuor mille librarum turonensium et ad tenendum prisionem firmatam, usque ad premissorum satisfactionem et complementum, quilibet in solidum et pro toto, et ad perdendum proficuum quod in taxatione dictarum expensarum, si fuissent taxate, habere potuissent, in ipsorumque maioris et scabinorum dampnis, interesse et expensis condempnarentur, eisdem maiori et scabinis de sibi adjudicandis prius quam nobis satisfacto; et, in quantum exigebat dictum nostrum procuratorem, pro nobis requirebat idem procurator dictos defensores pro predictis in piliorio palam et publice, semel Parisius et semel Ambianis, die mercati, poni et erga nos, pro emenda utili, in summa octo mille librarum turonensium aut in aliis emendis honorabilibus, publicis et utilibus, prout dicte nostre curie videretur, condempnari et puniri.

Predictis defensoribus e contrario dicentibus quod, ab antiquis temporibus, in dicta villa ambianensi, maiores vexilli, qui visitacionem super omnibus operibus mecanicis et ministeriis dicte ville et banleuce ejusdem habebant et eciam maiorem dicte ville eligebant, instituti fuerant, quorum medio et diligencia bene et notabiliter gubernata fuerat usque ad annum Mill^{um} CCC^{um} quinquagesimum octavum, a quo tempore usque ad annum Mill^{um} CCC^{um} octogesimum primum maior et scabini dicte ville in destructionem ejusdem plurimum laboraverant atque inconveniencia, de quibus in dicta declaratione expensarum fit mencio, procuraverant. Ipsoque pendente tempore, de bonis dicte ville et communitatis partibus, summam tres centum et (1) mille francorum receperant et nichilominus, circa dictum annum octogesimum primum, prefati maior et scabini certum magnum subsidium supra dictam villam imponi nisi fuerant; quod dicti maiores vexilli contradixerant et compotum de predictis reddi petierant. Unde dicti maior et scabini baillivo nostro ambianensi conquesti fuerant, qui baillivus, partibus auditis, appunctaverat quod receptores qui premissa receperant compotum redderent de eisdem. Et postmodum prefati maior et scabini, vocatis tantummodo tribus vel quatuor de dictis maioribus vexilli in domo dicte ville, dictum compotum audire voluerant; sed prefati maiores vexilli dixerant quod in sufficienti numero non existebant et quod omnes maiores vexilli, cum aliis notabilibus dicte ville, ad hoc vocari debebant, propter quod ipsorum compotorum audicio supersederat; dictique maior et scabini aliquos de suo scabinatu Parisius destinaverant qui certam querimoniam carissimo patruo nostro, duci andegavensi, super hoc fecerant. Sed, quia ad ipsius noticiam pervenerat quod super hoc certa inter ipsas partes discordia in dicta nostra parlamenti curia pendebat, ipse se de dicto negocio intromitti noluerat et ipsum decidendum dicte nostre curie dimiserat, per quam curiam,

(1) Et est évidemment une surcharge.

partibus hinc inde auditis, certi commissarii ad se informandum super statu et regimine dicte ville ordinati extiterant, qui commissarii informati de malo regimine dicte ville ordinaverant compotum a xxiiii^{or} annis preteritis in antea reddi debere, plures maiores vexilli et scabinorum dicte ville in dicta nostra curia super hoc adjornando. In qua quidem nostra curia prefatus Henricus de Roya et pater prefati Johannis Maignen, pro tunc maiores vexilli dicte ville, inter alios comparuerant, in ipsaque, partibus auditis, inter cetera ordinatum fuerat quod, tam super reddicione dictorum compotorum quam reparacione regiminis dicte ville, procurator ejusdem prosecutionem faceret et, in casu negligencie, octo de maioribus vexilli dicte ville, super hoc eligendi, ipsam prosecucionem, sumptibus dicte ville, facerent; et fuerat insuper ordinatum quod de prosecucione jam per ipsos maiores vexilli facta ipsi redderentur indempnes et quod suarum expensarum declaracionem dicto maiori scabinatus traderent; quam quidem declaracionem dicti maiores vexilli, juxta dictam ordinacionem, tradiderant, sed nichil inde habere potuerant, nec antedictus procurator dicte ville ipsam prosecucionem facere voluerat et, anno revoluto, scabini dicte ville mutati et dictus Henricus de Roya magnus computator dicte ville extiterat. Ex quo, dicti maior et scabini, dubitantes ne dictus de Roya predictum processum prosequeretur seu prosequi faceret, prefatos de Roya et Maignen coram certis nostris consiliariis et reformatoribus in dicta patria a nobis deputatis in processu poni et incarcerari procuraverant et, factis contra ipsos informacionibus super hiis que sibi imponebantur cum suis exosis et malevolis, ipsisque interrogatis, per dictas reformaciones dictus pater prefati Johannis Maignen, qui se dictis informacionibus retulerat, ad ultimum supplicium et decapitacionem condempnatus et ex post ecclesiastice sepulture restitutus extiterat. Dictus vero Henricus de Roya, qui prefatis informacionibus se referre noluerat, a baillivia ambianensi et prepositura parisiensi, ne dictum processum prosequi valeret, bannitus ac in summa mille francorum condempnatus fuerat. Unde dicta prosecucio usque ad annum quadringentesimum secundum [supersederat], quo prefati nostri consiliarii, Henricus de Marla, primus in dicta nostra curia presidens, Johannes Andrée et Nicolaus de Biencuria ad perficiendum super statu et regimine dicte ville informaciones predictas per dictam nostram curiam fuerant deputati, qui dictos Henricum de Roya et Johannem Maignen, ad instruendum nostrum procuratorem in prosecucione dicti processus et producendum testes ad hoc oportunos, non obstante contradictione dictorum maioris et scabinorum, ad dictam villam venire fecerant. In cujus prosecucione ipsi de Roya et Maignen sua bona consumpserant ac plures expensas sustinuerant, quas per declaracionem in dicta nostra curia, [coram] certis nostris consiliariis ad ipsas taxandum ordinatis, dictus de Roya solus, prefato Maignen penitus inscio, tradiderat. Et si aliquid de principali in dicta declaracione scriptum fuerat, hoc erat quia dicti maior et scabini sepius, tam in dicta nostra curia quam alibi, quod ipsi Maignen decapitatus et dictus de Roya bannitus extiterant obicere consueverant, et etiam, consimiles tradendo declaraciones, aperire suum principale satis erat consuetum, absque tamen voluntate seu intencione dictos maiorem et scabinos seu alios quoscumque injuriandi, prout expresse in dicta declaracione fuerat protestatum. Dicentes preterea quod dicti actores ad faciendum contra ipsos conclusiones pretactas non erant admittendi, quia nichil de maiore et scabinis modernis dicte ville, sed tantum de illis qui a dicto anno de M° CCC° LVIII° usque ad annum Mill^m CCC^m octogesimum primum fuerant in dicta villa, in dicta declaracione dictum sive scriptum extiterat, quod interesse et utilitatem reipublice dicte ville concernebat, prout per processus et informaciones per dictos nostros consiliarios factos et penes dictam nostram curiam existentes manifeste dicebant apparere, et sic nullatenus emendare debebant. Et si aliqua in hoc foret emenda verissima esse, et ipsum Johannem Maignen, qui dictam declaracionem, ipso inscio, factam et traditam nullatenus advoverat nec advovabat, minime comprehendere debebat. Quare petebant et concludebant prefati defensores dictos actores ad dictas suas conclusiones seu peticiones nullatenus admitti et, si admitterentur, ipsos defensores ab eisdem actorum impeticionibus absolvi et dictos maiorem et scabinos in expensis presentis instancie condempnari.

Tandem, dictis partibus in hiis omnibus que circa premissa, tam replicando quam duplicando, proponere et requirere voluerunt ad plenum auditis, visaque dicta declaracione, cum ceteris dicte nostre curie exhibitis, et consideratis omnibus que ipsam nostram curiam in hac parte movere poterant et debebant, prefata nostra curia dictum Henricum de Roya ad faciendum procuratori nostro et prefatis maiori et scabinis seu eorum procuratori in ipsa nostra curia, et eciam dictis maiori et scabinis in loco scabinatus dicte ville ambianensis, die et hora litigiorum, palam et publice, emendam honorabilem, genu flexo et capucio remoto, dicendo quod male advisatus ipse dixit seu in scriptis tradidit dicta verba injuriosa, lacius in predicta declaracione expensarum specificata, veniam et indulgenciam super hoc requirendo, et in expensis ipsorum maiorum et scabinorum in presenti instancia factis et faciendis, ipsarum taxatione dicte nostre curie reservata, per arrestum condempnavit et condempnat; ipsumque Henricum de Roya ab utilitate dictarum expensarum per ipsum, ut prefertur, alias petitarum et per declaracionem ut taxarentur privavit atque privat ac articulos de dictis injuriis mencionem facientes judicialiter lacerari, per idem arrestum, ordinavit et ordinat; et, quantum concernebat dictum Johannem Maignen, ipsum ab impeticionibus et demandis dictorum maioris et juratorum absolvit, ipsos maiores et scabinos ab expensis suis relevando et ex causa.

Pronunciatum penultima die augusti, anno Domini M° CCCC° decimo.

X1A 16, f° 81 v° seq.

N° 16. — Arrêt de la Cour contraignant les maire et échevins à restituer le principal de fondations pieuses dont ils se refusaient à servir les rentes, depuis la réformation de 1403.

Nous rattachons encore à l'histoire de la réformation de 1403 les deux pièces suivantes qui nous révèlent un nouvel article des fameuses ordonnances portées par Henri de Marle et ses collègues sur la gestion des finances municipales et nous apportent de nouveaux détails sur cette question de l'administration des deniers d'orphelins et de l'état du passif de la ville, à la fin du xiv° siècle, qui figurait parmi les principaux griefs des maieurs de bannières, dans la déclaration que nous venons d'analyser.

Au cours de la révision des comptes à laquelle ils avaient mission de procéder, les réformateurs de 1403, arrivés au chapitre des fondations pieuses, avaient constaté que, pour le service de deux messes quotidiennes, l'une fondée en 1361, par André de Poulainville, au prix d'une rente annuelle de 30 écus Jean, pour un capital versé de 600 écus Philippe, l'autre, en 1381, par Alice de Poix, à raison d'une rente de 31 florins et quart, pour un capital de 700 florins, la ville avait, depuis quarante-deux ans, payé plus de 200 l. au-delà du capital de fondation, et pour la seconde, depuis vingt-deux ans, acquitté le principal, à quelques livres près, et ils avaient interdit de servir plus longtemps lesdites messes, jusqu'à nouvelle ordonnance.

C'est sur cet article que se fondaient les maire et échevins pour refuser aux héritiers ou ayants droit, depuis 1404, contrairement aux termes des conventions authentiquées par le bailli, en 1388, le remboursement du principal, auquel ils étaient formellement tenus, au cas où ils se refuseraient, un jour, au service de la rente annuelle nécessaire à l'entretien des deux messes. Nous ne nous arrêterons pas à l'argumentation de la défense. La subtilité des gens de chicane n'a jamais rien inventé de plus spécieux que les raisons dont ils essaient de couvrir leur refus : 1° les conventions signées réservent au seul Magistrat l'option du remboursement, auquel il est dit qu'il ne saurait être contraint; 2° de la première somme, il n'a été reçu que 400 écus, non 600; 3° le principal en a été amorti et au-delà, puisqu'en quarante-deux ans la ville a payé 763 l. 5 s. 4 d. p., soit 203 l. 6 s. ob. p. en plus, et, pour la seconde fondation, 547 l. 6 s. p., soit le capital de 700 florins, à 12 l. 14 s. p. près, dont elle offre le solde, contre quittance définitive ; 4° ces genres de contrats portant intérêt sont iniques et usuraires, condamnés par toutes espèces de droits, divin, civil et canonique, et les serments prêtés à cette occasion, illicites et nuls de fait, sans dispense, comme en ont jugé les réformateurs, en déchargeant la ville des obligations stipulées.

Les raisons de la partie plaignante ne sont pas seulement fondées en stricte équité; elles empruntent encore une autorité particulière aux détails donnés par l'avocat sur la passation et la teneur des contrats, au rapprochement qu'il institue avec les règles en usage pour l'administration des deniers d'orphelins. On y voit que la pratique constante est de servir à ceux-ci un intérêt de 8 à 10 0/0, non seulement pour la durée de la minorité des intéressés, mais pour tout le temps qu'ils consentent à laisser leurs fonds aux mains de la ville, — en fait, pourrions-nous dire, pour tout le temps écoulé jusqu'à ce qu'ils puissent en obtenir le remboursement, — tandis que les arrérages des fondations en litige sont, pour l'une, de 5 0/0, pour l'autre, de moins de 4,5 0/0, différence qui ne laisse pas de donner un singulier crédit aux griefs énumérés ci-dessus par Henri de Roye. On y trouve surtout l'évidente démonstration de l'état de détresse et de pénurie à laquelle une administration au moins imprévoyante réduisait en tout temps les finances de la ville, et la justification des enquêtes répétées, ordonnées par la Couronne, à la prière du parti démocratique, etc.

La Cour condamna la ville au remboursement du principal des deux fondations, mais en compensant les frais de part et d'autre. Ainsi se trouve fixée la véritable nature des dispositions prises par les réformateurs, simple mesure de suspension provisoire, ne préjugeant en rien la question du remboursement, comme on en trouve d'ailleurs l'aveu dans les lettres du 16 mars suivant, qui échelonnent, sur une durée de neuf ans, les délais de restitution du capital.

Nous aurions voulu trouver, dans ces deux documents, l'indice des règles établies par les réformateurs, pour prévenir le retour de ces abus et de semblables procès, telles que l'interdiction de constituer à l'avenir, sur la communauté, ces différents types de rentes perpétuelles ou temporaires (fondations ou deniers d'orphelins), autres que le service normal de la dette viagère, dite rentes à vie. Ni l'un ni l'autre texte n'autorisent cette supposition. Nous persistons pourtant à la tenir pour fondée, et nous en donnons les raisons suivantes :

1° On ne retrouve plus trace, dans la comptabilité si riche de la ville, après 1403, de semblables fondations ou dépôts ;

2° L'obligation imposée à l'échevinage de faire autoriser ses emprunts en rentes à vie par des lettres d'octroi est encore renforcée par celle de l'enregistrement en Parlement. — Cf. X¹ᵃ 52, f° 59, 31 mars 1405; 58, f° 1, 27 novembre 1410; 60, f° 294, 7 juin 1415, etc. — Confirmation et enregistrement par la Cour de lettres d'octroi du Roi autorisant les émissions de rentes à vie. Le dernier de ces enregistrements est du 20 juillet 1425. X¹ᵃ 64, f° 154. (Noter la succession régulière de ces octrois de cinq en cinq ans, tous limités au même chiffre 300 l.) (1).

20 Mai 1412

In nostra parlamenti curia, constitutis magistris Stephano Conty, decretorum doctore, religiosoque et officiale Corbeysensi, Guillermo de Conty, suo fratre et defuncte Aelipdis de Conty, Andree de Poulainvilla quondam uxoris, fratribus, amicisque carnalibus et parentibus proximis defuncte Aelipdis de Pisis, uxoris dudum Johannis de Rambuissons, necnon Philippa de Poulainvilla, domicella, relicta Johannis Beaupigne, consortibus actoribus, ex una parte, maiore et sca-

---

(1) L'ordonnance des commissaires de 1403 est encore mentionnée dans les lettres du Roi du 16 mars 1412, v. st (V. *infra*) et dans les termes suivants :

« Lesquels (commissaires réformateurs), après ce que ces choses furent venues à leur cognoissance, considérans le grant frait et charge que nostredite ville avoit supporté et supportoit, pour cause desdites messes qui chascun jour coustoient, et n'apetissoit point le principal et pour autres causes qui à ce les meurent, ordonnèrent et commandèrent que l'en ne paiast plus lesdites messes jusques à ce qu'autrement en seroit ordonné ».

binis ambianensibus, ex parte altera, defensoribus, pro parte dictorum actorum propositum fuit quod defunctus Andreas de Poulainvilla, ambianensis civis, et Aelipdis de Conty predicti fuerant, in vita sua, homines magni honoris, quorum ipse Andreas, eidem Aelipdi, anno Domini M° CCC° XLIX°, ab hac vita decedenti supervivens, in suo testamento, capellaniam xxiiii librarum annui et perpetui redditus amortisati, ob sui et predicte sue conjugis animarum remedium, fundari ordinaverat et paulo post decesserat, annoque ejusdem Domini M° CCC° LX° I°, octobris octava die, Johanna de Pisis, Stephani de Conty relicta et mater predicte Aelipdis de Conty, Perrina de Rambuissons, relicta Johannis de Poulainvilla et (1) supradicti Andree fratris, Firminusque le Mosnier, curatus Sancti Firmini ambianensis, et Johannes Beaupigne, maritus Philippe, filie Thome de Poulainvilla, fratris quondam supradicti Andree, tunc jus executionis ipsius Andree habentes ac eam executioni demandare cupientes, a predictis maiore et scabinis requisierant quatinus octingentorum, ex una parte, et sex^{xx}IIII scutorum Philippi, ex altera, summas — quorum LIIII marcam facere dicebantur — et quas summas, anno ejusdem Domini M° CCC° L°, ad eamdem executionem pertinentes receperant, sibi pro eisdem, in dicte capellanie fondationem impendendas et committendas, redderent et restituerent. Ipsi vero maior et scabini, pro tunc necessitatem habentes et predictas summas se habuisse et recepisse confitentes, pactum fecerant quod, pro media parte dictorum octingentorum scutorum, ex parte una, et IIe scutorum, ex parte altera, ipsi defensores VIe scutorum Philippi summam, tanquam denariorum gardie, habuerant, et, illo mediante, littere dictorum octingentorum scutorum eisdem ut casse et nulle redderentur, redditeque fuerant; iidem etiam defensores, supradicto pacto, predictam summam sexcentum scutorum, quanto tempore vellent, tenere potuerant ac poterant, absque eo quod eam extra suam manum inviti ponere quoquomodo compelli valerent, et, hac occasione, voluerant se, ipsosque in solidum obligaverant annuatim summam xxx^a scutorum Johannis seu in alia moneta ad ipsorum valorem, pro tempore quo dictam summam VIe scutorum eos tenere contingeret, cui persone iidem actores vellent, pro dicendo et celebrando missam unam cotidie in ecclesia Sancti Germani ambianensis aut alibi in dicta ambianensi villa, ob animarum predictorum Andree et Aelipdis remedium, tradere ac solvere, eamdemque VIe scutorum [summam] causam dicte executionis habentibus seu litterarum ipsarum portitoribus, in auro fino et moneta predicta aut aliter in valore, secundum marcam pro billone, quando dictam xxx^a scutorum summam amplius solvere nollent et ejusdem solutione se

---

(1) Et est évidemment une surcharge.

exonerare vellent, se restituere, absque deductione hujus quod pro dictis missis solvissent facienda, promiserant, fide media, absque eo quod respectus in futurum haberi posset ad exceptionem deceptionis seu longi temporis dictorum xxx^a scutorum solutionis, qua diceretur ipsa vi^c [scutorum] summa seu maior persoluta esse, seu alterius vicii vel calumpnie, prout per litteras super premissis confectas, anno Domini M°CCC°LXI°, die octava octobris, plenius apparere poterat, quarum quidem litterarum sigilla, anno ejusdem Domini M° CCC° LXXX° VIII°, prefati defensores coram baillivo ambianensi vel ejus locumtenente cognoverant, et ob hoc idem baillivus dictas litteras super ipsis defensoribus et eorum communitate executorias esse declaraverat. Preterea proponebant quod Aelipdis de Pisis, uxor quondam Johannis des Rabuissons, in suo testamento, inter cetera, dimiserat in manu executorum suorum summam septingentorum florenorum auri — quorum LXV, uno sterlingone minus, faciebant marcam — pro celebrandis perpetuo certis missis ob sue remedium salutis, ipsamque summam sui executores, cum eam pro tunc in dictum opus pium convertere nequirent, predictis maiori et scabinis pro t... dicte ambianensis ville egentibus tradiderant qui, propter hoc, summam xxxi flo... norum cum quarta parte unius — sacerdoti videlicet missas pro anima dicte Aelipdis, in ecclesia Sancti Firmini ambianensis, celebraturo xxx florenos et pro ornamentis et luminari demidium florenum, clerico vero aliud dimidium — se soluturos, et, in casu quo dictam summam septingentorum florenorum retinere eis non placeret amplius, neque etiam annuatim dictam xxxi florenorum cum quarta parte floreni summam solvere, ipsam septingentorum florenorum summam executoribus predictis vel dicte executionis causam habentibus seu litterarum portitoribus se reddituros esse, obligando fide et juramento, promiserant et promittendo obligaverant, prout per litteras super hiis confectas et eadem expressius declarantes constabat, quarum sigilla, anno Domini predicto M° CCC° LXXX° VIII°, iidem maior et scabini, in judicio, confessi fuerant, et ob hoc eedem littere executorie per premissum baillivum declarate fuerant. Et virtute earum, quia predicti defensores, circa annum Domini M^{um} CCCC^{um} IV^{um}, summas pro ipsis missis supradictis solvere, pretextu cujusdam inhibitorie ordinationis per quosdam predicte nostre curie commissarios, ad requestam eorum defensorum [facte], necnon summas eisdem traditas reddere recusaverant, ipsos coram prefato baillivo adjornari faciendo, qui quidem defensores in eadem nostra curia presentem causam evocari fecerant. Quare ex premissis concludebant quatinus dicti defensores ad reddendum ipsis actoribus dictas sexcentorum scutorum Philippi — quorum LIV marcam faciebant — seu monete valorem tempore presentium date currentis, ex una parte, et septingentorum francorum — quorum LXV, uno sterlingone minus, marcam faciebant — summas, sive id quod rationis foret, vel ad ponendum penes eamdem nostram curiam seu alibi, ad ejusdem curie discretionem, easdem summas prout supra impendendas aut aliter, ipsius curie arbitrio, necnon ad solvendum quod ex arreragiis restabat debitum, et cum prefixione temporis super premissis eligendi, compellerentur ac in suis dampnis, interesse et expensis condempnarentur.

Ipsis defensoribus ex adverso proponentibus ac dicentibus, suppositis per dictos actores propositis ac protestatione facta de non confitendo eadem proposita per ipsos actores seu eorum aliquem ex per ipsos proponendis, et quod ex ipsorum actorum propositis electionem habebant sine optione reddendi ac restituendi dictas vi^e scutorum sive annuatim, quanto tempore eamdem summam tenerent, xxx^a scuta solvere, et septingentorum francorum summas aut XXXI fr[ancos] cum iv^{or} solidis parisiensium annuos solvere, et per consequens predictas summas iidem actores simpliciter petere non poterant, neque debebant, presertim cum ipsi actores, mediante juramento, voluissent ne iidem defensores ad ponendum extra suam manum dictas summas compelli quoquomodo valerent, prout per litteras super hoc factas apparere poterat et apparebat. Et supposito, absque prejudicio, quod premissa intentioni sue non prodessent, respectu tamen summe vi^e scutorum, nunquam majorem quam quadringentorum summam receperant, secundum quod per litteras, quas ipsos actores habere dicebatur, apparere poterat, neque in plus se obligare potuerant, de ratione, quam receperant, et, quamcumque summam ab ipsis actoribus habuissent, eamdem tamen, imo majorem, persolverant, nam, XLII annis vel circa, ipsi defensores, volentibus ipsis actoribus seu illis quorum habebant causam, in premissas missas pro dictorum Andree uxorisque sue animabus, xxx^a scuta solverant, que ad summam septingentarum LXIII librarum, v solidorum, IV denariorum parisiensium ascendebant, et per consequens ii^c III l. VI s. ob. p. summam ultra supradictam septingentorum scutorum summam, et pro missis in remedium anime Aelipdis de Pisis, per XXII annorum spacium vel circiter, annuatim XXXI florenos cum IIII s. p. solverant, ad summam quingentarum XLVII l. VI s. p. ascendentes, prout premissa per compota ipsius ville ambianensis receptorum apparere poterant et apparebant, quibus summa XII l. XIV s. p. dumtaxat, de supradictis septingentis florenis eisdem maiori et scabinis traditis, solvenda restabat, quam tradere atque solvere sibi, sufficienti quictancia prestita, nunquam recusaverant et per consequens liberati predictorum solutione remanere debebant, non obstante contractu per ipsos actores proposito de dictis missis dicendis, suo custu, quamdiu supradictas summas tenerent, qui usurarius, iniquus et omni jure, tam divino, civili, quam canonico, detestabilis erat dicendus, quia quicquid sorti accedebat et maxime pacto seu intencione precedente usura dici debebat. Esto etiam quod sola spes supradictas summas, pro missis dicendis, sorti principali accedentes recipiendi intervenisset, qua spe usuram contrahi rationis erat qua, cum talis contractus prohibitus esset, eos posse supradictas summas particulares annuatim in ipsas missas impensas, pro sortis predicte solutione, imputare apparebat, nec eisdem prejudicium afferre poterant juramenta, si que in predicto contractu emiserant, cum ipsa illicita et sacris canonibus adversancia de jure minime observanda forent, nullam dispensacionem exigencia, et, qualecumque juramentum prestitissent, communitati tamen ville ambianensis prejudicare nullatenus valuerant neque valebant, quod pensantes dilecti et fideles consiliarii nostri Henricus de Marla, miles, primus presidens in dicta nostra curia, necnon magistri Johannes Andree et Nicholaus de Biencuria, anno Domini M° CCCC° II°, pro prefate ville ambianensis regimine reformando commissarii deputati, juste ordinaverant ne amplius pro dictis missis pecuniarum aliquas summas exsolverent, quia, cum particularium summarum pro dictis missis solutione, pro sorte et summis principalibus sibi traditis, plus quam satisfactum esse et solutione ulteriore usura contracta esse appareret, ex consequenti, dictas summas pro ipsis missis impensas, pro supradictis vi^c scutorum et septingentorum florenorum summis, solutas esse ab ipsismet actoribus tenendum erat atque dicendum, aliter ipsos velle usurarios esse videretur, concludentibus ex hiis et aliis pluribus adductis rationibus quatinus ipsi actores non admitterentur et, si admitterentur, quod causam non habebant, neque actionem, ipsique a suis impeticionibus et demandis absolverentur, iidemque actores et eorum quilibet, in quantum ipsum tangere poterat ac debebat, in suis interesse, dampnis et expensis condempnarentur.

Memoratis actoribus replicantibus atque dicentibus quod ad premissas summas eisdem exsolvendas et supradicta facienda ipsi defensores sibi, reali ex ipsarum summarum receptione et personali obligacione, quia ea restituere promiserant, obligati fuerant ac erant et, juxta predictam obligacionem, suas predictas, quas facere modo predicto potuerant, fecerant conclusiones, cum eis actio etiam, quasi popularie, ratione obsequiorum divinorum et ob remedium animarum defunctorum, eisdem competeret per contractum supra tactum qui bonus, validus ac inter ipsos Ambianenses assuetus et non usurarius sive prohibitus erat, cum enim usura, a peritis, lucrum ex mutuo pecuniarum seu pecunie equivalens diceretur, nec lucrum hujusmodi ex supradicto contractu conventum neque exactum fuisset, nec aliud quicquam quod estimari pecunia posset aut deberet — non enim misse, que ex ipso contractu solvi debebant, quid temporale sed spirituale erant, precio inestimabili — hujusmodi per eos victus (*sic*, initus?) et celebratus cum ipsis defensoribus contractus usurarius dici non poterat. Et, supposito quod usurarius diceretur, ipsis tamen defunctis, qui eumdem fieri minime disposuerant, prejudicium nullatenus afferre debebat, aliter defraudarentur ab intencione sua, cujus, necnon ipsorum actorum et defensorum fuerat intencionis nichil, ex sorte ipsa, diminuendi, occasione ipsarum missarum, quod satis ex tenore predictarum litterarum obligatoriarum constare poterat et constabat, tempore quarum ac antea, per tantum temporis spacium quod de ipsius contrario memoria hominum non extabat, ac etiam postmodum, usque ad suprapositam dictorum nostrorum consiliariorum inhibitionem, ipsi defensores pecunias pupillorum et executionum defunctorum capere, easque utilitati sue et dicte ville applicare et de centum florenis eorum pupillorum decem vel octo pro lucro reddere consueverant, nedum minoritatis eorumdem pupillorum, verum etiam legitime etatis ipsorum tempore et quamdiu eorum pecunias ipsos detinere contingebat, nichil de principali diminuendo, pecunias in lucrum accedentes eos solvere oportuerat. Et tamen pro centum summarum supra petitarum iidem defensores non usque ad summam decem solverant, solutumque in remedium salutis defunctorum et in opera pia ac salubria, pro toto populo ambianensi, et non in ipsorum actorum burse utilitatem, impenderant, quod multo tolerabilius et justius erat quam pro pecunia agiatorum lucrum recipere, quod in aliis quamplurimis Picardie [communitatibus] et locis solitum fuerat eratque policiis earum congruum, quo eisdem succurrebatur, pupillorum ex hujusmodi lucro alitorum utilitati absque diminucione consulebatur, pecunia defunctorum integra salvabatur et ex ea, absque cujusquam gravamine, divinum augebatur officium et, per consequens, cum dictus contractus licitus fuisset ac esset, ad solvendum et reddendum supra petitas summas, pretextu solutionis predictarum summarum, cum reconventio seu recompensatio in patria consuetudinaria sibi nullum vendicaret locum, resilire rationabiliter nequibant, obstante presertim juramento dictorum defensorum eidem contractui adjecto, quo, esto quod usuras solvere et non repetere jurassent, easdem solvere de canonica racione astringebantur et, dato quod premissis ipsa canonica racio obviaret, usus tamen communis supradictus juris scripti presertim imperitos excusare debebat, nec obstabat defensio a dictis nostris consiliariis facta et per ipsos defensores proposita, que ad instanciam et dictorum defensorum prosecutionem emissa extiterat, non ad semper, sed quousque, non quoad summas principalis supra petitas, ipsis non vocatis neque auditis, prout ex dictorum consiliariorum ordinacione apparebat, sed quoad dictas missas ulterius celebrandas, quarum cessationi consentiebant, dum tamen iidem defensores dictas pecuniarum summas sibi, prout petebant, restituerent. Ex hiis et pluribus aliis adjectis racionibus quod ipsi et non iidem defensores admitterentur et ut supra concludendo.

Defensoribus memoratis duplicantibus, predictum contractum usurarium esse sustinendo, atque ulterius dicentibus laycos seu juris scripti imperitos nullatenus ab hujusmodi usuris illicitis et juri ac racioni dissonis excusari posse, pensata presertim intencione sua, cum jure canonico ac divino, cui civilia jura convenire atque consonare intenderent, hujusmodi accessoria atque usuraria lucra vetarentur in nostraque potestate spiritualia non haberemus, ut in eis, saltem contra jus divinum, disponere possemus. Quare dicendum nullo jure usuras esse licere necesse erat, nec eas poterat seu debebat usus eorum per ipsos actores allegatus excusare, qualiscumque esset, quem tamen ignorabant, cum abusus dici deberet et non usus, racioni et moribus bonis disconveniens ac jure dampnatus et per consequens non observandus. Et dato quod tolerabilis foret, non tamen in casu presenti, quo ipsis actoribus succumbere, inspecta subjecta materia irrationabili et odiosa, deberent, cum ipsi rei et defensores essent, de dampnoque vitando certarent et pro ipsis omnia jura divina, civilia pariter et canonica adversus predictum allegatum usum instarent, nec ex hoc intencionem supra nominatorum defunctorum defraudari contingebat eo quod nusquam in suis testamentis, voluntatibusve extremis capellaniarum fundationes fieri, sed tantum missas celebrandas esse, pro una vice, aut in pia opera summam pecunie erogari ordinaverant, quas missas, prout supra dictum erat, ultra quam obligarentur, dici et celebrari fecerant et, per consequens, ex premissis pecunias pro dictis missis solutas in sortem imputare et de ea deducere, absque alio processu, cum ad eas iidem actores sibi tenerentur, nec sua interesset, circuitusque processuum evitari ac lites abreviari deberent, poterant ac debebant. Ex premissis et aliis rationibus prout supra concludendo.

Tandem, auditis ad plenum partibus antedictis in omnibus que circa premissa, tam replicando quam duplicando, dicere ac proponere voluerunt et ad tradendum rationes suas in scriptis, per modum memorie, eidem curie nostre, necnon litteras et munimenta sua et in arresto appunctatis, visis itaque rationibus eisdem, per modum memorie, in scriptis traditis, litterisque, actis et munimentis partium predictarum, consideratis insuper diligenter et attentis omnibus circa premissa considerandis et attendendis et que eamdem curiam in hac parte movere poterant et debebant, memorata nostra curia eosdem defensores ad reddendum et solvendum predictis actoribus supradictas sexcentum scutorum Philippi — quorum LIV marcam faciunt — necnon septingentorum francorum — quorum LXV, minus uno sterlingone, faciunt marcam — summas condempnavit et condempnat per suum arrestum, eosdem defensores ab expensis et ex causa relevando.

Pronunciatum xx^{ma} die maii, anno Domini M° CCCC° XII°.

X^{1a} 59, f° 147 seq. (arrêté au Conseil, 11 mai 1412, X^{1a} 1479, f° 201).
Cf. *ibid.*, f° 315, 20 mars 1412, v. st.

Mandement de la Cour au bailli d'Amiens ou son lieutenant, premier huissier ou sergent, etc., au sujet de lettres du Roi accordées le 16 mars, à la requête des maire et échevins et ci-incluses. Le Roi, considérant les charges présentes de la ville et l'impossibilité de rembourser les deux sommes de 600 écus et 700 florins, autrement qu'en faisant taille sur les habitants, ce qui entraînerait les plus graves inconvénients, haines, discordes et dépopulation, « et que le bien commun d'une telle ville doit être préféré à un droit particulier d'une personne ou de deux », accorde au Magistrat délai de neuf années pour opérer le remboursement, par égales portions, en enjoignant au bailli de faire cesser toutes exécutions commencées par lesdits de Conty, etc.

Suit le mandement de la Cour ainsi conçu :

20 Mars 1412, v. st.

Vobis et vestrum cuilibet qui super hoc fuerit requisitus committimus et mandamus quatinus heredes aut executores seu causam habentes defuncti Andree de Poulainville et Aelipdis de Conty, ejus uxoris, necnon executores testamenti defuncti Johannis des Rabuissons et alios de quibus, pro parte dictorum de Ambianis, fueritis requisiti adjornetis ad certam et competentem diem nostri presentis parlamenti, non obstante quod sedeat et ex causa, litteras nostras suprascriptas integrari visuros aut aliter processuros et facturos quod fuerit rationis, executionem arresti, de quo in dictis litteris lacius canetur, interim et donec aliud super hoc per dictam curiam fuerit ordinatum, supersedere et in statu teneri faciendo ac nichil in contrarium attemptari vel innovari permittendo, necnon curiam nostram predictam de adjornamento hujusmodi et aliis que feceritis in premissis debite certificando. Ab omnibus autem justiciariis, etc.

XLIII

Renouvellements par le roi Charles VI a la commune d'Amiens des lettres de sauvegarde qui lui avaient été octroyées par Philippe VI et confirmées par Charles V. 1383-1407. (2 pièces).

N° 1. — *Première confirmation de Charles VI.*

Le document que nous publions ici était sans doute fort apprécié des bourgeois d'Amiens, car les originaux des lettres de sauvegarde de Philippe VI, confirmées par Charles V, en 1364, et des présentes lettres de Charles VI figuraient encore dans leurs archives en 1551, et l'inventaire de cette année les cite sous les deux cotes L xi et Q xi. Il est comme le prototype des confirmations de leurs privilèges que nous verrons se succéder dans la seconde moitié du xv⁰ siècle et au xvi⁰. En 1345, 64 et 83, le Roi constitue comme gardiens des droits et franchises de la ville, de simples sergents du bailliage, dont il désigne, en 1345, les trois premiers, en conférant au bailli le pouvoir de leur en substituer d'autres, en cas de mort ou empêchement. Les attributions de ces gardiens ne s'étendent d'ailleurs pas au-delà de la signification à toutes parties intéressées et en toutes circonstances le requérant de la protection royale et du droit de faire les sommations et exécutions requises à ce sujet, sans qu'ils puissent « s'entremettre... de cognoissance de cause ».

On notera, parmi les noms des trois sergents désignés en 1345, celui d'un personnage déjà connu, Honoré Aguillon, concurrent de Vincent de Beauquesne à l'office de procureur du Roi, en 1357, et l'un des exilés du parti navarrais, réfugié à Evreux, en 1364. (V. *supra*, n⁰ xviii).

V. *infra* un exploit de sergent gardien des droits de l'évêque, 29 janvier 1393, v. st. xlvii, n⁰ 3.

Février 1383, v. st.

Karolus, etc. Notum facimus universis, tam presentibus quam futuris, nos recordacionis inclite carissimi domini, progenitoris nostri, litteras, in quibus littere felicis memorie carissimi domini, proavi nostri, sunt inserte, vidisse, quarum tenor sequitur sub hiis verbis :

Karolus, Dei gratia, Francorum rex, notum facimus universis presentibus et futuris nos litteras inclite memorie carissimi domini et avi nostri in cera viridi et filis sericis confectas vidisse, formam que sequitur continentes (1) :

Philippe, par la grâce de Dieu, roy de France, savoir faisons à tous présens et avenir que, à la supplicacion de nos amés les maire, eschevins, bourgois et habitans et toute la communauté de nostre ville de Amiens, nos subgez sans moyen, lesquels maire, eschevins et communauté dessusdis, avec tous leurs biens et les biens de ladite commune, leurs sergens, officiers et ordenez, pour eulz, leur justice et juridicion, drois et franchises garder, nous avons prins, mis et receu, prenons, mectons et recevons, par ces présentes lettres, en et soubz nostre protection et sauvegarde espécial, à la conservacion de leurs droitz et de la communauté dessusdite, nous à yceulx supplians avons donné et députe, donnons et députons leurs gardiens Honnoré Aguillon, Pierre Dailli et Jehan Canesson, nos sergens en la baillie d'Amiens, ausquiex et à chascun d'eulz nous donnons plain povoir, auctorité et mandement espéciales, par ces présentes lettres, commectons de yceulx supplians maintenir et garder en leurs biens, justes possessions, juridicions, drois, usages, coustumes, libertés et franchises, esquelles ils les trouveront estre et leurs prédécesseurs avoir esté paisiblement d'ancienneté, de les garder et défendre et leurs biens de toutes injures, violences, griefs, oppres-

(1) Voir la première expédition de ces lettres, JJ 75, n⁰ 453, 18 février 1345, v. st.

sions, molestacions, de force d'armes, de puissance de lays et de toutes autres nouvelletés indeues. Et, ou cas que débas naisteroit entre les parties, en cas de nouvelleté, de ycellui débat et les choses contencieuses prendre et mectre en nostre main, comme souveraine, et de en faire récréance où il appartiendra, de assigner jour ou jours compétens par-devant les juges ordinaires aux parties, ausquiex la congnoissance en appartendra, pour procéder et aler avant èsdites oppositions, si comme de raison sera, de nostredite espécial garde signifier et publier en tous les lieux et aux personnes où mestier sera et il en seront requis, de faire inhibicion et défense de par nous à toutes les personnes dont il seront requis que ausdis supplians, à leurs biens, aux biens de ladite ville et communauté d'icelle, ne à leur juridiction ils ne meffacent, ne facent meffaire en aucune manière, sur certaines peines à appliquier à nous, de remectre et faire ramener au premier estat et deu tout ce qu'il trouveront estre ou avoir esté fait ou préjudice de nostredite garde et desdis supplians et de leurs biens, et à nous et ausdis supplians pour ce faire amendes convenables et généraument de faire toutes et chascunes autres choses qui à office de gardien pueent et doivent appartenir. Et voulons et accordons ausdis supplians que, ou cas où les trois de nos sergens et gardiens dessusdis seroient mors ou ne pourroient faire les choses dessusdites, pour l'ocupacion de nos besoignes ou autres, que nostre bailly d'Amiens, à la requeste desdis supplians, puist commectre autres nos sergens, un ou plusieurs, ou lieu de nosdis sergens et gardiens, lesquiex nous, à la requeste desdis supplians, et chascun d'eulx nous commectons et députons, par ces présentes lettres, gardiens espéciaulx et généraulz ausdis supplians, ou cas dessusdit, pour faire et entériner toutes les choses contenues en ces présentes aussi et en la forme et manière que les trois dessusdis y sont commis et députés gardiens de par nous et qu'il le pueent et doivent faire. Toutevoyes, nostre entente n'est pas que lesdis gardiens ou l'un d'eulz s'entremettent de chose qui requière congnoissance de cause. Mandons et commandons à tous nos justiciers et subgiez que auxdis Honnoré, Pierre et Jehan et à chascun d'eulx ou à celui ou ceulz de nos sergens qui ausdis supplians seront commis et députés, ou lieu des trois dessus-nommés, comme à nos sergens desdis maire, eschevins et communauté, ès choses dessusdites et en toutes autres qui [à] office de gardien pueent et doivent appartenir, obéissent et entendent diligemment. Et pour ce que ce soit ferme chose et estable à tousjours mais, nous avons fait mectre nostre seel à ces lettres.

Donné au boys de Vincennes, le xviiie jour de février, l'an de grâce M CCC XLV.

Nos autem litteras supra scriptas, omniaque et singula in eisdem contenta rata habentes et grata, ipsas et ipsa volumus, laudamus, approbamus, ratifficamus et, de nostra speciali gratia et auctoritate regia, confirmamus ac memoratos maiorem, scabinos et communitatem, una cum eorum et dicte communitatis bonis, servientibus, officiariis et aliis, pro eorum justicia, jurisdicione, juribus et franchisiis conservandis, ordinatis et deputatis, in et sub nostris protectione et salvagardia speciali ponimus et suscipimus de novo, per presentes, baillivo ambianensi moderno et futuro vel ejus locumtenenti, necnon servientibus nostris baillivie ambianensis, qui nunc sunt et qui pro tempore fuerint gardiatores deputati predictis maiori, scabinis, communitati et aliis predictis ville nostre ambianensis superius nominatis aut aliis, juxta formam et tenorem litterarum prescriptarum, deputatis aut deputandis et eorum cuilibet dantes presentibus in mandatis committendo quatinus ipsi et eorum quilibet litteras dicti domini, avi nostri, supra scriptas atque nostras presentes, juxta ipsarum et presentis nostre confirmationis tenores, prout eorum cuilibet commissum et datum est in mandatis per easdem, diligenter excequantur, absque contradictione et dilacione quibuscumque. Mandamus insuper et, tenore presentium precipientes, universis justiciariis et subditis nostris quatinus prefatis servientibus nostris in gardiatores antedictis maiori, scabinis et communitati, pro se, bonis, servientibus et aliis eorum officiariis predictis, ut premittitur, conservandis, deputatis aut deputandis et eorum cuilibet in premissis et aliis omnibus officium gardiatorum tangentibus, et illud excercendo, pareant efficaciter et intendant. Nolumus tamen quod iidem gardiatores aut eorum alter de hiis que cause cognicionem exigunt se aliquatenus intromittant. Quod ut firmum et stabile perpetuo...... Datum et actum Parisius, anno Domini M° CCC° LXIV°, mense julio.

(Répété depuis Nos autem), février 1383, v. st.

JJ 124, n° 79.

N° 2. — Renouvellement desdites lettres par le même Charles VI en 1407.

Nous donnons, comme complément des précédentes lettres de 1383, la nouvelle confirmation qu'en donna Charles VI en 1407 :

1° Parce que, bien que les raisons qui déterminèrent le Roi à l'accorder n'y soient pas mentionnées, nous pensons qu'il y a lieu d'y voir une conséquence de la grande réformation de 1403;

2° Parce que ce nouveau document apporte au précédent quelques variantes intéressantes :

La première est la désignation du bailli lui-même ou de son lieutenant comme gardien, à la place de simples sergents; la seconde, l'autorisation qui lui est accordée de faire placer, au cas d'éminent péril, les bannières et panonceaux royaux sur les biens, maisons et possessions de la ville et de chacun de ses bourgeois, en signe de la protection royale.

Janvier 1406, v. st.

Salvagardia pro habitatoribus amieniensibus.

. Charles, etc. Savoir faisons à tous présens et avenir que, à la supplicacion de nos bien amés les maire, eschevins, bourgois, habitans et communaulté de la ville d'Amiens, nos subgiez et justiciables sans moyen estans, tant de droit commun comme par previlèges à eulx par nos prédécesseurs octroyés et par nous longtemps a confermés, en nostre protection et sauvegarde espécial, Nous, encores d'abondant et en augmentant et ampliant nostredite sauvegarde, par la tenneur de ces présentes, avons pris et mis, prenons et mettons yceulx suppliants, tant en particulier comme en commun avec leurs officiers, femmes, familles, maisons, terres, possessions et biens quelxconques estans en nostre royaume, soient en champs ou à ville, en nostreditte proteccion et sauvegarde espécial, à la conservation de leur droit tant seulement contre tous estrangiers, non bourgois ou habitans de ladite ville. Et à yceulx avons depputé et depputons en gardien le bailly d'Amiens qui à présent est ou son lieutenant et ceulx qui pour le temps avenir seront baillis d'Amiens ou leurs lieuxtenans, ausquels nous mandons et commettons que iceulx suppliants, leurs officiers, femmes, familles et leurs biens, tant en particulier comme en commun, défendent de toutes injures, violences, griefs, oppressions, molestacions, de force d'armes, de puissance de lais et de toutes autres inquiétacions et nouveletés indeues et en leurs justes possessions et saisines, franchises, drois, usages et libertés, esquelles ils les trouveront estre et leurs prédécesseurs avoir esté paisiblement d'ancienneté, les maintiengnent et gardent et ne seuffrent, contre eulx leurs familles et leurs biens, aucunes nouveletés indeues estre faittes, mais s'ils les treuvent faites ou préjudice de nostredite sauvegarde et desdis suppliants, que il, qui lors sera juge souverain au paiis pour nous, les remette au premier estat et deu et à nous, comme apartient pour ce, faire paier amende convenable. Et nostredite sauvegarde signifient et publient, en tous les lieux et aus personnes dont ils seront requis; et, en signe d'icelle, en cas d'éminent péril, facent mettre et asseoir nos penonceaulx et bannières royaulx en et sur les maisons, terres, possessions et biens desdis suppliants et de chascun d'eulx, en faisant inhibicion et défense, de par nous, à toutes les personnes dont ils seront requis, sur certaines et grandes peines à applicquer à nous, que ausdis suppliants, leurs femmes, familles, drois, choses, possessions et biens quelxconques, en particulier ne en commun, ne meffacent, ne facent meffaire en aucune manière. Et, se lesdis suppliants ou aucuns d'eulx veulent avoir d'aucun asseurement, nous voulons que ledit bailli qui lors sera face adjourner ceulx de qui il vouldront avoir ledit asseurement par-devant lui et leur face bailler bon et loyal, selon la coustume du païs, et généraument ycellui bailli ou sondit lieutenant et ceulx qui ou temps avenir seront baillis d'Amiens, comme leurs gardiens, puissent faire, en toutes les choses dessusdites et leurs deppendances, tout ce qui à gardien peut et doit appartenir. Et donnons en mandement à tous nos officiers, justiciers.....

Donné à Paris, au mois de janvier, l'an de grâce M CCCC VI.

JJ 161, n° 160.

XLIV

Arrêts de la Cour au sujet de lettres de marque ou de représailles concédées a des marchands d'Amiens contre divers marchands étrangers, 1383-1406. (6 pièces).

N° 1. — Arrêt rendu par la Cour en faveur de plusieurs marchands d'Abbeville et d'Amiens, confirmatif de lettres de marque à eux accordées et d'une exécution opérée contre plusieurs marchands de Lisbonne.

On trouvera, dans les pièces suivantes, des détails intéressants sur le trafic des marchands d'Amiens à l'étranger, la nature de leurs échanges avec le Portugal, les Flandres et l'Angleterre, et les risques de ces sortes d'entreprises. On remarquera surtout l'extrême prudence avec laquelle les Rois et la cour de Parlement, qui avaient charge de les défendre, recouraient pour cela au moyen barbare des lettres de marque et de la saisie, dans les ports français, des biens et cargaisons des nationaux dont les princes leur refusaient réparation. Ce n'était jamais sans avoir épuisé de longs délais, dix ans et plus, en démarches de toutes sortes, enquêtes, correspondances diplomatiques, etc., qui témoignent assez de leur répugnance à user de représailles sommaires et de l'intérêt éclairé qu'ils portaient aux choses du négoce international.

En 1373, une cargaison de 141 tonneaux de blé et 42 demi-draps d'Abbeville, appartenant à trois marchands de cette ville et à un quatrième d'Amiens, chargée au Crotoy, par un navire espagnol de Saint-Sébastien, à destination de Lisbonne, avait été arrêtée à l'arrivée et saisie par décret du juge du lieu, sur l'instance d'un citoyen portugais, en représailles d'actes de piraterie, imputés à un certain Blanquedent et à ses complices français. Le facteur ou correspondant, qui accompagnait les marchandises, en sollicita vainement, pendant trente-sept mois, la restitution près des tribunaux et de la cour de Lisbonne. Entre temps, les intéressés s'étaient adressés au roi Charles V, qui, habitué à procéder en ces sortes d'affaires, et particulièrement à l'endroit de ses alliés et amis, avec une extrême réserve, avait prescrit une enquête (5 septembre 1374), suivie de plusieurs autres, dont les conclusions avaient été transmises à la cour de Lisbonne, avec des lettres du prince et de la cour de Parlement.

Ce fut seulement la dixième année (6 mars 1382, v. st. — X^{1a} 32, f° 119 v°. — V. *infra*), après la mort de Charles V, que la Cour rendit son premier arrêt fixant à 3341 l. 4 s. t., sur une demande de 3878 l. t. et plus, le montant des dommages subis par les marchands français, et leur donnant droit d'arrêt sur les biens et marchandises portugais, dans toute l'étendue du royaume, jusqu'à concurrence de cette somme. Par un dernier ménagement, il était stipulé que les marchandises saisies — ou leur prix, s'il y avait lieu de les vendre — seraient encore consignées, aux mains du Roi, pendant huit mois, dernier délai laissé au roi de Portugal pour indemniser les Français et recouvrer leur gage, passé lequel, il y aurait adjudication définitive au profit de ceux-ci.

En fait, il s'écoula un peu plus d'une année avant que la Cour, sur l'appel de onze marchands de Lisbonne, dont les cargaisons avaient été arrêtées et vendues dans le port de Harfleur, rendît sa sentence définitive (21 mars 1383, v. st.), dont nous publions le texte ci-joint.

Les raisons invoquées de part et d'autre, sont les suivantes :

1° Par les Portugais, que l'octroi de lettres de marque est contraire à tout droit divin, canonique et civil; que cette procédure n'est admissible que contre ceux, rois et sujets, qui en ont accepté le principe, et qu'eux-mêmes sont en possession d'un privilège spécial qui les en exempte formellement, privilège dont ils se font forts de produire, en temps et lieu, l'original; qu'ils sont tous clercs, mariés ou non mariés, dont les biens meubles ne sauraient être saisis en vertu de lettres de marque; que l'arrêt fait à Lisbonne de marchandises françaises l'a été juridiquement, suivant une procédure régulière, qui exclut elle-même toutes représailles de ce genre, et d'autant mieux que leur procureur en France n'a pas été entendu par la Cour; qu'il était loisible aux Français de poursuivre cette procédure devant le juge portugais, comme leur facteur l'avait fait tout d'abord; que s'il y avait renoncé, après une première sentence favorable, — il est vrai, frappée d'appel, — c'était sans raison, les délais d'appel n'ayant rien d'excessif en Portugal, comme en pays de droit écrit, etc., etc.; qu'en conséquence il y a lieu de déclarer qu'il a été mal procédé contre eux, bien appelé, etc.;

2° Les Français, après un exposé détaillé des faits, se bornent à opposer, dans leur réplique, autant de dénégations sur tous ces points et à conclure à l'adjudication définitive des sommes consignées.

Satisfaction leur est donnée par la Cour, qui ordonne de les leur remettre en mains propres, sous cette réserve d'avoir à les conserver encore, en dépôt, six mois durant, dernier et suprême délai ménagé au roi de Portugal pour une satisfaction légale, passé lequel, elles leur sont, d'ores et déjà, irrévocablement acquises.

21 Mars 1383, v. st.

Constitutis, in nostra parlamenti curia, Alphonso Dyonisii, Dominico Alphonsi, Egidio Laurencii, dicto de Serra, Martino Abbatis, Gosalmo Dominici, dicto Almoncin, Laurencio Stephani, Valasto Sachino, Roderico de Media, Johanne Dominici, aurifabro, Johanne Ferax et Raymundo Gerardi, mercatoribus civitatis wlixbonensis, in regno Portugalie, actoribus, ex una parte, et Adam de Bannis, Johanne Flamingi, relicta defuncti Mathei Rougequien et Gerardo Faselini, tutore Guillemeti, quondam dicti Mathei filii, burgensibus ville nostre de Abbatisvilla, ac Symone Burgundionis, in civitate nostra ambianensi commorante, ex altera, pro parte dictorum mercatorum Portugalie, propositum extitit quod, licet, anno presenti Domini M° CCC° LXXX° III°, ipsi, prout iidem et ceteri regnicole dicti regni Portugalie antea facere consueverant, in certis navibus vocatis, navis Gracie Dei, navis Sancti Christofori, navis Sancte Crucis et navis Sancte Marie, ceram, coria, sepum, cuniculorum et aliarum ferarum pelles ac multiplicis generis merces, que vulgariter *avoir de pois* nuncupantur, onerari fecissent ac eas, per certos nuncios et factores suos, ad portum de Harefloto nostri ducatus Normannie conduci fecissent et in nullo dictis mercatoribus de Abbatisvilla et de Ambianis tenerentur seu obligarentur vel condempnati fuissent, haberentque rex et subditi regni Portugalie certum privilegium, ut dicebant, quod marca contra ipsos concedi non poterat nec debebat, nichilominus, cum dicte merces ad dictum portum applicate fuissent et ibidem per dictos nuncios et factores venales exponerentur, ut moris est, ad instanciam et peticionem Ade de Bannis, Johannis Flamingi et Mathei Rougequien ac Symonis predictorum, fuerant, in prefata villa de Harefloto, sub arresto ipsius ville posite et detente, in dictorum mercatorum Portugalie maximum prejudicium et jacturam, ut dicebant, ex quibus et aliis per ipsos lacius propositis concludebant quatinus dicti mercatores de Abbatisvilla et de Ambianis ad faciendum amoveri impedimentum in dictis mercaturis, ut predicitur, appositum et in manu nostra positis et ad tradendum eisdem mercatoribus Portugalie estimationem mercium seu mercaturarum predictarum compellerentur aut saltem condempnarentur et compellerentur, dicereturque dictum impedimentum in premissis injuste et contra rationem fuisse appositum, dictaque manus nostra ad ipsorum utilitatem levaretur et quod dicti mercatores de Abbatisvilla et de Ambianis in dictorum mercatorum Portugalie dampnis, interesse et expensis condempnarentur.

Dictis mercatoribus de Abbatisvilla et de Ambianis ex adverso proponentibus et dicentibus quod, anno Domini M° CCC° LXX° III° vel circa, dicti Adam, Johannes et Matheus, dum viveret, ac Symon centum quadraginta et unum dolia plena frumento cum quadraginta duobus dimidiis pannis laneis factionis dicte ville de Abbatisvilla, in portu de Croteyo, in Pontivo, in quadam navi, nuncupata navis Sancti Martini, de Sancto Sebastiano, in Hyspania, cujus quidem navis patronus erat Ferrandus Hugonis, onerari fecerant pro ipsis rebus et bonis de regno nostro et portu predictis ad dictam civitatem et portum wlixbonensem transfretandis seu ducendis, ad dictasque res seu bona conducendas Johannem Boscheti, eorum factorem seu nuncium, deputaverant et commiserant, quodque, cum dictus factor seu nuncius ad predictum portum wlixbonensem cum navi et mercibus predictis applicuisset et de dictis mercibus et bonis decimam defuncto carissimo consanguineo nostro, regi Portugalie, tunc viventi, prout moris est, debitam solvisset ac dictas res et merces de dicta navi exonerari et in quadam domo predicte ville wlisbonensis deponi fecisset, ipsasque merces venditioni postmodum exposuisset seu exponere voluisset, Ferrandus Rodrigues, civis et judex dicte civitatis wlisbonensis, asserens se de xxv doliis et una pipa vini in quadam navi existentibus, per Galtherum Waunain dictum Blanquedent et ejus complices, nostros regnicolas, in mari desraubatum seu depredatum fuisse, predictas merces dictorum mercatorum de Abbatisvilla et de Ambianis, que in pura sorte emptionis mille et centum florenos auri francos et amplius et pro vectura dictarum mercium, de regno nostro et portu de Croteyo predictis ad portum et villam dicte civitatis wlisbonensis, quingentos francos auri decustasse dicebantur, per correctorem dicte civitatis wlisbonensis seu alios officiarios dicti regis Portugalie et ex parte ipsius arrestaverat et ad manum dicti regis Portugalie posuerat, absque informatione precedente, non vocato nec audito factore seu nuncio predicto, ad quam arrestationem et manus appositionem seu pignorationem dictus factor seu nuncius se opposuerat et ad dictam oppositionem admitti cum instancia pecierat, prout de jure et ratione debite fieri debebat, plures rationes et causas efficaces ad hoc proponendo. Dictus tamen corrector, oppositione et aliis predictis non obstantibus, dictoque factore seu nuncio non audito, illud quod de dicto frumento et quadraginta duobus dimidiis pannis laneis supererat, predicta decima soluta, eidem Ferrando, de facto, contra juris formam et justicie, tradiderat et deliberaverat, in dictorum mercatorum de Abbatisvilla et de Ambianis et factoris seu nuncii prejudicium atque dampnum. Et, licet dictus factor seu nuncius eidem regi Portugalie ac ejus officiariis et justiciariis predicta dampna et gravamina, sicut predicitur, indebite facta et illata exposuisset, eisdem cum instancia supplicando sibi de justicia et remedio provideri, ac magnam et diligentem persequutionem super hoc erga dictum regem Portugalie ac ejus officiarios et justiciarios, per longa tempora et sumptibus magnis, fecisset, nullam tamen justiciam aut bonorum et mercium predictarum restitucionem ab eis obtinere potuerat, sicque bonis et mercibus predictis spoliatus a dicto regno Portugalie recesserat, et ob hoc dicti mercatores de Abbatisvilla et de Ambianis defuncto carissimo domino genitori nostro, tunc viventi, premissa lacius exponi fecerant, supplicantes sibi via marche et pignorationis super dicto rege Portugalie et ejus regnicolis ac eorum bonis aut aliter, prout in talibus erat fieri consuetum, de remedio et justicia provideri, offerentes de predictis fidem facere competentem Dictus vero genitor noster, qui matura deliberacione et non precipitanter in marchis et pignorationibus concedendis procedere consueverat, maxime adversus sibi federatos et longa amicitia junctos, super predictis eidem per dictos mercatores de Abbatisvilla et de Ambianis, regnicolas suos, expositis, virtute quarumdam litterarum suarum, die quinta septembris, anno LXX° IV°, concessarum, plenam fieri fecerat informationem, que in dicta curia nostra reportata seu relata postmodum et per eandem visa fuerat, per quam premissa apparebat fore vera, fuerantque super premissis nonnulle alie informationes facte ac littere ex parte dicti domini genitoris nostri et dicte curie nostre parlamenti ad dictum regem Portugalie transmisse, et tandem, die sexta mensis martii, anno Domini M° CCC° LXXX° II°, visis per dictam nostram curiam et diligenter inspectis omnibus informationibus et litteris antedictis, visa eciam declaratione rerum et mercium ac dampnorum, interesse et expensarum conquerentium predictorum in scriptis eidem curie per dictos mercatores de Abbatisvilla et de Ambianis tradita ac auditis mercatoribus de Abbatisvilla et de Ambianis et factore predictis ac procuratore relicte et tutoris predictorum, per eorum juramenta ad sancta Dei evangelia corporaliter prestita, ad certa interrogatoria per dictam curiam super premissis eisdem facta, ac delato eisdem juramento, usque ad certam summam, prout de stilo curie nostre consuetum est in talibus fieri, consideratisque in hac parte considerandis et que dictam nostram curiam movere poterant et debebant, quia dictis mercatoribus de Abbatisvilla et de Ambianis, nostris regnicolis et subditis, in justicia deficere aut ulterius differre non possumus, nec debemus, ipsa nostra curia, per arrestum, ordinaverat quod de bonis et rebus dicti regis Portugalie et subditorum suorum, ubicumque reperiri possent, in regno nostro, ad manum nostram ponerentur et arrestarentur, per modum pignorationis, realiter et de facto, usque ad valorem et estimacionem trium milium trescentarum quadraginta unius librarum, IV solidorum turonensium, ad quam summam taxati fuissent et estimati per dictam nostram curiam sumptus et expense ac dampna et interesse mercatorum de Abbatisvilla et de Ambianis predictorum, cum sorte et principali mercium et rerum predictarum, que quidem bona seu eorum precium, si commode servari non possent et ea vendi expediret, in dicta manu nostra tenerentur et conservarentur usque ad octo menses continuos a data dicti arresti post dictorum bonorum capcionem et arrestationem computandos, quo tempore pendente vel citius, si dictus rex nostris regnicolis predictis aut eorum certo mandato bona sua predicta, si extarent, vel ipsorum justum valorem et estimationem ac dampna, interesse et expensas legitimas, usque ad dictam summam trium milium trescentarum quadraginta unius librarum, IV solidorum turonensium, reddi et restitui faceret, bonaque ex parte nostra, ut premittitur, capta et arrestata (essent) (1) seu eorum valor et precium illis a quibus capta essent redderentur et restituerentur sine mora. Si vero dictus

---

(1) Surcharge du texte.

rex et ejus officiarii in dicta restitucione facienda predictis de Abbatisvilla et de Ambianis, ut premittitur, ulterius morosi essent et remissi, elapso dicto termino octo mensium, bona dicti regis vel subditorum suorum que ex parte nostra, ut dictum est, capta et arrestata essent, usque ad dictam summam et valorem trium milium trescentarum quadraginta unius librarum et quatuor solidorum turonensium, predictis de Abbatisvilla et de Ambianis traderentur et deliberarentur, per modum pignorationis et marche, quam, in casu predicto, ex nunc predictis de Abbatisvilla et de Ambianis nostra curia, contra dictum regem et ejus subditos ac eorum bona, adjudicaverat per arrestum. Dicebant insuper quod ipsi juxta formam et tenorem predicti arresti processerant ac bona et merces predictas subditorum dicti regni Portugalie, in dicta villa de Harefloto, arrestari et ad manum nostram poni fecerant, octo mensibus predictis elapsis, dictique subditi dicti regni Portugalie dictum privilegium quod subditi nostri contra ipsos uti marcha non possent non habebant, nec de eo fidem faciebant competentem, sed solum quandam copiam seu vidimus exibuerant, cui nulla fides erat adhibenda, et, si predicti subditi dicti regni Portugalie aliquid privilegium habebant, intelligi debebat quod subditi nostri, eorum propria auctoritate, contra dictos subditos dicti regni Portugalie marca seu pignoratione uti non poterant, et non in casu presenti, attentis diligentia factoris seu nuncii dictorum mercatorum de Abbatisvilla et de Ambianis ac negligencia dicti regis Portugalie ac ejus officiariorum et justiciariorum predictorum. Et, si aliquod privilegium a predecessoribus nostris uncquam habuerant, illud amiserant ac eodem abusi fuerant, nam cum Anglicis, nostris et regni nostri inimicis, juncti et confederati fuerant, ut dicebant mercatores de Abbatisvilla et de Ambianis predicti; cumque procurator dictorum mercatorum Portugalie, in dicta curia nostra interrogatus, dixerit quod ipse pro supranominatis et ceteris mercatoribus dicti regni Portugalie se presentaverat, pro parte dictorum mercatorum de Abbatisvilla et de Ambianis propositum extitit quod procuratorium, virtute cujus dictus procurator se presentaverat, erat minus sufficiens pluribus rationibus et causis ad hoc alegatis, petentes in hac causa sibi concedi congedium et expensas, solique mercatores dicti regni Portugalie superius nominati aut eorum procurator dictam impetracionem, cujus virtute hujusmodi causa in dicta curia nostra introducta fuerat, impetraverant et sic dictus procurator non erat admittendus, nisi solum in quantum portiones dictorum singularium superius nominatorum; et, cum dictum arrestum generaliter contra regem et subditos dicti regni Portugalie prolatum fuerit, dictique mercatores dicte civitatis wlisbonensis errores contra dictum arrestum minime proponi fecerint, apparebat quod ipsi, modo quo procedunt, non erant, nec sunt admittendi; et hiis attentis et quod dicti octo menses transacti fuerant, predictum arrestum exequi debebat ac nummi ex mercibus et bonis dictorum mercatorum dicte civitatis wlisbonensis, usque ad dictam summam trium milium trescentarum quadraginta unius librarum et quatuor solidorum turonensium, redacti seu redigendi predictis mercatoribus de Abbatisvilla et de Ambianis tradi et deliberari debebant. Ex quibus et aliis per ipsos lacius propositis concludebant sibi congedium et expensas supra petitas concedi, quodque procurator noster cum ipsis adjungeretur in hac causa, dictique mercatores dicte civitatis wlisbonensis ad sua proposita non admitterentur et, si admitterentur, quod ipsi causam vel actionem non haberent faciendi suas conclusiones et demandas supradictas et, si causam vel actionem haberent, quod dicti mercatores de Abbatisvilla et de Ambianis ab eisdem absolverentur et quod dicti mercatores wlisbonenses in expensis hujus cause condempnarentur.

Dictis mercatoribus wlisbonensibus replicantibus et dicentibus quod dictum eorum procuratorium erat bonum et validum, pluribus mediis et rationibus per ipsos super hoc allegatis, et quod dicti mercatores de Abbatisvilla et de Ambianis congedium et expensas per ipsos supra petitas habere non debebant, quodque pignoratio seu marce concessio erat contra jus divinum, canonicum et civile introducta et, licet in dicta curia nostra interdum marca concessa fuerit, hoc est contra reges seu principes et eorum subditos qui dudum ad hoc se consenserant et ligaverant, dictusque rex Portugalie seu ejus predecessores nunquam ad hoc se consenserant vel obligaverant. Quin ymo, ut predicitur, dictus rex Portugalie et ejus subditi privilegium a predecessoribus nostris sibi concessum habebant quod contra ipsos ad marcam seu pignorationem dicta curia nostra procedere non poterat, de cujus privilegii originalis fidem facerent, loco et tempore, ut dicebant, erantque nonnulli illorum quorum merces seu bona in dicta villa de Harefloto arrestate fuerant clerici non conjugati, alii vero clerici conjugati et sic eorum merces predicte, cum sint bona mobilia, capi pro marcha seu arrestari non debuerant, sed ex eisdem manus nostra levari debebat ad ipsorum clericorum utilitatem. Preterea dicebant dicti mercatores wlisbonenses quod, si bona seu merces dictorum mercatorum de Abbatisvilla et de Ambianis in dicto regno Portugalie capte seu arrestate fuerant, hoc fuerat per corrarium, ut justiciarum dicti regis Portugalie, justicia mediante et non dampnabiliter et, cum marca concedi solum debeat quando bona dampnabiliter capiuntur, apparebat quod dicta marca seu pignoratio per dictam curiam nostram contra dictum regem Portugalie et ejus subditos minus debite concessa fuerat, presertim cum procurator mercatorum dicti regni Portugalie, quem in regno nostro se habere dicunt, ad premissa minime auditus et vocatus fuerit. Et si bona dictorum mercatorum de Abbatisvilla et de Ambianis indebite seu dampnabiliter capta fuerant, ipsi vel eorum factor seu nuncius predictus pro ipsis ad dictum regem Portugalie appellare debuissent, dictusque factor seu nuncius dictorum mercatorum de Abbatisvilla et de Ambianis, ratione dictorum bonorum, peticionem contra dictum Ferrandum seu ejus heredes coram judice seu judicibus dicti regis Portugalie fecerat et tandem sententiam pro dictis mercatoribus de Abbatisvilla et de Ambianis reportaverat, que quidem sententia, cum ab ipsa fuisset appellatum postea, in quantum nonnullos heredum ipsius Ferrandi concernebat, confirmata fuerat et, in quantum alios tangebat, processus in causa appellationis, propter ipsorum absenciam in exercitu dicti regis Portugalie tunc existencium, judicari non potuerat, dictusque judex seu dicti judices dicti regis Portugalie diligentes in justicia dictis mercatoribus de Abbatisvilla et de Ambianis ministranda fuerant, nec eisdem judicibus Portugalie imputari debebat negligencia, cum sit patria que jure scripto regitur, in qua instanciam in causa principali per triennium et in causa appellationis per biennium terminari sufficiebat, et dictus factor seu nuncius per tantum tempus in dicto regno Portugalie non expectasset, et si marca seu pignoratio locum haberet in hac parte, hoc esset dumtaxat contra dictum regem Portugalie et contra illum vel illos qui merces seu bona dictorum mercatorum de Abbatisvilla et de Ambianis ceperant et rapuerant, dictique mercatores de Abbatisvilla et de Ambianis juxta formam et tenorem dicti arresti non processerant, nam satisfactio dicte summe predictis mercatoribus de Abbatisvilla et de Ambianis in dicto regno nostro fieri non debebat. Quin ymo, satisfactionem in dicto regno Portugalie sibi fieri requirere debuissent, de jure et ratione ac viso tenore arresti predicti, et cum dicti mercatores wlisbonenses condempnati non fuissent, erant admittendi, etiam dato quod errores non proponerent contra arrestum predictum, dicte etiam merces seu bona ac dampna, interesse et expense excessive taxate fuerant. Ex quibus apparere dicebant quod ipsi ad sua proposita erant admittendi, dictusque procurator noster cum dictis mercatoribus de Abbatisvilla et de Ambianis adjungi non debebat et ad hoc et aliud prout supra concludebant.

Dictis mercatoribus de Abbatisvilla et de Ambianis duplicantibus quod marce seu pignorationes in defectu justicie erant de jure et ratione permisse, adhibitis tamen solemnitatibus in talibus fieri consuetis, quemadmodum fuerat in casu premisso et sic usitatum in dicto regno nostro et observatum fuerat ab antiquo, dictorumque mercatorum de Abbatisvilla et de Ambianis merces seu bona virtute litterarum dicti regis Portugalie iniquitatem expresse continentium, absque informatione precedente, capta fuerant et sic iidem mercatores super dicto rege Portugalie et ejus subditis indempnes fieri debebant, juxta naturam marcarum predictarum, nec erant admittendi ad dicendum quod nonnulli eorum erant clerici, nam minus debite et minus generaliter hoc proponi fecerant, erantque dicti qui se clericos appellabant mercatores publici et contra ipsos ac ceteros dicti regni Portugalie regnicolas et subditos predictum arrestum exequi debebat; dicti etiam mercatores de Abbatisvilla et de Ambianis nullam in dicto regno Portugalie sententiam pro ipsis reportaverant et ad dicendum contrarium dicti mercatores wlisbonenses replicando, cum sit factum novum, non erant, nec sunt admittendi, nec appellare tenebatur dictus factor, cum nescivisset ubi in dicto regno Portugalie prosequi ejus appellationem. Quin ymo, dictus rex Portugalie et ejus judices vel officiarii in justicia ministranda dictis mercatoribus de Abbatisvilla et de Ambianis negligentes et remissi fuerant, ut prefertur, dictusque eorum factor vel nuncius per spacium xxxvii mensium, in dicto regno Portugalie, ibidem justiciam expectans et non inveniens, remanserat, cum magnis sumptibus et expensis, nec erat necesse quod per triennium vel biennium ibidem expectasset, de jure vel racione, presertim in casu premisso, non erat eciam necesse quod procurator mercatorum dicti regni Portugalie, quem in regno nostro se habere dicunt, ad premissa vocatus fuisset, ut dicebant. Preterea dicebant quod mercatores dicti regni Portugalie diligenciam adhibere debuerant quod eisdem mercatoribus de Abbatisvilla et de Ambianis satisfactio fieret, infra octo menses predictos, sicque intelligi debebat dictum arrestum, non quod dicti mercatores de Abbatisvilla et de Ambianis in dicto regno Portugalie satisfactionem de dicta summa sibi fieri tenerentur, dictique mercatores wlisbonenses et ceteri regni Portugalie erant condempnati et sic, modo et forma quos elegerant, non erant admittendi, sed contra dictum arrestum errores proponere debuissent. Ex quibus et aliis per ipsos lacius propositis concludebant, prout supra.

Tandem, auditis partibus antedictis in omnibus que circa premissa dicere et proponere voluerunt, visis insuper dicto procuratorio, certis informationibus et processu alias super hoc factis, una cum dicto arresto, certisque aliis litteris, actis et munimentis partium predictarum, consideratisque et attentis diligenter omnibus circa hec attendendis et que dictam curiam nostram in hac parte movere poterant et debebant, prefata curia nostra per arrestum ordinavit et ordinat quod nummi ex vendicione dictarum mercium seu bonorum dictorum mercatorum wlisbonensium redigendi et habendi seu redacti et habiti predictis mercatoribus de

Abbatisvilla et de Ambianis, usque ad dictam summam trium milium trescentarum quadraginta unius librarum iv solidorum turonensium, tradentur et deliberabuntur. Ordinavitque dicta curia et ordinat quod, si dictus rex Portugalie, infra sex menses a data hujus arresti computandos, solutionem et satisfactionem dicte summe trium milium trescentarum quadraginta unius librarum, quatuor solidorum turonensium eisdem mercatoribus de Abbatisvilla et de Ambianis, in eorum domiciliis apud Abbatisvillam et Ambianis, fieri fecerit, dicti mercatores de Abbatisvilla et de Ambianis predictis mercatoribus wlisbonensibus dictam summam reddent et restituent ac reddere et restituere tenebuntur, pro qua summa, in casu premisso restituenda, dicti mercatores de Abbatisvilla et de Ambianis ydoneam caucionem et sufficientem eidem curie nostre, de presenti, presentare tenebuntur; si vero, infra dictos sex menses, solutio et satisfactio dictis mercatoribus de Abbatisvilla et de Ambianis, in eorum domiciliis, ut prefertur, minime facta fuerit, nummi dictarum mercium seu bonorum mercatorum wlisbonensium predictorum ad dictos mercatores de Abbatisvilla et de Ambianis ad plenam deliberacionem spectabunt ac eisdem perpetuo remanebunt ac eorum caucio tunc deliberabitur et expedietur, in quo casu dicta curia, ex nunc pro tunc, dictis mercatoribus de Abbatisvilla et de Ambianis dictos nummos ad plenum deliberavit et deliberat, una cum eorum caucione predicta. Et, per idem arrestum, dicta curia dictos mercatores wlisbonenses in expensis dictorum mercatorum de Abbatisvilla et de Ambianis condempnavit et condempnat, dictarum expensarum taxatione ipsi curie reservata.

Pronunciatum xxvi^{ta} die martii, anno Domini M° CCC° LXXX° III°, ante pascha.

X^{1A} 32, f° 329 seq.

Cf. Plaidoiries des 4 et 8 février. X^{1A} 1472, f°s 32, 34.
Arrêté au Conseil le 16 mars, *ibid.*, f° 168

N° 2. — *Premier arrêt de la Cour sur la question.*

L'arrêt du 6 mars 1382, v. st., résumé dans celui du 21 mars 1383, v. st., y ajoute quelques détails intéressants sur la correspondance des deux rois et les détails de la procédure suivie à Lisbonne. Nous en reproduisons seulement les passages les plus curieux.

6 Mars 1382, v. st.

Karolus, etc. Universis, etc. Nostre parlamenti curie sua gravi querimonia exposuerunt Adam de Bannis, Johannes Flamingi ac Ysabellis de Martignivilla, relicta, et Guerardus Fasselini, tutor Guillemoti. quondam filii defuncti Mathei Rougequien de Abbatisvilla in Pontivo, ac Symon Burgundionis, civis ambianensis, regnicole et fideles subditi nostri, quod, cum dicti Adam, Johannes,

Symon et Matheus, dum vivebat, dudum, videlicet anno ab incarnatione Domini M° CCC° LXX° III° vel circa in portu de Croteyo.....

(Suit le récit des faits littéralement répété plus haut, dans l'argumentation des mêmes marchands, jusqu'à : virtute quarumdam litterarum suarum, die quinta septembris anno LXX° IV°).

..... per litteras suas, datas xxvᵃ die septembris, anno LXX° IV°, plenam fieri fecerat informacionem que dicte curie parlamenti in scriptis debite fuerat relata et in eadem curia diligenter visa, per quam premissa reperta fuerant esse vera. Et ob hoc predictis conquerentibus, ut de racione tenebatur, dictus genitor noster, et ut hactenus predecessores sui et nostri facere consueverant, per suas patentes litteras, datas ultima die februarii, anno M° CCC° LXX° VI°, predicto regi directas et eidem factori traditas, de dicti regis celeri justicia confidens, scripserat et eumdem cum instancia requisiverat ut merces et bona predicta subditorum suorum, si extarent, alioquin legitimum valorem seu estimacionem eorumdem, cum dampnis, expensis et interesse legitimis per eosdem exponentes occasione premissorum factis et passis, eisdem aut eorum certo mandato reddi et restitui faceret, taliter quod dicto genitori nostro deberet esse gratum et quod ob defectum justicie dictis suis subditis per marcham seu pignoracionem aut aliter non cogeretur, justicia mediante, providere. Quibus quidem litteris eidem regi per dictum factorem presentatis et ab ipso rege seu ejus consilio receptis ac vocatis et comparentibus coram dicto rege partibus predictis, scilicet heredibus dicti Ferrandi, qui hoc pendente decesserat, ac factore predicto, ipsi heredes confessi fuerant predictum Ferrandum quantitatem dicti frumenti habuisse, sed non fatebantur dictos pannos habuisse, quanquam dictus factor eidem regi per instrumenta publica de contrario fidem sibi faceret condecentem et de predictis pannis denegatis per dictum Ferrandum habitis in promptu potuisset dictus rex in sua civitate predicta, tam per dicta instrumenta quam per suos officiarios et aliter, informari, dicti eciam heredes, predictum factorem in processibus involvere cupientes, allegaverant quod dictus Blanquedent de predictis pannis et blado aut eorum valore, per quosdam dicti genitoris nostri judices et officiarios compulsus, eisdem conquerentibus satisfecerat, quod predictus factor veraciter asserebat esse falsum, nec de eisdem apparebat quovismodo; et nichilominus dictus rex seu ejus consilium heredes predictos ad hoc factum probandum admittere voluerant, ipsum factorem de facto et indebite spoliatum et depunctatum in processu ponendo et solum dicti frumenti et non pannorum valorem in manu sequestri poni faciendo, prout hoc per litteras dicti regis genitori nostro predicto super hoc directas dicebantur apparere; quapropter dicti exponentes eidem genitori nostro iterato supplicarunt per indicionem seu adjudicacionem marche super dictum regem et ejus regnicolas et subditos ac eorum bona aut aliter de pignoracione sibi provideri. Dictus vero genitor noster, qui in justicia facienda tam subditis suis quam advenis micius agere volebat quam per correctorem et judices dicti regis factum extiterat, attento quod in litteris dicti regis inter cetera canebatur expresse quod, si factor predictus persistere coram ipso per modica tempora voluisset, eidem justicie complementum exhibuisset, iterato predicti regis serenitatem per suas patentes litteras, datas viii^a die maii, anno M° CCC° LXXX°, affectuose requiriverat et rogaverat ut ipse predictis regnicolis et subditis suis seu eorum factori vel certo mandato, qui propter factum dicti Blanquedent, sine cause cognicione et ipsis non auditis ac dicto genitore nostro non requisito, pro alterius facto pignorari non debuerant, bona predicta, si extarent, sin autem eorum legitimum valorem et estimacionem, dicta decima deducta, reddi et restitui ac de dampnis, expensis et interesse legitimis ob hoc passis et factis restitucionem fieri faceret. Quibus quidem litteris genitoris nostri per dictum regem receptis et coram ipso lectis, cum predictus factor regi predicto cum instancia supplicasset quatinus sibi faceret aut fieri mandaret super premissis justicie complementum, juxta contenta in litteris requisitoriis antedictis, et, de ipsius regis precepto, cancellarius suus et quidem alii judices et officiarii sui, vocatis partibus, de dicto negocio cognoscere et in eodem procedere inceperant et in tantum processerant quod dictus factor sentenciam pro se contra dictos defensores, per Ferrandum Martini, judicem ordinarium dicti regis, obtinuerat, a qua sentencia extiterat per dictos defensores appellatum; causa vero dicte appellacionis coram magistro Johanne de Legibus, superiore judice dicte civitatis pro rege predicto, introducta, factor predictus ipsius judicis superioris frequenter et sepius adierat presenciam, supplicando et cum instancia requirendo sibi jus fieri et reddi per judicem superiorem antedictum, et, quia dictus judex multo plus debito, absque causa racionabili, jus super hoc reddere distulerat, factor predictus hoc predicto regi et ejus cancellario, graviter conquerendo, pluries retulerat, supplicando sibi super hoc de remedio provideri, quidquid vero rex predictus et ejus cancellarius eidem judici super hoc dedissent in mandatis, prefatus tamen judex, in reddenda justicia deficiens et remissus, post multas et longas dilaciones insequtas, eidem factori pluries responderat et dixerat quod processus suus erat perditus et tandem sibi dixerat quod aliud sibi non faceret, et omnino sibi facere justiciam denegavit. Cumque dictus factor seu nuncius a dicto judice, quem super hoc per viginti unum menses vel amplius insequtus fuerat, suas litteras testimoniales de et super ejus responsione et prosecucione dicti factoris instantissime requisivisset, prefatus judex hoc sibi totaliter pluries denegaverat et, cum dictus factor de et super predictis prosecucionibus, requisicionibus et responsionibus predictis a certis notariis et tabellionibus publicis, quos propter hoc ad presenciam dicti judicis perduxerat, instrumentum seu instrumenta publica sibi fieri et tradi suis sumptibus pluries et instanter peciisset, ut de predictis fidem facere potuisset, tam dictis mercatoribus, magistris suis, ad ipsius excusacionem, quam alibi, ubi eisdem mercatoribus et factori videretur expedire, predictus tamen judex eisdem notariis et tabellionibus publicis inhibuerat ne super hoc aliqua conficerent publica instrumenta, ulterius cominatoria verba eisdem dicendo et inter cetera quod bene suas manus et pedes observarent, per cujus metum et cominaciones dicti notarii et tabelliones instrumenta conficere ausi non fuerant nec fecerunt; et preterea partes adverse dicti factoris et eorum amici, qui erant et sunt divites et potentes in villa et civitate Wlixbonne predicta, in odium dictorum processuum et prosecucionis, graves minas eidem factori intulerant et tanto ac tali odio ipsum prosecuti fuerant quod, si diucius ibidem remansisset et in dicta prosecucione perseverasset, in periculo mortis fuisset; in dicta vera (vero?) prosecucione perstiterat et continue, dictum regem et ejus judices et officiarios prosequendo, per duos annos cum dimidio et amplius vacaverat cum magnis sumptibus et expensis ac laboribus et periculis non modicis; quibus juris et justicie denegacionibus factis ac minis et terroribus sibi imminentibus non valens ulterius inaniter laborare, justo metu mortis ductus et compulsus, negocio sic per negligenciam et defectum ac juris denegacionem dicti regis ac judicis et officiariorum suorum in statu predicto remanente, de dicta civitate recesserat et ad dictos mercatores reversus fuerat, quorum occasione dicti mercatores exponentes, tam pro sorto et principali dictarum rerum et mercium suarum quam pro dampnis, interesse et expensis, fuerunt et sunt dampnificati in summa trium milium octingentorum septuaginta octo librarum turonensium et amplius et adeo quod pauperes sunt effecti et quasi ad inopiam deducti, que omnia et singula dicti mercatores nobis et curie nostre, post obitum dicti genitoris nostri, lacius exponi fecerant, humiliter supplicantes per nos eisdem super hiis de justicie remedio provideri. Super quibus omnibus dicta curia nostra, maturius et securius volens in hac parte procedere, aliam informacionem fieri mandavit et ordinavit per gubernatorem Pontivi et presertim super dictis prosecucionibus, requestis et responsionibus ac denegacionibus, cominacionibus et prohibicionibus antedictis, qui gubernator plures testes, qui ad hec omnia presentes interfuisse dicebantur, diligenter examinavit ac nostre curie dictam suam informacionem sub suo sigillo clausam remisit, qua recepta, in dicta nostra curia predicti exponentes ut alias dicte curie nostre supplicarunt sibi de justicia super hoc provideri. Visis igitur per dictam nostram curiam et diligenter inspectis omnibus informacionibus et litteris antedictis.....

(Le reste : ut supra, depuis : visa eciam declaracione, jusqu'à : Dicebant insuper....). Quocirca gubernatori predicto ac baillivis nostris Constanciensis et Caleti, ceterisque baillivis nostris regiis aut eorum locatenentibus et ipsorum cuilibet committimus et mandamus quatinus nostram et predicte nostre curie ordinacionem exequantur, juxta ipsius tenorem et formam.

Pronunciatum die iv^a marcii, anno Domini LXXX° ll°.

X^{1A} 32, f° 119 v°.

Cf. autre démêlé entre plusieurs marchands d'Amiens et un marchand portugais, Léon Martinez. Plaidoirie. X^{1A} 1477, f° 559, 25 juin 1395.
Arrêté au Conseil, *ibid.*, f° 614, 18 août.

N° 3. — Plaidoyer devant la Cour entre marchands amiénois et hollandais, à raison d'un arrêt fait à Abbeville des marchandises de ces derniers, en représailles de certains faits de piraterie.

Voici une seconde affaire de même nature, qui ne s'est pas perpétuée moins de dix ans, devant la cour de Parlement. On trouvera le récit détaillé des faits dans la pièce n° 4 : c'est encore un acte de piraterie commis par un certain Pietre Zoustre, sujet du duc de Hollande, au détriment de deux marchands d'Amiens et d'un armateur de Saint-Valery, transportant pour eux, en Angleterre, un chargement de guède et de toiles, qui en fut le point de départ.

Après d'inutiles démarches près du duc pour obtenir satisfaction, des lettres des rois de France et d'Angleterre, du duc de Bourgogne, un voyage en Hollande, etc., les deux marchands spoliés s'étaient fait octroyer par le Roi des lettres d'exécution, en vertu desquelles ils avaient fait saisir à Abbeville, par le lieutenant du sénéchal, pour 1200 francs de marchandises hollandaises, leur propre dommage s'élevant à 1600 francs environ, non compris le prix du bateau, coulé aux bouches de la Tamise, 400 francs.

C'est contre cette saisie que les Hollandais lésés avaient fait opposition, comme les lettres royales leur en reconnaissaient le droit, et interjeté appel devant la Cour. Leur raison principale était qu'une simple lettre de chancellerie ne pouvait conférer droit de saisie, mais seulement ... mandement valable du Roi et de la Cour, autrement dit, des lettres de marque dûment enregistrées; qu'au demeurant leur duc n'avait jamais refusé justice aux plaignants, ayant tenu Pietre en prison un an et un jour, pour ne le délivrer que sous caution, et s'offrant à les entendre contradictoirement; qu'enfin la valeur des marchandises enlevées, 460 l. environ, non comprises les 400 l. de la nef, que ne visaient pas les lettres d'arrêt, était hors de proportion avec leur propre dommage; et que, pour obtenir mainlevée, ils offraient caution, sans y être réellement tenus. C'est précisément cette caution que réclamaient d'eux les Amiénois.

La Cour se borne à inviter les parties à produire leurs preuves, lettres, informations, etc.

La perte du premier registre spécial du Conseil nous laisse ignorer la suite de l'incident. Mais la durée même de l'affaire et les nombreuses exécutions qui suivirent nous autorisent à penser que la thèse des Hollandais avait été admise, en 1396, et cette première exécution annulée, au moins sous caution, comme juridiquement insuffisante.

C'est seulement cinq ans plus tard, après trois et quatre sommations adressées par la Cour au duc Albert et la promesse par lui faite, mais non tenue, d'envoyer des députés en France pour traiter des satisfactions requises, avant une échéance fixée — fête de saint Jacques et saint Christophe 1401, — que le Parlement se décida à octroyer aux marchands d'Amiens des lettres de marque, dont nous publions le texte au n° 4.

Entre plusieurs marchans de Holande, d'une part, et Jehan Monnier et Jehan Grevin, demourans à Amiens, d'aultre part, qui dient les estrangers que ils avoient mis sur mer plusieurs marchandises, qui montent plus de viii^M, pour arriver en divers lieux, mais Jehan Monnier et Grevin les ont faites arrester et sur ce ils ont esté devant le sénéchal de Pontieu qui ne leur voult délivrer par baillant caucion, dont ils ont appellé et néantmoins ont obtenu lettres pour avoir leurs denrées, par baillant caution, et à l'entérinement se sont ceulx d'Amiens opposés. Si concluent à l'entérinement et à despens et en l'appel, bien appellé et mal reffusé et à despens.

Ceulx d'Amiens dient que l'an IIII^{xx} et XIV, ils chargèrent une nef de gaude et d'aultres choses et passèrent pour aler en Angleterre et, en l'entrée de la Tamise, un nommé Pètre Zouste de Hollande les assailli, pilla et en tua aucuns et emporta leurs marchandises, et la nef a esté périe en Angleterre. Sur ce le roi d'Angleterre escripst au duc Aubert, mais il n'en fist force et depuis orent lettres du Roy et du duc de Bourgogne, mais il n'en fist force. Depuis, par vertu de certainnes lettres, faite information, orent lettres du grant Conseil et de la Court de céans et copie de l'information qui fu envoiée au duc, mais n'orent response, fors que Piètre Zoustre si estoit prisonnier en Hollande où ils alèrent et ne pevent avoir eue prinse, sur ce plusieurs fois sommés. Pour ce ont eues lettres du Roy, pour eulx desdommagier sur les biens des Holandois et le sénéchal de Pontieu les face ainsi desdommagier et, en cas d'opposicion, adjournement céans. Dient que ils ont eu exécutoir du sénéchal et par vertu de ce ont fait arrester bien pour xiie francs des Hollandois. Sur quoy ceulx d'Amiens ont esté adjournés ; et ont requis (1) au lieutenant du sénéchal contre eulx estre receus à opposition et qu'il levast la main de leurs biens, sans offrir caucion. Et pour ce le juge les commanda recevoir à opposition, mais au surplus ne fist riens et pour

1er Août 1396

---

(1) Les Hollandais.

ce appellèrent. Or dient ceulx d'Amiens que le juge ne povoit lever la main, car il ne lui estoit pas mandé et en ce n'estoit que pur excécuteur, meismes que ce n'estoit que le lieutenant du sénéchal. Et oultre dient que, attendu que il est question de arrest, la nature de la chose et l'entencion du Roy estoit que caucion feust donnée et par ce concluent mal appellé et que il ne font à recevoir. Et si est Abbeville, où les biens ont esté arrestés, ville d'arrest et devoient recourir au Roy ou à la Court, où l'appellation venoit, et ils alèrent devant le lieutenant du sénéchal, qui n'avoit point de permission, et pour ce ne font à recevoir comme appellans. Et, à l'autre cause, dient, pour leur fait, que ils n'ont rien mesprins et que ils ont fait par auctorité de mandement du Roy et pour ce concluent à fin de non recevoir et à despens et, se mestiers est, conduient leur exécution et que à bonne cause a esté faite et se parfera et à despens et si requièrent que ils baillent caucion.

Les Holandois dient que ils sont bons marchans, qui ont acoustumé de fréquenter ce royaume, et partie ne les accuse d'avoir fait aucun délict, mais un que l'en nomme Piètre Zoultre, de qui ils sont à plus de xl lieues, et ne loit à aulcun pour le délit d'aultruy se prendre à aultruy, [se] ce n'est par marque adjugiée. Dient que partie vient par une simple impétracion et n'ont pas ceulx d'Amiens fait leur arrest par vertu du mandement du Roy et de la Court, mais par vertu d unes lettres empétrées en la chancellerie, soubz l'assercion de partie, et contient, si comme il dist, et en cas d'opposicion, sans dire les biens demourans en main, et s'adreçoient au gouverneur. Et, supposé que information ait esté faite et que le duc n'ait point fait raison, toutesvoies jusques à ce que sentence sur la marque soit donnée, l'en ne peut sur ses subjects aler par voie de marque; et si dient que ceulx qui firent le délict, assavoir Piètre Zoultre, ont esté punis en Angleterre et ailleurs, et a le duc tenu Piètre, an et jour, en prison, sans ce que aulcun lui demandast riens, et ainsi, par l'usage de là, ne le povoit tenir, mais devoit délivrer, et encores ne l'a il fait que à caucion; et, se Monnier l'a trouvé hors de prison, ce a esté après l'an et le duc a offert de faire justice à sa court et faire venir devant soy Piètre et que il y voisent et encores l'offre. Et dient que ceulx d'Amiens ne viennent pas par arrest coustumier mais par lettres et le coustumier ce fait contra obligatum ex contractu; mais ceulx sur qui l'arrest est fait ne sont point obligés et ne conduit onques son arrest pour les iiii^c de la nef, et les marchandises que ils menoient ne furent acquittées que pour iiii^c lx l. Et si n'estoit point la nef à eulx, mais à un nommé Colet, qui l'a vendue depuis; et compétoit la congnoissance au sénéchal et avoit opposition en la lettre qui conserne l'estat, par quoy ils ne devoient bailler caucion, et toutesvoies ils l'offrirent. Si concluent comme dessus.

Ceulx d'Amiens requièrent que le Hollandois déclare le temps de la prinse ou aultrement ils lui osteroient sa preuve, et les en a sommés et ils ont respondu que ce vient à la deffense du duc de Zellande.

Finablement appointié est que les parties mettront devers la Court leurs lettres, information, sommations et ce que elles vouldront et la Court considérera les raisons des parties et fera droit et en arrest.

X¹ᴬ 4784, f° 153 v°.

N° 4. — Octroi par la Cour de lettres de marque à deux marchands d'Amiens contre le duc Albert de Hollande et ses sujets.

Cum Johannes Monnoyer et Johannes Grevin, mercatores et burgenses ville nostre ambianensis, ac Colardus Dausse, nauta seu marinarius de Abbatisvilla, nostri regnicole et subditi, in hac parte consortes, dudum nobis, non absque grandi aclamatione et cordis amaritudine, exponi fecissent quod, cum mercatores ipsi, causa mercature sue exercende, anno Domini M° CCC° XC° IV°, apud vadum ambianensis ville, in modicis vasis sive batellis, sedecim dolia guesde, milleque petratas gaude ac quandam archam vel coffrum maritimum plenum pannis lineis, aliasque merces estimationis et valoris mille secentum francorum vel circa, apud Sanctum Walerium ducendas et ducenda et abinde Londoniis in Anglia, in nave seu vase dicto Colardo pertinenti, per mare transvehendas posuissent, dictisque mercaturis in navi predicti Colardi positis et eodem Colardo cum suis familiaribus ad navigium necessariis usque ad locum quo fluvius Tramisie incedit in mare transfretatis, Petrus Zouste et alii quamplures, ejus complices, subditi carissimi consanguinei nostri Alberti, Horlandie et Zelandie ducis, Hanonieque comitis, in patria Hollandie et Zelandie commorantes, per mare, in quodam vase armato et ipsi armati incedentes, hostili atque piratico more, navi predicti Colardi, in qua erant merces predicte, applicuerant et eam, usque ad numerum sedecim personarum, ingressi, vi et violencia nautas ibidem existentes invadendo, quemdam Honnere Rivet nuncupatum crudeliter et dampnabiliter occiderant, alterum ex ipsis, vocatum Stacium Bonne, semivivum et quasi mortuum relinquentes, quo facto, dictus Colardus Dausse, habens noticiam predicti Petri Zouste, adeo perterritus fuerat quod, hujus metu, maris et unde periculo se exposuerat et in aquam salierat, sperans, sicut et fecerat, mortis periculum, per spacium duarum horarum natans, evadere. Quibus prefatus Petrus Zouste et ejus complices

20 Août
1401

minime contenti, sed mala malis accumulando, omnes merces et mercaturas supradictas, in nave dicti Colardi Dausse existentes, rauberiam et rapinam committendo, in suo navigio posuerant et navem predicti Colardi Dausse valoris quadringentorum francorum vel circa disruperant et afundaverant, predictas merces et mercaturas secum deportando et aliter de ipsis pro sue libito voluntatis et voluntate inordinata disponendo. Que omnia facta fuerant et dampnabiliter perpetrata, in nostri vilipendium et contemptum ac in eorumdem exponentium et reipublice dampnum, irreparabile prejudicium et gravamen, murtrum et homicidium ac rauberiam nequiter et dampnabiliter committendo et aliter multipliciter delinquendo, ut dicebant, supplicantes per nos, qui eis et aliis subditis nostris justiciam denegare non poteramus, sed ad eam faciendam ex debito tenebamur et astricti eramus, de remedio provideri. Super quibus certam informacionem fieri et per nostram parlamenti curiam postmodum videri feceramus. A qua quidem curia, de premissis ad plenum certiorata, dicti exponentes trinas et quartam ex habundanti ac subsequenter obtinuerant litteras requisitorias, per quas dictum ducem Albertum primo, secundo, tertio et quarto, ex habundanti, requisiverimus et rogaverimus quatinus dictis exponentibus super dictis rauberia, murtro et homicidio justiciam ministrare, necnon bona, res et merces superius declaratas, si essent in rerum natura, sin autem, eorum valorem et estimationem supradictam, una cum dampnis, interesse et expensis per ipsos exponentes propter hoc passis, habitis et sustentis, omni dilatione postposita, reddi et restitui faceret, alioquin, procul dubio, dictis exponentibus de remedio provideremus oportuno et contra ipsum et ejus subditos procederemus et procedi faceremus per viam marche seu represaliarum aut aliter, prout in talibus erat fieri solitum et eidem curie nostre videretur expedire, quousque de predictis et eorum valore eisdem exponentibus esset plenarie satisfactum; predictusque dux Albertus, dictis requisitionibus et litteris nostris non obstantibus, sed ipsis omnino spretis et contentis (*sic*), justiciam super dictis rauberia, murtro et homicidio exhibere ac dictis exponentibus satisfactionem aliqualem fieri facere, saltem effectualiter, non curaverit, super hoc per dictos exponentes aut eorum procuratorem, ad hoc potestatem habentem, debite summatus, nec erga nos seu consilium nostrum parisiense aut exponentes predictos, infra festum sanctorum Jacobi et Christophori ultimo lapsum, suos nuncios et legatos, ut nobis per suas litteras clausas rescripserat, ad tractandum et satifaciendum de premissis transmiserit, prout hec et alia ex tenore litterarum nostrarum requisitoriarum et relationum executorum earumdem, necnon et per dictam informationem et aliter constiterunt curie nostre memorate.

Quapropter Johannes Monnoyer, Johannes Grevin et Colardus Dausse, exponentes et subditi nostri supranominati, nobis seu dicte nostre parlamenti curie sibi de remedio, prout alias et cum instancia, petierunt et requisierunt provideri et marcham pro predictis contra dictum ducem, suos subditos et bona concedi et adjudicari. Visis per dictam curiam nostram litteris nostris requisitoriis, relationibus et informationibus predictis cum quibusdam litteris clausis et responsionibus dicti ducis Alberti, consideratis eciam et attentis diligenter omnibus circa hec attendendis et considerandis et que eamdem curiam nostram in hac parte movere poterant et debebant, juramento insuper super valore dictarum rerum et mercium ac navis, necnon super dampnis, interesse et expensis exacto et prestito et matura super hoc, pluries ac vicibus reiteratis, deliberacione consilii prehabita, prefata curia nostra marcham Johanni Monnoyer et Johanni Grevin, mercatoribus, et Colardo Dausse, naute seu marinario, superius nominatis, contra dictum ducem Albertum et ejus subditos patriarum suarum Hollandie et Zelandie predictarum et eorum bona, de summa trium mille trecentarum sexaginta librarum octo solidorum et sex denariorum parisiensium (1), tam pro principali quam pro dampnis, interesse et expensis, adjudicavit et adjudicat per arrestum.

Pronunciatum xx^a die augusti, anno Domini M° CCC° I°.

X^{IA} 48, f° 223 v°.

Cette affaire entraîna, dans les cinq années suivantes, une série d'exécutions, de transactions et d'arrêts nouveaux de Parlement, dont nous citons seulement les plus intéressants.

Cf. X^{IA} 49, f° 145 v°, 8 juin 1402.

Arrêt de la Cour rendu au profit de Jean Monnoyer, agissant au nom des deux autres, contre un certain Jean de le Zalle, sujet hollandais, dont, en vertu des lettres de marque précitées, il aurait fait saisir, à Tournai, un bateau portant 21 tonneaux et 16 pipes de vin de Poitou et 8 meules de moulin, à raison de quoi celui-ci aurait fait appel devant la Cour. Assigné à comparaître et ayant fait défaut, par trois fois, il est débouté de son appel, et congé est donné contre lui à Jean le Monnier. (Arrêté au Conseil, le 15 avril 1402. X^{IA} 1478, f° 61).

(1) On ne manquera pas d'être frappé par l'énormité du chiffre des frais. les intéressés eux-mêmes ayant évalué leur préjudice à 1600 francs, que la partie adverse prétendait réduire à 460 francs. (V. *supra*, n° 3, non comprises les 400 l. de la nef). Cf. avec le n° 1. L'arrêt de Conseil du 18 août 1401 (X^{IA} 1478, f° 31 v°) décompose ainsi l'indemnité accordée : « C'est assavoir sur le principal de la somme de xviii^c frans, qui valent à lb xiv^c xl lb. par., et, pour dommages, interests et despens, de xviii^c lxiii lb. viii s. vi den. par., pour somme total iii^M iii^c lx lb. viii s. vi d. p. ».

N° 5. — Troisième arrêt de la Cour sur cette affaire, relatif à une exécution opérée contre un certain Chilmann, du pays de Zélande.

Nous citons, in extenso, ce troisième arrêt, parce qu'il apporte de nouveaux détails sur la procédure suivie en ces sortes d'affaires : il s'agit d'une série de transactions entre marchands des deux pays pour indemniser les Français, au moindre préjudice des Hollandais. On y voit notamment qu'au dire du plaignant, Chilmann, — dont les deux navires avaient été arrêtés en mer, les cargaisons séquestrées à Harfleur et la personne incarcérée, en octobre 1402, à la suite de l'octroi des lettres de marque de 1401, — un accord avait été négocié entre les parties, au terme duquel les Hollandais avaient consenti à la perception d'un vingtième sur leurs importations en France, jusqu'à entière satisfaction des deux Amiénois. C'est en vertu de cet accord et de nombre d'autres exécutions, dont le produit les avait indemnisés et au-delà, disait-il, que Chilmann demandait à la Cour, en 1405, la levée de l'embargo sur ses marchandises. Monnoier et Grevin objectent au contraire que l'incarcération, la saisie des navires et la mise en vente de leurs chargements ont été régulièrement faites, sans aucune opposition, jusqu'au jour où Chilmann, soi-disant propriétaire, en a appelé au Parlement, requérant sa libération personnelle et la restitution de ses biens. Puis, sur l'opposition du sergent exécuteur, un compromis est intervenu, par lequel Chilmann s'est engagé à comparaître, à certain jour, devant la Cour et, pour obtenir mainlevée, à fournir caution de 1600 l. avec deux répondants. Au jour dit, il a fait défaut, se bornant, par un artifice de procédure, à faire présenter des lettres du Roi l'autorisant à faire convertir son appel en opposition et à procéder plus avant, ce qui lui a été accordé. Ils demandent, en conséquence, validation de l'exécution et du compromis, contre Chilmann et ses répondants, avec condamnation aux frais, etc. Satisfaction leur est donnée par l'arrêt du 12 septembre.

12 Septembre 1405

Cum, per certum arrestum, in nostra parlamenti curia, anno Domini M° CCCC° I°, prolatum, quedam marcha seu represallie pro dampnis, expensis et interesse Johannis le Monnoier, mercatoris ville nostre ambianensis, suo ac Johannis Grevin et Colardi Dausse, sociorum suorum, nominibus, usque ad summam trium milium trecentarum sexaginta librarum octo solidorum, contra ducem Albertum, ejusque subditos et bona eorum patriarum Hollandie et Zellandie, adjudicata fuisset, virtuteque ejusdem arresti et executorie ipsius, dictus Monoier, nominibus predictis, anno Domini M° CCCC° II°, mense octobri, per Petrum Sorel, servientem nostrum, Chilmanum, filium Claii, de dicta patria Zellandie, prisionarium arrestari fecisset, necnon in et super duabus navibus, una vocata Hurque, altera Scute, cum quatuordecim ballis garancie, executionem fieri, navesque et merces predictas vendi et subhastari publice fecisset, que postmodum ultimis incariatoribus per decretum adjudicate extitissent, absque hoc quod aliquis in contrarium se opposuisset, prout idem Monnoier dicebat; sed, post dicti decreti adjudicationem, prenominatus Chilmanus, qui dicebat predictas naves et merces ad se pertinere, ad nostram parlamenti curiam appellaverat et suam appellationem ibidem relevaverat et deinde, virtute certarum litterarum nostrarum, prefatus Chilmanus a prisionibus liberari et ejus bona predicta sibi reddi et tradi pecierat, executioni quarum litterarum dictus Sorel, eo quod de dicto Chilmano justiciam aliter habere non posset, cum extraneus et de patria Zellandie predicta esset, se opposuerat; super quo inter prefatum Sorel, pro et nomine predictorum Johannis le Monnoier et sociorum ejus, et dictum Chilmanum tractatum et concordatum extiterat quod dictus Chilmanus personaliter, ad xx^{am} diem marcii tunc sequentis, in dicta curia nostra compareret, dictaque bona capta et vendita, pro summa mille sexcentum francorum, eidem traderentur et deliberarentur, pro quibus solvendis et adimplendis, casu quo in dicta causa succumberet, Jacobus Boucherii et Haynes Courant, fidejussores et principales debitores in solidum se constituerant et obligaverant, prout hec et alia per certas litteras super hoc confectas lacius apparere poterant, ad quam diem prefatus Chilmanus, ut tenebatur, non venerat aut comparuerat, sed quasdam litteras a nobis obtentas in dicta curia presentari fecerat per quas dictam appellationem in opposicionem converti et ulterius in causa procedi mandabatur, quibus litteris obtemperando, dicta curia nostra hujusmodi appellationem in oppositionem convertit et ad ulterius procedendum dictas partes appunctaverat. Quare petebat dictus Monnoier ipsum ad bonam et justam causam predictam executionem fieri fecisse, dictumque Chilmanum male et indebite se opposuisse dici et pronunciari et eumdem in suis expensis, dampnis et interesse condempnari.

Dicto Chilmano in contrarium proponente et dicente quod nuper gentes dilectorum nostrorum domini de Helliaco et Petri des Essars, militis, navem magnam, dictam de Zerice, in qua erant merces plures et quatuordecim balle garancie, una cum alia navi, contra voluntatem existentium in eis, supra mare, ceperant et, propter eorum securitatem, ad portum nostrum de Harifluvio adduxerant, quas naves et merces Johannes de Lesmes, ut portitor predicti arresti, per quosdam servientes nostros capi et arrestari fecerat, dictum Chilmanum eciam prisionarium arrestando ; adversus quam executionem, cum prefatus Chilmanus se opposuisset, eum recipere recusaverant et ob hoc ad prefatam curiam nostram appellaverat, que appellatio postmodum per eamdem curiam in oppositionem conversa extiterat. Ulterius dicebat quod, si contra ducem Albertum et ejus subditos prenominatarum patriarum dictus Monnoier et predicti ejus socii marcham prefatam seu arrestum obtinuerant, post ea tamen inter ipsos et mercatores predictarum patriarum tractatum et concordatum extiterat quod de quibuscumque mercaturis ex dictis partibus venientibus et applicantibus in regno nostro vicesimum denarium exsolverent, quousque eisdem satisfactum esset, et, tam ex dicta imposicione quam aliis plurimis executionibus alias super ipsorum bonis et mercibus propter hoc factis, tantum exegerant et habuerant quod de summa in dicto arresto contenta et ultra eisdem satisfactum fuerat. Quare petebat dictus Chichmanus ad bonam et justam causam se opposuisse, dictum vero Monnoier male et injuste executionem predictam inchoari fecisse, bonaque sua propter hoc capta et arrestata, si in rerum natura extarent, et, si non, eorum valorem et estimationem eidem reddi et tradi ac fidejussores propter hoc datos deliberari debere dici et pronunciari et dictum actorem, nominibus prelibatis, in suis expensis, dampnis et interesse condempnari.

Super quibus et pluribus aliis hinc inde propositis inquesta facta et ad judicandum per dictam nostram curiam, in statu in quo erat, recepta, ea visa et diligenter examinata, dicta curia nostra, per suum judicium, dictum Monnoier ad bonam et justam causam prefatam executionem fieri fecisse et inchoasse, dictum vero Cichmanum male et indebite se opposuisse declaravit et declarat, fietque et perficietur executio in et super bonis dicti Chichmani, suorumque fidejussorum de summa predicta mille secentum francorum, eumdem Cichmanum in expensis hujus cause condempnando, predictarum expensarum taxatione eidem curie nostre reservata.

Pronunciatum xii^a die septembris, anno Domini M° CCCC° V°.

X^{ia} 52, f° 412.

N° 6. — Quatrième arrêt de la Cour sur cette affaire, relatif à une exécution opérée contre plusieurs marchands de Deventer.

Un an après l'arrêt de septembre 1405, la série des exécutions contre les marchands et marchandises hollandaises, au bénéfice desdits Monnoyer et Grevin, n'était pas encore close.

Cette fois, c'est à bord d'un navire de Brême que leur procureur faisait arrêter et saisir, dans le port de Harfleur, une certaine quantité de « lees » (1) de poisson salé, comme appartenant à des marchands hollandais, le patron du navire soutenant au contraire que les propriétaires étaient des Allemands, dont il produisait les noms et les marques, citoyens de Deventer, des pays de Gueldre et de Lippe. La marchandise fut vendue et le prix consigné aux mains d'un bourgeois de Harfleur, jusqu'à l'échéance du délai laissé aux plaignants pour faire la preuve de la provenance par eux déclarée. Les certificats du Magistrat de Deventer furent en effet présentés devant la chancellerie, en temps utile, et signifiés par celle-ci aux Amiénois et à leur procureur,

---

(1) Sorte de mesure pour les solides. V. GODEFROY, *Dictionnaire de l'ancienne langue française*, au mot Lest.

avec sommation d'avoir à restituer 27 1/2 sur 68 des « lees » saisis ou leur juste prix. C'est sur leur refus que l'incident fut, à son tour, porté devant la Cour.

Là, Monnoyer et Grevin soutinrent que de leur propre enquête résultait que 12 1/2 seulement, et non 27 1/2, des « lees » saisis appartenaient à des marchands non hollandais, le tout évalué à 704 francs et demi, dont ils se reconnaissaient débiteurs ; mais, en raison des dommages par eux subis, leur dette avait été réduite à 600 francs par une transaction passée avec le procureur de l'adversaire, dont ils demandaient confirmation pure et simple. Ils ajoutaient qu'au reste les certificats produits n'étaient point scellés et quelques-unes seulement des marques indiquées, conformes à celles qui avaient été trouvées sur les papiers du navire.

Les Hollandais, sans nier la transaction, objectèrent qu'elle était restée sans effet, parce que le procureur de la partie adverse avait exigé d'eux quittance de 704 francs et demi, et non des 600 francs réellement promis.

La Cour, par une sentence des plus équitables, condamna les Amiénois à restituer une somme de 700 francs, en entourant l'attribution du surplus, qui leur était laissé, des garanties les plus formelles. En vertu d'un appointement préalable le procureur des Hollandais dut se désister de tout recours ultérieur contre eux et certifier que les marchandises saisies appartenaient bien et réellement a ses clients.

Cf. Plaidoiries, X^{1A} 4787, f° 383, 6 juillet 1406.

Cum Goeswinus Epping, Henricus Helmiti, Jordanus ten le Emhuys, Gherardus de Rysen, Weronerus Voegheler, Egbertus de Ottmersem, Wynchinus de Delden, Hermannus Boezel, Gherardus Hinghuit, Rodolphus ten Ahuys, Henricus Splicof, Bernardus Hollihen, magister et conventus fratrum minorum ville et civitatis daventriensis, Johannes Serpoertem, Gherardus Comhair, Jacobus de Herwerdem, de partibus Ghelrie, Johannes le Mesghouwe, presbyter capellanus ecclesie Beate Marie Daventre, ac Johannes Glevenau de Lippia, in hac parte consortes, mercatores de patria Alemannie existentes, nuper nobis exponi fecissent quod, quadam maritima nave de Bremis, dicta Gogue, certa magna alecium quantitate onusta, cujus patronus et conductor erat quidam nuncupatus Diricus Groube, ad portum Harifluvii navigio reservata et applicata, per Johannem le Monnier, Johannem Grevin et Colardum Dausse, mercatores Ambianis commorantes, aut per Johannem de Lamis, litterarum eorumdem portitorem vel procuratorem, percepta, ipsi aut eorum alter, dictam navem ad mercatores patrie Hollandie spectare asserentes, pretextu nonnullarum marcharum seu represalliarum sibi contra carissimum consanguineum nostrum, Hollandie et Zelandie ducem, ac ejus dictarum patriarum subditos, per arrestum nostre parlamenti curie, pro summa trium milium IIIe sexaginta librarum octo solidorum sex denariorum parisiensium adjudicatarum, dictam alecium quantitatem cepissent et arrestassent aut capi et arrestari fecissent, licet dictus Diricus Groube eisdem asseruisset aleca et alias denariatas in dicta navi existentes ad predictos exponentes Alemannos per-

6 Juillet 1406

tinere, eorum marchas exhibendo, dictamque alecium quantitatem vendidissent ac precium et pecuniam, quod et quam (que) inde provenerat, ob debatum inter ipsos exponentes, ex una parte, et dictos de Ambianis, ex altera, subortum, cuidam mercatori de Harifluvio in depositum et gardiam tradidissent et posuissent usque ad certam diem, infra quam poterant ipsi de Ambianis de rei veritate, unde esset et ad quos spectaret navis supradicta, certiorari; dictique exponentes postmodum litteras certificatorias de premissis, ex parte proconsulum, scabinorum et consulum civitatis predicte daventriensis, dilecto et fideli cancellario nostro ac omnibus aliis qui ipsas viderent directas transmisissent et, hiis attentis, litteras a nobis obtinuissent, quarum virtute certus serviens noster litteras certificatorias predictas dicto Johanni le Monnier, tam suo nomine quam jus pro dicto Colardo Dausse, qui obierat, in hac parte habenti, necnon Johanni Grevin, filio dicti Johannis Grevin ab hac luce substracti, ac Johanni de Lammis, eorum procuratori, exhibuisset ac eisdem, ex parte nostra ac virtute dictarum nostrarum litterarum, precepisset ut ipsi xxvii lettos seu lastas cum dimidio alecium, in quantitate sexaginta octo lettorum seu lastarum de quibus in dictis litteris mentio habetur, si in rerum natura extarent, sin autem, ipsorum alecium justum valorem et estimacionem, una cum dampnis, interesse et expensis per dictos exponentes, occasione arresti et impedimenti predictorum, habitis et sustentis, redderent et restituerent exponentibus memoratis, quod dicti le Monnier, Grevin et de Lamis facere recusassent ac se opposuissent et ob hoc fuissent in dicta nostra curia, ad certam diem nuper elapsam, adjornati, causas sue opposicionis dicturi, processurique et facturi quod esset rationis.

Constitutis propter hoc in dicta nostra curia predictis exponentibus, ex una parte, et prefatis le Monnier et Grevin et de Lammis, ex altera, seu procuratoribus eorumdem, cum dicti exponentes, premissa lacius proponendo, requisiissent quatinus dicti opponentes ad tollendum omne impedimentum in dictis xxvii lettis cum dimidio alecium ac in suis dampnis, interesse et expensis condempnarentur, pro parte dictorum opponentium propositum extitit, ex adverso, quod, eo quod preposito dicti loci de Harifluvio constiterant dicta aleca ad mercatores Hollendie spectare, ipse, ad requestam dictorum opponentium, arrestaverat eadem et, ipsis venditis, de consensu parcium, fuerat precium dicte vendicionis in manu dicti prepositi deposita, usque ad certam diem, infra quam sibi cujus erant dicta aleca certificaretur, super quo, facta certificatione, fuerat repertum quod xii letti cum dimidio dictorum alecium ad nonnullos mercatores aliunde quam patrie predicte Hollandie spectaverant et finaliter, omnibus deductis, id quod petebant dicti exponentes ad summam septingentorum quatuor francorum cum dimidio ascendebat, sed, quia quamplurima dampna in hoc passi fuerant, cum procuratore dictorum exponentium ad summam sexcentum francorum vel circa composuerant, quodque dicta certificacio per dictos exponentes transmissa nullo erat sigillo validata, licet nonnulle marche marchis in papiro dicte navis repertis consimiles fuissent percepte. Ex hiis quod accordum predictum inter ipsos factum teneretur, alioquin summa totalis ex vendicione dictorum alecium reducta, dempto eo quod respectu marcharum debite verificatarum ad dictos exponentes posset pertinere, ipsis opponentibus traderetur et remaneret, necnon quod in suis dampnis, interesse et expensis dicti exponentes condempnarentur concludebant.

Prefatis exponentibus replicantibus quod dictus Johannes de Lamis cum eorum procuratore ad summam sexcentum francorum composuerat, sed quictanciam de dicta summa septingentorum quatuor francorum cum dimidio habere voluerat, quod ipsorum exponentium procurator facere renuerat. Et ob hoc in predictis pecunia seu alecibus dictum abinde remanserat impedimentum, ex hiis et aliis prout supra concludendo.

Tandem, dictis partibus ad plenum auditis, dicta curia nostra appunctasset quod dicti opponentes facerent supradictis exponentibus, pro premissis, principali, dampnis, interesse et expensis, summa[m] septingentorum francorum et residuum ipsis remaneret, proviso quod dictus procurator exponentium predictorum promitteret, nomine dictorum exponentium, opponentes predictos indempnes reddere ac, medio juramento, affirmaret quod quantitas alecium predictorum, unde dicta pecunia procedebat, ad dictos exponentes pertinebat, habito igitur super hiis a magistro Theodorico Cralremberch, procuratore exponentium predictorum, juramento, una cum promissione predicta, prefata curia nostra dictis exponentibus aut eorum procuratori predicto summam septingentorum francorum supradictam, pro dicta alecium quantitate impedita et arrestata ac dampnis, interesse et expensis, deliberavit et deliberat per arrestum et ad eandem summam ipsis exponentibus vel eorum procuratori tradendum et deliberandum seu tradi et deliberari faciendum predictos Johannem le Monnier, Johannem Grevin et Johannem de Lamis, prout quemlibet ipsorum concernit aut concernere potest, condempnavit et condempnat.

Pronunciatum litigando, die vi^a julii, anno Domini M° CCCC° VI°.

X^{1a} 53, f° 233.

XLV

Documents relatifs au grand procès des aides entre la ville et l'église 1385-1403. (6 pièces).

N° 1. — Plaidoirie et renvoi par la Cour au bailli de l'évêché d'une cause pendante entre la ville et deux taverniers de l'évêque, relative à la perception des aides.

Nous avons retracé ailleurs les circonstances principales de ce procès fameux qui ne remplit pas moins d'un siècle. Les documents les plus importants qu'il a laissés dans le fonds du Parlement devaient naturellement trouver place dans la présente publication.

On sait que le règlement donné par la Cour, le 4 janvier 1382, entre le corps de ville et les maieurs de bannières, sur la question de la liquidation du passif de la ville et la majoration momentanée de ses aides, en vue du grand effort nécessaire, stipulait, au profit des sujets d'Église, la réduction habituelle d'un quart, qui leur était consentie, par accord mutuel, depuis plusieurs années. Mais, en édictant des dispositions très détaillées sur le mode de perception du nouvel octroi et la répression de la fraude il avait omis de prescrire les conventions antérieures conclues à l'amiable entre les parties, notamment celle du 21 avril 1380 qui les contredisait sur plusieurs points importants : réduction d'un tiers et non d'un quart, perception séparée par les officiers de l'évêque et juridiction du contentieux, etc. (V. notre Essai sur le régime financier de la ville d'Amiens, p. 492 seq.).

Sans doute, la convention de 1380 n'avait été consentie que pour un an, mais elle était en principe renouvelable et vraisemblablement la reproduction de plusieurs autres antérieures, de telle sorte qu'elle pouvait, à la rigueur, passer pour une sorte de contrat permanent. Il n'en fallait pas tant pour fournir à la fraude et au privilège des prétextes spécieux. L'octroi du 4 janvier 1382, accordé pour six ans, avait à peine reçu un commencement d'application que les collecteurs de l'aide se heurtaient, en terre d'Église, aux résistances accoutumées. Les maire et échevins, pour obvier aux omissions du règlement de la Cour, sollicitèrent alors de nouvelles lettres stipulant qu'en cas d'opposition les sujets d'Église seraient contraints de payer par manière de provision, et les causes appelées en Parlement.

C'est à la suite de ces incidents qu'ils étaient cités en mars 1381, v. st., contre deux taverniers de l'évêque, ceux-ci demandant le renvoi de leur opposition devant le bailli du temporel, leur juge ordinaire. Leur défense ne laisse pas d'ailleurs d'être embarrassée : tout en protestant ne vouloir contester les lettres de provision, ni le principe de l'ordonnance, ils se réclament de l'accord passé qui réserve à l'évêque la juridiction sur ses sujets, de la séparation des seigneuries et du privilège de l'exonération partielle qu'ils prétendent menacé, mais sans fournir de preuves, se contentant d'affirmer qu'on « leur demande plus qu'ils ne doivent ».

L'avocat de la ville objecte les dispositions de l'ordonnance édictée par la Cour et qui impliquent son droit de sanction. Pourtant, à dix jours de là, le Magistrat d'Amiens consent au renvoi devant le bailli de l'évêque, qui est aussitôt décrété par arrêt du 20 mars, concession impolitique, qu'il devait regretter chèrement par la suite

Entre Jehan de Lourmel et Jehan de Coisy, d'une part, et les eschevins d'Amiens, d'autre part.

(Les deux appelants demandent le renvoi devant le juge de l'évêque, leur juge ordinaire).

Ceux d'Amians dient que le seigneur de Folleville et Mᵉ Guillaume Daunéel furent pieça commis sus certains comptes et autres besoignes touchans le gouvernement de la ville d'Amians, et après fu faite une ordenance céans et par ycelle ordenance, quant il en est débas, la Court de céans en doit avoir la cognoissance, où l'ordenance fu faite, comme dit est, et ce que on demande aux II dessusnommés est pour le fait de la guerre, car c'est pour torner et convertir en la fortificacion de la ville, dont l'évesque ne doit avoir la cognoissance. Si ne doit la cause estre renvoyée à Amians mais demourer céans; à ce concluent ceux d'Amians.

Partie dit que la ville d'Amians est divisée en deux. En l'une les eschevins ont la justice et en l'autre, l'évesque et le chapitre. Et, se il estoit mandé aucunne chose aux eschevins pour la ville, pour aler en guerre ou autre chose, ceux de la terre de l'évesque et de chapitre ni seroient pas compris, et par l'accort, l'évesque a la cognute sus ses subgés. Dient que ceux d'Amians ont darrenièrement impétré lettres que ceux de la terre l'évesque paient, par manière de provision, et, en cas d'opposition, que jour leur soit donné en Parlement. Or ne vuelent pas empescher la provision Lourmel et Coisy, mais on leur demande plus qui ne doivent. Ni est pas question de l'ordenance, ni est pas aussi question de ce qui touche le fait des guerres et puet l'évesque cognoistre des réparations de la ville, car pareillement en cognoissent les eschevins et y contreignent leurs subgez.

Ceux d'Amians dient que, se il estoit mandé que les habitans d'Amians alassent en guerre, pour le Roy, aussi bien yroient ceux de la terre l'évesque comme les autres, etc. Et en effet dient autel qu'il ont dit cy dessus.

Au Conseil et en arrest, à savoir se la cause sera renvoyée ou s'elle demourra céans, veue ladite ordenance et la dernière impétracion de ceux d'Amians et tout considéré.

Xᴵᴬ 1472, f° 238 v°. Cf. f° 244, 20 mars.

N° 2. — *Arrêt de renvoi devant le juge de l'évêque, donné par la Cour, du consentement du procureur de la ville.*

Karolus, etc. Universis, etc. Notum facimus quod, in certa causa in nostra parlamenti curia introducta, inter maiorem et scabinos ville ambianensis, ex una parte, et Robertum du Coisy ac Johannem de Lourmel, tabernarios Ambianis commorantes, subditis et justiciabiles episcopi ambianensis, ex altera, ratione certe executionis ad dictorum maioris et scabinorum instanciam seu requestam incepte, certarum vigore litterarum nostrarum, contra dictos tabernarios, ad quam executionem se opposuerunt, comparentibus et auditis in ipsa curia nostra, die date presentium, partibus antedictis seu earum procuratoribus, necnon procuratore dicti episcopi, una cum ipsis opponentibus, requirente dictam causam remitti coram baillivo dicti episcopi ambianensis, eorum ordinario, memorata curia nostra, de consensu M^i Eustachii de Petra, procuratoris dictorum maioris et scabinorum, remisit et remittit coram dicto baillivo aut ejus locumtenente Ambianis decidendam et sine debito terminandam, cum partibus adjornatis, ad diem crastinam de Quasimodo proximo futurum, ulterius processuris ut fuerit rationis.

Datum, etc., xx^a die martii, anno Domini M° CCC° LXXX° IV°.

X^{1A} 33, f° 27 v°.

N° 3. — Plaidoiries, appointement et arrêt de la Cour, sur le principe de l'égalité des aides et la restitution des prélèvements opérés par les seigneurs d'Église sur la contribution de leurs sujets.

La restitution du contentieux au juge d'Église entraînait le retour de tous les abus passés. Vainement la ville, multipliant les concessions, avait-elle consenti, moins de six mois après le règlement du 4 janvier 1382, à revenir au régime des accords amiables, que nous voyons se succéder presque d'année en année, jusqu'en 1399, (V. notre Essai, p. 494 seq.), les prétentions de l'évêque et du chapitre n'avaient cessé de croître à chaque convention, jusqu'à ce qu'ils finissent, en 1400, par ne vouloir plus rien accorder du tout, ni restitution des sommes perçues pour le service des charges communes, ni prorogation des aides sur leurs sujets, pour les années à venir.

Le Magistrat d'Amiens s'était alors adressé au procureur du Roi et, d'un commun accord, on avait obtenu du Roi, les 22 août et 19 septembre 1401, des lettres d'exécution pour les contraindre à vider leurs mains des sommes indûment retenues, avec un nouvel octroi, à tarif égal pour les trois juridictions, sans aucune remise au bénéfice des sujets d'Église, ni de leurs seigneurs, (cc. xii. 1401. L'Inventaire S$_1$ de 1458, n° 172, cite de pareilles lettres du 17 mai).

Ces lettres furent aussitôt frappées d'opposition; mais la ville se fit renouveler sa provision, et les parties furent assignées devant la Cour, pour plaider sur les deux points en litige.

Nous avons tenu à citer, in extenso, les plaidoiries très développées des 19 et 20 décembre 1401, surtout parce qu'elles nous donnent une idée assez curieuse de l'éloquence judiciaire au début du xv° siècle. Le contraste est saisissant entre cette langue désarticulée, toute hachée de petites phrases et de formules latines, et l'ampleur des périodes qui se déroulent dans les arrêts. Sans doute, les minutes dont disposaient les greffiers n'étaient pas des sténographies, mais des résumés où ils font toujours parler les avocats à la troisième personne : « Dit que.... ». Mais ces minutes étaient prises avec le plus grand soin et toujours fort complètes. Nous en avons la preuve dans ce fait que nombre de détails et d'arguments secondaires ne se retrouvent que là, qui ne sont point passés dans les arrêts ou figurent seulement dans les répliques, en réponse à une affirmation disparue du préopinant, etc. : tels, la mention des doléances des drapiers de l'Église, le compte des éléments constitutifs du passif de la ville depuis 1347, etc.

On peut ainsi, par comparaison, se faire une idée exacte du mode de rédaction des arrêts, où nos modernes considérants sont remplacés par la reproduction souvent très complète et plus littéraire des plaidoiries.

Dans le cas présent, l'analyse de celles-ci nous dispensera de celle de l'arrêt lui-même, dont nous ne retiendrons que les conclusions : l'avocat de l'Église commence par faire l'historique de l'impôt municipal des aides et par rappeler que la faculté de le consentir ne se fonde pas seulement, en droit, pour l'évêque et le chapitre, sur la pleine et entière autonomie de leurs seigneuries, mais, en fait, sur l'accord intervenu entre les parties, et dont il a été parlé plus haut — sans doute celui du 21 avril 1380, plusieurs fois renouvelé depuis, (V. notre Essai, p. 492 seq). — Elles ont dès lors vécu en paix, jusqu'au jour où un procureur du Roi, passant outre, obtint des lettres d'octroi sans l'aveu de l'Église, qui s'opposa. Ces lettres n'en furent pas moins exécutées, par provision, et les parties assignées devant la Cour, où il se présente, en leur nom, pour demander justice.

Suit l'argumentation habituelle, sur l'entière séparation des juridictions, la richesse de l'une, la pauvreté des autres; les exemples tirés de la double antiquité païenne et chrétienne, sur lesquels se fonde l'immunité des clercs; les doléances connues sur l'excès des dépenses, l'énormité des rentes et des emprunts depuis trente ans, « tant que regimen ville non policia sed democratia dici debet ». Les gens d'Église ne devraient contribuer que pour la forteresse, et à proportion, lever leur quote-part eux-mêmes, être présents à l'audition des comptes, etc. Car, pour le reste, présents au Roi, etc., ils contribuent en leur particulier.

Le procureur du Roi, qui s'est adjoint aux maire et échevins, réplique : que les gens d'Église ne prétendent point seulement à l'immunité personnelle, mais à celle de leurs sujets, et même cherchent à tirer à eux une part de l'impôt commun. Il fait alors le départage des charges particulières de la ville, dont on ne leur demande rien, telles que le service de la rente annuelle de la prévôté, et des obligations communes, — fortification, gages du capitaine, chaussées, joyeuses entrées, etc., — auxquelles ils ne peuvent se soustraire, possédant un tiers de la ville.

Au premier rang de ces charges communes, figure le service de la dette, dont il énumère ainsi les éléments constitutifs, accumulés depuis un demi-siècle :

Travaux à la forteresse	98.000 l.
Contributions pour le paiement des gens d'armes.	72.000 l.
— pour la rançon du roi Jean	2.000 l.
— pour les fouages.	30.000 l.
— pour les voyages vers le Roi.	80.000 l.

Soit 282.000 l. fournies par des émissions de rentes à vie, pour le gage desquelles il a fallu créer plusieurs tailles — lisons aides — dont les octrois réservaient toujours le consentement de l'Église. Cependant les clercs n'en ont voulu rien payer pour eux-mêmes et seulement un tiers pour leurs sujets, ce qui entraîna l'exode en masse des taverniers de la ville sur les deux temporels. Non contents encore, l'évêque et le chapitre ont prétendu lever la taxe sur leurs sujets et y avoir part. Ils se sont même faits, en personnes, taverniers et marchands de guèdes, pour la plupart, et n'ont que depuis peu enlevé leurs enseignes, tout cela au préjudice du quatrième du Roi et de la stricte équité.

C'est pour couper court à ces abus que le procureur du Roi a requis nouvelle aide, égale pour tous, dont l'octroi fut accordé, avec réduction générale d'un tiers, sur l'ancien tarif, — 60 s. par

« tonnel » de vin au lieu de 4 l. 10 s. — et sous réserve, comme toujours, du consentement public. Ce consentement a été obtenu; mais le bailli du chapitre ne s'est pas moins opposé et, sans pouvoir obtenir provision, ils ont du moins été assignés céans. Au demeurant, ils ne sauraient être admis ni comme défendeurs, ni comme demandeurs, car ce serait aller contre l'autorité du Roi, qui seule fait la taille, et contre l'évidente nécessité présente. — La ville a besoin de plus de 40.000 l., ce qu'il offre de prouver. — Il n'y a donc lieu de leur concéder ni l'exemption totale, ni le droit de lever leur quote-part, ni celui de donner consentement particulier, au nom de leurs sujets, qui sont franches personnes, capables de consentir eux-mêmes et engagés par le vote de la majorité des citoyens, seul requis par les octrois. De l'accord invoqué, le Roi n'a cure, ni ne peut subir préjudice; car c'est simple convention entre tiers, qui ne l'engage ni sur la question de l'inégalité, ni sur celle de l'audition des comptes, etc. En outre, ils ne sauraient être demandeurs, car depuis 1390, qu'ils ont reçu tantôt le tiers, tantôt plus ou moins, à leur profit, l'évêque et le chapitre ont perçu telles sommes et sont en débet de tant envers la ville, dont il offre la preuve, en concluant à restitution, amende, etc.

L'avocat de l'Église, reprenant son argumentation, distingue les dépenses de fortification, sur lesquelles la Cour avisera, les présents au Roi et joyeuses entrées, dont ils paient bien ou sont prêts à payer leur part, et les dépenses de faste comme celles du beffroi, etc. Il demande, avant que rien ne soit résolu, que soient produits les comptes des recettes de quinze ans et soutient que contribuer également c'est contribuer, comme ils ont fait, chacun selon son état. Que si certains chanoines se sont faits taverniers, ce fut seulement pour vendre le surplus de leurs provisions annuelles. Quant à leurs sujets, ils ne débitent que petits vins, pour la consommation des petites gens. Le pire abus des maire et échevins, c'est qu'ils mêlent toutes leurs dépenses, fortification, beffroi et le reste; car, s'ils les distinguaient, sur une taille de 1.000 l., l'Église ne serait pas contribuable à 200. Il y a donc lieu de les recevoir, au moins comme demandeurs, de révoquer l'aide et, s'il y faut provision, de rétablir, comme ils y consentent, ce qui se pratique depuis dix ans et pareillement de leur reconnaître le droit de consentir pour leurs sujets.

Les plaidoiries du lendemain, 20 décembre, portent surtout sur la question des restitutions requises des gens d'Église : leur avocat commence par rappeler les conventions stipulant, pour prix de leur consentement, qu'ils auraient part au produit de l'aide levée sur leurs sujets, tantôt un tiers, tantôt un quart, à employer sur leur temporel, et autres conditions — perception par leur commis, affectation à la fortification de la quote-part versée au maître des ouvrages, etc., — le tout ratifié par lettres du Roi.

Suit le détail de l'emploi des quotes-parts retenues par l'évêque et le chapitre — travaux du pont d'Amour, du mur du Hocquet, de la porte Saint-Michel, etc., d'une part; entretien des chaussées, verrières au portail de la cathédrale, de l'autre. — Le reliquat, s'il y en a un, recevra pareil emploi. Au contraire, les échevins, après avoir reçu leur part, n'ont rien fait et ont feint seulement des préparatifs.

Le procureur du Roi, après avoir renouvelé sa déclaration de principes sur la véritable source de l'impôt, qui ne saurait être dans le consentement des parties, reprend, pour son compte, le détail de l'emploi des sommes dépensées sur les deux temporels, qu'il tient pour réellement mises en œuvre, mais non toutes à bon droit. Il accepte, comme dûment employée, la part consacrée aux travaux de la porte Saint-Michel et du pont d'Amour, mais non les réparations de granges, de chaussées, de rues, de murs, qui sont œuvres d'administration privée, l'exécution des verrières, etc., et requiert compte exact de l'une et restitution du reste.

Les lettres royaux de 1399 réservant leur consentement, dont les gens d'Église n'ont fait état qu'à la dernière heure, ne sont nullement à considérer, car elles ne les ont pas empêchés d'être une première fois condamnés. (Nous ignorons quand et pourquoi). Ces lettres d'ailleurs ne font pas mention du procureur du Roi et, malgré le visa des généraux, elles doivent être tenues pour subreptices et inutiles.

Après une courte réplique de l'avocat de l'Église, soutenant l'authenticité des lettres du Roi, la légitimité de leur consentement, frein nécessaire des instincts de prodigalité des maire et échevins, et la validité des affectations déclarées, la Cour appointe les parties à déposer leurs pièces et impétrations, avant que de faire droit.

Le 19 avril suivant, il est décidé, au Conseil : sur le premier point, que les gens d'Église ne seront pas reçus opposants et que les lettres du Roi, octroyant l'aide égale pour tous, seront entérinées, (lettres du 19 septembre 1401, V. cc xii Aides); sur le deuxième point, que les maire et échevins bailleront déclaration des sommes qu'ils disent avoir été reçues par les gens d'Église. Jour est donné aux parties au lundi de la Trinité, où l'évêque et le chapitre pourront, de leur côté, se porter demandeurs contre les maire et échevins, qui seront tenus de répondre.

Ce sont les termes mêmes de l'arrêt rendu, le même jour, sur la question.

De la procédure qui suivit, au sujet des répétitions demandées par les maire et échevins, nous n'avons retrouvé qu'un mandement de la Cour du 24 juillet 1403, enjoignant aux gens d'Église de déposer, par provision, les sommes contestées aux mains du promoteur de l'officialité, avant l'Assomption prochaine. On voit, par cette pièce, que les parties avaient été appointées à produire leurs faits devant la Cour dans le même délai.

Nous avons établi par ailleurs toute la suite de cette affaire qui ne fut vraiment résolue, tant sur la question capitale de l'égalité de l'impôt que sur le fait nécessaire des répétitions à exercer, que de 1479 à 1536. (V. notre Essai, p. 497 seq.).

Entre l'évesque et chapitre d'Amiens, d'une part, et les maire et eschevins de la ville d'Amiens, d'autre part. Dient les demandeurs que la ville est grosse ville, qui a deux parties, l'Esglise et maire et eschevins, pour laquelle garder y a despens, pour quoy ont celz de la ville rentes, mais il ne leur souffit point, mais empêtrent aydes du Roy et dient que, pour grâce l'Esglise ont contribué pour une fois, (fut?) sans préjudice à chascune fois. Dient que, à une fois, la ville s'efforça de lever tailles, sans parler à l'Esglise, que, pour ce qu'elle s'opposa, certain accort fut fait par lequel nulle lettre ne seroit depuis là empétrée du Roy, sans le consentement de l'évesque et chapitre, et de ce accort et de la forme et dite clause ont usé par aucun temps, auquel ont esté en pais. Mais, pour ce que la ville veoit qu'elle estoit liée à cest accort, un procureur du Roy, nouvel à Amiens, a empétré lettres que les habitans de la ville laiz estoient povres et l'Esglise riche. Si a esté obtenue sur tous les habitans, non observata predicta clausula, à l'exécution de laquelle l'Esglise et évesque s'opposa; à quoy ne furent receuz, appellèrent et, ce nonobstant, la lettre fut exécutée. Si se sont dolus et ont obtenu lettres les laiz que par provision la taille seroit levée et venroient les parties à ses jours, par l'appointement de la Court l'appel mis au néant. Si sont venus, s'opposent et requérent que les droiz appartenans et opposition leur soient

19 Décembre 1401

gardés. Or dient que solum conveniunt en ce que demeurent en la ville, mais in ceteris disconveniunt, et est peu de chose de ce que le chapitre y a, ont leurs juridiction séparée et, en ce que chéent soubz les défendeurs, en tant que touche leur jurisdiction, rien ne leur pardonneroient. Dient que sont povres et eulx riches, et ont leur beaufroy, leurs hales, pastourages, vinages, mesurages tous séparés. Par quoy seroit durum qu'il communicassent in honeribus et non in utili aut honoribus. Ainsy seroient batus de deux verges, de leurs charges et de celles de la ville. Par quoy appert que, à tort, celz de la ville les contraignent. Dit outre que in nulla secta invenietur que les gens de l'Esglise ne fussent les plus honorez et estoit sacerdotium exemptum de toutes charges jucques à la servitute d'Egypte, de quoy celz qui les chargèrent en furent punis. Et estoient, de genere Levi, de cest estat plus de iiie mil, en l'ancien Testament, et ce aussi du temps des Romains, qui estoient paiens et eorum flamines sacerdotes dicebantur. Pour plus grant rayson, les crestiens doivent estre exemps in sacerdotio. Dient outre que nul besoin n'est d'avoir mis à Amiens cest impost, par espécial, qui est extraordinaire, et, se besoin est, si ont celz de la ville la prévosté qui vault assez et rentes et venues, et en ont levé, puis trente ans, molt grant finance, de quoy faudroit savoir que ce est devenu, autre impost nouvel, et ont bien levé iiie mil frans et si ne sont point rentes amenrées, mais empirées. Dit que l'en trouva pieça que la ville devoit xxiiii mil frans; pour l'acquiter, l'en fit taille et la leva l'en par vi ans; nonobstant ce, ont vendu rentes à vie et si doivent avoir assez, tant que les povres marchans extrangiers en sont trop grevez à occasion de ce, *tant que regimen ville non policia sed democratia dici debet*, et n'est pas justice de ce qu'il dient, sub umbra cujus font taille, mais est simulata equitas. Par quoy celle provision de taille sera prise sur lesdis maire et eschevins. Et dient que, depuis que la porte de la ville, qui est si ruineuse, fut en ce estat, ont levé plus de x mil, voire plus de c mil frans (1). Et pour ce qu'il ne scevent quel entention la Court a, dient que, attenta qualitate ipsorum, ont esté tousjours prests de faire ce qui pourront, combien que celz de la ville ont clos la porte à celz de Saint-Morice et ont abbatu leur ville, ne devroient-il contribuer que à la forteresse et pro certa parte modica et à leur requeste levanda par eulx ou leurs gens et pour la forte-

---

(1) Il s'agit ici de la porte de Montrescu où l'on exécutait alors de grands travaux.
Cf. cc. vi, 1390. Chap. Voyages. — Plusieurs voyages à Paris : 1° « pour veir et aviser l'ouvrage de le porte de Saint-Antoine et du petit Chastelet, pour prendre et faire exemplaire à édiffier, à Amiens, de nouvel la porte de Montrescu, que nosdis seigneurs, à le saison avenir, avoient entente de faire toute neeufve ».

2° Pour demander l'autorisation d'émettre cent livres de rentes à vie à cette intention, laquelle d'ailleurs ne fut pas obtenue, pour cette fois.

resse, et deveroient savoir de expensis et du compte, ne autrement ne doivent estre contraint, salvo fortalicio, et en ce propose tout possessioni pertinens. Et dit que à bone cause se sont opposés et partie adverse ad malam causam dolus et complains et seront contrains de leur restituer ce que, preter tailliam pro fortalicio, ce qu'ont exigé d'eulz et que la provision cesse. Et se le Roy venoit à la ville ou tel seigneur que fausist donner quelque chose, ils le feroient à part. Et à ce conclut que dit est; et, se par opposition ne l'avoient, si requièrent par manière de demande et que partie adverse cesse, ne ne procède plus et ne seront tenus, fors que appellez l'évesque et chapitre, à la requeste de celz de la ville et pro quota et autrement, selon ce que ont acoustumé, et à lever par leurs mains et soient au compte, comme dit est, et despens.

Le procureur du Roy propose et dit que partie adverse ne sont pas contens de non contribuer, mais wellent que leurs serviteurs en soient exemps et si wellent gaigner et y avoir prouffict. Dit que la ville d'Amiens et notable ville, située en frontière et, pour les frais du gouvernement de la police de la ville, ont fait et font faire grans despens. Dit que la ville est au Roy, en laquelle a diverses juridictions, comme à Paris, Saint Magloire, etc., mais, nonobstant ce, c'est tout un corps, et gouvernent de présent le maire et eschevins la jurisdiction, pour vii^c l. de parisis, que l'en paient au Roy, de quoy ne leur demandent rien. Et sont celz de la ville tous subgiez du Roy, auquel appartient les forfaitures et amendes dessus LX solz. Et ont l'évesque et chapitre quelque jurisdicion en la ville ressortissant soubz le Roy, quelque séparation qu'il y ait, qui est au regart de la jurisdiction, non pas quant au corps ne gouvernement ou police de la ville, qui ne regarde pas la juridiction de manière, car c'est tout une ville. Dit que celz de l'Esglise ont bien la tierce partie de la ville, et dit que pour le gouvernement de la ville furent ordonnés les maire et eschevins. Pour lequel régime a plusieurs frais, pour le capitaine, chaussées et fermeté de la ville. A quoy celz de l'Esglise et leurs subgiez demourans en la banlieue et en la ville sont tenus. Et y a autres frais, comme de l'orelogo, de quoy tous s'aydent. Et pour le feu, croz, seaulx, dons et présens pour le Roy, Royne et autres, qui se font ad honorem totius ville. Et, se celz de l'esglise en font, c'est nomine singulari. Autres fraiz y a, comme de felix ambola, qui regardent tous, des procès au regart des privilèges, comme du procès, qui est contre l'évesque, que nulz ne puist couchier par noce avec sa femme sans lettres de l'évesque, que mainne la ville. Et ont du demaine, pour paier aucuns frais, comme de l'esvignage, en vii^c l. envers le Roy, mais du commun qui resgarde la ville tous doivent paier. Dit que, en Picardie, ont coustume de vendre rentes à vie, quant il survient aucun repentin frais, à quoy les Églises sont tenus, puis que sont communs et qui resgardent tous. Ce présupposé, dient que, tant pour ce que dit est et la fermeté de la ville et mesme puis que le siège fut devant Calez, a falu faire molt de tailles pour les guerres qu'il avoient ou pays a, leur mandoit le Roy Jehan souvent qu'il envoiassent argent ou gens d'armes, fraièrent au rachat du Roy et aus autres hostages et foages et, pour ce que la taille estoit onnéreuse, vendirent rentes à vie et misrent pour la forteresse iiii^{xx}xviii mil, pour gens d'armes lxxii^M et ii^M pour la rançon du Roy Jehan, pour foages xxx^M, pour le Roy et la coronne alées et venues iiii^{xx}m frans ont fraié. De quoy et pour quoy paier, a falu vendre rentes à vie. Et, pour paier ce que devoient, le Roy leur a ottroié aucunes fois tailles et estoit ès lettres « pourveu le consentement de celz de l'Esglise ». Pour lequel avoir, comme sur les tailles du vin et autres, celz de l'Esglise, au regart de leurs personnes, ne voloient rien paier, sed, au regart de leurs subgiez, du vin que buvoient en leurs maisons, ne voloient que paiassent; au regart de celluy que vendoient à broche, ne voloient qu'il en paiassent que pour le tiers. Par quoy la terre du Roy est alée deppopulée et leur terre amendée, par ce que tous y vont demourer et n'y soloit avoir que deux taverniers, mais il en y a bien iiii^{xx} de présent et tout au prouffit de celz de chappitre; bien a y que le Roy certat de dampno vitando et le chapitre de lucro captando. Et pour ce s'est adjoint le procureur. Dit que, mesme du tiers dessusdit, l'ont volu lever par leurs mains et volu avoir leur part, unde inconveniencia oriuntur. Car les chanoines sont taverniers publiques, même tous, pour l'avantage qu'il ont à vendre vin, et n'y a celui, à peine, et prévost et autres chanoines qui ne soient taverniers. Et, en la terre de l'évesque, où ne soloit avoir que trois tavernes, en y a bien xxxvii. Et achètent le vin à l'estape et guesdes pour revendre, pour ce que ne paient rien, par quoy gaignent et eulx et leurs subgiez, tant celz de chapitre et leurs subgiez que l'évesque et ses subgiez, et s'en diminue le demainne du Roy et accroist le demainne de l'Esglise, et en vault trop piz le quart du Roy; et dit qu'il ont osté leur enseignes, puis bien peu. Dit outre que, se l'ayde estoit égal, si ne paieront pas tant que celz de la ville d'assez, veu ce que dit est, pour le prouffit qui leur vient et le dommage à celz de la ville. Dit que, pour ce que l'ayde faloit, ont volu avoir autre aydes, ont empétré lettres et a le procureur du Roy d'Amiens a empétré que l'ayde fust égal et se levast égaument. Si a concédé le Roy que, où l'en souloit lever iv frans x sols, l'en paiera lx s. et in ceteris diminution faite du tiers. Et ce se lèveroit égaument sur tous les habitans de la ville, [à] lever par les maire et eschevins de la ville, à en rendre compte aux gens du Roy, en temps et en lieu, et le mandement au bailli et esleuz envoié, pourveu que la plus grant part s'y consentist. Si a esté information par eulz faite, appellés les habitans, desquelz la plus seine partie et presque tous si sont consenti par la forme et mandement du Roy, à quoy Colart Plantehaye, officier de chapitre, appela. Et depuis ont volu avoir estre receuz à opposition, mais n'ont peu avoir hors une provision jucques à ce que par la Court en eust ordonné, pourquoy sont céans. Et pour ce que ce a esté signifié aux maire et eschevins, a esté ordonné que chascun feist sa requeste, quelle y voudroit. Or dit que partie sera demandeur, si welt, et non pas défendeur. Et ne sera receu comme demandeur, ne comme défendeur aussy, car, comme dit est, tous sont comprins en la fermeté d'Amiens et tous sont contribuables, et pour nécécité le Roy a ordonné la taille. N'est point question que le Roy n'ait le gouvernement de ses subgiez et a bien la prééminence d'ottroier subside, veu la nécécité Lequel subside maire et eschevins ne l'ont pas fait, à quoy empescher n'est pas recevable, combien que, à rendre compte, pourront dire partie adverse ce que bon leur semblera. Et quant à ce que partie adverse dit qu'il n'est point nécécité, si est et ce appert, car ceulz de la ville le tesmoignent, et ce a esté veu par les gens du Roy et si est notoire, et leur faut, de nécécité, avoir, pour présent, plus de XL^M frans. Si n'est pas recevable le ny et, se prouver le falloit, ilz l'offrent à prouver, ne, en termes généraulx, n'ensui que l'ayde ne coure point n'est point recevable. Quant à ce que partie a dit de toto qu'ils doivent estre exclus, deffent et dit que, au regart des subgiez, n'est recevable et aussi mesme ad personnalia munia, mesme, selon la conclusion de raison escripte, ne aussy démener le droit desdis subgiez, veu que la plus grant partie si consent, ne font à recevoir celz de chapitre, veu qu'ils sont franches personnes. Et quant aux personnes ecclésiastiques, propose et emploie ce que par la ville de Laon a esté proposé contre les gens de l'Esglise, et dit que, se les gens de l'Esglise sont à honorer, ce n'est pas à estre taverniers, n'estre marchans de guesdes. Quant à ce que partie adverse a dit que a tanto et sinon a toto doivent estre excusez, quant à la inéqualité, ne sera pas receu partie adverse, car ce redonderoit au dommage du Roy, et si regarde lucrum captandum, au regart de partie adverse, et dampnum vitandum, au regart du Roy. Et quant à la séparation, n'en y a point, fors comme seroit le four l'évesque à Paris; ne les pasturages et similia ne sont que demaines que le Roy leur bailla et si usent des droiz de la ville. Et quant au mesurage des dras, dit que, se leurs subgiez wellent seuffrir que leurs draps soient visitez par les eschevins, l'en leur lessera vendre en la ville. Dit que, quant à la fortification, onques ne fu dit qu'il ny fussent tenus et, se sentence ou accort ait esté fait, n'en scet rien et, supposé qu'il y fu, ce non prejudicat regi, quia res inter alios, etc., aussy fut-ce sans préjudice, et si tendroit ad noxiam, et si devons l'en oster tel inéqualité. Quant à rendre compte lorsque alors, quant à ce que partie dit que, sans eulx appeller, etc., ce ne lie point le Roy. Si conclut que partie ne en demandeur, ne en défendeur ne fait à recevoir; aliter n'ont cause, n'accion et tendra la provision de monsieur le chancellier et n'avera point partie d'estat. En tant que touche maire et eschevins, ont fait deument ce que ont fait et requièrent celz de la ville despens.

Au regard de ce que seroient demandeurs, dit que, depuis l'an iiii^{xx} et x, aucunes fois ont receu le tiers, quanques minus, quans plus et à leur prouffit. Par espécial, l'évesque en a receu ii^{M} lx lb. x sols, comme il bailleront par déclaration, et avec ce, de la partie qui compétoit à la ville, en doit vii^{c} xli lb. vii sols et ce, sans deux années de quoy recent tout, de quoy a à compter. Pareillement celz de chapitre en ont receu ix^{c} lx lb. ix s. et plus. Pour quoy conclut que l'évesque soit contraint à rendre ledit argent au capitaine, pour convertir ou il appartendra, ou tel somme qu'il appartendra ou rendre compte; et le chapitre, ix^{c} d'un costé et iiii^{xx} et ix lb. d'autre costé et amende prouffitable, à la discrétion de la Court, et compte. Et offrent démonstrer l'estat de la ville, pour chascun an.

Répliquent lesdis évesque et chapitre et dient que, quant à la fermeté de la ville, se rapportent à la Court; quant à la despence que l'en fait au Roy, à la Royne, etc., il en paient bien leur rata; quant au beaufroy (1), ce est voluptatis, et aux autres frais, ont assez rentes à ce et, se felix embola vennent, lors que lors, ils sont tous prests et à semblables frais, et dit que, avant que partie adverse soit receue, il faut savoir qu'est devenu ce qu'il ont receu, puis xv ans, et, combien que le royaume n'est que un royaume, toute voie il y a diverses parties, ita in presenti causa. Quant à le equaliter, dit que equaliter s'entent que non omnes equaliter contribuant, et dit que, selon leur estat, autant ont contribué que les autres. Et combien que tous soient au Roy, néanmoins, lors que le Roy y avoit prévost, il ne paioient rien, ne point ne l'a fait le Roy motu proprio ce qui a fait. Quant à ce que partie a dit que les chanoines sont taverniers, dient que aliqui vina emunt pro domo sua, mais, pour ce que ne scevent pas bien combien en povoient despendre, si leur en demeure, il vendent ce qui leur demeure; et, se leurs subgiez vendent vin, c'est

---

(1) Les travaux au beffroi sont cités dans les lettres d'octroi d'une émission de rentes à vie du 7 novembre 1410, où il est dit que, depuis deux ans, la ville a dépensé aux ouvrages du beffroi, en grand danger de ruine, 2.800 l. parisis et plus et qu'il y a lieu, pour parfaire les travaux, d'y faire encore de grands frais. X^{IA} 58, f° 1 v°. (Confirmation de la Cour du 27 novembre).

petit vin où les gens de petit estat vont. Dit que celz de la ville mellent les fraiz, tant de la forteresse que du beaufroy et autres tout ensemble ; par quoy de taille de mil lb. ne seroient pas contribuables à ɪɪᵉ ; ne, se celz de la ville contribuent à plusieurs choses extraordinaires, comme en présens, ne s'ensuist pas que culz y doient estre contrains, combien que, de leur courtoisie, y ont contribué autrefois, veu qu'il ont particulières charges, à quoy ne paieroient un denier celz de la ville, comme de leurs chaucées et similia. Dit outre qu'il fait à recevoir, à son propos, par espécial, d'eulz opposer et ancores s'opposent, veu qu'il leur touche, soit que celz de la ville ou le procureur ou tous ɪɪ soient impétrans ; car l'impétracion est torçonnière et contre raison, car ils sont exemps, par privilège, a toto vel a tanto. Si font bien à recevoir comme défendeurs, sinon au moins comme demandeurs, et ne doit point courir l'ayde, mais doit estre ostée et doivent cesser, et, se provision i faut faire, offrent telle que a esté depuis x ans. Et quant à ce que partie adverse proposoit qu'il ne faisoient à recevoir, au regart des subgiez, si font, car c'est pour leur droit, non pas immédiate pour les subgiez, qui refusent à paier, nonobstant quelque chose qu'a dit partie adverse et conclut ut supra l'évesque entier et chapitre. Quant à ce que partie adverse a proposé de ce qu'ont receu, requièrent déclaracion et revendront à un autre jour, sur ce et sur tout.

Le procureur du Roy et maire et eschevins dupliquent et dient ledit ayde ne cessera point pendente tempore, ne partie adverse ne sera point défendeur, mais le Roi sera défendeur, combien que peu d'aventage y a, et la provision tendra. Quant à la fin de non recevoir que, au regart des subgiez, chapitre, etc., ne font à recevoir, elle demeure, ne partie adverse n'y respont point, car, quelque intérest qu'il y aient, ne puent avoir en ce car (par) le demené de la cause desdis subgiez. Et dit que, au regart des fraiz, ne faut pas que ce soit nécécité, mais prouffit de la ville. Et dit qu'il sont compris en molt de procès ès présens faiz de par la ville. Et dit que, puisque la nécécité est urgent, il contribueront. Quant à la inéqualité, dit que ne y doit point avoir et n'y avera rien demourant, car il y faut plus de xlᴹ frans de frais. Et, se au compte appert que aucune chose y ait à quoy ne doient contribuer, l'en leur fera raison. Quant à la déclaration, alias la feront à partie adverse. Et demain revendront les parties.

Xɪᴬ 4785, f° 257 seq. (19 décembre 1401).

En la cause de l'évesque et chapitre d'Amiens contre le procureur du Roy et maire et eschevins d'Amiens .

Au regart de ce que le procureur du Roy a requis que lesdis évesque et chapitre

20 Décembre 1401

restituassent l'argent qu'il ont receu, au moins compte, ilz défendent en employant ce que hier fu dit pour eulz : c'est assavoir qu'ils sont séparés et ont droiz séparés; et, ce sachans, les eschevins ont obtenu lettres du Roy pour faire taille et ont requis eulz qu'il y aidassent et, combien qu'il le refusassent, tandem de grâce y consentirent à la taille, un quart moins, et ne se y consentirent que sub forma que, de l'ayde quis en leur terre, averoient certeine portion, quanz un tiers, quanz un quart, et ce seroit emploié in melioratione sue terre, comme raison le voloit, et que ce se lèveroit par un commis de par eulz, appellés les eschevins, et l'ayde se lèveroit en la fortification de la ville, et se bailleroit au maistre des euvres, en la terre d'eulz; et ainsy se consentirent les eschevins, aliter nunquam consensissent. Et si ont lettres que le Roy ne bailla point lettres aux eschevins de taille, non consentientibus ipsis de Ecclesia, et à convertir ès réparations en leurs terres. Dient qu'il ont receu de cest aide aucune somme qui ne doivent point restituer, et ce scevent bien les eschevins, qui ont baillé le Roy pro adversante fortiori; ne à faire poursuite de ce n'est à recevoir le procureur du Roy, car ce n'est pas l'argent du Roy, mais a esté [levé] consentientibus subjectis, et emploie le proposé des eschevins contre eulz. Dit que aliter n'a cause, n'accion, et que ce qu'il a receu a bien emploié ès chaucées, en la somme de ixe lb. par. Dit que il a édifié le Pont d'Amours, où a despendu vi^e lb. par., et si a fait réparer, entre les deux rivières de Somme et Lauguet (le Hocquet), en faisant un mur qui a cousté iiiie xxx lb. par., que devoient refaire les eschevins, par accort, en un arche iie lb. par. à la porte Saint-Michiel, xl lb. par., en autre manière entour la rivière, iie lb. par. et en autre manière à amender la terre de l'évesque, et a tant fait que nul ne s'en plaint; et offre de bailler, se résidu y a, compte fait, qu'il offre à employer en la chose publique, en sa terre. Dit que les eschevins ont receu ce que l'en leur devoit bailler et néantmoins n'ont rien fait, combien qu'ils feissent préparatoire de matière, en leur terre, mais après transportoient en leur terre ycelle; et offrent compte et rendre résidu, s'il y a, comme dit est. Si conclut que, au regart de l'évesque, il a fait son devoir et offre à faire. Si n'est le procureur du Roy à recevoir, au moins n'a ne cause, n'accion et est en cas d'absolution. Mais dit que le préalable est que les eschevins rendront leur compte primo et ce requièrent et qu'il monstreront qu'ont fait de ce qu'ont receu. Et quant à la déclaration baillée par les eschevins, dit que à soir ly fut baillée et respond en général qu'il n'ont point receu tout ce qu'il dient et de ce qu'a receu l'a mis, comme dit est, et requiert que lui soit réservé à respondre au particulier, car de présent ne puet respondre au cas particulier. Et outre dit que, se le Roy avoit ordonné absolute tel impost, y avera à employer ès réparations de la ville ; mais le Roy a concédé ledit impost sub condicione, comme a dit, ne onques n'y consentirent, nisi sub forma predicta. Quant aux chapitre, dit que de ce qu'il ont receu n'ont (l'ont?) emploié en chaucées, en verrières au portail, en édifices et n'ont point tant receu que partie dit, et y a une somme de vii^{xx} frans, que doit Jehan Audeleu ; et dit que le Roy a gratum ce qu'il ont receu et qu'il ont fait et emploié, et impose silence à tous. Si conclut que partie adverse ne fait à recevoir, veues les lettres royaulz que monstrent, au moins n'ont cause, n'accion et sont en cas d'absolucion.

Le procureur du Roy propose au contraire et dit que, se les eschevins d'Amiens ont receu argent, comme dit est, et non emploié, qui procéderoit contre eulz. Dit qu'il tient pour emploié ce que lesdis évêque et chapitre ont confessé. Dit outre que, in regno, non licet civitatem imponere taillam, nisi de consensu regis, et fût mesme pour employer en fortificacions, et que, se aucune chose est levé pour taille ordonnée par le Roy, ne puet estre appliqué à autre usage que celui ordonné par le Roy, et y a peine et restitution ad quadruplum, au moins doit estre restitué l'argent. Dit que partie adverse a receu argent de la taille et ne l'ont pas converti où il appartenoit. Quant à ce que dient celz de l'esglise d'Amiens, que le Roy a ordonné taille, primo consensu episcopi et capituli, etc., dit que, se le consentement de celz de chapitre, évesque et des eschevins faisoit la taille, ce seroit dire qu'il peussent faire taille à leur volenté, qui est contre raison, ne aussy muer ayde ne puent privatus ou privati, comme ne puent faire taille ; et en tant que partie adverse l'a fait, est amendable, ne les défenses au contraire ne sont recevables ; et en tant qu'il ont emploié à leur usage particulier, ont mespris, comme en leurs granges, etc., ce n'est recevable ; et quant à ce qui estoit à convertir à la réfection de la porte, ne requiert point qui soit restitué, s'il a esté emploié deument ; et, se autre chose ont emploié à leur volenté, il le doivent restituer et ayent leur garant où bon leur semblera, et ne suffit pas d'en offrir le compte, par espécial, au regart du Roy ; ne les mises ès chausées ne sont pas recevables, car ce sont rues privées que privati facere debent coram domibus suis, secus des rues publiques ; ne les murs que l'évesque a fait ne sont pas negocia publica. Et dit que il a fait paver sa court de ladite pécune, qui n'est pas despence recevable. Et, se il estoient receu à rendre compte, si ne doit point empescher la condempnation et amande. Quant à la tour refaite au pont, lui plaît qui rende compte ; quant au surplus le doit restituer, aliter locupletaretur cum aliena, etc., ne l'exception que les eschevins rendront compte n'est recevable. Quant à celz de chapitre, de impensis factis in vitris suis, etc., ce, ne les autres choses par eulz proposées ne sont recevables, ne que ce que l'évesque a proposé. Quant aux lettres royaulx par eulx présentées, de l'an iiii^{xx} xix, dit que, nonobstant lesdites lettres, autrefois ont esté condempnez; aliter dit que les ont trop gardées et en ont abusé, que, avant l'entérinement d'icelles, ont retenu l'argent et ita abusi sunt graviter et frustra auxilium legunt, implorant, etc. Et si ne doivent pas entendre le prouffit que eulz et leurs subgiez ont à faire tavernes, ne le prouffit qu'il ont pour leurs verrières aliunde, car les armés en la ville y laissent de leurs armes et sy ne wuelt pas le Roy que à telz lettres impétrées per importunitatem l'en y obéisse, n'elles font point mention du procureur du Roy, et ny fait la vérification des généraulz, à qui ne coustoit rien, car, en ce cas, l'en ne leur demandoit point d'argent, ne ce n'est pas ayde comme est celui de quoy se mellent les généraulz. Si dit que les lettres sont surreptices ou inutiles et non raisonuables; et à la fin de non recevoir, que ce touche les eschevins, etc., dit que le Roy le fait et compète l'action au Roy de poursuir pro republica, et le demande, pour ce qu'il ont esté négligens, c'est assavoir les eschevins; et ne requiert pas que l'argent soit rendu aux subgiez. Si conclut à fin de non recevoir et fait bien à recevoir et requiert que partie wide sa main et amende à la discrétion de la Court

Les évesque et chapitre dupliquent et dient que le Roy n'a pas ordonné absolute l'ayde, mais y mist le consentement de l'évesque et chapitre, où il avoient leur intérest; et ne le voudrent pas consentir, pour ce que leur subgiez eussent esté taillez equaliter, qui estoit contre raison, et si eussent mal employé l'argent les eschevins, comme faisoient, et pour ce si voloient consentir ou à leur volenté; et pour ce fu dit que une partie seroit employée en leur terre, et celle condicion y fu pour leur tenir la bride, et ce est selon l'entencion du Roy, ne ce n'est pas muer ou changer; et si a esté fait par les gens du Roy à Amiens, et pour le prouffit et réparation de la ville, par quoy a esté levé l'ayde par l'auctorité du prince; et si estoit dit : au nécécités et autres affaires de la ville; ne les voies publiques, chaucées et rivière ne sont pas negocia privata, mais publica; et a esté gardée la teneur de la lettre, ne n'ont pas fait, ne refait granges, ne autres choses privées dudit argent. Quant aux lettres, elles sont vraies, ne onques ne furent présentées ailleurs que en ceste Court, et, se il ont esté alias condempnez, c'estoit d'autre procès qui touchoit celz de Saint-Morice [et] un chanoines de l'Esglise; ne il n'ont pas fait le contraire du contenu des lettres, mais ce qu'ont receu a esté baillié aux eschevins, hors ce qu'il ont employé à ce que dit est; et se les lettres dessusdites n'estoient bonnes, il en ont autres nouvelles. Si conclut ut ante.

Appoinctié que les parties mettront leurs impétracions et autres lettres devers la Court qui, tout veu et considérées les raisons des parties, fera droit et au Conseil.

(En marge : au Conseil et en arrest. Poupaincourt).

X¹ᴬ 4785, f° 259 seq.

N° 4. — *Appointement donné au Conseil.*

A conseiller l'arrest d'entre les évesque et chapitre d'Amiens, d'une part, et le procureur du Roy, d'autre part, item d'entre ledit procureur du Roy et maire et eschevins d'Amiens, qui ont requis que lesdis évesque et chapitre restituent ce que ont receu, etc., d'une part, et lesdis évesque et chapitre, d'autre part. Sur le plaidoié du xix° jour de décembre M IIII° I, tout veu et considéré, il sera dit, en la première instance, que lesdis évesque et chapitre ne seront pas receuz comme opposans et seront les lettres du Roy entérinées. Quant à l'autre instance, il sera dit que maire et eschevins bailleront, par déclaration, les choses que dient évesque et chapitre avoir receu. Et ils vendront défendre, tant au général que au particulier, au lundi de la Trinité, lequel jour la Court assigne et a assigné aux procureurs desdites parties. Et, se lesdis évesque et chapitre veelent aucune chose demander ausdis maire et eschevins, ils y défendront.

19 Avril 1402

(En marge : Dictum hodie partibus).

X¹ᴬ 1478, f° 61.

N° 5. — *Arrêt de la Cour du même jour* (1).

Cum certarum litterarum, die xxii ᵃ augusti (2), anno Domini M° CCCC° I°, a nobis per procuratorem nostrum generalem, super refusione ac restitucione nonnullarum magnarum denariorum summarum ex certo subsidio in villa nostra ambianensi, pluribus annis, per dilectum et fidelem consiliarium nostrum episcopum, necnon dilectos nostros decanum et capitulum ambianenses redactarum ac receptarum, aliarum insuper litterarum per procuratorem nostrum, maiores et scabinos dicte ville ambianensis de certo subsidio super manantes et habitantes in dicta villa ambianensi banleuca et inclavaturas ejusdem equaliter imponendo ac levando, xix ᵃ die septembris (3) anni predicti, obtentarum executionibus supradicti episcopus, decanus et capitulum se opposuissent et certam ad nostram

19 Avril 1402

---

(1) Le texte de cet arrêt est très défectueux : l'écriture parfaite ne laisse aucun doute au sujet des erreurs du scribe.

(2) Ces lettres sont datées du 17 mai 1401 dans l'Inventaire S₁ de 1458, n° 172.

(3) V. le texte de ces lettres cc. xii. chap. Aides.

parlamenti curiam emisissent appellacionem, ipsaque non obstante, baillivus atque dicte ville et diocesis ambianensis super facto subsidiorum regni nostri electi ad dictarum ultimo impetratarum litterarum executionem processissent, et ob hoc episcopus, decanus et capitulum memorati ad nos pro remedio recurrissent oportuno, fuissetque per nos appellacio predicta absque emenda adnullata et certa dies, jam lapsa, partibus antedictis, juxta ordinationem in nostro magno consilio factam, ad proponendum hinc inde in eadem curia que vellent assignata, prout hec ex tenore dictarum litterarum et relationibus certorum nostrorum servientium apparere poterant et apparebant, constitutis igitur in eadem curia partibus antedictis seu ipsarum procuratoribus, pro parte dictorum episcopi, decani et capituli propositum extitit quod in omni, nedum paganorum, secta flamines sive druides, qui sacerdotes appellabantur, verum in Judæorum signagoga ac amplius merito in nostra christicolarum sincera fide, sacerdotes seu ipsum sacerdotium constabat atque constat ab omni servitutis munere et onere immunes extitisse, offuisseque nimium Egyptiis pestifera anxietate correptis atque correctis quod populum et sacerdotium israeliticum in suam adegerant servitutem. Insuper dicebant quod, licet ipsi sint pauperes ecclesiastici ac modica portio in respectu ad ipsos maiorem, scabinos et ceteros ambianenses incolas, cum quibus in nullo conveniant, preter quam in dicte ville cohabitatione et mora, sintque dicti maior et scabini epulenti ac divites, habentes et possidentes, ad ville custodiam et cetera eandem villam incumbentia avara sustinenda, suum belfredum, pasturagia, domipolas, vinnagia, mensuragia ac ambianensem prepositieram plurimi valoris, multaque alia jura et revenutas levaverint atque eciam exegerint, a xxx annis citra, amplius quam tricenta millia francorum et redditus ad vitam super ipsa ambianensi villa et incolis ejusdem vendiderint, in gravamen et pauperum mercatorum advenarum et aincolarum et predicte ville destructionem, fuerint preterea ipsi semper, juxta suam facultatem, ad ea que necessitatis eidem ville forent contribuere parati, nichilominus prefati maior et scabini, nulla vigente necessitate, preter et contra cujusdam pacti seu accordi inter ipsas partes initi atque facti formam et quo usi et aliquanto tempore gavisi fuerant, a nobis subrepticie litteras obtinuerant quas cum exequi, extraordinarium subsidium imponere satagendo, voluissent ac nisi fuissent, se opposuerant et opponebant, quare dicebant quod dicti procurator noster, maior et scabini ad malam et injustam causam litteras predictas impetraverant ac exequi fecerant et ad bonam et justam causam se opposuerant et opponebant, juribusque ac prerogativis opponentium uti atque gaudere, nec aliter ad subsidium per dictos procuratorem, maiorem et scabinos impositum contribuere, quam prius compoto de receptis et impensis per eosdem, astantibus ipsis, facto ac reddito et dumtaxat pro ville fortificacione et pro certa ac modica porcione per ipsos seu gentes aut officiarios suos levanda, minime tenebantur, quod provisio per dictos maiorem et scabinos obtenta cessare, ipsique sibi ea que preter necessaria ad dicte ville fortificacionem ab eis receperant ac exegerant reddere et restituere et ab inceptis cessare et in suis dicti maior et scabini condempnari debebant expensis et sic, ut opponentes sive defensores ea non haberent, ut actores saltem, petebant et ad eadem concludentes requirebant.

Predicto procuratore nostro, maiore et scabinis ex adverso proponentibus et dicentibus quod dicta ambianensis villa erat et est notabilis et bona, in patria fronterie situata, in qua sunt ac esse consueverunt jurisdiciones varie, unicum et aggregatum corpus efficientes, cujus quidem regimen et administracionem habentes, ad hujus corporis permanenciam ac sustentacionem, varios sumptus, gravia dispendia, fredaque quamplurima in stipendiis sive capitaneatus, advocatorum, consiliariorum, in processuum ac officiariorum salariis, in resarcione, restauracioneve seu retencione calceiarum, turrium, murorum, propingnaculorum, portarum ac ipsius civitatis horelogii, in rostris, seu troiis atque siculis, que ad ruinarum et incendiorum caucionem instrumenta sunt neccessaria, inque felici embola, muneribus, donariis sive presentis nobis, carissime consorti nostre, regine, ac ceteris principibus et dominis per ipsos, pro dicte ville honore, fieri solitis ac debetis vetustis, ex redempcione carissimi avi nostri, regis Johannis, ex fragiis et guerrarum regni nostri tailliis ac pluribus aliis divitorum (debitorum) restis, que singula publica sunt, sustinebant ac sustinere et solvere habebant; pro quibus sustinendum et solvendum, cum nullum domanium aut redditum, quamvis forsan pro scabinatu, ratione cujus erga nos in septingentis libris annuatim tenerentur, aliquantum haberent, neccessitas ipsos ad vendendum redditus ad tempus super ipsa villa, preterito tempore, deduxerat atque compulerat, pro quorum omni acquitacione et necessitate ac ipsius ville publico bono ipsis quandoque concesseramus licenciam imponendi atque certa subsidia indicendi, ad que ipsi episcopus, decanus et capitulum, quanquam tertiam partem ipsius ville ambianensis habeant et teneant, noluerant quicquam de vinis per ipsosmet sive per ipsorum subjectos [potis (?)] contribuere sive de ipsis solvere, sed dumtaxat pro tertia parte vinorum per ipsorum subjectos ad detaillum seu clapsedram vel brochiam venditorum, de qua eciam tercia parte ipsi episcopus, decanus et capitulum lucrum et partem referre et eandem terciam per eorum manus recipere voluerant ac volebant, bene (unde) domanium nostrum diminuebatur, nostra terra depopulabatur et ipsorum

terra in novos subjectos excrescebat et augmantabatur, cum omnes sub ipsos
confluendo currerent et sub ipsis moram et incolatum habere satagerent, adeo ut
in terra dictorum de capitulo, ubi due dumtaxat antea fuissent, nunc octoginta
essent taberne ac, ubi in prefati episcopi terra tres fuerant, ad triginta sexta et
plures accrevissent, et janjam ipsius ambianensis ecclesie canonici, hujusmodi
lucro allecti, tabernam (tabernarii) ac guesdarum et vinorum ad stacionem seu
stapam publici mercatores efficiebantur; et ob hoc dicti procurator noster, maior
et scabini litteras a nobis super alio subsidio equaliter imponendo et levando
super omnibus dicte ville habitantibus impetraverant et obtinuerant, ad quod,
juxta dictarum litterarum nostrarum formam et seriem, imponendum, licet maior
et sanior ipsius ville pars, immo fere annis (omnes), assensissent, memorati tamen
episcopus, decanus et capitulum se opposuerant. Cum autem omnes coh[ab]itatores
dicte ambianensis ville septis seu firmatura dicte ville ambianensis continerentur
atque comprehenderentur, ac ipsi subditi nostri essent, ipsisque licentiam et
auctoritatem subsidium inter se indicendi et conficiendi, tanta imminenti neccessitate, non solum per dictos habitatores attestatri viveret (attestata, quin eciam),
per gentes nostras informatione previa ibidem comperta, concedere possemus et
deberemus, dictumque subsidium dicti episcopus, decanus et capitulum impedirent, impugnarent, et ad eam (eum) se pro se ipsis, qui dicte ville sicut et ceteri
incole, et non quoad hoc discreti seu separati, erant, et per hoc contribuere et tam
laudabili titulo, de racione, ascribi honeste poterant et debebant, potius quam
guesdarum et vinorum mercimoniis deshonestari et fedari, et pro suis dictis subditis,
dicte ville habitatoribus, opposuissent et opponerent, qui subditi libere persone
erant, ad suas causas et causarum opposiciones persequendas habiles et ydonei, et
non dicti episcopus et capitulum, inequalitas atque contribucionis per ipsos
episcopum, decanum et capitulum pretensa ad jacturam et domanii nostri diminucionem vergeret, et ipsi per eam de lucro captando certarent, nos vero de
vitando dampno, neque obesset accordum quidquam seu sententia que nunquam
inter partes predictas intervenerant, et si quod interpositum fuerat, illud sine nostri
prejudicio et tanquam res inter alios acta extiterat, compoto etiam reddito de
receptis et misis per ipsos, dictum subsidium impedire non deberet, cum alias et
alia instancia dicti episcopus, decanus et capitulum illud requirere et petere
possent, ipsi admitti ut defensores neque ut actores poterant, nec debebant, aliter
causam non habebant, nec actionem, provisioque per consilium nostrum eisdem
facta, absque hoc quod dicti episcopus, decanus et capitulum statum haberent,
teneri et permanere debebat. In quantum vero ipsi essent aut esse actores deberent,

proponebant quod dictus episcopus, ab anno Domini M° CCC° nonagesimo, tria milia nongentas et dicti decanus et capitulum mille centum et tresdecim libras parisiensium vel circiter de subsidiis ipsius ville ambianensis communibus recepissent et hactenus retenuissent, ad dictas summas seu alias, prout racionis fuerit, restituendum seu compotum, necnon inutiles emendas, juxta et reliqua, reddendum, [ad] discretionem curie nostre predicte, ac in expensis ipsorum maioris et scabinorum condempnari debebant, ad hoc concludentes, ac se ostensuros et exhibituros predicte ville statum, quoad misias et receptas, pro tempore preterito, offerendo.

Replicantibus dictis episcopo, decano et capitulo ac dicentibus quod, licet antedicta ambianensis villa sit una, quemadmodum et regnum nostrum, diversas et distinctas partes continens, unum dicitur, et contribucio ad dicte ville clausuram seu firmaturam, feliciem ambolam, quando supervenerit, et similia onera ordinaria una sit, ipsosque ac ceteros alios dicte ville habitatores tangat et concernat et ad ipsam, ipsorum statu pensato, ad tantum quantum et ceteri contribuant et antea contribuerint, in ipsa tamen villa diverse erant et sunt partes ad invicem distincte ac discumvenientes, que suas chargias, freda, seu onera peculiaria et propria et ab invicem segregata sustinent ac sustinere debent et habent, et si dicti maior et scabini donaria sive presenta quandoque fecerint aut faciant, sic et ipsi pro se ac facere consueverint, ad que et similia extraordinaria, que dicti maior et scabini cum ordinariis confundunt et invicem permiscent, contribuere et maxime equaliter cum ceteris habitantibus minime tenebantur, cum plurima extraordinaria onera sibi attribuant dicti maior et scabini sustinenda, que pocius voluptatis reputari debent quam necessitatis, nec eciam eo magis ipsi, nec eorum subditi, quorum factum in medietate et primo ipsorum jus tangit, tailliabiles, quemadmodum dicti procurator noster, maior et scabini proposuerant, dici debebant ex eo quod vina quandoque taberne seu vendicioni exponerent, cum vina sint ex suis garnicionibus restancia, que quante precise esse debent providere nequeunt, vina vero que dicti subditi vendunt modica sint et ad que plebeii et menegearii pervi (parvi) et humilis status confluunt. Et, quia per previlegium a toto sive tanto exempti erant, nec dicti procurator noster, maior et scabini proprio motu nostro sed sua injusta et torçonneria instancia litteras predictas obtinuissent et, contra rationem, ipsis ac suis subditis dissencientibus, eas exequi fecissent, rite et debite se opposuerant. Quantum vero ad demandas per ipsos procuratorem nostrum, majorem et scabinos, super nonnullos per eosdem episcopum, decanum et capitulum de subsidiis receptas pecuniis, [factas], dicebant quod ipsas non in tanta summa receperant quantum dicti procurator, maior et scabini proposuerant, quas vero receperant restituere non tenebantur, cum ipsas in opus publicum, videlicet pontis Amoris, porte Sancte Michaelis, fluminum riparum, calceiarum, portalium et vitrearum sue ecclesie, secundum quod poterant, ex forma concessionis nostre, et debebant, et quod nos gratum per litteras nostras, quas dilecti ac fideles nostri consilii generales super subsidiis nostri regni deputatos verificaverant, ratum habebamus. Quare ipsi neque ut actores, neque ut defensores, nec eciam ad illas pecunias repetendas procurator noster, cum ipse pecunie non fuissent nec essent nostre, nec dicti maior et scabini, priusquam rationem de receptis et impensis per ipsos, a quindecim annis citra, racionem reddidissent, admittendi erant et, si admittendi erant, causam tamen, neque actionem habebant, ipsique absolvi debebant, ad hec et ut supra concludentes, et sibi summas dictarum pecuniarum receptarum declarationem fieri requirentes, seque offerendo super hiis defensuros.

Memoratis procuratore nostro, maiore et scabinis duplicantibus dicentibus quod, qualecumque interesse dicti episcopus, decanus et capitulum, racione suorum subditorum, haberent, ipsorum subditorum cause deductionem habere non poterant, neque debebant, nec in contribucione ad dictum subsidium debebat intervenire inequalitas, cum summa et taxa impositi subsidii ad integrum neccessaria ville predicte foret, et, si casus appareret racione cujus contribucionis diminucio ipsis fieri deberet, eis racio et justicia in reddicione compoti fieret. Insuper dicebant quod pecunias quas in privatum suum opus impenderant cum emenda restituere debebant, quando eas ad privatum usum applicare non potuerant nec debuerant, earumdemque pecuniarum, tanquam ad rem publicam dicte ville ambianensis pertinencium, prosecucio ad nos pertinebat ac pertinere debebat, nec littere super ratifi[ca]cione a nobis obtente et per dictos generales frustra verificate, si quas habebant, ipsis prodesse poterat, cum ante ipsarum impetracionem dictas pecunias jam sibi applicassent, dicteque littere surrepticie essent, lucra et commoda que ex suis tabernis ipsi et subditi sui referebant et plurima alia neccessaria minime continentes. Ex quibus multis ac variis aliis racionibus adductis ad finem quod ipsi et non dicti episcopus, decanus et capitulum admitterentur et ut supra concludebant.

Auditis tandem ad plenum partibus antedictis in omnibus que circa premissa, tam replicando quam duplicando, dicere ac proponere voluerunt, ipsisque in arrestato appunctatis, visis insuper litteris, actis et munimentis earumdem parcium, consideratisque et attentis diligenter omnibus circa hec attendendis et considerandis et que dictam curiam in hac parte movere poterant et debebant, per arrestum ejusdem curie nostre prefate dictum fuit quod memorati episcopus, decanus et capitulum non essent nec sunt ut opponentes admittendi, neque ipsos admisit nec admittit curia nostra predicta, interinabunturque littere nostre per dictum procuratorem nostrum impetrate et obtente. Et que ad aliam causam inter supradictos procuratorem nostrum, maiorem et scabinos, actores, ex una parte, et episcopum, decanum et capitulum, ex alia, defensores, per ejusdem curie arrestum dictum fuit quod dicti maior et scabini declarabunt et per declaracionem res seu summas pecunie quas ipsos episcopum, decanum et capitulum iidem procurator noster, maior et scabin recepisse proposuerunt, ostendent et tradent, et ipsi episcopus, decanus et capitulum, ad crastinum instantis Trinitatis, ad defendendum in curia venient et defendent, quam diem ipsa curia procuratoribus ipsarum parcium assignavit et assignat. Et si dicti episcopus, decanus et capitulum aliquid ab ipsis maiore et scabinis petere voluerint, iidem defendere tenebuntur et defendent.

Pronunciatum xix^a aprilis, anno M° CCC° II°.

X^{1a} 49, f° 133 seq.

N° 6. — Mandement de la Cour enjoignant à l'évêque et au chapitre de déposer par provision les sommes contestées aux mains du promoteur de l'officialité.

L'arrêt du 19 avril 1402 à peine rendu, les gens d'Eglise l'attaquèrent sans tarder.

Nous apprenons par des plaidoiries du 23 juillet 1403, X^{1a} 4786, f° 163 — qui ne sont guère que la répétition des précédentes et où le procureur du Roi répondit seul pour la ville, — qu'ils s'adressèrent au chancelier et au grand Conseil, mais en vain, car l'arrêt fut purement et simplement confirmé, et la « mise sus » des aides effectuée par le bailli, aux conditions nouvelles, c'est-à-dire avec tarif égal pour les trois juridictions, et sans opposition. Ils n'en obtinrent pas moins, peu après, une requête civile et se représentèrent devant la Cour pour en demander l'entérinement. C'est à cette occasion que furent prononcées les nouvelles plaidoiries et rendu l'appointement qui devint le mandement du 24 juillet, dont nous donnons le texte.

Les parties furent invitées à présenter leurs mémoires, avant la mi-août, et les gens d'Eglise à effectuer, dans le même temps, le dépôt des sommes par eux reçues et réclamées par la ville aux mains du promoteur de l'évêque, dont la Cour ordonnerait comme de raison.

C'était une nouvelle procédure qui succédait à la première pour durer encore un siècle et plus.

Signalons, dans la plaidoirie du procureur général, quelques détails curieux :

Exposant à nouveau l'exode des taverniers en terre d'Eglise, il ajoute : « ont esté désertées deux des paroisses de ladite ville et sont pour ce devenus celz de l'Eglise taverniers et leurs maisons, signées l'une au mortier, l'autre au haren sor..... ».

Un peu plus loin : « et dit que, à tant que partie s'efforce de venir contre l'arrest, le doivent amender de M. lb. ».

24 Juillet
1403

Karolus, etc. Universis, etc. Notum facimus quod, litigantibus, die date presentium, in nostra parlamenti curia procuratore nostro generali pro nobis, necnon maiore et scabinis ville nostre ambianensis, actoribus, ex una parte, et dilecto ac fideli consiliario nostro episcopo ac dilectis decano et capitulo ambianensibus, defensoribus, ex altera, ratione inter cetera nonnullarum pecunie summarum, ex subsidio super vino ad brochiam seu detaillum in dicta villa expenso, necnon cervisiis, godalis et guedis in eadem venditis imposito et assignato, pro fortificacione et reparacione fortalicii ac salariis sive stipendiis capitanei et aliis necessitatibus ejusdem ville ambianensis, perceptarum et levatarum et penes dictos episcopum, decanum et capitulum existencium, ipsisque partibus auditis et ad tradendum penes dictam nostram curiam, infra instans festum Assumptionis beate Marie Virginis, facta sua super hinc inde propositis, per modum memorie, appunctatis, prefata curia nostra ordinavit et ordinat quod dicti episcopus, decanus et capitulum ambianenses nummos et pecunias quas ipsi penes se ex predicto subsidio habent et detinent in manibus procuratoris ejusdem episcopi, infra predictum festum, tradere et ponere tenebuntur, pro ordinando de eisdem ut fuerit rationis. Quocirca baillivo ambianensi aut ejus locumtenenti, necnon primo dicti parlamenti nostri hostiario vel servienti nostro et eorum cuilibet super hoc requirendo committimus et mandamus quatinus predictos episcopum, decanum et capitulum ad tradendum et deliberandum dictas pecunias in manibus dicti promotoris, juxta presencium litterarum tenorem, per capcionem et detencionem suarum temporalitatum viriliter et debite compellant. Quibus et eorum cuilibet ab omnibus justiciariis et subditis nostris, in hac parte, pareri volumus et jubemus.

Datum Parisius..... xxiv^a die julii, anno M° CCCC° III°.

X^{IA} 50, f° 44 v°.

XLVI

N° 1. — Plaidoyer et arrêt de la Cour sur l'attribution d'un office de maître charpentier et canonnier du Roi.

Dès le milieu du xive siècle, le Roi avait, à Amiens, un maître de l'artillerie royale, puisque, en 1388, l'un des compétiteurs à cet office cite deux titulaires antérieurs, Nicaise de Cambray et Jean le Conte.

Nous donnons les pièces suivantes, à titre de témoignage de la vivacité des compétitions aux moindres offices royaux et de l'étrange confusion qui présidait à leur répartition. On ne lira pas non plus sans intérêt les arguments de la défense et l'apologie dénuée d'artifice des droits de la médiocrité. La mentalité des aspirants fonctionnaires n'a pas changé depuis lors, mais seulement leur langage.

Entre M⁹ Jehan de Portelière appellant du gouverneur du bailliage d'Amians, d'une part, et Jaques Roussel, d'autre part.

18 Février 1387, v. s.

M⁹ Jehan dit qu'il est souffisant et expert ou fait de charpenterie et d'artillerie et fait canons et garros, et plus souffisant que Jaques. Dit que le Roy, nostre sire, ly a donné et conféré l'office desdis mestiers, en la ville d'Amians, vacant par la mort de Jehan le Conte. Pour ce que Jaques s'efforça d'avoir l'office, M⁹ Jehan se trahi devers le Roy, lequel, bien acertenez de la souffisance de M⁹ Jehan, déclara sa voulanté et volt qu'il eust l'office, en déboutant Jaques, et depuis manda à messire Tristan du Bois, gouverneur du bailliage de Tornay, qu'il s'enformast de la souffisance de M⁹ Jehan et la renvoyast pour en déterminer, pour le plus souffisant, au gouverneur du bailliage d'Amians. Dit que le gouverneur d'Amians, sens veoir l'information et combien que M⁹ Jehan soit le plus souffisant, adjuga l'office à Jaques, dont M⁹ Jehan appella. Dit qu'il a obtenu lettres du Roy par lesquelles il mect l'appellation au néant et requiert l'entérinement d'icelles, sinon qui soit dit mal jugé, bien appellé et à despens.

Jaques dit que l'office ly a esté donné et conféré ledit office et en a lettres du Roy vériffiées par la Chambre, par le gouverneur du bailliage d'Amians et par le receveur d'Amians et en a esté mis en possession et sasine et en a joy et, se l'office a esté donné à M⁹ Jehan, Jaques est premier en date. Dit qu'il est souffisant et plus que partie adverse. Et si n'est pas nécécités que soit le plus souffisant, mais est chose de très mauvais exemple et non recevable, car il ne convient pas que les plus souffisans aient tous les offices, mais souffist qui soient souffisans et james home ne demouroit en son office, se telles voyes estoient ouvertes. Dit que le gouverneur vit l'information et les lettres des parties, après ce qu'elles furent oyes, et juga pour Jaques, dont M⁹ Jehan appella. Conclut que ne face à recevoir et qu'il ait mal appellé et à despens. Et respond aux lettres de M⁹ Jehan et dit qu'elles sont subreptices, car elles dient que Jaques n'est pas souffisant et sy est, et sont iniques par ce que dit est et pour ce que, par la sentence, droit est acquis à Jaques et par ses lettres.

M⁹ Jehan réplique et dit que Nicaise de Cambray ot l'office et après un appellé Jehan le Comte, l'ot le Comte avant que Jaques, et de Jehan le Comte M⁹ Jehan a le droit et la cause. Sy est premier en date et fu commis au gouverneur de Tornay faire l'information, pour ce que cognoissoit Jaques et ly avoit fait donner l'office. Dit que l'office est révocable ad nutum, et l'a peu donner le Roy à M⁹ Jehan, non obstant le dom fait à Jaques, et a le Roy déclaré sa voulanté, et de son propre mouvement, et est plus souffisant que Jaques. Dit que ses lettres ne sont point subreptices, car il n'a pas donné à entendre que Jaques ne soit souffisant, et ne sont pas iniques, considéré que le Roy a déclaré sa voulanté, de son propre mouvement.

Appointé est que la Court verra les lettres des parties, la sentence du gouverneur d'Amians et l'information dont parlé est cy-dessus, considérera les raisons et fera droit.

X¹ᵃ 1474, f° 56.

N° 2. — *Arrêt de la Cour confirmant la sentence du bailli sur l'attribution dudit office.*

1ᵉʳ Août 1388

Cum certa lis coram gubernatore baillivie nostre ambianensis mota fuisset inter magistrum Johannem de Portellectes, se dicentem ingenciorem et canonum magistrum, ex una parte, et Jacobum Rousselli, ex altera, racione officii magisterie seu magistri nostre carpentarie operum et grossorum ingeniorum dicte baillivie ambianensis, quod siquidem officium dictus de Portellectes per defuncti Johannis de Mota, aut saltem per ipsius aut Nicasii de Cameraco, et dictus Jacobus per ipsius Nicasii obitum nuper vacasse dicebant et quod quelibet parcium predictarum ex dono seu collacione per nos sibi facta ad se pertinere declarari petebat, fuissetque coram predicto gubernatore inter dictas partes in tantum processum quod per eumdem gubernatorem dictum extiterat quod dictus Jacobus esset et remaneret in possessione et saisina dicti officii ac eodem uteretur et gauderet, modo et forma in litteris a nobis super hoc sibi concessis declaratis et contentis, litteris per ipsum de Portellectes impetratis non obstantibus quibuscumque, quas idem gubernator subrepticias et subrepticie impetratas declaraverat, et quod eedem littere ad ipsius de Portellectes utilitatem non integrarentur et quod a suis conclusionibus occiderat, ipsum de Portellectes in expensis dicti Jacobi condempnando, a qua siquidem sentencia certa fuerat pro parte dicti de Portellectes ad nostram parlamenti curiam appellacio interjecta, constitutis igitur propter hoc in eadem curia nostra partibus antedictis seu earum procuratoribus ac ipsis ad plenum auditis, visis insuper litteris et titulis parcium predictarum, consideratisque et attentis diligenter omnibus circa hec attendendis et que dictam curiam nostram in hac parte movere poterant et debebant, per arrestum ejusdem curie dictum fuit dictum gubernatorem bene judicasse, dictumque de Portellectes male appellasse, et emendabit dictus appellans, ipsum in expensis hujus cause appellacionis condempnando, dictarum expensarum taxatione dicte curie nostre reservata.

Pronunciatum prima die augusti, anno domini M° CCC° LXXX° VIII°.

X¹ᵃ 35, f° 353 v°.

XLVII

Mainlevée accordée par la Cour aux héritiers de Jean des Rabuissons des biens de celui-ci confisqués par le procureur général sur imputation de suicide.

A la fin du xiv° siècle, l'imputation de suicide entraînait encore la confiscation, au profit du Roi, des biens du suicidé. En 1388, Hue de Saint-Fuscien, gendre et unique héritier de Jean des Rabuissons, poursuit devant la Cour la restitution des biens de celui-ci, qui ont été saisis sur ce prétexte, et, après une information minutieuse dont a été chargé un conseiller de Parlement, il obtient satisfaction. Le désistement formellement spécifié du procureur général équivaut, à défaut d'autre preuve, à l'abandon de l'accusation et à la confirmation implicite du prétendu droit.

24 Juillet 1388

Cum nuper materia questionis coram gubernatore baillivie nostre ambianensis aut ejus locumtenente suborta fuisset aut moveri speraretur inter Hugonem de Sancto Fusciano, civem ambianensem, ad causam ejus uxoris, filie naturalis et legitime defuncti Johannis de Rabuissons, civis ambianensis, dum viveret, ex una parte, et procuratorem nostrum generalem pro nobis, ex altera, racione bonorum ex decessu prenominati de Rabuissons relictorum, que dictus Hugo sibi, ad causam dicte uxoris sue, naturalis et legitime filie dicti de Rabuissons, ut premittitur, ac ipsius heredis solius et in solidum, et dictus procurator noster generalis nobis tanquam confiscata, pretendens predictum de Rabuissons sibi mortem conscivisse ac sui ipsius murtrum perpetrasse, spectare dicebant, super quibus Ambianis informacio facta fuisse dicitur; ad instanciam vero dicti Hugonis, hujusmodi causa, quarumdem virtute litterarum, in nostra parlamenti curia fuerit introducta, factaque per dictum Hugonem sua peticione vel demanda, racione premissorum, adversus procuratorem nostrum generalem predictum, per eandem curiam ordinatum extiterit et ex causa quod testes in predicta informacione examinati per certum in dicti parlamenti nostri curia consiliarium nostrum ad hoc deputatum et commissum de novo examinarentur, quodque dicti testes et alii, si opus esset vel expediret, super certis interrogatoriis eidem consiliario nostro traditis et aliis quas idem consiliarius noster eisdem testibus videret faciendas per eumdem consiliarium nostrum audirentur et examinarentur ut super hoc dicta curia ordinare valeret, prout esset racionis, notum facimus quod, visa per dictum procuratorem nostrum generalem informacione supradicta, una cum deposicionibus testium per ipsum consiliarium nostrum auditorum, ut premittitur, et examinatorum, audita insuper dicti procuratoris nostri generalis relacione, qui, die date presentium, affirmavit quod de presenti deliberacionem et expedicionem bonorum predictorum eidem Hugoni ad causam predictam faciendam non impediebat, prefata curia nostra manum nostram in bonis predictis appositam levavit atque levat ad ipsius Hugonis, ad causam predictam, utilitatem, mandabiturque gentibus et officiariis nostris ambianensibus ut bona predicta dicto Hugoni, copiam inventarii dictorum bonorum retinendo, tradant et deliberent, visis presentibus, indilate.

Pronunciatum xxive die julii, anno domini M° CCC° LXXX° VIII°.

X^{IA} 35, f° 346 v°

XLVIII

Ordonnance de la Cour et lettres du Roi au sujet de l'imposition du « kainage » prise sur les marchands et marchandises fréquentant la rivière de Somme.

Ces démêlés relatifs à la perception du « kainage », destiné à l'entretien des rives de la Somme, remontent au XIIIe siècle au moins et ont laissé, dans l'inventaire S, de 1458, une série de notices de procès-verbaux d'enquêtes et de visites du cours de la rivière exécutées par les soins des baillis d'Amiens, des « francs hommes le Roy » et des magistrats et marchands d'Amiens, Abbeville, Corbie et autres lieux, dont le plus ancien est de 1286. Cf. années 1293, 1303, 1308, 1309, 25, 27, 31, 49, etc.

La pièce que nous publions est le plus ancien document que nous ayons trouvé, mais non, comme il ressort du texte lui-même, le premier en date de la procédure ouverte, à ce sujet, en Parlement. La Cour y décrète l'envoi d'un commissaire et d'un adjoint sur les lieux, pour inspecter les rives du fleuve, arrêter les travaux d'entretien, s'informer des personnes tenues à contribuer, décider si l'imposition perçue est excessive ou non, la modérer, s'il y a lieu, et déléguer à la perception personne idoine qui en rendra compte, en temps et lieu convenables, jusqu'à ordonnance contraire, ce dont rapport lui sera fait pour qu'elle en puisse conclure ultérieurement. Les commissaires auront encore à faire rendre compte des sommes antérieurement perçues, sauf, en cas d'opposition, à donner assignation en Parlement.

Cf. sur cette affaire CC 6, 1390, Chap. Voyages.

8 Mars 1389, v. st.

Karolus, etc. Universis, etc. Cum certa lis mota sit et pendeat, in nostra parlamenti curia, inter procuratorem nostrum generalem in Pontivo, appellantem, ex una parte, et procuratorem nostrum in baillivia ambianensi ac maiores et scabinos villarum ambianensis et Abbatisville in Pontivo, religiosos et burgenses et habitantes de Corbeya, necnon mercatores frequentantes ripariam de Summa, defensores, ex altera, ratione certi juvaminis, nuncupati cainage, impositi, ad requestam dicti procuratoris nostri Pontivi, in et super mercatoribus et mercaturis cursum habentibus in dicta riparia, videlicet pro reparacionibus ejusdem riparie, notum facimus quod, comparentibus et auditis super hoc in dicta curia, die date presentium, partibus antedictis seu earum procuratoribus, prefata curia dictam appellacionem adnullavit et adnullat, per presentes, absque emenda, ordinavitque et ordinat quod, ex parte nostra, committetur et deputabitur certus commissarius de dicta curia nostra, cum adjuncto, qui, super loca dicte riparie se transferentes, visitabunt loca reparationibus indigentia ac se informabunt de personis que ad dictas tenebuntur reparaciones et avisabunt etiam utrum, dictis visis et consideratis reparacionibus, dictum impositum censeatur excessivum aut non, quod, si excedere videatur, ipsum moderabunt, certamque personam ydoneam, neutri dictarum parcium favorabilem aut suspectam, committent, ex parte nostra, ad dictum impositum levandum et exigendum, qui de receptis et gestis per eum tenebitur reddere compotum et racionem, loco et tempore oportunis, quod siquidem impositum levabitur, absque prejudicio parcium, donec aliud super hoc fuerit per dictam curiam ordinatum, capientque dicti commissarius et adjunctus vadia sua super ipsum impositum et, dicta informatione prefate curie nostre reportata, super hoc ordinabit, ut fuerit racionis. Et quia de imposito supradicto jam levata certa financia fuisse dicitur, precipietur illi vel illis qui ipsam financiam levasse reperientur per dictam informacionem quod commissariis, ut premittitur, ad hoc deputandis racionem et compota ac reliqua reddant de receptis et gestis per eos in premissis et, in casu opposicionis, adjornabuntur opponentes ad certam et competentem diem extraordinariam, in dicto parlamento, non obstante quod sedeat, si commode fieri valeat, sin autem, in nostro proximo futuro parlamento, dicte opposicionis causas allegaturi et ulterius processuri ut fuerit racionis. Quocirca primo parlamenti nostri hostiario aut servienti nostro, qui super hoc fuerit requisitus, committendo mandamus quatinus presentem curie nostre ordinacionem, in hiis que execucionem exigunt, debite exequatur, eandem curiam certificando competenter de hiis que fecerit in premissis. In quibus ab omnibus justiciariis et subditis nostris pareri volumus efficaciter et intendi. Datum Parisius, in parlamento nostro, viii^a die marcii, anno M^o CCC^o LXXX° IX°.

X^{1a} 37, f° 205 et X^{1a} 1475, f° 42 v°.

Ibid., f° 206. Même jour. Lettre conforme du Roi, qui n'est que la reproduction du texte ci-dessus jusqu'à : **Et quia de imposito.....**

XLIX

Documents relatifs a la juridiction de la prévôté et a la qualité de juges royaux contestée aux maires et échevins d'Amiens. 1389-1402. (3 pièces).

N° 1. — Plaidoyer devant la Cour sur la question de savoir si les maire et échevins, en tant que tenant la prévôté du Roi, étaient : 1° passibles d'amende en cas de désertion d'appel, et 2° juges royaux.

C'est seulement en 1389, et incidemment, sous une forme détournée, que nous voyons, pour la première fois, contester aux maire et échevins par un bailli d'Amiens et par le procureur général, en appel, la qualité de juges royaux qu'ils revendiquaient à titre de fermiers perpétuels de la prévôté.

Il s'agissait, en l'espèce, de la perception des amendes des défauts, qu'un nouveau bailli, Pierre de Negrot, prétendait faire lever sur certains prévôts du ressort, « tant de son temps que de ses prédécesseurs », les prévôts mis en cause et leurs collègues, le procureur de ville joint avec eux, soutenant au contraire qu'ils n'en devaient point, d'où l'appel en Parlement de celui-ci.

Devant la Cour, le procureur général conclut nettement contre les maire et échevins, sur les deux points : 1° qu'ils ne sauraient juger que « en péril d'amende », comme on dira plus tard ; 2° qu'ils ne sont pas juges royaux, ce qui constitue, en droit, deux propositions équivalentes.

La Cour appointe les parties à présenter leurs faits aux jours d'Amiens.

Ce fut le point de départ d'une controverse qui remplit les xv° et xvi° siècles et ne fut résolue qu'en 1597 par la perte de la prévôté.

19 Mars 1389, v. st.

Entre le procureur du Roy, d'une part, contre les maires et eschevins d'Amiens appellans, d'autre part. Les appellans dient que ils sont fondés en corps et commune. Dient que le Roy anciennement y avoit prévôsté, laquelle estoit aulcunes fois baillée à ferme, et avoit LX s. d'amende quant l'en appelloit au bailli ou quant l'en appelloit céans et l'en renunçoit. Dient que le Roy, l'an IIII** et XII, bailla à ferme perpétuelle aus maires et eschevins d'Amiens. Dient que, quant un aultre prévost appelle, il ne doit point d'amende. Dient que, pour ce, ils en paièrent grans deniers et en paient, chascun an, au Roi VII° lb. Dient que le bailli, appellé de Nevron (1), fist appeller le prévost de Dorlens, appellé Guillaume Baignon, lequel appella et fu poursuy pour LX s., car il renunça ; mais il s'opposa, pour ce que les aultres *baillis* (2) n'en paient point, et ainsi en ont usé ; et quant l'en fu en jugement, tous disoient, qui estoient présens, que ils n'en devoient point.

(1) Pierre de Negrot bailli d'Amiens en 1389. (S; n° 522, 2 décembre).

(2) Il y a eu là sans doute transposition de termes — bailli pour prévôt, et réciproquement.

Néantmoins le *prévost* dist, en jurant, que il feroit lever et bailler toutes les admendes, tant de son temps que de ses prédécesseurs, et bailler au clerc du receveur. Le procureur de la ville s'opposa; non obstant ce, sans les ouïr, le bailli les condempna à paier tant les amendes de son temps comme par avant, dont il appella. Si conclut bien appellé.

Le procureur du Roy dist que, pour deffaut, il y a amende et aussi en cas de nouvelleté et aussi quant l'en renunce à apel; en tous ses cas estoient tenus et pour ce fist extraire le bailli des registres des amendes. Le procureur de la ville, dit Grisel, si dit qu'il n'en devoit riens, car, puisque elles n'estoient que de LX s., elles leur appartiennent. Dist oultre que les habitans si doivent avoir les amendes sur leurs subjects, mais non pas de leur délict. Dist que de ce s'ensuit que, puis que ils ne devroient point d'amende, se seroit contre le bien de justice, car ils différoient les causes à leur voulenté et pour ce seroient induis à mesprendre, car de leur délit ils aroient l'amende; et, se les prévosts n'en ont point paié, tant plus doivent-ils, car, combien que ils peussent estre quittes au devant de XXX ans, non pas depuis, car ils ne le pourroient prescripre. Donne example : suppose que ils feussent officiers royaulx, il s'ensuivroit que ils ne paieroient point d'amende de faire contre les ordenances de jouer aus dés. Et oultre dist que ils ne sont point officiers roiaulx. Si fu bien jugié et mal appellé. Et aus fais des eschevins donne response par le sien et requiert qu'il soit déterminé sur ce, se il le doivent ou non, attendu que il l'ont à ferme perpétuelle.

Appointié est que les parties sont contraires. Si feront leurs fais par préfixion aux jours d'Amiens.

X¹ᵃ 1475, f° 213.

N° 2. — *Révocation par la Cour d'un arrêt du bailli sur la justice de la prévôté et admission des parties à procéder plus avant.*

Nous ne voyons reparaître la cause devant la Cour qu'en 1401, à l'occasion du refus de renvoi, devant les maire et échevins, des procès d'un certain nombre de leurs sujets, dont le bailli prétendait connaître directement, comme de cas royaux. C'étaient ceux d'un certain Lancelot *de Podio* contre Guillaume Bonelle, en cas de nouvelleté; de Jean du Cange et Jean Belete contre leurs créanciers, à raison de certaines lettres de répit par eux obtenues, ajournant à cinq ans le paiement de leurs dettes; et de Robert de Maquennehen, blasphémateur. La ville fit appel en Parlement, où l'affaire fut plaidée le 26 avril 1400. (Les plaidoiries citées dans l'arrêt de Conseil du 23 août 1401 (X¹ᵃ 1478, f° 32 v°) sont aujourd'hui perdues.

Les raisons reproduites dans l'arrêt de septembre sont du plus haut intérêt. Ce sont celles que, de part et d'autre, on ne cessera de faire valoir, durant deux siècles.

1° La prévôté d'Amiens est tenue par la ville aux mêmes conditions que les six autres du ressort (1) par les prévôts fermiers. Elle fut d'abord affermée, comme les autres, de trois en trois ans, le prévôt du Roi ne pouvant rien juger ni conclure qu'en présence des maire et échevins, dont deux au moins devaient et doivent encore l'assister en toutes causes.

Par la suite, l'échevinage, pour libérer ses sujets des exactions des prévôts fermiers, l'a prise à bail au prix de 700 l. l'an, bien que le produit des émoluments n'excède pas la moitié de cette somme. Il fut alors dûment spécifié, par les lettres de bail et de transport, qu'il connaîtrait, au même titre, des cas de nouvelleté, des lettres d'état ou de répit et pareillement des blasphèmes (2), ce qui s'est observé dans la pratique, puisque toutes les causes de ce genre, et généralement tous les cas royaux, hors les causes de fief, portés devant le bailli, n'ont jamais manqué de leur être renvoyés, à première réquisition. Et tel est d'ailleurs l'intérêt du Roi, puisque, en cas de fol jugement, les maire et échevins sont passibles de l'amende de 60 l. p. Tous ces faits suffisent à infirmer la procédure qui leur est opposée, dans les trois affaires présentes, le bailli ayant en outre rendu son arrêt, sans être suffisamment informé, sans avoir admis les requérants à faire leurs preuves, ni vu leurs titres, lettres, etc.

A quoi le procureur général répond : 1° que tout cas de nouvelleté revient au Roi, de droit préventif, et que nul n'en a pu faire transport ni bail à qui que ce soit, au préjudice de la Couronne ; que, dans l'espèce, rien ne montre qu'il en ait été fait spécialement transfert aux appelants ; que si le bail de la prévôté leur a déféré quelque chose des droits de la Couronne et particulièrement de la connaissance des cas de nouvelleté, cela doit s'entendre seulement du recours premier, car ils ne sauraient être réputés juges royaux, pas plus que leur prévôt, qui est l'un des échevins, leur juré, jugeant au jugement de ses collègues, ne saurait être réputé prévôt royal, puisque, de leur propre aveu, ils ne sauraient juger qu'en péril d'amende. Que si les parties ont en cela quelque intérêt, du fait de la majoration des frais de justice par-devant le bailli, on ne saurait conclure de là à la réalité du transport prétendu. Rien de semblable ne paraît dans leurs titres, et l'usage est pour le Roi, comme l'arrêt du bailli.

2° A fortiori, pour les deux autres causes en suspens, l'appel n'est-il recevable ; car, outre ce qui vient d'être dit de la première, et qui retrouve ici sa place, la connaissance des lettres de répit est un droit royal, ces lettres ne pouvant être adressées qu'aux juges royaux et entérinées par eux seuls. Pour l'imputation de blasphème relevée contre Robert de Maquennehen, avec aggravation de flagrant délit et de rébellion contre les sergents du Roi, c'est encore un cas royal, nettement qualifié par une ordonnance récente, promulguée au grand Conseil, et il y a précédent de refus de connaissance aux maires et échevins. En conséquence, etc.....

Ceux-ci répliquent qu'ils ont, comme tous les hauts justiciers, la connaissance des blasphèmes, à l'encontre de leurs sujets, et, comme prévôts royaux, celle des cas de nouvelleté et des lettres de répit. Car, s'il est aux mains du Roi de pouvoir révoquer leur bail, comme ceux des autres fermiers, ils ne veulent point disputer de la légalité du transport. Mais il est constant que le bailli les a toujours tenus pour juges royaux, convoquant leur prévôt à ses assises, avec les six autres, et le faisant siéger au premier rang ; qu'eux-mêmes font et instituent des sergents royaux, font tous les cris, bans et proclamations des autres prévôts, refusés aux hauts justiciers, prélèvent une part de 60 s. sur les confiscations des suppliciés, dont le reste revient au Roi ;

---

(1) Le ressort en comprend effectivement huit, mais, à cette époque déjà, la prévôté de Montreuil, dont le titulaire porte le titre de lieutenant et où le bailli tient des assises particulières, n'est plus assimilée aux autres.

(2) Rien de semblable ne se lit dans les lettres de bail de 1292. (Aug. Thierry, I, 291).

que leur prévôt présente, tous les ans, à leurs frais, au nom du Roi, un cierge de cire, en l'église d'Amiens, et a la préséance, en toutes causes intéressant la prévôté ; que le Roi leur a réellement transporté la faculté de connaître, sinon le droit royal, et que, si leur titre n'en fait pas déclaration, leur prévôt, après son élection, prête serment aux mains des gens du Roi ; que la réserve, mentionnée en leur titre, des causes de fief est strictement limitative (1) et, en tant qu'exception, leur confirme tout le reste; qu'en cas d'obscurité un titre doit toujours s'interpréter au profit des possédants, surtout quand il est, comme le leur, au su de tous, confirmé par l'usage ; qu'au reste on ne peut nier qu'ils n'aient acquis, du chef de la prévôté, plus grande justice qu'ils n'avaient du chef de leur mairie ; que si enfin les droits en question ne leur ont été transportés, c'est là matière à rescision de contrat, ou tout au moins à revendication d'indemnité ou déduction, non à refus de renvoi. En conséquence, etc.....

La Cour infirme l'arrêt du bailli, reçoit l'appel et admet les parties à faire leurs preuves, en réservant le jugement après enquête.

3 Septembre 1401

Constitutis in nostra parlamenti curia dilectis nostris maiore, preposito et scabinis ville ambianensis appellantibus, ex una parte, et procuratore nostro generali pro nobis, ex altera, pro parte dictorum appellancium propositum extitit quod prepositura ambianensis erat una ex septem preposituris regiis baillivie ambianensis et de triennio in triennium per gentes et officiarios regios, prout cetere prepositure dicte baillivie ambianensis, ad firmam tradi consueverat, et ex tunc quicquid expediebatur coram preposito firmario judicabatur per maiorem et scabinos ambianenses, nec dictus prepositus quicquam facere poterat, neque potest, juxta condicionem dicte prepositure, absque duobus scabinis secum assistentibus. Dicebant ulterius appellantes predicti quod ipsi, ut suos burgenses et submanentes, nostros immediate subditos, quiete et pacifice tenere possent ac preservare ab omnibus exaccionibus et gravaminibus, quibus prepositi firmarii eos et ceteros sub eorum preposituris ad firmam traditis commorantes affligere et opprimere consueverant, dictam preposituram ambianensem a predecessoribus nostris, Francie regibus, acceperant, mediante summa septingentarum librarum parisiensium, quam inde nobis, anno quolibet, solvere tenebantur, licet expleta et emolumenta inde proveniencia ad medietatem dicte summe non ascenderant, et, in faciendo hujusmodi transportum seu baillum aut tradicionem de dicta prepositura ipsi

---

(1) C'est là le seul argument valable de la défense. Pour ce qui est, par exemple des bans, on voit, dans les lettres de 1292, que le Roi n'accorde aux maire et échevins que la liberté de leurs propres bans qu'ils faisaient jadis avec le congé du prévôt. Quant aux autres bans et défenses faits dans la ville, par ordre du Roi ou en son nom, (il n'est aucunement dit : par l'intermédiaire de l'échevinage) la ville prendra seulement, du profit revenant au Roi, 60 sols.

D'une façon générale, il n'est question, dans les lettres de 1292, que de transport de droits utiles, dérivant du domaine royal, non de justice, hors les réserves des causes de fief, de meurtre et de rapt et le droit d'instituer des sergents.

maiori et scabinis, expresse dictum fuerat et tractatum ac in litteris regiis super hoc confectis canebatur quod ipsi, tanquam prepositi, de causis et casibus novitatis ac respectuum seu dilacionum super debitis solvendis et vilis seu detestabilis juramenti cognoscerent ac ex post de casibus et causis hujusmodi ac generaliter de omnibus casibus regalibus, excepta proprietate feudo[rum], cognicionem habuerant, deciderant et determinaverant et, dum de talibus inter suos burgenses et submanentes processus coram baillivo ambianensi motus fuerat et inceptus, ipsi maior et scabini remissiones causarum ab eodem baillivo habuerant et obtinuerant et de premissis omnibus usi et gavisi fuerant. Eratque in hoc utilitas regia, nam, in casu judicii temerarii, emendam sexaginta librarum par. ab ipsis maiore et scabinis haberemus et levaremus. Preterea proponebant quod nuper Lancelotus de Podio quamdam querimoniam, in casu novitatis, contra Guillermum Bonelle, eorum burgensem et submanentem, coram baillivo ambianensi aut ejus locumtenente intentaverat. Similiter Johannes de Cambio et Johannes Belete, virtute certarum litterarum respectuum seu dilacionum quinquennalium de suis debitis solvendis, nonnullos creditores suos, burgenses et submanentes dictorum maioris et scabinorum, coram dicto baillivo ambianensi adjornari fecerant. Subsequenter, Robertus de Maquinguehem, burgensis et submanens dictorum maioris et scabinorum, occasione enormis et detestabilis juramenti, coram prelibato baillivo ambianensi in causam tractus fuerat (1). De quibus causis et casibus procurator dictorum maioris, prepositi et scabinorum coram dicto baillivo remissionem ipsis fieri pecierat et requisierat. In contrarium vero, procurator noster altercaverat, dictusque baillivus, super usu eorumdem maioris et scabinorum minime informatus et ipsis ad sua facta non admissis, nec eorum titulis et litteris visis, per suas sententias dixerat et pronunciaverat quod nullam de dictis causis coram dictis maiore, preposito et scabinis remissionem faceret. A quibus ipsi ad nostram dictam parlamenti curiam appellaverant. Quare petebant dictum baillivum male judicasse ac ipsos bene appellasse, predictasque causas coram ipsis remitti aut saltem ad probandum sua facta et usum admittendos fore et admitti debere dici et pronunciari.

Dicto procuratore nostro proponente ex adverso quod ad nos, ad causam corone nostre, spectat et competit, per prevencionem, cognicio casuum novitatis, absque eo quod nos aut officiarii nostri remissionem inde faceremus, nec, per

(1) Cette cause est déjà pendante en Parlement, sur appel des maire et échevins du refus de renvoi à eux opposé par le bailli, le 16 juillet 1397. La Cour, après avoir entendu les plaidoiries, renvoie la solution au Conseil. (X1ᵃ 4874, f° 376).

quemcunque baillum seu transportum, hujusmodi jus a nobis et corona abdicare vel alienare poteramus. Dicebat ulterius quod, dictis maiore, preposito et scabinis, ex una parte, et procuratore nostro in baillivia ambianensi, ex altera, coram dicto baillivo ambianensi, super remissione pro parte dictorum maioris, prepositi et scabinorum sibi fieri petita de quadam causa novitatis, coram eodem baillivo, inter Lancelotum de Podio conquerentem et Guillermum Bonelle opponentem, eorum burgensem et submanentem, introducta, comparentibus et auditis ac in jure appunctatis et visis titulis dictorum maioris, prepositi et scabinorum, per sentenciam dicti baillivi dictum fuerat quod nulla fieret remissio de causa novitatis predicta, a quo per ipsos appellatum extiterat. Ad quam quidem appellationem admitti non debebant, cum non appareat quod jus prevencionis dictorum casuum novitatum, quod nobis ad causam corone, ut premittitur, spectat et competit, eis transportaverimus. Quin ymo, illud et alia jura corone semper retinuimus et nobis et officiariis nostris reservavimus, prout verissimiliter presumi debebat, et, si [per] transportum eis de dicta prepositura factum cognicionem casuum novitatis haberent, intelligendum erat ac intelligi debebat dum primitus ad eos habebatur recursus ; nec erant ut prepositus regius, qui nullam ipsi vero emendam in casu judicii temerarii solvere tenerentur (1); eorumque prepositus, qui alter ex scabinis existebat et eorum juratus, dumtaxat ad judicium scabinorum judicabat, sicque non erat, nec dici debebat prepositus regius. Et si partes in hoc interesse habebant, propter *expensas que majores erant in solutionibus procuratorum, advocatorum, actuum et memorialium coram baillivo quam coram dictis maiore, preposito et scabinis ambianensibus,* non propter hoc sequebatur quin jus prevencionis in casibus novitatis habeamus aut illud transportaverimus. Et si baillivus usum per eos allegatum non admiserat, quod ignorabat procurator noster predictus, bene egerat, nam hoc jure capaces non erant, nec in eorum titulo canebatur, sed erat usus pro nobis in contrarium notorius et nobis emendare deberent. In causis vero respectuum et vilis seu detestabilis juramenti, proponebat procurator noster generalis predictus, ultra premissa per eum respectu novitatum dicta, que hic in hiis ambabus causis pro se implicabat ac pro repetitis tenebat, et primo in causa respectuum, quod cognicio causarum hujusmodi erat jus regale, nam littere respectuum judicibus regiis dumtaxat dirigebantur, ad quas integrandas evocari debebant creditores et hoc judex regius et nullus alius facere poterat. In causa vero vilis juramenti, dicebat quod Robertus de Maquingehem

(1) La négation est à retrancher, comme il ressort de la comparaison avec le texte précédent, ou bien il faut « teneretur » au singulier.

plura verba enormia et horribilia de Domino nostro Jhesu Christo et ejus beatissima genitrice dixerat atque protulerat, quorum occasione per servientes et officiarios nostros captus ac in befredo ambianensi carceri mancipatus fuerat, nec dictis maiori, preposito et scabinis reddi poterat aut debebat, cum non ad eos sed ad dictum baillivum nostrum ambianensem aut ejus locumtenentem cognicio, punicio et correctio hujus criminis spectaret et pertineret, attento quod in casu presentis et recentis delicti captus extiterat et nuper per ordinaciones regias, per nos in nostro magno consilio editas ac publice promulgatas, inhibitum fuerat, sub certis magnis penis, ne quis de cetero ausus esset Deum et ejus Sanctos abnegare aut aliter turpiter et enormiter jurare; fuerat etiam alias, in consimili casu, remissio et cognicio dictis maiori, preposito et scabinis denegata. Preterea dictus de Maquingehem contra servientes qui eum ceperant se rebellaverat et plures inobediencias fecerat atque commiserat, quarum rebellionum et inobedienciarum cognicio ad nos et dictum baillivum nostrum ambianensem, pro nobis, et ad nullum alium competebat et pertinebat. Ex quibus concludebat quatinus diceretur predictos appellantes non esse admittendos aut saltem dictum baillivum bene judicasse et ipsos male appellasse.

Supradictis appellantibus replicando dicentibus [quod] ipsi et alii quicumque alti justiciarii cognicionem et jurisdiccionem in et super suos subditos et submanentes de vili et detestabili juramento, ipsique appellantes, tanquam judex et prepositus regius ac ut firmarii nostri in hac parte, cognicionem et remissionem causarum novitatis et respectuum semper habuerant et habebant et de hoc usi et gavisi fuerant et in hac qualitate questio movebatur, eratque in facultate nostra dictam firmam, prout ceterorum prepositorum nostrorum firmariorum, revocandi, nec altercare aut deducere seu contendere volebant utrum hujusmodi jus transportare debebamus. Preterea dicebant quod baillivus ambianensis ipsos, tanquam prepositum regium, admiserat et admittebat : nam eorum prepositus in assisiis, ut prepositus regius et quemadmodum alii sex prepositi dicte baillivie ambianensis, per prefatum baillivum mandabatur ac inter ipsos primus existebat, ipsique maior, prepositus et scabini servientes regios creabant et instituebant, qui pro servientibus regiis reputabantur et omnia expleta servientium regiorum faciebant et exercebant, dictique maior, prepositus et scabini crida et proclamationes ad bannum, ut ceteri prepositi regii, fieri faciebant, quod nulli alii alto justiciario facere licebat; jura eciam solvebant que alii prepositi firmarii nobis solvere tenebantur : nam ipsi de confiscatione unius ad ultimum supplicium traditi sexaginta solidos dumtaxat, et receptor noster pro nobis residuum, habebant; insuper prepositus eorumdem maioris et scabinorum offerebat, tanquam prepositus regius, et pro nobis ac expensis nostris, cereos quos ecclesie ambianensi debebamus, et, dum aliquid fiebat ad causam prepositure, prepositus preibat, nec jus regium sed facultatem cognoscendi transportabamus, et, si in eorum titulo non declarabatur, attamen prepositus per eos electus juramentum prestabat gentibus nostris; nosque, per dictum titulum, omnia jura transportabamus, excepta proprietate feudi, sicque regula per excepcionem firmabatur, et revera titulus predictus tacite hoc portabat, et, si aliqualiter obsecurus erat, in benigniorem partem pro ipsis interpretari ac extendi debebat, et satis interpretatum erat per usum quem super hoc, videntibus et scientibus baillivis et ceteris officiariis nostris, habuerant, aliter maiorem jurisdiccionem et cognicionem, quam antea per eorum maioriam, non haberent; si vero hujusmodi jus ipsis transferre nequiveramus, ista esset causa rescindendi contractum seu transportum, non autem refutandi remissionem, et adhuc erga ipsos ad recompensacionem aut saltem ad deducionem teneremur, eratque eorum usus, a quo baillivus eos repulerat, admissibilis. Ex quibus apparebat ipsum male judicasse et eos bene appellasse et ad hoc et ad alia, prout supra, concludebant.

Dicto procuratore nostro replicante, pluribus causis et rationibus per eum allegatis, ut supra concludente.

Tandem, partibus antedictis in omnibus que circa premissa dicere et proponere voluerunt ad plenum auditis ac in arresto appunctatis, visis insuper predictis sententiis cum certis aliis litteris, titulis et munimentis per dictas partes eidem curie nostre traditis et exhibitis, consideratis eciam et attentis diligenter omnibus circa hec attendendis et considerandis et que eandem curiam nostram in hac parte movere poterant et debebant, per arrestum ejusdem curie nostre dictum fuit prefatum baillivum, in eo quod dictos maiorem, prepositum et scabinos a suis factis repulerat, male judicasse, ipsosque bene appellasse, predictumque judicium corrigendo, prefata curia nostra per idem arrestum dictas partes ad sua facta hinc inde admisit et admittit. Facient igitur partes predicte dicta facta sua, super quibus inquiretur veritas, et, inquesta facta ac eidem curie nostre reportata, fiet jus.

Pronunciatum iii^a die septembris, anno M° CCCC° I°.

N° 3. — Appointement donné par la Cour, après accord entre les parties, (maire et échevins et procureur du Roi), reconnaissant, à titre provisoire, aux prévôts et échevins d'Amiens la juridiction contestée.

Cette pièce, encore qu'elle ne soit qu'une transaction provisoire, constitue peut-être le titre le plus sérieux qu'aient pu jamais faire valoir les maire, prévôt et échevins d'Amiens à l'exercice de la justice royale du premier degré, qui leur est reconnue par la Cour, non seulement pour toutes les causes alors en litige, mais pour toutes celles qui naîtront dans un délai de près d'un an.

Nous avons cité ailleurs (V. nos Recherches sur les transformations du régime politique et social de la ville d'Amiens, des origines de la Commune à la fin du XVI° siècle, p. 326, note 3) une série de pièces semblables, de 1408 à 1425, conservées dans la série des registres des accords du Parlement.

Il est d'autant plus surprenant de ne les voir jamais invoquées par les intéressés au cours d'un débat qui ne fut jamais clos. (V. la suite au tome suivant, XV° siècle).

24 Juillet 1402

Comme plusieurs plais et procès feussent meus, premièrement devant Mons' le bailli d'Amiens et de présent en la court de Parlement, entre les maire, prévost et eschevins d'Amiens requérans le renvoy de plusieurs causes à eulx estre fait, comme prévosts royaulx, c'est assavoir de cas de nouvelleté, de cas d'exécution de lettres obligatoires, de l'entérinement de lettres de respit à un an et aussi des respis à cinq ans, regardans et consernans la justice que lesdis prévost et eschevins dient avoir à cause de ladite prévosté, lesquels renvoys ledit bailli d'Amiens, à chascune foys, avoit refusé et, à chascune foys, le procureur desdis prévost et eschevins avoit appelé et relevé ses adjornemens en la court de Parlement, en laquelle court, on a plaidié quatre desdites causes, pour toutes les autres, et finablement, parties oyes et appointiées en droit, il a esté dit par arrest que, en tant que ledit bailli avoit reffusé lesdis renvois, sans avoir receu les parties en fais contraires, il avoit mal jugié et lesdis prévost et eschevins bien appellé, et, en faisant ce que ledit bailli deust avoir fait, la Court a appointié les parties en fais contraires, *lesquels prévost et eschevins ont fait faire leurs escriptures,* mais pour ce que le procureur du Roy entend de ce parler au bailli et conseil du Roy, à Amiens, et que ces causes requièrent grant célérité, appoinctié a esté que toutes ycelles causes, dont dessus est faite mention, et les pareilles qui escherront entre cy et le jour de Quasimodo prochain venant seront et sont renvoyées par-devant lesdis prévost et eschevins, avec les parties adjornées, au XII° jour de septembre prochain venant, pour y procéder comme il appartiendra par raison, sans préjudice toutesvoyes du droit du Roy, desdis prévost et eschevins ne des parties.

Fait du consentement de M° Rasse Panier, procureur desdis maire, prévost et eschevins d'Amiens, d'une part, et du procureur général du Roy, d'autre part, le xxiv° jour de juillet, l'an M CCCC et II.

X¹ᶜ 84, n° 79.

On trouve au verso de cette pièce la confirmation royale ainsi conçue :
cccxxxiv, de parlamento iiii° primo.

Concordia inter maiorem, prepositum et scabinos ambianenses et procuratorem regium.

Karolus, etc. Universis, etc. Notum facimus quod, de licentia et auctoritate nostre parlamenti curie, inter partes infrascriptas tractatum et appunctatum extitit, prout in quadam cedula eidem curie nostre tradita continetur, cujus tenor talis est : Comme....., etc. Qua quidem cedula, sicut premittitur, dicte nostre curie tradita, ipsa curia causas de quibus in dicta cedula fit mentio et alias consimiles, que infra diem qua cantabitur in sancta Dei Ecclesia Quasimodo proximam venturam movere poterunt, coram preposito et scabinis ville ambianensis, cum partibus adjornatis, ad xii⁴ᵐ diem instantis mensis septembris remisit et remittit processuras et facturas juxta ipsius cedule tenorem et formam, absque tamen juris nostri, prepositique et scabinorum predictorum, necnon parcium prejudicio. Quibus preposito et scabinis committendo mandamus quatinus, partibus auditis, exhibeant celeris justicie complementum.

Datum Parisius, in parlamento nostro, de consensu quo supra in dicta cedula, xxiiii⁴ die julii, anno M° CCCC° II°.

L

Deux ordonnances de la Cour sur la connaissance des testaments, la première la refusant formellement aux maire et échevins, la seconde les recevant à opposition contre cette interdiction.

La connaissance des testaments était, au xiv° siècle, un des droits les plus ardemment contestés par les juridictions royale, ecclésiastique, seigneuriale et municipale. En 1390, le Parlement, faisant cause commune avec l'évêque, interdit à tous autres, maire et échevins d'Amiens et hauts justiciers du diocèse, d'entreprendre sur ce domaine.

Moins de deux mois après, la Cour, changeant d'avis, admet le Magistrat d'Amiens à faire opposition contre ces défenses, en lui donnant jour, au 15 avril suivant, pour procéder plus avant.

En fait, nous n'avons retrouvé trace de cette affaire que le 26 janvier 1404, v. st., où elle fut présentée à nouveau, pour être plaidée, en vertu de l'ajournement de 1390. Après un bref exposé de chacune des parties, groupées comme ci-dessus, la cause fut renvoyée au premier jour. (X¹ᵃ 4787, f° 52 v°). Elle devait remplir tout le xvᵉ siècle. Nous la retrouverons.

21 Janvier 1390, v. st.

N° 1. — Karolus, etc. Universis, etc. Primo parlamenti nostri hostiario vel servienti nostro qui super hoc fuerit requisitus, salutem. Nostre parlamenti curie, pro parte procuratoris nostri ac dilecti et fidelis consiliarii nostri, episcopi ambianensis, expositum extitit, graviter conquerendo, quod, licet ad nos et dictum episcopum spectet et pertineat, solos et in solidum, per prevencionem, cognicio et curia omnium testamentorum seu ultimarum voluntatum omnium in diocesi ambianensi decedencium, nichilominus dilectus et fidelis noster, Jacobus de Harcuria, miles, maiorque et scabini ambianenses et alii nonnulli domini temporales, in dicta diocesi commorantes, sua inordinata voluntate ducti, nisi fuerant et etiam nitebantur habere cognicionem et curiam testamentorum seu ultimarum voluntatum predictarum in territorio eorumdem dicte diocesis decedencium, in nostrum et dicti episcopi prejudicium non modicum atque dampnum, necnon et contra jura nostra temere interprenendo, ut dicebant, supplicantes sibi super hoc per dictam nostram curiam debite provideri. Quocirca tibi committimus et mandamus quatinus dictis militi, maiori et scabinis et aliis de quibus fueris requisitus, ex parte nostra et dicte curie nostre, inhibeas et precipias etiam publice, si opus fuerit, sub certis magnis penis nobis applicandis, ne cognicionem dictorum testamentorum de cetero accipiant vel assumant et quod in contrarium fecerunt ad statum pristinum et debitum redducant, et nichilominus de et super premissis te diligenter et debite informes et quos super hoc culpabiles repereris adjornes in dicta nostra curia, ad certam diem ordinariam vel extraordinariam nostri presentis parlamenti, non obstante quod sedeat et quod partes ipse de baillivia, prepositura vel senescallia, de quibus tunc litigabitur, forsitan non existant, procuratori nostro et episcopo conquerentibus predictis de et super premissis responsure et ulterius processure ut fuerit rationis, et de hujusmodi adjornamento et aliis que feceris in premissis dictam nostram curiam certifices condecenter, informationem predictam eidem curie ad dictam diem fideliter sigillatam et clausam remittendo. In quibus ab omnibus justiciariis et subditis nostris tibi pareri volumus cum effectu et jubemus, quum dicta nostra curia sic fieri voluit et ex causa.

Datum Parisius in parlamento nostro, xxiᵃ die januarii, anno [M° CCC°] nonagesimo.

X¹ᵃ 38, f° 21.

N° 2. — Karolus, etc. Universis, etc. Cum, ad requestam dilecti et fidelis consiliarii nostri, episcopi ambianensis, et procuratoris nostri, certarumque nostre parlamenti curie virtute litterarum per ipsos episcopum et procuratorem obtentarum, maiori, preposito et scabinis ville ambianensis per certum ejusdem parlamenti hostiarium nuper fuisset, ex parte nostra, inhibitum ne cognicionem et curiam testamentorum seu ultimarum voluntatum personarum in diocesi et villa ambianensi decedencium in se assumerent vel presumerent assumere, notum facimus quod, die date presentium, per dictam curiam nostram extitit appunctatatum quod prenominati maior, prepositus et scabini adversus dictam inhibicionem ad opposicionem admittentur, ipsosque admisit prefata curia nostra et admittit per presentes et ad procedendum in et super hujusmodi opposicione et ulterius faciendum quod fuerit racionis, etc., ad (ac) quindecimam diem instantis mensis aprilis ipsa curia nostra dictis partibus assignavit et assignat, per presentes.

Datum Parisius, in parlamento nostro, xvi^a die martii, anno M° CCC° nonagesimo.

Ibid., f° 46.

16 Mars
1390, v. s

LI

DOCUMENTS CONCERNANT QUELQUES OFFICIERS DU SIÈGE DU BAILLIAGE ET LES MŒURS JUDICIAIRES A LA FIN DU XIVe SIÈCLE, 1391-1403. (4 pièces).

N° 1. — Plaidoyer et appointement de la Cour sur une querelle advenue entre Gadifer de Haston, écuyer, et Gobert de la Bove, bailli d'Amiens.

L'incident dont il est ici question emprunte surtout son intérêt à la qualité du principal acteur, messire Gobert de la Bove, bailli d'Amiens en 1390 et 91. On y voit que les mœurs et les allures du personnage étaient rien moins que conformes à l'idée que l'on se fait volontiers de la gravité de la fonction. Et surtout l'on n'est pas médiocrement surpris de voir un des principaux officiers de l'ordre judiciaire exciper de la qualité de clerc, pour décliner la juridiction du Roi, dont il est le premier représentant dans son bailliage, ce dont la Cour ne s'étonne pas autrement, puisqu'elle fait attendre trois mois sa décision, sur ce point. (X^{1a} 1475, f° 348, 21 juillet).

Au reste, il ne semble pas que cette tactique, bien que sévèrement jugée par le procureur du Roi, ait nui en rien au personnage; car on verra, par la pièce n° 3, que c'est, de son plein gré, qu'il quitta le bailliage d'Amiens, quelques mois après.

La Cour, en le condamnant seulement, après quatre ans, à une amende modique, eut certainement égard à la réalité de ses griefs contre le plaignant, Gadifer de Haston, un bourgeois de Laon, qui se qualifie déjà écuyer, à la fin du xive siècle.

27 Avril 1391

Entre Gadifer de Haston et le procureur du Roy, d'une part, et le bailli d'Amiens, d'aultre part.

Gadifer et le procureur dient qu'il est noble et a suy les armes honnorablement et parent messire Robert de la Bove, bailli d'Amiens. Dist que le bailli le manda qu'il alast parler à lui et y ala au plus tost que il peut et le trouva entre l'ostel du Roy et le lieu où le prévost tient ses plais avec le fils du bailli. Le bailli li dist, quant il ot salué : Truant, paillart, villain garçon, tu ne daingnes venir à mon mandement et le prinst par les chevaulx et féri sur la teste. Gadifer respondi que il estoit venu à son mandement et sy n'estoit point tel comme il disoit et que, se il vouloit riens dire qui fust à son déshonneur, il en respondroit devant son juge; et il lui demanda qui estoit son juge; il respondi : le Roy. Lors il dist : le Roy, le Roy, et adonc le féri et, pour ce que Gadifer lui dit que c'estoit mal fait et qu'il estoit de son lignage, il respondi lors que il estoit la plus belle rose de son chapel. Dist que l'excès est fait de mal example, car les aultres pourront bien batre quant il, qui est bailli, le fait. Et encores a son mandement qui emportoit seureté. Si conclut que il amende en jugement honnorablement au procureur du Roy et Gadifer, en lui criant merci et disant que il a mespris et priant que il le pardonne, et aussi par delà, au lieu, et à prouffitable de x^m livres ou telle que la court ordenera et à despens, dommages et interests de Gadifer. Et dist que l'en peut noter port d'armes, car ses gens estoient garnis d'espées et armeures.

Messire Gobert deffent et dist qu'il est noble ex utroque latere et paisible et dist que, pour son bien, il est bailli d'Amiens et capitainne de Chaalons et dist que il est clerc non marié, en habit et possession. Dist que il a vignes à la Bove et un fermier appellé Colinet qui lui dist que Gadifer avoit plusieurs biens de lui qu'il ne lui vouloit rendre, et que il lui dist. Dit que il le promist et avint que il ala à Laon et, lui parlant à un homme de la ville, avec lui son fils et le prévost, Gadifer passa et ne l'aperçust pas le bailli et pour ce le fist appeler et après le pria, de son serviteur, auquel il respondi : se il est vostre serviteur, si vous serve bien et, se il cuide que je aie rien du sien, face tel pourchas qu'il cuidera. Et derechief lui dist que se ne seroit point son honneur, s'il estoit appelé en jugement. Lors Gadifer lui dist que il ne parlast point de son honneur, en soy approchant de lui; et pour les paroles s'assamblèrent des gens et le bailli le bouta arrière et aultrement ne l'aroit touché que sur la teste, en le boutant arrière. Si dist que il ni a riens privilégié, car il estoit hors de son bailliage et si ni a point de port d'armes, ne de fait appensé. Dist aussi que les prévosts n'estoient point en sa compaagnie et, se ils y estoient venus, si n'en sut-il riens, ne il n'avoit armes que le coustel qu'il porte tousjours et son fils qui n'estoit point armé. Et dist que, attendu que il est clerc et les choses dessusdites, il est folement convenu. A ce conclut et que il soit licentié et que la court n'en tiengne congnoissance, à ce conclut, considéré qu'il ni a mort ne mehaing. A la noblesce, Gadifer dist que il est de bonnes gens et, s'il est de son lignage, il en vaut mielx. Au mandement, le nie, mais, se il avoit esté mandé, se aroit esté le fils du chevalier qui lui aroit dit que il appellast à son seigneur des paroles à lui dites. Dit que, se il lui avoit dites les paroles, se ne seroit pas grant chose, attendue son arrogance et devroit estre notée la manière Gadifer qui estoit injurieuse au regart de lui, et ses paroles : quel Roy? etc., se il les avoit dites, il ne se rapporte pas au Roy, mais à la manière du dire, comme se il vaulsist dire que ce n'estoit pas chose qui deut venir à la congnoissance du Roy, ni avec lui n'estoient point les prévosts et ne li dist onques que il ne mourroit que par sa main, et seroit mains à punir que un aultre, mesmement que par appensement il ne l'aroit fait. Et si fu agresseur Gadifer, au moins de paroles. Si conclut à la fin déclinatoire et d'absolution après. Et, se il faisoit amende, si ne seroit-ce honnorable, ne de tenir prison, et requiert provision de estre par procureur receu et non pas en personne.

Le procureur du Roy réplique et dist que il est juré du Roy et ne doit riens faire contre la juridicion du Roy, et si est juge et ne doit riens faire pour frauder la juridicion du Roy, et se immiscuit sevis et est marié et a fait sa tonsure de nouvel. Si le doit amender car il ne jouist point de privilège, se il n'a utrumque, au temps du délit, au moins de l'adjournement. Si ne s'en peut aidier par raison et par l'usage tout nottoire. Dist que il ne doit point jouir par raison, puisque il se immiscuit sevis et suit les armes, ne doit jouir, etc., si ne fait à recevoir. Oultre il est bailli et juge et doivent respondre en court laie, et mesmement car il a délinqué, en content du Roy et en présence du prévost, qui est justice au lieu. Si en apartient la cognoissance à la court temporele, et mespriust le prévost qui veoit ses excès et ni pourveust en riens. Si requiert avoir adjournement pour le faire venir qui lui est octroyé, dont lettres a Mezon. Dist après que ceulx de sa compaignie estoient garnis de cousteaulx et son fils si y mist la main et ainsi y a port d'armes. Si ne fait à recevoir à déclinatoire et ni eust plus que il est officier. Dist oultre que il devroit estre mis hors du bailliage, puis que il décline. Car ce seroit chose desraisonnable qui feust juge et que le Roy ne le peut punir; et a péchié contre l'estat de son office, car il doit punir les délinquens et lui-mesmes délinque et mesprent et est l'injure plus grant, pour l'onneur du chevalier et que Gadifer est de son lignage. Et est vray que messire Gobert le manda et il ala à son mandement, et dist que Colinet est son tenu de xii frans, non pas econtra, et respondi ce qu'il devoit, puis que il ne devoit riens, que il respondi d'aler devant son juge ; si ne le deut pas avoir injurié pour ce, et appert grant contempt que il dist : quel roy? quel roy? lui qui estoit représentant la personne du Roy et aussi comme se pour ce il l'eust féru et lors se deust estre reffrainct. et lors il se hausa plus et le féri, et encores lui dist il qu'il mourroit par sa main; et, s'il est noble, il doit plus estre punis, car, en pécuniaires painnes, elles doivent estre greigneurs en riches que en povres ou que se lon traictoit de le punir corporelment, car lors moins, et appert par la coustume qui punit les nobles de lx lb. où un aultre ne paie que lx sols. Et si est certain que l'excès par lui fait est greigneur que d'un aultre personne, et aussi le lieu qui estoit devant l'ostel du Roy et de justice, et présent justice, et Gadifer qui s'umilioit et estoit, chapperon avalé, devant lui, et estoit acompaignié de plusieurs varlés avec son fils. Conclut que il ne fait à recevoir à la déclinatoire et après que il n'a que un ny et comme dessus.

Messire Gobert duplique et dit que l'adjournement à comparoir en personne n'empesche pas que il ne peut résumer et mesmement que il ne fu pas, de main mise, apréhendé et en sera partie, mais fu adjorné à la personne de sa femme, ne, pour estre bailli, il ne pert pas son privilège, puisque ce n'est fait en son office faisant, et est dignité adjoustée ad dignité. Si n'a pas pour ce renuncié à son privilège et si n'a point sur ce de ordenance faite, ne, pour suir les armes, il ne pert pas son privilège, ne les drois ne entendent que de ceulx qui seroient excommuniés ou qui aroient esté amonestés. Et ne s'ensuit pas, se la justice estoit présent, que pour ce il ne puist décliner, puisque le juge n'est[oit] pro tribunali, car ce ne fut pas comme coram judice. Au port d'armes, respond, par son fait, que il n'en avoit nulles et, supposé que il en eussent, si n'estoit-ce pas heure, ne place et si venoit vouluntairement à lui et ainsi n'avoit assemblée, n'armés. Et à ses paroles : quel roy? etc., respond que il n'est présumpcion que il vaulsist parler en contempt, mais que à dénoter que ce n'estoit cause de quoy il faulsist parler du Roy et ne regarde riens ce fait le fait de son bailliage, car c'est une chose qui est toute hors de son office et faite hors de son bailliage. Si conclut comme dessus.

Le procureur du Roy reprent ce que messire Gobert a dit, de main mise, et dist que, puis il est en personne, suppose que il ni eust de main mise, si ne peut-il muer son habit. Dit après que, attendu que la tonsure est nouvelle faite, depuis la présentacion, et que il devoit comparoir en estat, requiert que il soit res du tout.

Messire Gobert dist que il peut résumer, puis que il ni avoit main mise et est très rigeureuse la conclusion du procureur du Roy, attendu que il ni a nul mal fait de mort ou mehaing et qu'il estoit clerc au temps de l'adjornement.

Appoincté est que, sur le déclinatoire et aultres requestes, la Court ara advis et considérera les causes des parties et fera droit et, se la déclinatoire ne procède, les parties seront grevés et feront leurs fais sur lesquelx la vérité sera enquise et, icelle raportée, la Court fera droit, et est deffendu à messire Gobert le partir jusques à ce que la Court ait parlé à lui ou aultrement ordené.

X^{IA} 1475, f° 237 v° seq.

N° 2. — Arrêt de la Cour condamnant Gobert de la Bove à l'amende et aux frais, au bénéfice de Gadifer de Haston.

Lite mota in nostra parlamenti curia inter Gadiferum Hatou, scutiferum, et procuratorem nostrum generalem cum eo adjunctum, actorem ex una parte, et dilectum et fidelem nostrum Gobertum de la Bove, militem, defensorem ex altera, super eo quod dicti actores dicebant quod dictus Gadifer homo bone vite, honeste conversacionis, pacificus et ex nobili genere procreatus extiterat ac nobis continue in guerris nostris, ut ceteri alii nobiles regni nostri, bene et fideliter servierat, quodque, anno domini M° CCC° nonagesimo, quadam die dominica, qua in sancta Dei ecclesia cantabitur Oculi, vel circa, dictus Gobertus per ejus filium et quendam suum famulum eidem Gadifero ut ad eum veniret locutum in villa laudunensi mandaverat. Qui Gadifer, volens sibi obedire, eo quod de sui parentela erat et fuerat et eciam eo quod dictus Gobertus in officio nostro extiterat, dicta die, in dicta villa laudunensi accesserat et ibidem dictum Gobertum in quodam vico sito inter curiam nostram et domum ubi prepositus civitatis laudunensis solitus erat tenere placita sua, qui locus publicus erat, invenerat et eum humiliter et graciose, capucio amoto et se inclinando erga eum, in presencia plurium ibidem existencium, salutaverat, sibi dicendo quod ad ejus mandatum ibidem venerat. Qui Gobertus, non obstantibus humilitate et obediencia dicti Gadiferi, arroganter sibi responderat quod ipse erat unus ribaldus, superbus, trucanus, rusticus, garcio et quod ad mandatum suum ad eum venire non dedignaverat. Qui Gadifer humiliter, absque capucio, sibi faciendo reverenciam, responderat quod, salva sui reverencia, ipse ad eum libenter accesserat, sed ipse ribaldus, trucanus, rusticus, garcio non extiterat nec existebat, et, si aliquid contra sui honorem sibi dicere vel imponere vellet, ipse paratus coram suo judice, videlicet coram nobis, se defendere erat et fuerat. Qui Gobertus, indignatus de dictis verbis, multum arroganter et calore

11 Juillet 1394

motus, predicta verba injuriosa pluries reiterando et dicendo . « qualis rex? qualis rex? » ipsum Gadiferum per capillos suos acceperat et eum multum dure et atrociter in dicto vico, publice associatis secum pluribus aliis personis usque ad numerum xii, verberaverat et de pugno suo eidem Gadifero super caput suum et per vultum plures ictus dederat adeo quod vultum totaliter nigrum sibi fecerat et plures de capillis suis violenter extraxerat et admoverat, plures minas de eum occidendo sibi inferendo. Et ob hoc dictus Gadifer a nobis certas litteras de predictis narracionem facientes obtinuerat per quas mandabatur primo hostiario nostri parlamenti quod de predictis excessibus et delictis se informaverat (*sic*) et culpabiles in dicta curia nostra ad certam et competentem diem personaliter adjornaret, virtute quarum Petrus Augustini, hostiarius dicte curie nostre parlamenti, se informaverat et dictum Gobertum ut culpabilem in dicta curia nostra personaliter ad certam diem adjornaverat, ad quam diem, visa informacione, dictus procurator noster cum dicto Gadifero adjunctus fuerat et, licet pro parte dicti Goberti plures raciones ad finem declinatorie, eo quod se esse clericum non conjugatum asserebat, proposite fuissent, dicta tamen curia nostra de predicta causa cognicionem retinuerat, predictas partes in factis contrariis appunctando. Quare petebant dicti actores dictum Gobertum ad emendendum dictis defensoribus injurias, delicta et excessus predictos emenda honorabili in dicta curia nostra et in dicta villa laudunensi, in die mercati, coram pluribus personis ibidem congregatis in dicto loco ubi predicte injurie facte et perpetrate fuerant, genibus flexis et sine capucio, proferendo talia verba : quod in persona dicti Gadiferi nesciebat nisi bonum et honorem et quod predicta verba injuriosa per eum prolata de persona dicti Gadiferi falsa existebant, veniam de predictis petendo, et in emenda utili erga nos in quatuor mille et erga dictum Gadiferum in duorum mille librarum summis, et in casu quo dictus Gobertus in emenda honorabili non esset condempnandus, eo quod clericus reperiretur, ipsum in majoribus summis erga nos et dictum Gadiferum aut in aliis emendis honorabilibus et utilibus, prout discretioni curie videretur et racio suadebat, ac ipsum ad tenendum prisionem usque ad satisfactionem premissorum sibi adjudicatorum condempnari et eidem Gadifero de summis sibi adjudicandis primitus satisfieri, dictosque actores ad eorum proposita admitti et ipsum Gobertum in dampnis, interesse et expensis dicti Gadiferi condempnari.

Dicto Goberto in contrarium proponente quod ipse ex nobili genere et sanguine procreatus fuerat et clericus in habitu et tonsura a longo tempore et potissime durante tempore dicti adjornamenti facti in dicta causa extiterat et existebat ac pro tali publice et notorie se gesserat et ob hoc privilegio clericatus gaudere poterat et debebat. Insuper dictus Gobertus et sui predecessores semper veri et legales subditi nostri extiterant et existebant ac homo bone vite, conversacionis honeste, pacificus erat et fuerat et nobis et predecessoribus nostris, tam in guerris nostris quam in officiis judicature, bene et fideliter servierat, dictusque Gobertus plures terras, possessiones, vineas et hereditagia in patria laudunensi et in dicta villa de Laduno habuerat et habebat, pro quibus laborandis et cultivandis plures servitores et potissime quendam nuncupatum Colinum Dalet, qui alias eidem Gadifero servierat, habuerat et habebat. Qui Colinus dicto Goberto de dicto Gadifero, eo quod bona sua injuste et sine causa detinebat et ea sibi restituere recusaverat, pluries conquestus fuerat, propter quod dictus Gobertus sibi dicerat (*sic*) quod infra certam diem immediate sequentem ad dictam villam laudunensem accederet et dicto Gadifero requireret ut dicta bona sibi restitueret, ad quam diem dictus Gobertus, ejus filius et suus mango dumtaxat et absque armis in dicta villa accesserat et ibidem in dicto vico supraconsinato dictum Gadiferum reperierant et ob hoc dictus Gobertus suo filio preceperat ut ad dictum Gadiferum accederet sibi requirendo quatinus dictum Gobertum modicum expectare vellet. Qui Gadifer hoc facere recusaverat, propter quod dictus Gobertus, ejus filius et dictus Colinus dumtaxat absque armis ad dictum Gadiferum graciose et absque aliquo rancore accesserant et ibidem in dicto vico dictus Gobertus eidem Gadifero requisierat, dicto Colino genibus flexis coram ipsis existente, ut eidem Colino dicta bona sua que detinebat restituere vellet; qui Gadifer arroganter et irato animo eidem Goberto responderat quod de suo nichil habebat et, si credebat quod aliqua de bonis suis haberet, ipsum faceret conveniri coram suo judice et aliud sibi non faceret. Qui Gobertus iterato eidem Gadifero ut dicta bona eidem Colino absque processu restituere vellet humiliter requisierat, sibi dicendo quod, si dictum Colinum, qui pauper existebat, occasione premissorum in processu detineret, honorem suum non bene servaret, de quibus verbis dictus Gadifer, qui filius cujusdam burgensis de Laduno erat, multum indignatus fuerat et dicto Goberto plura verba arrogancia, ipsum condempnando qui nobilis existebat, protulerat, sibi dicendo quod de honore suo nullatenus loqueretur, nam, si loqueretur, sibi responderet; propter quod esse poterat quod dictus Gobertus dictum Gadiferum modicum pepulerat, manum suam dumtaxat super caput ejus ponendo et per capillos suos eum accipiendo, salvam gardiam nostram propter hoc nullatenus infringendo; et ob hoc, si in emenda condempnari debebat, hoc dumtaxat in emenda quinque vel septem solidorum condicio erat. Quare petebat dictus Gobertus dictos actores ad eorum preposita admitti non debere et, si admitterentur, ipsos causam seu actionem predictas conclusiones et demandas faciendi non habere dici et pronunciari et, si haberent, ipsos (ipsum) a predictis demandis absolvi et, si non absolveretur, ipsum ab emenda honorabili, attento quod clericus existebat, saltem absolvi, et dumtaxat in emenda peccuniaria quinque vel septem solidorum cum dimidio, secundum communem consuetudinem plurium locorum, aut saltem ipsum non in tam magnis emendis ut predicti requisierant condempnari, ipsumque Gobertum et non dicti actores ad sua proposita admitti et ipsum Gadiferum in expensis dicti Goberti condempnari.

Super quibus et pluribus aliis hinc inde propositis inquesta facta et ad judicandum, salvis reprobacionibus contra testes per dictos actores dumtaxat traditos, recepta, ea visa et diligenter examinata, reperto quod sine reprobacionibus poterat judicari, dicta curia nostra per suum judicium dictum Gobertum, occasione predictorum excessuum, injuriarum et delictorum per eum in persona dicti Gadiferi perpetratorum et commissorum, erga eumdem Gadiferum in emenda LX^{ta} lib. turon. et erga nos in totidem, dicto Gadifero de summa sibi adjudicata priusquam nobis satisfacto, ac in expensis ejusdem Gadiferi in hac causa factis condempnavit et condempnat, earumdem expensarum taxatione eidem curie nostre reservata.

Pronunciatum XI^a die julii, nonagesimo quarto.

X^{1a} 41, f° 386.

N° 3. — Plaidoiries et appointements de la Cour, dans une affaire entre Jean Aloul, avocat du Roi, et Jean Pingré, clerc du bailliage d'Amiens.

La présente affaire, bien qu'assez obscure, — elle aboutit à un désistement du premier poursuivant, et la perte d'un registre du Conseil (1395-1400) nous prive sans doute de plus d'une décision intéressante — n'en jette pas moins un jour assez vif sur les mœurs de la bourgeoisie judiciaire de la ville d'Amiens, milieu déjà plein d'intrigues et de compétitions, à la fin du XIV° siècle.

Le point de départ de cette querelle, entre l'avocat du Roi et le clerc du bailliage, semble avoir été la dénonciation par le premier des appétits de lucre et de fiscalité du second, qui l'auraient entraîné jusqu'à commettre des faux plus ou moins caractérisés, comme d'avoir authentiqué une prétendue obligation souscrite par le sire de Rubempré aux Lombards d'Amiens (V. *supra*, art. XXXIX, n° 2) et le subterfuge auquel il aurait eu recours pour surprendre au bailli l'institution d'un neuvième auditeur au siège de Montreuil. La guerre une fois engagée, le clerc mit tout en œuvre pour évincer son adversaire et rester maître de la place. Dans cette intention, il aurait organisé contre lui toute une intrigue, où seraient entrés successivement un autre avocat, son collègue comme pensionnaire de la ville et du Roi, M° Raoul de Béry, un candidat au bailliage d'Amiens, plus tard bailli de Caux, messire Hue de Donquerre, des avocats au Parlement et de simples subalternes, sergents du bailliage, etc.; puis, par une série de dénonciations, on aurait obtenu, contre Jean Aloul, d'abord une première information qui aurait tourné à son honneur, ensuite, et sans plus de raisons, un mandat d'amener du bailli, en vertu duquel il aurait été ignominieusement arrêté, « en plain plais », conduit aux prisons du Châtelet et détenu trente-huit jours, pour n'en sortir qu'après une nouvelle enquête demandée par lui-même. C'est à raison des résultats de cette enquête, qui aurait abouti à la délivrance de sa personne et de ses biens et réservé son droit de poursuite contre ses ennemis, que les parties se présentent devant la Cour, le 14 juin 1395, le procureur du Roi adjoint au plaignant contre Pingré.

Une première audience, où Pingré se borna à exciper de sa qualité de clerc, pour demander déclinatoire, et à nier les faits, jusqu'à ce qu'on lui eût présenté une lettre écrite de sa main, qu'il fut obligé de reconnaître, aboutit à son arrestation et à sa mise au secret dans les prisons du Châtelet.

Il revint, environ deux mois après, présenter une défense plus étudiée, mais guère moins embarrassée, où il essaya de se dérober surtout derrière Mᵉ Raoul de Béry et Hue de Donquerre.

Finalement la Cour décréta une troisième enquête, qui traîna environ un an, pour aboutir, semble-t-il, à un désistement de Pingré, qui dut payer l'amende.

De toutes manières, l'affaire se termina à l'honneur de Mᵉ Jean Aloul, qui mourut avocat du Roi, vers 1398 ou 1399. (V. X¹ᶜ 79, nº 266, 29 août 1399. Accord intervenu entre Andrieu le Coutellier et les héritiers « feu Mᵉ Jehan Aloul, jadis avocat du Roi au bailliage d'Amiens », sur appel du premier d'une sentence donnée par le bailli au profit du second).

Entre Mᵉ Jehan Alou et le procureur du Roy, demandeurs d'une part, et Jehan Pingré, clerc du bailliage d'Amiens, et Jehan Maillefeu le jeune, d'aultre part.

14 Juin 1395

Dist Mᵉ Jehan que il est nobles homs et homme clerc, licencié en droit civil, et si est notable advocat oudit bailliage et advocat du Roy et de plusieurs personnes, sans que onques il feust reprins d'aucune malvestié et, combien qu'il ne meffeist onques à Pingueré, il a contre lui conçu hainne et baillié articles contre lui et fait faire informacions et, pour ce qu'il le sçot, il vint en personne et s'offri à deffendre péremptoirement, car il ne povoit estre amé de tous. Et, ce non obstant, Mᵉ René Broisset, Mᵉ Symon Marcouls firent contre lui information et aussi sur son innocence, passé a trois ans, et fu laissié en pais. Mais Pingueré a tousjours persévéré en sa haine et l'a voulu et ses enfans destruire et déshonneré et s'alia à Maillefeu et proposèrent que il avoit dites paroles ou déshonneur du Roy et firent que ils orent commissaires le bailli d'Arques et Jehan Limosin, qui, l'an IIII××et treze, l'alèrent prendre, en plain plais, et le mirent en prison fermée et tous ses biens en la main du Roy. Dist que il escript lettres à aucuns ses amis, mais elles furent ouvertes, et encore, de plain midi, ordenèrent que il seroit amené lié, et toutesvoies de ce se déportèrent par caucion et toutesvoies fu amené en Chastellet et mis en la boucherie où il fu, xxxviii jours, en très ville prison, et tellement que nul ne parloit à lui, où il prinst tel maladie que il ne fu puis que il ne s'en sentist. Dist que, à sa requeste et à ses despens, M⁰ Jehan Turquan et M⁰ André de le Preux alèrent faire informacion à sa requeste et, icelle raportée et veue devant le Roy, il fu délivré et ses biens, et lui fu réservé sa poursuite contre ceulx qui ce avoient pourchacié et que céans il en peust faire poursuite. Si dist que il fu travcillié par delà indeuement et que ceulx qui l'ont fait sont gens de justice et de tant ont plus mesprins. Si a fait faire information et ont estéz trouvés coupables Pingueré et Maillefeu et ont estés adjournés. Pour ce conclut contre Pingueré à amende honorable céans, devant le Roy et à Amiens et ès lieux où les paroles ont esté dites, en disant que faulsement et sans cause l'a fait, et soient tableaux fais où les parties soient présentés, c'est assavoir Pingueré devant lui, à genoulx, et à amende prouffitable de ii^M lb. et à dommages que il a soustenus et à dommages intérests et qu'il tiengne prison jusques à plainne satisfaction et à despens, et ne dit riens contre Maillefeu pour ce que il ni est pas présent.

Le procureur du Roy dist que il treuve, par informacion, que Pingueré, x ans, fu clerc premièrement du bailliage et la tient à ferme et, quant il y fu mis, le siège estoit paisible entre les avocas et procureurs et bien gouverné, mais depuis il a publié toute discension, et en est cause ce qu'il a clers joines enfans qui exigent le vin très excessivement, et est haultain et orgueilleux aus parties et prent double salaire, oultre ce que ses prédécesseurs faisoient, et si prent argent pour faire visiter les procès qui appartient à l'office du bailli; et dist que, quant il demouroit à Paris, avec messire Guillaume Blondel, il estoit dès lors homme de mauvaise vie. Dist que, entre les aultres choses, il passa une lettre faulse contre le sire de Reubempré et qui fu désavouée, mais il ne l'amenda onques; après propose le fait tel que dessus, et dist que le fait est de très mauvais exemple et digne de grant punicion, et dist que, ès premières informacions, il lui imposoit crimes de prévaricacion et de sodomie, et toutesvoies il est marié et a de beaux enfans eus en mariage, bien xv, dont de tout riens n'a esté trouvé. Aus secondes, dist que il le accusa anvers aucuns, en donnant entendre que il avoit mesdit du Roy, et l'escript plusieurs fois et furent les lettres adréciées à deux commissaires à main, c'est assavoir le bailli d'Arques et Jehan Limosin. Et dist que Pingueré induist un tesmoing à déposer contre M⁰ Jehan et bailla une cédule aus aultres tesmoins, en deffendant que ils ne déposassent point, sans parler à un aultre qui est de ses complices. Si dist au surplus le fait proposé par partie et comment il fu amené en Chastellet et délivré après, comme dit est, et a eu adjournement et, par vertu d'icelui, a esté faite informacion, laquelle veue, a esté ordonné que le procureur seroit partie, et pour ce, atendu ce qu'il a fait en son office, requiert que il soit privé de son office et toutes aultres obtenus et à obtenir, considéré que il a ainsi, sans cause, voulu nuire à aultrui, et bouté hors du royalme et condempné à amende honnorable et mené sur une charete à Amiens et ramené, en publiant ce qu'il a fait, et crier mercy à M⁰ Jehan, à amende prouffitable de iiii^M lb. et à prison, jusques à satisfaction, et que il parle par sa bouche, considéré que il est officier du Roy, et à ce conclut. Et partie a pour soy emploié ce que le procureur a dit et requiert premier estre paié.

Pingueré, après serement, sauf sa déclinatoire, a esté interrogué que il est du fait, et il a dist que onques contre M⁰ Jehan ne fist, ne fist faire articles, par espécial, quant à prévaricacion, et peut estre que, en l'informacion, il en fu parlé à lui et a ouï dire que M⁰ Roul lui imposa et le dist au bailli, et, de l'autre cas criminel de sodomie, dist que onques ne vint de lui, ne il n'a riens fait, fors dire sa déposicion, à quoy il se raporte, et dist que des paroles touchans le Roy il ne parla, ne fist onques poursuite et dist, que à l'obligacion du sire de Reubempré, que, quant il ala estre clerc, avant que il y alast, il pria son prédécesseur que il feist son office et que, ou registre de Raoul Chastellain, son prédécesseur, estoit l'obligacion et estoit escripte de la main du clerc Raoul, nommé Andri Cloel, et pour ce il la grossa et tesmoingna que il l'avoit faite, mais le sire de Reubempré ne vouloit pas que il feust sceu qu'il s'obligast à Lombars, et dist que de ce il fu mis en procès et en fu absoubz et partie condempné en ses despens. Et dist que il a clers auquelx il deffent que ils ne exigent riens et, se il l'a sceu d'aucuns, il les a boutés hors. Et dist, quant aus procès, les parties baillent bien, aulcunes fois, un fleurin ou deux, et l'a fait par la permission du bailli. Quant aus salaires, dist que il y a lettres de xii ds, de ii sols et de v s., et déclairé en quelx cas, et de une sentence, x s.; et, se il a faites riotes aus avocas, dist que non et que il s'en raporte à tous les avocas, excepté à M⁰ Jehan Aloul.

Après ses choses, ont esté leues unes lettres que il a confessiées estre escriptes de sa main, et sur ce, par délibéracion de la Court, Pingueré a esté envoié en Chastellet et deffendu que nul ne parle à lui, jusques à ce que autrement soit ordené. Et a requis droit sur sa déclinatoire. Et, ce fait, les gens de l'évesque d'Amiens l'ont requis et aussi ceux de l'évesque de Paris samblablement l'ont requis avoir et que il leur soit rendu.

X¹ᵃ 1477, f⁰ 554.

Ibid., f⁰ 574, 22 juillet.

Sur la requeste de Jehan Pingueré qui requiert estre délivré, au moins eslargi,

22 Juillet 1395

Mᵉ Jehan Alou, son adversaire, le contredist. Et dist son procureur qu'il est hors, par congié de la Court, et l'en traicte de son honneur.

L'évesque de Paris dist que du délict commun il doit congnoistre et de ce qui regarde la Court ne s'entremet.

Le procureur du Roy dist que riens ni doit estre immué, considéré que, par ordenance de la Court, il fu envoié en prison.

Finablement ordené est que les parties vendront à VIII jours.

Ibid., f° 582, 6 aoust.

6 Août 1395

En la cause d'entre Mᵉ Jehan Alou, demandeur, d'une part, et Jehan Pingueré, deffendeur, d'autre part, qui récite la demande Mᵉ Jehan Aloul, et oultre dist que il est homme de bonne vie et honneste et bon lignage et appartient à messire Hue de Donquerre, à présent bailli de Caux, auquel il fait et a tousjours voulentiers fait plaisir et, en l'office de clergie du bailliage, a servi le Roy et dist que Mᵉ Jehan, qui est advocat à la court d'Amiens, s'esmeut de légier et se rapaise tart et est coustumier de parler et soy esmouvoir contre les aultres advocas. Dist que Mᵉ Raoul de Béri a vi^{xx} lb. de rente de la ville et Mᵉ Jehan cinquante, et, pour ce que l'en osta à Mᵉ Jehan piéça sa pension, en fu moult dolent et en fist parler par messire Enguerran Deudin. Dist que Mᵉ Jehan s'est fait haïr et est moult rioteux, et dist que, entre messire Hue et Mᵉ Hue (Jehan), ot piéça paroles et que Pingueré s'en merla pour les accorder, mais Mᵉ Jehan ne voult que onques puis Pingueré se merlast de son fait, et depuis a toujours eu entre eulx courroux, et toutesvoies il s'est efforcié toujours d'estre à pais avec lui. Dist oultre, sur le fait de bailler articles contre Mᵉ Jehan, que onques n'en bailla nulx, mais vray est que, une fois, il vint à Paris et aporta lettres à Mᵉ Pierre de Vé (1) de par Mᵉ Roul de Béry, où il avoit escript un roole de papier, mais il ne savoit que il y estoit contenu, et dist que Mᵉ Pierre lui rendi et puis il la bailla à Mᵉ Jehan Auchier, qui les lui rendi, et les laissa à Mᵉ Pierre de Vé, et peut estre que il y estoit faite mention de prévaricacion faite par Mᵉ Jehan Aloul. Dist que il ne fist, ne escripst ses articles, ne aultrement ne s'en merla. Dist que, par raison, s'aucun officier de justice monstre à justice aulcun meffait d'aultruy, il n'en est tenu. Et propose que Mᵉ Jehan, qui est au Roy, plaida, pour Arnoul de Bouves, une cause par laquelle apparoît que Arnoul avoit batu le clerc de la prévosté de Monstereul. Et dist que onques Pingueré ne ministra tesmoins aus commissaires de la Court, ne bailla argent, ne sollicita et s'en raporta à eulx. Et oultre dist que il ne empescha

(1) Avocat au parlement.

onques Mᵉ Jehan que il ne feust receu à proposer ses péremptoires, ne ce n'est recevable, car ce fu le fait de la Court. Et aus paroles qu'il devoit avoir dit, paroles du Roy, dist que onques n'en parlast, ne le dist, mais scet bien Mᵉ Jehan qui les dist. Et dist, au premier article, qu'il déposa bien, mais aultre chose ne fist, et dist que, à l'informacion faite par Jehan Limosin à Corbie, il ne scet, ne ni fu, ne poursui. Et à ce qu'il est vraisemblable par la hainne et par les lettres, respond aus lettres que elles furent faites dès l'information faite par Mᵉ René Broisset, et bien II ans avant les paroles dites du Roy, et ainsi ne si pevent raporter. Et quant au fait des lettres baillées au barbier, dont mencion est faite ès lettres, respond que messire Hue ot volonté d'avoir le bailliage d'Amiens et, pour ce que il ne pot, avisa d'avoir le bailliage de Caux, que tenoit messire Thibaut de la Boissière, par faisant que il feust bailli d'Amiens, et pour ce, quant Pingueré sçot que messire Gobert de la Bove se vouloit partir du bailliage d'Amiens, il escripst lettres par le barbier que il estoit temps, etc. Et, quant il est contenu — de celui que vous savez, — confesse bien que c'estoit de Mᵉ Jehan Aloul, car ils ne s'entraiment point et eust bien voulu que Mᵉ Jehan eust esté mis hors de son office, et n'a en ce cas ultorem que Dieu. Et quant au sire Denquerrè, Guiot de Pois etc., dist que se fu pour le débat qui estoit entre le sire de Pois et messire Hue et ne touchoit aultre. Item dist que onques il ne bailla, ne envoia les lettres, mais est vray que un nommé Le Quien, demourant à Dorlens, prinst ses lettres en l'ostel Pingueré et les mist en son coffre, où Mᵉ Jehan le Quien, son fils, après sa mort, les trouva et les bailla à Mᵉ Jehan, moiennant xx fr. que il lui presta; et dist que en ce n'a point de fait et que il est clerc non marié et que ce n'est que un excès privé, dont la Court ne vouroit cognoistre, et doit estre osté l'arrest et empeschement mis en sa personne, car l'évesque ne l'a eu que en garde, et à ce conclut et demandroit sur ce droit, et oultre à fin de non recevoir et d'absolucion et à despens, dommages et intérests, et proteste de poursuivre en cas d'injure Mᵉ Jehan en lieu et en temps. Après, en demandeur, dist ce que dessus que Mᵉ Jehan par hainne, en jugement et hors, a publié que Pingueré estoit un maulvais garçon, faulsaire. Pour ce conclut à amende honorable et proufitable, honorable à genoulx et sans chaperon, et à despens.

Mᵉ Jehan Aloul réplique et dist que, combien que partie propose contre lui que il est haÿ, il propose généralment tout au contraire que il est amé, et ne fait riens ce que Mᵉ Raoul et lui ont de pension. Et à ce que a dit Pingueré, que messire Hue de Donquerre et le sire de Saint-Sauflieu lui ont pourchacié, respond que messire Hue, peut-estre, ot corrous piéça contre lui, pour certainne rente et arrérages que Mˢ Jehan avoit acheté de lui, ce ne fu pas par sa coulpe, et, se il ne vouloit que Pingueré s'en merlast, c'estoit pour la hainne que Pingueré avoit contre lui, pour ce que Mˢ Jehan avoit parlé de son salaire excessif. Au fait des articles baillés à Mˢ J. Auchier et à Mˢ Pierre de Vé, dist que il est présumpcion que ce ait fait Pingueré, car lui et Mˢ Raoul estoient tout un, ne il n'est pas à présumer que Mˢ Raoul lui eust baillié, que il n'eust tout sceu, et si faisoit la poursuite et est présumpcion contre lui et qu'il le sçavoit, car Mˢ Raoul est ami de Mˢ Pierre, et Pingueré avoit esté clerc Mˢ J. Auchier, et toutesvoies il confesse que il les a aportés, et Mˢ Raoul a afermé que onques ne les bailla, ne escript, et ainsi en demeure chargié, puis que il les a bailliés, s'il ne monstre qui les lui a bailliés, et en sera tenus, car il se confesse hainneux de Mˢ Jehan, et ainsi ne devoit faire la dénunciacion, par la manière que il a fait, à Paris, mais deust estre alé vers le bailli ou procureur du Roy, dont il n'a riens fait, et ainsi appert de sa calumpnie et que folement l'a dénuncié, car il est apparu innocent et si lui a esté réservé sa poursuite contre Pingueré. Au fait de l'emprisonnement en Chastellet, pour les paroles dites du Roy, dist que, attendu que le sire de Donquerre estoit, pour le temps, à Paris, et le sire de Saint-Sauflieu, et que Pingueré se dit son parent et hainneux de Mˢ Jehan, il est présumpcion que ce ait-il fait, joinctes les lettres de Pingueré, ès quelles les paroles se continuent, en disant — et seroit bon que le Roy suspendist la pension à celui, etc., — ne les paroles ne se povoient joindre pour avoir le bailliage de Caux, et propose que le clerc est pour ce alé, un jour, et retourné, en l'autre, devers le sire Donquerre et lui escripst que il avoit un grois poisson en sa rais. Et si escripvoit, en ses lettres, que elles feussent arses, ce qu'il n'eust pas fait, ce ne feust pour Mˢ Jehan. Et propose que les lettres ont esté trouvées à Paris, en l'ostel où estoit logié le sire de Donquerre, et les a leues, et, supposé que il ne les eust leues, si ce a esté fait par son fait. A la déclinatoire, respond que Pingueré fu né lay et si est officier du Roy et, estant officier, a délinqué et par ainsi ne doit décliner la Court, et attendu la loi Nullum, C. de Testi... Or dist, pour ce, que il a offensé en la Court de céans, pour le vouloir calumpnier; item a offensé de avoir accusé Mˢ Jehan, devers le Roy, pour le faire déshonnorer, et le Roy l'a absoubz et réservé à lui sa poursuite, et si a délinqué en la Court de céans, car il avoit nié que il eust riens baillié contre Mˢ Jehan et il lui fu monstré au contraire par ses lettres, que il a confessiées céans, et par ainsi la Court congnoistra de toute la séquelle. Et si y a sauvegarde enfrainte, par ce que indeuement et sans cause il a fait mettre la main en lui et en ses biens et est réputé fait violent par l'iniquité et simulata iniquitas, etc., et a offensé justice et le Roy. Et à l'arrest que partie allègue, respond que ce fu pour le privilège de la Court. A ce que M° Jehan plaida la cause de Arnoul de Boves, respond que il avoit excepté son sanc et si ne povoit estre prévaricateur, car il n'avoit point esté au Conseil du Roy. Si conclut que il fait à recevoir et comme dessus. Et à la demande Pingueré, dist que, se il a parlé, il a eu plus cause, pour ce que il a plus cause que nulz des aultres. Et oultre dist que, à l'auditoire de Monstereul, n'a que VIII auditeurs et, combien que le bailli n'en eust plus voulu faire, toutesvoies Pingueré en fist un, nommé Giles Pecquet, et scella les lettres entremellées le bailli par adventure qui en demanda à M° Jehan, et il respondi que c'estoit crime de faulx. Si dist que onques aultrement n'en parla, et conclut à fin d'absolucion et à despens.

Le procureur du Roy reprent les lettres et les informacions, lesquelles veues, dist que il appert, icelles veues, et que le fait appert par icelles. A la déclinatoire, dist que il n'est pas question du délict fait hors jugement, mais en la Court du Roy, et diffame en son Conseil et en la Court de céans, et comme officier et contre officier. Pour ce, dist que il doit céans respondre et ne fait à recevoir, et à ce conclut.

L'évesque de Paris, pour ce que Pingueré requiert estre mis hors de cause, dist que, la question meue entre l'évesque d'Amiens et lui, il a esté dit que il lui seroit baillié, et oultre il a esté emprisonné pour délict et parjure commis céans et en la Court prins et arresté, et si a tout délinqué en ceste ville, car il a délinqué en la Court du Roy. Pour ce dist que il ne doit estre mis hors, comme il requiert, mais lui sera baillié, et à ce conclut. Et l'évesque d'Amiens a requis au contraire.

Finablement les parties sont contraires, si feront leurs fais à toutes fins, sur lesquiex la matière sera enquise et, l'enqueste faite et raportée, la Court fera droit. Et quant à l'eslargissement ou délivrance Pingueré, au Conseil. Et est sauve à Pingueré de dire ses fais et, [s']aulcuns en a, de les escripre et aussi de dire contre l'évesque de Paris.

15 juin 1396.

Entre M° Jehan Aloul, d'une part, demandeur, et le procureur du Roy, et Jehan Pingueré, d'aultre part.

L'enqueste d'entre lesdites parties est receue à jugier, dès lundi derrenier passé, du consentement desdites, sauf tant que lesdites parties pourront, dedans lundi prochain, venir faire examiner tant de tesmoings que bon leur sambera, et bauldront lettres et reproches, dedans quinzainne ensuivant, et contredites et salvacions, aus XV jours enssuivant après.

X¹ᵃ 4784, f° 124 v°.

Ibid., f° 145 v°, 18 juillet.

18 Juillet 1396

Entre M° Jehan Alloul, d'une part, et Jehan Pingueré, d'autre part.

Sur ce que M° Jehan a requis que certainnes salvacions, baillées contre les reproches M° Jehan, soient regectées et Pingueré a dit que il les proposa devant les commissaires.

Appoincté est que la Court verra ce que Pingueré a baillié et parlera, se mestier est, aus commissaires, pour savoir si l'en le rejectera ou non. Et au surplus les parties sont d'accord de bailler leurs contredites à xv^{ne} et salvacions à xv^{ne} enssuivant.

Ibid., f° 155 v°, 5 aoust.

5 Août 1396

Jehan Pingueré, clerc du bailliage, aujourd'hui a renuncié et renonce à certainne appellation par lui faite, aujourd'ui à viii jours, d'une sentence donnée par le bailli d'Amiens contre ledit Jehan, au prouffit du procureur du Roy et de M° Jehan Aloul, et pour ce doit lx s. d'amende au Roy.

N° 4. — *Paidoiries et appointements de la Cour dans le procès criminel intenté par les amis et parents de feu Jacotin de Nonneauville contre certains officiers du bailliage d'Amiens.*

Les présentes plaidoiries et les appointemens consécutifs que nous croyons devoir reproduire, in extenso, malgré leur longueur, ne sont malheureusement que les pièces accessoires d'un procès dont l'arrêt a péri, avec la plupart des jugements de la série du criminel, pour cette époque.

Il serait pourtant curieux de savoir quelle sanction la Cour pouvait donner aux faits qui lui sont déférés par la partie plaignante et dont la réalité semble suffisamment ressortir des plaidoiries contradictoires qu'elle entendit, les 27 et 28 avril et 2 mai 1402. Ces faits, qui, même allégés des circonstances les plus dramatiques rapportées par les plaignants, ne paraîtront qu'une longue succession d'actes odieux et d'illégalités, nous donnent l'idée la plus singulière de la manière dont la justice criminelle était administrée par les officiers du Roi, dans le bailliage d'Amiens. On ne s'étonnera plus dès lors de l'état de guerre et de désordre invétéré signalé par tous les documents du xv° siècle et dont nous fournirons, par la suite, de nouveaux et significatifs témoignages.

27 Avril 1402

Entre le procureur du Roy, Jaques le Barbier, Agnès sa femme, Mahieu de Nonneauville et l'évesque d'Amiens, demandeurs d'une part, et Jehan de Hézèque, Gui de Hézèque, Oudart Pouchin, Jehan le Censier, Colart de Boves, Pierre Lebrun, Colart le Briois, Michiel de Flaissières, Desrée de Hézèque, Robert de Matringhem, Jehan de Matringhem, Tassin Guillain, Jehan Limosin, Colart Godart, Jehan Ringuet, Jehan le Fruitier dit Maillot, Hue de Masinghem, Baudechon de Cuerviller, Willemot Bascon, Nicaise du Val et Robert Gaudefroy, défendeurs d'autre part.

 Les demandeurs dient que pièça débat se meut entre Lupin et Jacot de Raucourt, d'une part, et Pierre de Nonneauville, d'autre, et depuis jurèrent paix les uns aux autres. Mais Robert de Matringhem, parent desdits Raucourt, courroucié de la paix, pour ce qu'il n'y avoit esté, dist audit de Nonneauville qu'il s'en trouveroit courroucié. Et, à un jour, Pierre ala à Fauquembergue où il fu assailli par lesdits Lupin et Jacot et, pour doubte d'eulx, ne osa partir de la ville, pour aler à son hostel qui estoit à demie-lieue d'ilec. Mais Tassin Guillain vint par devers lui, en lui disant qu'il s'en alast hardiement à sondit hostel et ne se doubtast point desdits Lupin et Jacot, et tant le ennorta qu'il monta à cheval et se parti de ladite ville de Fauquembergue pour aler à sondit hostel et ledit Tassin, en sa compaignie, qui lui avoit promis le convoier jusques à sondit hostel, et le mena Tassin hors du chemin, par lequel il vouloit, et le conduisi jusques à un bois ès mains desdis Lupin et Jacot qui le espioient, et fu illec ledit Pierre par eulx murtry, et, ce fait, envoièrent dire audit Robert que sa volenté estoit accomplie. Et, depuis ce, Jacotin de Nonneauville, frère dudit Pierre, fist poursuite contre lesdis malfaiteurs et ledit Robert, lesquelx furent emprisonnés et depuis eslargis et appellés à ban. Et lors Oudart Pouchin, Gui de Hézèque et autres parens, amis et aliés dudit Robert, en contempt de ceste poursuite, vouldrent tuer ledit Jacotin et le firent espier en la ville de Sempy, en l'ostel d'un cordoonnier où il faisoit refaire ses houseaux, et illec le assaillirent et fu frappé par Willemot Bascon, d'une lance par la poitrine, et après le prindrent et le misrent ès grésillons et le emmenèrent jusques à un boquet près d'ilec et là le tindrent jusques à la nuit et, à celle heure, le montèrent sur un cheval de charue maigre et sans selle et l'emmenèrent, toute nuit, jusques en la ville de Rousseauville et, quant ils y furent arrivés et en une hostellerie d'icelle ville, il leur dist qu'il estoit clerc en abit et tonsuré et estoit en la main de ses ennemis mortels et adversaires et que, de sa prinse et détencion, il appelloit d'eulx et de leur exploit en parlement. Mais de tout ce ils ne tindrent compte et, au point du jour, se partirent de ladite hostellerie et remontèrent Jacotin sur ledit cheval de charue et le menèrent par divers chemins, par l'espace de trois jours, et finablement arrivèrent à une cense d'abbaye, appellée Reumont, ouquel hostel ou cense arrivèrent Colart de Boves, lieutenant du bailli d'Amiens, Pierre Lebrun, Gui de Hézèque et plusieurs autres amis et parens dudit Robert, et illec, à heure de minuit, en une granche dudit hostel, le misdrent en une gehine, appellée le chapellet, et lui firent boire de l'eau salée et de l'eaue du fiens estant en la court dudit hostel et, en cest estat, le détindrent par l'espace de trois heures et après le détindrent oudit hostel jusques au lendemain matin qu'ils se partirent d'ilec et le menèrent au lieu appellé le Bois Jehan, où ils le gardèrent par un jour entier, et lui disdrent qu'il estoit larron et murtrier, ledit Jacotin disant qu'il n'en estoit riens et qu'il estoit preudomme, clerc non marié et appellant d'eulx. Et, ce jour, au nuit, se partirent d'ilec et sur ledit cheval le menèrent au lieu dit Essars, où ils firent un grant feu et sur le charbon estendirent une cloie et ledit Jacotin dessus, sur un costé et sur autre, et depuis se partirent d'ilec, sur la nuit, et le menèrent par les champs et le pendirent par le bras à un perier, et depuis le menèrent ou chastel de Dargi et illec lui firent et disdrent plusieurs injures et villenies en faisant; et, en faisant lesdites chevauchées, ils faisoient ledit Jacotin chevauchier, une nuit xviii lieues, l'autre nuit xxiv lieues, et le démenèrent et transportèrent de lieu en autre, comme dit est et que dit sera ci-après, par l'espace de xv jours et tousdis de nuit. Et depuis le menèrent à Frières, en une hostellerie, où ils le tindrent lié par les piés et par les bras et lui firent pluseurs injures, et d'ilec se partirent, à l'anuitement, et tant chevauchèrent que, au second jour ensuivant, ils le menèrent à Saint-Riquier, où ils arrivèrent, de nuit, en l'ostel Colart Godart, cousin dudit Robert, où ils le mirent en un celier, et illec fu interrogué par Jehan Limosin et requis qu'il confessast ce qu'il avoit par avant confessié par-devant ledit Colart de Boves, et que après il le rendroit à son ordinaire, ledit Jacotin disant qu'il estoit nobles homs, clerc non marié et n'avoit riens meffaict, ne confessié, fors par gehine et par force seulement, et lors Limosin le menaça de le plus tormenter que onques n'avoit esté. Et lendemain au matin, lesdis Limosin, Robert de Hézèque et autres, qui pas n'avoient esté ausdites chevauchées, et les autres dessusnommés, jusques au nombre de xxii personnes, menèrent ledit Jacotin à Wuire et là le lièrent à un banc, par le pié, d'un liécol, en une hostellerie, lui donnèrent à menger, disans que c'estoit son derrenier morsel, et ledit Jehan le Censier le voulst illec confesser. Et le jour de lendemain, se partirent de ladite ville et le menèrent au gibet de Saint-Riquier et, au partir d'illec, crioient tous les dessusnommés, à haulte voix, afin que on ne pust oïr ledit Jacotin qui se advouoit clerc et appelloit d'eulx, et, en le menant, Jehan le Censier lui estraignoit les poulces ès gresillons tellement que il en faisoit le sang saillir et, par force, lui faisoit chanter la tricotée; et quant ils furent au gibet, ils le lièrent, par le col, d'une corde et le long d'icelle gettèrent par-dessus le gibet et eulx tous xxii dessusdis tirèrent et pendirent et estranglèrent ledit Jacotin et lièrent le bout de la corde au pillier du gibet, pour ce qu'ils n'avoient point de bourrel, et hastèrent telement ladite exécucion que Jacotin n'ot pas espace de dire son sauvement. Et environ vii jours après, les xxii dessusdis menèrent le bourrel audit gibet et illec firent despendre ledit Jacotin et rependre à une chaine, en la manière acoustumée Et depuis les aucuns des amis dudit Jacotin, qui s'estoient alez plaindre de ce au bailli d'Amiens et requérir justice, ont été détenus prisonniers par l'espace de iii mois, pour empescher leur poursuite. Dit que, en ce, a port d'armes, transport de juridicion en autre, sauvegarde enfrainte. Et disoit Gui de Hézèques qu'il lui cousteroit ii^M frans avant ce que les amis du mort venissent à chief de la poursuite que il vouloient faire de la mort dudit Jacotin. Conclut qu'ils soient condempnez et contrains à despendre ledit Jacotin et le baiser en la bouche, en le despendant, le porter en l'église cathédral et d'ilec le porter enterrer ou cimetière de l'église parochial, bien et honorablement, et fonder deux chappelles, l'une en ladite église parochial et l'autre en ladite église cathédral, chascune de L liv. amorties, garnies d'aornemens, etc., et illec faire tableaux et ymages représentans la mort et lesdis adjornés, desquelles chapelles la collacion appartiegne à la suer dudit Jacotin ou à ses amis plus prouchains et amende honorable céans et aux lieux où ils ont mené ledit Jacotin, portans chascun une torche, ainsi que la Court l'ordonnera, et chascun en ii^M lb. envers les amis du mort et iie liv. de rente, et chascun pour le tout, et prison, despens, dommages et intérêts.

L'évesque d'Amiens dit que Jacotin a esté prins et récolé par mandement de Jaques Dambremeu, lieutenant du bailli d'Amiens, afin qu'il ne venist à la cognoissance de l'Église et puis fu exécuté et mené en divers lieux, par la manière que partie l'a proposé dessus. Si conclut contre les adjornés à despendre, rendre et à porter ledit Jacotin en l'église d'Amiens, tous nus en chemises, faire amende honorable céans et au lieu, audit évesque et chascun d'eulx porter une torche ardant en sa main et chascun en ii^M lb., et chascun pour le tout, et à tenir prison et despens, domages et intérêts.

Les amis requièrent estre paiés avant l'évesque.

Le procureur du Roy dit qu'il treuve par informacion que Jacotin fu espié et mené de lieu en autre et exécuté à mort, par la manière que la partie l'a proposé, et que Jacotin avoit tonsure rèse, quant il fu prins, et que il disoit que les dessusnommés lui avoient tonduz les cheveux, afin que sa tonsure n'apparust, et avoit ledit Jacotin et portoit habit de clerc, et que un appariteur de l'évesque d'Amiens le poursuivoit avec aucuns amis dudit Jacotin, mais ils n'en povoient avoir nouvelles, ne parler à lui, et receut Robert le Censier un escu d'or parmi ce qu'il promist faire tant que Jacotin seroit rendu à son évesque, mais il n'en fist riens; ainçois fu ledit Censier le plus fort adversaire que ledit Jacotin eust et lui faisoit le sang saillir des poulces. Dit que Jacotin fu mené à Reumont où il fu fort gehiné et ailleurs, comme partie a proposé, et tout de nuit, et aussi fu mené à Saint-Riquier ou beffroy, et par tous les lieux où ils transportèrent ledit Jacotin, ils faisoient dire que on ne deist point qu'ils eussent esté èsdis lieux; et dudit beffroy le menèrent en pluseurs lieux et fu mené à Wuire et ramené à Saint-Riquier et tousjours faignoient que on le rendroit à l'évesque de Terewane et que la paix des amis se traitoit, et ainsi le démenèrent, par l'espace de xv jours, et, en ladite ville, Jehan le Censier, Gui de Hézèque et autres le tirèrent en la polie et lui pendirent pierres aux piés et tenoit ledit Censier un roole contenant les choses qu'il avoit confessiées à Reumont, en la gehine, et illec, ledit Jacotin estant en la gehine, lui lisoit ledit Censier les cas contenus oudit roole, disant ledit Jacotin que riens n'en estoit et que les cas n'estoient onques avenus, et par force de gehine lui faisoient dire qu'il avoit commis les cas que on lui imposoit. Et après Jehan Limosin, prévost de Saint-Riquier, au lieu de la gehine, interroga Jacotin sur les cas contenus oudit roole à lui bailliez par ledit Censier; et illecques, appellez avec lui deux auditeurs, lui fist confesser par force de gehine lesdis cas, disant ledit Limosin qu'ils ne povoient rendre ledit Jacotin audit évesque, s'ils n'avoient charge contre lui. Et en oultre, combien que ledit Jacotin affirmast que onques n'avoit esté coulpable de sang donné, fors de un que il avoit aidié à batre, et lequel estoit encores en bonne santé, toutesvoies ledit Limosin le mena à un gibet qui est près du moulin d'Arundel, et illec ledit Limosin, Colart Godart et autres le tirèrent à mont au gibet et l'estranglèrent. Et ne vouloit souffrir Jehan Limosin que ceulx qui estoient illec venus veissent faire la justice. Dit que tout ce que dit est a esté fait par les dessusnommés, comme par personnes privées et par haine, et, s'ils l'ont fait comme justice, ils ont plus mesprins car, soubz umbre de justice, ils ont fait iniquité. Conclut, pour le Roy, qu'ils despendent le mort pareillement que la partie l'a requis, et confiscation de corps et de biens, au moins de biens, et bannis du royaume et amendes honorables et proufitables, chascun de x^M frans, et prison et qu'ils soient emprisonnés et la vérité sceue par leur bouche et fondacion de chapelles dont la collacion appartiegne au Roy.

La partie emploie pour elle ce que dit a esté pour le Roy et requiert estre premièrement paiée.

L'évesque d'Amiens requiert estre paié avant que le Roy et partie.

Oudart Ponchin, sergent du Roy ou bailliage d'Amiens, dit, par serment, que, par commission du bailli d'Amiens à lui adréçant et à lui bailliée par Gui de Hézèque, il se transporta en plusieurs lieux pour prendre ledit Jacotin et, pour ce qu'il ne povoit avoir compaignie d'officiers du Roy, il acompaigna avec soi Gui dessusnommé, le Censier, frère de lui qui parle, Willemot Bascon et aucuns autres, ausqués il monstra sa commission, et leur commanda qu'ils feussent en son ayde et se transportèrent eulx tous à Sempy et illec Ponchin fist embusches en pluseurs lieux, de nuit, et s'en ala ledit Censier à Monstereul, où il avoit à faire. Et, pou après que ledit Censier fu parti, il qui parle, à cheval, vit passer ledit Jacotin et lors il qui parle print avecques soi ceulx de son embusche, c'est assavoir Gui de Hézèque et Willemot Bascon, et s'en alèrent après ledit Jacotin. Touteffois il qui parle leur dit qu'il ne blessassent point ledit Jacotin et le poursuirent jusques à l'ostel d'un cordouennier où il estoit descendus de son cheval et entré en icelui hostel pour chausser uns houseaux, duquel hostel il issi, pour ce que on lui dist que on le quéroit pour le prendre, et s'enfouy par un jardin et entra en une rivière petite, et lors ledit Bascon ala au-devant dudit Jacotin et le frappa de sa demie-lance, sans le blécier, et fu ledit Jacotin par lui qui parle mis ès gresillons et lié d'une corde sur un cheval et emmené prisonnier. Et, quant ils furent à un moulin, près d'ilec, ils lui baillèrent un cheval de charrue meilleur que celui sur lequel il estoit montés et l'emmenèrent à Saint-Riquier pour le garder, jusques à ce qu'ils eussent oÿ nouvelles du bailli, assavoir qu'ils devoient faire dudit Jacotin, auquel lieu il fist certaines confessions, par le moien desquelles il fu condempné et exécuté à mort. Et dit qu'il ne fut onques présent où Jacotin appellast, ne se advouast clerc. Dit aussi qu'ils ne l'osèrent mener à Monstereul, pour ce qu'ils se doubtoient qu'il ne fust rescoux par ses parents et amis ou par aucune manière feust. Et au surplus il se rapporte à sa relation sur ce faicte et escripte.

Appoincté est à demain le demourant de ceste cause et verra la partie la commission et relacion dudit sergent.

X2A 14, f° 62 v° seq

Ibid., f° 64 v°, vendredi 28 avril.

Oudart Ponchin, ci-dessus nommé, en continuant, par serement, sa déposicion par lui encommancée, le jour de hier, dit que, par mandement du lieutenant du bailli d'Amiens et autres officiers du Roy, à Amiens, lui qui parle et ses aides menèrent Jacotin à Reumont et y arrivèrent environ une heure avant le jour et en icelui hostel fu mis en la gehine, nommée le chapellet, qui est bien légière gehine, et lui donna à boire environ un godet d'eaue clère et en beut il qui parle de la

28 Avril
1402

pareille largement, car il avoit soif. Et la confession qu'il fist le lieutenant et le procureur portèrent au Conseil pour savoir que on en feroit, et chargèrent à lui qui parle, à Censier et à ceulx qui estoient avecques lui qu'ils gardassent telement ledit Jacotin que on ne le trouvast point. Et, après ce que lui qui parle et ses aides orent attendu longuement audit hostel, sans oïr aucune response desdis lieutenant et procureur, ils se partirent d'ilec et emmenèrent ledit Jacotin en un bois et de là le menèrent à Lessart et y arrivèrent de nuit et, le lendemain, à matin, ils oïrent nouvelles desdis lieutenant et procureur qui firent mener le prisonnier à Drugi, et lui qui parle fu encores à Amiens porter lettres au bailli et, pour ce que il ne le trouva point à Amiens, il vint à Paris où il estoit et le trouva et lui bailla lesdites lettres et sur icelles parla ledit bailli au procureur général du Roy et, par lui qui parle, le bailli rescrist à Jehan Limosin, et il porta les lettres audit Limosin et un roole seellé que le bailli lui envoioit, et, quant il vint au païs, il trouva que le prisonnier n'estoit plus à Drugi et s'en ala à Saint-Riquier par-devant ledit Limosin, auquel il bailla lesdites lettres et roole; et, ce fait, ledit Limosin examina ledit prisonnier qui illecques estoit et confessa plusieurs murtres, larrecins et autres cas; et après ce fu exécuté, par la manière qu'il confessa hier, et dit qu'il ne oÿ onques que ledit Jacotin se advoast clerc, ne que onques il appellast, et ne lui furent onques ses cheveux coppés, que il qui parle sache.

Jehan le Censier, sergent du Roy à Amiens, par serement, dit qu'il ne fu point à la prinse dudit Jacotin et que le lieutenant et le procureur du Roy lui baillèrent lettres pour porter à l'abbé de Drugy, lequel abbé dit, icelles veues, que il obéiroit au Roy et presteroit ses prisons voulentiers, et lors fu illec admené prisonnier Jacotin et lui qui parle fu commis à le garder, par tele manière qu'il en sceust rendre bon compte au bailli d'Amiens, quant il vendroit. Et après ce qu'il ot demouré audit lieu de Drugi, par iiii jours ou environ, il ala à Amiens, pour savoir au lieutenant dudit bailli qu'il feroit dudit prisonnier, et lors ledit lieutenant lui commanda qu'il transportast ledit Jacotin, dudit lieu de Drugi, en aucun autre lieu où il feust seurement. Et pour ce lui qui parle et ses aides le menèrent à Saint-Riquier et se logèrent à l'ostel Colart Godart et après au beffroy. Et depuis lui qui parle, Gui de Hézèque, Jehan de Hézèque et autres le menèrent à une ville appellée Frières, où ils arrivèrent, deux heures devant le jour, et depuis fu admené par devers Jehan Limosin, à Saint-Riquier, par-devant lequel Limosin il confessa pluseurs murtres et autres délis, pour lesquelx il fu exécutez à mort. Et ne sceut onques il qui parle que onques il feust gehiné, ne se advoast clerc, ne appellast en parlement.

Interrogué s'il receut point un escu d'or des amis dudit Jacotin, afin qu'il leur enseignast où il estoit, dit que, lui estant à Amiens, où il estoit alez par devers le lieutenant du bailli, comme dit est, le frère bastart dudit Jacotin et autres de sa compaignie le poursuirent tant qu'ils alèrent tous boire ensemble, et eulx estans en la taverne requirent lui qui parle qu'il leur ensaignast où estoit ledit Jacotin, en lui offrant donner pour ce IIII escus, mais il n'en voulst onques prendre denier ne maille et se départi de leur compaignie et s'en retourna à Drugi, comme dessus est dit, et autre chose n'en scet.

Colart de Boves, lieutenant du bailli d'Amiens, dit, par serement, que, pour ce qu'il avoit souvent de très mauvais rappors des murtres et délis que faisoit, sur le païs, Jacotin de Nonneauville, dit Gasparin, il bailla sa commission pour le prendre et depuis oÿ nouvelles que Oudart Ponchin, sergent du Roy, avoit prins ledit Jacotin et qu'il estoit poursuis de pluseurs gens garnis de lances, dars, flèches et autres armeures. Et lors il ordonna que Gasparin feust menés à Reumont, où il qui parle et autres officiers du Roy se transportèrent, et illec fu ledit Gasparin mis à gehine, au chapelet, et lui donna on à boire de l'eau clère, et illec confessa avoir commis pluseurs crimes, de sa voulenté, sans ce qu'il eust esté fort gehiné. Et à ce faire furent présens Robert de Matringhem, Gui de Hézèques et autres. Et depuis, par le conseil du Roy à Monstereul, fu ordonné que il seroit menés à Drugy et de là à Saint-Riquier, par devers Jehan Limosin, auquel fu bailliée la confession dudit Jacotin et lui fist Limosin son procès, auquel il qui parle ne fu pas présent et plus n'en scet. Et dit que il ne sceut onques que Jacotin se advoast clerc, ne que il appellast. Et dit, sur ce requis, que ils le faisoient ainsi tenir en divers lieux et de nuit, pour doubte qu'il ne feust rescoux de ses amis et aliés et qu'il peust estre punis, par justice, des crimes par lui commis. Dit que il procède, en ceste matière, à son povoir, selon justice et raison, sans aucune haine ou faveur, et autre chose n'en scet.

Jehan Limosin dit, par serement, que, lui estant à Saint-Riquier, à certain jour, lui furent apportées lettres par un compaignon, duquel il ne scet le nom, disant icelui compaignon que un sergent du Roi, appellé Oudart Ponchin, les lui envoioit. Lesquelles lettres receues par lui qui parle, avecques un roole seellé du contre-seel du bailliage d'Amiens, où estoit la confession dudit Gasparin, il qui parle entendi, c'est assavoir, le jour du lendemain de la récepcion desdites lettres, avant disner, au procès dudit Gasparin et, au lieu de l'eschevinage, à Saint-Riquier, fu ledit prisonnier par lui interrogué. Et pour ce qu'il dénioit sa confession contenue oudit roole faicte à Reumont, par-devant le lieutenant du bailli, il qui parle lui dist qu'il le feroit mettre à gehine et lui feroit dire vérité, ledit Gasparin disant qu'il ne vouloit plus estre gehiné, ne tourmenté et confessa murtres, efforcemens de femmes, en persévérant en sa confession dessusdite contenue oudit roole, laquelle confession, celui jour après disner, présens les auditeurs et tabellions et le Conseil de Saint-Riquier, lui fu leue et l'affirma estre vraie, en persévérant en icelle. Veue laquelle confession par les assistans, il fu condempné à estre trahinés et pendus. Et pour ce il qui parle ordonna et dist aux compaignons sergens du Roy que il admenassent, le jour de lendemain, ledit Gasparin et le bourrel et des cordes au Val Saint-Riquier et que là il seroit au-devant d'eulx, en disant par lui qui parle qu'il s'en aloit au giste audit Wuires près d'ilec, où il avoit à besongner nécessairement, et à tant se parti ledit Limosin et s'en ala audit Wuires. Et lendemain au matin, les sergens admenèrent ledit prisonnier, mais ils n'avoient point de bourrel, pour ce qu'il estoit alé à la feste de Barat (1), à Amiens. Et lors Limosin fist mener ledit prisonnier à Wuires, où il fu confessé, et de là le fist mener à la justice, où il avoit grant assamblée de gens, et illec Gasparin dist que Gui de Hézèques, qui illec estoit présent, le faisoit mourir. Et lors Limosin fist tant que Gasparin cria merci audit Guy et lui pardonna tout, et Guy le baisa en la bouche, et après fu halé à une corde au gibet par lui qui parle et les autres sergens qui illec estoient et moru. Et depuis il qui parle, pour doubte que le corps dudit Gasparin ne feust [emblé?] dudit gibet et la corde copée ou mengiée de bestes, il le fist d'une chaîne par le bourrel, environ huit jours après. Et dist que il fist exécuter ledit Gasparin à une justice qui est à IIII traix d'arbaleste près de Saint-Riquier, pour ce que, depuis XVI ans en çà, n'y ot aucune justice à Saint-Riquier. Dit aussi qu'il ne sceut onques que Jacotin feust clerc, ne se advouast clerc, ne appellast d'eulx et n'a point procédé, en ceste matière, par faveur, ne haine, mais par justice et raison, à son povoir.

Marigny, pour XIX adjornés en ceste cause, dit que Jacotin fu fils Pierre de Nonneauville, povre laboureur, et fu Jacotin serviteur de Tassin Guillain, laboureur, et menoit ses chevaux, et, pour ce que Tassin le fist un jour lever trop matin, il le laissa et tua une de ses jumens et s'en ala servir Mons' de Brimeu.

---

(1) Il nous est assez difficile de dire ce qu'était cette fête, dont il est parfois question, dans les documents, comme d'un divertissement populaire assez grossier, que ramenait annuellement la fête de Saint-Firmin.

On lit, en 1471, dans une ordonnance de police rendue à cette occasion, la défense « à l'après-midi dudit jour Saint-Firmin, [de] porter, au devant de l'église Nostre-Dame, plusieurs vielzes bagues de nulle ou petite valeur et, par manière de dérision, crier : Barat, barat, tricquerie, qui estoit et est chose scandaleuse et ne se doit souffrir en ville de telle auctorité ». (AA XII, f° 66).

Et pour ce Jacotin se disoit estre du lignage dudit de Brimeu, dont il n'estoit riens, et estoit Jacotin bien monté et bien vestu et acompaigné de bannis, pour faire les noises et riotes au païs, et n'avoit rente ne revenue, mais lui venoit tout ce de murtres et larrecins, et quant il avoit souppé en un lieu, il couchoit en un autre et telement se transportoit de liu en autre que on ne le povoit appréhender; et, pour ce, le bailli d'Amiens s'en informa et, pour ce que, par informacion, il le trouva chargié de pluseurs cas criminels, il donna sa commission pour le prendre et admener prisonnier à Amiens, pour laquele commission exécuter, Oudart Ponchin, Jehan le Censier et leurs aydes se transportèrent à Sempy et environ et espièrent Jacotin, par xii jours, et finablement le prindrent en un jardin, comme dessus est dit, et l'emmenèrent prisonnier et envoièrent par devers le lieutenant du bailli et le procureur du Roy, à Amiens, par lesquelx fu ordonné que ils l'admenassent à Reumont, où s'en alèrent lesdis lieutenant et procureur, et illec fu ledit Jacotin interrogué, présent ledit Colart de Boves, lieutenant, Pierre Lebrun, substitut du procureur du Roi, Oudart Ponchin, Jehan le Censier et un appellé de la Porte, en la présence desquelx il confessa avoir raençonné un h. à Fauquembergue de deux escus, et avoir efforcié une femme, appellée Per.... Confessa aussi que, au bout de la haie du jardin Jacot du Val, il et ses complices avoient raençonné un pèlerin, qui passoit par illec, de la somme de xviii coronnes et iv sols, et cest argent fu parti entre ledit Jacotin et ses complices et dispensé en très mauvais usages. Confessa outre pluseurs bateures, navreures, invasions, raençonnemens et extorsions par lui faites à pluseurs personnes, lesquelles choses sont déclairées en sa première confession faite à Reumont. Et depuis, par-devant Jehan Limosin, Jacotin confessa que lui et ses compiices, jusques au nombre de iiii compaignons, trouvèrent un nommé Pierre, passant le chemin près des haies de (blanc), et lui demandèrent le chemin et, pour ce que ledit Pierre se advançoit et cheminoit hastivement, pour doubte desdis malfaiteurs, lesdis malfaiteurs trayrent une flèche, dont ils le percèrent parmi le corps, et illec cheut tout mort et lui ostèrent son argent montant à la somme de iiii escus et iiii s. Duquel argent chascun desdis complices eut sa part, un escu xii d. Et après confessa avoir murtri le fils d'un boucher, pour ce qu'il avoit osté une fillette audit Jacotin, comme il disoit, et à ses complices. Dit que Jacotin avoit un roole, où il avoit, en un costé, en escript, les gentilshommes et, d'autre costé, les vilains à qui il avoit guerre et les espioit tous, l'un après l'autre, pour les batre et tuer. Dit que toutes ches coses Gasparin a confessiées et que pluseurs autres charges estoient trouvées contre lui par informacion; et par ce ils avoient très bonne matière de procéder et ont fait bon procès, comme il apparra, et par ce n'ont riens mespris. Car aussi ne propose point partie adverse haine ou faveur aucune contre lesdis lieutenant, ne autres officiers du Roy. Dit que Robert de Matringhem, bailli de Terewane, ne fu point à la prinse, ne au procès de Jacotin, mais fu seulement à sa mort, et si dit qu'il ne sceut riens de la mort de Pierre de Nonneauville, qui paravant avoit tué Tassin de Roncourt. Et, pour ce que aucuns disoient que on avoit fait sçavoir audit Robert la mort dudit Pierre, ledit Robert en a meu procès contre les amis dudit Pierre et les a mis en pluseurs contumaces, et encores en dure le procès, et n'avoit Robert aucune haine audit Jacotin, fors seulement pour ce qu'il estoit mauvais et pour justice, et ne s'advoa onques clerc. Et posé qu'il feust clerc, si ne doit-il point joïr de privilèges de clercs, pour les causes devantdites. Et aussi n'avoit-il point de tonsure et avoit habit différent et, se lettre y avoit, c'est la lettre d'un cousin trespassé dudit Jacotin, dit Gasparin, lequel cousin estoit appellé Jacotin de Nonneauville. Et pour ce que le promoteur de l'évesque ne voulst muer la date de la lettre de tonsure, afin que Jacotin s'en peust aider, il en a tenu ledit promoteur, tant qu'il a vesqui, en doubte et en guerre. Et dit que, puisque la cléricature dudit Jacotin, s'aucun en y voit, ne vint point à la cognoissance desdis officiers, ils n'ont riens mesprins, et s'ils ont transporté ledit prisonnier en divers lieux, ils l'ont fait pour ce que, se on eust sceu où estoit ledit prisonnier, on l'eust rescoux, et n'ont point mespris les officiers royaux, s'ils ont fait leur procès, en un village, car ils le pevent faire, et, s'ils ont procédé hastivement, ils n'en doivent point estre punis, ne reprins, car c'est en matière criminele, tele que dessus est dit, et ont tout fait par commission du bailli d'Amiens, et estoit Jacotin bastart, et ne proposent corrupcion, collusion, ne mauvestié. Si dit que partie adverse ne fait à recevoir et seront mis hors de procès et, s'elle fait à recevoir, qu'elle n'a cause, ne accion et sont en cas d'absolucion et, en tout advénement, les pluseurs desdis adjornés sont clers. Et en tant que touche l'évesque d'Amiens, Jacotin n'estoit point son subget, ne prins en sa diocèse, si ne fait à recevoir, au moins conclut contre lui comme dessus. Au fait des informacions faites par Pierre Bertaut, bailli de Rue, dit que aucuns compaignons armés se transportèrent par devers les tesmoins examinés èsdites informacions et leur disoient qu'ils savoient bien que Jacotin estoit clerc et avoit appellé et aussi le sçavoit bien le seigneur de Brimeu et que, se ils le vouloient ainsi déposer, ils feroient grand plaisir audit seigneur de Brimeu, et furent escrips tous les noms ou papier dudit Berthaut. Et après Bertaut print son adjoint, Perrin le Flament, et examina les tesmoins contenus en ladite informacion, et c'est pourquoy le procureur du Roy s'est fait partie contre lesdis officiers. Si conclut comme dessus et despens, dommages et intérests et qu'ils soient receus par procureur.

Les amis du mort requièrent voir la confession faite devant Limosin et le procès, hors le secret.

Appoinctié est à un autre jour le demourant de ceste cause.

Ibid., f° 66 v°, 2 mai 1402.

En la cause des officiers d'Amiens pour la mort Jacotin de Nonneauville.

2 Mai 1402

Réplique le procureur du Roy et dit que Jacotin estant homme de bonne vie et honeste conversacion et clerc non marié, en habit et tonsure, a esté exécuté à mort par faveur et haine, et son procès fait par ses haineux, et que Jacotin estoit nobles homs, qui bien paioit ce qu'il despendoit, et estoit riches homs souffisamment, et a vendu, puis deux ans ença, bien pour deux cens escus, dont il a vesqui. Quant à la tonsure, il s'en raporte à la lettre. A celui que on lui impose avoir tué, dit qu'il est encores en vie. Au fait de Perrette Daubigny, dit qu'il fut trouvé innocent du cas et aussi elle estoit fille de vie. Dit que on ne treuve point d'informacion souffisant pour le prendre, par la manière qu'il a esté prins, et que, depuis la commission donnée du bailli, il a beu et mengié, par pluseurs fois, en la compaignie desdis officiers qui ne lui ont riens demandé, jusques à ce que lesdis haineux dudit Jacotin en ont fait poursuite et, après la prinse dudit Jacotin, lesdis officiers l'ont transporté de liu en autre et de nuit, et par ce dit qu'ils ont failli, car ils le deussent avoir admené ou beffroy d'Amiens et là fait son procès. Et ne se pevent excuser parce qu'ils doubtoient la rescousse ou que le Conseil de Monstereul ne feust favorable ou que il appellast, car ces raisons ne sont pas recevables. Et dit que les ennemis mortels dudit Jacotin ont esté à sa prinse et à faire tout son procès. Dit que, au lieu de Reumont, il fu questionné cinq ou six [fois], par l'espace de deux heures et demie ou environ, à heure de minuit. Et si ne sont point ces choses ou procès, ne le jour de la prinse du prisonnier, ne sa charge, ne l'interlocutoire. Et a au procès vi queues pendans, mais il n'y a que iiii seaulx, et par ce le procès est deffectif. Et appert assez que Colart de Boves et Pierre Lebrun estoient de la bende desdis de Hézèque, haineux dudit Jacotin. Au fait du procès de Limosin, dit que Limosin se dit commissaire du Roy, et toutesvoies il n'appert point de sa commission, et ne devoient point faire leur procès de nuit, ne leur jugement aux champs, ne au bois, car les drois le défendent. Et si n'ont point appelé à faire le jugement les tabellions, fors ceulx qui sont de l'aliance desdis haineux et iceulx haineux et ennemis mortels dudit Jacotin. Et dit que la cause de la haine dont dessus est parlé est que, ja piéça, un appellé de Roncourt fu tué par ceulx de Nonneauville (1), en deffendant, et fu la paix faite et pour ce en paièrent ceulx de Nonneauville iiii^c fr. Mais depuis, ce non obstant, ont tousjours esté de guerre lesdis de Hézèque, qui estoient parens dudit de Roncourt, contre lesdis de Nonneauville, et dit que Gui de Hézèque a paié du sien tous les despens, qui montent bien à ii^c escus, en ceste poursuite, pour acomplir sa mauvaise haine, et ont esté les informacions bien faites par le bailli de Rue et son adjoinct à ce commis. Et conclut comme dessus.

Répliquent aussi les amis que Jacotin estoit du parenté du sire de Brimeu et n'est point Gui de Hézèque nobles homs, mais est tainturier, et ne seront pas les officiers receus à dire que ce qu'ils ont fait a esté fait par justice, car ils confessent que Gui de Hézèque apporta la commission à Oudart Ponchin pour prendre Jacotin, et à la prinse fu aydans Willemot Bascon, varlet et serviteur dudit Gui. Et propose les haines autreffois dites : c'est assavoir que, pour ce que Jacotin avoit fait bannir deux des parens desdis de Hézèque, pour la mort de Pierre de Nonneauville. Dit que les officiers de justice ont puni celui qui n'estoit point leur subgiet ne justiciable, car il estoit clerc, portant habit de clerc, et tel le savoient-il estre et pour tel se advouoit, car ils lui disoient qu'il confessast ce qu'ils demandoient et ils le rendroient à son ordinaire, et si avoit Jacotin appellé d'eulx. Et par ce ne font les officiers à recevoir à proposer qu'ils l'aient fait par justice, mais convient dire qu'ils l'ont fait comme privées personnes et par ce, selon la loy, doivent estre punis capitaument. Au fait du bergier couchié avec la femme que Jacotin efforça, ouquel bergier il osta deux frans, dit qu'il ne nomme pas le bergier et ne souffist pas le proposer en termes généraulx. Au fait du pèlerin qui fu mis en un celier et à lui ostés xviii escus (2), dit que le pèlerin ne fu onques cogneu, ne onques le fait ne advint. Au fait du feu bouté à l'ostel Tassart Guillain, dit qu'il n'en est riens. Si dit que les cas dessusdis et autres à lui imposés ont esté extorquez dudit Jacotin par force de gehine, à Reumont. Au fait du procès de Limosin, dit que les deus hommes que Limosin dit que Jacotin lui confessa avoir tués sont encores en vie et en bonne santé et, s'aucuns avoient esté batus ou tués, Jacotin n'en estoit aucunement coulpable. Dit que Gui de Hézèque a fait les

---

(1) Il y a sans doute ici une interversion du scribe, car la première déposition des demandeurs dit précisément le contraire, ce qui change du tout au tout la physionomie de la cause. La réplique qui suit remet les faits au point.

(2) Il a été dit plus haut dix-huit couronnes et quatre sols.

despens, par l'espace de xv jours, et a promis garentir de tous dommages les officiers qui ont fait le procès dudit Jacotin. Et dit que le frère dudit Jacotin fait bien à recevoir à faire ceste poursuite, nonobstant qu'il soit bastart, car en matière criminele les parens y sont receuz, et allègue l'arrest pronuncié pour Gilet Eschart, qui estoit bastart et fu receu céans à la poursuite de la mort de son père. Et si dit que les officiers ont dampnablement procédé; car ils n'avoient point d'informacion précédent, et ne deussent pas avoir à l'exécution dudit Jacotin, par la manière qu'ils ont procédé. Et dit que le lieutenant du bailli d'Amiens et autres qui ont fait le procès dudit Jacotin ne se cognoissent en justice et conclut comme dessus.

Réplique l'évesque d'Amiens que Jacotin estoit clerc et estoit sa lettre bonne et n'avoit point nom Gasparin, au temps que la tonsure lui fu donnée, mais lui a esté imposé le nom de Gasparin, depuis vii ans ença, et dit que, depuis ce que Jacotin a esté exécuté à mort, Jacotin, son cousin, est mort. Item dit que, en la lettre Jacotin, il est nommé Jacotin de Nonneauville, fils de Pierre de Nonneauville et Xristienne, sa femme. Dit qu'il est bien prouvé que ledit Jacotin estoit clerc, qui savoit bien lire et escrire, et, combien qu'il ait esté prins en l'éveschie de Terewanne, toutesvoies l'évesque de Terewane en a laissé la poursuite à l'évesque d'Amiens. Pour ce, puet estre que Robert de Matringhem estoit ennemi et haineux dudit Jacotin. Dit que Jacotin n'estoit point gouliart et n'y avoit point de monicion précédent. Conclut comme dessus.

Dupliquent les officiers que Jacotin estoit murtrier, larron et efforceur de femmes, et espieur de chemins, et l'a confessé, et dient que les murtres et cas confessiés par Jacotin sont avenus. Si ne fait partie à recevoir à dire au contraire. Dit que la prinse est juste, feust clerc ou lay, et ne puet ou extendre le procès dudit Jacotin à la charge des sergens, ne Guy de Hézèque, car les sergens ne sont que menistres de justice et ne font fors ce qui leur est commandé. Quant à Gui de Hézèque et aux autres qui ne sont point officiers, dit qu'ils estoient présens, mais ils n'y mistrent onques la main. Du fait de l'interlocutoire, dit que Colart de Boves et Pierre Lebrun distrent au prisonnier que, s'il ne disoit vérité, qu'il seroit mis à question; si dit que c'est assez interlocutoire et dit que Colart de Boves, Limosin, ne les autres officiers du Roy n'avoient aucunes haines audit Jacotin. Et aussi dit que Robert de Matringhem, ne ceulx de Hézèque n'orent onques aucune haine contre Jacotin, ne partie adverse n'en baptise point et n'y a corrupcion ne mauvestie de leur costé. Et dit que le lieutenant du bailli et les autres officiers qui furent au procès se cognoissoient bien en justice, et de la clergie dudit Jacotin, ne de sa lettre, ils n'en scevent riens et ne s'est point répété, ne l'évesque ne le répète point. Et dit que deux auditeurs, deux clercs de la prévosté de Saint-Riquier et autres conseillers furent présens à faire le procès de Jacotin et n'appella onques et, s'il appella, ce ne vint à la cognoissance desdis prévost et lieutenant du bailli ; et s'il avoit appellé à Reumont, Limosin n'en estoit en riens chargié, car il n'en a riens sceu. Dit que le Limosin est commissaire du Roi et a committimus général, et manda le bailli à Limosin qu'il feist raison et justice à Jacotin, et que Gui de Hézèque ne pourchassa point la commission pour le prendre, et desdis despens Guy ne paya onques deniers, et ne sera pas le bastart receu à faire ceste poursuite. Conclut comme dessus et requiert provision en cas de relacion.

Appointé est au Conseil.

Ibid., f° 67 v°, 3 mai.

3 Mai 1402

Robert Godefroy et Nicaise du Val, demourant à Monstereul sur la mer, et lesquelx estoient adjornés céans en personne, pour l'exécucion et la mort feu Jacotin de Nonneauville, après ce qu'ils ont esté sur ce interroguez par la Court et qu'ils ont respondu et affirmé, p	 	rement, qu'ils ne scevent, ne oÿrent onques que ledit Jacotin se advouast clerc, que il eust tonsure, ne que on lui coppast ses cheveux, et ne se sont aucunement entremis du procès dudit Jacotin, fors de sa prinse seulement, à laquelle ils furent aydans, par commandement de Oudart Ponchin, sergent du Roy, dit oultre ledit Godefroy qu'il ne lui souvient de la grandeur des cheveux dudit Jacotin, qu'il avoit au temps de sa prinse, et si dist que, tantost après la prinse dudit Jacotin, il ala par devers Jehan le Censier, sergent du Roy, et lui dist que ledit Jacotin estoit prins et que Oudart Ponchin lui mandoit qu'il alast par devers lui, pour ceste cause, et ledit Nicaise dit que ledit Jacotin, ou temps de sa prinse, avoit les cheveux assez grans, tout considéré, par ordenance de la Court, sont mis hors de procès et receus par procureur en ceste instance, quousque, etc., et leurs biens, pour ce prins, à eulx rendus et délivrés.

Ibid., f° 70 v°, 18 mai.

18 Mai 1402

Jehan de Matringuehem, escuier, comparant en personne en la Court de céans, s'est offert ester à droit et procéder à l'ordenance de la Court, en la cause pendant céans entre les amis charnels feu Jacotin de Nonneauville et le procureur du Roy, demandeurs d'une part, et Robert de Matringhem, Colart de Boves et autres, défendeurs d'autre part, et emploie pour lui ce qui a esté proposé, du costé desdis défendeurs, requérant que, s'aucun défaut ou exploit a esté requis céans contre lui, en ceste matière, tout soit mis au néant, attendu ladite submission, et qu'il soit délivrés et receu par procureur en ceste instance.

Et d'autre part, les demandeurs emploient contre ledit Jehan ce qui a esté proposé de leur costé à l'encontre des autres défendeurs dessusdis.

Finablement appointé est que ledit Jehan de Matringhem demourra en procès et sera interrogué par la Court et, ce fait, la Court lui pourverra, selon raison.

Ibid., f° 71, 25 mai.

En la cause pendant céans entre le procureur du Roy, Jaques le Barbier et Agnès sa femme, seur naturelle et légitime de feu Jacotin de Nonneauville, dit Gasparin, et Mahieu de Nonneauville, frère naturel dudit Jacotin, et révérent père en Dieu, Monsieur l'évesque d'Amiens, pour tant que à chascun d'eulx touche, demandeurs d'une part, et plusieurs officiers du Roy du bailliage d'Amiens et autres, défendeurs d'autre part, pour raison de la prinse, condempnacion et exécucion et de la mort dudit Jacotin, parties oÿes sur ce et veues les informacions, confessions, procès, récolemens et autres choses faites en ceste matière,

25 Mai 1402

Appoincté est que les parties sont contraires. Si feront leurs fais, sur lesquels sera enquise la vérité et, icelle rapportée, la Court fera droit.

Item les défendeurs et aucuns des [officiers?] dont les noms s'ensuivent, c'est assavoir : Jehan Limosin, Colart de Boves, Pierre Lebrun, Jehan le Censier, Oudart Ponchin, Colart Godart, Guy de Hézèque, Jehan de Hézèque, Robert de Matringhem et Hue de Masinghem, affirmeront en personne leurs articles, pardevant les commissaires, et pareillement respondront aux articles de partie adverse, séparéement et par serement, et seront tenus de comparoir en personne céans, à la réception de l'enqueste, et lors demourer comme prisonniers eslargis parmi Paris, jusques à la voulenté de la Court, et réserve la Court procéder contre eulx par voie extraordinaire, l'enqueste veue, touteffois qu'il plaira à la Court, et cependant lesdis défendeurs, qui sont dix en nombre, seront eslargis partout, sub penis, etc., et leurs biens à eulx rendus par récréance, l'aliénacion des immeubles à eulx interdite, jusques à la voulenté de la Court, domicile en l'ostel de Mᵉ Jaques le Fer, leur procureur en parlement.

Et en tant que touche les autres défendeurs comprins en ceste cause, c'est assavoir : Colart le Briois, Michel de Flaissières, Desrée de Hézèque, Tassin Guillain, Jehan Ringuet, Jehan le Frutier, dit Maillot, Baudechon de Cuerviller, Willemot Bascon et Jehan de Matringhem, ordené est qu'ils ne seront point tenus en procès, au regart du procureur du Roi seulement, mais les autres parties pourront procéder contre eulx, se bon leur semble, et est la main du Roy levée de leurs biens et tout empeschement, etc.

(En marge : « Littera facta est »).

8 Août 1402

Ibid., f° 81, 8 août.

Le procureur du Roi et les amis charnels de feu Jacotin de Nonneauville ont offers leurs articles à la Court, requérans iceulx estre receuz et que partie adverse soit contrainte pour bailler ses articles présentement ou que, pour ce faire, la Court lui préfige un brief temps. Si est ordonné que la partie adverse desdis procureur du Roi et amis baillera ses articles, dedans samedi prouchain en huit jours, ou autrement la Court y pourverra, selon raison.

17 Mars 1404, v. st.

Ibid., f° 237, 17 mars 1404, v. st.

Jaqués Dambremeu(1) et Jehan du Perier, adjournés à comparoir en personne, sont eslargi et receuz par procureur quousque, etc., contre le procureur du Roy et l'évesque d'Amiens. Domicile en l'ostel de M° Race Panier, leur procureur.

LII

Renvoi par-devant le bailli d'Amiens d'une plainte des maire et échevins contre le prévôt de Beauvaisis et son clerc fermier des écritures, à raison de certains exploits faits par ceux-ci dans les limites de la juridiction et prévôté d'Amiens.

Nous avons établi, dans notre Étude sur la justice, comment les juridictions ecclésiastiques de l'évêque et du chapitre furent, de bonne heure, rattachées à la prévôté de Beauvaisis — vraisemblablement après la prise à bail perpétuel par la ville de la prévôté du Roi à Amiens. — On trouve, dans l'Inventaire S, de 1458, n° 38, la mention d'une layette enfermant « plusieurs lettres par lesquelles appert plusieurs baillifs d'Amiens et prévosts de Beauvaisis avoir demandé congié ausdis maire et eschevins de tenir leurs plais et prisons en ladite ville..... ». Ces lettres, non datées par le document, remontaient, d'après AA. V. p. 9, 38, seq., pour ce qui concernait le bailli, à 1300 et années suivantes. On peut penser que celles du prévôt de Beauvaisis n'étaient pas moins anciennes, ayant dû être données simultanément.

En tous cas, des difficultés ne tardèrent pas à naître de cet enchevêtrement de juridictions royales se partageant une même ville et ayant leur siège dans le même édifice, la Malemaison. (Cf. JJ 121, n° 52, juillet 1382, etc.).

Le clerc du prévôt de Beauvaisis reçut des contrats passés en dehors des limites de son ressort propre et excédant le chiffre maximum à lui fixé par une ordonnance dont le document nous laisse ignorer l'auteur. Il y eut aussi nombre d'exploits et d'actes judiciaires faits au détriment des maire et échevins qui en appelèrent au Parlement. La Cour renvoya l'affaire au bailli qui était, sans doute, l'auteur de l'ordonnance en cause.

(1) Nous ignorons si l'internement de Jacques Dambremeu, dont il est ici question, est relatif à l'affaire Jacotin de Nonneauville. En tous cas, nous ne le retrouvons plus mentionné, dans les documents, avec la qualité de lieutenant du bailli, de juillet 1403 à novembre 1406. (Cf. X^{1a} 4786, f° 154, 5 juillet 1403; 54, f° 3, 14 novembre 1406).

Karolus, etc., baillivo ambianensi aut ejus locumtenenti, salutem. Cum certa appellacionis causa in nostra parlamenti curia fuerit mota inter maiorem, scabinos, prepositum ville ambianensis et Johannem Hostigier, clericum firmarium scripture seu litterarum contractuum in dicta villa et prepositura passatorum, appellantes, ex una parte, et procuratorem nostrum, Johannem de Porta, nuper prepositum, et Petrum Crochet, clericum prepositure de Belvicino, defensores, ex altera, super eo quod dicti prepositus et clericus de Belvicino, metas sue juridicionis et prepositure transeundo seu excedendo, infra villam et prepositurum ambianensem seu ejus metas et juridicionem dictorum appellantium, litteras obligatorias seu contractus receperunt, sub sigillo privato et ultra summam centum solidorum, contra racionem et certam ordinacionem et inhibicionem dicto preposito seu ejus predecessoribus super hoc factam, aliaque quamplurima expleta et acta judiciaria, loco et tempore declaranda, in dictis villa et prepositura ambianensi et juridicione dictorum appellantium exercuerunt et cotidie excercere nituntur, in ipsorum appellancium grande prejudicium et sue juridicionis diminucionem, sicut dicunt, notum facimus quod, comparentibus, die date presentium, in dicta curia nostra partibus antedictis seu earum procuratoribus, ipsisque auditis, prefata curia nostra dictam appellacionem anullavit et anullat, sine emenda, per presentes, causamque predictam super principali decidendam et sine debito terminandam, cum partibus super hoc adjornatis, vobis remisit et remictit ad diem lune post instans dominicam qua in ecclesia Dei cantabitur Quasimodo. Vobis commictimus et mandamus quatinus, partibus auditis, faciatis bonum et breve justicie complementum, quoniam dicta curia nostra sic fieri voluit et ex causa Datum Parisius, in Parlamento nostro, xxix^a die januarii, anno nonagesimo I°.

29 Janvier 1391, v. st.

X^{IA} 39, f° 24 v°.

LIII

DOCUMENTS RELATIFS AUX PROCÈS PENDANTS ENTRE L'ÉVÊQUE ET L'ÉCHEVINAGE, 1391-1403. (10 pièces)

N° 1. — Renvoi devant le bailli d'Amiens et en ses assises d'une série de causes pendantes entre l'évêque et l'échevinage.

La fin du xiv° siècle et la longue période d'enquêtes et de réformations par commissaires royaux que la ville d'Amiens eut alors à traverser dut paraître à l'évêque un temps propice à la revendication des griefs plus ou moins plausibles qu'il avait contre l'échevinage, car sa passion procédurière en fut singulièrement accrue et ses doléances arrivèrent plus nombreuses que jamais devant le Parlement. La Cour s'y montra d'ailleurs peu complaisante et le plus souvent, comme dans le présent cas, renvoya les causes devant le bailli.

Il s'agissait, cette fois, d'une série d'affaires où les deux parties étaient alternativement demanderesses et défenderesses, pêche des fossés et de certains cours d'eau, taxation de certaines amendes de justice, juridiction sur plusieurs portes, jouissance du droit de quaiage et du pouvoir de l'évêque de décharger et de déposer sur le quai certaines marchandises, telles que draps, hampes d'enseignes, etc.

6 Février 1391, v. st.

Karolus, etc., baillivo ambianensi aut ejus locumtenenti, salutem. Notum facimus quod, comparentibus et auditis in nostra parlamenti curia partibus infrascriptis seu earum procuratoribus, in certis causis, tam in casu novitatis et saisine, quam attemptatorum, in eadem curia pendentibus inter dilectum et fidelem consiliarium nostrum, episcopum ambianensem, actorem et conquerentem in aliquibus dictarum causarum, adjuncto cum eo procuratore nostro, necnon in aliquibus opponentem et defensorem, ex una parte, et dilectos nostros maiorem et scabinos ville ambianensis, eciam in aliquibus dictarum causarum actores et conquerentes et in aliquibus opponentes et defensores, ex altera, occasione piscature fossatorum et certarum ripariarum aut cursus aquarum in dicta villa et circumcirca existencium, taxacionisque certarum emendarum, justicie nonnullarum portarum dicte ville, certi juris gallice nuncupati du cayaige, necnon garnisionum dicti consiliarii nostri in loco dicto le cay opponendarum et exonerandarum et pannorum seu palium dictorum de vexilis, [ut] ex querimoniis super hiis confectis et in ipsis plenius dicitur apparere et etiam contineri, prefata curia nostra dictas causas, una cum dictis partibus super hoc adjornatis, ad xxi^{am} diem presentis mensis februarii, coram vobis remisit et remictit, per presentes et ex causa, audiendas et decidendas summarie et de plano in assisiis et extra, tam super principali quam eciam recredencia et insimul, de die in diem, consuetudine patrie, quoad expectacionem assisiarum, ac litteris status a nobis impetratis aut impetrandis non obstantibus quibuscunque. Quocirca vobis commictimus et mandamus quatinus, modo supratacto, partes hujusmodi juxta dicte curie nostre ordinacionem procedere facientes, ipsis auditis, tam super principali quam recredencia, faciatis celeris justicie complementum, quoniam sic fieri voluit curia nostra memorata, per presentes et ex causa, litteris subrepticiis impetratis vel impetrandis non obstantibus quibuscunque.

Datum Parisius, in parlamento nostro, vi^a die februarii, anno nonagesimo primo.

X^{1a} 39, f° 26 v°.

N° 2. — *Arrêt de la Cour confirmant un appointement du lieutenant du bailli donné en faveur des habitants contre l'évêque, dans le procès des épousailles.*

Le procès des épousailles est un de ces débats entre la ville et l'évêque qui ont occupé des générations entières et que nous retrouverons au xv⁰ siècle. Nous en publions ici le premier arrêt conservé dans les registres du Parlement. C'est une simple confirmation d'un appointement de provision donné par le lieutenant du bailli en faveur des habitants, mais sans préjudice au principal de la cause, les frais étant à la charge de l'évêque.

On trouve, à la même époque, dans les plaidoiries du Parlement, deux appointements donnés sur le fond, à la requête des mêmes poursuivants, maire et échevins, Jean Wicart et André le Coutellier :

le 1ᵉʳ du 10 décembre 1393, déboutant l'évêque de sa prétention de produire certaines lettres et ses témoins « à quoy a esté respondu que il venoit à tort, par raison et par coustume », le procès étant déjà reçu à juger (X¹ᴬ 1477, f⁰ 234 v⁰) ;

le 2⁰ du 8 janvier suivant (*ibid.*, f⁰ 247), le déboutant à nouveau de semblable prétention et le condamnant à une amende de 60 l. pour être venu « contre l'arrest et ordonnance de la Court », « dont arrest » (lequel ne doit pas se confondre avec la pièce ci-jointe, mais ne se retrouve pas dans le registre).

17 Janvier 1393, v. st.

Cum a quadam sentencia per locumtenentem baillivi nostri ambianensis ad utilitatem maioris et scabinorum, nomine communitatis dicte ville ambianensis, Johannis dicti Wicart et Andree Coutelarii, habitancium dicte ville, et contra dilectum nostrum episcopum ambianensem, racione recredencie rei contenciose in certa causa novitatis et saisine coram dicto baillivo mote, quam recredenciam dicti maior, scabini et habitantes ad se pertinere debere dicebant, quod videlicet singuli dictorum habitancium habiles et volentes contrahere matrimonium et sponsalia possent, die dictorum sponsaliorum et solempnizacionis matrimonii, messiare, prandere, cenare ac simul, eodem die, cubare et alias solempnitates die dictorum sponsaliorum et matrimonii contracti necessarias et opportunas facere et complere, absque hoc quod secundam aut terciam diem expectare tenerentur vel deberent, aut, si dictis habitantibus aut singulis eorumdem placeret, licentiam et cedulam eorum curatis dirigendam a dicto episcopo et suis officiariis petere libere et absque aliqua pecunie solucione habere deberent, lata, per quam dictus locumtenens partes predictas super recredencia absque factis deliberari posse, dictam recredenciam dicti[s] maiori et scabinis ac habitantibus, principali processu in causa novitatis et saisine inter dictas partes durante, mediante tamen caucione sufficiente et absque prejudicio dicti principalis processus, faciendo et dictum episcopum in eorum expensis condempnando, pronunciaverat, fuisset pro parte dicti episcopi ad nostram parlamenti curiam appellatum, auditis igitur in dicta curia nostra partibus antedictis in causa appellacionis predicte, processuque utrum bene vel male fuisset appellatum ad judicandum recepto, eo viso et diligenter examinato, per arrestum dicte curie nostre dictum fuit dictum locumtenentem bene judicasse et pronunciasse et dictum episcopum male appellasse, et emendabit appellans, ipsum in expensis hujus cause appellacionis condempnando, earumdem expensarum taxacione dicte curie nostre reservata.

Pronunciatum xvii^a januarii, nonagesimo tercio.

X¹ᵃ 41, f° 128.

N° 3. — *Confirmation par la Cour d'un arrêt préjudiciel du bailli et renvoi au même du principal de la cause pendante entre l'évêque et les maire et échevins, à raison de certaines entreprises faites sur sa juridiction et qu'il refusait de spécifier en détail.*

L'intérêt de l'affaire exposée par le présent arrêt est tout entier dans le détail de procédure sur lequel porte l'argumentation des parties. A la suite des grands travaux ordonnés par le Roi, en 1346-1347, pour la fortification des faubourgs, un accord conclu entre l'évêque et la ville avait reconnu la juridiction du premier sur les deux portes extérieures de Paris et de Noyon, ce qui n'avait pas empêché, à quelque temps de là, l'échevinage de faire évoquer un certain Jean Fauquet, son sujet, demeurant sur la porte de Paris, ce dont l'évêque s'était plaint au bailli. Après un premier appel, d'ailleurs abandonné des maire et échevins, les parties comparaissant devant le bailli et l'évêque ayant formulé sa plainte (littéralement l'ayant réduite en fait), en termes généraux, le procureur de ville demanda qu'il fût sommé de produire une déclaration précise et formelle de ses griefs, faute de quoi la ville ne serait pas tenue de procéder plus avant.

L'évêque refusa, soutenant qu'il lui suffisait d'avoir produit un fait et une personne établissant qu'il avait été troublé dans sa juridiction, comme il résultait d'ailleurs de l'opposition des maire et échevins, pour qu'ils fussent tenus de procéder. Le bailli lui donna tort et il en appela en Parlement.

La Cour, après avoir entendu à nouveau les raisons des parties, confirma l'arrêt du premier juge et lui renvoya la cause pour informer et prononcer sur le fond.

Cf. les Plaidoiries X¹ᴬ 1477, f° 261, 29 janvier 1393, v. st.

29 Janvier 1393, v. st.

Cum, litigantibus in nostra parlamenti curia dilecto et fideli consiliario nostro, episcopo ambianensi, appellante, ex una parte, et dilectis nostris maiore et scabinis dicte ville ambianensis appellatis, ex altera, pro parte dicti appellantis extitisset propositum quod, cum ad eum juridicio in parte dicte ville ambianensis et circa pertineret, imminenteque fortificacione dicte ville anno Domini M° CCC° XLVII° facienda, quia in parte juridicionis sue clausuram ipsius ville fieri contingebat, inter ipsum, ex una parte, et dictos maiores et scabinos, ex altera, extitit inter cetera concordatum quod juridicio in portis et fossatis porte parisiensis et novionensis ejusdem ville ad ipsum in solidum pertineret, et quia postmodum dicti maiores et scabini Johannem Fauquet, hominem et subditum suum, in porta parisiensi commorantem, coram se fecerant evocari, idem episcopus in causa novitatis et saisine, coram baillivo ambianensi, fuerat conquestus, super quo, certis per dictos maiorem et scabinos appellacionibus interjectis, quibus postea per ipsos extitit renunciatum, demum eisdem partibus coram predicto baillivo aut ejus locumtenente comparentibus, cum dictus episcopus querimoniam suam in judicio ad factum reduxisset, prefatorum maioris et scabinorum procurator quatinus explecta, racione quorum conquerebatur, declararet dictus episcopus, alioquin quod minime coram eodem baillivo super querimonia predicta procedere teneretur, pecierat. E contrario vero per dictum episcopum proponebatur quod satis erat eidem quod personam et causam, sicut faciebat, declararet, et, esto quod dumtaxat se infra terminos juridicionis sue turbatum fuisse proponeret, cum ex opposicione per ipsos facta de impedimento constaret, id sufficere dicebat ad hoc quod ulterius procedere tenerentur. Sufficiebat etenim sibi ad conclusionem suam in dicto casu novitatis obtinendam quod ipse super dicta turbacione sibi facta manuteneri posset et observari in suis possessione et saisina. Quibus tamen non obstantibus, per dictum baillivum aut ejus locumtenentem quod dicti maior et scabini, nisi explecta de quibus conquerebatur dictus episcopus plenius declararet, procedere non tenerentur pronunciatum extiterat, a qua sentencia per eumdem episcopum fuerat ad dictam curiam nostram appellatum. Quare, premissis attentis et quod de justitia sua, in qua se turbatum ex eo satis declarabat, quod dictum Johannem Fauquet nominaverat, per ipsum bene appellatum et male per prefatum baillivum pronunciatum fuisse dici et pronunciari, necnon quod in ipsius expensis condempnarentur petebat, ad hoc concludendo.

Pro parte vero dictorum maioris et scabinorum fuit propositum, ex adverso, quod predictus episcopus, ad se juridicionem in fossatis et portis parisiensi et novionensi dicte civitatis ambianensis pertinere pretendens, necnon quod dicti maior et scabini ipsum in dicta juridicione multipliciter impediverant et plura in ipsius prejudicium fecerant explecta, certas a nobis, in casu novitatis, querimonie litteras impetraverant (impetraverat), quarum virtute coram dicto baillivo fuerat conquestus et ad se in solidum in dictis locis et infra certos terminos in litteris predictis specificatos juridicionem pertinere dicebat, gravamina sibi facta seu impedimenta et explecta nullatenus declarando, sed illa loco et tempore se declaraturum offerebat. Qua quidem querimonia super locis ad factum, sicut premittitur, generaliter reducta ac die ad comparendum in judicio partibus assignata, dictis partibus in judicio comparentibus, procurator dictorum maioris et scabinorum explecta actualia per dictum episcopum declarari, per que vel in quibus turbatus fuerat, prout super locum per ipsum episcopum vel ejus procuratorem fuerat oblatum, alioquin quod a dicta sua querimonia repelleretur pecierat, magnum asserens in hoc se habere interesse, tum quia talia posset dictus episcopus explecta declarare que ab anno antea facta fuisse ejusdem ville procurator sustineret, tum eciam quia talia proponere posset idem episcopus que vel per ipsos desavoarentur vel de quibus dicerent episcopum inde se conqueri non potuisse. Quibus hinc inde propositis, prefatus baillivus seu locumtenens ipsius super hiis deliberatus, attenta dicti episcopi, suam faciendo querimoniam, oblacione facta, quod ipse explecta declararet, alioquin dictus maioris et scabinorum procurator minime procedere teneretur super querimonia predicta, pronunciaverat, a qua sentencia per dicti episcopi procuratorem ad dictam curiam nostram fuerat appellatum. Dicebant ulterius quod dictus episcopus seu ipsius procurator nullum factum speciale vel explectum actuale, tam in judicio quam dictam querimoniam suam ad factum supra locum reducendo, declaraverat, et, supposito quod explectum contra dictum Johannem Fauquet factum declarasset, id minime sufficiebat, cum predicta querimonia generalis esset, plurium explectorum contenciva, et ad dictum explectum se non restrinxerat episcopus prelibatus, nec obstabat eisdem quod dictus episcopus proponebat sufficere quod se turbatum proponeret, nam illud in querimonia que vigore alicujus gardie fieret locum sibi posset vendicare et nichilominus opporteret postea judicialiter factum specificare, de jure, usu et stillo notorie observatis. Ex quibus et aliis racionibus lacius per ipsos allegatis dictum episcopum non esse admittendum et, si esset admittendus, male per ipsum appellatum et bene per dictum baillivum judicatum fuisse dici et pronunciari et quod in ipsorum expensis condempnaretur petebant et etiam concludebant.

Supradicto episcopo in contrarium replicante et dicente quod per unum expletum in possessione juridicionis, in qua solum et in solidum esse se dicebat, turbatus extiterat et ad illud se poterat, si vellet, restringere, quod sufficiebat ut se turbatum dicere valeret, eorum interveniente super hoc opposicione, cum ad omnes similes actus expleti predicti declaracio extenderetur, tunc demum autem opus esset declaracioni explectorum cum restabilimentum fieri peciisset, et tunc deberent et non antea declarari, nisi vellet, et, cum illud nundum peciisset, nullum habebat interesse in hac parte, nec eciam in hoc quod extra annum facta fuissent expleta predicta poterant allegare sua interesse, nam ex probacionibus per ipsum in processu fiendis postmodum satis declararetur, contentabatur in declaracione explecti supradicti Johannis Fauquet quod erat sufficiens ut in possessione dicte juridicionis in solidum conservaretur, ut dicebat, per que et alia per ipsum lacius proposita quod ipse erat admittendus et aliter concludebat prout supra.

Dictis maiore et scabinis dupplicantibus et quod dicti episcopi peticio certa esse debebat, cum petitor existeret, dicentibus ac, cum idem episcopus plura in sui prejudicium explecta dicebat facta fuisse, in eo sibi prejudicare debebat, quod ad illa declaranda tenebatur, presertim quia ad id in predicta querimonia sua se, ut prefatum est, obtulerat, nec tempus restabilimenti erat expectandum, quia, una vice atque simul, et querimonia proponi et restabilimentum peti consueverant, nec explectum dicti Fauquet per eum propositum erat sufficiens, eo quod ad illud pro ceteris aliis explectis se non restringebat, ut superius est premissum, per hec et alia supra lacius proposita prout supra concludendo.

Tandem, antedictis partibus in omnibus que circa premissa dicere et proponere voluerunt auditis, omnibusque considerandis diligenter attentis et que dictam curiam nostram in hac parte movere poterant et debebant, per arrestum ejusdem curie nostre dictum fuit bene per dictum baillivum aut ejus locumtenentem judicatum et male per prefatum episcopum appellatum fuisse, et emendabit, ipsumque dicta curia nostra in expensis dictorum maioris et scabinorum in hac causa factis per idem arrestum condempnavit et condempnat, earumdem expensarum taxacione prefate curie nostre reservata. Per idem eciam arrestum, prenominata curia nostra partes predictas coram prelibato baillivo, ad primas assisias que per ipsum, post dominicam qua cantabitur in ecclesia Dei Letare Jherusalem, tenebuntur, processuras, prout jus et racio suadebunt, remisit et remittit. Datum Parisius..... xxix^a januarii, anno nonagesimo tercio.

X$_{1A}$ 41, f° 143 v°.

N° 4. — *Révocation par la Cour d'un exploit de sergent et renvoi devant le bailli d'une cause pendante entre l'évêque et les maire et échevins, relative à la juridiction sur une partie de la ville, dite terre contentieuse.*

Il existait, à Amiens, enclavant, au nord, le quartier du Hocquet, deux bras de la Somme, le Don et le Mombernon, sur les rives desquels l'échevinage et l'évêque prétendaient concurremment avoir la juridiction. C'est ce qu'on appelle, en nombre de documents, la terre contentieuse.

Un habitant de cette terre, Jean Halle, — désigné ici par les noms de « civis seu habitator ville ambianensis », qui sembleraient impliquer la qualité de sujet de la ville, et, dans la pièce suivante, par la formule plus imprécise encore, « Ambianis commorans », — dont la maison donnait sur les deux rives, l'ayant fait étayer de deux pilotis, dont l'un particulièrement saillant sur la rive du Don, avec l'autorisation de l'évêque, le Maître des ouvrages les avait fait enlever, pour la commodité du cours d'eau, et déposer à l'Hôtel de Ville.

L'évêque aussitôt protesta et saisit du litige le sergent du bailliage que le Roi lui avait donné comme gardien. (V. *supra*, lettres de sauvegarde, art. XLIII, 1383). Les parties comparurent devant lui, sur le lieu même, et, à la demande de l'évêque, les maire et échevins consentirent au rétablissement des deux pilotis, mais *per signum* seulement, non *realiter et de facto*.

Le sergent, considérant la réparation comme insuffisante, donna défaut contre eux, sans vouloir les admettre à opposition ni leur donner jour pour plaider. Ils en appelèrent en Parlement. La Cour révoqua l'exploit et le défaut et renvoya la cause devant le bailli.

Nous ignorons la suite.

Cf. Plaidoiries X¹ᴬ 1477, f° 261 v°, 29 janvier 1393, v. st.

Ces contestations, sur la juridiction du cours des eaux, étaient alors très ardentes entre les co-seigneurs. Cf. X¹ᴬ 1476, f° 35 v°, 15 janvier 1391, v. st. ; f° 38, 22 janvier 1391, v. s. Plaidoiries entre l'évêque et le chapitre.

Ibid., f° 216 v°, 17 janvier 1392, v. st. Appointement au Conseil. Et *infra*, n° 9, 6 juillet 1403.

29 Janvier 1393, v. st.

Litigantibus in nostra parlamenti curia maiore et scabinis ville ambianensis, ex una parte, et dilecto et fideli consiliario nostro, episcopo ambianensi, ex altera, super eo quod dicti appellantes proponebant quod ad ipsos omnis justicia et juridicio in dicta villa et presertim in rippariis de Ton et de Monbernon per dictam villam fluentibus, certorum criminum cognicione excepta, pertinebat et pertinet et, ad causam hujusmodi, erant inter cetera in possessione et saisina, tam per se quam suos predecessores, dictas ripparias circumdandi et ipsas in antiquo suo alveo conservandi ac impedimenta in eisdem apposita removendi, et quia Johannes Halle, civis seu habitator dicte ville ambianensis, duos palos in dictis rippariis et precipue in dicta ripparia de Ton affixerat, Magister operum dicte ville, propter impedimentum quod faciebant, illos removerat et in domum ville fecerat deportari, occasione cujus dictus episcopus, in causa novitatis et saisine, contra predictum magistrum fuerat conquestus et suam querimoniam per gardianum suum, Maiorem de Herbonnières, execucioni fecerat demandari, coram quo, partibus super locum contenciosum constitutis, ejusdem episcopi procurator restabilimentum ante omnia fieri pecierat, quod dicti maior et scabini *per signum* dumtaxat fecerant. Sed, quia aliter noluerant restabilire, dictus executor, recusando dictis maioribus et scabinis assignare diem super eorum opposicione, contra eos defectum concesserat, a quo, senscientes se gravatos, ad dictam curiam nostram appellaverant. Quare, premissis attentis et aliis lacius per ipsos propositis, quod dictus Maior de Herbonnières male et injuste dictum defectum contra eos concesserat ac quod per ipsos bene fuerat appellatum dici et pronunciari petebant, necnon quod dictus episcopus in eorum expensis condempnaretur concludebant.

Ex adverso, pro parte dicti episcopi, propositum extitit quod ipse juridicionem in villa predicta et presertim in dicta ripparia de Ton habebat, fueratque et erat, tam per se quam per suos predecessores, in possessione et saisina licenciam dandi et concedendi palos, pro custodia fundamentorum domorum super dictas ripparias situatarum, ne corruerent, apponendi sive apponi faciendi. Dicebat eciam quod ipse dicto Johanni Halle, quendam domum super dictam ripparium de Ton habenti, quia, ex ordinacione dictorum maioris et scabinorum, alveus predicte ripparie mutatus fuerat, licentiam ante fundamenta domus sue predicte duos palos ponendi, quia verissimiliter quod dicta fundamenta corruerent verebatur, dictis suo jure et possessionibus utendo, concesserat, quos tamen palos ibidem appositos prelibati maior et scabini fecerant de facto removeri, eumdem consiliarium nostrum in predictis suis possessionibus perturbando indebite et de novo, propter quod in casu novitatis et saisine fuerat conquestus, partibusque super locum comparentibus seu procuratoribus earumdem, supradicti maior et scabini restabilimentum, quoad justam causam novitatis erat faciendum, per signum dumtaxat fieri voluerant, procuratore dicti episcopi quod realiter et de facto de dictis palis fieri debebat restabilimentum, prout casus novitatis exigebat et commissio super dicto casu impetrata continebat, et, quia non fiebat, deffectum contra ipsos sibi dari et concedi per dictum Maiorem de Herbonnieres, ejusdem querimonie executore (executorem), quem petente et requirente, dictus executor concessit eidem, unde procurator maioris et scabinorum predictorum, sensciens se gravatum, ad curiam nostram antedictam certam emiserat appellacionem. Ex quibus et aliis per dictum consiliarium nostrum lacius allegatis, bene per dictum executorem factum, explectatum et concessum et per dictos maiorem et scabinos vel eorum procuratorem male fuisse appellatum dici et pronunciari et quod in expensis hujus cause appellacionis condempnarentur dictus consiliarius noster petebat, ad hoc concludendo.

Partibus igitur in omnibus que circa premissa dicere et proponere voluerunt auditis, omnibusque considerandis diligenter attentis et que dictam curiam nostram in hac parte movere poterant et debebant, per arrestum ejusdem curie nostre dictum fuit male per dictum executorem factum et explectatum fuisse et dictum deffectum concessisse, dictosque appellantes bene appellasse. Et per idem arrestum predicta curia nostra partes predictas coram baillivo ambianensi petituras restabilimentum fieri et aliter, prout racio suaderet, processuras, ad primas assisias per eum tenendas, remisit et remittit.

Datum Parisius..... xxix^a januarii, anno nonagesimo tercio.

X^{ıa} 41, f° 145.

N° 5. — *Mandement au bailli à cet effet.*

29 Janvier 1393, v. st.

Karolus, etc., universis, etc. Notum facimus quod, die date presencium, constitutis in nostra parlamenti curia dilectis nostris maiore et scabinis ville ambianensis appellantibus, ex una parte, et dilecto et fideli consiliario nostro, episcopo ambianensi, ex altera, de et super eo quod iidem appellantes pretendebant quod, licet restabilimentum fecissent per signum coram Maiore de Herbonnières, serviente nostro, executore quarumdam litterarum, in casu novitatis et saisine, per dictum consiliarium nostrum obtentarum, quorumdam pallorum, juxta domum Johannis Halle, Ambianis commorantis, propter sustentacionem fundamentorum domus ipsius Johannis affixorum, per eos aut de ipsorum mandato, ut dicebatur, amotorum, nichilominus dictus Maior de Herbonnières, ob defectum alterius restabilimenti, defectum contra dictos maiorem et scabinos concesserat, quapropter ad nostram parlamenti curiam appellaverant, per dictam curiam nostram predictis partibus auditis, dictum fuerit et pronunciatum male per dictum Maiorem de Herbonnières explectatum et, dictum defectum concedendo, ordinatum fuisse ac eciam per eamdem curiam ordinatum quod dicte partes coram baillivo ambianensi procederent super dicto restabilimento et aliter, prout foret racionis, predicta curia nostra predictas partes coram baillivo nostro ambianensi, ad primas suas assisias quas Ambianis tenebit, post festum Penthecostes proximo venturum, ibidem processuras, tam super dicto restabilimento, quam causa principali et aliter, prout fuerit racionis, remisit et remittit. Quocirca dicto baillivo aut ejus locumtenenti mandamus committendo, si sit opus, quatinus, dictis partibus auditis, super dicto restabilimento et causa principali exhibeat celeris justicie complementum.

Datum Parisius, xxix^a die januarii, anno nonagesimo tercio.

X^{ıa} 41, f° 11 v°.

N° 6. — *Confirmation par la Cour d'un arrêt du bailli et renvoi au premier juge d'une affaire pendante entre l'évêque et les échevins, relative au droit des cambiers.*

A la suite d'une contestation pendante depuis un quart de siècle entre neuf cambiers, sujets de la ville, et l'évêque d'Amiens, au sujet de la coutume, dite « droit des cambiers », un accord était intervenu, en 1392, par lequel le droit de l'évêque avait été reconnu des opposants, qui avaient même consenti à payer l'arriéré de trois années. (V. *in fine* et Aug. THIERRY, I, 790. Mention des lettres du Roi du 2 janvier et homologation de la Cour du 11 février 1392, v. st.).

La cause n'en fut pas moins reprise par les maire et échevins qui, déboutés par le bailli d'une demande de renvoi par-devant eux qu'ils lui avaient présentée, en avaient appelé au Parlement.

Les raisons qu'ils firent valoir devant la Cour sont les suivantes :

1° Le Magistrat d'Amiens est juge de toutes les causes réelles intéressant les cens, revenus, héritages situés dans sa juridiction et de toutes les causes personnelles, non privilégiées, comme l'évêque, le chapitre, etc., l'ont eux-mêmes reconnu par maint précédent;

2° Toutes les fois que ceux-ci ont essayé de porter de semblables causes devant le juge royal, les maire et échevins, en s'aidant du consentement des intéressés, en ont obtenu le renvoi;

3° Il ne s'agit pas, en l'espèce, du droit lui-même, mais seulement d'arrérages ;

4° Si l'évêque a fait hommage au Roi de son temporel, c'est seulement à titre féodal et non pour les matières cotières ou les causes de cens. (On sait que le bail à ferme de la prévôté réservait au Roi les causes de fief);

5° L'évêque ne cesse d'entreprendre contre les droits et libertés de la ville.

L'évêque, au contraire, après avoir commencé par reconnaître que l'église d'Amiens est soumise à la régale et rappelé que son temporel ne s'étend pas seulement en son fief, mais, pour certaines matières, en la juridiction de l'échevinage, réplique :

1° Que celui-ci, étant renouvelé chaque année, et ses membres pouvant avoir ainsi un intérêt personnel dans les questions concernant le droit contesté, ne saurait être juge et partie ;

2° Que le consentement des neuf cambiers à la demande de renvoi fait défaut et a été formellement refusé ;

3° Que, même en cette question d'arrérages, il s'agit bien de la temporalité tenue du Roi, qui d'ailleurs a accordé des lettres d'assignation devant le bailli, où le renvoi a été refusé.

La Cour, confirmant la sentence du bailli, lui renvoie la cause pour juger sur le fond.

Lite mota in nostra parlamenti curia inter maiorem et scabinos ville nostre ambianensis appellantes, ex una parte, et dilectum et fidelem consiliarium nostrum, episcopum ambianensem, appellatum, ex altera, super eo quod dicebant dicti appellantes quod, ad causam legis scabinatus et communitatis dicte ville, justiciam et dominium in dicta villa et banleuca habebant, ad eosque discucio et cognicio omnium causarum realium que ad causam et propter occasionem censuum, reddituum seu hereditagiorum in dicta villa et banleuca situatorum, dictis juridicioni et scabinatui subditorum movebantur pertinuerat et pertinebat, ad causamque predictam, quando burgenses et habitantes subtus juridicionem et scabinatum predictos manentes in casibus personalibus, non privilegiatis, conveniebantur, cognicio eorumdem manencium ad dictos appellantes compecierat et competebat, erantque in possessione et saisina cognoscendi de dictis casibus tociens et quociens casus contingerant, et eciam quod, ubi ad causam predictorum censuum, reddituum seu revenutarum eidem episcopo, decano et capitulo ambianensibus aut aliis personis ecclesiasticis super dictis hereditagiis debitorum

7 Août
1395

questio seu debatum movebatur, dicti episcopus, ejus capitulum et alie persone ecclesiastice supradicte detentores dictorum hereditagiorum sic ad premissa, ut prefertur, obligatorum in curia et sede eorumdem appellancium traxerant et trahebant et dicte questionis cognicio ad eosdem appellantes pertinuerat et pertinebat, et si, in casibus et causis supradictis, detentores predicti coram aliis judicibus nostris aut aliis, ad requestam dicti episcopi seu quarumcunque personarum, tracti aut evocati fuerant, prefati appellantes, quando, una cum dictis detentoribus, remissionem dicte cause pecierant seu petebant, ad eosdem appellantes et eorum juridicionem prefati detentores remissi erant et fuerant, quibus possessionibus et saisinis pacifice et quiete usi et gavisi fuerant a tanto tempore quod de contrario memoria hominum non extabat, nichilominus dictus episcopus certas litteras a nobis obtinuerat per quas plures godalarios et serveisiarios, videlicet Johannem Prepositi juniorem, Ricardum de Gouy, Petrum Courtin, Johannem de Morliens, Johannem Agreve, Johannem Furnarii, Jacobum Restant, Johannem et Colardum nuncupatos de Poix, dictorum appellancium subditos et sub eorum juridicione manentes, coram baillivo nostro ambianensi aut ejus locumtenente adjornari et conveniri fecerat, dicto baillivo juridicionem, in eorumdem appellancium prejudicium et gravamen, attribuere nitendo. Dicebant insuper quod coram baillivo nostro, ad finem ut dicta causa ad eorum appellancium juridicionem remitteretur, per eorum procuratorem, predictas eorum possessiones et saisinas et quod predicti godallarii et serveisiarii eorum erant subditi, hereditagiaque super quibus dictus episcopus sua arreragia petebat sub eorum appellancium juridicione situabantur proposuerant et proponebant, et ob hoc tam ipsi appellantes quam prefati godallarii et serveisiarii simul ad eorum juridicionem remitti pecierant et petebant, quodque et, si dictus episcopus suam temporalitatem a nobis tenuerat et de illa nobis homagium fecerat, hoc de nobili et feodali [jure] et non de illo quod in coteria seu censiva, sicut census et redditus predicti erant, intelligi debuerat et debebat, nec de censu aut redditu, sed de arreragiis lis erat aut fuerat. Dicebant insuper quod ipse episcopus contra eorum jura et libertates plures usurpaciones, non ipsi contra eum, fecerat et faciebat, premississque non obstantibus, dictus baillivus aut ejus locumtenens quod dictam causam ad eos appellantes non remitteret sed apud eum causa remaneret, per suam sentenciam seu ejus appunctamentum, dixerat et declaraverat, et ob hoc dicti maior et scabini ad nostram parlamenti curiam appellaverant. Quare petebant dictam sentenciam nullam aut falsam saltem et iniquam, et ab eadem bene appellasse dici et pronunciari et ipsum episcopum in eorum dampnis interesse et expensis condempnari.

Dicto episcopo in contrarium proponente quod ipse, qui consiliarius noster erat, suam temporalitatem a nobis tenuerat et tenebat, et *ob hoc jus regalie, cum ecclesia ambianensis vacaverat seu vacabat, ad nos pertinuerat seu pertinebat,* quodque, ad causam ecclesie predicte, plura jura, tam in temporalitate quam spiritualitate, in dicta villa et banleuca habuerat et habebat, et inter cetera jus habebat et in possessione et saisina percipiendi super quemlibet dictorum godallariorum et serveisiariorum qui godalas et serveisias brassabant, qualibet septimana, terciam partem trium sextariorum brevagiorum et viginti duo sextana avene (1) ac eciam percipiendi pedagia seu traversia, tholonea, foragia, stallagia et plures census et redditus in dicta villa et banleuca erat et fuerat, pluresque processus cum dictis appellantibus, tam agendo quam defendendo, in dicta curia nostra et baillivi nostri predicti habuerat et habebat, ob quorum odium dicti appellantes plures usurpaciones contra eumdem, ejus ecclesiam, jura illius diminuendo, fecerant et adhuc quotidie faciebant, dictique appellantes annuatim mutabantur et contingere poterat quod ipsi aut eorum parentes et proximi ad jura eidem episcopo superius declarata obligati erant, et ob hoc, si de dictis juribus ad eumdem episcopum pertinentibus cognoscere poterant, in eorum propria et privata causa judices erant, propter quod nimirum si eosdem appellantes suspectos habuerat et habebat. Dicebat ulterius quod litteras a nobis obtinuerat, quarum virtute prefatos godalarios et serveisiarios superius nominatos et qui, ob causam premissorum jurium, eidem episcopo tenebantur, coram baillivo nostro ambianensi aut ejus locumtenente conveniri et adjornari fecerat, dictisque godalariis et serveisiariis interrogatis an juridicionem dicti baillivi declinare vellent, eamdem minime declinaverant, nec ad dictorum appellancium juridicionem remitti pecierant, quodque, licet dicti appellantes per eorum procuratorem dictam causam coram eis in eorum scabinatu remitti, ut dicebatur, peciissent, ad dictam tamen remissionem dicti godalarii et serveisiarii cum ipsis appellantibus minime se adjungere voluerant, ad predictamque remissionem impetrandam plura facta et rationes proposuerat, videlicet quod causa propter quam dicti godalarii et serveisiarii conveniebantur tangebat temporalitatem ipsius episcopi, quam a nobis tenebat, et ob hoc, secundum eorum appellancium cartas, illius cause cognicionem retinueramus, quodque, secundum racionem, stilum et consuetudinem in dicta villa notorie observatos, ipsi appellantes cum dictis godalariis et serveisiariis simul remissionem petere debuerant, quod tamen non fecerant, dictusque baillivus noster in hac causa commissarius erat et ob hoc terminos sue commis-

(1) Il faudrait ici « in festo Sancti Remigii ».

sionis servare debuerat. Dicebat insuper quod, licet causa, propter quam dicti godalarii et serveisiarii conveniebantur, materiam arreragiorum tangeret, nichilominus temporalitatem dicti episcopi concernebat, dictusque episcopus pro parte dominus dicte ville, dictorumque appellancium vicinus erat ac plura jura in dicto scabinatu habuerat et habebat, dictusque baillivus, partibus auditis, per suam sentenciam quod de dicta causa aliquam remissionem non faceret, sed apud eum causa remaneret pronunciaverat. Quare petebat dictum baillivum nostrum bene sentenciasse et pronunciasse et dictos maiorem et scabinos male appellasse dici et pronunciari ac ipsos in ejus expensis condempnari.

Super quibus et pluribus aliis hinc inde propositis factis inquesta facta et ad judicandum, in statu in quo erat, recepta, ea visa et diligenter examinata, per judicium dicte curie nostre dictum fuit dictum baillivum nostrum bene judicasse et appunctasse et dictos maiorem et scabinos male appellasse, et emendabunt appellantes, ipsos in expensis hujus cause appellacionis condempnando, earumdem expensarum taxacione dicte curie nostre reservata, remisitque et remittit dicta curia nostra dictum episcopum et predictos godalarios et serveisiarios coram dicto baillivo nostro, ad secundam diem mensis septembris proximi futuri processuros et facturos ulterius in causa principali prout fuerit racionis.

Datum Parisius.. .., vii^n die augusti, anno nonagesimo quinto.

X^{IA} 42, f° 243 v°.

Cf. sur cette question : X^{IA} 1476. f°s 45, 50. Plaidoiries des 30 janvier et 6 février 1391, v. st. (Il y est dit que l'affaire dure depuis vingt-deux ans).

X^{1c} 66, n°s 61 et 63. Constitution de procureurs par Pierre Courtin et Ricart de Gouy cambiers, à Amiens, pour reconnaître, en Parlement, un accord passé avec l'évêque, touchant son prétendu droit par eux contesté depuis 1389.

Ibid , n° 63, 4 février 1392, v. st., par les sept autres intéressés, nommés dans l'arrêt qui précède. Le droit y est reconnu des neuf intéressés qui s'engagent à payer l'arriéré de trois ans et la redevance accoutumée à l'avenir. (1/3 de 3 setiers de boisson par semaine et 22 setiers d'avoine à la saint Remy), les frais compensés de part et d'autre.

Il y avait eu citation devant le bailli, demande de renvoi en leur auditoire présentée par les maire et échevins, refus du bailli et appel en Parlement, puis citation des neuf intéressés devant le prévôt de Beauquesne, commissaire sur la question du paiement du droit, pendant la durée du procès, où l'accord était intervenu.

L'accord fut homologué par la Cour le 11 février, conformément aux lettres d'autorisation accordées par le Roi, le 2 janvier. (Aug. THIERRY, I, 789, 90).

N° 7. — Arrêt de la Cour sur le droit d'herbage.

La coutume de l'herbage est ainsi définie par le plus ancien coutumier du xii° siècle. (V. BEAUVILLÉ, *Documents inédits*, t. IV, p. 16) :

« Come véritable chose soit ke li tropes de bestes de x bestes ou de plus de moutons, de brebis qui paissent en l'erbage et soient jesans, la nuit de Noël, el fief de l'herbage de le chité, del trope de bestes de moutons, de brebis, combien que il i en ait, el trope de x bestes ou de plus en doit l'une, le meillor qui i sera coisie, fors une. Et, se mains de x bestes i a, si ne doivent fors cascune beste i obole, et le rente del erbage est au vesqe tote, sans part d'autrui ».

On voit, par le présent arrêt, qu'au xiv° siècle l'évêque prétendait étendre son droit,

1° en exigeant une amende de LX s. p. de ceux qui, sommés de l'acquitter, ne l'avaient point fait à la Saint Jean-Baptiste ;

2° en interprétant, dans le sens le plus étendu, la formule « jesans la nuit de Noël el fief de l'erbage de le chité », de manière à y comprendre tous les troupeaux appartenant aux habitants, de quelque juridiction qu'ils fussent et en quelque lieu qu'ils les tinssent ;

3° en transportant l'obligation de la nuit de Noël, dont il n'est plus question, à la Saint Jean-Baptiste, ce qui en modifiait singulièrement les conditions.

Les maire et échevins, de leur côté, prétendaient à l'immunité complète et tout au moins à celle des bouchers de leur ville, pour les bêtes achetées depuis le jour de Noël jusqu'au premier jour de carême et débitées à leurs étaux.

Le 9 juin 1391, un accord confirmé par la Cour avait à nouveau défini le droit d'herbage dans les termes cités plus haut, mais sans fixer de date de perception, en libérant les habitants de tous arrérages ou amendes prétendus par l'évêque, à raison du passé.

Toutefois, comme la convention n'avait rien stipulé pour l'avenir, ni sur l'immunité des bouchers, ni sur la question des amendes, le débat s'était rouvert et les parties étaient à nouveau convenues du choix de deux arbitres chargés de faire une enquête et d'en rapporter les conclusions à la Cour, qui déciderait définitivement. C'est à la suite de cette enquête que fut rendu le présent arrêt, en faveur des maire et échevins.

Nous donnons, en appendice, le mandement de la Cour prescrivant aux deux arbitres désignés de faire une première enquête, sur les conclusions de laquelle fut arrêtée la transaction du 9 juin. La date de ce mandement, 27 avril 1391, ne permet pas de le confondre avec celui qui dut leur être renouvelé postérieurement, entre l'arrêt du 9 juin et celui du 21 août 1395.

Nous n'avons pas retrouvé, dans les registres du Parlement, l'arrêt du 9 juin 1391, mais il est cité dans tous les dénombrements postérieurs du temporel de l'évêque, et la date ne saurait en être contestée. (V. GARNIER, *Dénombrement de 1301*, p. 86, note 2).

21 Août 1395

Cum inter dilectum et fidelem consiliarium nostrum, episcopum ambianensem, ex una parte, ac maiorem et scabinos ville nostre ambianensis, ex altera, mota fuisset controversia super eo quod dicebat et asserebat dictus episcopus se esse in possessione et saisina, ad causam Ecclesie sue predicte, tam per se quam per predecessores, officiarios suos et alios a quibus causam habebat, habendi, levandi et colligendi, quolibet anno, in festo sancti Johannis Baptiste aut alia die, ad ejus beneplacitum, dicto tamen festo sancti Johannis Baptiste transacto, herbagium et jus herbagii mortui et vivi, racione animalium lanigerorum infra villam predictam, banleucam et metas ejusdem, illorum scilicet [que] pertinebant et que spectabant tam burgensibus et habitantibus in dictis villa et banleuca, dictis maiori et scabinis et eorum legi subjectis, quam quibuscunque aliis habitantibus ac commorantibus in villa et banleuca predictis, videlicet, a quolibet predictorum tenentium decem animalia lanigera et ultra, unum de illis quod vellet elligere, uno dumtaxat per illum dicta animalia tenentem preelecto et ariete, si sit inter ea, excepto, et a quolibet tenente minus decem, pro quolibet animali, unum obolum parisiensium. Dicebat eciam dictus episcopus quod herbagium seu jus herbagii predicti, secundum consuetudinem patrie, generebant seu acquirebant amendam sexaginta solidorum parisiensium eidem episcopo applicandorum ab illis qui ad predictum herbagium tenebantur, si, super hoc requisiti, de eodem satisfacere, dicto festo sancti Johannis elapso, recusabant.

Dictis maiore et scabinis, tam pro ipsis quam burgensibus, habitantibus ac communitate dictarum ville et banleuce, in contrarium dicentibus et proponentibus quod erant in possessione et saisina remanendi liberi et quieti ab herbagio predicto et quod, si dictus episcopus esset in possessione et saisina levandi vel habendi herbagium seu jus herbagii a burgensibus et habitantibus predictis, attamen carnifices dicte ville erant eciam in possessione et saisina remanendi liberi et quieti ab herbagio predicto pro animalibus que emebant a die Nativitatis Domini usque ad carniprivium [et] in suo carnificio vendebant ad detaillum. Et, supposito quod burgenses, habitantes et carnifices predicti non essent liberi et quieti ab herbagio predicto sed ad illud tenerentur, attamen, pro non solvendo predictum herbagium, aliquam emendam predicto episcopo minime solvere tenebantur. Tandem, pro bono pacis et concordie, pluresque magnos et sumptuosos processus evitandos, inter easdem partes certum accordum factum extitisset, per arrestum curie nostre parlamenti, die nona mensis junii, anno Domini Mº CCCº nonagesimo primo, confirmatum, per quod predictus episcopus et ejus successores, episcopi ambianenses, ex tunc in posterum, haberent, levarent et colligerent jus herbagii mortui et vivi ab omnibus tenentibus animalia lanigera in predictis villa, banleuca et mettis earum, hoc modo videlicet : a quolibet tenente decem animalia lanigera et ultra, unum de illis quod vellet eligere, uno dumtaxat per illum dicta animalia tenentem preelecto ac ariete, si sit, eciam excepto, et a quolibet tenente minus decem, pro quolibet animali, unum obolum parisiensium, nec poterat dictus episcopus aliquas expensas aut aliqua arreragia pro premissis vel occasione eorumdem petere vel eciam exigere. Et deinde, quod predicti maior et scabini dicebant et asserebant carnifices ville predicte esse in possessione et saisina remanendi quieti et liberi a dicto herbagio pro animalibus que emebant et in suo macello, a die Nativitatis Domini usque ad carniprivium, vendebant ad detaillum, necnon quod, pro non solvendo predictum herbagium, aliqui de burgensibus vel habitantibus ville predicte eidem episcopo aliquam emendam minime solvere tenebantur, prefatus autem episcopus contrarium asserens dictos carnifices, tempore predicto, ad herbagium teneri et emendam a non solventibus sibi debitam sustineret, lis iterum inter easdem partes seu controversia moveri speraretur, dicte partes, anfractus judiciorum et expensas evitare volentes et transquilles una cum remanere, voluissent et inter se concordassent quod providi viri, Guillelmus Maioris et Johannes Plantehaye, electi de communi consensu earumdem parcium, inquirerent super premissis veritatem, predicteque curie nostre reportarent, ad dies baillivie ambianensis parlamenti nostri proximo tunc futuri, que super hoc ordinaret, prout foret racionis, ejusdem curie nostre volentes super hoc subire judicium. Predicta tamen inquesta eidem curie nostre reportata et ad judicandum in statu in quo erat de dictarum parcium consensu recepta, ea visa et diligenter examinata, omnibusque considerandis et attendendis diligenter attentis et que dictam curiam nostram, in hac parte, movere poterant et debebant, dicta curia nostra, per suum arrestum, dictos maiorem et scabinos ab impetracionibus et demandis prefati episcopi absolvit. Datum Parisius..... xxi^a die augusti, anno M° CCC° nonagesimo quinto.

X^{1a} 42, f° 148 v°.

N° 8. — Mandement de la Cour chargeant d'une première enquête les deux arbitres désignés.

Karolus, etc. Dilectis nostris Nicolao Plantehaye et Guillermo Le Maire, ambianensibus commorantibus, salutem, mandamus vobis commictendo quatinus, in causa seu controversia super certo jure seu redevancia, nuncupato seu nuncupata droit d'erbaige, in nostra parlamenti curia pendente inter dilectum et fidelem consiliarium nostrum, episcopum ambianensem, ex una parte, et dilectos nostros maiorem et scabinos ville nostre ambianensis, ex altera, nuper per certum accordum inter dictas partes in curia nostra antedicta passatum, alias vobis commissa, super contentis in eodem accordo de dicto jure mencionem faciente et juxta formam et tenorem ipsius accordi, de quo vobis licuit aut liquebit, vocatis evocandis, procedatis et inquiratis cum diligencia veritatem, hinc ad decimam quintam diem mensis maii proximo venturi, ad quam diem inquestam, quam inde feceritis, prefate curie nostre, sub vestris fideliter inclusam sigillis, una cum dictis partibus super hoc adjornatis remittatis dictam inquestam recipi et judicari visuris et ulterius processuris prout racio suadebit, quem quidem terminum dicta curia

27 Avril 1391

nostra partibus antedictis, pro omni dilacione, prefixit et prefigit per presentes. Ab omnibus autem justiciariis et subditis nostris vobis ac deputandis a vobis in hac parte pareri volumus efficaciter et intendi. — Datum Parisius, in parlamento nostro, de magistrorum Radulphi Johannis, dicti consiliarii nostri, et Nicasii Fabri dictorum maioris et scabinorum [procuratoris] consensu, xxvii^a die aprilis, anno nonagesimo primo.

X^{ia} 39, f° 57.

N° 9. — Ordonnance de la Cour accordant à l'évêque main-levée de son temporel séquestré à la suite d'une excommunication réputée abusive.

A la suite de démêlés avec les juridictions séculières, dont le détail n'est point mentionné, l'official de l'évêque d'Amiens avait lancé des lettres d'excommunication collectives contre tous ceux qui empêchaient la juridiction de l'Eglise, directement ou indirectement, publiquement ou secrètement, etc., qui défendaient aux parties de citer ou poursuivre en cour d'Eglise, qui s'étaient désistés de telles citations, qui avaient fait des menaces ou porté dommage aux parties, en cours d'instance de telles citations, qui détenaient prisonniers des prêtres ou des clercs non mariés, en habit et tonsure, au cas où, dûment requis par le juge ecclésiastique, ils ne les auraient rendus, etc.

Le procureur du Roi, alléguant le caractère abusif de ces lettres, avait fait saisir le temporel de l'église d'Amiens. L'évêque, sommé par la Cour, dut les désavouer, en rejetant la faute sur son official et, à ce prix, obtint main-levée.

29 Mars 1396, v. st.

Karolus, etc., universis, etc. Cum nobis, pro parte procuratoris nostri generalis, fuerit expositum quod dilectus et fidelis consiliarius noster, episcopus ambianensis, quasdam denunciaciones et publicaciones in quadam cedula contentas inferius inserta, in nostre juridicionis temporalis maximum prejudicium, contra ipsam et nos usurpando, in nonnullis sue diocesis ecclesiis et locis fieri et publicari fecerit, et ob hoc, ad ejusdem procuratoris nostri instanciam, temporalitas ipsius episcopi ad manum nostram posita fuerit et sub eadem tradita gubernari, deinde vero dictus episcopus manum nostram a dicta temporalitate sua levari et sibi expediri humiliter supplicaverit, notum facimus quod, auditis dicto procuratore nostro, ex una parte, et episcopo predicto, ex altera, habita super hoc matura deliberacione, per nos extitit ordinatum quod predictus episcopus denunciaciones et publicaciones predictas revocare tenebitur et eas revocabit ac eciam adnullare tenebitur et eas adnullabit, secundum formam et seriem cujusdam dicti episcopi littere cujus tenor inseritur sub hiis verbis :

« Jehan, par la permission de Dieu, évesque d'Amiens, à tous ceulx qui ces présentes lettres verront, salut. Comme, de par nous, nagaires, en pluseurs églises et lieux de nostre éveschié, ait esté publiée une cédulle de laquelle la teneur s'ensuit :

« Du commandement de monseigneur l'évesque d'Amiens, je dénonce pour excommuniez tous ceulx qui empeschent la juridicion de l'Église, par eulx ou par autrui, publiquement ou secrètement, généralment, particulièrement, directement ou indirectement, de fait, de parole ou par escript, et, par espécial, tous ceulx qui défendent aux parties, à paine ou sans paine, qu'ils ne facent citer ou poursuir l'un l'autre en la court de l'Église et tous ceulx qui le font désister de citacions, semonces, poursuites ou procès en icelle court commenciez et tous ceulx qui aux parties procédans ou voulans procéder, impétrans ou voulans impétrer desdites citacions, semonces, monicions, excommunicacions et autres lettres acoustumées à octroyer en court d'Église ou aux porteurs, scripteurs ou exécuteurs d'icelles font ou menacent, par eulx ou par autrui, villenie, dommage ou injure, en corps, en biens d'eulx ou de leurs amis; item, tous ceulx qui injurieusement battent ou font batre prebstres ou clers estans en abit ou tonsure de clerc; item, tous ceulx qui détiennent prisonniers prestres ou clercs, par espécial, non mariez, et tous autres prins en abit et tonsure clérical, se, depuis qu'ils sont soufflisamment requis par la court de l'Église ou par les officiers d'icelle, ne les rendent au juge ecclésiastique ou aux commis et députés à les requérir par lui. Tous les dessus-nommés sont excommuniéz, départiz et séparéz des sacrements, messes, oraisons et bienfaitz de Sainte Église, desquels monseigneur l'évesque a réservé à lui et à ses vicaires l'absolucion par exprès ».

Lesquelles dénonciacions et publicacions le procureur du Roy, nostre sire, a maintenu et maintient avoir esté et estre faites en grant grief et préjudice de la juridicion temporelle. Pour ce est-il que nous, qui ne voulrions entreprendre sur les droiz de la temporalité, en aucune manière, attendu que nous desdites dénonclacions estions ignorans et qu'elles ont esté faites par nostre official, à nostre desceu, lesdites dénonciacions et publicacions révoquons et rappellons et mettons du tout au néant et tout ce qui s'en est ensui, tellement que par icelles ne soit fait aucun préjudice au Roy, ne à ses subgez, ne à la juridicion temporelle, mais qu'ils soient en tel estat qu'ils estoient paravant lesdites dénonciacions et publicacions, et voulons que ces mesmes révocacions et rappel soient faites par nos officiers ès lieux et églises où furent et ont esté faites lesdites dénonciacions et publicacions et aux jours de dimenche et heures de grant messe et que le peuple sera assemblé. Si mandons et commandons à tous archediacres, archeprebstres, doyens, curés, prestres et autres nos subgés que les révocacions et adnullacions dessusdites ils publient et facent publier par tous les lieux où lesdites dénonciacions ont esté faites et aux heures et jours que faites ont esté. En tesmoing de ce, nous avons seellées ces présentes de nostre seel. Données à Paris, le xxixe jour de mars, l'an M CCC IIII^{xx} et XVI.

Quibus quidem revocacionibus modo in prescripta littera contento factis, nos manum nostram predictam ab ipsius temporalitate levari et amoveri voluimus et ordinavimus per presentes. Quocirca baillivo ambianensi aut ejus locumtenenti, tenore presencium, committimus et mandamus quatenus, premissis juxta dicte littere continenciam et tenorem per dictum episcopum factis et adimpletis, manum nostram in ipsius temporalitate predicta ob causam predictam positam levetis seu levari faciatis, eamdem sibi ad plenum expediendo, nosque seu nostram parlamenti curiam de hiis que facta fuerint in premissis certificando. In quibus vobis et deputandis a vobis in hac parte ab omnibus officiariis et subditis nostris, etc.

Datum Parisius......, xxix^a die martii, anno Domini M° CCC° nonagesimo sexto.

X^{ia} 44, f° 22 v°.

N° 10. — Plaidoiries et appointement de la Cour dans un conflit survenu entre la ville et l'évêque à raison de la construction de barrières sur trois entrées de la rivière.

Au cours de l'année 1401-1402, à la suite d'une visitation des remparts où Firmin du Gard et Philippe de Morviller, seuls assignés en personne dans le procès avec le procureur du Roi, durent figurer, l'un comme « maître des cauchies », l'autre comme lieutenant du capitaine, on avait décidé de fermer de barrières les trois entrées de la Somme et de l'Avre, aux ponts du Cange et de Barraban et à l'arche du Hocquet. L'échevinage alléguait le danger de surprise et la sortie clandestine des vins, au préjudice des droits du Roi et de la ville.

L'ouvrage achevé, l'évêque prétendit le faire démolir, en vertu de lettres de complainte obtenues du Roi et dont l'exécution avait été confiée au sergent délégué à sa sauvegarde. La ville en appela au bailli. Il y eut une expertise approfondie, par un grand nombre d'officiers du Roi et des trois juridictions, qui conclut au maintien des barrières reconnues nécessaires; plusieurs mêmes avaient témoigné que pareil ouvrage avait existé jadis, dont on avait retrouvé les substructions, l'évêque soutenant au contraire qu'il n'avait jamais existé que des chaînes de fer pour fermer le passage. Le bailli rendit un arrêt conforme et interdit l'exécution de la complainte.

Après divers incidents de procédure, la cause arriva devant la Cour où elle fut plaidée, le 6 juillet 1403, le procureur du Roi se présentant au nom des maire et échevins et de l'intérêt public. L'évêque, après avoir dénoncé les violences dont il se disait victime, allégua la possession de fait, l'intérêt de ses moulins et de sa pêcherie compromis par cet ouvrage, exécuté en eau dormante et derrière lequel s'amoncelaient les herbes. Il en contestait d'ailleurs la nécessité, s'offrant pourtant à accepter le rétablissement des chaînes de fer ou d'une barrière élevée d'un pied au-dessus de l'eau, suffisante pour arrêter un bateau, mais non assise sur piliers.

La Cour décida d'envoyer des commissaires, en leur donnant mission de concilier les parties, après nouvelle enquête, au moindre inconvénient que faire se pourrait, sinon de lui en référer à elle-même pour qu'elle y pourvût. Nous ignorons la suite.

Entre l'évesque d'Amiens complaignant en cas de saisine et de nouvelleté et d'excès, d'une part, et Me Jaques Fridon, procureur du Roy ou bailliage d'Amiens, Fremin du Gard, dit Froissart, Philippe de Morviller et autres opposans et défendeurs, d'autre part, 6 Juillet 1403

L'évesque propose et conclut tout pertinent à cause de la rivière de Bloques et l'estant d'Escars, et, au regart des excès, dit que l'exécuteur de la complainte vint au lieutenant du bailli qui dist qu'il en faloit parler au bailli et après Fridon, procureur du Roy, fit arrester les lettres royaulz et n'en peut avoir neis copie et fu boutéz hors villeinement. Après Pigré lui rendi ses lettres et, en issant de sa maison, Fridon le prist et le bati et puis fist exécuter ses lettres et requist à Jaque d'Embremeu, maieur et lieutenant du bailli, qu'il fust sur le lieu contencieux, et à celx qu'il appartenoit aussy. Et au lieu contencieux fu défendu à l'exécuteur qui ne procédast point et fit menacez à ceulx qui alèrent avec luy, furent mis en prison et appella par II fois et renunça et en paia VI lb., et des désobéissances requist instruction, mais il fust défendu que l'en ne feist point. Après Bigant, huissier de céans, par impétracion, a fait informer et exécuté la complainte et ont esté les opposans adjornés et celz aussi qui ont excédé. Si conclut contre maire et eschevins et aucuns opposans tout pertinent et la nouvelleté deffaicte, avant ce que à autre chose soient receuz, et requiert la récréance, et, aux excès, à amende honorable et profitable icy et au lieu, honorable et profitable de XX lb., et chascun pour le tout, et dommages intérests et despens, et partie en revendra à lundi prochain.

X¹ᵃ 4786, f° 154 v°.

Ibid., f° 155 v°, 9 juillet.

En la cause de l'évesque d'Amiens complaignant et en excès, d'une part, et maire et eschevins d'Amiens et le procureur du Roy qui, quant à la complainte, prent la défense pour les officiers du Roy. 9 Juillet 1403

Si dit le procureur du Roy qu'il y a, en la rivière de Somme, le pont du Change et le pont Barraban et y soloit avoir barrières par icelle rivière, tel que l'en ne povoit par illec passer, et ancor y apèrent ou apèreroient naguères un peu pez, et c'estoit raison à ce que l'en ne entrast à volenté à la ville. Dit que une autre riviérette y a, qui entre par une arche en la rivière de Somme, et ce y estoit paravant les guerres et au veu et au sceu de l'évesque d'Amiens; et, durant les trêves, ce que dit est est tourné en ruine, dont est venus inconvéniens à la ville, telement que l'en puet entrer à la ville à volenté, et telment que, mesme tempore pacis, l'en a pris des bourgois de la ville et si avoit le roi dommage. Dit aussi que fraudes, pour cause de ce, se font, car l'en met hors vin, in fraudando IIII^{tum} regium. Si a volu le capitaine veoir la forteresse de la ville et ont avisé qu'il y avoit défaut et intérest que ladite rivière audit endroit fust fermée, et fu délibéré qu'il estoit nécécité que lesdis passages fussent fermés de herces ou barrières, qui ont esté faites, et dist que celz qui sont adjornés sont les povres ouvriers. Froissart est le lieutenant du capitaine, autres y a, c'est assavoir, maire et eschevins. Dit que, par les III barrières faites, n'est point empeschée la rivière. Nonobstant ce, aucuns officiers de l'évesque en ont esté indignéz et s'efforcèrent qu'elles fussent démolies, mais, ce avisant, le procureur du Roy de par delà empétra lettres par lesquelles estoit mandé que, non pas par manière de complainte, y fust pourveu, mais autrement, comme y est contenu. Dit que l'évesque prist sa complainte et un sergent qu'il avoit à main (1) et, pendant que le procureur du Roy ou bailli volt veoir la complainte, furent appellés expers en tels ouvrages et officiers royaulx, tant en justice que des aydes et domaine, le bailli de Piquigny, de chapitre, maire et eschevins et plusieurs autres, et menés à visiter le lieu. Lequel veu, rapportèrent que nécécité estoit que ledit ouvrage demourast et déposoient aucuns qu'il avoient veu autrefois ledit ouvrage ou pareil, pourquoy le bailli ordonna que l'exécuteur ne procéderoit point, par sa complainte, à démolicion et par sentence qui fu signifiée à l'évesque ou à ses gens. Mais, ce non obstant, le sergent fit garnison de III basteaux, charpentiers et autres pour démolir cedit ouvrage. Si lui [fu] faitte deffense qui ne feist son exploit. Depuis partie vint à la chancellerie et obtint lettres que, par signe, fust destruite la nouvelleté et tandem est venue la cause céans. Or dit que, sans le congié et licence du hault justicier, en cas de nécécité, puet hoer et piquer et est de ce en possession et saisine et de mettre barrières èsdis lieux, selon ce que acoustumé a esté, et, se onques ny avoient esté, si le pourroit-il faire de nouvel, ne partie ne le puet empeschier. Mais ne fait à recevoir partie à son propos et à ses possessions qui sont contre la garde qui appartient au Roy, et ne vient pas partie par voie deue,

(1) V. *supra*, n°s 3 et 4, il s'agit du sergent chargé d'exécuter les lettres de sauvegarde données par le Roy.

en proposant lesdites saisine, mais deust venir empétrer remède autre, et supposé que partie feist à recevoir, si propose il possessoire tout pertinent contraire ; et dit qu'il n'y chiet point de restablir, attendu ce que dit est et que ledit ouvrage est fait pro re publica et pro salute sua, et ce est de raison et si est grant ouvrage et de grant coust, attendu le lieu, par quoy n'y chiet point de restablir, et propose arrest d'un molin à guesde qui ne fu point démoli, qui estoit oudit païs. A ce que partie dit de son molin, dit qu'il ne vault ne pis, ne mieux, mais en vault miex car aussy bien faudroit qu'il meist un rateau à retenir les herbes, comme il a acoustumé de faire. Si conclut à fin de non recevoir alias proposé et conclut tout pertinent, et avera la récréance, s'elle y chiet. Quant aux excès, propose le tout et dit que le bailli requist veoir la commission du sergent, si l'eut et la mist en sa chambre, où le sergent la reprist, et en volt avoir copie, que le sergent volt estre copiée par J. Touret, avant qu'il voulsist que disnast, et, pour ce que voloit disner, les gens de partie le contreignirent et entrèrent en son escriptoire et ne fu fait, du costé de celz d'Amiens, aucuns excès ne force, ne J. Touret ne fist onques quelque force. Quant autres officiers, firent une défense, de par le bailli, par quoy ne seront en procès, et, s'il ne avoit onques fait faire la défense, si le povoient faire, par raison. Si n'ont point mespris et seront absolz et à ce conclut et despens.

Réplique l'évesque, en soy fondant ut supra, et dit qu'il a grant intérest, et pour lui et pour le pueple, que lesdites barrières n'y soient point, pour ce que ceste une rivière dormant où herbes s'arrestent, par quoy fait bien à recevoir. Et à ce que partie a dit que, en ladite rivière de Bloquet(1), onques n'y eut barrières, mais y avoit chayennes de fer et ancores y sont et n'y eut onques pez, ne n'y sont. Quant à ce que partie dit que, s'il n'y estoient, si le puet faire le Roy, etc., dit que maire et eschevins ont fait l'empeschement contre qui se sont complains et non point contre le procureur du Roy, par quoy s'est bien complaint et est recevable. Et dit que ce que propose le procureur du Roy n'est point le prouffit de la chose publique neque necessarium et le nye, ne onques, du temps des guerres, ne furent mises barrières audit lieu et, supposé que besoin fust de pourveoir oudit lieu, si povoit l'en mettre chaiennes de fer ou que les barrières fussent faites un pié au-dessus de l'eaue, et offre que remède y soit mis, tel que un bastel n'y puist passer, mais que ne soit par pez fichiéz au font. Et dit oultre que, avec l'autre intérest de ses molins, a intérest pour les pescheurs, qui ne puent lever leurs nasses, ne ce que partie dit ne doit point estre dite nécécité, pour quoy faire lesdites barrières est nouveleté, et in rebus novis constituendis

---

(1) Il y a ici une lacune ou sous-entendu « eut onques barrières ».

evidens debet etc. Et dit que, quelque chose partie die, ils ont fait une grant barrière, qui est fichée en terre. Quant à ce que partie a dit, qu'il ont eu lettre royal, etc., dit qu'elles sont surrepticos, car elles ne font aucune mention de son intérest et si va sa complainte après l'impétracion de partie, ne ce que partie dit estre sentence du bailli, qui la fit à part.

Appoincté est que la Court envoyera commissaires par deià qui pourverront à moins d'inconvéniens, d'une part et d'autre, et de dommages qui se pourra faire et à la plus grant seureté que faire se pourra, de consensu parcium, vocatis evocandis, se faire se peut, et, ou cas que non, rapporteront à la Court qui pourverra. Et lettres à Disy. Et quant aux excès, la Court verra le mandement royal et, les raisons des parties considérées, fera raison et au Conseil.

LIV

Privilège du Roi instituant un « estaple » de la guède au Crotoy.

Nous avons exposé, dans une autre étude, les tentatives faites, à plusieurs reprises, par Charles VI et le régent anglais Bedford, pour transporter au Crotoy l' « estaple » de guèdes exportées par la Somme ou par mer, hors du pays de Picardie. Nous publions ici le privilège octroyé par Charles VI, en mars 1397, v. st. Bien que la ville et les marchands d'Amiens n'y soient pas nommés expressément, comme ils le furent sans doute dans les lettres de Bedford de 1424, (BB III, 8, 9, 10 seq., 16 novembre, janvier 1424, v. st), il n'est pas douteux que cette mesure ne fût dirigée en partie contre eux, et ils ne furent pas lents à s'en émouvoir, comme il ressort des mentions de voyages et de députations vers le chancelier et le Grand Conseil que nous a conservées le registre au compte de l'année suivante. (CC IX, 1398-1399). Celui de 1397-1398 est perdu.

L'interdiction d'exporter par tout autre point et de vendre aux marchands étrangers ailleurs que sur le port du Crotoy les atteignait dans la possession d'un monopole dont nous avons établi par ailleurs les titres authentiques ; elle allait troubler le commerce de la guède dans des habitudes séculaires. Aussi est-il douteux que l'enquête, dont parlent les présentes lettres, ait été conduite, dans tout le pays de Picardie, avec la rigueur et l'impartialité dues aux grands intérêts mis en jeu. Il nous a été d'ailleurs impossible de découvrir à quels motifs le Roi avait pu obéir, en cette circonstance, en dehors du désir depuis longtemps manifesté de porter préjudice à la ville de Calais devenue anglaise, dont l' « estaple » était, pour les Amiénois, le grand marché d'exportation traditionnel.

Le présent privilège donne encore d'intéressants détails sur l'organisation de l' « estaple » du Crotoy et, par analogie, de l' « estaple » d'Amiens, où nous retrouvons le même personnel, dont les attributions sont ici nettement précisées : en tête, un prud'homme « expert au fait de justice et de marchandises », commis par le Roi pour connaître seul et sommairement des questions et débats entre marchands, « maronniers » et autres et les expédier, sans procès ni délai, sous réserve de l'appel à relever dedans trois jours devant le sénéchal de Ponthieu, qui jugera dans un délai de trois semaines au plus, tient la place du prévôt amiénois des marchands de guèdes, dont nous savons qu'il avait, de concert avec les douze marchands, la police de l' « estaple ». (Cf. nos Recherches, chapitre Marchandise et Métiers).

Au-dessous, quatre courtiers sont désignés pour remplir l'office d'intermédiaires entre vendeurs et acheteurs, sans pouvoir être eux-mêmes marchands, ni hôteliers, ni demeurer avec les hôteliers, au salaire d'un denier de la livre à partager avec l'hôte de l'acheteur.

Les brouetteurs et déchargeurs, pour décharger et mettre en cellier à l'arrivée, ramener au port et recharger après la vente, prendront, à chaque fois, 20 d. par tonneau, 12 pour eux-mêmes, 8 pour le traîneau qui leur est sans doute fourni par les hôtes ou entrepositaires, dont le nombre paraît bien avoir été fixé comme celui des traîneaux, l'entrepôt lui-même étant payé 8 autres deniers par mois et par tonneau.

Tout retard des déchargeurs est passible d'amende, à l'arbitrage du commis, ainsi que les exactions des entrepositaires qui prendraient au-delà du prix fixé.

Ordinacio facta quod in villa de Croteyo les guesdes de quibus tinguntur panni ponantur in caudis et doliis, etc.

Mars 1397, v. st.

Charles, etc. Savoir faisons à tous présens et avenir que, comme nous, qui tousjours sommes très désirans de pourveoir au bien, honneur et proufit des païs, bonnes villes et de toute la chose publique de nostre royaume, eussions dès pieça esté avisiéz que, se nous constituions et establissions, au port et havre de nostre ville du Crotoy, en Pontieu, un estapple de guèdes cauchées et mises en pipes et tonneaux, ce seroit le très grant honneur et proufit de nous et de nostredit royaume, mesmement de nostre païs de Picardie, des marchans, commune et de tout le peuple d'icelui et aussi le très grant bien et proufit de nostredite ville du Crotoy, qui de présent est en très petit estat, et il soit ainsi que, pour savoir sur ce la vérité et aussi veoir l'estat d'icelle ville du Crotoy et des port et havre dessusdis, nous eussions envoiéz, commis et députés à ce certains nos officiers, lesquelx aient sur ce faite très grant et bonne informacion, ès bonnes villes et aus marchans de nostre païs de Picardie, qui se sont entremis et entremettent de fait de marchandise desdites guèdes et autres personnes sages et expers en ce. Et pour ce que [par] ladite information, laquelle nous avons fait veoir et visiter par les gens de nostre Grant Conseil et de nos comptes et trésoriers pour ce assemblés en nostre Chambre desdis comptes, a esté trouvé ce que dit est et que ce sera très grant honneur et proufit à nous et à nostredit royaume de faire et constituer audit lieu ledit estapple desdites guèdes cauchées et mises en pipes et tonneaux, comme dit est, icelui estapple avons ordené, constitué et establi et, par la teneur de ces présentes, ordonnons, constituons et establissons estre à tousjours mais perpétuelment en nostre port, havre et ville dudit Crotoy, c'est assavoir desdites guèdes cauchées et mises en pipes et tonneaux qui seront traittes et menées par la rivière de Somme et par la mer, hors de nostredit païs de Picardie, et ne pourront les marchans d'icelui païs de Picardie vendre leursdites guèdes à aucuns marchans estrangiers, ne transporter hors du païs autre part, ne par autre lieu que audit estapple, sur peine de forfaire et confisquer à nous icelles guèdes. Et affin que les marchans qui vendront audit estapple soient gracieusement traittiés, nous avons ordené, voulons et ordonnons que un bon preud'omme, expert et congnoissant en fait de justice et aussi ou fait de la marchandise, soit par nous commis oudit lieu, lequel congnoistra seul et pour le tout, sommièrement et de plain, sans long procès ou délay, du fait de la marchandise et des questions et débas, qui y pourront mouvoir entre lesdis marchans et aussi les maronniers et autres touchans la marchandise. Et, s'il en est appellé, nous voulons et ordonnons que l'appel soit relevé par l'appellant, dedans le tiers jour après, sur peine d'estre décheu dudit appel, par-devant nostre séneschal de Pontieu ou son lieutenant, lequel en congnoistra et déterminera et fera les parties procéder de huitaine en huitaine, sans attendre ses assises et en sera déterminé par dedans trois huitaines, pour ce qu'il convient que les marchans soient briefment expédiés.

Item, voulons et ordonnons que, pour le fait de ladite marchandise de guèdes, soient audit lieu quatre courretiers seulement, lesquels auront un denier de la livre et non plus, dont l'oste du marchant acheteur aura la moitié, et ne pourra nul desdis courretiers estre hostellier, ne marchant, ne demourer avecques hostes, pour doubte des fraudes qui se pourroient commettre entre eulx.

Item auront et prendront les bouteurs (1) et deschargeurs, pour leur salaire de deschergier, trainer et mettre en cellier chascun tonnel de guède, vint deniers, dont les deschergeurs auront douze deniers et le trainel huit deniers et autant de peine de rechergier. Et aussi voulons et ordenons que, audit lieu, ait cinq traineaux du moins et que les deschergeurs et traineaux délivrent briefment lesdis marchans, sur peine de l'amende que nous remettrons à l'arbitrage dudit commis.

Item, voulons et ordenons que, pour l'ostelage de chascun tonnel de guède, par moys, l'en prengne huit deniers et non plus

Si donnons en mandement, par ces mesmes présentes, au séneschal de Pontieu et aus baillis de Vermendois, d'Amiens, de Senlis et de Tournesis et à tous nos autres justiciers et officiers ou à leurs lieuxtenans et à chascun d'eulx, si comme à lui appartendra, que ces lettres et le contenu en icelles facent solennelment publier, par toutes les villes et lieux de leurs séneschaucie, bailliages et juridi-

---

(1) Il faut lire brouetteurs.

cions, où il appartendra, et icelles tiengnent et gardent et facent tenir et garder, sans enfraindre en aucune manière. Et affin que ce soit ferme chose et estable à tousjours, nous avons fait mettre nostre seel à ces lettres, sauf en autres choses nostre droit et l'autrui en toutes.

Donné à Paris, au mois de mars, l'an de grâce M CCC IIII^{xx} et dix-sept et de nostre règne le xviiime.

Par le Roy, à la relation du Grant Conseil estant en la Chambre des comptes, ouquel vous, le patriarche d'Alexandrie, l'évesque de Bayeux, le maistre des arbalestriers, les gens des comptes et trésoriers et plusieurs autres estiez. H. Guingaut.

JJ 153, n° 176.

LV

Confirmation par le Roi de l'adjudication faite par le receveur du bailliage à un bourgeois d'Amiens, d'une masure et d'un tènement tombés, à titre d'épaves, au domaine du Roi.

Ce document peut être considéré comme une sanction des lettres antérieurement publiées par le même Charles VI, en 1393 et 1397, sur le rachat des cens dont étaient grevées nombre de maisons d'Amiens. Sur les doléances de l'échevinage, remontrant que la charge excessive des cens dont étaient grevés leurs immeubles, induisait les propriétaires des fonds et les rentiers eux-mêmes, substitués par indivis, à les abandonner et laisser tomber en ruines, le Roi, par deux fois, avait accordé, pour un délai de six mois, aux propriétaires des fonds, le privilège de préemption des cens, au cas où ceux-ci seraient mis en vente par les détenteurs.

Ces mesures étant sans doute restées inefficaces, le Roi prescrivit au receveur et au contrôleur du bailliage de mettre en vente les tènements et masures abandonnés et de les adjuger comme épaves tombées en son domaine, sous réserve de l'opposition des ayants droit, au cas où il s'en présenterait. C'est la confirmation d'un de ces procès-verbaux d'adjudication dont nous publions ici les parties principales.

Au reste, ces exécutions semblent elles-mêmes n'avoir pas eu tout l'effet voulu, si nous en croyons la notice d'un mandement de 1402, par lequel le Roi prescrit au bailli, à la requête du Magistrat d'Amiens, de s'informer près des praticiens des moyens de couper court aux subtilités des gens de chicane et d'en instruire le chancelier, en vue sans doute de la préparation d'une nouvelle ordonnance.

V. pour les lettres de 1393, *Ordonnances des Rois*, viii, p. 637; pour celles de 1397 et le mandement de 1402, S$_1$ n°^{os} 450 et 283. Le premier est la notice d'une relation de Jean de Maillefeu, sergent royal, faisant mention que, le neuvième jour de janvier 1397, il fit faire lecture, « ès lieux acoustumés », de nouvelles lettres du Roi, données audit an 1397, renouvelant aux propriétaires de maisons chargées de cens et rentes le droit de préemption,

« en dedens demy an », au prix de vente et d'adjudication desdits cens et rentes, au cas où les détenteurs de ceux-ci en feraient aliénation à d'autres personnes.

Le deuxième, relatif à la même question, est ainsi conçu : « Item ung mandement donné du Roy Charles, le vingt-deuxième jour d'aoust mil CCCC et deux, par lequel les maire et eschevins remonstrèrent la ruyne et désolacion de plusieurs maisons et édeffices, au moien des deffaulz que parties, au cas de garand, prenoient et pareillement sur le second garand. Pour quoy il manda au bailly d'Amiens qu'il seust aux gens de praticque quelle provision estoit besoing faire et en certiffiast le chancelier de France ».

Avril 1398

Vendicio facta per Johannem Baterel Guillelmo de Breneux, burgensi ambianensi, etc.

Charles, etc. Savoir faisons à tous présens et avenir à nous avoir esté exhibées, de la partie de Guillaume de Breneux, bourgeois d'Amiens, les lettres dont la teneur s'ensuit :

A tous ceulx qui ces présentes lettres verront et orront, Alleame Féret, receveur de la baillie d'Amiens, et Gile de Nœuville, contreroleur oudit bailliage et conté de Pontieu sur le fait de l'ancienne coustume, salut. Savoir faisons que nous avons veu une commission de nous donnée, adreçant à Jehan Baterel, sergent du Roy, nostre sire, oudit bailliaige, la relacion sur ce faicte par ledit sergent et aucuns autres exploiz desquels et premiers de nostredicte commission la teneur est tele :

Alleame Féret, receveur..... et Gile de Nœuville, contreroleur..... à Jehan Baterel, sergent du Roy, nostre sire, ou au premier autre sergent d'icellui seigneur auquel ces lettres verront, salut. Comme avons naguères entendu que, en la ville d'Amiens, a aucune vieses masures et tènemens gastés et en ruyne de très long-temps, comme choses espaves, sans adveu d'aucunes personnes qui en icelles vueille demander aucun droit, et lesquelles sont de nulle valeur, quant à présent, comme par certaine informacion par vous, Jehan, sur ce faicte nous est apparu, lesqueles masures et tènemens seroient bien utiles et prouffitables estre ramasées, réédiffiées et remises sus en estat convenable, tant pour l'amendissement de laditte ville, comme pour le bien commun, se faire se povoit, et que aucun les voulsist prendre à cens, si vous mandons et commettons que, se vous trouvez aucunes personnes qui icelles masures et tènemens ou aucuns d'iceulx vueille prendre à cens, ne mettre à pris, au prouffit du Roy, que vous recevez leur denier à Dieu, en rapportant par devers nous le nom du marchant ou marchans preneurs [de] la masure ou tènemens, avec les bous et les costez et le pris sur ce mis. Et ce fait crier ou faites crier et savoir à tous en général, de par le Roy, nostredit seigneur, ès lieux accoustumés à faire cris en laditte ville, que, s'il est aucun ou aucune qui lesdittes masures et tènemens par vous ainsi baillez ou aucunes d'icelles vueille renchérir, qu'il y sera receuz et vous mesmes recevez les deniers à Dieu d'iceulx renciers, en les rapportant, comme dit est, et en gardant lesdittes criées et les solennités en tel cas accoustumés, selon la coustume de ladite ville, et telement que, icelles faictes et parfaictes bien et deuement, nous puissons bailler nos lettres au preneur par manière de décret ou autrement, comme il appartendra, ou cas toutevoies que aucun ne se opposeroit auxdittes criées, disans sur icelles maisures et tènemens ou aucun d'eulx avoir aucun droit, ouquel cas faites commandement, de par ledit seigneur, aux opposans qu'ils viengnent par devers nous apporter par escript ou autrement le tiltre qu'ils vouldront dire et maintenir avoir sur icelles masures et tènemens, et, icellui par nous veu, nous leur ferons raison, sans aucun procès. Et lesqueles nos lettres seront confermées par le Roy, nostre sire, aux despens d'iceulx preneurs, et de tout ce que fait en arez nous rescripsiez. De ce faire vous donnons povoir, mandons et commandons à tous à qui il appartient que à vous, en ce faisant, diligemment obéissent. Donné à Amiens, soubz nos seaulx, le premier jour de janvier, l'an M CCC IIII^{xx} et XIIII.

(Suivent : 1° la relation, par Jean Baterel, des criées et adjudication à Guillaume de Breneux d'une masure et tènement sis en la rue de la Viese escole, des 19 juillet et 20 septembre; 2° l'acte d'authenticité des sceaux dudit Baterel et de Firmin Gridaine, crieur assermenté et sergent à verge des maire et échevins, par Tassard Quillet, garde du sceau de la baillie d'Amiens, et deux auditeurs royaux, du 6 septembre; et 3° la confirmation par le Roi des lettres d'adjudication du 20 septembre 1395, datée du mois d'avril 1398.

JJ 153, n° 465.

LVI

Documents relatifs a la famille Clabaut, 1399-1400. (2 pièces).

Les deux arrêts suivants nous montrent aux prises, et pour d'assez futiles prétextes, deux des principaux lignages de la ville d'Amiens, les Clabaut et les du Gard.

Ils nous donnent une image assez exacte de l'état de guerre presque permanent entre ces grandes familles, de l'irascibilité du caractère picard, de la force de l'esprit familial et des rancunes qu'il perpétuait, de l'inefficacité des garanties d' « asseurement », que la justice royale défendait en vain par des sanctions aussi arbitraires que sommaires, arrestation et mise à la torture, sur de simples soupçons, des chefs de famille réputés fauteurs de ces troubles. Au reste, cette justice elle-même, — et ce n'est pas une des moindres preuves du désordre des temps et des mœurs — administrée par des lieutenants et des sergents sortis de ces mêmes lignages et solidaires de leurs passions était, à bon droit, suspecte de partialité; et l'on ne manquera pas de s'étonner que le Parlement n'ait trouvé, contre les abus dûment établis des officiers locaux, d'autre pénalité applicable que la simple amende.

Le premier de ces arrêts et les pièces annexées nous donnent encore d'intéressants renseignements sur le crédit et l'influence, à la fin du XIVe siècle, de la famille Clabaut, dont les nombreuses branches se ramifient à Amiens, Abbeville et Roye, sans cesser d'être étroitement unies. On y voit que le bailli n'ose faire partir, en plein jour, pour le livrer aux huissiers du Parlement, le principal inculpé, « car il eust fait assembler la ville ».

Et c'est ce même Pierre Clabaut qui, interrogé par lui sur le point de savoir s'il veut poursuivre et soutenir l'appel formulé, en son nom, par sa femme et sa mère, refuse de répondre, protestant « estre simples homs et non congnoissant en ce ».

Il semble pourtant que ce soit le même personnage que nous trouvons désigné, en nombre d'accords passés en Parlement, sous la qualité de garde du sceau de la baillie d'Amiens.

* Cf X1c 46, n° 128, 14 mars 1382, v. st. — « A tous ceulx qui ces présentes lettres verront, Pierre Clabaut, espicier, à présent garde du scel de la baillie d'Amiens, establi en la ville et prévosté d'Amiens pour sceller et confermer les contrax, convéniences, marqués et obligations qui y sont faites et recheues entre parties, salut..... ».

X1c 48 v°, n° 141, 16 février 1383, v. st. — Même intitulé.
X1c 59, n° 150, 4 septembre 1389, v. st. — Même intitulé.

V. encore sur le même Pierre Clabaut, épicier, le fragment du compte de l'aide des guèdes de 1377 (double f° parchemin), chap. Assis du waide en poure. 1 art., 59 sols, (CC I, f° 2).

N° 1. — Renvoi par la Cour devant le bailli d'Amiens de Pierre Clabaut, poursuivi pour infraction d' « asseurement » et appelant des exécutions commencées contre lui.

30 Août 1399

Comparentibus in nostra parlamenti curia Petro Clabaut, cive ambianensi, appellante a baillivo nostro ambianensi, ex una parte, et procuratore nostro generali, pro nobis ac dicto baillivo, necnon Arnulpho Frérot, ex parte altera, pro parte dicti Petri extitit propositum quod ipse, omnibus diebus vite sue, fuerat et erat honestus, probus et pacificus et a quibuscunque criminibus et maleficiis innocens et sine culpa. Dicebat eciam quod certa causa mota fuerat et adhuc pendebat, in dicta nostra curia, inter aliquo[s] de parentela et consanguinitate dicti Petri, ex una parte, et Jacobum Dambremeu, locumtenentem dicti baillivi, ac nonnullos alios quos dictus Arnulphus, toto posse suo, tanquam suos carnales amicos foverat et sustinuerat ac fovebat et sustinebat, ex parte altera. Et propter hoc dictus Arnulphus, dictusque locumtenens adversus eumdem Petrum odium et malivolenciam conceperant. Dicebat ulterius quod, suborta certa rixa seu discordia inter Jacobum de Cateu, bastardum, et dictum Arnulphum, prefatus bastardus, post lapsum certi temporis, dictum Arnulphum verberasse seu percussisse dicebatur, absque voluntate, sciencia, seu precepto dicti Petri, dictusque baillivus, ex causis pretactis aut aliis, indebite adversus dictum Petrum commotus, prefatum Petrum, absque causa racionabili, nullaque informacione, saltem legitima, precedente, capi et incarcerari fecerat, dictoque Petro imposuerat quod, post assecuramentum coram ipso vel ejus locumtenente dicto Arnulpho prestitum, eumdem Arnulphum verberari preceperat et fecerat, in hujusmodique verberacione consensum, tam tacitum quam expressum, prebuerat, ipsum assecuramentum infringendo et penas criminales et civiles in talibus introductas et assuetas incurrendo. Et, licet dictus Petrus certas veras, justas et validas defensiones et excusaciones ad suam innocenciam proposuisset, asserens de hujusmodi crimine se fore penitus sine culpa, et ad hunc finem peciisset quod illi qui dictum Arnulphum verberaverant et qui in immunitate certe ecclesie, in villa ambianensi, occasione hujusmodi verberacionis, existebant de veritate ipsius verberacionis et suarum dependenciarum diligenter interrogarentur et examinarentur, per quorum confessiones seu deposiciones dictus baillivus posset agnoscere super hoc veritatem, dictus tamen baillivus hoc facere recusaverat, dicens quod idem Petrus poneretur in tormentis. Et ob hoc dictus Petrus ad predictam nostram curiam appellaverat, dictaque appellacione sic facta ac ipsa non obstante, prefatus baillivus eundem Petrum in questionibus et tormentis inhumaniter poni preceperat et fecerat, ad ipsiusque Petri, licet inculpabilis, liberacionem aut elargamentum procedere noluerat, quin ymo, comestores, consumptores et dissipatores in ejus bonis posuerat et deputaverat. Quapropter uxor et amici carnales ejusdem Petri, nomine ipsius et pro ipso, appellacionem predictam per eum antea, ut predicitur, interjectam confortando seu corroborando, ad eandem nostram curiam iterato appellaverant, quam quidem appellacionem dictus Petrus ratam et gratam habuerat et habebat. Quare petebat dici et pronunciari dictum baillivum in premissis perperam et injuste processisse ac per ipsum Petrum et pro parte sua fuisse bene, juste et debite appellatum, dictum Petrum absolvi et penitus liberari aut saltem elargari ac eidem bona sua ad plenum vel saltem per recredenciam reddi et tradi et ab ipsis dictos comestores seu consumptores amoveri et in ejus expensis dictum Arnulphum condemnari, nonnullas raciones super hoc allegando.

Prefato baillivo e contrario, ad suas defensiones et excusaciones, necnon dicto Arnulpho, prout quemlibet eorum tangebat, proponentibus et dicentibus quod prenominatus Arnulphus Frérot eidem baillivo conquestus fuerat super eo quod tres malofactores seu complices de villa Abbatisville ipsum verberaverant et vulneraverant et propter hujusmodi maleficium in franchisia vel immunitate cujusdam ecclesie se tenebant seu latitabant, ipsosque malefactores dictus baillivus interrogari et examinari fecerat, qui sponte sua confessi fuerant quod dictum Arnulphum verberaverant eo quia dictus Arnulphus eisdem vel aliquibus suis amicis injurias fecerat vel intulerat, quos quidem amicos dicti malefactores nominare seu declarare noluerant, super hoc debite requisiti. Dicentibus ulterius quod, per certas informaciones, tam de precepto dicti baillivi, quam per nonnullos alios justiciarios debite factas, liquide apparuerat et apparebat quod Jacobus de Cateu bastardus, consanguineus et affinis dicti Petri, necnon Colinus Gobannie et Johannes Penart, excogitato proposito ac pensatis insidiis, propter hoc congregati, loricis, gladiis et aliis diversis armorum generibus armati et muniti, dictum Arnulphum, in dicta villa ambianensi, post ipsius assecuramenti prestacionem, verberaverant et vulneraverant ac ipsos malefactores seu complices Jacobus Clabaut, frater dicti Petri, in premissis juverat et confortaverat, hujusmodique maleficium fieri et perpetrari mandaverat et fecerat ac pecuniam pro expensis equorum dictorum complicum solverat, dictoque Petro, fratri suo, mandaverat et notificaverat verberacionem seu vulneracionem dicti Arnulphi et quod idem Petrus bene se custodiret et preservaret, nam fama communis erat quod idem Petrus dictum maleficium fieri procuraverat, eo quia dictus Petrus fuerat per eundem Arnulphum, in villa de Calesio, verberatus. Quapropter idem Petrus, senciens et ostendens verisimiliter se fore de predicto maleficio seu crimine culpabilem, ad ecclesiam sancti Mauricii, in eadem villa ambianensi, causa immunitatis et refugii, festinanter accesserat ac bona sua per ejus matrem et uxorem ad loca abscondita transportari seu latitari fecerat, ne per viam justicie caperentur. Constiterat eciam et constabat dictum Petrum in predicta verberacione assensum et consensum prebuisse, attento quod dictus Jacobus, ejus frater, ante maleficium predictum, sibi dixerat et notificaverat ejusdem Arnulphi verberacionem futuram, quam nullatenus impediverat, nec justicie revelaverat seu denunciaverat, sed ficte et simulate dicto Jacobo responderat quod, propter vinculum seu prestacionem dicti assecuramenti, vindictam de illata sibi injuria assumere non auderet, voluisset tamen, suis magnis sumptibus, a predicto Arnulpho ulcionem habuisse, nisi obstaret assecuramentum predictum, prout premissa per dictas informaciones liquide apparebant. Dicentibus preterea quod idem baillivus predictas informaciones et omnia que facta erant in hac parte consiliariis nostris ejusdem baillivie coram ipso propter hoc convocatis ostenderat, quibus visis, ex ipsorum deliberacione seu consultacione, fuerat ordinatum quod dictus Petrus super premissis interrogaretur et, si ea negaret, in processu extraordinario poneretur, veritasque premissorum ab ipso extorqueretur per questiones et tormenta. Et, quia dictus

Petrus, super hoc interrogatus, hujusmodi facti veritatem confiteri noluerat, sed illud factum simpliciter negaverat, idem Petrus, modico temporis intervallo, in tormentis moderate positus extiterat, absque eo quod aliqualiter appellasset. Die vero crastina questionis hujusmodi, mater et uxor dicti Petri, penes dictum baillivum accedentes, ab eodem baillivo, nomine dicti Petri, ad dictam nostram curiam appellaverant. Quapropter idem baillivus a dicto Petro pecierat si dictam appellacionem prosequi vel sustinere volebat, eodem Petro respondente *se fore simplicem et in talibus inscium et penitus ignorantem*. Et propter hujusmodi appellacionis obstaculum, idem baillivus dictum Petrum penes dictam nostram curiam adduxerat ut super hoc dicta nostra curia ordinaret, justicia mediante.

Prefato procuratore nostro ex causis pretactis requirente quod per arrestum dicte nostre curie diceretur dictum baillivum in premissis bene. juste et debite processisse, dictumque Petrum ut appellantem non admitti aut saltem male appellasse, quodque dictus Petrus penes dictum baillivum remitteretur processurus et facturus ut esset racionis; et hoc eciam dicti baillivus et Arnulphus requirebant, quodque in expensis dictorum baillivi et Arnulphi condempnaretur.

Eodem Petro inter cetera replicando dicente quod per deposiciones seu confessiones dictorum malefactorum evidenter apparebat quod dictus Petrus predictam verberacionem fieri non fecerat aut mandaverat, nec in ipsa consenserat, nec eciam in loco exempcionis seu immunitatis, hujusmodi occasione, se tenuerat, sed statim, ad primum jussum seu mandatum ejusdem baillivi, confidens de sua innocencia, penes ipsum baillivum accesserat, quare petebat ipsum ut appellantem admitti et aliter prout supra.

Tandem, auditis dictis partibus in omnibus que circa premissa dicere, proponere et requirere voluerunt, visisque per dictam curiam nostram informacionibus, confessionibus et processibus in hac parte agitatis atque factis et consideratis ipsarum parcium racionibus et omnibus aliis que dictam nostram curiam movere poterant et debebant, per arrestum ejusdem nostre curie dictum fuit dictum baillivum in premissis bene processisse et dictum Petrum Clabaut male appellasse, et emendabit idem appellans, ipsum in expensis hujusmodi cause appellacionis condempnando, earum taxatione penes dictam nostram curiam reservata. Et, per idem arrestum, dicta nostra curia prefatum Petrum coram dicto baillivo remisit et remittit juri et justicie super premissis staturum, processurum et facturum prout fuerit racionis.

Pronunciatum penultima die augusti, anno Domini M° CCC° nonagesimo nono.

X2A 13, f° 299 v°.

Cf. sur le même sujet les plaidoiries des parties (7 août 1399. X²ᴀ 12, f° 411 v°). dont l'arrêt reproduit le texte presque exact, à quelques variantes près. Voici les principales :

« Dit Pierre que débat a esté meu céans entre les Clabaus, d'une part, et ceulx du Gart d'Amiens, d'autre part, et est en ce procès Jaque d'Embremeu, lieutenant du bailli d'Amiens, contre les Clabaus et aussi Ernoul Frérot, qui est partie adverse de présent, est haineux desdis Clabaus et parent de partie adverse. Dit que débat se meut piéça entre le bastart de Chasteux et Arnoul Frérot, pour ce que Frérot et autres sergent firent villenie audit bastart, pour une fillete que Arnoul voulst oster audit bastart, lequel, après certain temps, bati ledit Frérot d'une taloche sur le visaige et, pour la hayne de ce, le bailli donna mandement de prendre et emprisonner ledit Clabaut, combien qu'il n'eust aucune informacion précédent, et, quant il fu pris, le bailli lui imposa que, par dessus asseurement, il avoit fait batre ledit Frérot, ledit Pierre disant que riens n'en estoit et qu'il voulsist sur ce parler à ceulx qui avoient fait ladite bateure, lesquelx estoient en franchise en la ville d'Amiens, mais le bailli n'en voulst riens faire et dist que partie estoit larron et murtrier et le voulst faire mettre à question et de ce Pierre appella céans et, nonobstant l'appel, le bailli le fist mettre à gehine ; et depuis, pour ce qu'il ne voulst aucunement procéder à la délivrance dudit Pierre, sa femme et amis appellèrent, lequel appel ledit Pierre ot aggréable. Dit que le bailli fist prendre de nuit et transporter hors du bailliage d'Amiens ledit Pierre...... Conclut bien appellé et mal exploittié et à fin d'absolucion ».

Le bailli soutient, dans ses défenses : 1° que les trois compagnons interrogés auraient confessé qu'ils avaient battu ledit Frérot, pour « avoir injurié eulx et aucuns leurs amis, sans les nommer aucunement » ; 2° que la veille du méfait, Jacot Clabaut, frère de Pierre, aurait été vu avec lesdits trois compagnons « lesquelx avoient requis ledit Jacot de aler avecques eulx à ladite bateure » ; 3° que tous quatre, partant de l'hôtel où ils s'étaient rencontrés, s'étaient rendus près d'un certain Odart Tricot, pour le requérir d'aller avec eux et leur aider, « car il estoit de leur lignage », à quoi il avait consenti, après plusieurs refus ; 4° que, le coup fait, Jacot avait envoyé Odart en informer Pierre, en l'hôtel d'un changeur, où il l'attendait. Sur quoi, celui-ci serait allé se mettre en franchise en l'église Saint-Maurice, en chargeant ledit Odart d'en instruire sa mère et sa femme pour « qu'elles widassent leur maisnage et leur chevance, etc. ». Tout cela dûment établi par information soumise au Conseil d'Amiens, qui aurait ordonné de procéder par voie extraordinaire contre ledit Pierre, s'il ne confessait vérité, pour infraction de l' « asseurement » jadis consenti par lui audit Arnoul en la ville de Montreuil, etc. ; 5° que, sur le refus dudit Pierre de confesser vérité, il aurait été mis à question, d'où l'appel de sa femme et de sa mère. « Et lors ledit bailli demanda audit Pierre s'il vouloit soustenir ledit appel, et de ce il ne respondi pas, *car il disoit estre simples homs et non congnoissant* en ce. Et finablement, pour cause dudit appel, le bailli fist admener par conseil ledit Pierre à Paris. Mais Guillaume Nariot, huissier de Parlement, le prist de fait à Clermont et le osta aux sergens qui le amenoient. *Dit qu'il le fist partir, de nuiz, d'Amiens, pour ce que, s'il feust parti de jours, il eust fait assembler la ville*.. ». », etc., etc.

V. encore f°ˢ 409, 412 v°. X²ᴀ 12. 28, 29 juillet, 9 août 1399. — Elargissements successifs de Pierre Clabaut dans la ville de Paris, sous la caution de Robert de Saint-Fuscien, Andrieu le Coutellier, Symon et Colart Clabaut, bourgeois d'Amiens, et Jean Clabaut, frère de Colart, demeurant à Roye;

et X²ᴀ 13, f° 317, 13 janvier 1399, v. st. — Renvoi devant le bailli de Vermandois de Jacques Clabaut, frère de Pierre, qui, après s'être constitué prisonnier à Roye, pour obtenir exécution ou vérification de certaines lettres de rémission impétrées de la reine de France, à raison de ladite « bature » d'Arnoul Frérot, aurait été cité par le procureur du Roi à Amiens devant le bailli d'Amiens, dont il aurait appelé en Parlement. La Cour, après avoir reçu son appel, en lui donnant élargissement jusqu'aux jours de Vermandois, répond à sa requête d'enregistrement desdites lettres de rémission par ce renvoi, qu'il accepte, et donne commission au bailli de faire, sur le tout, aux parties bon et entier accomplissement de justice.

N° 2. — *Arrêt de la Cour donné en faveur de Colart Clabaut contre les du Gard et leurs complices, dans une affaire semblable. (Infraction d'asseurement).*

Ce second arrêt nous donne, en particulier, d'intéressants détails : 1° sur la procédure des asseurements et les chicanes auxquelles elle pouvait donner lieu, quand les intéressés réclamaient une expédition écrite des conventions passées devant les différents juges; 2° sur l'administration de la preuve testimoniale — de ce que nous appelons aujourd'hui les témoins de moralité — devant la justice des « Cloquiers », etc.

Lite mota in nostra parlamenti curia inter procuratorem nostrum generalem, pro nobis, et Colardum Clabault, actores, ex una parte, et Colardum de Gardo, dictum Hure, ac Jacobum de Gardo, necnon Jacobum Dambremeu, locumtenentem baillivi nostri ambianensis, prout quemlibet eorum tangebat atque tangit, defensores, ex parte altera, super eo quod dicti actores proponebant quod dictus Colardus Clabault fuerat et erat honestus et de notabili progenie, inter ceteros ville ambianensis, extractus ac homo bone vite et fame et pro tali se gesserat et communiter habebatur. Dicebant eciam quod, occasione certorum verborum inhonestorum per Philippum de Morviller, avunculum dicti Hure, in vituperium aliquarum mulierum de consanguinitate et amicicia dicti Clabault existencium, certa controversia verbalis mota fuerat et, hac de causa, dictus Clabault et nonnulli ejus amici prope domum dicti Philippi accesserant, sperantes ipsum invenire et ab ipso inquirere si dicta verba protulisset vel non, ipsoque Philippo non invento, abinde recesserant, et hoc acto, dictus locumtenens, consanguineus et affinis dicti Philippi et dictorum de Gardo, prefatum Colardum Clabault et ejus amicos in carceribus belfredi ambianensis poni et dictum Philippum in domo propria ipsius Philippi dumtaxat arrestari fecerat, ne per viam facti procederetur hinc vel inde, in quibus carceribus dictus Clabault et ejus amici, per octo dies et amplius, prisionarii remanserant, absque eo quod dictus baillivus, ejusque locumtenens ad ipsorum liberacionem vel elargamentum procedere voluissent, quamvis fuissent super hoc pluries requisiti, et finaliter, per hujusmodi compulsionem, partes ipse, juxta consuetudinem patrie, ad evitandum pericula et scandala que in talibus consueverant provenire, assecuramentum de [se] et suis prestiterant

20 Mars 1399, v. st.

et juraverant, videlicet layci, de parte dicti Colardi Clabault, coram dicto baillivo vel ejus locumtenente, clerici vero non uxorati, coram offi[ci]ali episcopi ambianensis, et prenominatus Philippus de Morviller, coram prefato Jacobo Dambremeu, tanquam locumtenente baillivi predicti, qui dictum assecuramentum ab ipso Philippo in ipsius locumtenentis domo, presentibus nonnullis fide dignis, receperat et, ad registrum ipsius assecuramenti scribendum, servitorem seu clericum registratoris ad hoc ordinati fecerat interesse, qui dictum assecuramentum in quadam cedula registraverat, ac in et sub ipso assecuramento omnes amici et consanguinei dicti Philippi, cum penis in talibus ordinatis, de usu, stilo et consuetudine patrie, debebant comprehendi, fueratque et erat dictus Colardus de Gardo, alias Hure, nepos dicti Philippi de Morviller, et, propter hoc, in et sub dicto assecuramento comprehensus. Dicebant insuper quod, assecuramentis sic prestitis et eisdem partibus in pace usque ad mensem februarium vel circiter, anno Domini M° CCC° nonagesimo septimo, existentibus, Johannes le Vasseur, homo et subditus dicti Colardi Clabault, in villa de Hesdicourt commorans, prefatum Hure coram maiore et scabinis ambianensibus fecerat conveniri, occasione certarum cannarum seu herbarum ad cooperiendum domos aptarum seu ordinatarum, dicto Hure per dictum Philippum (1) traditarum, de quibus solucionem assequi non potuerat, et in hujusmodi causa, pluribus habitis dilacionibus, dictus Hure, juramento dicti Johannis stare voluerat, et super hoc certa dies fuerat assignata. Qua die dictus Johannes prefatum Jacobum (2) Clabault, dominum suum, rogaverat ut ad domum que dicitur des Cloquiers, in qua dicti maior et scabini suam juridicionem tenere consueverant, accederet ad impetrandum expeditionem cause predicte, dicens quod, ipsa expedicione facta, cum prefato Colardo, domino suo, ad dictam villam de Hesdicourt accederet, causa joconditatis et leticie, nam dictus Clabault, illa die vel saltem die precedente, fleubotomationem vel vacuacionem sanguinis habuerat. Et, hac de causa, dictis Clabault et Johanne le Vasseur ad dictam domum hora litigiorum accedentibus, dictus Hure prefatum Johannem le Vasseur arroganter et superbe fuerat allocutus, requirens ut duo homines, utrimque assumpti et electi, ipsos ad concordiam reducerent, quod dictus Johannes le Vasseur noluerat, nam, prestito suo juramento, finalis dicte cause conclusio sequebatur. Qua responsione sic facta, dictus Hure, toto posse perquirens et promovens dictum Colardum Clabault, rixam et controversiam ab ipso pecierat, si pacem de dicta causa vellet facere, eodem Clabault respondente quod dictam

(1) Il faudrait Johannem.
(2) Il faudrait Colardum.

pacem appetebat, et statim dictus Hure, ira commotus, ad verba elata adversus dictum Clabault proruperat et inter cetera dixerat quod nil aliud appetebat seu requirebat nisi debatum seu controversiam adversus dictum Clabault vel aliquem de suis amicis habere se (seu) movere, ac manum ad quendam magnum cultellum suum apposuerat, satagens dictum Clabault invadere, quod videns dictus Clabault prefato Hure dixerat quod ipsi erant unus contra alterum assecurati, et hoc non obstante, suum cultellum adversus dictum Clabault evaginaverat, ex quo dictus Clabault querimoniam locumtenenti dicti maioris, in dicta domo litigiorum occasione tenendorum tunc existenti, facere voluerat, et, cum penes dictum locumtenentem propter hoc accederet, dictus Hure, evaginato cultello, ipsum fuerat insecutus, dictumque Clabault in ventre suo cultello percusserat et usque ad sanguinem vulneraverat ac eumdem interfecisset et occidisset seu mutilasset, nisi quidam serviens dicte ville supervenisset, qui, videns hujusmodi periculum, manibus propriis dictum cultellum apprehenderat et exinde fuerat vulneratus. Dicebant ulterius quod prefatus Jacobus de Gardo, consanguineus dicti Hure, in dicto loco tunc existens, premissaque videns et percipiens, ad predictum Colardum Clabault sic vulneratum properans, et inde cultello dictum Clabault a parte posteriore ex acumine percusserat et ad terram prostraverat, dicens quod, si dictus Clabault verbum proferret, statim moreretur, ipsumque Clabault dictum (dictus) Hure et Jacobus ibidem interfecissent, nisi per assistentes impediti fuissent, ac in hujusmodi casu seu prostracione brachium dicti Clabault, quo flobotomationem, ut premittitur, receperat, novum sanguinem emiserat, ex dictisque vulneracionibus et violenciis dictus Clabault lecto egritudinis detentus fuerat et in mortis periculo constitutus. Que facta fuerant et erant per dictos Hure et Jacobum in prefati Colardi Clabault maximam injuriam, prejudicium et gravamen, predictum assecuramentum per dictum Philippum, ut premittitur, prestitum et dictos Jacobum et Colardum ex causis pretactis comprehendens temere infringendo et alias multipliciter delinquendo. Dicebant preterea quod, post predicta maleficia, nonnulli amici dicti Colardi Clabault, nomine ipsius et pro ipso, premissa dicto Jacobo Dambremeu exposuerant, ab ipsoque pecierant ut sibi litteras de assecuramento per dictum Philippum de Morviller dicto Clabault, ut premittitur, in manibus ejusdem Jacobi, ut locumtenentis dicti baillivi, prestito tradi et liberari faceret, qui locumtenens, ducens in uxorem dicti Jacobi de Gardo sororem, consanguineamque dicti Hure, et per hoc eisdem malefactoribus favorabilis, post plures dilationes, responderat quod dictum assecuramentum non inveniebatur registratum ac de et super ipso assecuramento litteras concedere noluerat, sed pocius recusaverat, quamvis pluries recognovisset et confessus fuisset se bene recordari dictum assecuramentum coram ipso traditum et de suo precepto in quadam cedula registratum extitisse, ipsumque dicti amici debite super hoc informare se promptos et paratos obtulerant; videntesque dicti amici refutationem dicti locumtenentis, requestam consimilem dicto baillivo fecerant, qui baillivus, habito colloquio cum clerico registratore dicti assecuramenti, dicto clerico preceperat ut litteram prestationis ejusdem assecuramenti conficeret et per clericum ipsius baillivie signari faceret et, hoc acto, dictam litteram sigillaret, que quidem littera scripta et signata fuerat, sed nullatenus sigillata, nec eciam dicto Clabault vel ejus amicis tradita, propter impedimenta per dictum locumtenentem indebite super hoc opposita, et eciam quia dictus baillivus, relatibus dicti locumtenentis intervenientibus, responderat se non esse debite informatum de prestatione assecuramenti predicti, quod non inveniebatur in registris sue baillivie registratum. Quare petebant quod, per arrestum sive judicium dicte nostre curie, prenominati Hure et Jacobus de Gardo ad faciendum, plicandum et gagiandum flexis genibus, in dicta domo de Cloqueriis, die et hora consuetis ad tenendum placita in dicta villa ambianensi, nudis capitibus et absque zonis emendam honorabilem dicto Colardo Clabault, in suorum amicorum presencia, dicendo verba honorem dicti Clabault continencia, per dictam nostram curiam arbitranda, ac veniam super hoc implorando, necnon pro emenda utili et proficua in summa mille librarum, et eorum quilibet in solidum, prout in materia delicti fuerat et erat fieri consuetum, et ad tenendum prisionem firmatam, quousque premissa fecissent et complevissent, et insuper erga nos in corporibus atque bonis vel in emendis honorabilibus et utilibus, ad ordinationem dicte nostre curie, condempnarentur et condempnati compellerentur. Requirebat insuper dictus Clabault sibi plenarie satisfieri de sibi adjudicandis in hac parte primitus et antequam super eorum bonis, causa emende pro nobis aut confiscationis vel alterius condempnacionis, aliquid levaretur. Preterea requirebant quod prefatus Jacobus Dambremeu ad tradendum et liberandum seu tradi et liberari faciendum dicto Colardo Clabault litteras testimoniales de et super dicto assecuramento per dictum Philippum de Morviller, prefati Hure avunculum, de se et suis dicto Clabault, pro se et suis, ut dictum est, prestito, recipiendo a dicto Clabault salarium consuetum, et, in casu quo dictas litteras non traderet seu tradi faceret, idem Dambremeu in ipsius Clabault dampnis et interesse et, una cum hoc, erga nos in emenda quingentarum librarum condempnaretur, essent eciam dicti actores et non prenominati defensores ad sua proposita admittendi. Petebat insuper dictus Colardus Clabault prefatos defensores, prout quemlibet eorum tangebat atque tangit, in ipsius expensis, dampnis et interesse condempnari, nonnullas rationes super hoc allegato (allegando).

Dicti vero defensores certas defensiones et excusaciones proponebant ex adverso, videlicet dictus Colardus de Gardo, dictus Hure, quod ipse fuerat et erat homo pacificus, bone et honeste conversacionis et fame, nulloque crimine superatus et a nobili progenie extractus, ac nobis et predecessoribus nostris sui predecessores in guerris, consiliis et aliis officiis notabiliter servierant, absque reprobatione aut maleficio qualicunque, dictusque Colardus Clabault fuerat et erat elatus et rixosus et pro tali communiter reputatus. Dicebant insuper quod, circa mensem februarii, anno Domini M° CCC° nonagesimo septimo, Johannes le Vasseur conveniri fecerat dictum Hure et ab ipso pecierat, in scabinatu ambianensi, sexaginta solidos, occasione certarum cannarum pro coopertura domorum vel edificiorum, quas quidem cannas sibi vendidisse et tradidisse pretendebat. Adveniente vero certa die, prefatis Johanne le Vasseur et Hure, necnon dicto Clabault ad invicem congregatis, dictus Hure, affectans ad concordiam devenire, prefato le Vasseur amicabiliter obtulerat quod de controversia inter eos mota procuratores utriusque partis ordinarent, et in hoc dictus le Vasseur consentire videbatur, si prefatus Clabault, appetens contra dictum Hure discordiam, dictum le Vasseur secrete et ad partem allocutus fuerat adeo quod dictus le Vasseur, a voluntate concordandi discedens, dixerat quod per viam litigii procedere volebat, nisi solucio expensarum quas fecerat in hujusmodi causa precederet, quodque suam intentionem per dictum Clabault probaret, eodem Hure respondente probationem hujusmodi fore dificilem propter carenciam veritatis et eciam quia in contractu vel compoto parcium hujusmodi dictus Clabault presens non fuerat, et statim dictus Clabault, voluntate sua temeraria, se ingerens inter colloquia dictorum Hure et le Vasseur, dixerat quod ad intentionem dicti le Vasseur deponeret, eodem Hure dicente quod in hoc dictus Clabault perjurium incurrere posset, et super hoc aliqua verba controversiam denotancia intervenerant inter ipsos, adeo quod dictus Clabault verbis suis injuriosis dictum Hure demeritus fuerat, aut saltem verba que injuriam hujusmodi denotabant protulerat et ad iram commotus quendam cultellum, qui bazelarius seu dagua vulgariter nuncupatur, ad percuciendum dictum Hure trahere seu evaginare voluerat et hoc percipiens dictus Hure, volens primitivis ictibus seu percucionibus obviare, quendam suum cultellum, quem deferre consueverat et qui acumine seu cuspide carebat, per commocionem suam naturalem extraxerat et corpori dicti Clabault appodiaverat seu appropinquaverat ac, ex percussione que in hoc intervenisse dicebatur, aliqua mutilatio seu vulneratio secuta non fuerat, ex qua medicis seu cirurgicis indigeret, premissaque fecerat non intencione invadendi dictum Clabaut, sed duntaxat ut primitus non percuteretur ab eodem, et propter hoc dictus [Hure], instigante dicto Clabaut vel ejus amicis, in carceribus dicte ville ambianensis, sex ebdomadarum spatio vel circiter, positus fuerat et detentus, et deinde per carissimam consortem nostram, Reginam, cum ad dictam villam ambianensem primitus advenerat, liberatus, prout per litteras dicte remissionis et gracie dicte consortis nostre plenius apparebat.

Dicto Jacobo de Gardo proponente quod ipse dictum Hure, suum consanguineum, et prefatum Johannem le Vasseur verbis insimul contendentes, presente dicto Colardo Clabault, in predicta domo de Cloqueriis invenerat, dictoque suo consanguineo dixerat controversiam hujusmodi fore illicitam, quodque dicto le Vasseur solverat id quod sibi debebatur et, ne deterius ex eadem rixa sequeretur, idem Jacobus de Gardo locumtenentem maioris dicte ville ibidem requisierat ut statim super hoc remedium apponeret, eodem locumtenente respondente se libenter hoc facturum, non tamen provisionem super hoc in promptu ponere poterat, propter multitudinem personarum circunstancium occupatus. Quapropter ipse Jacobus, ad locum ipsius controversie rediens, ipsam controversiam pacificare, pro posse, voluerat, sed eidem innotuerat, ex visione manifesta, quod dictus Colardus Clabaut cultellum suum adversus dictum Hure extrahere satagebat. Quapropter ipse Jacobus, affinitate et amore sanguinis motus, dubitans ne dictus Clabaut ipsum Hure, consanguineum suum, percuteret, eumdem Clabaut per spatulas acceperat ut dictum Hure elongaret et a percussione abstineret, qui quidem Clabault, calopodiis aut aliis insolitis impedimentum prebentibus calciatus, causante etiam pluvia sive terra, humestam ceciderat retroversus et per hoc dictus Jacobus impediverat ne dictus Hure percuteretur aut vulneraretur, nonnullique servientes et officiarii justicie dicte ville dictos Clabaut et Hure in prisionibus dicte ville incarceraverant, eodem Jacobo de Gardo, licet ad hoc presente, nullatenus arrestato, eo quia nullam culpam in premissis habuerat, et deinde voluntate se prisionarium reddiderat, ac, reperto per visitationem debitam quod dictus Clabault nullam lesionem seu vulnerationem sustinebat, fueratque idem Jacobus a carcere liberatus, dicto Clabault nullum impedimentum opponente in liberatione predicta, licet super hoc sufficienter evocatus.

Prefato Jacobo Dambremeu proponente quod ipse fuerat notabilis et honestus ac de magna progenie in villa ambianensi extractus, necnon bone et laudabilis vite et fame et pro tali reputatus et habitus, et ob hoc ad officium locumtenentis baillivi ambianensis promotus et assumptus, in quo quidem officio honeste et laudabiliter se gesserat, absque corruptione seu favore inordinato aut alio maleficio qualicunque, dicente insuper quod, circa festum Natalis Domini, anno M° CCC° nonagesimo sexto, certa controversia mota fuerat inter dictum Colardum Clabaut et quosdam alios, ex una parte, et prefatum Colardum de Gardo, dictum Hure, necnon Philippum de Morvillier et nonnullos alios, ex parte altera, et, ne deterius inde contingeret, partes ipse fuerant in dicta villa ambianensi incarcerate, et, quia incarceratorum hujusmodi status personarius diversificabatur, clerici traditi fuerant curie ecclesiastice episcopi ambianensis, ceteris remanentibus in carceribus curie laycalis. Quadam vero die, dicte partes coram dicto baillivo, in persona judicialiter sedente, litigaverant et forte assecuramentum in manu dicti baillivi prestiterant, quod idem locumtenens verissimiliter ignorabat. Quantum vero ad assecuramentum quod prefatus Philippus de Morviller per assertionem partis coram dicto locumtenente in ejus domo prestitisse dicebatur, dicebat idem locumtenens quod de hoc memoriam non habebat et super hoc ad registrum curie dicti baillivi se referebat, in quo, si datum fuerat, registratum sive scriptum inveniri debebat, nam de talibus registrator sive scriptor juratus dicte baillivie fuerat et erat oneratus, dictusque locumtenens diligenciam sufficientem fecerat ad perquirendum in registris hujusmodi veritatem prestationis ejusdem assecuramenti, de cujus prestatione nullatenus recordabatur, nec eciam in eisdem registris aliquid reperiebatur, et ob hoc super hujusmodi prestatione litteras testimoniales tradere noluerat, prout nec eciam tenebatur.

Quare petebant dicti defensores quod predicti actores faciendi conclusiones et peticiones predictas causam seu actionem non haberent, sed ab ipsis dicti defensores absolverentur ac in eorum expensis dictus Colardus Clabaut condempnaretur. Petebat eciam dictus locumtenens quod dicti actores ad sua proposita contra ipsum non admitterentur, quodque in processu, pro premissis, in quibus pro parte sua non intervenerat dolus, malicia, corruptio sive favor, nullatenus poneretur seu teneretur, pluribus racionibus super hoc allegatis.

Tandem, inquesta de et super propositis dictarum parcium facta et ad judicandum, salvis reprobationibus contra testes hinc et inde productos et examinatos, recepta, ipsaque visa et diligenter examinata ac reperto quod dicta inquesta poterat atque potest sine reprobationibus judicari et consideratis omnibus que dictam nostram curiam movere poterant et debebant, prefata curia nostra prenominatum Colardum de Gardo, dictum Hure, ad faciendum et plicandum seu gagiandum, nudo capite, in predicta domo de Cloqueriis, presente dicto Jacobo de Gardo, hora qua maior et scabini dicte ville ambianensis sua placita seu litigia temere (tenore) consueverunt, emendam honorabilem dicto Colardo Clabault, dicendo verba que sequuntur : « *Colarde Clabaut, ego feci vobis injuriam in isto loco sine causa rationabili, ex quo peniteo et vobis emendo, vosque deprecor ut hoc michi indulgere velitis* », et, hoc mediante, dictus Clabaut eidem dictam indulgenciam indulgebit, et insuper erga dictum Clabaut, pro emenda utili, dampnis et interesse, in summam centum librarum parisiensium per arrestum condempnavit et condempnat, dictumque Hure ab impetitionibus et conclusionibus contra ipsum per dictum procuratorem nostrum requisitis, obtemperando litteris remissionis et gracie per ipsum a dicta consorte nostra impetrans (impetratis), absolvit, et prefatum Jacobum de Gardo erga dictum Colardum Clabaut in summa quinquaginta librarum turonensium condempnavit et condempnat, ipsum a conclusionibus contra ipsum per dictum procuratorem nostrum requisitis absolvendo. In quantum vero tangit dictum Jacobum Dambremeu, dicta curia nostra ipsum Jacobum erga dictum Clabaut, pro suis dampnis et interesse, in summa triginta librarum parisiensium et erga nos in aliis triginta libris parisiensium, necnon ad tradendum dicto Clabaut litteras dicti assecuramenti per dictum Philippum de Morviller, ut dictum est, prestiti, de data assecuramenti, ut dictum est, prestiti coram dicto officiali episcopi ambianensis, necnon tres defensores superius nominatos erga dictum Clabaut in expensis hujusmodi cause per idem arrestum condempnavit et condempnat, dictarum expensarum taxatione penes eandem nostram curiam reservata.

Pronunciatum xx^{ma} die martii, anno M° CCC° nonagesimo nono.

X^{1A} 13, f° 353 v°.

Cf. X^{2A} 13, f° 190 v°, 22 mars 1397, v. st. Elargissement, par ordre de la Cour, de Colart du Gard, incarcéré aux prisons d'Amiens, pour lui permettre de venir, au jour assigné, répondre, par-devant elle, aux accusations et poursuites de Colart Clabaut, dans ladite affaire.

Ces deux affaires ont laissé, dans la série JJ, de nombreuses lettres de rémission. Nous citerons seulement :

JJ 154, n°s 381, 531, 787. (Juillet, janvier, mars 1399, v. st.).

JJ 155, n° 191, août 1400. Rémission à Jacques Clabaut, frère de feu Pierre Clabaut et à ses complices, etc.

LVII

Arrêt de la Cour révoquant une sentence du lieutenant du connétable rendue en faveur d'un bourgeois, soi-disant sergent d'armes de la connétablie, qui prétendait à l'immunité des aides municipales.

Cet arrêt, l'un des premiers rendus par la Cour, en confirmation de son ordonnance du 4 janvier 1382, contre les soi-disant privilégiés prétendant à l'exemption de l'aide du vin et des autres taxes municipales, emprunte encore d'autres éléments d'intérêt à l'importance du personnage dont le plaignant disait tenir son exemption, comme à l'intervention d'une juridiction qui n'apparaît que rarement dans les démêlés des bourgeois d'Amiens, le tribunal de la connétablie. La Cour n'en casse pas moins l'arrêt donné contre l'échevinage, condamne le connétable à l'amende et valide la double taxation requise par les fermiers de l'aide et les collecteurs de l'emprunt forcé destiné à la réfection de la porte Montrécu.

Cum lis mota fuisset coram locumtenente dilecti et fidelis consiliarii constabularii nostri, ad tabulam marmoream nostri palacii parisiensis, inter Symonem Mile, actorem, ex parte una, et maiorem et scabinos ac communitatem ville ambianensis, defensores, ex altera, super eo quod dicebat dictus Mile quod officium constabularie nostre notabile et ornatum pluribus nobilibus prerogativis erat, ad dictumque officium plures servientes armorum fortes et habiles habere necesse fuerat et erat, promptos et paratos ad eundem intra regnum et extra, ubi dictus constabularius ipsos mittere vellet, sicque multa onera, racione dicti officii, supportabant, et ob hoc, ad causam dicti officii, plura privilegia a predecessoribus nostris obtinuerant, que a nobis confirmata extiterant, et inter cetera immunes a tailliis, calceiis, guetis, gardis villarum et aliis quibuscunque redibenciis per habitantes villarum seu de mandato nostro ad utilitatem dictarum villarum impositis, virtute dictorum privilegiorum, extiterant, de dictisque privilegiis et franchisiis dicti servientes a tanto tempore quod de contrario hominum memoria non extabat, in quibuscunque partibus regni nostri, usi et gavisi fuerant. Dicebat insuper dictus Mile quod ipse serviens armorum noster factus extiterat et in equitaturis nostris in Flandria et alibi continue et in statu decenti fideliter nobis servierat et ob hoc de privilegiis a nobis nostris servientibus armorum concessis gaudere debuerat et debebat, ususque eciam dictus Mile de dictis privilegiis fuerat. Quibus non obstantibus, dicti maior et scabini prefatum Mile ad certam summam pecunie pro vino dispensato in sua domo, pro anno octogesimo VII°, imposuerant et gagiari seu executari indebite fecerant. Dicebat ulterius dictus Mile quod, anno domini M° CCC° nonagesimo, dicti maior et scabini ipsum imposuerant ad summam sexaginta solidorum, pro facto seu necessitate dicte ville, ut dicebant, et pro dicta summa dictum Mile executari fecerant, quodque dictus Mile dictos maiorem et scabinos pluries requisierat quatinus bona sua que ceperant ei restituerent, dicendo eisdem quod serviens noster armorum effectus extiterat, vel saltem ipsum ad opposicionem admitterent, quod facere indebite renuerant, propter quod litteras a locumtenente prefati constabularii nostri obtinuerant (sic), execucioni quarum dicti maior et scabini et firmarii dicti subsidii se opposuerant, dieque partibus in casu dicte opposicionis assignata, dicti maior et scabini garan-

12 Mars 1400, v. st.

diam pro dictis firmariis in se susceperant. Quare petebat dictus Mile dictos maiorem et scabinos ad reddendum et restituendum ei pignora ad eorum requestam pro predictis causis capta seu valorem et estimacionem eorumdem et ad cessandum in posterum de talibus impedimentis pro talibus casibus et similibus condempnari, dictumque Mile francum, quittum et immunem a tailliis, misiis, redibenciis per prefatos maiorem et scabinos seu habitantes dicte ville ambianensis impositis declarari et dictos maiorem et scabinos in dampnis, interesse et expensis dicti Mile condempnari.

Dictis maiore et scabinis ex adverso proponentibus quod, anno domini millesimo CCC° octogesimo primo, quarta die januarii, per nos et nostram parlamenti curiam, propter plura dampna et inconveniencia que dicta villa nostra incurrerat et adhuc incurrebat, ordinatum inter cetera extiterat quod quicunque, usque ad sex annos subsequentes, dispensaret vinum in sua domo pro quolibet loto ad exoneracionem dicte ville unum denarium solvere teneretur, ecclesiasticis personis de vino per eos sine fraude dispensato dumtaxat exceptis, quodque dictus Mile burgensis et habitator continuus dicte ville per totum tempus fuerat quo dictum subsidium in dicta villa cursum habuerat ac eciam factum plurium mercaturarum et mercimoniorum exercuerat, propter quod a dicto subsidio se exemptare non potuerat nec debebat, dictusque Mile, pro annis octogesimo quinto et octogesimo sexto, pro se et sua familia tantum de vino expenderat quod porcio sua dicti impositi ad summam novem librarum quatuor solidorum et sex den. ascendere poterat, quam summam solvere firmariis dicte ville noluerat, et ob hoc ipsum pro dicta summa executari fecerant, contra quam execucionem nullatenus se opposuerat. Dicebant insuper dicti maior et scabini quod, si dictus Mile serviens noster armorum extiterat, in ordinacione illorum qui nobis servierant cotidie seu ad turnum ipsorum nunquam admissus fuerat, quod necesse fuerat, secundum ordinaciones a nobis super hoc confectas, antequam de privilegiis servientibus nostris armorum concessis gaudere potuisset; dicta eciam privilegia servientibus armorum a nobis concessa ad subsidia propter urgenter (*sic*) necessitates villarum imposita extendi non debebant. Dicebant ulterius dicti maior et scabini quod, de consensu ipsorum et habitancium dicte ville, propter refectionem porte de Montrescu in villa ambianensi existentis, ordinatum extiterat quod certum mutuum in et super habitantibus dicte ville fieret, restituendum duobus annis immediate sequentibus, quam ordinacionem baillivus noster ambianensis approbaverat et ratificaverat, quodque dictus Mile ad summam sexaginta solidorum impositus fuerat, quam summam mutuare ex causis predictis renuerat. Quare petebant dicti maior et scabini dictum Mile ad se juvandum de privilegiis servientibus nostris armorum concessis non admitti, seu eadem predicto Mile proficere non debere, dictamque execucionem perficiendam fore pro predictis aut in talibus summis, prout juris racio suaderet, dici et pronunciari et dictum Mile in dampnis, interesse et expensis ipsorum condempnari; super quibus inquesta facta, dictus locumtenens dictos maiorem et scabinos ad reddendum et restituendum dicto Mile pignora sua pro predictis capta et levata et in expensis dicti Mile condempnaverat, fuit pro parte dictorum maioris et scabinorum ad nostram parlamenti curiam appellatum; auditis igitur in dicta curia nostra partibus antedictis in causa appellacionis predicte, processuque an bene vel male fuisset appellatum ad judicandum recepto, eo viso et diligenter examinato, per judicium dicte curie nostre dictum fuit dictum locumtenentem male judicasse et dictos maiorem et scabinos bene appellasse, et emendabit dictus constabularius noster, et per idem judicium dicta curia nostra dictum Mile ad se juvandum de privilegiis servientibus nostris armorum concessis admitti non debere, execucionemque perficiendam et complendam fore in et super bonis dicti Mile, videlicet pro summis quatuor lib. paris. pro vino dispensato in sua domo et sexaginta solidorum racione supradicti mutui impositi per dictos habitantes, maiorem et scabinos dicte ville pro refeccione dicte porte de Montrescu declaravit et declarat, dictum Mile in expensis dictorum maioris et scabinorum coram dicto locumtenente factis condempnando, earumdem expensarum taxacione curie nostre memorate reservata.

Pronunciatum xiiᵉ die marcii, anno domini M° CCCC°.

X¹ᵃ 48, f° 286 v°.

LVIII

DOCUMENTS RELATIFS A L'HISTOIRE DE LA FONDATION SIRE DRIEU MALHERBE A SAINT-NICOLAS-AUX-PAUVRES-CLERCS, 1359-1404. (3 pièces).

N° 1. — Accord passé devant la Cour entre M° Thomas Hourdel, chapelain, et les maire et échevins, à raison du service de la chapelle sire Drieu Malherbe à Saint-Nicolas-aux-pauvres-clercs.

Les trois pièces suivantes, que nous publions dans l'ordre où elles sont insérées au 87ᵉ registre des Accords, nous éclairent à nouveau sur les dispositions singulières que manifestait l'échevinage, dès le milieu du xivᵉ siècle, à l'endroit des fondations pieuses dont il avait accepté la charge depuis assez peu de temps.

On y peut constater : 1° qu'en dépit des engagements qu'il avait pris par les lettres obligatoires de 1296, engagements rappelés et confirmés, le 21 septembre 1359, par le vidimus du garde du sceau du bailliage et, en décembre 1385, par un arrêt donné aux Requêtes du palais, l'amortissement des dons et legs de sire Drieu Malherbe et de sa femme et leur conversion en rentes perpétuelles, par le moyen normal d'achats de cens et rentes spécialement affectés au service des deux chapelles fondées à Notre-Dame et à Saint-Nicolas-aux-pauvres-clercs, n'étaient point encore chose faite, en février 1404, puisque le paiement des chapelains était encore imputé sur la recette du grand compteur ; 2° que, dès avant 1385, la ville cherchait à se soustraire aux obligations assumées, puisque le titulaire de l'une des deux chapelles déclare alors « avoir vacqué longuement et soustenu et encouru plusieurs dommages, intérests et despens par le défaut et coulpe desdis maire et eschevins..... qui avoient cessé de paier ladite rente pour certain terme passé », d'où nécessité pour lui de recourir au Roi et à son Parlement. On ne manquera pas de remarquer que la ville n'allègue alors aucune excuse. C'est seulement en 1404 qu'elle justifie la suspension du paiement depuis trois ans (les fonds restant consignés au Change d'Amiens) par l'insuffisance du service du chapelain qui ne dit qu'une messe pour deux ; 3° que, dès cette époque, les rentes fondées sont détournées de leur véritable affectation, puisque les deux titulaires ici nommés sont l'un archidiacre de Caen et chanoine de Bayeux, en 1385, l'autre, doyen de l'église collégiale de Saint-Firmin de Montreuil : situation qui n'engage pas seulement la responsabilité du chapitre d'Amiens, collateur légal, mais aussi de l'échevinage, administrateur du fonds.

5 Février 1403, v. st.

Comme procès feust meu par devant le bailli d'Amiens ou son lieutenant, entre M° Thomas Hourdel, doyen de l'église collégial de Saint Fremin en Monstereul, chappellain d'une des chapelles de Saint Nicolas aux povres clercs, en Amiens, demandeur, d'une part, et les maire et eschevins de la ville et cité d'Amiens, deffendeurs, d'autre, pour raison de certains arrérages montans à la somme de xxx l. par., pour le terme des ottaves Saint Jehan Baptiste, l'an M CCCC et un, que ledit demandeur disoit à lui estre deubz par lesdis maire et eschevins, à cause de sadite chappelle, disans lesdis deffendeurs que ladite chappelle devoit estre desservie et estoit chargée de une messe, chascun jour, et que ledit chappellain, demandeur, n'avoit dit que III messes la sepmaine, du moins n'avoit dit ou fait dire que VII messes en II sepmaines, et par ce disoient que ledit chappellain, qui n'avoit fait que la moitié du service qui devoit faire, ne devoit avoir que la moitié du prouffit qu'il devoit avoir ; et pour ce que ledit bailli condempna lesdis deffendeurs à paier lesdis arrérages demandés par ledit chappellain et à paier doresenavant, de quoy et aussi d'autres griefs lesdis deffendeurs appellèrent et aussy fist le procureur du Roy, qui audit procès s'estoit adjoint en la faveur de l'âme de ceulx qui avoient fondé ladite chappelle, et ont lesdis appellans relevé leurs appellacions en temps deu et, qui plus est, ledit M° Thomas les a fait anticiper ou parlement derrenier passé, toutes voies, de présent, pour bien de paix et amour nourrir entre les parties et pour eschever les frais, missions et despens, et affin que le service divin ne cesse pour cause desdis appeaulx, ycelles parties, par le moyen du congié sur ce obtenu du Roy, nostre sire, sont d'accord, ou cas qu'il plaira à ladite Court, en la manière qui s'enssuit : c'est assavoir, que lesdites appellacions seront mises au néant, sans despens et sans admendes, et sera ladite somme de xxx l., qui a esté consignée au Change, pour le terme des octaves de Saint Jehan Baptiste, l'an M CCCC et un, avec les arrérages qui depuis sont escheus, baillée et délivrée audit demandeur, et doresenavant paieront ladite somme, par la manière et aus termes contenus ès lettres obligatoires sur ce faites et en certain accord fait et passé par devers nos seigneurs des Requestes du palais entre feu M⁰ Hue Dailli, jadis chappelain de ladite chappelle, d'une part, et lesdis maire et eschevins, d'autre. Et, s'il advient que lesdis maire et eschevins veullent dénoncer ledit chappellain ou ceulx qui seront ses successeurs aux doyen et chappitle d'Amiens, que on dit estre patrons d'icelle chappelle, pour cause du service trop petit fait ou à faire en ycelle chappelle, faire le pourront, et le chappellain oy en ses défenses sera tenu de tenir l'ordenance qui sur ce sera faite par lesdis doyen et chapitle. Et pour ce présent accort ne sera faite aucune innovacion contre les lettres obligatoires originaulx, ne contre l'accort passé aux Requestes du palais, mais demouront en leur vertu.

Fait du consentement du procureur général du Roy, nostre sire, et de M⁰ Rasse Panier, procureur desdis maire et eschevins d'Amiens appellans, d'une part, et dudit M⁰ Thomas Hourdel, en sa personne, d'autre part, le v⁰ jour de février, l'an mil CCCC et trois.

Xᴵᶜ 87, n⁰ 101.

V. au verso le vidimus et consentement de la Cour, même date, non coté. — N⁰ 102. Congé du Roi et autorisation de traiter du 29 janvier 1403, v. st.

N⁰ 2. — Vidimus par le garde du sceau du bailliage et deux auditeurs royaux, 21 juillet 1359, des lettres obligatoires des maire et échevins du vendredi après la Nativité de Saint-Jean-Baptiste 1296.

A tous ceulx qui ces présentes lettres verront ou orront, Wistaces de Dargies, ad présent garde du seel de le baillie d'Amiens, establi en ladite ville et prévosté d'icelle pour seeler et conferrer les contraux, convenences, marquiés et obligacions qui y sont faites et receues entre parties, salut. Sacent tous que, pardevant Pierre Dailly et Pierre Dubus, chitoiens d'Amiens, mis et establis de par le bailli d'Amiens, ou nom du Roy, nostre sire, ad ce oir, furent aujourd'uy

21 Juillet 1359

apportées, leues et diligemment regardées unes lettres des maieur et esquevins de le cité d'Amiens, saines et entières, si comme par le inspeccion d'icelles pooit apparoir, contenans cette fourme :

(Suit le texte desdites lettres obligatoires de 1296, qu'on trouve dans AA 5, f° 92 v°).

Et tout ce nous ont tesmoingnié lidit auditeur et nous, à leur tesmoingnage, avons mis le seel de ledite baillie à cest présent vidimus, sauf le droit du Roy, nostre sire, et l'autruy en tout. Ce fu fait l'an de grâce M CCC LIX, le xxi° jour de juillet.

Ibid., n° 103.

N° 3. — *Accord passé aux Requêtes du palais, entre M° Hue Dailly, chapelain, et les maire et échevins, à raison du service de la chapelle sire Drieu Malherbe à Saint-Nicolas-aux-pauvres-clercs.*

6 Décembre 1385

A tous ceulx qui ces présentes lettres verront, les gens tenans les Requestes du Roy, nostre sire, ou palais, à Paris, commissaires en ceste partie, salut. Savoir faisons que, entre les parties cy-dessoubz nommées, a esté aujourd'ui traictié, pacifié et accordé, par-devant nous, selon ce que contenu est en une cédule de papier par ycelles parties ou leurs procureurs cy-après nommés à nous apportée et d'un commun accort baillée par escript, en la manière qui s'ensuit : Comme procès feust meu et pendant par-devant nos seigneurs tenans les Requestes du Roy, nostre sire, ou palais, à Paris, commissaires en ceste partie, entre honnorable et discrecte personne, Maistre Hue Dailly, arcediacre de Caen, chanoine de Baieux et chappellain d'une des chappelles de Saint Nicolas aux povres clercs, en Amiens, demandeur, d'une part, et les maire et eschevins de la ville et cité d'Amiens, défendeurs, d'autre part, sur ce que ledit Maistre Hue disoit et proposoit que, dès long temps a, feu Drieu Malerbe et Maroye sa femme, jadis bourgois d'Amiens, pour le salut de leurs âmes, ordonnèrent deux chapelles estre fondées en ladite ville d'Amiens, dont l'une se devoit et doit desservir en l'église Nostre Dame d'Amiens et l'autre à Saint Nicolas aux povres clercs, en Amiens, et pour la fondacion et dotacion d'icelles chapelles, lesdis conjoins ordonnèrent et laissèrent plusieurs beaulx héritages scitués..... estans en ladite ville d'Amiens, avecques certaines sommes de deniers, lesquels héritages et deniers lesdis maire et eschevins prindrent et retindrent par devers eulx, ou nom de ladite ville, moyennant et parmy ce que iceulx maire et eschevins et toute la communauté de ladite ville d'Amiens promisdrent et s'obligèrent à rendre et paier soixante livres parisis de rente annuelle et perpétuelle, chascun an, en ladicte ville d'Amiens, au jour et terme des octaves de la feste et Nativité Saint Jehan Baptiste, aux chappellains desdites chappelles, à chascun d'iceulz chappellains, trente livres parisis de rente, et à ordonner, acheter, asseoir et admortir bien et souffisamment, selon la coustume du pays, en la cité d'Amiens, soixante livres parisis de forte monnoye de rente annuelle et perpétuelle, pour la fondacion et dotacion des deux chappelles dessus déclairées, èsquelles choses et chascune d'icelles lesdis maire, eschevins et communauté de ladicte ville d'Amiens s'obligèrent par lettres sur ce faites et seellées du seel de la communaulté d'icelle ville, si comme ce et autres choses sont plus à plain déclairées èsdites lettres. Et à cause de ce, ledit Maistre Hue, qui estoit et est chappellain de l'une desdites chappelles, c'est assavoir de la chappelle dudit lieu de Saint Nicolas, avoit esté, estoit et est en possession et saisine de avoir, prandre et percevoir lesdites trente livres parisis de rente à lui appartenans à cause d'icelle chappelle, sur lesdis maire, eschevins et communaulté de ladicte ville d'Amiens, et de en avoir esté et estre paiéz par lesdis maire et eschevins et par le grant compteur d'icelle ville, au jour et terme dessus déclairé; et, ce non obstant, lesdis maire et eschevins avoient cessé de paier audit chappellain ladicte rente, pour certain terme passé, et en poursuivant le paiement d'icelle rente, pour ledit terme, ledit Maistre Hue se disoit avoir vacqué longuement et pour ce avoit soustenu et encouru plusieurs dommages, intérests et despens, par le défaut et coulpe desdis maire et eschevins, pour occasion desquelles choses, il eust impétré certaines lettres du Roy, nostre sire, et par vertu d'icelles fait et intenté sur ce certaine complainte en cas de saisine et de nouvelleté, contre laquelle lesdis maire et eschevins se feussent opposés et pour ce eussent esté adjournés, à certain jour, par-devant nos seigneurs desdites Requestes, pour procéder sur ycelle opposicion et pour respondre audit Maistre Hue sur les choses dessusdites et les deppendences, sur lesquelles choses eust esté tant procédé que, par sentence de nosdis seigneurs, eust esté dit et déclairé que ledit Maistre Hue, à cause de sadicte chappelle, seroit tenus et gardés en sesdites possessions et saisines de avoir, prandre et percevoir ladite rente, au terme et par la manière que dessus est dit, et, quant au seurplus, eussent esté lesdis maire et eschevins, par ladicte sentence, décheus et déboutés de toutes défenses et condempnés ès despens de la cause, si comme par lettres de sentence sur ce faites et données par nosdis seigneurs des Requestes peut plus plainement apparoir. Finablement lesdis maire et eschevins, attendu ce que dit est, ont accordé audit chappellain en la manière qui s'ensuit : c'est assavoir que iceulx maire, eschevins et communaulté de ladicte ville d'Amiens rendront et paieront doresenavant, chascun an, au jour et terme dessus déclairéz, lesdictes trente livres parisis de rente audit chappellain et à ses successeurs, à cause de ladicte chapelle de Saint Nicolas, avecques tous coutz, dommages, intérests et despens qui, par défault de paiement, seront fais et encourus par ledict chappellain et ses successeurs, jusques à ce qu'ils auront ordonné, baillié, assis, fondé et amorti bien et souffisamment ladicte rente, par la manière que dit est, et aussi paieront les arrérages, se aucuns en sont deubz, audict chappellain, et demourront et demeurent lesdictes lettres obligatoires et sentence, dont dessus est faicte mencion, en leur force et vertu, sans innovacion aucune; et quant aus despens fais en ladicte poursuite, lesdis maire et eschevins rendront et paieront audict Maistre Hue la somme de vint frans d'or, et par ce lesdictes parties se départiront de Court, s'il plaist à nosdis seigneurs. Auquel accort et toutes les choses en la cédule cy-dessus transcripte contenues tenir, entériner et accomplir, de point en point et sans enfraindre nous, lesdictes parties et chascune d'icelles, pour tant comme à chascune touche et peut toucher, par l'accord et consentement dudict Maistre Hue Dailly, comparant en sa personne, et de Maistre Eustace de la Pierre, procureur desdis maire et eschevins, avons condempné et condempnons, par nostre sentence et adroit. En tesmoing de ce, nous avons mis à ces présentes le seel aux causes desdictes Requestes. Donné à Paris, le vi^e jour de décembre, l'an M CCC LXXX et cinq.

Ibid., n° 104.

SUPPLÉMENT

AUX

DOCUMENTS DU XIVE SIÈCLE

I

Confirmation par le Roi d'une sentence de Robert de Villeneuve, bailli de Sens, commis antérieurement, comme bailli d'Amiens, à l'enquête et au jugement d'une cause de meurtre revendiquée par le comte de Flandre.

Après avoir cité en note, p. 3, ce document remarquable, nous croyons devoir le donner *in extenso*, en appendice, à raison des nombreux éléments d'intérêt qu'il présente. Il s'agit d'une procédure et d'un jugement criminel consécutifs à l'accusation de meurtre portée contre Marguerite de Sarrebrück, dame de Varines, sœur de la victime, Baudouin de Sarrebrück, dont le comte de Flandre contestait la connaissance à la justice du Roi. Celle-ci est représentée en l'espèce par Robert de Villeneuve, bailli d'Amiens, chargé par le Roi de l'enquête sur le crime commis en son ressort, puis encore du jugement, qui fut donné en l'assise d'Amiens de Pâques 1315, alors qu'il était devenu, depuis quelque temps, bailli de Sens et qu'il avait un successeur, à Amiens, dans la personne de Simon de Billy. Cette prorogation de pouvoirs est déjà par elle-même un fait curieux. Mais on trouvera encore d'intéressants détails sur les rapports de la justice du Roi et de celle d'un grand feudataire, sur la conduite de l'enquête menée sur place par le bailli assisté de deux hommes du Roi, enfin sur l'expédition du jugement, rendu au nom du seul Robert de Villeneuve, et sur la composition de l'assise dont le rôle semble purement consultatif, bien que le nom du nouveau bailli, Simon de Billy, y figure en tête de la liste des assesseurs. Celui-ci se borne ensuite à délivrer une contre-expédition de l'arrêt, en son nom personnel, sous le sceau du bailliage d'Amiens, dont son devancier ne pouvait plus disposer.

Ludovicus Dei gratia Francorum et Navarre rex..... Universis presentes litteras inspecturis salutem. Notum facimus nos vidisse litteras formam que sequitur continentes :

A tous ceus qui ces lettres verront et orront, Robers de Villeneuve, ballis de

Juillet 1315

Sens, salut. Comme noble dame madame Marguerite Dessebreuc eust esté souspeçonnée de la mort Baudoyn Dessebreuc, son frère, et pour ceste cause nobles princes mesire Robert, quens de Flandres, l'eust appelée à ses drois pardevant lui, à Mâle, et pour le fet dessusdit, et ainçois que li appiau dudit conte fussent passé par le costume dou païs, ledite dame se feust mise en le prison dou Roy à Biauquesne, de se propre volenté, ce qu'elle pooit faire par le coustume de la baillie d'Amiens et dou ressort, pour li purger dou fet dessusdit, et comme ledite dame, ou temps que nous estions ballif d'Amiens, requist à sire Liénars li Sels, garde de la ballie d'Amiens et nostre lieutenant, cum instancia, que il anvoiast audit Monsieur de Flandres par certain sergant segnefier que elle estoit en la prison dou Roy à Biauquesne pour attendre droit envers tous et contre tous qui dou fet dessusdit li voudroient riens demander, fust pour li ou contre li, et li commandast, de par le Roy, que il cessast de ses appiaus et que il prist tous les biens à ladite dame, meubles et non meubles, en la main dou Roy et assignast journée compétent audit conte et à tous les opposans pour savoir se il voudroient riens demander à ladite dame, et deffendist que cependant lidis cuens n'attemptât contre ladite dame ne ses biens; liquelx Liénars li Sels, nostre lieutenant, enclinans à la requeste de ladite dame, envoia audit conte Renier de l'Escluse, sergant dou Roy en la prévosté de Biaucaisne et ou ressort, liquex sergans fist le commandement audit conte et à ses gens, si comme il appert par sa rescripcion contenant la forme qui s'ensuit :

A men très chier seigneur et redouté et mestre, Liénars li Sels, garde de la ballie d'Amiens, Renier de Lescluse, sergant mon seigneur le Roy et li vostres en la prévosté de Biaucaisne, honneur, service et toute obédiance. Chiers sires, comme j'aie receu vos lettres contenans la forme qui s'ensuit : Liénars li Sels, garde de la baillie d'Amiens à tous les sergans le Roy, nostre sire, en la prévosté de Biaucaisne et à chascun à par lui à qui ces lettres verront, salut. Comme nous tenions par devers nous, en prison dou Roy, no seigneur, à Biaucaisne, madame Marguerite Dessebreuc, dame de Varines, laquele s'est mise à droit et à loy en ladite prison de tout ce dont en la puet suivir ne accuser et nous, entendans que haus hons et nobles le conte de Flandres ou ses gens appellèrent ladite dame en la court doudit conte, si vous mandons et commandons, chascun en droit li, portant ces lettres, que vous ailliez devers ledit conte et ses gens et leur certefiez que ladite dame nous tenons en prison dou Roy, no seigneur, si comme dessus est dit, pour attendre drois et loy de ce de quoi on la veut suivir. Si commandez audit conte et à ses gens, de par le Roy, no seigneur, que sur ce il cesse ou fasse cesser de ladite dame appeler, et ce pendant tous les biens de ladite dame prenez en la main dou Roy. Et se lidis contes, ses gens ou autres veulent suivir ladite dame ou accuser par aucune manière, si leur assenez jour par-devant nous pour droit faire, si comme il appartenra, de ce vous donnons pooir, mandons et commandons à tous à qui il puet et doit appartenir que à chascun de vous en ce faisant obéissent et entendent diligemment, ce que vous en aurez fait, chascun en droit li, nous rescripsez. Donné à Amiens, l'an mil trois cens et traize, le lundi prochain après la Saint Luc. — Savoir vous faz que, par la vertu de vosdites lettres ci-dessus escriptes, jou approchay par devers ledit conte, la nuit de Toussains derrenière passée, et le jour de Toussains, à Mâle, où li quens estoit, en présence de grant planté de ses hommes et de plusieurs autres, et li certefiay que ladite dame s'estoit mise en la prison dou Roy, no seigneur, à Biaucaisne à droit et à loy contre tous ceus qui d'aucun cas la voudroient suir, et commandai et deffendi audit conte en sa personne que il se cessast de aler avant èsdis appiaus et adjournemens contre ladite dame, et prins tous les biens de ladite dame en la main le Roy et li assignay jour par-devant vous à Biaucaisne, de ce jour en quinze jours, se il voloit sievir ou faire sievir ladite dame de quelconques cas que ce fust, auquel commandement lidis cuens me respondi que il se warderoit bien de meffaire et que il se pourchaceroit par devers le Roy et que il li sembloit que il n'estoit mie tenus d'obéir au commandement du baillif d'Amiens, car il tient en paarrie. Chiers sires, toutes les choses ci-dessus escriptes vous certefie je avoir faites en la manière dessusdites par ces lettres seellées de mon seel, faites l'an mil CCC et treze, le jour des ottaves de Toussains.

Et encore d'abondant, ladite dame ou ses gens en empétrassent unes lettres devers le Roy, no seigneur, contenans les requestes dessusdites venans à nous, Robers de Villeneuve dessusdis, et nous enclinans à la supplicacion de ladite dame, avons envoié audit conte, à tous les complaignans de ladite dame par nostre commission contenans la forme qui s'ensuit et en laquele lettre dou Roy, no seigneur, est encorporée :

Robers de Villeneuve, baillis d'Amiens, à nos amés et féables Renier de Lescluse et Adam de Buires et Wistace Précot, sergans dou Roy, no seigneur, et à chascun par lui, salut. Nous avons veues les lettres dou Roy, no seigneur, contenans ceste forme :

Philippus, Dei gratia Francorum rex, dilecto Roberto de Villanova, baillivo nostro ambianensi, salutem et dilectionem. Mandamus et committimus tibi ex causa quatinus, super eo quod ex parte Margarite Dessebreuc, domine de Warines, nobis extitit intimatum, quod, ipsa in carcere nostro pro suspicione mortis Baldoini Dessebreuc, de quo accusabatur, in quo sponte se submiserit, existente, dilectus et fidelis noster, [comes Flandrie], qui, ratione suspicionis predicte, ipsam ad jura sua vocari faciebat frequencius, ad ipsius domine instanciam, ut ab evocacione hujusmodi et processibus aliis contra dictam dominam propter hoc faciendis desisteret et cessaret ex parte nostra extitit sollicite requisitus, qua requisicione neglecta, dictam dominam, quod coram eo non comparuit evocata, cum nec posset carcere nostro detenta, ut presertim (prefertur), de suo comitatu bannivit ac domos et maneria sua ignis incendio postmodum concremavit, necnon iterum requisitus ut bannum revocaret predictum et justicia, juxta legem et consuetudinem patrie, inquesta legitima contra dictam dominam facienda precedente, de ipsa per nos exhiberetur eidem, que omnia dictus comes in ipsius domine prejudicium et dampnum hactenus facere pretermisit, inquiras vocatis evocandis, cum qua poteris diligencia, veritatem super facto suspicionis et aliis supradictis et inquestam quam inde feceris curie nostre quam cicius sub sigillo tuo fideliter clausam afferas vel remittas per eam judicandam, illos quorum intererit ibidem adjornando ad diem quem expedire videris eam judicaturos (judicari) visuros, dictum comitem iterato requirens ut, inquesta precedente predicta, bannum revocet supradictum ut in dicto negocio securius procedatur, taliter id acturus quod per tuum defectum non obstet quominus, quam celerius fieri poterit, possit super premissis omnibus exhiberi justicie complementum. Datum Parisius, xxix^a die maii, anno Domini M°CCC° quarto decimo.

Pour quoi nous vous mandons et commetons, de par le Roy, no seigneur, à tous ensemble et à chascun par soy, que vous ailliez audit conte de Flandres et li enjoingnez et requérez de par le Roy, en lieu de nous, que il rappelieche ledit ban dou tout en tout et li assignez journée à li ou à son ballif ou à ses gens, se trouver ne le poez, que il soit ou envoit souffisamment par-devant nous à Bruges et ailleurs où il convenra aler en le conté, pour savoir la vérité de la souppeçon de la mort dont lidis quens sieut ladite dame, au mercredi, jeudi, vendredi après feste Saint Jehan-Baptiste prochainement venant, et leur enjoingnez encore et commandez, de par le Roy, no seigneur, que il aient par-devant nous, au dites journées et as lieus dessusdis, toutes les parties qui pour la cause doudit fet se voudront opposer contre ladite dame et faites venir par-devant nous tous les tesmoins que partie ou lidis quens vous baillera, et leur commandez, de par le Roy, que tous les tesmoins, que il sauront qui sachent parler du fet, que il les aient par-devant nous à ladite journée, et de faire toutes les choses dessus dites vous donnons plain pooir à vous et chascun par soy, que à vous et à chascun de vous obéissent et entendent en ce faisant autant que se nous mesmes y estiens présens. Donné à Biaucaisne, souz no seel, l'an de grâce mil CCC et quatorze, le samedi après la Trinité.

Liquelx Reniers de Lescluse, sergant le Roy en la prévosté de Biaucaisne et ou ressort, ala, par la vertu de la commission devant dite, audit conte et as amis dou dit mort et fist le commandement en la forme et en la manière qu'il est contenu en sa commission devant escripte, si comme il appert par sa rescripcion contenant ceste forme :

A honorable homme et sage, mon très chier et redouté seigneur et mestre, seigneur Robert de Villeneuve, ballif d'Amiens, Reniers de Lescluse, sergant dou Roy, no seigneur, en la prévosté de Biaucaisne et li vostres, honneur, service et toute obédiance. Chiers sires, comme j'aie receu vos lettres, èsqueles les lettres dou Roy sont encorporées et èsqueles ces présentes sont annexées, savoir vous fas que, par la vertu tant des unes comme des autres, je alay à haut homme et noble, le conte de Flandres, et li enjoins et requis, de par le Roy, que il rappelast le ban que il avoit fait ou fait faire de Madame de Varines, sur ce qu'ele estoit mise à droit et ès prisons dou Roy, no seigneur, à Biaucaisne, pour li purgier dou fait dont lidis quens la sievoit et dont je li avoie fait deffense, de par le Roy, par certaine commission seellée du seel de la baillie d'Amiens à mi envoiée de men mestre, le gardien de la ballie d'Amiens, à laquele requeste il me respondi que il ne li sembloit mie que il fust tenus du rappeler, quar elle estoit banie par jugement des hommes doudit conte. Et à ce respondi je audit conte que il ne sembloit mie que li bans ne li jugemens fust de raison, quant il avoient esté faz sus la deffence que je li fis, en la présence de ses hommes, si comme dessus est dit. Et adonc dit il que il congnoissoit bien que la deffense li avoit esté faite par lettres dou gardien de la baillie d'Amiens, mais il n'estoit mie tenus d'obéir au commandement qui li fu fez de par le balli d'Amiens, se ce n'estoit par lettres espéciaus du Roy, et dit encore, à li couvrir de la désobéissance, que, à Mâle, là où la deffense li avoit esté faite, n'estoit mie de la ballie d'Amiens et que c'estoit de la ballie de Vermandois, lequele chose n'est mie. Et quant il ouy que je dis que c'estoit de la ballie d'Amiens, il respondi que il ne pooit le ban rappeler, s'auroit parlé à ses hommes. Et quant je li demanday quant ce seroit, il dist que il ne savoit quant il li pourroit parler, et autre chose ne me voust respondre, quant à cel article. Item je li commanday que il feust à Bruges par-devant vous aus jours contenus en vos dites lettres ou envoiast souffisamment par li, pour voir faire l'enqueste en la manière que il est contenu ou mandement le Roy, no seigneur, et en vos lettres, se il voloit de riens sievir ladite dame, fust en accusant ou en dénunçant ou en autre manière, quelle quele fust, et pour administrer tesmoins, par quoi la vérité du fet peust estre seue et la dame punie, se elle estoit trouvée coupable du fet. Auquel mandement il me respondi que il n'avoit onques mes veu que li Roys congneust de fet qui fust fait en la conté de Flandres, et en la fin il me respondi que il feroit bien de la journée ce que il devroit. Item, je alay à Yppre, par la vertu de vos dittes lettres, à Jehan Bardon, cousin germain oudit mort, et li assignay jour ausdis lieus et lieu, se il voloit dire aucune chose contre ladite dame, feust en accusant ou en dénunçant ou en faisant partie ou en administrant tesmoins à aprover le fait contre ladite dame, que il fust ausdis jours et lieu par-devant vous pour vous enfourmer dou fet ou souspeçon, auquel mandement il me respondi que il avoit à faire autres besoignes que là à estre, et je li dis, se il ni pooit estre, que il i envoiast souffisamment autre pour lui pour faire ce que les journées désirroient. Et adonc dit il que, se il i estoit en sa présence, ne sauroit il par qui enfourmer dou fet, quant il ni avoit mie esté, mes par le conte de Flandres, qui en avoit fait enqueste et loy, pourroit on savoir la vérité. Chiers sires, toutes les choses ci dessus escriptes vous certefioie je vraies et avoir esté faites ainsinc que dessus est dit. En tesmoing de ce, j'ai ces présentes lettres seellées de mon seel, faites l'an de grâce mil CCC et quatorze, le mercredi prochain après feste Saint Jehan-Baptiste.

Et comme pour certaine cause nous eussions mué ledit lieu et eussiens escript audit conte et à tous opposans que nous metiens la journée aus jours dessus dis à Courtray, si comme il appert par nostre commission derrenièrement ballié contenant la forme qui s'ensuit :

Robers de Villeneuve, ballif d'Amiens, à Renier de Lescluse, sergant du Roy, no seigneur, en la prévosté de Biaucaisne et ou ressort d'icelle, salut. Comme, pour faire une enqueste de l'omicide jadis fet en la personne d'un homme qui frère fu à Madame de Warines, à laquelle faire li Roys, no seigneur, nous a commis, duquel homicide ladite dame est souppeçonnée et accusée de noble et puissant prince, Monseigneur le conte de Flandres, par la vertu de nostre commission à vous faite sur ce, eussiez assigné jour audit conte, as amis dudit mort, à tous ceus à qui il appertient à estre par-devant nous en la ville de Bruges, au jour de mercredi prochain après feste Saint Jehan-Baptiste prochainement venant, et pour dire et proposer ce que dire et proposer voudroient en ladite enqueste, selonc ce que commis nous est et que de reson appartendroit, et nous en ladite ville de Bruges au jor du mercredi dessus dit, pour certaine cause que escripte vous avons et audit conte, ne puissions comparoir à ladite journée, en l'estat que assignée estoit à Bruges, avons assigné en la ville de Courteray et à estre au jor du mercredi dessus dit. Nous vous mandons, de par le Roy, no seigneur, [et] commetons, par la vertu du pooir qui en ce commis nous est, que vous alliez audit conte, aus eschevins de la ville d'Yppre, aus amis doudit mort et à tous ceus à qui il puet et doit appartenir et leur segnefiez que la journée que assignée avions à Bruges doudit mercredi pour certaine cause avons assignée à estre en la ville de Courtray et au mercredi dessusdit, en ains (aus) enjoignant que, se il, aucuns d'iceus ou aucuns de lor sougés veulent aucune chose dire ou aucuns tesmoins administrer contre ladite dame ou contre autrui pour savoir la vérité dudit homicide, que par-devant nous soient en la ville de Courtrai ou souffisamment envoient et en celles recevrons en la manière que de reson appartendra. Segnefions aus dessus nommez ou à chascun de eus ou à leurs gens, que il viengnent ou non, nous irons avant, en faisant ladite enqueste en la manière que commis nous est, et que fait en aurez nous raportez ou rescrisez au dessus dis jor et lieu, commandans à tous les subgez dou Roy, no seigneur, par la vertu dou pooir que en ce commis nous est, que à vous en ce faisant obéissent diligemment et entendent. Donné à Verdonne, souz no seel, le vendredi prochain après feste Saint-Barnabé, l'an M CCC et XIIII.

Liquiex serjans ala au conte de Flandres et à tous les opposans et list dénuncier ce qui li estoit commis, si comme il appert, par sa rescripcion contenant la forme qui s'ensuit :

A mon très chier seigneur et maistre, seigneurs Robers de Villeneuve, ballif d'Amiens, Reniers de Lescluse, sergant le Roy, no seigneur, en la prévosté de Biaucaisne et li vostres, honneur, service et obédiance. Chiers sires, comme j'aie receu vos lettres èsqueles ces présentes sont annexées, savoir vous fais que, par la vertu desdites lettres, je alay par devers haut homme et noble, Monseigneur le conte de Flandres, et assignay la journée à Courtray, laquele je li avoye assignée à Bruges, pour voir faire l'enqueste de la dame de Warines, pour la souppeçon de la mort Baudoyn Dessebreuc, en la manière que je li avoie assignée à Bruges, aus jours que je li avoie assigné à Bruges, et avec ce je li balloy unes lettres closes, seellées de vo seel, lesqueles vous li envoiez fesans mencion d'aucunes doutes pour quoi vous ne poviez mie bonnement comparoir aus dis jours à Bruges et li commandai de par le Roy que, se il voloit suivir ladite dame de la mort ledit Baudoyn, par quel voie que ce fust, que il fust ausdis jours et lieu ou envoiast souffisans pour li et, si voloit enfourmer dou fet, que il i eust ses tesmoings par quoi vous peussiez estre enfourmé plus souffisamment du fet. Auquel commandement et assignacion il me respondi que il en feroit bien ce que il devroit et que il se garderoit de meffaire. Et quant à ces lettres closes il me respondi que il ni avoit nulle doute pour quoi vous ne peussiez venir au jour sourement, et je li requis que il vous vousist envoier ses lettres pendans de conduit et vous iriez, et il me respondi que ce ne feroit il mie, quar il sembleroit que il meist doute où il n'en a point. Item je alay par la vertu de vosdites lettres à Yppre, à Jehan Bardon, cousin germain dudit mort, et li rassignay la journée qui estoit assignée à Bruges à ce meismes jour à Courtray par-devant vous pour voir faire l'enqueste de ladite dame et pour dire contre li tout ce qu'il li plairoit et pour administrer tesmoins, s'il en avoit aucuns à prouver ledit fait, à laquele assignacion il me respondi que il en feroit bien ce que il devroit, mais il n'estoit mie haitiez par quoi il peust comparoir aus dis jours et lieu. Chiers sires, toutes les choses ci-dessus escriptes vous certefie je estre vraies en la manière que ci-dessus est escript. En tesmoing de ce, j'ai ces lettres, seellées de nostre seel, faites l'an de grâce mil CCC et quatorze, le mercredi prochain après feste Saint Jehan-Baptiste.

A laquele journée nous fumes à Courtray et menasmes avec nous Monsieur Jehan de Wareignes, chevalier, et Pierre le Jumel de Biaucaisne, hommes le Roy, et attendismes illec par l'espace de quatre jors et encores d'abondant nous envoiasmes audit conte et à ses gens Gerart Basserie, sergant dou Roy, pour segnefier que nous estions au lieu et qu'il s'apparussent par-devant nous, se il voloient opposer contre ladite dame, ou administrassent tesmoins par cui nous peussiens savoir la vérité du fet dessusdit. Liquex quens et ses gens respondirent qu'il ni entreroient ja, ne ne s'en merleroient en plus, si comme le sergant nous rapporta par bouche, et encores d'abondant, quant nous veismes que nus ne s'apparoit, nous alasmes à Yppre et appellasmes par-devant nous les plus prochains amis dou mort et leur deismes que, se il vouloient en riens suivir ladite dame ou par voie d'auccion ou dénunciacion ou attraire tesmoins pour savoir la vérité, que nous estions presz et apparelliés d'oïr et d'aler avant par voie de reson, lequel nous asmenèrent un tesmoing qui riens ne savoit du fet, si comme il nous dist par son sairement, et distrent que plus n'en avoient et n'estoit mie leur entente de plus suir ladite dame. Et après tout ce nous assignasmes jour à ladite dame et aus parties à la prochaine assise qui seroit à Amiens pour oïr droit par la vertu du mandement du Roy, no seigneur, à nous envoié, contenant la forme qui s'ensuit :

Philippus, Dei gratia Francorum rex, Roberto de Villanova salutem, mandamus ti'ui et districte precipimus quatinus, in negocio tibi ex parte nostra per litteras nostras commisso super facto homicidii pro quo Margareta Dessebreue, domina de Warines, detineri dicitur carcere mancipata, non obstante vacacione curie, vocatis evocandis, celeriter procedere ad punicionem vel deliberacionem ipsius et bonorum suorum non obmittas, taliter quod in tui defectum non sit ad nos propter hoc ulterius recurrendum. Datum Parisius, viii° die septembris, anno Domini M° CCC° XIIII°.

Par la vertu desqueles lettres nous, estans en ladite assise, qui fu l'an de grâce mil CCC et quinze, le jeudi après Pasques closes, recordé à Monsieur Simon de Billy, chevalier le Roy, baillif d'Amiens, et aus hommes de ladite assise qui i estoient présent, c'est assavoir Monsieur de Piquigni, vidame d'Amiens, Monsieur Jehan de Waraingnies, Monsieur de Poys li jones, Monsieur Jehan de Pucheviller, Jehan de Piquigni, Thomas de Croÿ, Jaques Piqués, Fremins li Monniers, Pierre le Monniers, Adam de Neufville, Pierre li Jumiaus, Madame Dauxi, Madame de Canappes, li ballif de la Freté, Messire Bingues de Liesces et Aliaumes de Moufflières, tout le procès dessusdit et recordé la longue prison que ladite dame avoit soustenu en la tour de Biaucaisne, par l'espace de quatorze mois, et plus que costume ne désirre, avons absolz et absolons et par droit ladite dame Marguerite du fait et de la souppeçon dessusdites, et, par le conseil Monsieur Symon, balli d'Amiens, et les hommes le Roy dessusdis, et par le conseil devant dit, avons dit et par droit que li jugemens que li quens de Flandres a fait par deseure la deffense du Roy sera mis au néant et sera rendue à ladite dame toute la terre que lidis quens avoit pris en sa main, pour la cause de son jugement, et rendra les domages des meson que il a arses qui estoient à ladite dame et cous et damages et tout ce que il en a levé et l'amendera au Roy, no seigneur. En tesmoing de laquele choses, nous ces lettres avons seelées dou seel de la ballie de Sens et avons prié et requis et praions et requérons à noble homme Monsieur Symon de Billi, chevalier le Roy, ballif d'Amiens dessusdit, et aus dessusdis hommes le Roy qui furent présens au conseil des choses dessusdites en ladite assise que, à greigneur confirmacion, ils metent leurs seaus à ces présentes lettres. Et nous Symon de Billy, chevalier le Roy, ballif d'Amiens dessus-dis, et nous hommes le Roy dessus nommé, en greigneur confirmacion des choses dessusdites, avons mis le seel de la ballie d'Amiens et les nostres à ces présentes lettres avecques le seel de la ballie de Sens qui mis y est. Nous approuvons la superscription prime. Ci fu fait en l'an de grâce mil CCC et quinze, le dimanche après la quinsaine de Pasques.

Item quasdam alias litteras predictis litteris annexas quarum tenor sequitur sub hac forma :

A tous ceus qui ces lettres verront et orront, Symon de Billi, chevaliers no seigneur le Roy, ballif d'Amiens, salut. Comme Madame Marguerite Dessebreuc, dame de Warines, fust sievie et approchiée de Monseigneur le conte de Flandres et de ses gens de ce que il li ametoient quele estoit coupable de la mort Baudoyn Dessebreuc, son frère, et de ce sievoient et accusoient ladite dame en li faire appeler aus drois dudit conte et en faire garder journées contre li, ladite dame, de sa volenté, pour ce fait et souppeçon, vint au droit et loy en la court dou Roy et rendi son cors prisonnier ou chastel de Biaucaisne et, li estant en ladite prison, elle fist faire savoir souffisamment par sergant sermenté du Roy et par commission audit Monseigneur le conte qu'elle s'estoit mise à droit et loy en ladite court et requerre par celi sergant que lidis cuens se cessast desdis appiaus, en segnefiant qu'elle et tous si bien estoient en la main dou Roy, et, se lidis quens ou autres voloient aucunes choses demander à ladite dame, venissent ou envoiassent à Biaucaisne où estoit appareilliée de faire bon droit et hâtif à tous les complaignans de ladite dame. Et avec tout ce ladite dame, pour li miex purgier et que nus ne deust penser qu'elle eust courpes oudit fet, ladite dame requist que enqueste dudit fait, et à icelle se sousmist, fust faite et de ce empétra ou fist empétrer lettres devers la Court fesans mencion que sires Robert de Villeneuve feist ladite enqueste, ceus appelés qui fesoient à appeler, et li fu donné en commandement et commis que ladite enqueste faite, s'il estoit saiges, sur ce que il aroit enquis et trouvé doudit fait et souspeçon que il terminast. Sachent tous que le procès et l'enqueste faite par ledit sire Robert, appelé avec li Monsieur Jehan, chevalier, seigneur de Wareingnies, et Pierron le Jumel, hommes du Roy de l'assise d'Amiens, lidis sire Robers, par no conseil et par le consel des hommes dou Roy, termina et pour droit en nostredite assise d'Amiens que ladite dame, tant par ce qu'elle avoit gardé ses jors en ladite prison sans estre suie par accusation ne par dénunciacion, comme par ladite enqueste, estoit absolse doudit fet et souspeçon et par jugement, et que ce que lidis quens avoit attempté èsdis biens de ladite dame seroit remis à estat deu et amenderoit li quens l'attemptat au Roy. En tesmoing de ce, nous, avecques les lettres dudit sire Robers qui de ce font mencion, avons ces lettres seellées dou seel de la ballie d'Amiens, l'an de grâce mil CCC et quinze, le mercredi avant la Penthecouste.

Nos autem predictam sententiam, prout per predictum Robertum de Novavilla, tunc ballivum nostrum senonensem et commissarium super premissis a carissimo domino et genitore nostro deputatum, juste lata est, ratam habentes et gratam, eam volumus, laudamus, approbamus et tenore presentium auctoritate nostra regia confirmamus, mandantes tenore presencium omnibus justiciariis, dominisque temporalibus ac subditis regni nostri ut eandem Margaretam, occasione premissorum non inquietent de cetero quolibet aut molestent. Quod ut firmum et stabile permaneat in futurum, presentibus litteris nostrum fecimus apponi sigillum, nostro et alieno in omnibus jure salvo.

Actum Parisius, anno domini M° CCC° quinto decimo, mense julio.

JJ 52, n° 185.

II

SUPPLÉMENT A L'ARTICLE XII

Documents

RELATIFS AUX DÉMÊLÉS ENTRE JEAN DE CONTY ET L'ÉCHEVINAGE, 1341-1348 (8 pièces).

N° 1. — Arrêt de la Cour renouvelant aux maire et échevins, contre Jean de Conty, une commission précédemment accordée et refusant à celui-ci le bénéfice de lettres royales par lui présentées.

On a vu plus haut, article XII, un arrêt de révocation par la Cour d'un défaut donné par le bailli, au profit des maire et échevins, contre Jean de Conty, 9 avril 1342.

Cette pièce fait partie d'un ensemble de documents que nous reconstituons ici, dans son entier (1) : 1° à raison de l'intérêt de la cause en jeu. Il s'agit d'une contestation de juridiction territoriale sur un fief, dit le Clos, tenu de l'évêque par un certain Jean de Conty, dans le quartier de Beauvais; 2° pour donner une idée de l'extrême complication où arrivait déjà la procédure, dans la première moitié du XIV° siècle, c'est-à-dire en un temps où l'usage de l'appel

(1) Les plus anciens documents de la cause sont deux renouvellements d'accords conservés aux registres du greffe, qui nous font connaître le prévôt du Roi à Amiens, pendant la durée de la saisie de la prévôté, reprise aux maire et échevins de 1332 à 1337. En voici le texte :

Inter Johannem de Conty, ex una parte, et maiorem et scabinos ville ambianensis, ex altera, racione prisie quorumdam equi et poti facte per dictos maiorem et scabinos in domo dicti Johannis, nuncupata le Clos, renovata est eorum concordia ad Michaelem le Quesne (a), prepositum nostrum

(a) Ce personnage est bailli du chapitre les 29 mars et 5 décembre 1341. (X¹ᵃ 8847, f⁰ˢ 110 et 177).

ambianensem, et magistrum Petrum de Vico, die xii² decembris (1354). (X¹ᵃ 8846, f° 28).

Répété le 12 mars 1335, v. st., (*ibid.*, f° 117), plus ce qui suit : « ..... secundum tenorem arresti in presenti parlamento inter dictas partes lati ». (Nous n'avons pas retrouvé cet arrêt du Parlement de 1325).

Il y avait alors en Parlement, depuis la deuxième saisie de 1332, un procès considérable, dit de la prévôté, entre la ville et l'évêque, qui survécut même à la restitution de 1337. Il ne nous est resté malheureusement que quelques mentions de prorogation, conservées aux registres du greffe. Voici la première, 21 décembre 1334 :

en Parlement était encore de pratique assez récente. L'affaire, qui ne dura pas moins de trente ans, ne semble pas d'ailleurs avoir comporté de solution sur le fond du litige.

Cet arrêt du 22 décembre 1341 est le premier document un peu explicite que nous ayons trouvé sur une affaire qui durait déjà depuis vingt-deux ans. Le plaignant, Jean de Conty, en dénonçant les exploits abusifs des maire et échevins sur son fief, invoque l'article de leur charte qui leur interdit ce genre de causes (art. XIX de la charte de 1185) et en requiert production, avec l'enregistrement de lettres obtenues du Roi pour les y contraindre, s'il est vraiment établi, comme il le prétend, qu'ils ont fait usage de ladite charte dans leurs réponses aux articles par lui présentés. Les maire et échevins répliquent en demandant l'annulation de ces lettres comme subreptices et la rénovation d'une commission qui leur a déjà été renouvelée dans le Parlement précédent. Ils allèguent pour cela les excuses des commissaires qui ont été alors députés, et le peu de temps écoulé, de la fin de la dernière session à l'ouverture de la présente, contre les affirmations de Jean de Conty, qui prétend les faire déchoir comme négligents.

L'arrêt de la Cour donne toute satisfaction aux maire et échevins. Les lettres du Roi sont déclarées subreptices, la commission renouvelée jusqu'aux jours d'Amiens; des commissaires seront députés pour instruire l'affaire d'ici là, dernier délai, et assignation est donnée aux parties pour le jugement à cette date.

22 Décembre 1341

Cum exhibita nobis querimonia Johannis de Contiaco conquerentis quod, cum dudum inter ipsum, ex una parte, et maiorem et scabinos ville ambianensis, ex altera, lis mota fuisset ratione quorumdam explectorum per dictos maiorem et scabinos in quodam loco, le Clos nuncupato, quem ipse Johannes a dilecto et fideli nostro episcopo ambianensi in feodum tenere dicebat, ipsaque causa jam per spacium viginti duorum annorum durasset, dicti maior et scabini, licet per inspectionem carte dicte ville inter cetera continentis quod dicti maior et scabini aliquam cognicionem de feodis non habebant, recusabant cartam exhibere predictam, licet, in quibusdam responsionibus per ipsos factis articulis dicti Johannis, ipsi se ad cartam hujusmodi reportassent, prefatus Johannes quasdam a nobis litteras impetrasset per quas mandabatur dilectis et fidelibus nostris gentibus nostrum tenentibus parlamentum ut, si eisdem constaret de responsionibus predictis, maiorem et scabinos predictos compellerent ad exhibendum cartam predictam, petenteque in nostra curia dicto Johanne ut dicti maior et scabini compellerentur ad exhibendum dictam cartam, juxta dictarum seriem litterarum, ipsi maior et scabini, proponentes dictas litteras esse subrepticias et iniquas, peterent ipsas anullari, peterent insuper quod, cum in nostro ultimo

: Causa prepositure ambianensis et omnes alie cause in parlamento nostro pendentes inter episcopum ambianensem, ex una parte, et maiorem et scabinos, prepositumque dicte ville et Johannem Troitele et alios qui continentur in adjornamento, tam conjunctim quam divisim, prout quemlibet tangit, ex altera, continuate sunt in statu, ad dies, etc., de consensu procuratorum dictarum parcium, die xxi^a decembris ». (X^{IA} 8846, f° 29).

Répété, 12 décembre 1335, 4 décembre 1336 (*ibid.*, f°s 111, 186 v°); 14 décembre 1338, 11 décembre 1348. (X^{IA} 8847, f°s 0, 100 v°).

parlamento dictum fuisset quod in causa predicta commissio ad eorum utilitatem renovaretur (1), ipsique, tam propter excusationem commissariorum in dicta causa deputatorum, quam eciam propter brevitatem temporis inter finem parlamenti predicti et inicium parlamenti presentis, processisse nequiverint super commissione predicta, quatinus dicta commissio ad eorum utilitatem renovaretur.

Prefato Johanne replicante predictas litteras esse rationabiles et justas et idcirco easdem teneri et observari ac executioni demandari debere, dictosque maiorem et scabinos negligentes fuisse, quare dicebat dictam commissionem non debere renovari.

Auditis igitur rationibus propositis hinc inde, visisque litteris predictis, per arrestum curie dictum fuit quod dicte littere erant subrepticie et inique et ob hoc ipsas dicta curia anullavit, visis eciam diligenciis dictorum maioris et scabinorum, consideratis hiis que curiam nostram movere poterant in hac parte, per idem arrestum [dictum fuit] quod dicta commissio ad utilitatem dictorum maioris et scabinorum renovabitur usque ad dies baillivie ambianensis nostri futuri proximo parlamenti et tunc inquesta inter dictas partes in statu in quo erit recipietur et judicabitur, deputabunturque commissarii pro inquesta hujusmodi facienda infra dies predictos, quos die[s], pro omni dilacione, ipsa curia dictis partibus assignavit dictam inquestam visuris recipi ac etiam judicari. Die xx^a n^a decembris, anno M° CCC° XL° I°.

X^{IA} 9, f° 261 v°.

N° 2. — Mandement de la Cour validant une assignation devant le bailli, lancée par Jean de Conty contre les maire et échevins.

Après la publication de l'arrêt du 9 avril 1342 annulant le prétendu défaut invoqué par les maire et échevins contre Jean de Conty, pour le faire débouter, et renvoyant les parties devant le bailli, (V. *supra*, art. XII), une nouvelle assignation avait été lancée contre eux au siège d'Amiens. Ils essayèrent encore de la faire déclarer non valable; mais cette prétention fut rejetée par la Cour et un troisième arrêt du 23 décembre 1342 leur enjoignit de poursuivre.

Cum, Johanne de Conti procedere volente in quadam appellationis causa per ipsum ad curiam nostram emisso a quadam sentencia, pronunciacione seu judicato contra ipsum, ut dicebat, per baillivum nostrum ambianensem pro maiore et scabinis ambianensibus latis, prefati maior et scabini proposuissent intimacionem eis factam super appellatione predicta esse minus [sufficientem], dictumque

23 Décembre 1342

(1) Nous n'avons pas trouvé trace de cette rénovation dans le Parlement de 1340-1341. Mais on en rencontre déjà une dans celui de 1338-1339. (X^{IA} 9, f° 24, 15 janvier 1338, v. st.).

Johannem ab appellatione hujusmodi cecidisse, ipsosque super hoc procedere non teneri, dictumque Johannem in suis expensis condempnari debere, plures rationes ad finem hujusmodi proponendo, prefato Johanne ex adverso dicente predictam intimacionem esse sufficientem, dictosque maiorem et scabinos teneri procedere super appellatione predicta, auditis rationibus propositis hinc et inde, visaque rescriptione facta super intimacione predicta, per arrestum curie dictum fuit quod dicta intimacio erat sufficiens et procedent partes ulterius et fiet jus. Die xxª iiiiª decembris, anno Mº CCCº XLº IIº.

Ibid., fº 410 vº.

Nº 3. — Nouvel arrêt de la Cour validant une sentence du bailli, par laquelle il était enjoint aux parties de poursuivre, nonobstant certains déclinatoires allégués par les maire et échevins et condamnant ceux-ci à l'amende et aux dépens.

L'instance rouverte devant le bailli, Jean de Conty y avait proposé plusieurs faits pour établir le cas de saisine, les maire et échevins au contraire objectaient divers moyens de récusation :

1º L'adversaire, bien que dûment requis, se serait refusé à produire l'original de la commission par lui impétrée pour établir le cas de saisine, comme il y était tenu par la coutume, se bornant à présenter une copie scellée du sceau non valable d'un sergent du Roi ;

2º Il y a eu interruption de douze années, avant le premier défaut octroyé par le bailli, et le plaignant ne justifie pas de l'état de la cause au temps dudit défaut, comme il en a été requis par l'arrêt du 9 avril 1342.

Jean de Conty persistant à soutenir que l'argument de l'interruption était prescrit et la demande de production de l'original de sa commission trop tardive, le bailli aurait rendu son arrêt enjoignant aux parties de poursuivre en cas de saisine et refusant de retenir les griefs allégués contre le plaignant.

L'arrêt frappé d'appel est confirmé par la Cour et les maire et échevins condamnés à l'amende et aux dépens.

4 Mars 1345, v. st.

Cum, in quadam causa novitatis dudum coram baillivo nostro ambianensi mota inter Johannem de Conty, ex una parte, et maiorem et scabinos ville ambianensis, ex altera, ratione unius poti cuprei et unius equi per dictos maiorem et scabinos in quodam manerio dicti Johannis, vocato le Clos, causa justiciandi seu juridicionem exercendi, captorum, certus deffectus per dictum baillivum contra dictum Johannem et pro dictis maiore et scabinis datus postmodum per arrestum curie nostre fuisset anullatus et per idem arrestum dictum fuisset quod dicte partes procederent in causa principali coram dicto baillivo, in statu in quo erant tempore dicti deffectus impetrati, partibusque predictis postea coram dicto baillivo comparentibus, dictus Johannes plura facta saisine, suam intencionem in dicta novitatis causa fundando, proposuisset, prefatis maiore et scabinis ex adverso proponentibus quod dictus Johannes sufficienter requisitus commissionem originalem per eum in causa novitatis impetratam, quam juxta patrie usum seu consuetudinem ostendere tenebatur, non ostenderat, ymo duntaxat certam scriptam, quam dicebat esse copiam dicte commissionis sub sigillo cujusdam servientis nostri per sigillum autenticum minime approbatam, quod per dictam consuetudinem sufficere non debebat, ut dicebant. Asserentes eciam quod idem Johannes interrupcionem xii annorum fecerat ante dictum deffectum impetratum in dicta causa novitatis, et quod eciam non docebat de statu in quo partes erant tempore dicti defectus impetrati, licet hoc per tenorem dicti arresti facere teneretur, quibus et aliis rationibus una cum dicta consuetudine attentis, dicebant prefati maior et scabini dictum Johannem a dicta causa novitatis cadere debere et in litis expensis condempnari.

Dicto Johanne ex adverso inter cetera replicante quod questionem dicte novitatis prosecutus fuerat et adhuc prosequebatur, dictam commissionem ad factum reducendo, et quod, attento tenore dicti arresti, per quod partes supra causa principali procedere tenebantur, prefati maior et scabini ad dictas dilatorias proponendas, alias per ipsos propositas, ut dicebat idem Johannes, admitti non debebant, quodque tarde veniebant ad petendum dictam commissionem eisdem exhiberi et peremptorie procedere in dicta causa tenebantur, et idcirco peciisset idem Johannes pronunciari prefatos maiorem et scabinos ad premissa per eos proposita admitti non debere, ipsosque condempnari in expensis dicte cause. Tandem dictus baillivus per suam sententiam pronunciasset quod dicte partes procederent in causa principali et questione novitatis, modo et forma in dicto arresto contentis, non obstantibus negligencia et interrupcione per prefatos maiorem et scabinos contra dictum Johannem allegatis, eumdem Johannem quoad hoc diligentem reputando, prefatos maiorem et scabinos dicto Johanni in expensis cause condempnando. A qua sententia per prefatos maiorem et scabinos ad curiam nostram fuit appellatum; processu igitur de consensu parcium predictarum ad judicandum utrum bene vel male fuerit appellatum recepto, eo viso et diligenter examinato, per judicium curie nostre dictum fuit dictum baillivum bene judicasse, prefatos maiorem et scabinos male appellasse et emendabunt appellantes, et per idem arrestum dicta curia dictos appellantes prefato Johanni in expensis hujus cause appellacionis condempnavit, taxatione earumdem penes dictam curiam reservata. Die iiii^a marcii, anno XLV°.

X^ia 11, f° 114.

N° 4. — Arrêt de la Cour refusant à Jean de Conty le renouvellement de sa commission pour pouvoir poursuivre.

Quelques semaines seulement après l'arrêt du 4 mars 1345, v. st., la Cour, pour des raisons qui nous échappent en partie, rend un arrêt contraire et refuse à Jean de Conty le renouvellement de sa commission pour pouvoir poursuivre.

Ce n'était là d'ailleurs qu'une mesure restrictive et non suspensive de la procédure, car on trouvera plus loin un nouvel arrêt (n° 8, 28 mai 1348) enjoignant aux parties de procéder plus avant sur le fond, à la requête du plaignant.

8 Avril
1345, v. st.

Cum in causa inter Johannem de Conty, ex una parte, et maiorem et scabinos ville ambianensis, in quantum quemlibet eorum tangebat, ex altera, in curia nostra pendente, dictus Johannes suam peteret commissionem renovari, dictis maiore et scabinis in contrarium dicentibus ipsius commissionem non debere renovari, cum in causa predicta idem Johannes aliquam diligenciam non fecerit et ob hoc debeat negligens reputari, replicatoque per dictum Johannem quod, cum alias per arrestum dicte curie dictum fuerat quod dicte partes in dicta curia nostra procederent in statu quo erant quando gubernator noster ambianensis pro tempore certum contra ipsum Johannem defectum concesserat, et ex tunc, juxta formam dicti arresti, diligenciam fecerat competentem, prout in litteris diligenciarum suarum dicebat plenius apparere, quare petebat se diligentem fuisse reputari ac ejus commissionem renovari. Auditis igitur in curia nostra partibus antedictis ac visis litteris per dictum Johannem exhibitis, consideratisque rationibus per utramque parcium propositis et aliis omnibus que ipsam curiam nostram movere poterant et debebant, per arrestum ipsius curie dictum fuit quod dicti Johannis commissio amplius non renovaretur. viii^a die aprilis, XLVe.

X^{1A} 10, f° 436 v°.

N° 5. — Mandement de la Cour au bailli d'Amiens lui enjoignant de contraindre les maire et échevins à payer à Jean de Conty certains dépens à lui attribués par arrêt.

Ces deux pièces ont trait au règlement des dépens accordés à Jean de Conty par l'arrêt du 4 mars 1345, v. st. (n° 3). Ceux-ci ayant été fixés par commissaires spéciaux à la somme de 177 l. 14 s. de faible monnaie, le plaignant aurait protesté contre leur insuffisance, eu égard à son état, au cours de la monnaie du temps de l'arrêt et à la longueur du procès, en demandant une nouvelle taxation. Les maire et échevins lui objectent la régularité des opérations des commissaires, son propre consentement et la quittance qu'il leur a délivrée de plein gré, après avoir reçu la somme convenue, enfin le serment solennel de s'abstenir de toute protestation mentionnée sur ladite quittance. Cette fois la Cour leur donne raison et condamne le plaignant aux dépens de l'instance.

Baillivo ambianensi, etc. Mandamus vobis quatenus maiorem et scabinos ville ambianensis ad reddendum et solvendum Johanni de Conty summam triginta octo librarum et quinque solidorum pro certis expensis per curiam nostram taxatis in quibus iidem maior et scabini per arrestum in nostro presenti parlamento latum dicto Johanni extiterint condempnati per captionem et explectationem bonorum suorum, visis presentibus, compellatis aut compelli debite faciatis.

Die ii^a junii, anno M° CCC° XL° VI°..

X¹ᵃ 10, f° 363 v°.

N° 6. — Arrêt de la Cour rejetant une requête de Jean de Conty relative au paiement des dépens précités et le condamnant aux frais de cette nouvelle instance.

Auditis in curia nostra Johanne de Conty, ex una parte, et maiore et scabinis ville ambianensis, ex altera, super eo quod dictus Johannes proponebat quod, cum dicti maior et scabini in ipsius Johannis expensis per arrestum curie fuissent condampnati, ipseque expense per certos commissarios a dicta curia deputatos ad summam occies viginti, decem et septem librarum et quatuordecim solidorum debilis monete dumtaxat taxate extitissent, que ad majorem summam, ipsius considerato statu, valore monete currentis temporibus quibus facte fuerant et processus prolixitate et aliis considerandis, taxari debuissent, idcirco petebat dictus Johannes dictas expensas iterato taxari juxta formam litterarum sibi per nos super hoc graciose concessarum ac ipsos maiorem et scabinos in ipsius condempnari expensis, maiore et scabinis predictis seu eorum procuratore e contrario proponentibus quod dicte expense per dictos commissarios, ipso audito in omnibus que proponere voluerat, ad dictam summam juste et legitime taxate fuerant et quod postmodum, dictam taxationem approbando, dictus Johannes ipsam summam taxatam habuerat et gratanter receperat, ipsosque super hoc quittaverat et per fidem et juramentum promiserat contra dictam quittacionem non venire, prout in quittacione super hoc facta dicebant plenius contineri, dicentes dictum Johannem ad premissa petenda admitti non debere, petendo ipsum in eorum expensis condempnari. Quibus et pluribus aliis racionibus per utranque partem ad hujusmodi fines propositis, visisque litteris adjornamenti et gratie ac quittationis predictis et partium consideratis racionibus et aliis considerandis, per arrestum curie dictum fuit quod dictus Johannes ad suam predictam peticionem faciendum non erat admittendus, ipsumque per idem arrestum in ipsorum maioris et scabinorum expensis condempnavit, earum taxatione predicte curie reservata, die xxivᵃ januarii, anno M° CCC° XL° VII°.

X¹ᵃ 12, f⁰ 177 v⁰.

N⁰ 7. — Arrêt de la Cour sur une appréciation de dommages dont se plaignait Jean de Conty à la suite de travaux de fortification exécutés sur son fief par les maire et échevins.

Quelques mois après le précédent arrêt, le fief du Clos étant placé sous la main du Roi, Jean de Conty se plaint que les maire et échevins l'aient bouleversé pour y tracer les fossés de la nouvelle enceinte, en lui faisant dommage de plus de 200 l. de rente, dont il demande restitution, avec 1000 l. d'indemnité pour réparation d'injures, dépens non compris.

L'adversaire lui objecte que les travaux ont été faits sur le conseil du seigneur de Moreuil et du bailli d'Amiens, pour la défense de la ville, avec l'agrément du Roi et contre indemnité par lui reçue, la valeur du fonds ne dépassant pas d'ailleurs 40 l. de rente A quoi le plaignant réplique que ces travaux de défense eussent pu suivre un autre tracé, et qu'il n'a d'ailleurs accepté l'indemnité qu'en protestant de son droit de poursuivre l'affaire ultérieurement.

L'arrêt de la Cour le déboute de sa demande et renvoie les parties sans dépens. Pour ce qui est toutefois de l'estimation du dommage, il est mandé au bailli d'informer, par-devant les experts qui ont fait l'évaluation, si l'indemnité offerte a été juste et équitable, et dans ce cas d'imposer silence au plaignant, en contraignant seulement les maire et échevins à lui payer le reliquat, s'il lui est encore dû quelque chose, sinon de la faire renouveler et d'indemniser entièrement l'intéressé, déduction faite des sommes par lui reçues

28 Mai 1348

Cum Johannes de Conty, civis ambianensis, contra maiorem et scabinos ambianenses proposuisset quod prefati maior et scabini, propria voluntate, ausu temerario, ex odii fomite procedentes, muros et clausuras cujusdam manerii sui, vocati le Clos, destruxerant et dirruperant, plura fossata ibidem faciendo, non obstante quod, occasione cujusdam cause novitatis jamdiu mote inter ipsas partes, predictum manerium positum fuisset in manu nostra, propter que dampnificatus fuerat usque ad valorem ducentarum librarum turonensium annui redditus, et ob hoc peteret predictos maiorem et scabinos compelli ad reddendum ei summam supradictam una cum mille libris causa injuriarum eidem illatarum cum expensis factis in prosecutione cause. Predictis maiore et scabinis proponentibus et dicentibus ex adverso predictum Johannem non esse admittendum ad faciendum petitionem supradictam, cum fossata que in dicto manerio vel gardino ipsius ex consilio et deliberacione domini de Morolio et baillivi nostri ambianensis, necnon predictorum maioris et scabinorum, de auctoritate nostra, ad tuicionem dicte ville ambianensis, mediante justo precio prefato Johanni persoluto, facta fuissent, quodque predictum manerium cum pertinenciis ejusdem ultra quadraginta libras turonensium annui redditus non valebat. Predicto Johanne replicante ex adverso quod, licet predicta fossata ad tuicionem dicte ville facta fuissent, attamen per alium locum sibi non dampnosum, si predictis maiori et scabinis placuisset, fieri potuissent et quod, si aliquid de precio ejusdem gardini receperat, hoc fuerat cum protestatione quod ei non prejudicaret quin jus suum contra predictos prosequi valeret in futurum, plures alias raciones ad fines predictos proponendo. Tandem auditis predictis partibus in hiis que occasione premissorum proponere voluerunt, visisque litteris ab utraque parte curie nostre exhibitis, consideratisque omnibus que curiam nostram movere poterant et debebant, per arrestum curie nostre dictum fuit predictum Johannem ad peticionem quam fecerat non esse admittendum, predictos maiorem et scabinos licenciando a dicta curia nostra ac ipsum Johannem ab expensis relevando et ex causa. Verum, quia predictus Johannes asseruit predictam domum et gardinum, ipso non vocato, minus juste estimata fuisse, curia nostra ordinavit quod mandabitur baillivo nostro ambianensi quod, si eidem constiterit summarie et de plano, vocatis estimatoribus qui prisagium fecerunt supradictum, predicta juste et legitime estimata fuisse, predictumque Johannem predicta estimatione seu prisagio fuisse contentum, predicto Johanni, ne amodo contra predictum prisagium veniat, silentium perpetuum imponat, prefatos maiorem et scabinos compellendo ad solvendum eidem Johanni, si aliquid de dicto prisagio remanserit solvendum; et in casu in quo repererit predictum prisagium minus debite factum fuisse, predicta iterum bene et legitime faciat estimari et appreciari, prout in talibus est fieri consuetum, et de precio quod estimata fuerint supradicta compellat predictos maiorem et scabinos, deduccione primitus facta de hoc quod predictus Johannes receperit occasione prisagii supradicti, ad satisfaciendum integraliter Johanni supradicto

Pronunciatum die xxviii° maii, anno M° CCC° XL° VIII°.

X¹ᴬ 12, f° 212.

N° 8. — Arrêt de la Cour enjoignant aux parties de procéder plus avant sur le cas de nouvelleté.

Depuis l'arrêt du 4 mars 1346 (n° 3), nonobstant le refus de la Cour de renouveler sa commission (n° 4, 8 avril), Jean de Conty avait obtenu des lettres du Roi mandant au Parlement de retenir la cause et de faire procéder les parties devant lui. C'est de ces lettres qu'il requiert l'exécution, avec la réouverture de la procédure, le 28 mai 1348. Vainement les maire et échevins objectent qu'ils ne sauraient être tenus de procéder, Jean de Conty, depuis l'arrêt, ayant comparu devant le bailli où il n'a rien proposé, ni demandé contre eux, ni excipé de ses lettres, à raison de quoi il doit être déclaré négligent. L'autre répond qu'ayant réellement comparu, ce dont ses lettres font foi, il a conservé tous ses droits, et la Cour lui donne raison.

Nous ne savons rien de plus sur cette affaire.

28 Mai 1348

Cum nuper, ad requestam Johannis de Conteyo, civis ambianensis, asserentis maiorem et scabinos ambianenses a quadam sententia lata contra ipsos et pro predicto Johanne per baillivum nostrum ambianensem ad curiam nostram appellasse super eo quod pronunciaverat quod, non obstantibus negligenciis et interruptione processus contra predictum Johannem per prefatos maiorem et scabinos allegatis, predicte partes procederent in quadam causa novitatis jamdiu mote coram dicto baillivo, occasione cujusdam poti cuprei capti in quodam manerio dicti Johannis, vocati le Clos, et cujusdam equi, ipsamque sententiam per arrestum curie nostre confirmatam fuisse, gentibus nostrum tenentibus parlamentum mandassemus quatinus predictos maiorem et scabinos in curia nostra procedere compellerent in dicta causa novitatis, non obstante quod in predicto arresto de retencione dicte cause nulla fieret mencio expressa, postmodumque, predictis partibus in curia nostra comparentibus, virtute mandati supradicti, idem Johannes peciisset predictos maiorem et scabinos compelli ad procedendum in dicta causa novitatis juxta seriem dictarum litterarum nostrarum. Prefatis maiore et scabinis proponentibus et dicentibus ex adverso ipsos non debere procedere in dicta causa novitatis, cum prefatus Johannes esset actor in dicta causa et post dictum arrestum latum in dicta curia nostra coram dicto baillivo comparuerat, nec aliquid proposuerat contra ipsos, nec pecierat, nec usus fuerat aliquibus litteris nostris coram dicto baillivo, quare dicta causa coram ipso remanere non deberet, et sic tanquam negligens reputari debebat. Predicto Johanne repplicante ex adverso quod ipse comparuerat coram predicto baillivo contra predictos maiorem et scabinos et diligenciam debitam fecerat, prout per litteras de comparutione plenius poterat apparere. Auditis igitur dictis partibus in hiis que proponere voluerunt, visisque arrestis et litteris ab utraque parte exhibitis, consideratisque omnibus que curiam nostram movere poterant et debebant, per arrestum curie nostre dictum fuit predictum Johannem non fuisse negligentem et quod procedent partes in dicta curia nostra super dicto casu novitatis, prout fuerit rationis, prefatos maiorem et scabinos ab expensis relevando et ex causa. Pronunciatum die xxviii^a maii, anno M° CCC° XL° VIII°.

Ibid., f° 212.

III

Mandement d'élargissement sous condition et de mainlevée du temporel de l'évêque, donné par la Cour, dans l'affaire d'un bourgeois d'Amiens détenu par l'official sur le soupçon d'hérésie.

Cette pièce est l'unique document que nous ayons trouvé sur une affaire d'autant plus intéressante que le cas est plus rare, l'arrestation d'un bourgeois d'Amiens par l'official, sur le soupçon d'hérésie. On sait, par l'article 9 de la coutume de 1249 (Aug. Thierry, I, 158), que les seigneurs d'Église, comme la ville elle-même, n'avaient le droit d'arrêter sur leur terre les justiciables de la juridiction voisine qu'en cas de flagrant méfait, ce qui excluait, en principe, toute prise de corps sur simple soupçon. En 1342, l'official ayant dérogé à cette règle contre un bourgeois, Garnier de Châlons, les maire et échevins et le lieutenant du bailli le firent sommer par procureurs de relâcher le détenu. Il répondit par un refus, alléguant qu'il n'avait pas seulement agi, en l'espèce, comme juge épiscopal, mais comme inquisiteur, d'accord avec son collègue, le prieur des frères prêcheurs. (Nous touchons ici sans doute à l'une des raisons de l'antipathie des bourgeois contre les ordres mendiants. V. *supra*, art. II et XXVI) L'affaire portée devant la Cour, celle-ci décide, avec le consentement des procureurs des parties, que l'accusé sera élargi aux mains d'un de ses huissiers et assigné à comparaître devant elle-même, aux jours d'Amiens, sous peine, en cas de défaut, d'être tenu pour convaincu des imputations formulées contre lui. La même assignation est étendue aux parties qui viendront plaider sur les injures et violences faites aux plaignants par l'official, celui-ci étant admis à présenter à la Cour les informations qu'il aurait faites sur le cas de Garnier. A ce prix, mainlevée de son temporel est consentie à l'évêque. L'affaire se résolut par un accord dont nous ignorons la date et la teneur. Nous en avons trouvé seulement le renouvellement du 7 décembre 1344, ainsi conçu :

« Inter procuratorem nostrum pro nobis et maiorem et scabinos ville ambianensis ac Garnerium de Cattalano, ex una parte, et episcopum ambianensem, ex altera. Renovata est eorum concordia ad magistros Philippum de Hangesto et Thomam Vavin, de nostri procuratoris et Ancherii de Cayeu ac Petri Rectoris dictorum parcium procuratorum consensu, die VII^a decembris ». (X^{1a} 8848, f° 123).

Nicolao de Kayeu, hostiario parlamenti nostri, salutem. Cum super eo quod procurator noster ac procurator maioris et scabinorum ville ambianensis proponebant in parlamento nostro [quod, cum] Garnerius de Cathalano, civis ambianensis, laycus, nostri ac dictorum maioris et scabinorum justiciabilis, transiret nuper per quandam viam, que est per hospicium episcopale ambianense, gentes episcopi ambianensis ipsum Garnerium, sine presenti maleficio, ceperunt et in prisionibus dicti episcopi detruserunt; et, licet, ad instanciam procuratoris nostri ac maioris et scabinorum predictorum in casu novitatis et aliter super hoc conquerencium, locumtenens gubernatoris baillivie ambianensis officiali dicti

24 Juillet 1342

episcopi pluries et debite precepisset seu requisivisset ac injungi fecisset ut dictum Garnerium redderet et liberaret conquerentibus predictis, dictus officialis hoc facere recusaverat indebite, asserendo quod dictum Garnerium detinebat ut vehementer suspectum de heresi et quod non solum tanquam officialis dictum Garnerium capi fecerat, sed tanquam inquisitor heretice pravitatis, commissarius in hac parte dicti episcopi, una cum priore fratrum predicatorum ambianensium, propter quod nolebat ipsum reddere, ut dicebant, certam ob hoc facientes requestam, curia nostra, consentientibus procuratore nostro ac procuratore maioris et scabinorum predictorum, ex una parte, et procuratore dicti episcopi, ex altera, ordinavit quod dictus Garnerius tibi per manum nostram tanquam superiorem tradetur et per ipsam manum sibi ipsi per te prisio sua elargabitur usque ad dies baillivie ambianensis nostri futuri proximo parlamenti, quos dies curia nostra dictis partibus assignavit processuris super requesta procuratoris nostri et procuratoris dictorum maioris et scabinorum ac eciam super injuriis et violenciis, oppressionibus et inobedienciis gentibus nostris, maiori et scabinis et Garnerio predictis factis per dictum officialem et alias gentes dicti episcopi, ut dicitur, prout fuerit racionis, injungendo procuratori dicti episcopi ut, si quos processus vel informacionem habeat, racione premissorum, contra Garnerium predictum, ipsos curie nostre afferat, diebus predictis, ut super premissis per eandem curiam racionabilius valeat ordinari. Mandamus et committimus tibi quatinus, ad locum ubi dictus Garnerius detinetur personaliter accedens, ipsum Garnerium tibi per dictum episcopum seu ejus gentes tradendum elarges per manum nostram predictam usque ad dies predictos, sub pena, si ipsis diebus per te sibi assignandis deffecerit, quod a sibi impositis habeatur pro convicto, dictoque Garnerio tibi per gentes dicti episcopi tradito, manum nostram ad temporalitatem dicti episcopi pro premissis appositam facias statim abinde levari, nostramque curiam certifices de hiis que feceris in premissis. Damus autem omnibus justiciariis et subditis nostris tenore presencium in mandatis ut in hiis et ea tangentibus tibi pareant et intendent. xxiv^a die julii, anno M° CCC° XL° II°.

X^{Ia} 9, f° 253 v°.

IV

SUPPLÉMENT A L'ARTICLE XI
(Suite au n° 4)

Documents relatifs aux rapports des marchands d'Amiens et des péagers de Bapaume, 1343-1344 (2 pièces).

N° 1. — Mandement de la Cour enjoignant au bailli d'Amiens de contraindre Baudouin Benel, receveur dudit péage, à payer aux maire et échevins certains frais qui leur avaient été adjugés par arrêt.

Nous apprenons par les deux pièces suivantes, dont l'une a été conservée dans les registres du greffe (1), quelle fut l'issue de l'instance, portée par les maire et échevins, contre les péagers de Bapaume, devant le Parlement de 1342. Environ un an après l'arrêt du 9 février 1342, la Cour faisait contraindre Baudouin Benel (2) au paiement des frais adjugés aux plaignants et fixés par ses commissaires à la somme de 18 l. 3 s. 4 d. Puis, prononçant sur le fond, elle enjoignait au bailli de Bapaume, séant en jugement, de lever toute entrave à la jouissance de leur franchise, en donnant assignation aux opposants, s'il s'en présentait. Celui-ci, ayant déclaré s'abstenir de toute opposition, fut cité avec le comte à la barre, pour voir adjuger aux maire et échevins le bénéfice de cette renonciation. Mais là, le comte, relevant le fait en son nom personnel, présenta des lettres d'état obtenues du Roi pour l'ajournement de toutes les causes l'intéressant, et la Cour ne put que lui donner acte de ce dessaisissement.

Il nous a été impossible, malgré des recherches prolongées, de retrouver un prétendu arrêt de la Cour de 1385, sur la question, signalé par une délibération d'échevinage du 14 décembre 1559, BB 33, 17.

Gubernatori baillivie ambianensis, etc. Mandamus et committimus vobis quatinus, visis presentibus, compelli faciatis Balduinum Benel, per captionem et explectationem bonorum suorum, ad reddendum et solvendum maiori et scabinis

13 Janvier 1342, v. st.

---

(1) Les registres du greffe nous ont conservé les mentions très sommaires d'un certain nombre d'accords entre la comtesse d'Artois et l'échevinage d'Amiens sur la question du péage de Bapaume, qui n'étaient en fait que des ajournements.
Cf. 8844, f° 198, 6 mars 1323, v. st. Inter comitissam attrebatensem et pedagiarios de Bapalmis, ex una parte, et mercatores et habitatores ambianenses facta est concordia, ad magistrum Philippum de Messia, clericum, et Radmundum Chaillou, militem. dicta die.
Ibid., f° 261 v°, 7 janvier 1324, v. st. (ut supra) de consensu procuratoris regis et pedagiariorum ac procuratoris mercatorum et habitatorum predictorum, etc., etc.

(2) Ce Bauduin Benel est qualifié dans un arrêt du 23 décembre 1345 (X¹ᵃ 10, f° 395), donné contre la ville de Péronne : « ambianensis dicti pedagii collector ».

ville ambianensis decem et octo libras tres solidos et quatuor denarios paris., pro certis expensis per certos curie nostre commissarios taxatis, in quibus dictus Balduinus, per arrestum curie nostre in nostro novissimo preterito parlamento latum, eisdem maiori et scabinis extitit condempnatus, die xiiiª januarii.

X¹ᵃ 9, f° 362 v°.

N° 2. — Ajournement de la cause décrété par la Cour à raison de la production par le comte de Flandre de lettres d'état ou de surséance à lui accordées par le Roi.

8 Décembre 1344

Cum maior et scabini ambianenses assererent se esse, tam pro se quam pro mercatoribus et habitatoribus ville ambianensis, in possessione pacifica libertatis, a tanto tempore quod de contrario memoria hominum non existit vel quod sufficit ad bonam saisinam acquirendum, emendi in Flandria cujuscunque generis mercaturas et ipsas in Franciam devehi faciendi, licet essent apud Ambianos exonerate et iterum ibidem super vecturas ad vehendum eas in Franciam per eos vel quoscunque alios emptores earum apposite, solvendo pro mercaturis ipsis pedagiariis de Bappalmis vel mittendo eisdem redibencias consuetas, absque eo quod dictas mercaturas ad dictum locum de Bappalmis remittere teneantur; verum quod per comitem flandrensem vel gentes ejus asserebant se esse turbatos indebite et de novo in sua possessione predicta, nos, ad querimoniam eorumdem, fecerimus precipi baillivo dicti comitis apud Bappalmas sedenti in judicio ut, impedimento et turbacione hujusmodi amotis, permitteret dictos conquerentes predicta sua possessione gaudere et, si aliquis se opponeret, assignaretur eidem dies in parlamento nostro super opposicione predicta processuro, et, cum dictus baillivus se noluisset opponere, adjornati fuerunt dictus comes et ipse baillivus in nostro parlamento visuri judicari utilitatem defectus oppositionis per dictum baillivum non facte et processuri ulterius ut jus esset. Constitutisque itaque in curia nostra procuratoribus dictarum parcium, procuratore dictorum conquerentium petente utilitatem dicti deffectus sibi adjudicari, procuratore vero dicti comitis dicente quod factum dicti baillivi in hac parte erat factum proprium dicti comitis et non suum, et deinde exhibitis litteris status causarum predicti comitis et partibus auditis, curia nostra ordinavit quod ipsa causa remanebit in statu, sicut alie cause predicti comitis, juxta tenorem dictarum litterarum status a nobis eidem comiti concessarum. viiiª die decembris.

X¹ᴬ 8848, f° 125.

V

Documents concernant Toussaint Dubus, procureur au bailliage, 1343-1349.
(6 pièces).

N° 1. — Arrêt d'absolution accordé par la Cour à Toussaint Dubus, après enquête sur les griefs articulés contre lui.

Les tribulations de Toussaint Dubus, le premier procureur du Roi au bailliage dont le nom nous soit parvenu, ouvrent la longue liste des disgrâces qui remplirent l'histoire de ses successeurs et de l'office lui-même voué par définition aux haines et aux rancunes de tous ceux contre lesquels il avait à requérir et procéder. Les griefs, énumérés dans cet arrêt d'absolution, sont ceux, ou peu s'en faut, que nous verrons reparaître dans toutes les affaires semblables. On peut en dire autant de la conclusion, par laquelle le Roi et la Cour déclarent qu'il n'a été en butte à tant de haines que pour « avoir gardé le droit » du prince. En 1343, l'affaire Toussaint Dubus occupait la Cour au moins depuis un an. On verra, dans la pièce suivante, qu'il avait été « emprisonné par lonc temps »; et l'on trouve encore, dans X2A, fos 79, 172, 176 :

1° Une requête de l'inculpé du 19 juillet 1342, demandant au Parlement la communication de l'enquête faite contre lui par le sire de Ham et Simon de Briey;

2° En décembre 1342, l'acceptation par la Cour de la caution que donnent pour lui deux bourgeois d'Amiens, Colard Jouglet et Jean Bargoul (celui-ci, sans doute le même que le Jean Bargoul qui figure comme clerc de la ville en 1318, en tête du cartulaire AA 5. (Reg. E).

Cum coram certis commissariis specialiter deputatis procurator noster seu promotor per eos pro nobis deputatus contra Toussanum de Busco, quondam procuratorem nostrum in bailliuia ambianensi, quamplures articulos proposuisset in quibus inter cetera continebatur quod ipse Toussanus fuerat et erat proditor nobis et carissimis primogenito nostro, duci Normannie, ac fratri nostro, duci Burgundie, ac toti corone Francie, prout per quandam informacionem super hoc per certas gentes nostras factam dicebat plenius apparere, quodque, pendente guerra inter nos et regem Anglie, contra prohibicionem nostram, miserat in Angliam victualia et alias mercaturas, ac eciam quandam inquestam quam ipse Toussanus fecerat contra Matheum de Betembos et Johannem de Rouveroy accusatos de morte Radulphi Marcelli, pecunia corruptus, retardaverat injuste et sine causa, quodque dictus Toussans, ut procurator noster, ad judicium evocari fecerat priorem de Sancto Supplicio juxta Dullendum super quibusdam attemptatis per ipsum priorem commissis et, ad finem ut desisteret a prosecucione dictorum attemptatorum, pallefredum dicti prioris una cum harnesio ab ipso priore habuerat, propter quod dictus prior mortuus fuerat pro dolore; posueratque idem Toussanus

15 Février
1342, v. st.

in tormentis injuste et sine causa et pecunia corruptus Perrotum Picardi, Cudardum Daleri et quemdam alium hominem de Caveron; feceratque dictus Toussanus quandam inquestam super administracione et gardia quorumdam pupillorum et eorum bonorum inter magistrum Jacobum Parvi, ex una parte, et Colardum Grimaldi, ex altera, de qua habuit lx lib. par. et duos cifos argenteos pro faciendo adjudicari dictas administracionem et gardiam eidem Colardo, contra consuetudinem notoriam patrie in talibus approbatam. Substraxeratque idem Toussanus, pecunia corruptus, attestaciones xvi testium de quadam inquesta facta inter Nicolaum de la Fou, ex una parte, et Balduinum Crequi, ex altera, propter quod dictus Colardus suam causam perdiderat. Dictusque Toussanus una cum Johanne de Dommarcio injuste et sine causa et pecunia corruptus fecerat suspendi Philippum de Sohiercapelle tanquam bannitum de regno nostro, licet litteras haberet a nobis quod posset per dictum regnum nostrum venire et redire secure, quas litteras sibi abstulerat dictus Toussanus et in ignem posuerat. Fecerat eciam dictus Toussanus quandam inquestam contra Reginaldum Pasquier, Renardum, ejus fratrem, de Limeu, et Petrum le Surre, ejus consanguineum, super eo quod eis imponebatur quod ipsi verberaverant quemdam hominem, quos tres homines dictus Toussanus injuste et sine causa et pecunia corruptus suspendi fecerat, licet inter eos non esset assecuramentum et licet mors seu mutillacio exinde minime esset subsecuta. Necnon et in bailliviâ ambianensi communis vox et fama currebat contra dictum Toussanum quod ipse pluries vendiderat justiciam et quamplures in tormentis posuerat et suspendi fecerat injuste et sine causa et pecunia corruptus. Vendideratque dictus Toussanus abbati de Gardo justiciam quam nos habebamus in loco de Valestreux et confessus fuit dictus Toussanus, ut procurator noster, quod dicta justicia pertinebat ad dictum abbatem, mediantibus ccc libris quas habuit a dicto abbate pro faciendo confessionem predictam; quodque dictus Toussanus erat pensionarius de Anchino ecclesiarum et de Sancto Judoco et plurium aliarum, et de premissis et quampluribus aliis criminibus erat dictus Toussanus in bailliviâ ambianensi et locis circumvicinis notorie diffamatus. Et ad finem, ut predicta non remanerent impunita, nos predictis commissariis mandaveramus et commiseramus quatinus de predictis, vocatis evocandis, contra dictum Toussanum veritatem inquirerent et, si ipsum culpabilem invenirent, ipsum Toussanum taliter punirent quam cederet aliis in exemplum. Super quibus articulis necnon et super defensionibus dicti Toussani fuit per dictos commissarios nostros seu per certos deputatos ab eisdem judicibus per nos, virtute predicte commissionis, existentibus ac eciam constitutis facta certa inquesta, que postmodum, una cum informacione predicta in eadem inquesta posita et contenta, fuit, de mandato nostro, in curia nostra, auditis partibus et de earumdem consensu, ad judicandum recepta. Visa igitur per dictam curiam nostram inquesta predicta predictam informacionem continente, ut predictum est, et diligenter examinata, consideratis insuper omnibus que nostram curiam movere poterant et debebant, predicta curia nostra, virtute certe commissionis eidem a nobis super hoc facte, per arrestum predictum Toussanum a predictis sibi per procuratorem seu promotorem nostrum impositis absolvit et ipsum a carcere, quo ob hoc tenebatur astrictius una cum fidejussoribus suis, penitus liberavit ac bona sua omnia que occasione premissorum fuerant arrestata seu ad manum nostram posita eidem Toussano per suum arrestum predictum deliberavit ad plenum. Die xv^a februarii, anno M° CCC° XL° II°.

X^{ta} 8, f° 272.

N° 2. — Mandement au bailli d'Amiens d'avoir à exécuter un arrêt de la Cour réintégrant en son office Toussaint Dubus et déportant Bernard Samuel (qui lui avait été substitué), conformément aux lettres du Roi du 3 mars.

Baillivo ambianensi, etc. Cum Toussanus dictus du Bus propter aliquas denunciaciones contra ipsum per nonnullos sibi malivolos in curia nostra civiliter et criminaliter factas, hiis pendentibus, ab officio procuratoris nostri in baillivia ambianensi, quod ex successione nostra antea gerebat, amotus fuerit, demumque per arrestum dicte curie super hiis liberatus extiterit, tanquam innocens repertus in premissis, nos ipsum ad honorem sui et bonam famam, necnon ad dictum officium, amoto abinde per nos Bernardo Samuel cui, occasione premissorum, idem officium commissum fuerat, restituendum duximus, prout in aliis litteris nostris plenius continetur, dictaque curia nostra, ad mandatum nostrum, prefato Toussano tradidit et liberavit possessionem supradicti officii, prout fieri debuit in hac parte. Quare mandamus vobis quatinus dictum officium a dicto Toussano, tanquam a procuratore nostro predicto, exerceri juxta formam comissionis nostre, alias super hoc per nostras litteras gratie facte, de quibus liquebit, absque difficultate qualicunque, permittatis et gratie super hoc pareri debite faciatis, dictum Bernardum ad reddendum dicto Toussano processus et instrumenta quos, racione dicti officii, dum ipsum, ut prefertur, gerebat, habuit, si et prout opus fuerit, racione previa compellentes. Die x^a martii, anno M° CCC° XL° II°.

3-10 Mars 1342, v. st.

Philippe, par la grâce de Dieu, roys de France. A nos amés et féaulx gens tenans nostre présent parlement à Paris, salut et dilection. Oye la supplicacion de Toussains du Bus contenant que, à la dénunciacion de aucuns ses malveuillans, li estans nostre procureur ou bailliage d'Amiens, il, pour hayne et envie de que il a gardé nostre droit contre eulz et autres, a esté prins et emprisonnés par lonc temps et de plusieurs cas criminels et civils proposés contre li par enqueste faite de nostre commandement délivrés par arrest de nostre parlement aveuc tous ses biens, et que cependant ledit office a esté baillié à exercer à Bernard Samuel par vertu de nos lettres autres, savoir vous faisons que ledit Toussains avons remis et restitué en sondit office et restabli à toutes ses honneurs et bonne renommée en la fourme et manière que il estoit par avant ladite prise, et d'ycelli avons osté et déporté ledit Bernart par ces présentes lettres. Et vous mandons et commettons que ledit Toussains mettes solennellement en possession et faites jouir et exercer dudit office et des appartenances, tant comme il nous plaira, aus gages acoustumés, selon la teneur de nos autres lettres que il a faisans mencion dudit office, et ce li avons nous ottroyé de grâce espécial. Donné au Val Nostre Dame, le IIIe jour de mars, l'an M CCC XLII.

X^{IA} 9, f° 369.

N° 3. — Arrêt de la Cour substituant à feu Jean de Canteleu, l'un des accusateurs de Toussaint Dubus, son frère, Mathieu, dans la poursuite en réparations de dommages et intérêts, mais en le relevant de toute responsabilité du grief d'injures pareillement articulé contre le défunt.

Cet arrêt n'a pas seulement le mérite de nous faire connaître deux des accusateurs de Toussaint Dubus, dont l'un est le premier représentant de nous connu de la famille de Canteleu, qui devait tenir une si grande place dans les offices du bailliage, aux xv° et xvi° siècles ; il résout encore un point de droit des plus intéressants, celui de la responsabilité des membres survivants d'une famille poursuivis en réparation des délits imputables au membre défunt. Cette question de responsabilité est résolue par l'affirmative, pour ce qui concerne le délit de dommages, et par la négative pour ce qui est du délit d'injures.

12 Juin 1344

Cum Tossanus du Bus adjornari in curia nostra, virtute litterarum nostrarum, fecisset Johannem de Cantulupi, aliter dictum Griffon, eidem responsurum super eo quod dicebat ipsum captum fuisse de mandato nostro et in diversis carceribus mancipatum pro suspicione diversorum criminum eidem impositorum per falsam et calumpniosam suggestionem dicti Johannis ac Martini de Novo Portu, qui dictum Tossanum odiose prosequti fuerant et predicta denunciaverant, pro eo quod ipse, tunc procurator noster existens in ambianensi baillivia, aliqua explecta justicie fecerat contra eos et fieri fecerat, et bona ipsius Tossani capi, distrahi et devastari procuraverant, pluresque injurias inferri ac dampna quamplurima, ut dicebat, super quibus tamen criminibus fuerat postmodum per arrestum curie nostre ut innocens absolutus, et licet dictus Johannes ad suam propriam personam adjornatus ut compareret in curia nostra, super predictis omnibus dicto Tossano responsurus, fuisset, quia tamen non comparuit, fuit ad instanciam dicti Tossani positus in defectu ac super utilitate quam petere intendebat ex defectu predicto ad dies ambianensis baillivie parlamenti presentis iterum adjornatus et ad procedendum ulterius ut jus esset, qua die pendente, dictus Johannes diem clausit extremum, propter quod dictus Tossanus Matheum de Cantulupi, dicti defuncti fratrem et heredem, adjornari fecit in curia nostra ad resumendum arramenta dicte cause et ad respondendum super premissis et ulterius procedendum ut jus esset, quibus partibus in curia nostra comparentibus, peciit dictus Tossanus ut dictus Matheus, ut heres dicti fratris sui, arramenta dicte cause resumeret, quodque super peticione sua predicta, racione injuriarum, dampnorum ac interesse predictorum, responderet et quod in ipsis condempnaretur; dicto Matheo respondente quod arramenta dicte cause resumere non intendebat, nec eciam resumebat. Qua responsione facta, peciit dictus Tossanus quod, cum dictus Matheus dicti fratris sui heres esset et pro tali se gereret, nec dictam causam vellet defendere, eidem adjudicaretur sua peticio predicta vel quod saltim super factis per eum propositis inquireretur veritas, dicto Matheo a suis defensionibus excluso; dicto Matheo replicante quod, cum dictus Tossanus dictum defunctum fratrem suum super certis injuriis adjornari fecisset, quarum actio, lite non contestata, contra heredem non competit, et contra dictum defunctum lis contestata non fuisset, non poterat dictus Tossanus, occasione dictarum injuriarum, movere actionem contra eum, nec super hoc audiri debebat, presertim cum arramenta predicta minime resumpsisset; dicto vero Tossano e contrario proponente quod non solum racione dictarum injuriarum per dictum defunctum eidem illatarum actionem moverat contra dictum defunctum, sed eciam racione dampnorum plurium que habuerat et sustinuerat per factum et culpam dampnabilem et maliciam ipsius defuncti, quodque per eum non remanserat quominus super predictis cum ipso fuisset litem contestatus, sed pocius per ipsius subterfugia, prout curie nostre certum erat ac eciam notorium, propter quod dicebat quod dictus Matheus dicte petitioni respondere tenebatur, vel fieri debebat requesta sua predicta, saltim in quantum tangebat dampna et interesse predicta, plures ad dictum fines proponens rationes; dicto Matheo contrarium pluribus racionibus proponente. Auditis igitur predictis partibus, hiisque consideratis et attentis que curiam nostram movere poterant et debebant, per arrestum dictum fuit quod, quantum pertinet ad injurias super quibus dictus Griffon adjornatus fuerat, dictus Tossanus accionem non habebit nec habet contra dictum Matheum, cum super hiis lis contestata non fuerit contra predictum defunctum, quantum vero tangit dampna, interesse et expensas que dictus Tossanus se asserit per factum et culpam dicti defuncti incurrisse et habuisse, accionem movere et intentare poterit dictus Tossanus contra dictum Matheum, nec est extincta actio predictorum per mortem dicti defuncti Griffon, super quibus poterit dictus Tossanus dictum Matheum ut heredem fratris sui facere adjornari, et super hiis, necnon super dampnis et expensis factis, occasione defectus dati contra dictum defunctum, dictus Matheus respondebit. Die xii^a junii XLIV°.

X^{ia} 10, f° 115.

N° 4 — Arrêt de la Cour admettant Toussaint Dubus à se faire rembourser d'une créance, datant de 1339, en monnaie de poids et non en monnaie du cours actuel, contrairement aux prescriptions des ordonnances royales.

On trouvera, dans cette pièce, d'intéressants détails sur les variations du cours des monnaies et les perturbations qui en résultaient dans les échanges, malgré les précautions prises par les vendeurs de stipuler les conditions de paiement « ad marcham et billonem », c'est-à-dire en monnaie de poids, contrairement aux prescriptions des ordonnances royales que la Cour ne craint pas d'infirmer par son arrêt.

16 Avril 1347

Cum [coram] locumtenente baillivi nostri ambianensis Tussanus Dubus, procurator noster dicte baillivie, contra Leodegarium Archier proposuisset quod, cum Balduinus de Vaudencourt et dictus Leodegarius sibi fuissent, quilibet in solidum, obligati per litteras dicte nostre baillivie in quadraginta lib. par., pro vendicione equorum, monete currentis tempore contractus inhiti, videlicet xx^a die natalis Domini, anni XXXIX, ad marcham et billonem, quo tempore marcha valebat centum et quinque solid. turon. et sic poterant tunc ascendere dicte xl.^{a} libre ix marchas argenti vel circiter, recepissetque dictus Tussanus de dicta summa xl.^{a} lib. paris. monete currentis anno XLI°, tercia die julii, marcha valente ix lib. xii s. turon., et sic valebant dicte xl^a libre ultime quinque marchas, unam onciam et duas partes oncie vel circiter, et ita restabat ad solvendum quatuor marche, due oncie, tres partes oncie et quatuor stelligni, marcha valente xiii lib. et x s. turon., propter quod dicebat dictam executionem contra dictum Leodegarium bene et juste fuisse inceptam, quare petebat dictus Tussanus dictam executionem virtute dictarum litterarum baillivie nostre inceptam contra dictum Leodegarium pro residuo dicte summe, videlicet xl^a lib. paris. vel circiter monete currentis x^a die julii, anno XLIII°, ad bonum compotum veniendo, perfici debere, dictumque Leodegarium male et injuste se opposuisse pronunciari, ipsumque Leodegarium, oppositione pendente, arrestatum remanere debere, dictamque litteram obligatoriam dicto Leodegario minime fore restituendam, ipsumque Leodegarium in expensis dicto Tussano condempnari, ad fines predictos plures alias rationes proponendo.

Dicto Leodegario in contrarium proponente et dicente quod Balduinus, qui dictos equos ad suum comodum habuerat, tanquam principalis debitor, per dictum Tussanum coram baillivo nostro ambianensi arrestatus et finaliter Petrus de Sancto Fuciano, novationem faciendo, dictum Leodegarium a dicta obligacione liberando de dictis quadraginta libris erga dictum Tussanum, dicto Tussano volente et consenciente, responderat ac solverat in moneta regali currente tempore solucionis, de qua solucione dictus Tussanus se tenuerat integraliter pro pagato. Dicebatque dictus Leodegarius quod tales contractus facti ad marcham et billonem per ordinationes regias fuerant prohibite. Quare petebat dictus Leodegarius executionem contra se inceptam tanquam iniquam et injustam totaliter anullari, dictasque litteras obligatorias sibi tanquam nullas restitui, ipsumque a dicta arrestatione liberari et omnia bona sua propter hoc capta et arrestata sibi reddi et restitui, dictumque Tussanum sibi in expensis condempnari, ad fines predictos plures alias rationes proponendo; tandem locumtenens dicti baillivi nostri ambianensis super predictis pronunciasset dictam executionem contra dictum Leodegarium inique et injuste inceptam fuisse, dictum Leodegarium ab impeticione dicti Tussani absolvendo, dictumque Tussanum in expensis dicte cause dicto Leodegario condempnando, fuit a dicta sentencia per dictum Tussanum ad curiam nostram appellatum. Auditis igitur partibus in curia nostra in causa appellationis predicte, processuque utrum bene vel male fuerat appellatum ad judicandum admisso, ipsoque viso et diligenter examinato, per judicium dicte curie nostre dictum fuit dictum locumtenentem male judicasse et dictum Tussanum bene appellasse, condempnavitque dicta curia nostra dictum Leodegarium dicto Tussano in petitis per eundem Tussanum, taxatione expensarum petitarum curie nostre reservata. Die xvi^a aprilis, anno M° CCC° XLVII°.

X^ia 11, f° 194.

N° 5. — *Mandement de la Cour interdisant à plusieurs plaignants de poursuivre ailleurs que devant elle le lieutenant du bailli et le procureur du Roi, accusés d'arrestation et d'exécution arbitraires à l'intérieur du monastère de Saint-Martin-aux-Jumeaux, et annulant les informations commencées contre les inculpés.*

Les faits dont il est ici question, l'arrestation arbitraire de Simon de Linières, à l'intérieur du monastère de Saint-Martin-aux-Jumeaux, son exécution et le refus de rendre son corps à sa famille, témoignent de l'extrême liberté dont usaient, dès le milieu du xiv° siècle, les officiers du bailliage, à l'égard des chartes d'immunité, des formes élémentaires de la justice et des simples convenances. Il n'en est que plus curieux de voir la Cour leur donner moralement raison, sous la seule réserve de l'évocation par-devant elle des poursuites des plaignants et de la suspension du pouvoir du lieutenant de connaître de leurs autres causes, pendant la durée du procès. Nous avons donné plus haut (art. LI) d'autres preuves de ces mœurs judiciaires.

11 Janvier 1348, v. st.

Notum facimus quod, in curia nostra personaliter constituti, Jacobus Piqueti, locumtenens baillivi nostri ambianensis, ac Tossanus de Busco, procurator noster in baillivia ambianensi, asseruerunt quod ad eorum noticiam pervenerat quod abbas Sancti Walerici, Johanna de Bouberch, quondam uxor defuncti Symonis de Linières, et Petrus, nepos dicti Symonis, amici carnales ejusdem, decanus et capitulum ambianensis Ecclesie, religiosi, abbas et conventus Sancti Martini ad Jumellos et nonnulli alii, conceptis rancore et odio contra ipsos, eo quod dictus Jacobus et quidam alii officiarii nostri dicte baillivie, dicto procuratore nostro instigante, dictum Symonem, suis exigentibus demeritis, condempnaverant ad mortem et ultimo supplicio tradi fecerant, plures impetraciones et informationes secretas contra ipsos fieri procurabant ad finem vexandi et dampnificandi eosdem in corporibus et in bonis, et ob hoc eidem curie nostre supplicarunt ut super hoc eisdem provideret et dictas impetraciones et informaciones cessare faceret, offerentes se contra prenominatos et alios, si de ipsis conqueri vellent, in dicta curia nostra per peremptorias deffendere et in eadem curia stare juri. Quibus supplicacione et oblacione auditis, dicta curia prenominatis seu procuratoribus eorumdem inhibuit ne aliquas impetraciones seu informaciones contra dictos locumtenentem et procuratorem, occasione premissorum, quoquomodo fieri procurent, nec ipsos alibi quam in curia nostra ob hoc in causam trahere presumant. Quocirca omnibus justiciariis nostris et locatenentibus eorumdem, tenore presentium, inhibemus ne, pretextu impetracionum et informacionum quarumcunque ob premissa ad instanciam prenominatorum aut alterius eorumdem factarum aut faciendarum, quas dicta curia nostra ex nunc anullavit et anullat per presentes, predictos locumtenentem et procuratorem nostrum aut alterum eorumdem in corpore sive bonis vexari, molestari aut aliter inquietari quoquomodo permittant. xi⁴ die januarii (1348).

X¹ᴬ 12, f⁰ 76 v⁰.

N⁰ 6. — Jacobo Piquet, locumtenenti baillivi ambianensis, salutem. Cum, pendente certo processu in parlamento nostro inter religiosos, abbatem et conventum monasterii Sancti Martini ad Gemellos ambianensis, ex una parte, et te, tanquam locumtenentem dicti baillivi ambianensis, ex altera, videlicet super restitucione corporis defuncti Symonis de Lineriis violenter capti in thesauraria et immunitate ecclesie dicti monasterii et deinde ultimo supplicio per te, sicut asserunt, condempnati, propter quod tu forte es vel esse posses dictis religiosis odiosus, curia nostra ordinavit, te et dictis religiosis auditis, quod tu, nec tanquam locumtenens dicti baillivi, neque aliter cognosces, dicto processu durante, de aliqua causa vel aliqua re tangente dictos religiosos seu eorum ecclesiam vel familiam quoquomodo. Quin imo ipsi religiosi a te cum eorum familia erunt exempti, dicto, sicut predicitur, durante processu. Tibi districtius inhibemus ne contra ordinacionem dicte nostre curie aliquatenus attemptari presumas. Die xi⁴ januarii.

11 Janvier 1348, v. st.

Ibid., f⁰ 78.

VI

Arrêt de la Cour libérant un bourgeois d'Amiens des poursuites contre lui intentées par deux habitants de Guines, à raison de l'assistance qu'il avait prêtée à un jeune Anglais, son hôte, contre lequel les deux poursuivants prétendaient user de lettres de marque, et condamnant ceux-ci aux dépens.

Dès le xɪᴠᵉ siècle, les riches bourgeois de France et d'Angleterre pratiquaient l'usage de se confier mutuellement leurs fils, pour leur faire apprendre la langue du pays avec lequel ils avaient des relations d'échanges; et les marchands d'Amiens s'honoraient, en un temps où les passions populaires étaient déjà fort excitées contre l'ennemi national (Cf. art. XIV), en défendant leurs hôtes des poursuites de sujets du Roi, victimes de faits de guerre et pourvus de lettres de marque les autorisant à user de représailles contre tous Anglais trouvés dans le royaume. La Cour donne raison à l'un d'eux, Geoffroy Laguillier, et à l'argument dont il se couvre, que ces lettres ne sont applicables qu'aux seuls marchands de la nation ennemie.

Lite mota coram nostro ambianensi baillivo inter Huetum, dictum le Gay, procuratorem et procuratorio nomine Christiani et Johannis Baraz, fratrum bur-

19 Janvier 1347, v. st.

gensium de Guynes, ex parte una, et Geffredum dictum Laguiller, burgensem ambianensem, ex alia, super eo quod dictus Huetus dicebat et proponebat quod, cum ad requestam dictorum fratrum dicencium se de certis sarpilleriis lanarum summam ducentarum quinquaginta librarum sterlingorum valencium per Anglicos, inimicos nostros, fuisse disrobatos, nos jampridem dicto nostro baillivo per nostras litteras mandassemus quod, si per litteras vel aliter debite dampna predicta ipsis fratribus facta fuisse reperiret, dictos malefactores et alios Anglicos, inimicos nostros, corporaque et bona eorumdem, ubicunque extra loca sacra reperiri possent, caperet et detineret, quousque dictis fratribus fieret restitucio de dampnis et deperditis supradictis; quodque, cum ad noticiam dicti Hueti pervenisset quod quidam Anglicus in domo dicti Geffredi morabatur, Giletusque de Reneville, noster serviens, una cum dicto Hueto, de mandato Johannis Aurifabri, tunc locumtenentis maioris ambianensis, in platea vulgariter vocata Sancti Martini as Waides ivissent, ipsumque Anglicum reperissent et cepissent, virtute mandatorum et litterarum nostrarum predictarum, dictus Geffredus ab eorum manibus violenter eripuerat et ad locum sacrum traxerat Anglicum memoratum, eidem victualia et necessaria postea in domo sua ministrando, eidemque in Flandriam conductum prestando et in Angliam reduci et reverti procurando. Quare petebat dictus Huetus ipsum Geffredum sibi, nomine quo supra, in ducentis quinquaginta libris sterlingorum vel in tantum quantum discrecioni dicti baillivi nostri videretur pro premissis condempnari, pronunciarique mandata nostra predicta contra ipsum Geffredum fore exequenda, necnon et ipsum Geffredum in expensis dicti Hueti, nomine quo supra, similiter condempnari.

Dicto Geffredo in contrarium proponente et dicente mandata nostra predicta per ipsum Huetum fuisse subrepticie impetrata, seque predictum Anglicum a manibus dictorum servientis et Hueti minime eripuisse et amovisse, quodque dictus Anglicus non erat mercator, immo juvenis et puer qui dumtaxat venerat ad addiscendum ydioma patrie et quod, si cum dicto Anglico fuerat in Flandriam, hoc fuerat tempore treugarum et ad finem quod de expensis per ipsum Anglicum in domo sua factis faceret se persolvi. Et idcirco petebat dictus Geffredus predicta mandata nostra pronunciari non fore contra se exequenda, sed ab impeticione dicti Hueti debere se absolvi et ipsum Huetum, nomine quo supra, in suis expensis condempnari, pluribus aliis racionibus per ipsas partes ad fines antedictos propositis hinc inde, factaque sua super premissis per certos commissarios ad hoc per dictum baillivum deputatos inquesta, ipsaque de mandato nostro dilectis et fidelibus gentibus laicis Requestarum nostri hospicii et postmodum ad curiam nostram remissa, ea demum, partibus presentibus et auditis, in ipsa curia ad judicandum recepta, visa et diligenter examinata, curia nostra predictum ipsum Geffredum ab impeticione dicti Hueti, procuratoris fratrum predictorum, absolvit et per idem judicium dicta curia nostra ipsum Huetum, nomine quo supra, in expensis hujus cause predicto Geffredo condempnavit, taxatione earum penes ipsam curiam reservata. Die xix⁴ januarii, anno XL° VII°.

X¹ᴬ 11, f° 174 v°.

VII

SUPPLÉMENT A L'ARTICLE XVII

Documents relatifs a l'accusation de prévarication portée par Milon de Soubice contre le bailli, Nicolas le Métayer, 1352-1353 (3 pièces).

N° 1. — Élargissement par la Cour de Milon de Soubice, en conséquence de l'arrêt de condamnation précédemment rendu contre lui, confirmatif de celui du bailli.

On a vu plus haut (article XVII) la nature des griefs articulés contre Milon de Soubice (falsification du seing d'auditeurs du Roi). Condamné par le bailli d'Amiens en 3.000 l. d'amende, il en appela, comme de peine excessive, le procureur du Roi, de son côté, en appelant *a minima* et à toutes autres fins. Transporté aux prisons du Châtelet, puis élargi par la ville de Paris, sous la caution de trois bourgeois, il fut débouté par confirmation pure et simple de la première sentence. Nous le voyons ici obtenir son élargissement définitif pour pouvoir aviser au paiement de l'amende, ses garants étant eux-mêmes relevés de leur caution.

Notum facimus quod, cum Milo de Soubice a quadam sentencia per baillivum ambianensem contra ipsum et pro nobis seu procuratore nostro lata, per quam in summa trium mille librarum nobis fuit condempnatus, ad nostram curiam tamquam ab excessiva asseruisset se legitime appellasse, et similiter procurator noster dicte baillivie pro nobis tamquam a minima dicebatur appellasse, et quia noster procurator in hujusmodi appellacionis causa ad omnes fines tendebat, idem Milo ad Castelletum nostrum parisiense prisionarius detentus fuisset, quam prisionem curia nostra sibi elargavit per totam villam nostram parisiensem infra portas ipsius ville, pendente hujusmodi causa, et pro dicta prisione tenenda et observanda Matheus Egret, Egidius Delabrissel et Johannes de Soubice, super certa et magna pena, fidejussores pro dicto Milone erga nos se constituissent et

2 Juillet 1352

obligassent, posteaque, per arrestum curie nostre (1), dictum fuisset dictum Milonem et cciam dictum procuratorem nostrum tamquam appellantes non debere admitti ac sententiam dicti baillivi teneri et observari, super quibus idem Milo et ejus fidejussores curie nostre supplicarunt ut, cum hujusmodi causa sit finita, corpus ipsius Milonis ac ipsos fidejussores deliberari vellet ut solucionem dictorum trium mille librarum, in quibus nobis est, ut predicitur, idem Milo condempnatus, providere posset, ipsa curia nostra, premissis consideratis, dictos fidejussores a dicta caucione quictando, eundem Milonem a dicta prisione deliberavit, dum tamen per alium seu alios arrestatus seu prisionatus detentus non esset. Actum Parisius die 11ª julii, anno M° CCC° L° II°.

X¹ᴬ 13, f° 263.

N° 2. — *Élargissement par la Cour de l'avocat Jean de Bethembos, impliqué dans l'affaire Milon de Soubice.*

L'affaire Milon de Soubice eut des suites plus intéressantes encore qu'elle-même dans l'action publique qu'elle entraîna contre son avocat, à Amiens, Jean de Bethembos, qu'il accusa, après sa condamnation, de s'être approprié une somme de cent florins d'or, qu'il aurait reçue de l'un de ses amis, Pierre de Pierrepont, en se faisant fort d'obtenir, à ce prix, du bailli un jugement de complaisance. Ce qui compliquait encore l'affaire, c'est que le même personnage semble bien avoir cumulé, dans la circonstance, la double qualité d'avocat de l'inculpé et celle d'avocat du Roi, que nous le voyons encore détenir en 1359, etc. (V. *infra*, article VI, n° 1). On ne s'expliquerait pas sans cela qu'elle ait été dévolue directement à la Cour, devant laquelle le procureur du Roi devait conclure à son exclusion « ab omnibus officiis et statu advocacie », (X¹ᴬ 16, f°ˢ 378 et 414), le 26 mai 1357.

Quoi qu'il en soit, Jean de Bethembos et Pierre de Pierrepont mandés à Paris, celui-ci affirma, sous serment, qu'il lui avait effectivement remis la somme, ce que l'autre nia. La Cour, après avoir entendu plusieurs témoins, fit arrêter l'inculpé qui fut enfermé dans les prisons de Sainte-Geneviève, puis élargi par la ville de Paris. Le 6 mars 1353, elle reçoit le procureur du Roi à faire la preuve de l'accusation et élargit l'inculpé, sous condition, par tout le royaume. Il prend l'engagement de n'en pas sortir et de se représenter à toute assignation, sous peine de se voir déclarer convaincu du crime en question, banni du royaume et puni de confiscation totale de ses biens, et fait élection de domicile en l'hôtel de Maître Nicolas le Gros, clerc du palais, où toutes assignations et évocations pourront lui être faites, comme à sa propre personne.

6 Mars
1352, v. st.

Universis, etc. Cum, pro parte Millonis de Soubice, fuisset in curia nostra propositum quod, ipso, certa de causa, in prisionibus nostris Ambianis existente, Johanni de Bethembos fuerant centum floreni auri ad scutum per Petrum de

---

(1) Nous n'avons pas trouvé cet arrêt, mais seulement plusieurs appels de Milon de Soubice contre les exécutions opérées sur ses biens par les sergents du Châtelet. (X¹ᴬ 15, f°ˢ 342, 360 v°, 12 décembre 1353, 24 juin 1354).

Petraponte, prepositum marescallorum nostrorum Francie, traditi, ut ipsos florenos idem Johannes de Bethembos baillivo nostro ambianensi traderet ad finem quod dicto Miloni tunc prisionario graciosior esse vellet, dictoque preposito marescallorum in dicta curia dictos florenos, per suum juramentum, eidem Johanni, ob causam predictam, tradidisse affirmante, et ipso Johanne, in dicta curia propter hoc personaliter constituto, prefatos florenos, per ejus juramentum, recepisse negante, quibusdamque testibus per dictam curiam super premissis auditis et examinatis, prenominatus Johannes per eamdem curiam arrestatus et apud Sanctam Genovefam in Monte parisiensi carceri mancipatus, postmodumque per villam nostram parisiensem elargatus extitisset, notum facimus quod, auditis super premissis procuratore nostro pro nobis, ex una parte, dictoque Johanne de Bethembos ex altera, dictoque procuratore factum predictum per prefatum Johannem, ut predicitur, negatum probare offerente, per dictam curiam, salvis ipsius Johannis reprobacionibus, admisso, sepedictus Johannes usque ad beneplacitum curie per eamdem extiti[t] per regnum nostrum elargatus; promisit tamen idem Johannes in dicta curia, per suum juramentum propter hoc corporaliter prestitum, dictam prisionem firmiter tenere et ad omnes dies eidem per dictam curiam assignandos personaliter aut aliter, prout curia videbit, comparere, sub penis quod, si in premissis seu in aliquibus premissorum reperiretur in defectu, de facto memorato habeatur pro convicto et superato, a regnoque nostro banniatur, ejusque bona omnia tanquam confiscata nobis applicentur; et, pro ipso in hujusmodi causa conveniendo ac adjornando, domicilium iu hospicio dilecti et fidelis magistri Nicholai Grossi, clerici et notarii nostri, prope quadruvium Templi parisiensis situato, elegit, volens et consenciens idem Johannes quod evocaciones seu adjornamenta que in hospicio predicto fient valeant et teneant ac si ad ejus personam seu proprium domicilium facte extitissent, admitteturque Johannes memoratus in hac causa per procuratorem donec per dictam curiam nostram aliud super hoc fuerit ordinatum. vi^a die martii L° ll°.

X^{2A} 6, f° 20 v°.

N° 3. — Mandement de la Cour relevant le bailli, Nicolas le Métayer, des accusations portées contre lui par Milon de Soubice.

L'enquête ouverte contre Jean de Bethembos ne pouvait manquer d'atteindre le bailli, Nicolas le Métayer. Nous le voyons en effet personnellement incriminé, dans la pièce suivante, par Milon de Soubice, comme ayant effectivement reçu, par les mains de l'avocat la somme de cent florins pour l'admettre à composition et le libérer de toute poursuite, et même un supplément de

120 écus pour le faire libérer par la Cour. Or, non seulement l'inculpé n'avait pu obtenir sa libération, mais le même bailli l'avait condamné à la peine du pilori et en 3000 l. d'amende, en lui faisant seulement restitution des 100 florins, non des 120 écus, dont il refusait même de lui tenir compte, en déduction de l'amende, à raison de quoi il demande information secrète et résolution de justice. La Cour, après audition de nombreux témoins, déboute le plaignant et renvoie le bailli pleinement disculpé.

12 Mars 1352, v. st.

Notum facimus quod, cum, porrecta in curia nostra conquestione Milonis, dicti de Soubice, continente quod, cum procurator noster baillivie ambianensis insequeretur cum coram Nicolao Mediator, baillivo ambianensi, super quibusdam maleficiis per ipsum Milonem commissis, pro quibus idem Milo erat in carceribus nostris detentus, tractatum fuerat inter amicos dicti Milonis, videlicet Petrum de Petraponte et Johannem de Bethembos, advocatum et consiliarium dicti Milonis, ex una parte, et dictum baillivum, ex altera, quod, mediantibus centum scutis auri quod dictus baillivus habere debebat a dicto Milone et etiam habuerat per manus dicti Petri vel dicti Johannis, ipse baillivus reciperet dictum Milonem, in presencia amicorum suorum, ad composicionem pro dictis maleficiis cum eo faciendam, ipsumque a dicta prisione et prosecucione sine vituperio liberaret, et cum dictis centum scutis auri habuerat dictus baillivus vel deputatus ipsius, ab amicis dicti Milonis, centum viginti alios scutos pro mittendo et procurando liberacionem fieri dicto Miloni per curiam nostram, et, quod obtinere non potuerat hujusmodi liberacionem, centum scutos dumtaxat reddiderat et restituerat dictis amicis dicti Milonis; et nichilominus eundem Milonem condempnaverat ad ponendum in pillorio ambianensi et in tribus millibus libris nobis prestandis pro malefactis supradictis, dictos centum et viginti scutos auri penes se retinendo, eosque dicto Miloni restituere vel pro eo in deducionem dicte condempnacionis exsolvere recusans, requirens super hoc informacionem secretam fieri et justicie complementum exhiberi, vocatisque ad certam diem in nostra curia Milone, baillivo, Petro de Petraponte, Johanne de Betembos predictis, ipsisque et procuratore nostro ac Heberto Baiart, clerico dicti baillivi, et pluribus aliis super premissis diligenter auditis, attenta eorum deposicione, dicta curia ipsum baillivum super hoc tenuit et habuit ac reputavit excusatum de presenti, eidemque licenciam concessit recedendi. Quocirca singulis justiciariis nostris damus his presentibus in mandatis ut ea in juridicionibus suis, in locis publicis, publicent et notificent seu publicari et notificari faciant, quociens ex parte dicti baillivi super hoc fuerint requisiti. Actum Parisius, in parlamento nostro, xii^a die martii. (1352, v. st.).

X$_{IA}$ 15, f° 28.

VIII

SUPPLÉMENT AUX N°ˢ 11 à 15 DE L'ARTICLE XX

DOCUMENTS RELATIFS AUX DÉMÊLÉS DE VINCENT DE BEAUQUESNE, PROCUREUR DU ROI ET DES OFFICIERS DU BAILLIAGE, 1359-1362 (5 pièces).

N° 1. — Arrêt de la Cour réintégrant, sur sa demande, Vincent de Beauquesne en son office de procureur du Roi et en tous ses biens, mais sous réserve de la faculté, pour le procureur général, d'informer sur les griefs et cas de lèse-majesté articulés contre lui.

Le présent arrêt constitue le premier chapitre des tribulations de Vincent de Beauquesne, le procureur du Roi du bailliage d'Amiens, dans la période troublée de 1357 à 1362. On y voit les officiers du Roi se ruant à la curée des confiscations, après la répression du complot de 1358, et, divisés par la passion du butin, se jetant à la face l'épithète de Navarrais pour se rendre mutuellement odieux au peuple et suspects au prince. Faut-il expliquer l'acharnement déployé par la plupart contre Vincent de Beauquesne par les responsabilités personnelles de son gendre, Guillaume des Rabuissons (V. *supra*, art. XX, n° 11), dont il semble au contraire vouloir faire ici une victime de ses propres disgrâces, ou par les rancunes de griefs anciens, comme les incidents rapportés plus haut (art. V) de l'affaire Milo de Soubice, où il avait dû requérir contre l'un d'eux, Jean de Béthembos? Nous l'ignorons. Par contre, les péripéties de son arrestation, de sa suspension par décision propre de ses ennemis, qui, de leur chef, lui donnent un substitut, (Vincent de Beauquesne affecte, sans doute à dessein, de faire le silence sur les responsabilités du bailli), les manœuvres ourdies pour empêcher ses plaintes d'arriver jusqu'au lieutenant du Roi et à la Cour, le secret et la terreur qu'on fait peser autour du prisonnier et des siens, tout cela constitue un tableau des plus instructifs des mœurs judiciaires du xiv° siècle.

13 Août 1359

Comparentibus in camera parlamenti parisiensis, coram dilectis et fidelibus precarissimi domini ac genitoris nostri et nostris consiliariis presidentibus pro nobis in dicta camera per nos deputatis, procuratore generali dicti genitoris nostri et nostro ac Vincentio de Bellaquercu, procuratore ipsius genitoris nostri et nostro in bailliva ambianensi, pro parte dictorum procuratoris generalis et Vincencii, in quantum quemlibet eorum tangebat seu tangere poterat, extitit propositum quod, cum idem Vincencius nuper coram prefatis presidentibus in dicti parlamenti camera personaliter comparens inter cetera proposuisset quod, licet ipse omnibus vite sue diebus fuisset et esset homo bone vite et conversacionis honeste ac verus et intimus gallicus et erga dictum genitorem nostrum, nos et coronam Francie semper fideliter se gessisset ac gereret, dictamque fidelitatem suam de facto ostendendo, ejus corpus in equis et armis, in conflictu novissimo qui Ambianis fuerat, contra nostros et dicti regni inimicos, morti exposuisset et in dicto conflictu adeo se habuisset quod ejus equus quem equitabat per dictos inimicos sub eo interfectus et ipsemet in maximo sue vite periculo extiterant, in hujusmodique conflictu certe ejus domus ignis incendio concremate ac ibidem et alibi per factum presenciun guerrarum et inimicorum predictorum quamplurimum dampnificatus extitisset et esset, quodque ipse tam inclite recordacionis et bone memorie regi Philippo, avo nostro, dum vixerat, quam dicto genitori nostro et nobis successive ac continue, tam in recepta dicte baillivie et dicto suo procuratoris officio quam aliter diversimode, per spacium viginti annorum et amplius, diligenter servivisset et jura Regis atque nostra fideliter servasset, ad ejus quoque noticiam, tam per experienciam facti publici et communis quam relatibus fidedignorum, pervenisset quod, in confiscacionibus bonorum nonnullarum et diversarum personarum, in villa et baillivia ambianensi predicta, suis exigentibus demeritis ac causa criminis lese majestatis seu aliter ultimo supplicio traditarum, et ad dictum genitorem nostrum et nos in solidum spectantium, jura ipsius genitoris nostri atque nostra fuerant et erant multipliciter recelata, occulta et alienata et hujusmodi bona sic dicto genitori nostro et nobis, justicia mediante, confiscata indebite et illicite distracta, distributa et alienata extiterant; et idcirco, fidelitatem suam ac ejus juramentum in hac parte servare et, ut predicto suo officio incumbuerat et incumbebat, indempnitati prefati genitoris nostri et nostre, ac prout tenebatur, servare volendo, ipse, quadam die preterita, baillivum nostrum ambianensem, in presencia Johannis le Sene, nostri in dicta baillivia receptoris, Petri le Sene, ejus fratris, nostri armorum servientis, et plurimarum aliarum personarum cum eis existencium, predicti genitoris nostri ac nostro nominibus, amicabiliter rogasset et requisivisset ut dicto receptori preciperet quatinus copiam inventarii predictarum forefacturarum et bonorum fieri faceret ac eam dicto Vincencio, nominibus quibus supra, traderet ad finem solum quod, loco et tempore oportunis, liquide ostendi et sciri ac computus et ratio legitima ubi et quibus pertineret ostendi et reddi possent quid hujusmodi confiscaciones atque bona devenissent, eidem baillivo expresse dicendo quod, per dictam villam, publice ac communiter dicebatur quod, in predictis alienacione, occultacione, distractione et dissipatione dictorum bonorum, prenominatus genitor noster et nos fuerant et erant et nos eciam fueramus et eramus quamplurimum dampnificati, nichilominus prefatus Johannes le Sene, hac requesta justa et licita audita, ex ea solum ad iracumdiam commotus, dicto Vincencio in salva et speciali gardia Regis atque nostra notorie existenti et predictum suum procuratoris officium, causis, racionibus et necessariis antedictis, debite facienti et exercenti palam et publice, in presencia ipsius baillivi et omnium aliorum cum eo tunc existencium, animo irato et malivolo ac verbis superbis et elatis, illico ipsi Vincencio responderat quod de hiis que dixerat mentitus fuerat, eidem dicendo quod ex parte dyaboli taceret et quod ipse Johannes ejus recepte officium ad predicti genitoris nostri et nostram utilitatem melius, fidelius et diligencius quam idem Vincencius dictum suum procuratoris officium, fecisset aut faceret, fecerat et eciam faciebat, et quod ipse Vincencius, licet falso, in dicto suo procuratoris officio, jura regis pluries ac scienter et corrupcione mediante perire permiserat; dictisque injuriis sic per ipsum Johannem le Sene dicto Vincencio contra veritatem dictis, prefatus Petrus le Sene, ejus frater, ex hoc non contentus sed mala malis accumulando, ad hoc quod idem Vincencius per populum communie dicte ville eo tunc contra famosos fore Navarrenses ferociter commotum illico morti traderetur, ipsum Vincencium mendaciter tamen falsum Navarrensem proditorie appellaverat, dicendo et falso quod talis erat et talem, de suo corpore, probaret eumdem, gagium suum duellare contra ipsum Vincencium propter hoc offerendo et, una cum hoc, signa et voluntatem eumdem interficiendi faciendo ac quamplures alias injurias et obprobria, verbo et facto, sine causa racionabili, eidem inferendo et dicendo. Verum, quanquam idem Vincencius, videns se sic, ut predicitur, torcionarie diffamatum et injuriatum, dicto Petro confestim et veraciter respondisset quod de hiis omnibus que dixerat, ut pravus et falsus, hec dicendo, mentitus fuerat, gagium suum duellare, ut verus et fidelis gallicus, prout est et erat, propter hoc tradere et se per dictum duellum aut aliter debite defendere offerendo. Verumptamen, ad solam ipsorum fratrum assercionem et ob eorum potenciam et favorem inordinatum quem dictus baillivus erga eosdem fratres habere dicebatur, et absque eo quod de predictis criminibus ipsi Vincencio, ut predictum est, mendose impositis dicti fratres seu alter ipsorum unquam justitie aut alibi locuti fuissent quoquomodo, idem baillivus ipsum Vincencium, se super predictis criminibus et aliis quibuscumque, si que contra eum quomodolibet dicerentur seu proponerentur, coram ipso baillivo juri stare et per peremptorias respondere illico offerentem, in belfredum ambianense prisionarium transmiserat, dictos fratres in ejus presencia sic, ut predictum est, delinquentes et in casu detencionis, saltem predictus Petrus in dicto duelli gagio provocans, aut punicionis existentes pacifice abire permittendo, sic innocendo (innocentem) puniendo et delinquentes impunitos dimittendo, juris ordine pretermisso et justicia manifeste abutendo. Die autem crastina dicti ipsius Vincencii incarceracionis, prenominati baillivus et fratres ac Berthaudus Porqueti et Johannes de Bethembos, in dicta baillivia ejusdem genitoris nostri ac noster advocatus et consiliarius, cujus dictus Berthaudus procurator et familiaris esse dicebatur atque dicitur, penes predictum Vincencium sic, ut dictum est, prisionarium detentum, in dictum bellefredum accesserant et ibidem, absque cause cognicione seu alio processu, inquisicione vel informacione de et super premissis faciendis et ipso Vincencio in suis excusacionibus et defensionibus legitimis nequaquam audito, eundem a predicto suo procuratoris officio destituerant et suspenderant et illud regendum et excercendum prefato Berthaudo tradiderant, cui nos postmodum per nostras alias litteras, ad postulacionem, promocionem seu requestam fratrum predictorum vel alterius eorumdem, quousque idem Vincencius de casibus supradictis eidem contra veritatem, ut predicitur, per dictos fratres impositis se purgasset, dicimur contulisse. Proposuisset insuper idem Vincencius quod ipso in predicto befredo, ubi prisionarius, magnis laboribus, penuriis, misiis et expensis, per spacium decem ebdomadarum et amplius, continue remanserat, sic carceri mancipato et detento, ac certis inhibicionibus custodibus dicti carceris per predictos fratres et Berthaudum seu alium ipsorum vel alios, ad eorum postulacionem et instigacionem, ne aliquis cum eodem Vincencio loqueretur factis, eo solum quod Nicolaus de Medunta, ipsius Vincencii amicus et affinis, persona honesta et fidelis, penes eumdem Vincencium, pro eo in dicto carcere visitando, accesserat, ipse Nicolaus in hujusmodi carcere et alibi, per certum temporis spacium, in odium et contemptum ejusdem Vincencii, prisionarius detentus ac quamplurimum injuriatus et dampnificatus fuerat torcionarie et injuste, quodque iidem fratres, totis suis viribus ipsum Vincencium exheredare satagentes, contra eumdem sic prisionarium detentum certos articulos atque facta falso fabricaverant et tradiderant seu fabricari et tradi ac super ipsis certas informaciones secretas per ipsius Vincencii exosos et malivolos fieri fecerant, virtute quarum omnia ejus bona mobilia et immobilia ad manum Regis atque nostram capta, saisita et adeo detenta extiterant et extabant quod non habebat unde valeret vivere et sustentari. Premissis autem ad noticiam carissimi et fidelis consanguinei nostri constabularii Francie, in partibus Picardie nostri locumtenentis, perventis et dato sibi revera intelligi quod idem Vincencius invidia, odio et rancore prisionarius detinebatur et nimis dure tractabatur, licet idem constabularius, ad evitandum ne ipse Vincencius per potenciam et prosecucionem inordinatas fratrum sepedictorum, preter ac contra justiciam, morti sine causa traderetur, per suas patentes litteras baillivo predicto ac ejus locumtenenti inter cetera bis mandasset et

precepisset ut causas, informaciones et processus super premissis factos seu
incoatos, cum dictis partibus ad certam diem coram eo propter hoc adjornatis, sibi
transmitterent et eumdem Vincencium a dicto carcere elargarent, cognicionem
predictorum eidem baillivo totaliter interdicendo et eam penes se retinendo.
Attamen, dictis fratribus hoc injuste impedientibus, idem baillivus seu ejus
locumtenens, dictis mandatis penitus inobediendo, ipsis nullathenus paruerant.
Transmisso siquidem per dictum constabularium eisdem baillivo et locumtenenti
tercio in substantia simili mandato et virtute ipsius eodem Vincencio a predicto
carcere usque ad certam diem elargato ac predictis fratribus et Berthaudo ad
hujusmodi diem coram prefato constabulario personaliter comparituris et quicquid
contra eumdem Vincencium dicere et proponere vellent dicturis et proposituris per
manus appositionem adjornatis, quia predicto Vincencio datum fuerat intelligi
quod, si ipse posset apprehendi et detineri, predicti fratres, quid inde evenire
posset, interficere facerent eumdem, ipse Vincencius, hiis verbis terribilibus sibi
per fidedignos relatis auditis, ad evitandum mortem et predictorum suorum
adversariorum ferocitatem et furorem, in villam attrebatensem, causa sui corporis
atque vite tuicionis et securitatis, accesserat. Sed hiis et aliis premissis non
obstantibus, sed pocius spretis et dicto Vincencio apud Attrabatos existente,
Johanna, ipsius Vincencii filia legitima et naturalis, etatis decem et septem annorum vel circa, infante gravida, ad dolosam instigacionem, denunciacionem seu
requestam ipsius Vincencii adversariorum predictorum ambianensium, nequaquam
delinquens et nulla informacione saltem legitima precedente, sed juris ordine et
justicie omnino pretermisso, capta, carcerique clauso et firmato mancipata ac
ibidem per spacium sex ebdomadarum et amplius, una cum Guillelmo de Rabuissons
juniore, ejus marito, in odium et contemptum solum ejusdem Vincencii et ipsos
(ipsis) facultatem et potestatem ipsum juvandi et suam expedicionem via racionis
prosequendi tollendi [causa], detenta extiterat. Et una cum hoc prefati fratres,
totis suis viribus, sine jure vel injuria, eumdem Vincencium gravare et dampni-
ficare et ne ad predictam diem sibi et predictis suis adversariis coram constabulario
antedicto, ut predictum est, personaliter assignatam accedere valeret impedire
satagentes, ipsum Vincencium, predictis elargamento et diei assignacione pendentibus, in dicta attrebatensi villa pacifice existentem et nemini offendentem, virtute
certe baillivi comissionis, capi et ab inde extrahi ac in villam ambianensem
prisionarium reduci et in predicto belfredo acrius et durius quam antea fuisset
fecerant carceri mancipari, et idem deterius (detentus) fuerat et erat; custodibus
dicti belfredi, ad hoc quod, ad predictam diem, coram dicto constabulario, contra

eosdem fratres et Berthaudum, aliquem transmittere non valeret et ibidem fame, siti et miseria moreretur, inhibuerant seu inhiberi fecerant ne quisquam cum eodem Vincencio loqueretur aut potum sive esculentum vel alia sustentacioni vite necessaria sibi traderentur vel administrarentur quoquomodo; dicta tamen inhibicione sic contra Deum, racionem, justiciam et naturam humanam inique facta non obstante, quidam ipsius Vincencii procurator, dicta die, coram predicto constabulario, ut sepedictum est, predictis partibus assignata, pro eodem Vincencio debite comparuerat et se presentaverat ac contra prenominatos fratres et Berthaudum minime comparentes explectum curie reportaverat. Proposuisset preterea idem Vincencius quod, manus violentas et potenciam predictorum suorum adversariorum evadere et via racionis et justicie deduci et trattari affectans, cum certas litteras a nobis pro parte ipsius Vincencii impetratas et predicto baillivo aut ejus locumtenenti directas obtinuisset, per quas eisdem baillivo et locumtenenti inter cetera mandatum fuerat et commissum ut, dictis nostris litteris visis, ipsum Vincencium, sub tuta custodia, penes presidentes supradictos, ad certam et competentem diem, una cum processibus et informacionibus, si quos vel quas contra dictum Vincencium haberent, transmitterent, dictas partes ad ipsam diem adjornando processuras ut esset racionis et misiis ac expensis ipsius Vincencii parcendo, eumdem ad dictam diem, sub elargamento prisionis, transmitterent adjornatum, ut hec inter alia in dictis nostris litteris dicuntur lacius contineri, virtuteque dictarum nostrarum litterarum, idem Vincencius, per certum dicte baillivie Regis servientem ad hoc per commissionem ipsius bailliivi locumtenentis deputatum, prenominatos fratres et Berthaudum ad undecimam diem mensis aprilis tunc proximo futuri, nunc autem novissime preteriti, coram presidentibus antedictis adjornari et alia in ipsis nostris litteris contenta fieri et adimpleri fecisset, commissionemque dicti locumtenentis et relacionem servientis ad eam exequendam deputati super predictis confectas et sigillatas accepisset et eas Johanni Respondi, ejus clerico et familiari, secum Parisius allaturo tradidisset. Attamen, in ejusdem Vincencii odium et predicte sue prosecucionis et defensionis retardacionem et eciam in nostri salvi conductus et adjornamenti et remissionis predictorum prejudicium et contemptum, hujusmodi commissio et relacio a dicto ipsius Vincencii clerico Ambianis maliciose et violenter amote ac idem clericus prisionarius retentus extiterant; quodque, cum idem Vincencius per predicti baillivi locumtenentem a predicto carcere elargatus et ad dictam undecimam diem aprilis coram predictis presidentibus personaliter compariturus adjornatus extitisset et iter suum Parisios accedendo arripuisset, ad finem quod potestas veniendi eidem tolleretur, fuerant nonnulli regii servientes specialiter deputati et commissi et per plures dicte ambianensis ville portas atque per diversa predicti bailliagii loca post eumdem Vincencium transmissi, ad finem quod ipsum apprehendere et capere et Ambianis prisionarium reducere valerent. Proposuisset itaque dictus Vincencius quod, ipso sub elargamento prisionis Parisios pervento et, dicta undecima die mensis aprilis, coram prefatis presidentibus contra fratres et Berthaudum memoratos minime comparentes personaliter, ut tenebantur, debite comparente et presentato, iidem fratres et Berthaudus, excessibus et gravaminibus supradictis non contempti, ad hoc quod idem Vincencius nullos posset advocatos, consiliarios seu procuratores reperire qui eum contra ipsos consulere vellent, per predictam ambianensem villam contra veritatem dixerant et publicaverant ac dici et publicari fecerant quod magister Egidius Niger, publicus in dicta ambianensi villa et bailliivia advocatus, homo honeste conversacionis atque vite, ac verus et fidelis gallicus, eo tunc cum dicto Vincencio et de ejus consilio in hac causa Parisius existens, proditor Navarrus existebat, ut premissa omnia et quamplurima alia dampna et gravamina per factum et culpam dampnabiles fratrum et Berthaudi predictorum ac ipsis hec facientibus seu fieri procurantibus et instigantibus eidem Vincencio torcionarie, inique ac injuste et illicite, ut asserebat et asserit, facta et illata, ipse Vincencius, tam per nostras ac commissionis et relacionis litteras predictas, si tamen easdem commissionem et relacionem recuperare et habere valeret, quam aliter per testes fidedignos liquide ostendere et probare asserebat. Quibus premissis consideratis et attentis, requisierat idem Vincencius inter cetera, in casu quo per nostras litteras, commissionem et relacionem antedictas sufficienter docere posset de adjornamento et diei assignacione predictis, quatinus eidem de undecima die mensis aprilis supradicta defectus simplex et absolutus, in quantum actor, et in quantum defensor in hac parte existebat, congedium per presidentes sepedictos contra prenominatos fratres et Berthaudum et contra eorum quemlibet concederentur, et raptores ac detentores predictarum suarum commissionis et relacionis ad eas sibi aut mandato suo reddendum et restituendum compellerentur, et ex eisdem defectu et congedio, in eorumdem fratrum et Berthaudi absencia et contumacia et ipsis in casu predicto pro absentibus et contumacibus reputatis, talis utilitas eidem Vincencio adjudicaretur, videlicet quod iidem fratres et Berthaudus, in quantum erant actores et dictus Vincencius defensor, a predictis suis falsis accusacionibus seu denunciacionibus, et presertim prefatus Petrus le Senc a predicto suo duelli gagio omnino cecidissent et eciam excluderentur et expellerentur, et ab eisdem dictus Vincencius, in quantum ipsos fratres et Berthaudum ac eorum quemlibet tangebat seu tangere poterat, absolveretur; in quantum vero ipse Vincencius actor et dicti fratres et Berthaudus defensores erant, quod ipsi fratres et Berthaudus ab eorum defensionibus quibuscunque, quas dicere, proponere seu allegare quovismodo potuissent sive possent, cecidissent et eciam forent exclusi, et, hiis mediantibus, idem Vincencius a predicto prisionis elargamento ad plenum liberaretur et in suo procuratoris officio antedicto realiter et de facto restitueretur et reponeretur et idem Berthaudus ab eodem expelleretur et amoveretur, necnon omnia ejusdem Vincencii bona occasione premissorum capta, saisita seu detenta eidem ad plenum traderentur et deliberarentur, et insuper iidem fratres et Berthaudus ac ipsorum quilibet in solidum et pro toto, si et prout in casibus excessuum, maleficiorum et delictorum erat et est fieri consuetum, erga eumdem Vincencium, pro suis injuriis in predictis per factum et culpam dampnabiles eorumdem fratrum et Berthaudi per eumdem Vincencium ac ipsi factis, passis et habitis, in emenda publica honorabili et notabili ac in quinque millibus librarum parisiensium et in eidem pro suis dampnis et interesse, necnon in ejus expensis in prosecucione et defensione premissorum factis et faciendis per arrestum condempnarentur et condempnati compellerentur, aut alia talis utilitas eidem Vincencio adjudicaretur qualis presidentibus predictis videretur, ad fines supradictos facta, gravamina, oppressiones illicitas superius declaratas et quamplures alias raciones, pro parte ipsius Vincencii, allegando, et super criminibus antedictis sibi falso, ut asserebat et asserit, impositis ac super aliis quibuscunque eidem imponendis, si qui sint aut fuerint, coram ipsis presidentibus juri stare et per peremptorias respondere, si et prout dicti presidentes ducerent ordinare, se sponte offerendo.

Quibus ipsius Vincencii querimonia, peticionibus et conclusionibus suis supradictis per dictos presidentes auditis, visisque litteris nostris antedictis et consideratis circa premissa considerandis, quia prenominati fratres et Berthaudus ad predictam xi^{am} diem mensis aprilis per se aut per procuratores coram prefatis presidentibus, sufficienter ut moris est vocati, non comparuerant, per eosdem presidentes inter cetera extiterat ordinatum quod, in casu quo prefatus Vincencius per commissionem et relacionem debitas aut aliter per testes fidedignos sufficienter docere posset ipsos fratres et Berthaudum fuisse, modo premisso, ad predictam xi^{am} diem mensis aprilis coram dictis presidentibus adjornatos, congedium et defectus simplices et absoluti per ipsum Vincencium superius petiti et requisiti eidem Vincencio contra ipsos fratres et Berthaudum de xi^a die aprilis supradicta concederentur et, eo casu, ipsi presidentes hujusmodi defectum et congedium dicto Vincencio concesserant, bonaque omnia predicti Vincencii occasione premissorum capta, saisita seu detenta, caucione sufficiente per eumdem Vincencium coram dictis presidentibus propter hoc tradita, eidem Vincencio per manum Regis atque nostram tanquam superiorem et absque prejudicio cujuscunque per recredenciam traderentur et deliberarentur indilate, quodque de et super gravaminibus et injuriis supradictis eidem Vincencio, ut predictum est, factis et illatis fieret informacio que, una cum omnibus informacionibus contra ipsum Vincencium super predictis criminibus sibi impositis factis, si que forent, debite clausis et sigillatis predictis presidentibus, quam cicius fieri posset, asportarentur seu transmitterentur ad finem quod, hujusmodi informacionibus per dictos presidentes visis, ipsi cui parcium predictarum et contra quam predictus dicti genitoris nostri ac noster procurator esset adjungendus vel constituendus in hac parte, necne, ordinare et ulterius super predictis, ex officio aut aliter, prout casus exigerent, securius procedere valerent, justicia mediante; super aliis vero peticionibus et conclusionibus prefati Vincencii superius declaratis, iidem presidentes, eo tunc ordinare seu eas adjudicare supersedentes et micius, ut semper facere consueverunt, procedere volentes, ordinaverunt prenominatos fratres et Berthaudum per manus apposicionem coram ipsis presidentibus ad certam et competentem diem personaliter comparituros iterato adjornari visuros adjudicari utilitatem defectus et congedii predictorum sic, ut predictum est, concessorum superius petitam et declaratam ac per dictam ordinacionem minime, ut predictum est, adjudicatam, necnon super injuriis, excessibus, gravaminibus et dampnis supradictis ipsi Vincencio, ut prefertur, factis et illatis responsuros, dicturosque et proposituros contra ipsum Vincencium quicquid dicere et proponere vellent et ulterius super premissis et earum dependenciis processuros et facturos prout racio et justicia suaderent, ut premissa et quamplura alia in certis aliis nostris litteris super dicta ordinacione confectis iidem procurator noster et Vincencius asserebant et asserunt contineri.

Proponebant insuper iidem procurator et Vincencius quod, fide dictis presidentibus per prefatum Vincencium de adjornamento et diei assignacione supradictis, tam per litteras commissionis Firmini de Quoquello, locumtenentis baillivi ambianensis predicti, quam relacionis Johannis de Busco, in dicta baillivia regii servientis, super hoc confectas et eorum sigillis, ut prima facie apparebat, sigillatas, postmodum debite facta, ipsi presidentes predictos defectum et congedium per prefatum Vincencium superius, ut predictum est, petitos et requisitos eidem Vincencio contra fratres et Berthaudum sepedictos de xi^a die aprilis supradicta juxta ordinacionem antedictam, per alias nostras litteras, xxvᵃ die maii novissime preterita, super hoc confectas concesserant. Cumque preterea, virtute aliarum nostrarum litterarum super hoc confectarum, prenominati fratres et Berthaudus, ad eorum personas et per manus apposicionem, ad instanciam et requestam prefati Vincencii, extitissent adjornati ut, tercia die mensis junii ultimo preteriti, in predicta parlamenti camera coram presidentibus memoratis personaliter comparerent visuri adjudicare utilitatem predictorum defectus et congedii superius petitam et declaratam, ut prefertur, necnon super injuriis, excessibus, gravaminibus et dampnis supradictis prefato Vincencio, ut experiri vellet, responsuri ac dicturi et proposituri contra eumdem Vincencium quicquid dicere et proponere vellent et ulterius super premissis et eorum dependenciis processuri et facturi ut foret racionis, quia iidem fratres et Berthaudus ad dictam terciam diem junii non venerant, nec se coram prefatis presidentibus personaliter, ut tenebantur, presentaverant aut comparuerant seu in dicta parlamenti camera vel in palacio regali parisiensi reperti extiterant, vocati pluries, ut moris est, ad hostium camere dicti parlamenti, ipsi fratres et Berthaudus, licet per nostras alias litteras, ad instanciam dictorum fratrum et Berthaudi, iiiiᵃ die mensis junii, a nobis obtentas et dictis presidentibus per Guillelmum de Barra, eorumdem fratrum et Berthaudi procuratorem minime se fore asserentem, pro ac nomine ipsorum fratrum et Berthaudi, ut idem Guillelmus asseruerat, exhibitas et traditas, inter cetera continentes quod eisdem presidentibus per easdem mandabamus et inhibebamus ne de causa supradicta cognoscerent, penes nos cognicionem ejusdem, certa de causa, retinendo, attento quod, per alias nostras litteras prenominato Vincencio, viᵃ die dicti mensis junii, ex certa nostra scientia et gracia speciali concessas, ipsis presidentibus committendo mandaveramus quatinus dictas partes coram eis super predictis juxta statum processus procedere compellerent et eis exhiberent justicie complementum, defensionibus et mandatis aut litteris subrepticiis in contrarium impetratis seu etiam impetrandis, eas tanquam irritas revocando, non obstantibus quibuscunque, ad instanciam Vincencii sepedicti, ipso et Guillelmo de Barra supradicto super hoc auditis ac ambabus dictis nostris litteris per ipsos presidentes visis et consideratis circa hec considerandis, per eosdem presidentes positi extiterant in defectu. Dicto autem secundo defectu sic dicto Vincencio concesso et prenominato Petro le Sene per ipsum Vincencium Parisius personaliter reperto et ad ejus requestam coram prenominatis presidentibus ad xviiiᵃᵐ diem predicti mensis junii comparituro et contra prefatum Vincencium quicquid dicere et proponere vellet dicturo et proposituro adjornato,

Drietus Titon, procurator et ut procuratoris nomine ejusdem Petri, virtute certi ipsius Petri procuratorii sigillo Castelleti parisiensis sigillati per ipsum Drietum dictis presidentibus propter hoc traditi, coram ipsis presidentibus, xix^a die mensis junii, personaliter comparens, ad mandatum ipsorum presidencium, nomine quo supra, post peticionem seu requestam per eumdem Vincencium coram dictis presidentibus, in presencia dicti Drieti et contra eum, nomine quo supra, factam an pro predicto Petro le Sene, magistro suo in hac parte, predictum suum duelli gagium prosequi vel quicquam aliud contra ipsum Vincencium dicere et proponere vellet, offerendo se illico per peremptorias respondere et ulterius procedere, ut dicti presidentes ducerent ordinare, dixerat et responderat quod ipsum Vincencium de presenti nullatenus prosequi intendebat aut volebat, prout premissa omnia et quamplura alia iidem procurator et Vincencius, tam in predictis nostris litteris quam in certis commissionibus et relacionibus super adjornamentis supradictis confectis asserebant et asserunt liquidius apparere. Quibus defectibus et congedio sic, ut predictum est, dicto Vincencio concessis et prefato procuratore regio ac nostro, virtute dicte informacionis ad requestam dicti Vincencii contra predictos fratres et Berthaudum ac quosdam alios in dicta informacione nominatos facta, per eosdem presidentes visa, ex ordinacione ipsorum presidentium ac de eorum precepto ipsi procuratori orethenus facto, eodem Vincencio in hac causa adjuncto, iidem procurator et Vincencius, in quantum quemlibet eorum tangebat seu tangere poterat, in absencia et contumacia fratrum et Berthaudi predictorum et ipsis pro absentibus et contumacibus reputatis, pecierunt et cum instancia requisierunt talem ex predictis duobus defectibus, congedio et predicti Petri procuratoris responsione sibi per dictos presidentes utilitatem adjudicari, videlicet idem Vincencius qualem ex primo defectu supradicto sibi adjudicari pecierat et requisierat et qualem eciam hiis presentibus superius inseritur et declaratur, et una cum hoc quod ejus fidejussores pro eo et dictis suis bonis obligati omnino liberarentur; et prefatus procurator noster, quod iidem fratres et Berthaudus erga dictum genitorem nostrum et nos in tali punicione seu emenda condempnarentur quali dictis presidentibus videretur, ad hujusmodi fines facta et raciones superius dictas et nonnullas alias allegando ac predictas nostras litteras, ordinacionem, defectus, congedium, commissiones et relaciones exhibendo et tradendo. Partibus igitur predictis super premissis per dictos presidentes in arresto appunctatis, cum, antequam ad hujusmodi arrestum consulendum et proferendum processum extitisset, fuissent certe littere clause et apperte, tam a nobis quam a predicto consanguineo nostro obtente, ipsis presidentibus, pro parte fratrum et Berthaudi predictorum, presentate, inter cetera continentes ut causa supradicta supersederet et in statu quo erat usque ad crastinum instantem diei beati Andree apostoli continuaretur et certe informaciones contra ipsum Vincencium super certis casibus crimen lese majestatis tangentibus in dicta ambianensi baillivia, ut in eisdem litteris canebatur et canetur, inchoate perficerentur et facte ipsis presidentibus mitterentur, pro parte ipsorum procuratoris et Vincencii, extiterunt in contrarium plures ociones proposite ac certe littere clause posterioris date et alie aperte, a nobis per ipsos procuratorem et Vincencium obtente, ipsis presidentibus exhibite et tradite, inter alia continentes quod iidem presidentes ad exhibendum super predictis justicie complementum procederent, inhibicionibus seu mandatis factis seu faciendis aut litteris impetratis vel impetrandis in contrarium, ipsas revocando, non obstantibus quibuscunque, ut hec et alia in eisdem litteris plenius continentur. Tandem dictis partibus seu earum procuratoribus super hujusmodi novissimis litteris hinc inde, ut dictum est, impetratis, exhibitis et traditis ad plenum auditis, ipsisque, una cum aliis litteris, ordinacione, adjornamento, relacionibus, defectibus, congedio et informacione, de quibus superius fit mencio, per predictos presidentes visis, hiis autem omnibus et aliis que circa premissa ipsos presidentes movere poterant et debebant diligenter consideratis et attentis, attento eciam quod, licet per nostras litteras super hoc confectas, non semel sed pluries, predicto baillivo ambianensi ac ejus locumtenenti mandaverimus ut omnes informaciones contra prenominatum Vincencium factas seu inchoatas, si que forent, predictis presidentibus transmitterent indilate, attamen nullas transmittere curaverant nec eciam transmiserant, per arrestum ipsorum presidencium dictum fuit quod causa predicta, virtute predictarum dicti consanguinei nostri et nostrarum litterarum pro parte ipsorum fratrum et Berthaudi, ut prefertur, traditarum, non supersedebit seu continuabitur, sed iidem procurator noster et Vincencius, in quantum sunt actores in hac causa, tale commodum ex predictis duobus defectibus, congedio et prefati dicti Petri procuratoris responsione antedicta contra dictos fratres reportabunt et habebunt, videlicet quod ipsi fratres et Berthaudus ab omnibus eorum defensionibus, quas in hujusmodi causa dixisse et proposuisse potuissent sive possent, ceciderunt et penitus sunt exclusi; et super factis dictorum procuratoris et Vincencii in scriptis per modum articulorum redigendis et tradendis, posita in eisdem litiscontestatione ipsorum fratrum et Berthaudi, per certos a dictis presidentibus commissarios super hoc deputandos inquiretur veritas, qua inquisita et prefatis presidentibus, si sedeant, alioquin curie parlamenti, ad dies baillivie ambianensis predicte futuri proximo parlamenti, reportata, fiet jus;

dictusque Vincencius ab elargamento prisionis supradicto, quo ob premissa detinebatur et detinetur, ac omnes ejus fidejussores, occasione premissorum, tam pro eo quam pro predictis suis bonis, quomodolibet obligati ad plenum liberabuntur ac ipsos dicti presidentes liberaverunt atque liberant; et una cum hoc quecunque ipsius Vincencii bona, causa et occasione premissorum capta, saisita, seu detenta, si extent, sin autem eorum valor et extimacio legitima, eidem Vincencio aut ejus certo mandato integraliter et indilate reddentur et restituentur, et ad hoc captores et detentores eorumdem, quicunque sint, per capcionem, vendicionem et explectacionem omnium bonorum suorum et cujuslibet eorumdem viriliter ac debite compellentur; idem quoque Vincencius in suo officio procuratoris predicte ambianensis baillivie supradicto realiter et de facto reponetur et ab eodem predictus Berthaudus Porqueti amovebitur indilate, et ipsi eciam presidentes eumdem Vincencium in hujusmodi suo procuratoris officio per presens arrestum reposuerunt et reponunt ac ab ipso prefatum Berthaudum expulerunt et expellunt; quodque prenominatus Petrus le Sene ad manutenendum, prosequendum seu proponendum de cetero predictum suum duelli gagium contra Vincencium memoratum amplius non admittetur, eosdem fratres et Berthaudum in expensis ejusdem Vincencii in prosecucione et defensione premissorum factis condempnando, earumdem expensarum taxacione presidentibus sepedictis aut dicte parlamenti curie reservata. Et insuper, ne crimina et delicta supradicta eidem Vincencio, prout superius est enarratum, imposita, si veritate nitantur, remanere valeant impunita, ipsi presidentes prenominato procuratori Regis et nostro per idem arrestum reservaverunt et reservant ut ipse eumdem Vincencium de et super hujusmodi criminibus et delictis prosequi valeat tociens quociens de et super hoc ipse extiterit vel erit debite informatus ac si et prout sibi videbitur expedire et fuerit rationis.

Pronunciatum xiii^a die augusti, anno M^o CCC^o L^o IXe.

X^{2a} 6, f° 426.

N° 2. — Mandement de la Cour déléguant deux conseillers à l'instruction des griefs formulés par Vincent de Beauquesne contre ses ennemis.

Karolus, etc., dilecto et fideli Clementi Grimaudi, precarissimi domini et genitoris nostri ac nostro consiliario, necnon Johanni Senescalli, salutem et dilectionem. Mandamus et committimus vobis et vestrum cuilibet quatinus vos seu alter vestrum, adjuncto secum aliquo probo viro, neutri partium infrascriptarum

12 Septembre 1359

favorabili vel suspecto, super articulis per procuratorem dicti genitoris nostri et nostrum ac Vincencium de Bellaquercu, procuratorem regium et nostrum in baillivia ambianensi, in quantum quemlibet eorum tangit seu tangere potest, contra Johannem le Sene, prefati genitoris nostri et nostrum in dicta bailliviā receptorem, Petrum le Sene, ejusdem Johannis fratrem, nostrum armorum servientem, ac Berthaudum Porqueti, in quantum eciam eorum quemlibet tangit seu tangere potest, dilectis et fidelibus presidentibus pro nobis in camera parlamenti Parisius per nos deputatis traditis et vobis aut alteri vestrum sub signeto camere dicti parlamenti clausis tradendis, cum iidem fratres et Berthaudus a defensionibus suis in hac causa, per arrestum, xiiii*a* die augusti novissime preteriti, per dictos presidentes inter partes predictas prolatum, ceciderint, inquiratis, vocatis evocandis, cum diligencia veritatem; cumque prenominati procurator noster et Vincencius super aliquibus dictorum suorum articulorum vos examinari facere, ut asserunt, intendant, alter vestrum cum dicto adjuncto suo super dictis articulis alterum, modo premisso, examinetis, et inquestam quam inde feceritis prenominatis presidentibus, quam cicius poteritis, si dicti presidentes tunc sedeant, alioquin curie parlamenti, ad dies baillivie ambianensis futuri proximo parlamenti, sub vestris aut alterius vestrum et adjuncti sui fideliter inclusam sigillis remittatis cum dictis partibus super hoc adjornatis, ipsam inquestam per eosdem presidentes aut dictam parlamenti curiam, juxta arresti predicti seriem et tenorem, recipi et judicari visuris et ulterius super hoc processuris et facturis prout fuerit racionis, eosdem presidentes seu ipsam parlamenti curiam, ad diem super predictis assignandum, de remissione et adjornamento hujusmodi certificantes competenter. In quibus et ea tangentibus vobis et vestrum cuilibet et adjuncto suo ac deputandis a vobis seu altero vestrum et adjuncto suo ab omnibus justiciariis et subditis regiis et nostris in hac parte pareri volumus efficaciter et jubemus. Datum Parisius xii*a* die septembris M° CCC° L° IX°.

X²ᴬ 6, f° 407.

N° 3. — Élargissement par la Cour de Vincent de Beauquesne pendant la durée de l'instruction sur les cas criminels et accusations de lèse-majesté relevés contre lui par le procureur général.

Soit que l'enquête ouverte, en septembre 1359, contre les accusateurs de Vincent de Beauquesne ait tourné à la confusion de celui-ci, soit pour toute autre cause, nous constatons que, deux ans et demi après l'arrêt du 14 août 1359, qui l'avait moralement réhabilité, c'était à son tour à se défendre contre les poursuites du procureur général, dont l'arrêt avait d'ailleurs réservé le principe, et à raison desquelles il venait d'être détenu assez longtemps aux prisons du Châtelet. Le 11 mars 1362, la Cour, après l'avoir élargi par la ville de Paris, lui accorde son élargissement par tout le royaume, aux conditions habituelles : engagement de se représenter à toute réquisition et assignation, sous peine d'être tenu pour convaincu, d'encourir le bannissement et la confiscation, élection de domicile à Paris, etc.

Johannes, etc. Universis presentes litteras inspecturis, salutem. Cum de et super certis casibus tam civilibus quam criminalibus per procuratorem nostrum generalem contra Vincencium de Bellaquercu, nostrum in baillivia ambianensi procuratorem, nuper in nostra parlamenti curia propositis et eidem Vincencio impositis, dicte partes, ipsis ad plenum auditis, per eamdem curiam in arresto appunctate et dictus Vincencius in Castelletum nostrum parisiense prisionarius transmissus ac ibidem per certum temporis spacium detentus, necnon postmodum per villam parisiensem prisionarius elargatus, extiterint, notum facimus quod ipsa nostra curia, premissis et aliis in hac parte considerandis attentis, prenominatum Vincencium, usque ad ejusdem curie nostre beneplacitum voluntatis, sine die et termino super hoc assignandis, tenore presentium, ubique elargavit et elargat, hoc mediante quod idem Vincencius in prefata nostra curia, die date presentium, propter hoc personaliter constitutus, per ejus juramentum in manibus dicte nostre curie ob hoc per eum corporaliter prestitum, sub penaque banuimenti a regno nostro ac confiscacionis bonorum suorum quorumcunque nobis applicandorum, necnon quod de omnibus casibus contra ipsum per prefatum procuratorem nostrum generalem, ut predictum est, propositis et eidem impositis habeatur et reputetur pro convicto et condempnato, promisit in curia nostra sepedicta, dum et quociens eidem curie placuerit, ad omnes dies sibi super hoc assignandos personaliter se representare et comparere, ac ibidem de et super hujusmodi casibus et aliis quibuscunque, si que sint vel fuerint, per dictum procuratorem nostrum generalem eidem imponendis juri stare et respondere ac ulterius super hiis procedere modo et forma quibus eadem nostra curia duxerit ordinare ; et pro eo, causa seu occasione premissorum, conveniendo seu adjornando, ipse Vincencius domicilium suum in hospicio Richardi Ruffi, prope prioratum beati Dyonisii de Carcere in civitate parisiensi situato elegit ; in quo quidem hospicio idem Vincencius voluit et consensit quod adjornamenta et evocaciones que contra ipsum pro predictis fient ibidem valeant et teneant ac si ad ejus personam sive proprium domicilium facte vel facta extitissent. Unde baillivo nostro ambianensi, ceterisque justiciariis nostris ac eorum locatenentibus, necnon omnibus aliis officiariis, commissariis et servientibus nostris ac ipsorum [cuilibet], tenore presentium, districte inhibemus

11 Mars 1361, v. st

ne prenominatum Vincencium, quem, ad sui juris conservacionem dumtaxat, lite super predictis in dicta nostra curia durante, in nostris protectione et salvagardia speciali, necnon in ejusdem curie nostre salvo et securo conductu suscipimus et ponimus per presentes, contra tenorem presentis elargamenti capere, arrestare seu capi vel arrestari facere aut aliter ipsum in corpore sive bonis pregravare vel molestare presumant. Quod curia nostra sepedicta, consideracione premissorum, sic fieri voluit et Vincencio memorato concessit ac concedit et ex causa. Datum Parisius, in parlamento nostro, xi^a die martii, anno M° CCC° LX° I°, lato.

X2a 7, f° 47 v°.

N° 4. — *Arrêt de suspension provisoire rendu par la Cour contre Vincent de Beauquesne et provision, en son lieu et place, de Robert Baillet.*

Le présent arrêt, non daté, mais qui, par la place qu'il occupe dans le registre, doit s'inscrire entre le 2 avril et le 7 mai 1362, nous fait connaître les conclusions très sévères prises par le procureur général contre Vincent de Beauquesne, à raison des imputations que nous savons et dont la réalité aurait été, paraît-il, établie par enquête. Ce n'était rien moins que l'internement de l'inculpé dans les prisons du Châtelet et l'ouverture d'une procédure extraordinaire pour lui faire avouer ses fautes, même au prix de la question. L'aveu obtenu, il devait être puni, dans son corps et dans ses biens, de telle peine qu'il plairait à la Cour de déterminer, privé et déclaré indigne de tout office royal ou tout au moins suspendu de son état de procureur, pendant la durée du procès, ainsi que le ou les substituts commis par lui-même, auxquels la Cour donnerait des remplaçants, etc.

Les juges ayant sans doute égard aux défenses de l'accusé, qui malheureusement ne sont pas reproduites dans l'arrêt, usent envers lui d'indulgence. Après avoir rappelé les conditions de l'élargissement précédemment accordé, ils se bornent à suspendre provisoirement Vincent de Beauquesne, ainsi que son ou ses substituts, jusqu'à pleine et entière absolution ou arrêt contraire, en lui donnant un suppléant, pour le temps du procès, dans la personne de Robert Baillet.

Entre 2 Avril et 7 Mai 1362

Johannes, etc., universis, etc., salutem. Notum facimus quod, constitutis nuper in curia nostra procuratore nostro generali pro nobis, ex una parte, et Vincencio de Bellaquercu, nostro in bailliva ambianensi procuratore, ex altera, et nonnullis casibus criminum et delictorum, de quibus dictus procurator noster per informaciones super hoc factas apparere dicebat, per ipsum procuratorem nostrum contra dictum Vincencium propositis, per prefatum procuratorem nostrum extitit conclusum quod idem Vincencius in processu ordinario pro premissis minime poneretur, sed in Castelletum nostrum parisiense transmitteretur et ibidem, ore suo proprio, veritas dictorum criminum et delictorum, si ea negaret, questionibus mediantibus, si opus esset, ut in casibus similibus fuerat et erat fieri consuetum, extorqueretur et sciretur; qua comperta et scita, ipse Vincencius in corpore et bonis aut alia tali punicione vel emenda civili aut criminali quali dicte nostre curie videretur puniretur, quodque ab omni officio regio obtento et obtinendo et maxime a dicto suo procuracionis officio perpetuo privaretur aut saltem ab eodem procuratoris officio, predictis informacionibus ac usu et stilo dicte nostre curie et pluribus arrestis in casibus similibus alias et eciam nuper prolatis attentis, suspenderetur ac ipse et ab eo deputati amoverentur, necnon dicto officio de alia persona sufficienti et ydonea provideretur, saltem lite super premissis inter dictos procuratorem nostrum et Vincencium durante, ad hujusmodi fines crimina et delicta in predictis informacionibus lacius declarata proponendo et dictas informaciones propter hoc exhibendo et tradendo.

Dicto Vincencio ad finem quod dictus procurator noster causam et actionem ipsum pro predictis prosequendi non haberet, dictisque informacionibus nulla fides adhiberi deberet, pluribus causis, racionibus et defensionibus per ipsum lacius allegatis, proponente ac ad fines absolucionis et alios concludente.

Cumque, partibus predictis in hiis omnibus que circa premissa dicere et proponere voluerant ad plenum auditis, ipse partes per eamdem curiam extiterint appunctate quod omnes raciones, defensiones et conclusiones suas per easdem partes orethenus propositas et factas in hac causa in scriptis, per modum memorie, una cum omnibus informacionibus, arrestis, litteris et actis de quibus in hac parte se juvare voluerint, eidem curie tradent et, ipsis visis, dicta curia ipsas partes de hiis de quibus sine factis eas poterit expediet et faciet jus, reservato de et super predicti Vincencii et suorum deputatorum in officio procuratoris antedicto suspencione et amocione ac ejusdem officii provisione necne ordinando, si et quando ipsi curie videretur, expedire. Quibus appunctamento et reservacione sic, ut predictum est, factis et predicto Vincencio in dictum Castelletum nostrum parisiense prisionario transmisso ac postmodum per villam parisiensem certis promissionibus, submissionibus et obligacionibus per eumdem Vincencium propter hoc prestitis et in registris dicte nostre curie plenius registratis mediantibus, usque ad ipsum curie nostre beneplacitum voluntatis, elargato, ipsa nostra curia tandem, parcium predictarum racionibus et aliis omnibus et singulis que dictam nostram curiam movere poterant in hac parte diligenter consideratis et attentis, Vincencium de Bellaquercu memoratum et ejus in hac parte substitutum vel substitutos ab officio procuracionis predicte ambianensis baillivie supradicto, dictis partibus super aliis suis conclusionibus factis in hac causa, modo et forma quibus supra, remanentibus in arresto, per suum arrestum suspendit quousque dictus

Vincencius a factis contra eum per dictum procuratorem nostrum in hac lite impositis extiterit absolutus vel aliter liberatus aut per ipsam nostram curiam aliud super hoc fuerit ordinatum. Dicta vero suspensione pendente seu usque ad nostre vel ipsius nostre curie beneplacitum voluntatis, eadem nostra curia, de sufficiencia et ydoneitate magistri Roberti Bailleti relatibus fidedignorum debite informata, ipsum magistrum Robertum in predicto dicte ambianensis bailllivie officio, ad vadia et emolumenta consueta, per idem arrestum instituit atque ponit. Quare baillivo nostro ambianensi ac ejus locumtenenti damus hiis presentibus in mandatis quatinus, recepto ab eodem magistro Roberto solito juramento, eumdem magistrum Robertum in dicto procuratoris officio ponant et instituant indilate ac eidem hiis omnibus que ad dictum spectant et spectabunt officium pareri faciant et intendant. In cujus rei, etc. Datum Parisius, in parlamento nostro.

X²ᴬ 7, f° 68.

N° 5. — Nouvel arrêt de la Cour sur la matière, élargissant Vincent de Beauquesne par tout le royaume et lui restituant la disposition de ses biens, mais non celle de son office, qui reste réservée.

Cet arrêt, qui est visiblement interprétatif du précédent, porte par là même témoignage de la priorité de celui-ci. Il ne fait malheureusement que le développer, en précisant avec plus de détails les conclusions du procureur général et les requêtes de l'inculpé, mais toujours sans rien dire des griefs de l'un et des défenses de l'autre. Nous retiendrons seulement des premières ces articles nouveaux : énorme amende de 20.000 l., restitution des détournements opérés sur les confiscations revenant au Roi des biens de Robert de Corbie ou de 200 l. par. à la place, mise sous séquestre de tous les biens de l'inculpé, refus de l'admettre en ses défenses.

Celles-ci au contraire ne sont que la négation pure et simple des réquisitions du ministère public. Vincent de Beauquesne n'y plaide pas seulement en réduction de peine, mais à pleine et entière absolution et restitution de son office. La Cour, adoptant encore le parti de l'indulgence, admet les parties à procéder plus avant, aux fins de condamnation et d'absolution seulement, en prescrivant une nouvelle enquête par ses propres commissaires et renvoyant à la production des résultats à prononcer sur les deux points fondamentaux, l'ouverture d'un procès extraordinaire et la mise à la question de l'inculpé, d'une part, ou la restitution de l'office, de l'autre. Provisoirement, elle élargit Vincent de Beauquesne par tout le royaume et lui donne mainlevée, sous caution, de la totalité de ses biens.

7 Septembre 1362

Johannes, etc., universis, etc., salutem. Notum facimus quod, lite mota in curia nostra inter procuratorem nostrum generalem pro nobis, ex una parte, et Vincencium de Bellaquercu, nostrum in baillivia ambianensi procuratorem, ex altera, pluribusque factis in casibus tam civilibus quam criminalibus per dictum procuratorem nostrum generalem contra dictum Vincencium plenius propositis et

declaratis ac eidem impositis, per ipsum procuratorem contra eumdem Vincencium
extitit requisitum et conclusum quod idem Vincencius, per arrestum seu judicium
dicte nostre curie, pro dictis factis et casibus criminalibus, in corpore atque bonis
condempnaretur et justiciaretur juxta hujusmodi casuum et criminum naturam
et exigenciam, aut alia tali pena publica que sufficere deberet puniretur, bonaque
sua omnia nobis tanquam confiscata applicarentur seu erga nos in tali emenda
civili, voluntaria vel arbitraria viginti milium librarum parisiensium aut alia que
prefate nostre curie videretur, necnon ad reddendum et restituendum nobis ea
que de bonis magistri Roberti de Corbeya ad nos tunc spectantibus ipse Vincencius
levaverat et habuerat, aut ducentas libras parisiensium pro valore et extimacione
eorumdem, condempnaretur ac eciam ab omni officio regio et alio publico tanquam
indignus perpetuo privaretur, quodque de et super factis et casibus de et pro
quibus prosecutus erat et prosequitur in hac causa in processu ordinario minime
poneretur, sed, attentis pluribus informacionibus contra ipsum super hoc factis
ad exhonerandam dictum procuratorem nostrum probacionibus, idem Vincencius
super dictis factis et casibus ad partem et in prisione adeo interrogaretur quod
ore suo proprio ex officio, via questionum et tormentorum, veritas ad plenum
sciretur; et insuper, pendente et durante processu super predictis, bona quecunque
ipsius Vincencii in manu nostra ponerentur ac per eamdem manum, inventario
legitimo mediante, absque aliqua recredencia vel deliberacione eidem Vincencio
super hoc faciendas (*sic*), servarentur et regerentur et una cum hoc ipse Vincencius
ad impugnandum premissa seu ad proposita per eumdem nequaquam admitteretur
et, si contrarium diceretur, quod sibi non prodessent, dictusque procurator
noster generalis ad omnia per ipsum in hac causa proposita et requisita foret
admittendus et eciam admitteretur, ad fines predictos facta et casus de quibus
superius fit mencio lacius proponendo et declarando ac informaciones predictas
eidem curie nostre propter hoc exhibendo et tradendo.

Dicto Vincencio quamplures raciones, facta, defensiones et excusaciones e
contrario proponente et tandem ut sequitur concludente ac per ipsam nostram
curiam dici et pronunciari requirente, videlicet quod pro predictis factis et
casibus contra eum per dictum procuratorem nostrum propositis in processu
minime teneretur, sed ab impeticionibus et conclusionibus ipsius procuratoris
nostri civilibus et criminalibus supradictis absolveretur, manusque nostra a
persona sua et ejus bonis levaretur ac fidejussores pro eo obligati una cum omnibus
bonis suis, quocunque impedimento amoto et eo non obstante, ad plenum deliberarentur, quodque, si facta et defensiones ipsius Vincencii pro sufficientibus ad

finem absolucionis et ne poneretur et teneretur in processu non reperirentur et tenerentur, saltem quod ad finem diminucionis pene et emende, ut foret racionis, sibi valerent et prodessent, scilencium quoque perpetuum eidem procuratori nostro super premissis imponeretur et predictum suum procuratoris officium in dicta ambianensi baillivia sibi traderetur et dimitteretur ut illud excercere valeret quemadmodum ante prosecucionem presentem faciebat, et insuper quod informacionibus supradictis, que fuerant et erant causa et occasio presentis prosecutionis, nulla aut saltem tam rata fides adhiberetur, quod pro contentis in eisdem idem Vincencius in processu nequaquam poneretur seu teneretur, ipseque Vincencius ad omnia pro parte sua proposita et requisita audiretur et admitteretur ac causam et accionem haberet et predictus procurator noster nullathenus foret admittendus, nec causam seu accionem haberet, ad dictos fines quamplurimas raciones, facta, excusaciones et defensiones per ipsum Vincencium et ejus consilium lacius propositas et declaratas allegando ac quamplures litteras, acta et certum arrestum ad sui innocenciam, excusacionem et defensionem premissorum prefate nostre curie exhibendo et tradendo.

Tandem, partibus predictis in hiis omnibus et singulis que, una pars contra alteram, tam petendo et respondendo quam replicando et dupplicando, circa premissa dicere et proponere voluerunt ad plenum auditis, visisque per ipsam curiam nostram earum racionibus per modum memorie in scriptis, ex ordinacione ejusdem curie, ipsi curie traditis, una cum informacionibus predictis et omnibus aliis litteris, arresto et actis per dictum Vincencium prefate nostre curie, ut predictum est, exhibitis et traditis, hiis autem omnibus et singulis que ipsam nostram curiam circa premissa movere poterant et debebant diligenter consideratis et attentis, per arrestum ejusdem curie nostre dictum fuit quod predicti procurator noster et Vincencius causam et accionem habent ac sunt admittendi in hac causa et ipsos dicta nostra curia admisit et admittit, sed sine factis non possunt expediri, facient idcirco facta sua ad finem principalem, videlicet condempnacionis et absolucionis dumtaxat, super quibus certi per ipsam nostram curiam deputabuntur commissarii qui veritatem inquirent, qua inquisita et prefate nostre curie reportata fiet jus; dictusque Vincencius coram commissariis ad faciendum dictam inquestam deputandis in propria persona articulos suos affirmabit et pari forma articulis dicti procuratoris nostri respondebit, necnon ad receptionem inqueste super dictis articulis faciende in prefata nostra curia personaliter comparebit et se presentabit ac ibidem remanebit, jurique stabit et respondebit ac procedet prout eadem nostra curia duxerit ordinandum; quantum vero ad conclusionem per predictum procu--

ratorem nostrum contra dictum Vincencium superius factam, scilicet quod idem Vincencius pro criminibus sibi in hac causa impositis in processu ordinario non ponatur, sed veritas hujusmodi criminum ore suo, questionibus et tormentis mediantibus, ex officio sciatur et extorqueatur, ipsa curia nostra dum videbit et judicabit inquestam predictam de et super hujusmodi conclusione per idem arrestum reservavit atque reservat ordinare prout sibi videbitur expedire, officiumque procuratoris dicte ambianensis baillivie supradictum per ipsum Vincencium superius sibi tradi et dimitti requisitum eidem non tradetur, nec dimittetur de presenti quousque, visa dicta inquesta, per eamdem curiam nostram aliud super hoc extiterit ordinatum, quodque idem Vincencius pro predictis prisionarius infra regnum nostrum elargatus usque ad recepcionem inqueste predicte ubique elargabitur et ipsum dicta nostra curia elargavit et elargat ac bona sua quecunque ob premissa arrestata et ad manum nostram posita eidem Vincencio per dictam manum nostram ac per recredenciam, caucione ydonea mediante et ea tradita, tradi et deliberari ordinavit et ordinat per presentes. In cujus, etc. Datum Parisius, in parlamento nostro, vii" die septembris, anno M° CCC" LX° II".

X²ᴬ 7, f° 77.

IX

SUPPLÉMENT A L'ARTICLE XXXIV (Suite au n° 3).

Annulation par la Cour d'un jugement des maire et échevins contre Robin de Saint-Fuscien.

Quatre ou cinq ans après la convention du 28 février 1373, v. st., par laquelle Robin de Saint-Fuscien s'était engagé à comparaître devant les maire et échevins, pour amender, à leur jugement et pure volonté, tout ce qu'il leur avait « méfait et cuidoient qu'il leur eust méfait », il reparaissait devant la Cour et demandait la révocation de leur sentence. Par un abus de pouvoir insigne, disait-il, sans entendre son procureur, à la date fixée, ni lui donner jour à lui-même, sans lui faire de procès par écrit, ni avoir égard à sa qualité de clerc, comme à la modicité de ses ressources, ils l'avaient condamné en 400 l. ts d'amende, pour les quelques propos inconsidérés qu'il était accusé d'avoir tenus à leur procureur, à Compiègne; les maire et échevins protestaient au contraire, en rappelant les circonstances de la cause, qu'ils avaient été très modérés en s'abstenant de lui infliger une amende honorable et une réparation plus élevée. La Cour, faisant droit à la requête du plaignant, révoque purement et simplement la condamnation.

Cum, in quadam appellacionis causa ad nostram parlamenti curiam interjecta per Robertum de Sancto Fusciano contra maiorem et scabinos ville nostre

23 Janvier 1377, v. st.

ambianensis, fuisset per ipsum Robertum appellantem propositum quod ipse Robertus, secundum certum appunctamentum seu ordinacionem dicte nostre curie inter predictos de Sancto Fusciano, maiorem et scabinos factum, certa die, comparuerat per procuratorem coram dictis maiore et scabinis, ad quam diem, prefato procuratore minime audito et absque hoc quod ipsi Roberto fuisset dies ad audiendum jus aliqualiter assignata, dicti maior et scabini judicialiter condempnaverant de facto predictum Robertum, non facto eciam aliquo processu in scriptis contra dictum Robertum, in quadringentis libris turonensium, pro quibusdam levibus verbis per ipsum Robertum prolatis procuratori dictorum maioris et scabinorum, in utilitate communitatis dicte ville nostre convertendas et persolvendis, quamvis dictus Robertus fuisset et esset clericus tonsuratus et non conjugatus, parvasque facultates habuisset et haberet. Quare petebat bene fuisse et esse appellatum et per ipsos maiorem et scabinos male sentenciatum pronunciari, predictos maiorem et scabinos in ejus expensis condempnari; prefatis maiore et scabinis in contrarium asserentibus quod dictus Robertus se submiserat judicio dictorum maioris et scabinorum de ceteris injuriis Fremino Boulet, eorum clerico et procuratori, ac de ipsis maioribus et scabinis et ipsorum predecessoribus per ipsum Robertum dictis et eciam dicto clerico et procuratori illatis, prout per nostras litteras poterat plenius apparere. Et quia dictus Robertus veniebat contra judicium predictorum maioris et scabinorum, debebat in emenda condempnari, potuerantque dicti maior et scabini cognoscere et sentenciare de causa injuriarum predictarum, presertim cum dictum Robertum in emenda honorabili non condempnassent, quodque, attentis magnis injuriis per ipsum Robertum dictis et factis, ipsiusque facultatibus, in levi emenda fuerat condempnatus Quare petebant bene fuisse sentenciatum per eos et male appellatum pro parte dicti Roberti pronunciari, ipsumque Robertum in eorum expensis condempnari. Ordinatoque per curiam nostram predictam quod processus cum premissis per utramque parcium allegatis videretur, quibus visis, dictis partibus fieret jus, visis igitur premissis et diligenter examinatis, dicta nostra curia per suum judicium declaravit et declarat processum, sentenciam et omnia inde secuta per dictos maiorem et scabinos contra dictum Robertum factos nullius fuisse et esse valoris.

Pronunciatum die xxiii^a januarii, anno LXXVIII°.

(LXXVIII doit être une erreur, car la pièce est insérée au Parlement de 1377. L'erreur est d'ailleurs répétée plusieurs fois dans cette partie du registre).

X1A 27, f° 222 v°.

X

Arrêt de la Cour confirmant une sentence du bailli de Ponthieu sur une redevance due par les marchands d'Amiens à la vicomté du Crotoy, à raison des marchandises remontant directement à Abbeville.

Nous n'avons pas d'autre renseignement sur ce droit de la vicomté du Crotoy exigible, dans cette ville, des marchandises importées par les marchands d'Amiens et, au besoin, à Abbeville, des navires remontant jusque là, sans s'arrêter au Crotoy, où les armateurs avaient seulement la faculté de l'acquitter avant la troisième marée suivant la sommation. Le texte laisse seulement entendre que, dans la seconde moitié du XIV° siècle, ce droit appartenait au Roi, puisqu'il était réclamé par son procureur et le contentieux dévolu au bailli de Ponthieu, et que les marchands cherchaient à s'y soustraire, en évitant le port du Crotoy. Ces incidents doivent expliquer en partie les efforts tentés, vingt ans après, par la Couronne pour transporter dans cette ville l'estaple maritime de la guède enlevée à Calais. (V. art. LIII).

10 Avril 1377, v. st

Cum a quadam sentencia gubernatoris nostri de Pontivo, ad utilitatem procuratoris nostri, contra dilectos nostros maiorem, scabinos et communitatem ville nostre ambianensis, racione acquittamenti mercaturarum ad mercatores dicte ville nostre ambianensis spectancium et ad Croteium sive ad parvam branquam vicecomitatus de Croteyo in villa nostra de Abbatisvilla non acquittatarum, lata, per quam pronunciaverat dictos de Ambianis teneri ad solvendum dictum acquittamentum vicecomitatus de Croteyo pro mercaturis ipsorum venientibus apud Abbatisvillam bolanis (1) per mare commissis pro parte dicti vicecomitis de Croteyo in villa predicta de Abbatisvilla pro ibidem dictum acquittamentum recipiendo in casu quo dictum acquittamentum in Croteyo non solvissent, vel quod tenerentur dictum acquittamentum apud Croteium portare et ibidem acquittare infra terciam marinam, in casu quo fuissent super premissis summati, pronunciaveratque quod namptisamentum dictorum de Ambianis occasione predictorum captum ad utilitatem procuratoris nostri executeretur, fuisset pro parte dictorum maioris, scabinorum et communitatis dicte ville nostre ambianensis ad nostram parlamenti curiam appellatum, auditis igitur partibus antedictis in dicta appellacionis causa, processuque an bene vel male fuisset appellatum ad judicandum recepto, eo viso et diligenter examinato, per judicium curie nostre dictum fuit dictum gubernatorem nostrum bene judicasse et dictos maiorem, scabinos et communitatem male appellasse et emendabunt appellantes.

Pronunciatum die x^a aprilis, anno LXX° VII°, ante pascha.

X14. 27, f° 237 v°.

(1) V. Ducange, Glossarium, aux articles Bolanae, Bolonae, Cetarii.

XI

Arrêt de la Cour confirmatif d'une sentence du bailli d'Amiens contraignant les maire et échevins à acquitter les arrérages d'un dépôt de deniers d'orphelins.

On voudrait croire qu'après l'ordonnance de Parlement du 4 janvier 1382 et la première réformation de la gestion financière de l'échevinage, l'un des abus qui lui avaient été le plus reprochés pendant vingt-quatre ans, les retards apportés dans le service des arrérages des deniers d'orphelins, devait avoir entièrement disparu. On peut constater par le présent arrêt qu'il n'en était rien ; et l'on s'explique dès lors la nécessité de la seconde et plus complète réformation de 1403.

12 Mars 1383, v. st.

Cum a quadam sentencia per baillivum nostrum ambianensem ad utilitatem Jacobi Dembremeu, actoris, contra maiorem, scabinos, habitantes et communitatem ville nostre ambianensis, defensores ex altera, super peticione mille francorum admittenda vel non, in quibus dictus actor dictos defensores, de statuto et consuetudine dicte ville nostre, sibi teneri dicebat pro bonitatibus, galice bontés, racione pecunie eidem actori, defunctisque Firmino et Perrote Dembremeu, tunc annis minoribus, quorum heres existere asserebat, ex successione parentum devolute, per dictos defensores vigore statuti et consuetudinis hujusmodi capte et detente, lata, per quam dictus baillivus noster predictum actorem ad dictos mille francos auri petendos fore admittendum pronunciaverat, ipsosque defensores in ejus expensis condempnaverat, fuisset pro parte dictorum defensorum ad nostram parlamenti curiam appellatum, auditis igitur in dicta curia nostra partibus antedictis in causa appellacionis predicte, processuque an bene vel male fuerit appellatum ad judicandum recepto, eo viso et diligenter examinato, per judicium ejusdem curie dictum fuit predictum baillivum nostrum bene judicasse, dictosque defensores male appellasse et emendabunt appellantes, ipsos in expensis hujusmodi cause appellacionis condempnando, earumdem expensarum taxacione predicte curie nostre reservata. Et per idem judicium predicta curia nostra predictas partes coram dicto baillivo nostro in dicta causa ulterius prout fuerit rationis remisit et remittit processuras.

Pronunciatum die xii^a marcii, anno LXXX° III°.

X^{ia} 31, f° 274 v°.

XII

SUPPLÉMENT A L'ARTICLE XLII (Suite au n° 11).

Mandements de la Cour conférant de nouveaux pouvoirs aux commissaires réformateurs envoyés à Amiens en 1402.

On a vu plus ... rt. XLII, n° 10), le détail des pouvoirs considérables conférés, par les lettres du 7 juin 1... ix commissaires réformateurs envoyés à Amiens. Deux mois après, sur le rapport fait par ... en Parlement, ces pouvoirs paraissaient insuffisants et l'on décidait de leur donner, par de nouvelles lettres, « plus grant puissance que paravant » avec une deuxième provision de 500 francs sur les finances municipales. Ce dernier mandement du 11 août nous a été conservé dans le compte CC 11 de 1401-1402, chap. Commissaires; mais la commission qui l'accompagnait a malheureusement péri. C'est là une perte des plus regrettables que compensent mal les deux arrêts de Conseil reproduits ci-dessous.

N° 1. — Ce jour, maistre Henri de Marle, président, commissaire envoié à Amiens, et maistre Nicole de Biencourt avec lui récita plusieurs choses du gouvernement de ladite ville d'Amiens, par quoy fu délibéré que la Court leur bailleroit plus grant puissance que paravant n'avoient, et furent exprimés les espécialités que l'en mettroit en la lettre outre celle qui paravant leur avoit esté baillée et me (greffier) fu commendée lettre.

9 Août 1402

X¹ᴬ 1478, f° 77.

N° 2. — Au jour d'ui ay leu en la Court la lettre d'une commission faite par la Court à maistre Henri de Marle, J. André et Nicole de Biencourt, de laquelle est parlé ou jour de mercredi dernier passé; et, au lever du siège, m'a dit messire Pierre Boschet, présent maistre J. Chantoprimo, que je feisse lettre à la ville d'Amiens d'expédier vᶜ fr. aux commissaires, et ce aussi m'avoit l'en dit avant ce que l'en alast au siège à plaidoier.

11 Août 1402

TABLE DES MATIÈRES

(70 Articles, 182 Pièces)

Les pièces marquées d'un astérisque sont celles dont se compose le Supplément.

		PAGES
Juill. 1296 - Janv. 1326	I. — Confirmation par le Roi de la remise, faite par le bailli d'Amiens aux échevins de Beauquesne, d'un bourgeois dudit Beauquesne emprisonné sur inculpation d'homicide.	1
1311	II. — Diplôme de Philippe le Bel qui maintient les Augustins en la paisible possession de leur maison située dans la juridiction de la ville d'Amiens	4
Janv. 1312, v. st.	III. — Lettre patente de Philippe le Bel qui maintient dans le ressort du bailliage d'Amiens les possessions de l'abbaye de Saint-Waast dans les châtellenies de Lille, de Douai et de Béthune.	6
Juill. 1315	I*. — Confirmation par le Roi d'une sentence de Robert de Villeneuve, bailli de Sens, commis antérieurement, comme bailli d'Amiens, à l'enquête et au jugement d'une cause de meurtre revendiquée par le comte de Flandre .	409
Fév. 1322, v. st.	IV. — Mandement du Roi au conseiller, Thomas de Reims, et au bourgeois d'Amiens, Mathieu Boivin, pour les charger d'une enquête.	7
5 Mars 1322, v. st.	V. — Arrêt de la Cour confirmatif d'une sentence d'échevinage contre Robert de Malemaison	9
25 Janv. 1325, v. st.	VI. — Arrêt confirmatif d'une sentence du bailli d'Amiens refusant aux maire et échevins la connaissance d'un litige entre eux et un de leurs fermiers	11

		Pages
Déc. 1328	VII. — Ratification d'une quittance faite par le receveur du Roi	12
28 Fév. 1330, v. st.	VIII. — Arrêt confirmatif d'une sentence du bailli condamnant à l'amende les maire et échevins, à raison de la détention abusive d'un marchand de Bruges	13
Août 1331	IX. — Confirmation par le Roi de certaines sentences données sur le métier des courroiers entre certains maîtres d'Amiens et ceux de Paris, au siège du Châtelet . . .	14
24 Juill. 1338	X. — Arrêt de la Cour reconnaissant que l'Hôtel-Dieu d'Amiens n'est aucunement de fondation royale	23
	XI. — Documents relatifs aux rapports des marchands d'Amiens avec les péagers de Bapaume (1336-1364, 7 pièces). Notice	25
27 Mars 1335, v. st.	1. Arrêt de la Cour qui admet le comte de Flandre à bailler ses reproches, jusqu'en fin de cause, contre les témoins des marchands d'Amiens	28
19 Juill. 1339	2. Notice d'un mandement de Philippe VI et d'un prétendu arrêt de la Cour sur la question	29
20 Mai 1341	3. Mandement de Philippe VI pour faire admettre les marchands d'Amiens à se libérer de l'obligation du péage en certifiant sous serment que leurs marchandises ne viennent pas de Flandre. . . , ...	30
9 Fév. 1341, v. st.	4. Arrêt de la Cour sur un abus de pouvoir des péagers de Bapaume	31
13 Janv. 1342, v. st.	IV*. — 1. Mandement de la Cour enjoignant au bailli d'Amiens de contraindre Baudouin Benel, receveur dudit péage, à payer aux maire et échevins certains frais qui leur avaient été adjugés par arrêt	431
8 Déc. 1344	2*. Ajournement de la cause décrété par la Cour, à raison de la production par le comte de Flandre de lettres d'état ou de surséance à lui accordées par le Roi	432

		PAGES
31 Mars 1364, v. st.	5. Transaction passée devant la Cour entre le comte et la comtesse de Flandre et les maire et échevins d'Amiens, pour la liquidation des frais de poursuite et droits arriérés.	33
Août 1341	XI bis. — Confirmation par le Roi d'une composition entre le conseil du bailliage d'Amiens et Jean de Tournai, bourgeois d'Amiens, pour la finance due au Roi, à raison de la concession en tenure noble consentie audit Jean de Tournai par Jean, seigneur d'Estrées, de ses acquêts audit lieu d'Estrées en Cauchie.	34

II* et XII. — Documents relatifs aux démêlés entre Jean de Conty et l'échevinage (1341-1348, 9 pièces).

22 Déc. 1341	1.* Arrêt de la Cour renouvelant aux maire et échevins contre Jean de Conty une commission précédemment accordée et refusant à celui-ci le bénéfice de lettres royales par lui présentées.	419
9 Avril 1342, v. st.	XII. — Révocation par la Cour d'un défaut illégalement donné par le bailli, au profit des maire et échevins, contre Jean de Conty.	37
23 Déc. 1342	2*. Mandement de la Cour validant une assignation devant le bailli lancée par Jean de Conty contre les maire et échevins.	421
4 Mars 1345, v. st.	3*. Nouvel arrêt de la Cour validant une sentence du bailli par laquelle il était enjoint aux parties de poursuivre, nonobstant certains déclinatoires allégués par les maire et échevins, et condamnant ceux-ci à l'amende et aux dépens.	422
8 Avril 1345, v. st.	4*. Arrêt de la Cour refusant à Jean de Conty le renouvellement de la commission par lui requise pour pouvoir poursuivre.	424
2 Juin 1346	5*. Mandement de la Cour au bailli d'Amiens lui enjoignant de contraindre les maire et échevins à payer à Jean de Conty certains dépens à lui attribués par arrêt . . .	424

		Pages
24 Janv. 1347, v. st.	6*. Arrêt de la Cour rejetant une requête de Jean de Conty relative au paiement des dépens précités et le condamnant aux frais de la nouvelle instance	425
28 Mai 1348	7*. Arrêt de la Cour sur une appréciation de dommages dont se plaignait Jean de Conty, à la suite de travaux de fortification exécutés sur son fief par les maire et échevins.	426
Même jour	8*. Arrêt de la Cour enjoignant aux parties de procéder plus avant sur le cas de nouvelleté	427
24 Juill. 1342	III*. — Mandement d'élargissement sous condition et de mainlevée du temporel de l'évêque donné par la Cour dans l'affaire d'un bourgeois d'Amiens détenu par l'official sur le soupçon d'hérésie	429

V* — Documents concernant Toussains Dubus, procureur du Roi au bailliage (1343-1349, 6 pièces).

15 Fév. 1342, v. st.	1*. Arrêt d'absolution accordé par la Cour à Toussains Dubus après enquête sur les griefs articulés contre lui. .	433
10 Mars 1342, v. st.	2*. Mandement au bailli d'Amiens d'avoir à exécuter un arrêt de la Cour réintégrant en son office Toussains Dubus et déportant Bernart Samuel, qui lui avait été substitué, conformément aux lettres du Roi du 3 mars	435
12 Juin 1344	3*. Arrêt de la Cour substituant à feu Jean de Canteleu, l'un des accusateurs de Toussains Dubus, son frère Mathieu dans la poursuite en réparation de dommages et intérêts, mais en le relevant de toute responsabilité du grief d'injures pareillement articulé contre le défunt	436
16 Avril 1347, v. st.	4*. Arrêt de la Cour admettant Toussains Dubus à se faire rembourser d'une créance de l'année 1339, en monnaie de poids et non en monnaie du cours actuel, contrairement aux prescriptions des ordonnances royales.	438
11 Janv. 1348, v. st.	5* et 6*. Mandements de la Cour interdisant à plusieurs plaignants de poursuivre le lieutenant du bailli et le pro-	

TABLE DES MATIÈRES. 477

PAGES

cureur du Roi, accusés d'arrestation et d'exécution arbitraires à l'intérieur du monastère de Saint-Martin-aux-Jumeaux, ailleurs que devant elle-même et annulant les informations commencées contre les inculpés 440-441

19 Janv. 1347, v. st. VI*. — Arrêt de la Cour libérant un bourgeois d'Amiens des poursuites contre lui intentées par deux habitants de Guines, à raison de l'assistance qu'il avait prêtée à un jeune Anglais, son hôte, contre lequel les deux poursuivants prétendaient user de lettres de marque et condamnant ceux-ci aux dépens. 441

VII* et XVII. — DOCUMENTS RELATIFS A L'ACCUSATION DE PRÉVARICATION PORTÉE PAR MILON DE SOUBICE CONTRE LE BAILLI, NICOLAS LE MÉTAYER (1352-1357, 4 pièces).

2 Juill. 1352 1*. Elargissement par la Cour de Milon de Soubice, en conséquence de l'arrêt de condamnation précédemment rendu contre lui, confirmatif de celui du bailli 443

7 Mars 1352, v. st. 2*. Elargissement par la Cour de l'avocat Jean de Béthembos, impliqué dans cette affaire. 444

12 Mars 1352, v. st. 3*. Mandement de la Cour relevant le bailli, Nicolas le Métayer, des accusations portées contre lui par Milon de Soubice. 445

26 Mai 1357 XVII. — Arrêt de la Cour absolvant l'avocat Jean de Béthembos de l'accusation de subornation, de détournement de fonds et de faux portée contre lui par le procureur du Roi 46

Juin 1353 XIII. — Lettres de rémission à Colart le Gorrelier, à raison du meurtre involontaire de Robert Bayars, au jeu de l'arbalète 39

2 Juill. 1354 XIV. — Transaction entre les maire et échevins et les religieux de Corbie, à raison de l'arrêt fait à Amiens, en 1347, après la prise de Calais, par crainte de commotion populaire, d'un chargement de blé acheté à Corbie par les Flamands . . . . . . , ... 41

		PAGES
18 Mars, 9 Juin 1355	XV. — Lettres par lesquelles la Cour se dessaisit, sur mandement du Roi, d'une cause pendante en appel entre les maire et échevins et Jacques de Saint-Fuscien et autorise les parties à traiter.	43
2 Mars 1355, v. st.	XVI. — 1. Mandement du Roi enjoignant à Clément Grimaut de procéder à une enquête avec tel prud'homme de son choix qu'il devra s'adjoindre	44
31 Août 1356	2. Mandement à même fin adressé à quatre bourgeois . .	45
14 Août 1357	XVIII. — Confirmation par la Cour à Vincent de Beauquesne de l'office de procureur du Roi que lui contestait Honoré Aguillon, substitué par lettres du régent, Charles de Normandie.	49
	XIX. — Documents concernant la famille du Cange et les successions de Robert du Cange, jadis administrateur pour le Roi de la monnaie de Saint-Quentin, et de sire Jean du Cange, jadis trésorier des guerres, receveur d'Amiens et de Ponthieu, etc. (1357-1370, 2 pièces).	
Août 1357	1. Confirmation par le Roi d'une sentence des généraux réformateurs touchant la succession de Robert du Cange .	50
Sept. 1370	2. Transaction entre les gens du Trésor du Roi et Jeanne du Cange, nièce de sire Jean du Cange, au sujet de la succession de celui-ci	55
	XX et VIII*. — Documents relatifs aux événements de 1358 (1358-1399, 25 pièces) et aux démêlés de Vincent de Beauquesne, procureur du Roi, et des officiers du bailliage (1359-1362, 5 pièces).	
Sept. Oct. 1358 Fév., v. st. Sept. 1359	1. Lettres de rémission à Pierre Roussel et confirmation par arrêt de la Cour.	59
Fév. 1358, v. st.	2. Lettres de rémission à Pierre de Verrignes, prêtre . .	69
3 Fév. 1358, v. st.	3. Lettres de rémission à Renaut de la Capelle	71

TABLE DES MATIÈRES.   479

		PAGES
20 Fév. 1358, v st.	4. Lettres de don à Eustache de Dargies, clerc fermier du bailliage, de 50 livres de rente sur les biens de deux bannis et de deux suppliciés	73
26 Fév. 1358, v. st.	5. Lettres de don à Firmin de Coquerel, fils de Pâris, de 200 livres de rente sur les biens de deux bannis et d'un supplicié	75
Mars 1358, v. st.	6. Lettres de rémission à Pierre de Rue	76
19 Avril 1358, v. st.	7. Lettres de rémission à Jean Buguedel	78
13 Août 1359	1* Arrêt de la Cour réintégrant, sur sa demande, Vincent de Beauquesne, en son office de procureur du Roi et en tous ses biens, mais sous réserve de la faculté laissée au procureur général d'informer sur les griefs et cas de lèse-majesté articulés contre lui	447
12 Sept. 1359	2* Mandement de la Cour déléguant deux conseillers à l'instruction des griefs formulés par Vincent de Beauquesne contre ses ennemis	459
14 Mai 1361	11. Révocation par la Cour de lettres de grâce et confirmation d'une convention d'exil conclue entre deux bourgeois, contre l'un d'eux, à raison des événements de 1358. .	90
11 Mars 1361, v. st.	3*. Elargissement par la Cour de Vincent de Beauquesne pendant la durée de l'instruction sur les cas criminels et accusations de lèse-majesté relevés contre lui par le procureur général	460
17 Mars 1361, v. st.	12. Arrêt de désistement rendu au profit de Vincent de Beauquesne	96
Entre le 2 Avril, v. st. et le 7 Mai 1362	4* Arrêt de suspension provisoire rendu par la Cour contre Vincent de Beauquesne et provision, en son lieu et place, de Robert Baillet.	462
3 Juin 1362	13. Arrêt de la Cour déboutant Guillaume des Rabuissons de sa prétention de faire reconnaître des erreurs dans l'arrêt	

		PAGES
	du 14 mai 1361, et le condamnant à double amende et aux frais, solidairement avec Vincent de Beauquesne qui s'était porté caution	97
8 Juill. 1362	13 *bis*. Nouvel arrêt contre Guillaume des Rabuissons et Vincent de Beauquesne.	98
7 Sept. 1362	14. Nouvel arrêt contre les mêmes	99
7 Sept. 1362	5*. Nouvel arrêt de la Cour élargissant Vincent de Beauquesne par tout le royaume et lui restituant la disposition de ses biens, mais non celle de son office qui reste réservée.	464
27 Janv. 1365, v. st.	15. Arrêt de non-lieu et de mainlevée au profit de Vincent de Beauquesne.	102
Janv. 1359, v. st.	8. Lettres de rémission aux habitants d'Amiens, à raison du meurtre de Jacques de Saint-Fuscien, fils de Liénart, jadis capitaine d'Amiens	79
7 Juin 1399	9. Arrêt de la Cour condamnant à restitution les héritiers d'Enguerran Dœudin, usurpateur des biens dudit Jacques de Saint-Fuscien, fils de Liénart	80
Juill. 1360	10. Don aux arbalétriers d'Amiens d'une maison et place confisquées sur Jean de Ham, pour s'exercer au jeu de l'arbalète	88
21 Mai 1362	16. Arrêt de la Cour privant les maire et échevins du bénéfice de certaines lettres d'état qui les dispensaient, pour un temps, de poursuivre leurs causes en Parlement	105
7 Sept. 1362	17. Arrêt condamnant Jean Audeluye, jadis prévôt dans la magistrature navarraise de 1358, en 400 l. t. d'amende et 200 l. t. de dommages-intérêts pour violences contre Etienne Gelée, sergent du Roi	107
27 Janv. 1363, v. st.	18 Arrêt de la Cour ordonnant une enquête sur le cas de Firmin le Coutellier accusé de complicité avec le parti navarrais dans les événements de 1358	111

TABLE DES MATIÈRES. 481

		PAGES
Mai 1364	19. Lettres de rémission à Jean de Vaux	115
15 Juin 1364	20. Arrêt de la Cour réformant une sentence du lieutenant du bailli, Firmin de Coquerel	117
Juin 1371	21. Restitution à Mahieu de Coquerel du corps de son père, Firmin de Coquerel, maieur du parti navarrais, justicié en 1358.	120
26 Janv. 1393, v. st.	22. Cassation par la Cour d'un jugement du bailli et renvoi par-devant les maire et échevins d'une cause pendante entre un de leurs sergents et les héritiers de Mahieu de Coquerel.	122
1380-1382	23. Confirmation par le roi Charles VI de la vente et adjudication des biens confisqués de Robert de Picquigny, l'un des chefs du parti navarrais en 1358	125
Mars 1381, v. st.	24. Confirmation par le roi Charles VI d'une exécution contre Pierre le Sene, receveur du bailliage, à raison de son retard à compter des forfaitures sus-mentionnées . .	127
25 Janv. 1359, v. st.	XXI. — Lettres de rémission à Jacques le Monnier, échevin en 1357-1358	129
Janv. 1359, v. st.	XXII. — Lettres de rémission à Jacques Audeluye et ses compagnons pour le meurtre d'un exilé, lors d'une alerte, à l'approche des Anglais (18 octobre 1359).	130
3 Juill. 1360	XXIII. — 1. Arrêt d'annulation de lettres d'évocation accordées par le Roi au bailli, Guillaume de Bours, dans une cause criminelle contre Jean Boitoire, sergent du bailliage.	131
22 Juin 1361	2. Assignation à Guillaume de Bours	134
Juill. 1363	XXIV. — Rémission à Guillaume de Rumegny, « chepier » du beffroi, et Thomassin, son valet, à raison de l'évasion d'un prisonnier	135
20 Mai 1364	XXV. — Plaidoyer et arrêt de la Cour sur un dépôt de deniers d'orphelins	137

TABLE DES MATIÈRES.

PAGES

XXVI. — Documents relatifs aux rapports de la communauté des Augustins et de l'échevinage, dans la seconde moitié du xiv° siècle (1365-1394, 5 pièces).

Janv. 1364, v. st. 1. Confirmation par Charles V de la donation par lui faite, comme régent, en novembre 1358, aux Augustins d'Amiens de l'hôpital Sire Liénard le Sec tombé en forfaiture avec les biens de Jean de Saint-Fuscien, dernier héritier 139

16 Août 1365 2. Révocation par la Cour de cette donation sur l'instance des maire et échevins 142

24 Janv. 1369, v. st. 3. Autorisation de la Cour aux héritiers de Liénard le Sec de se désister du procès pendant à raison du règlement dudit hôpital, et de transiger entre eux. 145

7 Juill. 1369 4. Confirmation par la Cour d'un arrêt du bailli contraignant les Augustins, sur l'instance de l'échevinage, à vider l'hôtel d'Espaigni récemment acquis par eux. 146

12 Janv. 1393, v. st. 5. Nouvelle confirmation par la Cour d'un autre arrêt du bailli rendu contre les Augustins à la poursuite de l'échevinage 148

6 Déc. 1365 XXVII. — Confirmation d'une sentence interlocutoire des Requêtes du palais donnée contre les maire et échevins, dans un procès contre un rentier de la ville, et renvoi au même tribunal pour juger sur le fond 151

XXVIII. — Documents relatifs aux rapports du prieuré de Saint-Denis et de l'échevinage (1366-1375, 2 pièces).

19 Sept. 1366 1. Ajournement contre les maire et échevins, en tant que solidairement responsables, d'une exécution commencée par cinq bourgeois contre le prieuré de Saint-Denis. . . . 152

17 Mai 1375 2. Accord entre les religieux du prieuré de Saint-Denis et un de leurs censiers, Pierre Dachères, ratifié par la Cour. 154

25 Juin 1369 XXIX. — Enregistrement par la Cour de lettres du Roi

		PAGES
	accordant à la cité d'Abbeville et autres villes du bailliage et comté de Ponthieu le privilège de ressortir directement de l'assise du sénéchal en Parlement.	156
11 Déc. 1369 et Janv. 1370. v. st.	XXX. — Confirmation d'un acte de renonciation, passé par-devant le bailli d'Amiens, au bénéfice d'une restitution de deux maisons jadis confisquées	158
Mars 1369, v. st.	XXXI. — Lettres de rémission à Jean Beaupigné et ses complices	160
7 Juin 1371 et 5 Mai 1372	XXXII. — Confirmation par la Cour d'une sentence des maire et échevins rendue contre un « tellier », à raison d'une malfaçon dont se plaignait un bourgeois, et condamnation à l'amende et aux dépens	164-165
28 Nov. 1371.	XXXIII. — 1. Don fait par le Roy à M⁰ Guy Ponche, son conseiller et avocat au bailliage d'Amiens	166
8 Mai 1378	2. Arrêt de provision donné par la Cour dans un procès en réparation d'injures, entre Guy Ponche, conseiller du Roi au bailliage d'Amiens, et Baudouin Gencien, procureur du seigneur de Hondrecoute	167
	XXXIV et IX*. — DOCUMENTS RELATIFS AUX DÉMÊLÉS DE ROBIN DE SAINT-FUSCIEN AVEC L'ÉCHEVINAGE (1372-1393, 6 pièces).	
20 Avril 1372	1. Lettres de rémission à Robin de Saint-Fuscien . . .	171
28 Juin 1372	2. Confirmation desdites lettres par le Roi	173
?	3. Traité et accord entre les parties au sujet du différend en question.	173
23 Janv. 1377, v. st.	IX*. — Annulation par la Cour d'un jugement des maire et échevins contre Robin de Saint-Fuscien.	467
2 Janv. 1390, v. st.	4. Autorisation de transiger accordée aux parties par la Cour	174
15 Fév. 1392, v. st.	5. Constitution d'arbitres et promesse d'accord entre les parties	175

		PAGES
30 Juin 1372	XXXV. — 1. Condamnation par contumace et sans possibilité de recours prononcée par la Cour contre un sergent du Roi coupable de meurtre et d'exécution arbitraire sur la personne d'un clerc	178
12 Déc. 1368	2. Désistement de Robin Asson	184
3 Juin 1373	XXXVI. — Arrêt de la Cour au sujet d'une poursuite des maire et échevins et du procureur du Roi, en exécution de lettres d'état accordées par le Roi à la ville d'Amiens . .	185
Déc. 1373	XXXVII. — Don fait par le Roi à Jean Barreau, bailli d'Amiens	187

XXXVIII. — Documents relatifs a certains démêlés entre le chapitre et l'échevinage (1374-1384, 4 pièces).

9 Janv. 1374, v. st.	1. Premier renvoi devant le bailli d'un procès pendant entre les parties à raison d'une exécution faite par un sergent de la ville au moulin de Passe-Avant	189
12 Déc. 1375	2. Nouveau renvoi au même dudit procès	190
10 Janv. 1377, v. st.	3. Accord entre le chapitre et sire Jean du Gard au sujet de la reconstruction du moulin de Duriame	190
2 Août 1384	4. Accord entre le chapitre et l'échevinage relatif à l'établissement d'une clôture mobile à l'extrémité d'une rue des Cloîtres	193
10 Avril 1377, v. st.	X*. — Arrêt de la Cour confirmant une sentence du bailli de Ponthieu sur une redevance due par les marchands d'Amiens à la vicomté du Crotoy, à raison des marchandises remontant directement à Abbeville . . .	469

XXXIX. — Documents relatifs a l'établissement des Lombards a Amiens (1380-1406, 4 pièces).

17 Août 1380	1. Renouvellement, pour une période de quinze années, du privilège accordé pour six ans, le 7 août 1378, aux Lombards établis dans les villes de Paris, Amiens et Abbeville . .	195

		PAGES
30 Sept. 1381	2. Lettres de rémission à Raoul le Castellain, auditeur du Roi	203
Mai 1382	3. Renouvellement aux Lombards de Paris du privilège de 1380 qui leur avait été retiré à la suite de certains abus.	205
14 Août 1406	4. Arrêt de la Cour en faveur des Lombards d'Amiens contre Jean Beaupigné	207
12 Janv. 1381, v. st.	XL. — Appointement donné par la Cour dans la cause de dix jeunes bourgeois poursuivis par le procureur du Roi, comme princes du jeu des Sots	212
6 Sept. 1382	XLI. — Assignation donnée par la Cour à deux prétendants à l'office de procureur du Roi au bailliage et confirmation provisoire du premier occupant	213

XLII et XII*. — Documents relatifs aux troubles de 1382, aux enquêtes et procès qui suivirent l'abolition des mairies de bannières, jusqu'à la grande réformation de 1403 et a la solution de l'affaire Henri de Roye en 1410 (1382-1412, 18 pièces).

30 Août 1382	1. Arrêt de la Cour confirmatif du règlement du 4 janvier précédent touchant la liquidation du passif de la ville et la majoration du tarif des aides	215
18 Déc. 1382	2. Ajournement donné par la Cour dans l'affaire Huc le Gorrelier et Henri de Roye contre le procureur du Roi et les maire et échevins.	221
Janv. 1382, v. st.	3. Lettres de rémission à Jean Jourdain	222
Août 1383	4. Lettres de rémission à Henri de Roye	224
Mars 1386, v. st.	5. Lettres de rémission à Jean Faussart	225
27 Janv. 1396, v. st.	6. Arrêt de la Cour en faveur de Jean le Maire et consorts contre les maire et échevins au sujet du non-paiement de matériaux fournis à la ville en 1347	226

		Pages
19 Juill. 1399	7. Arrêt de la Cour en faveur de Jean de Linières contre les maire et échevins, au sujet du non-paiement d'arrérages de deniers d'orphelins pris en dépôt de 1350 à 1383.	227
30 Août 1404	8. Nouvel arrêt de la Cour sur la question, confirmatif de la sentence donnée sur le fond par le bailli d'Amiens	228
19 Avril 1402, v. st.	9. Ordonnance de la Cour substituant le procureur général du Roi au procureur de la ville d'Amiens dans l'affaire des poursuites prévues par le règlement du 4 janvier 1382	230
7 Juin 1402	10. Pouvoir et instructions conférés par la Cour à trois commissaires extraordinaires envoyés à Amiens	231
15 Juin 1402	11. Attribution au procureur général ou à son substitut d'une première provision de 500 l. p. sur les finances de la ville, pour fournir aux frais de l'enquête	234
9 et 11 Août 1402	1*, 2*. Mandements de la Cour conférant de nouveaux pouvoirs aux commissaires réformateurs envoyés à Amiens.	471
14 Mars 1402, v. st.	12. Continuation ou renouvellement des pouvoirs conférés aux trois commissaires par l'ordonnance du 7 juin 1402	235
Août 1403 et Nov. 1409	13. Plaidoiries et appointement de la Cour sur une demande de frais et dépens présentée par Henri de Roye et Jean le Meignen, à la suite de leur comparution, comme témoins, devant les commissaires réformateurs de 1403.	236
8 Juill. 1410	14. Plaidoirie faite devant la Cour dans l'affaire Henri de Roye.	238
30 Août 1410	15. Arrêt criminel rendu par la Cour contre Henri de Roye et Jean le Meignen	239
20 Mai 1412	16. Arrêt de la Cour condamnant les maire et échevins à restituer le principal de fondations pieuses dont ils se refusaient à servir les rentes depuis la réformation de 1403.	250

TABLE DES MATIÈRES. 487

PAGES

XLIII — Renouvellement par le roi Charles VI a la commune d'Amiens des lettres de sauvegarde antérieurement octroyées par Philippe VI et confirmées par Charles V (1383-1407, 2 pièces).

Fév. 1383, v. st.	1. Première confirmation de Charles VI	258
Janv. 1406, v. st.	2. Renouvellement desdites lettres par le même Charles VI en 1407.	261
12 Mars 1383, v. st.	XI*. — Arrêt de la Cour confirmatif d'une sentence du bailli d'Amiens contraignant les maire et échevins à acquitter les arrérages ou bontés d'un dépôt de deniers d'orphelins .	470

XLIV. — Arrêts de la Cour au sujet de lettres de marque ou de représailles concédées a des marchands d'Amiens contre divers marchands étrangers (1383-1406, 6 pièces).

21 Mars 1383, v. st.	1. Arrêt rendu par la Cour en faveur de plusieurs marchands d'Abbeville et d'Amiens, confirmatif de lettres de marque à eux accordées et d'une exécution opérée contre plusieurs marchands de Lisbonne	263
6 Mars 1382, v. st.	2. Premier arrêt de la Cour sur la question	272
1ᵉʳ Août 1396	3. Plaidoirie devant la Cour entre marchands d'Amiens et hollandais, à raison d'un arrêt fait à Abbeville des marchandises de ces derniers, en représailles de certains faits de piraterie	276
20 Août 1401	4. Octroi par la Cour de lettres de marque aux plaignants contre le duc Albert de Hollande et ses sujets. . . .	279
12 Sept. 1405	5. Troisième arrêt de la Cour sur cette affaire, relatif à une exécution opérée contre un certain Chilman du pays de Zélande.	282
6 Juill. 1406	6. Quatrième arrêt de la Cour sur cette affaire, relatif à une exécution opérée contre plusieurs marchands de Deventer.	284

		Pages
	XLV. — Documents relatifs au grand procès des aides entre la ville, l'évêque et le chapitre (1385-1403, 6 pièces.	
9 Mars 1384, v. st.	1. Plaidoyer d'une cause pendante entre la ville et deux taverniers de l'Église sur ce sujet.	288
20 Mars 1384, v. st.	2. Renvoi de la cause au bailli de l'évêché, ordonné par la Cour, du consentement du procureur de la ville	289
19 et 20 Déc. 1401	3. Plaidoirie sur le fond entre la ville et l'Église.	290
19 Avril 1402, v st.	4 et 5. Ordonnance du Conseil et arrêt de la Cour sur la question.	303
24 Juill. 1403	6. Mandement de la Cour enjoignant à l'évêque et au chapitre de déposer par provision les sommes contestées aux mains du promoteur de l'officialité.	309
18 Fév. 1387, v. st.	XLVI. — 1. Plaidoirie et arrêt sur l'attribution d'un office de maître charpentier et canonnier du Roi	310
1ᵉʳ Août 1388	2. Arrêt de la Cour confirmant la sentence du bailli sur l'attribution dudit office.	312
24 Juill. 1388	XLVII. — Mainlevée accordée par la Cour aux héritiers de Jean des Rabuissons des biens de celui-ci confisqués par le procureur général sur imputation de suicide	313
8 Mars 1389, v. st.	XLVIII. — Ordonnance de la Cour et lettres du Roi au sujet de l'imposition du « kainage » prise sur les marchands et marchandises fréquentant la rivière de Somme.	314
	XLIX. — Documents relatifs a la juridiction de la prévôté (1390-1402, 3 pièces).	
13 Mars 1389, v. st.	1. Plaidoyer devant la Cour sur la question de savoir si les maire et échevins, en tant que tenant la prévôté du Roi, étaient : 1° passibles d'amende au cas de désertion d'appel ; 2° juges royaux	316

		PAGES
3 Sept. 1401	2. Révocation par la Cour d'un arrêt du bailli sur la justice de la prévôté et admission des parties à procéder plus avant.	317
24 Juill. 1402	3. Appointement provisoire donné par la Cour, après accord entre les parties, reconnaissant, à titre provisoire, aux prévôt et échevins d'Amiens la juridiction contestée	324
21 Janv. 16 Mars 1390, v. st.	L. — Deux ordonnances de la Cour sur la connaissance des testaments : la première la refusant formellement aux maire et échevins ; la seconde les recevant à opposition contre cette interdiction	326-327

LI. — Documents concernant quelques officiers du siège du bailliage et les mœurs judiciaires a la fin du XIVe siècle (1391-1403, 4 pièces).

27 Avril 1391	1. Plaidoirie et appointement de la Cour sur une querelle advenue entre Gadifer de Haston, écuyer, et Gobert de la Bove, bailli d'Amiens	327
11 Juill. 1394	2. Arrêt de la Cour condamnant Gobert de la Bove à l'amende et aux frais, au bénéfice de Gadifer de Haston	331
14 Juin 1395	3. Plaidoiries et appointements de la Cour dans une affaire pendante entre Jean Aloul, avocat du Roi, et Jean Pingré, clerc fermier du bailliage	334
27-28 Avril 2 Mai 1402, etc.	4. Plaidoiries et appointements de la Cour dans le procès criminel intenté par les amis et parents de feu Jacotin de Nonneauville contre plusieurs officiers du bailliage	342
29 Janv. 1391, v. st.	LII. — Renvoi par-devant le bailli d'Amiens d'une plainte des maire et échevins contre le prévôt de Beauvaisis et son clerc fermier des écritures, à raison de certains exploits faits par ceux-ci dans les limites de la juridiction de la prévôté d'Amiens.	358

LIII. — Documents relatifs aux procès pendants entre l'évêque et l'échevinage (1392-1403, 10 pièces).

| 6 Fév. 1391, v. st. | 1. Renvoi par la Cour devant le bailli d'Amiens, en ses assises, d'une série de causes pendantes entre les parties | 359 |

		PAGES
17 Janv. 1393, v. st.	2. Arrêt de la Cour sur les épousailles	361
29 Janv. 1393, v. st.	3. Confirmation par la Cour d'un arrêt préjudiciel du bailli et renvoi au même du principal de la cause pendante entre les parties, à raison de certaines entreprises faites sur la juridiction de l'évêque et qu'il refusait de spécifier en détail.	362
29 Janv. 1393, v. st.	4 et 5. Révocation par la Cour d'un exploit de sergent et renvoi devant le bailli d'une cause pendante entre les parties, relative à la juridiction sur une partie de la ville, dite terre contentieuse, et mandement au bailli à cette fin . .	365-368
7 Août 1395	6. Confirmation par la Cour d'un arrêt du bailli et renvoi au même d'une affaire relative au droit des cambiers. . .	368
21 Août 1395	7. Arrêt de la Cour sur le droit d'herbage	372
27 Avril 1391	8. Mandement de la Cour chargeant d'une première enquête les deux experts désignés dans l'arrêt précédent	375
29 Mars 1396, v. st.	9. Ordonnance de la Cour accordant à l'évêque mainlevée de son temporel séquestré à la suite d'excommunications abusives.	376
6 et 9 Juillet 1403	10. Plaidoiries et appointements de la Cour dans un conflit survenu entre la ville et l'évêque, à raison de la construction de barrières sur trois entrées de la rivière	378
Mars 1397, v. st.	LIV. — Privilège du Roi instituant un « estaple » de la guède au Crotoy	382
Avril 1398, v. st.	LV. — Confirmation par le Roi de l'adjudication faite par le receveur du bailliage à un bourgeois d'Amiens d'une masure et d'un tènement tombés, à titre d'épaves, au domaine du Roi	385
	LVI. — Documents relatifs a l'histoire de la famille Clabaut (1399-1400, 2 pièces).	
30 Août 1399	1. Renvoi par la Cour, devant le bailli d'Amiens, de Pierre Clabaut poursuivi pour infraction d'asseurement et appelant des exécutions commencées contre lui	387

		PAGES
20 Mars 1399, v. st.	2. Arrêt de la Cour en faveur de Colart Clabaut, contre plusieurs membres de la famille du Gard et leurs complices, dans une affaire semblable.	393
12 Mars 1400, v. st.	LVII. — Arrêt de la Cour révoquant une sentence du lieutenant du connétable rendu en faveur d'un bourgeois, soi-disant sergent d'armes de la connétablie, qui prétendait à l'immunité des taxes municipales	400

LVIII. — Documents relatifs a l'histoire de la fondation sire Drieu Malherbe a Saint-Nicolas-aux-pauvres-clercs (1359-1404, 3 pièces).

5 Fév. 1403, v. st.	1. Accord passé devant la Cour entre Me Thomas Hourdel, chapelain, et les maire et échevins, à raison du service de la chapelle sire Drieu Malherbe, à Saint-Nicolas-aux-pauvres-clercs	403
21 Juill. 1359	2. Vidimus par le garde du sceau du bailliage et deux auditeurs du Roi des lettres obligatoires des maire et échevins du vendredi après la Nativité de Saint-Jean-Baptiste 1296.	405
6 Déc. 1385	3. Accord passé aux Requêtes du palais entre Me Hue Dailly, chapelain, et les maire et échevins, à raison du service de ladite chapelle.	406

ERRATA ET ADDENDA

II. — P. 4, l. 2 : acquisita ; *lire :* acquisite.
» — P. 5, l. 1 : possent ; *lire :* possint.
IV. — P. 7, l. 11 : XV ; *lire :* XVI.
» — P. 7, l. 25 : XXXVIII ; *lire :* XXXIX.
» — P. 10, l. 1 : absolveret ; *lire :* absolvatur.
» — P. 10, l. 15 : admitteretur in ; *lire :* admitteret nisi.
» — P. 10, l. 18 : supradictam ; *lire :* supradictum.
» — P. 10, l. 28 : judicandum ; *lire :* judicandam.
» — P. 10, l. 35 : » f° 292 ; *lire :* X1A 5, f° 292 v°.
VII. — P. 12, l. 10 : » Davis ; *lire :* Pierre Darvis.
» — P. 13, l. 1 : fais souffisamment ; *lire :* faites soffisamment.
» — P. 13, l. 3 : dessusdites ; *lire :* dessusdis.
» — P. 13, l. 8 : xx° jour ; *lire :* x111° jour d'aoust.
» — P. 14, l. 6 : posset ; *lire :* possit.
» — P. 14, l. 7 : que et quos ; *lire :* que et quas.
» — P. 16, l. 8 : regum facta ; *lire :* regum quondam facta.
» — P. 16, l. 11 : vel aliter operare ; *lire :* vel alias operare.
» — P. 17, l. 7 : représenteroit ; *lire :* représentoit.
» — P. 17, l. 11 : contraindre à chacun ; *lire :* contraindre chacun.
» — P. 18, l. 27 : fuerunt ; *lire :* pacifice fuerant.
» — P. 19, l. 33 : devoit ; *lire :* souffire leur devroit.
» — P. 23, l. 19 : en temps ; *lire :* en tant.
» — P. 23, l. 28 : JJ 66, n° 650. ; *lire :* JJ 66, n° 560.
» — P. 24, l. 39 : pactis ; *lire :* peractis.
» — P. 25, l. 7 : non erat ; *lire :* non esset.
» — P. 25, l. 9 : dicti religiosis ; *lire :* dictis religiosis.
n° 4. — P. 31, l. 12 : alii ; *lire :* Abias.
» — P. 32, l. 3 : oppositum ; *lire :* appositum.
» — P. 32, l. 10 : Contrato ; *lire :* Courtraco.
» — P. 32, l. 21 : ac [ab] eo ; *lire :* ac eciam.
» — P. 32, l. 34 : servientium ac locumtenentium ; *lire :* servientis ac locumtenentis.
n° 5. — P. 33, l. 23 : seront ; *lire :* sont.

n° 5. — P. 33, l. 23 : cassés ; *lire :* casses.
» — P. 33, l. 25 : obligations ; *lire :* obligatoires.
» — P. 34, l. 12 : X1C 8, n° 136 ; *lire :* X1C 14, n° 21.
» — P. 35, l. 6 : receveur ; *lire :* receverres.
» — P. 35, l. 8 : en le cauchic, ay ; *lire :* en le cauchie, chevalier, ay.
» — P. 35, l. 18 : Jaque le Monneix ; *lire :* Jaque le Monnier.
» — P. 35, l. 21 : men père ; *lire :* men frère.
» — P. 35, l. 33 : escoir ; *lire :* escair.
» — P. 35, l. 34 : paage ; *lire :* praage.
» — P. 36, l. 5 : temps de Noël ; *lire :* terme de Noël.
» — P. 36, l. 8 : en II sols par. ; *lire :* ou II sols par.
» — P. 36, l. 14 : lidis Jehan en tient ; *lire :* lidis Jehan a et tient.
» — P. 36, l. 15 : et aisement ; *lire :* et à aisement.
» — P. 36, l. 24 : fié d'Estrées, lesdites ; *lire :* fié d'Estrées, dont lesdites.
» — P. 36, l. 25 : obleige mes hoirs ; *lire :* obleige my, mes hoirs.
» — P. 36, l. 35 : *lire :* an, à héritage..... puist des
» — P. 38, l. 19 : Belvacini ; *lire :* Belvacinii.
XIII. — P. 39, l. 13 : staquetam sciendum ; *lire :* staquetam, ad sciendum.
» — P. 39, l. 14 : postmodo..... viretone ; *lire :* postmodum ..... virotone.
» — P. 40, l. 5 : induxisset ; *lire :* indulxisset.
» — P. 40, l. 33 : ad bonam ; *lire :* ad primam.
» — P. 40, l. 36 : revocari ; *lire :* revocare.
» — P. 41, l. 6 : vexent, molestent ; *lire :* vexent aut molestent.
» — P. 42, l. 22 : de [par ledit] bailli ; *lire :* de[vant ledit] bailli.
» — P. 42, l. 20 : ce que desdites choses ; *lire :* ce qui desdites choses.
XVI. — P. 44, l. 1 : Grimaud ; *lire :* Grimaudi.
» — P. 44, l. 5 : suspecto ..... dictarum ; *lire :* suspecto, secundum dictarum.
» — P. 44, l. 7 : tradendo ; *lire :* tradendos.

XVI. — P. 45, l. 5 : (nom illisible); *lire :* ac Thomam de Cisternis.
» — P. 45, l. 15 : prout aliud mandatum ; *lire :* prout alias mandatum.
» — P. 45, l. 16 : vestrum, vel ; *lire :* vestrum, vobis.
» — P. 47, l. 15 et 16. baillivus (blanc) plurium casuum ; *lire :* baillivus, intuitu plurium custuum.
» — P. 47, l. 28 : petebat (1) petendo ; *lire :* dicebat, petendo (et supprimer la note au bas de la page).
» — P. 48, l. 12 : preferendum ; *lire :* proferendum.
» — P. 48, l. 13 : quibus expeditis ; *lire :* quibus exhibitis.
» — P. 48, l. 30 : X^{ta} 16, f° 378 ; *lire :* X^{ta} 16, f° 378 v°.
» — P. 49, l. 4 : Tassain ; *lire :* Tossani.
» — P. 49, l. 12 : silentium impositum ; *lire :* silencium imponi.
» — P. 50, l. 1 : in dicto officio procurari ; *lire :* in dicto officio poni.
» — P. 50, l. 8 : ad planum ; *lire :* ad plenum.
» — P. 51, l. 27 : sont desclairiez ; *lire :* seront desclairiez.
» — P. 52, l. 28 : Pourquoi concluoient lesdis ; *lire :* Pourquoi concernoient lesdis.
» — P. 54, l. 2 : a est émis ; *lire :* a esté mis.
» — P. 54, l. 26 : et lidis tuteurs ; *lire :* et lidis tuterres.
» — P. 55, l. 1 : et juste late fuerint et in rem transierint ; *lire :* et juste late sunt et in rem transierunt.
» — P. 56, l. 56 : purement ; *lire :* premièrement.
» — P. 56, l. 22 : son mari, que ; *lire :* son mari, qui.
» — P. 59, l. 7 : equitavit, dictumque ; *lire :* equitaverit dictum regem.
» — P. 60, l. 4 : supplicavit ut ; *lire :* supplicaverit ut.
» — P. 60, l. 10 : reducendo ..... et qui pro ipso ; *lire :* reducentes ..... et qui pro tempore.
» — P. 60, l. 15 : aut arrestata fuerunt ; *lire :* aut arrestate fuerint.
» — P. 60, l. 19 : ad relationem consilii incliti ; *lire :* ad relacionem consilii. J. Clerici.
» — P. 61, l. 3 : Nientmoins par l'accusation : *lire :* Néantmoins par l'occuppacion.

XVI. — P. 61, l. 15 : il avoit ou pourroit ; *lire :* il auroit ou pouvoit.
» — P. 64, l. 26 : fait mention ; *lire :* font mencion.
» — P. 64, l. 31 : il requéroient alience ; *lire :* il requéroient ayeue.
» — P. 67, l. 2 : mense februario ; *lire :* mense februarii *(ainsi dans le texte).*
» — P. 67, l. 15 : qui ad hoc fuerint evocandis ; *lire :* qui ad hoc forent evocandis.
» — P. 67, l. 17 : et nostri consiliarii ; *lire :* et nostri consiliarius.
» — P. 67, l. 23 : accusator aut alio ; *lire :* accusator aut alter.
» — P. 68, l. 3 et 30 : hiis aut omnibus ; *lire :* hiis autem omnibus.
» — P. 68 ; l. 12 : per peremptoria ; *lire :* per peremptorias.
» — P. 68, l. 29 : quibusdem ; *lire :* quibus quidem.
» — P. 69, l. 4 : prisionarii elargatum ; *lire :* prisionarium elargamentum.
» — P. 71, l. 6 : Monseigneur le régent ; *lire :* Monseigneur le régent le royaume et dudit Monseigneur le régent.
» — P. 71, l. 10 : Jehan de Sivimée ; *lire :* Jehanne de Sirimée.
» — P. 73, l. 3 : Huistaces de Sargies ; *lire* Huistaces de Dargies.
» — P. 73, l. 4 : amoureusement ; *lire :* curieusement.
» — P. 74, l. 43 : JJ 90, n° 81 ; *lire :* JJ 90, n° 80.
» — P. 76, l. 7 : pourra estre fait en ce, sur ; *lire :* pourra estre fait en et sur.
» — P. 77, l. 1 : à ce qu'il n'eust esté conforté ; *lire :* auquel n'eust été confortant.
» — P. 78, l. 2 : chastel d'Arleux ; *lire :* chastel d'Aleux.
» — P. 78, l. 7 : depuis ce eust continué ; *lire :* depuis et y eust continué.
» — P. 81, l. 20 : (Cf. CCV, 1389) ; *lire :* (Cf. CC. V, 1389).
» — P. 81, l. 34 : ad causam dictorum ; *lire* ad causam dictarum.
» — P. 83, l. 12 : ad ipsum existentibus ; *lire :* cum ipso existentibus.
» — P. 84, l. 12 : Navarre facto ; *lire :* Navarre factis.
» — P. 85, l. 16 : confamiliaris ; *lire :* qui familiaris.

XVI. — P. 87, l. 23 : vɪxxvɪɪɪ l. ; *lire :* vɪˣˣ unius lb.
» — P. 88, l. 24 : expensis hinc inde factis ; *lire :* expensas hinc inde factas.
» — P. 92, l. 18 : et color illacionis ; *lire :* et calor illacionis.
» — P. 92, l. 34 : contiguerant ; *lire :* contigerant.
» — P. 95, l. 20 : visis obligacionibus ; *lire :* visis obligacione.
» — P. 97, l. 5 : remiserant ; *lire :* remiserunt.
» — P. 97, l. 14 : uteriusque traditis ; *lire :* utriusque traditis.
» — P. 98, l. 2 : caucionis obligacionis ; *lire :* caucionis et obligacionis.
Nº 13 *bis.* — P. 98, l. 10 : dictum fuit ; *lire :* dictum fuerit.
» — P. 98, l. 19 : fuerunt taxate ; *lire :* fuerint taxate.
» — P. 99, l. 35 : aut opposicione ; *lire :* aut apposicione.
» — P. 100, l. 13 : in premissis oppositum ; *lire :* in premissis appositum.
» — P. 100, l. 24 : nedum verba sed ; *lire :* nedum verbo, sed.
» — P. 100, l. 26 et 33 : ut predictum ; *lire :* ut predicitur.
» — P. 103, l. 18 : sive factis, non ; *lire :* sine factis non.
» — P. 103, note 1 : (à remplacer par) V. *infra*, cet arrêt du 7 septembre 1302, supplément, p. 464.
» — P. 104, l. 1 : quod tunc non ; *lire :* pro tunc non.
» — P. 107, l. 11 : (omission à rétablir) tangentibus observetur, prefatis appellantibus et Johanne dicentibus quod in causis nos tangentibus.
» — P. 109, l. 27 : in quos post ; *lire :* in qua post.
» — P. 112, l. 26 : quoquo modo dicere ; *lire :* quicquam dicere.
» — P. 112, l. 35 : predictas dicte ; *lire :* predictos dicte.
» — P. 113, l. 5 : se adhererant ; *lire :* se adheserant.
» — P. 113, l. 13 : pro parte predicta procuratoris ; *lire :* pro parte predicti procuratoris.
» — P. 113, l. 19 : forifaceret ; *lire :* forefaceret.

Nº 13 *bis.* — P. 114, l. 14 : aut aliis ; *lire :* aut aliter.
» — P. 114, l. 23 : ante vel etiam ; *lire :* ante vel circa.
» — P. 115, l. 16 : puniendum ; *lire :* puniendi.
» — P. 115, l. 19 : qua inquesta facta ; *lire :* qua inquisita.
» — P. 117, l. 11 : nulla ccnfederacione ; *lire :* nulla consideracione (confederacione).
» — P. 117, l. 17 : dicto Jacobo beate Marie ; *lire :* dicto Jacobo in vico beate Marie.
» — P. 118, l. 23 : in aliis ; *lire :* in omnibus.
» — P. 119, l. 3 : sine ejus requestu ; *lire :* sine ejus requesta.
» — P. 119, l. 14 : ordinare justiciam ; *lire :* ordinariam justiciam.
Nº 23. — P. 125, l. 2 : (à retrancher) facta.
Nº 24. — P. 127, l. 1 : Pro Ingerrano Doendin ; *lire :* Pro Ingerrano Doendin.
» — P. 128, l. 15 : et trouver pouvez ; *lire :* et trouver pourrez.
» — P. 129, l. 3 : Jaque le Monnier ; *lire :* Jaque le Monnoier.
» — P. 133, l. 23 : cognoscerent aut se inter- ; *lire :* cognoscere aut se intro-.
» — P. 140, l. 29 : siones ; *lire :* sionem.
» — P. 140, l. 32 : cum tenore ; *lire :* contra tenorem.
» — P. 140, l. 33 : non obstanti ; *lire :* non obstante.
» — P. 140, l. 34 : censeas ; *lire :* censeatur.
» — P. 141, l. 16 : et pro dicto ; *lire :* et pro divino.
» — P. 145, l. 11 : committendum ; *lire :* convertenda.
Nº 3. — P. 145, l. 8 : a (1) dicta nostra curia re[ce]dere ; *lire :* ad dictam nostram curiam redire (et supprimer la note (1) en entier).
» — P. 147, l. 12 : et opposicionem ; *lire :* et apposicionem.
» — P. 155, l. 8 : Nos sires tenans ; *lire :* Nos seigneurs tenans.
» — P. 158 : Xɪᴬ 21, fº 423 ; *lire :* Xɪᴬ 21, fº 423 vº.
» — P. 159, l. 7 : l'une de lez, l'autre en la rue ; *lire :* l'une de lez autre, en la rue.
» — P. 159, l. 8 : Jehan Boitaire ; *lire :* Jehan Boiterie.

N° 2. — P. 167, l. 5 : suborte ; *lire :* suborti.
» — P. 168, l. 2 et 3 : (parlaménti nostri) prolati, quod ; *lire :* parlamenti, quod.
» — P. 168, l. 3 : eodem partes ; *lire :* eedem partes.
» — P. 168, l. 25 : quatenus nobis tangebat ; *lire :* quatenus ipsos tangebat.
» — P. 171, l. 12 : moutons à l'angle ; *lire :* moutons à l'aigle.
» — P. 174, l. 10 ; verumtamen, pro ; *lire :* verumtamen dicte partes, pro.

N° 2. — P. 177, l. 14 : tous coux et fons ; *lire :* tous coux et frais.
» — P. 178, l. 6 : episcopi ambianensis ; *lire :* episcopi a nobis.
» — P. 183, l. 3 : expedire ut esset ; *lire :* expedire et esset.
» — P. 185, l. 1 : et Johannes, amici executores ; *lire :* et Johannes Amici, executores.
» — P. 256, l. 3 : (sic initus ?) ; *lire :* (initus).

www.ingramcontent.com/pod-product-compliance
Lightning Source LLC
Chambersburg PA
CBHW050559230426
43670CB00009B/1193